ABITUR

Prüfungsaufgaben mit Lösungen

2012

Biologie

Leistungskurs
Gymnasium • Gesamtschule
Nordrhein-Westfalen

2007–2011

STARK

ISBN: 978-3-89449-145-1

5. ergänzte Auflage
www.stark-verlag.de

Inhalt

Original-Abituraufgaben

Leistungskurs 2007

Leistungskurs 2008

Leistungskurs 2009

Leistungskurs 2010

Leistungskurs 2011

Autoren:

Rolf Brixius: Lösungen der Jahrgänge 2007–2011; Übungsaufgaben 11, 12
Mustafa Jannan: Übungsaufgaben 1, 3, 4, 5, 6, 7, 9, 10
Dr. Henning Kunze: Übungsaufgaben 2, 8

Vorwort

Liebe Schülerinnen und Schüler,

das vorliegende Buch bietet Ihnen die Möglichkeit, sich optimal auf die **zentral gestellte, schriftliche Abiturprüfung 2012 in Nordrhein-Westfalen** im Leistungskurs Biologie vorzubereiten.

Im Abschnitt „**Hinweise und Tipps zum Zentralabitur**" bieten wir Ihnen dazu zunächst einen Überblick über:

- den **Ablauf** und die **Anforderungen** des Zentralabiturs in NRW. Dies wird Ihnen helfen, die formalen Rahmenbedingungen für das Zentralabitur kennenzulernen. Erläuterungen zu den Prüfungsanforderungen, zum Umgang mit den sogenannten Operatoren und zu den festgesetzten thematischen Schwerpunkten lassen Sie die Prüfungssituation besser einschätzen.
- die erfolgreiche Bearbeitung der Arbeitsaufträge und Materialien in den Prüfungsaufgaben. Die „**Tipps zum Umgang mit Prüfungsaufgaben**" zeigen Ihnen konkret, wie Sie erfolgreich an die Aufgaben der schriftlichen Abiturprüfung herangehen können.

Dieses Buch enthält neben 12 Übungsaufgaben im Stil der **Leistungskurs-Abiturklausuren**, wie sie inhaltlich und vom zeitlichen Ausmaß her im Abitur 2012 auf Sie zukommen können, alle Original-Leistungskurs-Prüfungsaufgaben des Zentralabiturs ab 2007. Zu allen Aufgaben bieten wir Ihnen **ausführliche, kommentierte Lösungsvorschläge mit Tipps und Hinweisen zur Lösungsstrategie**.

Das Autorenteam und der Verlag wünschen Ihnen für die Prüfungsvorbereitung und Ihre schriftliche Abiturprüfung viel Erfolg!

Stichwortverzeichnis

Hinweise und Tipps zum Zentralabitur

1 Die Anforderungen des Zentralabiturs im Fach Biologie

1.1 Die Rahmenbedingungen des Zentralabiturs

Im Jahr 2007 fand in Nordrhein-Westfalen die Abiturprüfung zum ersten Mal in Form des Zentralabiturs statt. Alle Schülerinnen und Schüler mit Leistungskurs Biologie schreiben ihre Abiturklausur jeweils an demselben Tag. Landesweit erhalten die Schüler dieselben Prüfungsaufgaben zur Auswahl. Von den Ihnen vorgelegten drei Aufgaben müssen Sie zwei bearbeiten. Die Bearbeitungszeit beträgt für die Leistungskursklausur 255 Minuten. Hinzu kommen jeweils 30 Minuten, in denen Sie sich für die beiden von Ihnen zu bearbeitenden Aufgaben entscheiden müssen. Je schneller Sie sich darüber im Klaren sind, welche zwei Aufgaben Sie bearbeiten wollen, desto mehr Zeit haben sie zusätzlich für deren Bearbeitung!
Hilfsmittel, die Sie während der Abiturprüfung verwenden können, sind – wenn erforderlich – ein wissenschaftlicher Taschenrechner und stets ein deutsches Wörterbuch („Duden").

1.2 Die verbindlichen Unterrichtsinhalte im Fach Biologie für das Abitur 2012

Als Grundlage für die Aufgaben der Abiturprüfung dienen zum einen die „Richtlinien und Lehrpläne für die Sekundarstufe II – Gymnasium/Gesamtschule in Nordrhein-Westfalen – Biologie" von 1999 und zum anderen die schulministeriellen „Vorgaben zu den unterrichtlichen Voraussetzungen für die schriftlichen Prüfungen im Abitur in der gymnasialen Oberstufe im Jahr 2012" im Fach Biologie.
Die Vorgaben des Schulministeriums legen die verbindlichen Unterrichtsinhalte im Fach Biologie für das Abitur 2012 fest. Sie stellen damit die inhaltlichen Schwerpunkte dar und bilden die Grundlage, die Sie für eine erfolgreiche Bearbeitung der Klausuraufgaben unbedingt beherrschen müssen.
Für jedes der vier Unterrichtshalbjahre aus der Qualifikationsphase (Jahrgangsstufen 12 und 13) werden detaillierte Vorgaben gemacht. Eine Besonderheit ergibt sich für das Themenhalbjahr „Ökologische Verflechtungen und nachhaltige Nutzung". Hier kann die Lehrerin bzw. der Lehrer einen selbst gewählten Schwerpunkt legen – entweder auf das aquatische (I) oder das terrestrische System (II). Wird das „Ökologie-Halbjahr" in den Prüfungsaufgaben des Zentralabiturs berücksichtigt, so muss die Sie unterrichtende Lehrerin bzw. der Sie unterrichtende Lehrer aus zwei Aufgabenvorschlägen denjenigen zur Bearbeitung auswählen, der dem in Ihrem Kurs gewählten unterrichtlichen Schwerpunkt entspricht.

Die folgende **Auflistung der Unterrichtsinhalte für das Abitur 2012** ist mehrfach gegliedert. Nach der Überschrift der Themenhalbjahre (**fett**) folgt in der zweiten Unterteilung eine Benennung der Themenfelder, die im Lehrplan als obligatorisch (verbindlich) vorgesehen sind. Diese werden in einer dritten Gliederungsebene durch Schwerpunktsetzungen deutlich gemacht und präzisiert. Die hier gewählte Reihenfolge der verbindlichen Unterrichtsinhalte stellt lediglich eine Auflistung der vier Themenhalbjahre dar. Die unterrichtliche Abfolge kann sich von Schule zu Schule ändern, je nachdem, für welche Sequenz sich die jeweilige Biologie-Fachkonferenz entschieden hat.

Verbindliche Unterrichtsinhalte	Beispiele
A Genetische und entwicklungsbiologische Grundlagen von Lebensprozessen	
– Molekulare Grundlagen der Vererbung und Entwicklungssteuerung	Übungsaufgaben 4, 6, 9, 11, 12
• Replikation, Proteinbiosynthese bei Pro- und Eukaryoten, Mutagene und Mutationen	09 Aufgabe 2 11 Aufgabe 2
• Regulation der Genaktivität am Beispiel der Prokaryoten (Operonmodell im Zusammenhang mit Stoffwechselaktivitäten bei Bakterien)	
– Aspekte der Zytogenetik mit humanbiologischem Bezug	Übungsaufgaben 6, 9, 11
• Stammbaumanalyse und Erbgänge in der humangenetischen Beratung	
– Angewandte Genetik	Übungsaufgaben 9, 11, 12
• Werkzeuge und Verfahrensschritte der Gentechnik am Beispiel der PCR und des genetischen Fingerabdrucks	09 Aufgabe 1
• Kenntnisse von Methoden der Kultivierung von Bakterien	09 Aufgabe 2
B Ökologische Verflechtungen und nachhaltige Nutzung	
– Umweltfaktoren, ökologische Nische – Untersuchungen in einem Lebensraum	Übungsaufgaben 3, 7, 10 11 Aufgabe 3
• Aquatisches System – Stehende Gewässer und Aspekte des Fließgewässers (I): Zonierung, Eutrophie und Oligotrophie, Methoden der Bestandsaufnahme, Gewässergüte und Selbstreinigung, Anwenden des Saprobienindex, Erfassen physikalischer und chemischer Faktoren (Licht, Temperatur, pH-Wert)	07 Aufgabe 3 (Vorschlag 2) 10 Aufgabe 3 (Vorschlag 1)
• Terrestrisches System – Wald oder naturnaher Park (II): Schichtung und Aufbau, Einfluss von Standortfaktoren und Bewirtschaftung, Erstellen von Vegetationsaufnahmen, Charakterisierung von Waldgesellschaften, Standortbeurteilung mit Zeigerwerten, Erfassen physikalischer und chemischer Faktoren (Licht, Temperatur, pH-Wert)	Übungsaufgabe 3 07 Aufgabe 3 (Vorschlag 1) 10 Aufgabe 3 (Vorschlag 2)

– Einfache Beziehungen zwischen Organismengruppen und abiotischen Habitatfaktoren • Anpassungen an Temperatur und Feuchtigkeit bei Tieren und Pflanzen	07 Aufgabe 2 09 Aufgabe 1
– Wechselbeziehungen, Populationsdynamik • Beziehungen zwischen Populationen: LOTKA-VOLTERRA-Regeln, Konkurrenz, Koexistenz	09 Aufgabe 3 11 Aufgabe 3
– Verflechtungen in Lebensgemeinschaften • Biomasseproduktion, Trophieebenen, Energiefluss	Übungsaufgaben 3, 5 09 Aufgabe 3
• Biogeochemischer Kreislauf am Beispiel des Stickstoffkreislaufs	10 Aufgabe 3 (Vorschlag 2)
– Nachhaltige Nutzung und Erhaltung von Ökosystemen	Übungsaufgaben 3, 5, 10
• nachhaltige Bewirtschaftung (chemische Schädlingsbekämpfung, biologischer Pflanzenschutz)	Übungsaufgaben 5, 10
C Evolution der Vielfalt des Lebens in Struktur und Verhalten	
– Grundlagen evolutiver Veränderung • Genotypische Variabilität von Populationen (keine Modellberechnungen)	07 Aufgabe 2 09 Aufgabe 1
– Verhalten, Fitness und Anpassung • Fortpflanzungsstrategien	Übungsaufgaben 7, 8 07 Aufgabe 2 11 Aufgabe 1
– Art und Artbildung	Übungsaufgabe 7
– Evolutionshinweise und Evolutionstheorie • Rezente und paläontologische Hinweise (Homologie der Wirbeltiergliedmaßen) • Systematik und phylogenetischer Stammbaum (Grundlegende Zusammenhänge innerhalb des Wirbeltierstammbaumes, vertiefend: phylogenetische Stellung der Primaten) • Vergleich und Beurteilung der Ergebnisse unterschiedlicher Analysemethoden; bei der Analyse bzw. Erstellung eines Stammbaumes sind Übereinstimmungen in der DNA-Sequenz und Aminosäure-Sequenz von Proteinen einzubeziehen • Präzipitintest • Synthetische Evolutionstheorie	Übungsaufgabe 2 07 Aufgabe 2 08 Aufgabe 1 09 Aufgabe 1
– Transspezifische Evolution der Primaten • Einordnung von fossilen und rezenten Hinweisen zur Evolution des Menschen	08 Aufgabe 1

D Steuerungs- und Regulationsmechanismen im Organismus – Molekulare und zytologische Grundlagen mit den Schwerpunkten • Bau und Funktion des Neurons • Erregungsentstehung, Erregungsleitung, Synapsenvorgänge einschließlich molekularer Grundlagen • Synaptische Verschaltung und Verrechnung	Übungsaufgaben 1, 4, 5, 6, 8 07 Aufgabe 1

Die in der Tabelle genannten **Fachbegriffe** sollten Sie **als Oberbegriffe** zu bestimmten Themenkomplexen verstehen. So sind z. B. bei der genannten „Stammbaumanalyse“ die Mendel'schen Regeln, autosomale oder gonosomale, dominante oder rezessive Vererbung sowie deren zytologische Grundlagen, d. h. der Vorgang der Meiose (einschließlich Kopplung und Entkopplung von Genen) von Bedeutung. „Mutagene und Mutationen“ umfasst hierbei auch die Kenntnis der unterschiedlichen Mutationstypen in der Molekulargenetik.
Das bedeutet, dass auch Inhalte der Jahrgangsstufe 11 sowie der gesamten Sekundarstufe I den Abituraufgaben zugrunde gelegt werden, insofern sie für das Verständnis der Themen des Oberstufenunterrichtes von Bedeutung sind. Dies gilt z. B. für die oben bereits genannten Mendel'schen Regeln, den Aufbau und die Struktur von Proteinen oder die Feinstruktur der Zelle. Ebenso sollten Ihnen organische Moleküle vom Grundaufbau her bekannt sein, sodass sie von Ihnen über die funktionellen Gruppen einer Stoffgruppe (z. B. Aminosäure, Kohlenhydrate) zugeordnet werden können.

1.3 Die Prüfungsaufgaben – Struktur und Anforderungen

Aus den zuvor aufgelisteten Inhalten setzen sich die einzelnen Prüfungsaufgaben zusammen. Die Aufgabenstellungen bestehen aus mehreren Teilaufgaben, deren Schwierigkeitsgrad sich von Frage zu Frage steigert. Jede Aufgabe besteht dabei aus vier bis fünf Teilaufgaben.
Bei der schriftlichen Abiturprüfung müssen Sie damit rechnen, dass die Ihnen zur Bearbeitung vorgelegten Aufgaben **themenbereichs- und kurshalbjahrübergreifend** sind. Eine Aufgabe aus dem Themenbereich der Evolution benötigt für die erfolgreiche Bearbeitung dann z. B. zusätzlich Kenntnisse aus den Bereichen Ökologie oder Genetik. Sie müssen darauf vorbereitet sein, dass auch innerhalb einer Aufgabe verschiedene Themenbereiche angesprochen werden können. Hier kann es sich als fatal erweisen, wenn Sie „auf Lücke“ lernen. In diesem Fall können Sie u. U. eine oder mehrere der Prüfungsaufgaben – aufgrund des fehlenden Hintergrundwissens aus einem weiteren Kurshalbjahr – nicht bearbeiten oder lösen!

Anforderungsbereiche
Sämtliche Prüfungsaufgaben stützen sich auf die, für alle Bundesländer vorgeschriebenen „Einheitlichen Prüfungsanforderungen in der Abiturprüfung Biologie“ (EPA). Danach enthalten alle Prüfungsaufgaben Teilaufgaben aus drei verschiedenen Anforderungsbereichen:

- **AFB I (Reproduktion):** Sie müssen Ihr gelerntes Wissen wiedergeben können, also z. B. die Zeichnung einer Nervenzelle beschriften.
- **AFB II (Reorganisation/Transfer):** Hierbei geht es um die Anwendung Ihrer Kenntnisse, Sie müssen Ihr Wissen also neu geordnet anwenden können. Es kann z. B. von Ihnen verlangt werden, einen Vergleich in Form einer Tabelle anzufertigen (Reorganisation) oder das im Unterricht Gelernte auf unbekanntes Material sinnvoll anwenden zu können (Transfer).
- **AFB III (Problemlösendes Denken):** Schließlich müssen Sie auch in größeren Zusammenhängen argumentieren können. Hier sollen Sie z. B. Probleme lösen, Hypothesen aufstellen, einen Lösungsweg oder einen Versuch planen und Entscheidungen bewerten und begründen können.

Der **Schwerpunkt aller Prüfungsaufgaben** liegt dabei immer auf dem **AFB II**, in diesem Bereich können Sie auch die meisten Bewertungspunkte erreichen.

Operatoren

Damit sicher gestellt ist, dass alle Schülerinnen und Schüler unter vergleichbaren Voraussetzungen lernen und geprüft werden, wurden sogenannte **Operatoren** für die Aufgaben ausgewählt. Es sind Arbeitsanweisungen, die eine definierte Bedeutung haben und die Sie auf das in der Aufgabe angebotene fachspezifische Material (Texte, Abbildungen, Schemata, grafische Darstellungen, Tabellen etc.) anwenden müssen. Die Handlungsanweisungen signalisieren Ihnen, was *genau* Sie mit den angebotenen Materialien machen sollen.

Während z. B. beim „Nennen" biologische Sachverhalte, Phänomene und Merkmale einfach wiedergegeben oder aufgezählt werden dürfen (AFB I), erfordert das „Bewerten" selbstständige Deutungen und Begründungen in Form strukturierter, zusammenhängender Texte unter Verwendung der komplexen Materialien (AFB III).

Mit dem Arbeitsauftrag „Erläutern Sie" wird von Ihnen die verständliche, anschauliche Darstellung eines Sachverhalts unter Verwendung weiterer Informationen z. B. aus dem Material erwartet, sodass der Leser den Sachverhalt nachvollziehen kann (AFB II). Dabei gibt es auch Überschneidungen, sodass einige der Operatoren zu zwei Anforderungsbereichen gehören können – je nachdem, wie der Inhalt des konkreten Arbeitsauftrags formuliert wurde.

In der folgenden Tabelle finden Sie die alphabetisch geordnete Liste der Operatoren für das Fach Biologie mit Erklärungen und der Zuordnung zu den Anforderungsbereichen. Die Operatoren sowie deren Beschreibung in der folgenden Tabelle sollten Sie sehr genau studieren, damit Sie exakt wissen, was von Ihnen verlangt wird. In der Aufgabensammlung finden Sie außerdem viele Beispiele zum Einsatz dieser Operatoren, an denen Sie den Umgang mit solchen Handlungsanweisungen üben können.

Operator	Beschreibung der erwarteten Leistung	AFB	Beispiele*
Ableiten	Auf der Grundlage wesentlicher Merkmale sachgerechte Schlüsse ziehen	III	07 I.1 10 II.2
Analysieren, Untersuchen	Wichtige Bestandteile oder Eigenschaften auf eine bestimmte Fragestellung hin herausarbeiten; Untersuchen beinhaltet ggf. zusätzlich praktische Anteile	II–III	Ü 2.1 09 I.3
Auswerten	Daten, Einzelergebnisse oder andere Elemente in einen Zusammenhang stellen und ggf. zu einer Gesamtaussage zusammenführen	II–III	09 III.4 10 II.1 11 I.2, 3
Begründen	Sachverhalte auf Regeln und Gesetzmäßigkeiten bzw. kausale Beziehungen von Ursachen und Wirkung zurückführen	II–III	08 I.1 10 I.4 10 III(V2).2
Beschreiben	Strukturen, Sachverhalte oder Zusammenhänge strukturiert und fachsprachlich richtig in eigenen Worten wiedergeben	I–II	07 II.1 08 II.3 09 I.2
Beurteilen	Zu einem Sachverhalt ein selbstständiges Urteil unter Verwendung von Fachwissen und Fachmethoden formulieren und begründen	III	08 II.2 10 III(V1).4 11 II.5
Bewerten	Einen Gegenstand an erkennbaren Wertkategorien oder an Beurteilungskriterien messen	III	10 II.4 10 III(V1).1 10 III(V1).2
Darstellen	Sachverhalte, Zusammenhänge, Methoden etc. strukturiert und ggf. fachsprachlich wiedergeben	II	07 II.3 09 II.3
Diskutieren, Erörtern	Argumente und Beispiele zu einer Aussage oder These einander gegenüberstellen und abwägen	III	08 I.3 09 III.2 10 III(V2).1
Erklären	Einen Sachverhalt mithilfe eigener Kenntnisse in einen Zusammenhang einordnen sowie ihn nachvollziehbar und verständlich machen	II–III	Ü 1.3 09 I.1 09 III.1
Erläutern	Einen Sachverhalt veranschaulichend darstellen und durch zusätzliche Informationen verständlich machen	II–III	07 II.3 09 I.4 11 I.2
Ermitteln	Einen Zusammenhang oder eine Lösung finden und das Ergebnis formulieren	II–III	Ü 11.2 07 II.1 09 III.4

Hypothesen entwickeln/ aufstellen	Begründete Vermutung auf der Grundlage von Beobachtungen, Untersuchungen, Experimenten oder Aussagen formulieren	III	08 I.1 09 II.2 11 I.3
Interpretieren/ Deuten	Fachspezifische Zusammenhänge in Hinblick auf eine gegebene Fragestellung begründet darstellen	II–III	11 I.1
Nennen, Angeben	Elemente, Sachverhalte, Begriffe, Daten ohne Erläuterungen aufzählen	I	09 III.2 11 III.4
Protokollieren	Beobachtungen oder die Durchführung von Experimenten detailgenau zeichnerisch einwandfrei bzw. fachsprachlich richtig wiedergeben	I–II	–
Skizzieren	Sachverhalte, Strukturen oder Ergebnisse auf das Wesentliche reduziert übersichtlich grafisch darstellen	II	Ü 10.3
Stellung nehmen	Zu einem Gegenstand, der an sich nicht eindeutig ist, nach kritischer Prüfung und sorgfältiger Abwägung ein begründetes Urteil abgeben	III	–
Überprüfen, Prüfen	Sachverhalte oder Aussagen an Fakten oder innerer Logik messen und eventuelle Widersprüche aufdecken	II–III	–
Vergleichen	Gemeinsamkeiten, Ähnlichkeiten und Unterschiede ermitteln	II	07 III(V1).1 09 III.3 11 II.3
Zeichnen	Eine möglichst genaue grafische Darstellung beobachtbarer oder gegebener Strukturen anfertigen	I	07 I.1 11 II.4
Zusammenfassen	Das Wesentliche in konzentrierter Form herausstellen	I–II	08 I.2 09 I.1 11 I.3

*Ü = Übungsaufgabe; 07, 08, 09, 10, 11 = Jahrgang 2007, 2008, 2009, 2010, 2011; angegeben ist jeweils die Nummer der Aufgabe und der darin befindlichen Teilaufgabe

1.4 Bewertung

Ihre Fachlehrerin bzw. Ihr Fachlehrer korrigiert und bewertet die Reinschrift der Abiturarbeiten auf der Grundlage eines **vorgegebenen Bewertungsschemas**, in dem eine Beurteilung der von Ihnen zu erbringende Teilleistungen aufgeschlüsselt ist. Diese Aufschlüsselung nennt konkrete Eigenschaften und Merkmale, die eine Bearbeitung der jeweiligen Aufgabenteile enthalten soll. Bei der Bewertung der von Ihnen erstellten Lösung wird deren Brauchbarkeit des Weiteren an den o. g. drei Anforderungsbereichen gemessen. Sie werden bei der Anzahl der maximal zu vergebenden Punkte mit berücksichtigt. Von diesem Bewertungsschema kann die Fachlehrerin bzw. der Fachlehrer *in der Regel* nicht abweichen!

Dies bedeutet allerdings nicht, dass Sie exakt die Formulierungen der Vorgaben wiedergeben müssen. Sie dienen als Orientierung und insofern hat Ihre Lehrerin bzw. Ihr Lehrer einen gewissen „Spielraum“ bei der Benotung. Insgesamt werden bei der Bewertung Ihrer Darstellung sowohl die fachliche Richtigkeit und Vollständigkeit berücksichtigt als auch die Schlüssigkeit Ihrer Argumentation, die Qualität Ihrer Darstellung (klarer Aufbau und richtige Verwendung der Fachsprache) sowie gegebenenfalls die Kreativität und Eigenständigkeit bei Ihren Lösungen. Werden hier von Ihnen bei der Bearbeitung der einzelnen Teilaufgaben weitere, aufgabenbezogene Kriterien erfüllt, die eigentlich nicht vorgesehen sind, können Sie dafür Zusatzpunkte erhalten. Das können Lösungen sein, die im Bewertungsbogen nicht erfasst wurden, fachlich aber richtig sind und von Ihnen schlüssig dargestellt wurden. Hierzu zählen beispielsweise konstruktive Versuchskritik und das Aufstellen begründeter Hypothesen oder, wenn Sie einen biologischen Sachverhalt durch eine eigene Meinung fundiert beurteilen.

Für die Korrektur Ihrer Ausführungen sind detaillierte Randbemerkungen Ihrer Lehrerin bzw. Ihres Lehrers vorgesehen. Die inhaltlichen Leistungen und die Darstellungsleistungen werden bei der Bewertung Ihrer Arbeit gesondert ausgewiesen. Sie gehen mit fachspezifischer Gewichtung in die Gesamtbewertung mit ein. Denken Sie daran, dass *gehäufte* Verstöße gegen die sprachliche Richtigkeit (vor allem Verstöße gegen Rechtschreibung, Grammatik und Satzzeichensetzung, aber auch die äußere Form) zu einer Absenkung der Bewertung Ihrer Abiturarbeit um bis zu 3 Punkte (d. h. um eine komplette Note!) führen kann.

Ihre Arbeit kann mit ausreichend (5 Punkte) bewertet werden, wenn Sie annähernd die Hälfte der im Bewertungsschema beschriebenen Anforderungen erreicht haben. Dies bedeutet, dass rein reproduktive Leistungen des AFB I für ein Bestehen des Abiturs nicht ausreichen! Entsprechend erreichen Sie ein sehr gutes Prüfungsergebnis nur dann, wenn Sie auch Leistungen aus dem AFB III erbringen. Bedenken Sie bitte auch, dass ein mit „gut“ beurteiltes Prüfungsergebnis von Ihnen verlangt, zumindest ansatzweise Aufgaben des AFB III zu bearbeiten.

Ihre Arbeit wird, nachdem Ihre Lehrerin bzw. Ihr Lehrer sie korrigiert und benotet hat, von einem zweiten Fachkollegen einer Zweitkorrektur unterzogen. Diese kann von einer Kollegin oder einem Kollegen an Ihrer Schule erfolgen, es ist aber auch möglich, dass die Zweitkorrektur an einer anderen Schule vorgenommen wird.

2 Tipps zum Umgang mit Prüfungsaufgaben

Je nach individueller Veranlagung werden einige von Ihnen diese Vorbemerkungen überspringen und sich direkt auf die Aufgaben stürzen. Vielleicht, weil Sie schon wissen, wie man **sachgerecht** und **ökonomisch** arbeitet oder aus genau dem gegenteiligen Grund: Vielleicht gehen Sie grundsätzlich zu **überhastet** vor und wollen möglichst rasch ans Ziel kommen. Wenn Sie zur zweiten Gruppe gehören sollten, sind – gerade durch Ihr Vorgehen – **Leistungsvermögen** und erbrachte **Leistung** daher oft **nicht deckungsgleich**. Dabei ist es eigentlich ziemlich einfach, ein gutes Ergebnis mit vernünftigem Aufwand zu erreichen.
Im Folgenden daher einige **Tipps**, die allgemein für jede Form von schriftlicher Arbeit gelten und damit über dieses Buch hinaus während der Berufsausbildung oder des Studiums **hilfreich** sein können.
Wir können Ihnen hier nur eine kurze Auflistung der wichtigsten Punkte geben, die Sie beim Bearbeiten der Aufgaben beachten sollten. Ebenso kann an dieser Stelle nur exemplarisch auf einige Aspekte der Analyse von Materialien eingegangen werden.
Weiterführende Hilfestellungen zum Umgang mit Prüfungsaufgaben finden Sie in dem Buch „Training Methoden – Biologie“, Stark Verlag Freising (Best.-Nr. 94710), mit dem Sie anhand einer Reihe konkreter Beispiele die prüfungsrelevanten Arbeitstechniken im Fach Biologie trainieren können.

2.1 Ökonomisches Bearbeiten der Aufgaben

Ökonomisches Arbeiten soll in diesem Zusammenhang heißen: eine Klausur in möglichst **kurzer Zeit** möglichst **gründlich** zu bearbeiten.
Ihre Bearbeitung der schriftlichen Abiturprüfung beginnt mit der Auswahl der Aufgaben. Wie bereits angesprochen, sollte diese Auswahl zügig und trotzdem sorgfältig erfolgen. Wichtig ist hierbei, dass Sie sich zunächst einen Überblick über alle Aufgaben und Materialien verschaffen, auch wenn Sie aufgrund der thematischen Überschrift schon eine Vorentscheidung gefällt haben. Vielleicht verbirgt sich in der Aufgabe ein „Haken“, den Sie bei der schnellen Durchsicht nicht gesehen haben!
Zur weiteren Bearbeitung der Aufgaben hilft es, wenn Sie sich vor der Klausur zu Hause einen Plan erstellen, wie Sie an die einzelnen Aufgaben herangehen sollen. Etwaige Nervosität in der Abitur-Prüfung wird dadurch übrigens vermindert, da Sie nach gewohnter Routine vorgehen können. Dieser **Plan** kann z. B. wie folgt aussehen:

- **Lesen** Sie sich die Aufgabenstellung sorgfältig durch, lassen Sie sich **Zeit**. Achten Sie dabei besonders auf die Operatoren. Versuchen Sie sich klarzumachen, worum es in der Aufgabe geht. Hierbei hilft Ihnen oft das Thema der Aufgabe.
- **Markieren** Sie beim Durcharbeiten des Aufgabentextes mit einem Stift – am besten mit einem **Textmarker** – wichtige Textstellen und Schlüsselbegriffe. (Werden unterschiedliche Sachverhalte in den Teilaufgaben angesprochen, kann es hilfreich sein, mit mehreren Farben zu arbeiten!)
- Lassen Sie sich **nicht** von der Aufgabenstellung **erschrecken**, solange Sie sich das Material nicht angeschaut haben. Oft klingt eine Fragestellung komplizierter, als sie nach Durchsicht der Materialien wirklich ist.

- Arbeiten Sie nun das **Material** durch und versuchen Sie bereits jetzt die Abbildungen, Graphen, Tabellen etc. den einzelnen Aufgabenstellungen zuzuordnen. Ein wichtiger Tipp: Oft gibt es regelrechte **Schlüsselwörter**, mit denen eine ganze Aufgabe gelöst werden kann. Wer z. B. in einem Populationsgraphen eine Räuber-Beute-Beziehung entdeckt, der hat bestimmt schon die Hälfte der Aufgabe gelöst! Achten Sie also auf solche **Zusammenhänge**.
- Gehen Sie bei Ihrer Arbeit **systematisch** vor. Bleiben Sie so lange bei einem Aufgabenteil bzw. den dazugehörigen Materialen, bis Sie diesen Teil erschöpfend bearbeitet haben.
- Wenn das Material trotz intensivster Anstrengungen nicht „zu Ihren Überlegungen passen will", **verwerfen** Sie Ihre (sicherlich falsche) Hypothese möglichst rasch – alles andere kostet nur unnötig Zeit.
- Erstellen Sie zu Ihren Überlegungen eine **Skizze** (z. B. eine *mind map*), aus der für Sie Ihr **Lösungsweg** hervorgeht. Das Ganze sollte nicht mehr als ein roter Faden sein – alles andere kostet nur unnötig Zeit. Ordnen Sie in dieser Skizze unbedingt die einzelnen Materialien Ihrem Argumentationsweg zu.

2.2 Arbeiten mit Grafiken und Tabellen

Ein wesentlicher Bestandteil biologischer Aufgabenstellungen ist die Analyse von Material in Form von Tabellen sowie Grafiken. Die umfassende Untersuchung der dargestellten Sachverhalte ist oft der Schlüssel zu einer erfolgreichen Lösung der Aufgabe.

Daten aus biologischen Experimenten werden häufig in Form von **Tabellen** zusammengefasst. Eine andere Art der Darstellung von Zahlenmaterial sind die zu den Grafiken zählenden **Diagramme**. Zur Auswertung einer Tabelle oder eines Diagramms gibt es einige Grundregeln, die sich auf fast alle Tabellen und Diagramme unterschiedlichen Aufbaus und Inhaltes anwenden lassen:

- Welche Größen sind in der Tabelle/dem Diagramm dargestellt? Achten Sie auf die Überschriften und den Begleittext.
- Was für ein Diagrammtyp liegt vor (z. B. Säulendiagramm, Optimumkurve)?
- Welche Größen sind gegeneinander aufgetragen? Welche ist die variable, welche die abhängige Größe?
- Was sind die Bezugsgrößen: Zahlenarten (absolute Zahlen, Prozentzahlen), Zahlenwerte (gerundet, geschätzt, vorläufig)?
- Welche Auffälligkeiten/Tendenzen sind zu erkennen?
- Was wurde mit welcher Methode untersucht?
- Welche Kategorien werden miteinander in Beziehung gesetzt (z. B. bei Tabellen in Kopfzeile, Spalten und Vorspalten)?
- Welche Besonderheiten weist das Material auf? Bestimmen Sie wesentliche Auffälligkeiten!
- Welche Hauptaussagen lassen sich formulieren (Trends/Tendenzen)?
- Welche Teilaussagen lassen sich machen (Minima, Maxima, Optimum, Zunahme, Abnahme, Stagnation, Zahlensprünge, Anomalien, Gleichmäßigkeiten und regel-

hafte Verläufe, unterschiedliche Phasen, Wechselbeziehungen zwischen verschiedenen Variablen/Merkmalen …)?
- Welcher Arbeitsauftrag ist mit dem Diagramm/der Tabelle verbunden? (Unabhängig davon sollten Sie Ihre Lösung unbedingt damit beginnen, eine kurze Beschreibung der Darstellung auf der Basis der o. g. Fragestellungen zu geben.)
- Welche Antwort gibt die Tabelle/das Diagramm auf die Fragestellung? Zu welchen Teilbereichen lassen sich keine Aussagen treffen?
- Welche Aussagen werden durch die Daten nahe gelegt?
- Welche neuen Fragen werden durch die Informationen der Tabelle/des Diagramms aufgeworfen?
- Was sind mögliche Ursachen für die Sachverhalte, welche Sie der Tabelle/dem Diagramm entnommen haben?

Abbildungen in der Biologie zeigen meist entweder Strukturen (z. B. einen Blattquerschnitt) oder Prozesse (z. B. die Proteinbiosynthese). Der erste Schritt Ihrer Lösung sollte auch hier immer darin bestehen, die bildlich dargestellte Information in Worte zu fassen. Die weitere Analyse ist dann sehr stark von der Art der Abbildung und der damit verbundenen Fragestellung abhängig. Aber auch hier gibt es wieder einige Grundregeln, die zu beachten sind:
- Wie ist die Abbildung zustande gekommen? Ist es z. B. die Skizze eines mikroskopischen Bildes oder die schematische Darstellung eines Experimentes? (Beachten Sie dabei auch den vorangestellten Text, die Bildunterschrift und die angegebene Quelle.)
- Welchem Themengebiet ist die Abbildung zuzuordnen (z. B. Evolutionsbiologie oder Molekulargenetik)?
- Was wissen Sie über die dargestellten Strukturen oder Abläufe? Welche Fachbegriffe können Sie hier zuordnen?
- Was sind die wichtigen Merkmale der dargestellten Objekte oder Sachverhalte? Vergleichen Sie Teilabbildungen miteinander. Formulieren Sie Kern- und Teilaussagen.
- Welche Arbeitsanweisung ist mit der Abbildung verknüpft? Sollen Sie z. B. die Abbildung zur Begründung oder Erläuterung eines Sachverhaltes verwenden oder wird von Ihnen eine Hypothese über den Ablauf eines dargestellten Experimentes erwartet?
- Welche für die Beantwortung der Fragestellung relevanten Informationen lassen sich aus den Darstellungen entnehmen und welche Fragen stellen sich?
- Welche Ursachen und Mechanismen könnten hinter den dargestellten Prozessen stecken? Wie sind auftretende Besonderheiten zu erklären?

2.3 Darstellen der Ergebnisse

Bei der Erstellung Ihrer Lösungen sollten Sie sich, neben der fachlichen Richtigkeit, um **sprachliche Richtigkeit und eine angemessene äußere Form** bemühen. Alle Antworten sollten Sie (sofern es nicht ausdrücklich anders verlangt ist, z. B. die Angabe als Tabelle oder Skizze) durchgehend **in vollständigen Sätzen** unter Verwendung der passenden **Fachbegriffe** formulieren.

Auch wenn zur Beantwortung der Aufgabe kein Fließtext gefordert wird, sollte die unkommentierte Aufzählung einzelner Schlagworte (Ausnahme: Operator „Nennen“) sowie unbeschriftete Skizzen und Tabellen vermieden werden. Bei allen Lösungen sollten Sie außerdem beachten,

- dass Sie sich bei der Bearbeitung der Aufgabe an den Operator der Aufgabenstellung halten, damit Sie die **Lösung im Sinne der Aufgabenstellung** erstellen. Sie sollten z. B. beim Operator „Nennen/Angeben“ keine weiteren Erklärungen angeben, dies wäre auch nicht im Sinne einer zweckmäßigen Zeiteinteilung bei der Prüfung.
- dass die Darstellung **logischen und erkennbaren Ordnungsprinzipien** folgt. Für längere Teilantworten bietet sich die „klassische“, aus dem Deutschunterricht bekannte Einteilung in eine kurze Einleitung (hier reichen meist 1–2 Sätze), einen in sinnvolle Absätze gegliederten Hauptteil und einen Schlusssatz an.
- dass die Ausführungen **eindeutig formuliert** sind und soweit sinnvoll auch mit anderen Teilen Ihrer Klausur verknüpft werden.
- dass Sie immer dann, wenn Sie **Abkürzungen** verwenden – sofern es sich nicht um Standardabkürzungen wie DNA, ATP, o. Ä. handelt – diese immer ausschreiben (z. B. PKU = Phenylketonurie). Ungebräuchliche Abkürzungen werden allgemein als Rechtschreibfehler angesehen und gewertet.

Zum Schluss sollten Sie – sofern es möglich ist – noch einmal 10 bis 20 Minuten einplanen, um Ihre Lösungen noch einmal zu lesen und eventuelle Fehler (Grammatik, Zeichensetzung, Rechtschreibung) zu berichtigen. Denken Sie daran, dass Ihnen für eine mangelhafte äußere Form bis zu drei Notenpunkte abgezogen werden können! Achten Sie auch darauf, dass Ihre Verweise auf Abbildungen korrekt sind. Eine **lesbare Schrift** und eine **übersichtliche Gestaltung** sind deshalb besonders wichtig. Zuletzt sollten Sie die Seiten vollständig durchnummerieren.

3 Hinweise zur Benutzung dieses Buches

Dieses Buch enthält zwölf **Übungsklausuren im Stil des Zentralabiturs 2012 in Nordrhein-Westfalen** und **alle Leistungskursaufgaben der Abitur-Jahrgänge ab 2007** mit Arbeitsaufträgen, Materialien und ausgearbeiteten Lösungen. Vor jedem Lösungsvorschlag finden Sie die in der Aufgabe thematisierten **Schwerpunkte** bzw. die für die Lösung geforderten **Vorkenntnisse.**
Nach diesen allgemeinen Hinweisen zur Lösung der Aufgabe folgen die **Lösungsvorschläge**. Jeder Lösungsvorschlag ist zusätzlich mit **methodischen Hinweisen** versehen. Diese Hinweise erläutern – sofern nötig – kurz die Herangehensweise an die Teilaufgabe und geben Ihnen konkrete Tipps, was bei der jeweiligen Aufgabe zu beachten ist. Alle Tipps und Hinweise erkennen Sie an den Rauten am Seitenrand.

Sollten nach Erscheinen dieses Bandes noch wichtige Änderungen in der Abitur-Prüfung 2012 vom Schulministerium Nordrhein-Westfalen bekannt gegeben werden, finden Sie aktuelle Informationen dazu im Internet unter
www.stark-verlag.de/info.asp?zentrale-pruefung-aktuell.

Abitur-Prüfung Biologie (NRW) – Leistungskurs
Übungsaufgabe 1: Neurophysiologie

Die Wirkung des örtlichen Betäubungsmittels Procain

1 Ordnen Sie die in Material A 2 dargestellten Membranpotenziale begründet den in Material A 1 bezifferten Abschnitten eines künstlich gereizten Neurons zu.

2 Erläutern Sie an Material B 1 und C die Vorgänge an einer Nervenfasermembran vor, während und nach einem Aktionspotenzial.

3 Erklären Sie unter Bezug auf das Material die lokal betäubende Wirkung von Procain. Erklären Sie auch, wie der Herzstillstand bei Überdosierung zustande kommt.

4 Stellen Sie dar, welche Eigenschaft(en) eine Substanz haben müsste, um eine Überdosierung von Procain behandeln zu können.

Material A: Modellhafte Darstellung verschiedener Membranpotenziale an einem Neuron, das künstlich überschwellig gereizt wird

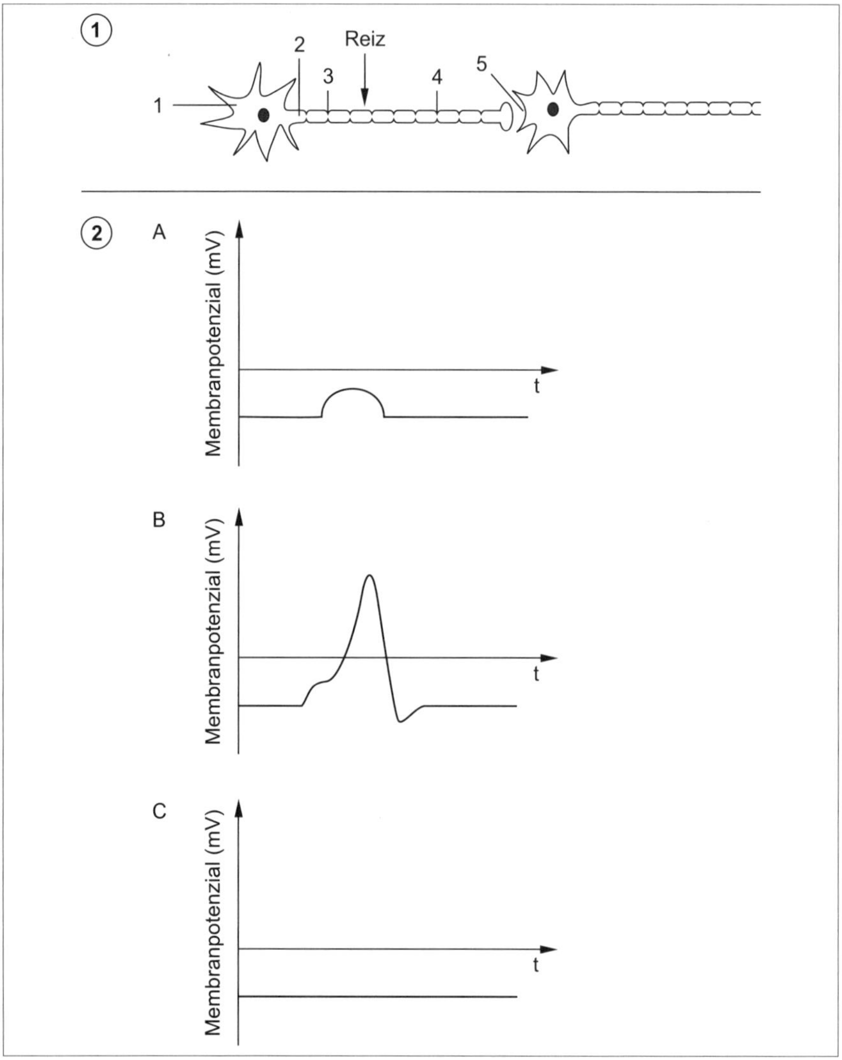

Material B: Potenzialänderungen an der Axonmembran

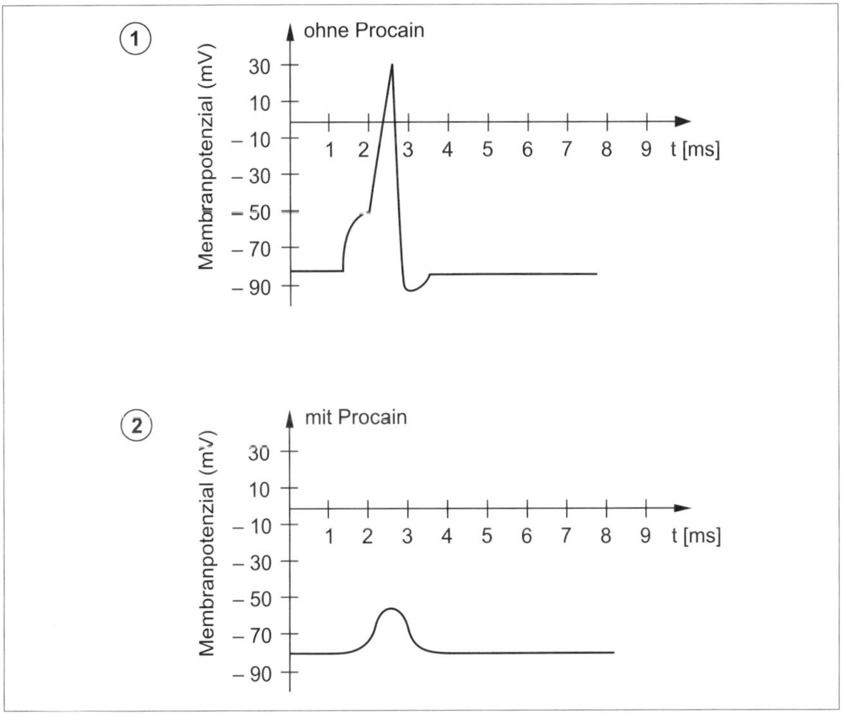

verändert nach: Aktories, Klaus, Förstermann, Ulrich, Hofmann, Franz, Starke, Klaus: Allgemeine und spezielle Pharmakologie und Toxikologie, begründet von Forth, W., Henschler, D., Rummel, W., Urban und Fischer Verlag 9. Auflage 2005, S. 257 © Elsevier GmbH, München

Material C: Ionenkonzentrationen außer- und innerhalb von Nervenzellen

	Natrium (Na^+)	**Kalium** (K^+)	**Chlorid** (Cl^-)	**organische Anionen**
Innenkonzentration (mmol /kg Wasser)	7	160	7	155
Außenkonzentration (mmol /kg Wasser)	144	4,5	114	0

Material D: Spannungsabhängiger Natriumionenkanal der Axonmembran

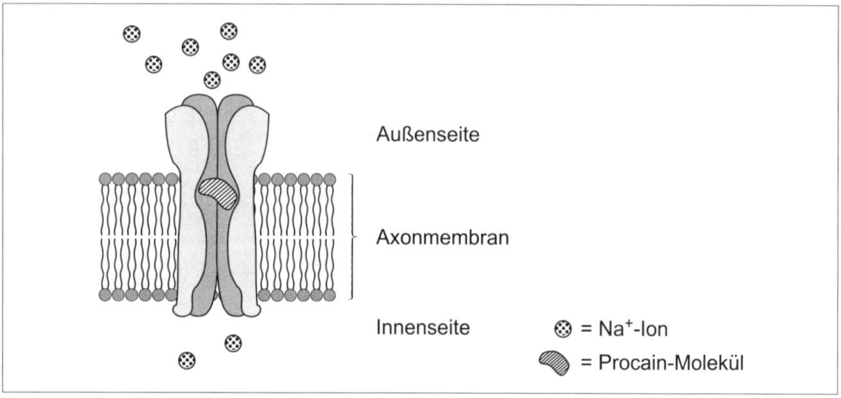

Teilschematische Darstellung der Anlagerungsstelle des Procain-Moleküls im spannungsabhängigen Natriumionenkanal der Axonmembran

verändert nach: Aktories, Klaus, Förstermann, Ulrich, Hofmann, Franz, Starke, Klaus: Allgemeine und spezielle Pharmakologie und Toxikologie, begründet von Forth, W., Henschler, D., Rummel, W., Urban und Fischer Verlag 9. Auflage 2005, S. 259 © Elsevier GmbH, München

Material E: Der Einsatz des örtlichen Betäubungsmittels *Procain*

Bei kleineren Eingriffen in der Medizin (z. B. bei einer Zahnbehandlung) verwendet man häufig örtliche Betäubungsmittel, mit denen man nur die Stelle, an der operiert wird, betäuben kann. Diese sogenannten **Lokalanästhetika** werden dazu mit einer Spritze in der Nähe der zu betäubenden Nerven injiziert. Dabei muss besonders darauf geachtet werden, dass keine Blutgefäße getroffen werden. Bei einer Überdosierung und gleichzeitiger Aufnahme in das Kreislaufsystem kann es u. a. zum Herzstillstand kommen.

Lösungsvorschlag

In der Aufgabe thematisierte Unterrichtsinhalte sind:
Neurobiologie: Ionenverteilung an der Nervenzellmembran, Ruhepotenzial, Aktionspotenzial, Erregungsleitung

1 Sie können die Zuordnung in einer Aufzählung sowohl nach den bezifferten Stellen 1–5 als auch den Kurven A–C geordnet vornehmen, aber auch – wie im folgenden dargestellt – die Zuordnung in die Beschreibung des (beidseitigen!) Verlaufs der Erregung nach dem künstlichen Reiz integrieren. Auf jeden Fall sollten Sie detailliert begründen, warum das jeweilige Membranpotenzial an der betreffenden Stellen gemessen werden kann.

Überschreitet ein Reiz eine bestimmte Schwelle, die zur Auslösung eines Aktionspotenzials ausreicht, nennt man ihn überschwellig. Durch die in Material A beschriebene künstliche Reizung im Bereich der Axonmembran kommt es zu einem Aktionspotenzial am Axon. Dieses kann bei dem dargestellten Wirbeltier-Neuron nur per saltatorischer Erregungsleitung über die Ranvier'schen Schnürringe weitergegeben werden, da nur dort spannungsabhängige Natriumionen(Na^+)-Kanäle vorliegen. An den anderen Stellen ist das Axon durch die Markscheide elektrisch isoliert. Das Aktionspotenzial (Kurve B) ist also an den Stellen 3 und 4 messbar, da sich die Erregung von der Reizstelle ausgehend sowohl faserabwärts als auch faseraufwärts fortpflanzt.
Das Neuronsoma enthält keine spannungsabhängigen Na^+-Kanäle (Stelle 1 und 2 in Material A 1). Kommt das Aktionspotenzial an Stelle 2 an, löst es nur eine schwache Depolarisation an der Membran aus, die durch Ionenwanderungen hervorgerufen wird. Dieser Zustand entspricht dem in Kurve A dargestellten Membranpotenzial.
Die beschriebenen Ionenwanderungsbewegungen setzen sich über die Somamembran des Neurons fort, schwächen sich dabei aber immer mehr ab *(sogenanntes Dekrement)*. In größerer Entfernung vom Axon (Stelle 1 in Material A 1) sind sie nicht mehr nachweisbar, das in Kurve C dargestellte Ruhepotenzial liegt vor.
Erreicht das Aktionspotenzial das synaptische Endbläschen, wird es dort durch Transmitterausschüttung an die Folgezelle weitergegeben, im vorliegenden Fall eine Nervenzelle (Stelle 5 in Material A 1). Die Membran des Dendriten enthält im synaptischen Bereich keine spannungsabhängigen Na^+-Kanäle, sondern transmittergesteuerte Na^+-Rezeptoren. Je nach Zahl der durch Transmitterausschüttung geöffneten Kanäle kommt es zu einer unterschiedlich starken Spannungsänderung an der postsynaptischen Membran. Bei exzitatorisch wirkenden Transmittern führt dies zu einer schwachen Depolarisation, wie in Kurve A dargestellt.

2 Beschreiben Sie zunächst, wie das Ruhepotenzial zustande kommt und aufrecht erhalten wird. Erläutern Sie dann, wie die Ionenverteilung sich beim Entstehen eines Aktionspotenzials verändert und welche Auswirkungen das auf das Membranpotenzial hat. Erklären Sie zuletzt, wie das Ruhepotenzial wieder hergestellt wird.

Material C zeigt, dass sich die Innen- und Außenkonzentration von Ionen an der Nervenzellmembran stark unterscheiden. Dieses Ungleichgewicht kommt durch die unterschiedliche Permeabilität der Membran für die einzelnen Ionen zustande. Es wird durch Ionen-Pumpen (v. a. die Na^+/K^+-Carrier) aufrecht erhalten, die die diffundierten Ionen wieder entgegen dem Konzentrationsgefälle zurückpumpen.
Im Ruhezustand wie auch im erregten Zustand sind in der Membran sogenannte Kaliumionen(K^+)-Leckkanäle geöffnet. Im Ruhezustand können die Kaliumionen aber nicht beliebig durch diese Kanäle diffundieren, da sie durch die negativen Ladungen der organischen Anionen zurückgehalten werden, die praktisch nicht durch die Membran diffundieren können. Ähnliches gilt für die Chlorid- und Natriumionen *(Chloridionen haben relativ zu Natriumionen eine gute Membranpermeabilität).* Anorganische Anionen und Natriumionen sammeln sich an der Membran, was zu einer Spannung quer zur Membran führt, wobei die Innenseite der Membran negativ geladen ist. Diese Spannung bezeichnet man als Ruhepotenzial.
Ein Aktionspotenzial wird immer dann ausgelöst, wenn das Membranpotenzial 20–25 % unter dem Ruhepotenzial liegt *(sogenannter Schwellenwert).* Dies ist z. B. bei Einwirkung eines Reizes einer bestimmten Stärke der Fall. Dadurch werden einige Na^+-Kanäle geöffnet, Natriumionen diffundieren im Ladungs- und Konzentrationsgefälle in das Zellinnere. In der Folge kommt es zum erwähnten Spannungsabfall an der Membran, der zur lawinenartigen Öffnung aller Na^+-Kanäle führt. Nach kürzester Zeit kommt es dann zu einem Ladungsausgleich: Natriumionen und organische Anionen heben sich in ihrer Ladung auf. Die Natriumionen diffundieren aber weiter, da ja noch das Diffusionsgefälle besteht –dadurch kommt es zur Umpolung *(Depolarisation)* der Membran!
Mit dem Einströmen der Natriumionen nimmt das Ladungsgefälle ab. Ab einer Spannung unter ca. –50 mV werden dadurch weitere K^+-Kanäle geöffnet, es kommt zu einem verstärkten Ausstrom von K^+-Ionen *(man sagt auch: die Membran besitzt eine höhere Permeabilität für K^+-Ionen).*
Alle Na^+-Kanäle schließen sich nach 1 ms und sind für eine weitere Millisekunde inaktiv, d. h. sie öffnen sich nicht, egal wie stark z. B. ein Reiz ist *(absolute Refraktärzeit).* Durch den Verschluss der Na^+-Kanäle und den erhöhten K^+-Ionen-Ausstrom wird die Polarität an der Membran erneut umgedreht *(sogenannte Repolarisation).* Die im Konzentrationsgefälle durch die sich nur allmählich verschließenden K^+-Kanäle weiter diffundierenden K^+-Ionen führen zu einer kurzzeitigen Hyperpolarisation der Membran. Der ATP-verbrauchende Na^+/K^+-Carrier pumpt schließlich alle gewanderten Natrium- und Kaliumionen zurück und stellt so die ursprüngliche Ionenverteilung und damit das Ruhepotenzial wieder her.

3 – Für die Beantwortung des ersten Teils der Frage finden Sie die relevanten Informationen in Material B 2 und D. Vermeiden Sie bei Ihrer Erklärung Wiederholungen, in dem Sie auf Ihre Ausführungen in der vorangehenden Aufgabe verweisen.
– Material E gibt Auskunft über die Folgen einer Überdosierung unter bestimmten Voraussetzungen. Beschreiben Sie kurz, warum auf diese Weise ein Herzstillstand zustande kommen kann. Den Wirkmechanismus müssen Sie hier nicht noch einmal erklären, dies ist ja bereits im 1. Schritt der Teilaufgabe erfolgt.

Procain setzt sich in den spannungsabhängigen Na^+-Kanal *(Material D)* und verhindert so die in Teilaufgabe 2 beschriebene Erregungsentstehung bzw. -leitung: Da keine Na^+-Ionen wandern können, erfolgt auch keine Depolarisation. Ein Aktionspotenzial kann folglich nicht ausgelöst werden, da die wenigen nicht verschlossenen Natriumionenkanäle nur zu einer unterschwelligen Erregung führen *(Material B 2)*.
Erfolgt eine Überdosierung von Procain und gelangt die Substanz (z. B. durch falsches Setzen einer Spritze) in die Blutbahn, wird sie dadurch über den ganzen Körper verteilt. Procain kann also auch bei anderen Nervenzellen hemmend auf die Ausbildung von Aktionspotenzialen wirken. Handelt es sich dabei um Zellen, die für die Kontraktion der Herzmuskeln verantwortlich sind, führt dies zum erwähnten Herzstillstand.

4 Es gibt mehrere Möglichkeiten, wie das „Gegengift“ zu Procain wirken könnte. Generell muss die Funktionalität der Na^+-Kanäle wieder hergestellt und damit die Depolarisation ermöglicht werden. Dazu führen u. a. die unten dargestellten Ansätze. Auch andere plausible Erklärungen sind an dieser Stelle richtig!

Um eine Erregungsleitung wieder zu ermöglichen, muss eine überschwellige Depolarisation *(Material B 2)* gewährleistet sein. Da dies bei einer Procain-Überdosierung nicht mehr der Fall ist, muss eine neurophysiologisch aktive Substanz die Wirkung von Procain aufheben. Dies wird z. B. dadurch erreicht, dass die nicht von Procain verschlossenen Na^+-Kanäle bei Erregung länger geöffnet bleiben durch den Einfluss des „Gegengiftes“. Dadurch kommt es zu einem längeren Kationeneinstrom und damit zu einer stärkeren Depolarisation an der Nervenmembran. Ist die Depolarisation überschwellig, tritt nach dem bei Teilaufgabe 2 beschriebenen Mechanismus ein Aktionspotenzial auf.

Auch neuroaktive Substanzen, die die Öffnung von Na^+-Kanälen fördern, haben die gleiche Wirkung: Diese Substanzen bewirken die Kanalöffnung auch schon bei sehr geringer Erregung. Dadurch werden wesentlich mehr Kanäle aktiviert als im Normalzustand und somit die entgegen gesetzte Wirkung von Procain aufgehoben.

Abitur-Prüfung Biologie (NRW) – Leistungskurs
Übungsaufgabe 2: Evolution

Verwandtschaftsanalyse bei Vögeln

1 Untersuchen Sie die in Material A abgebildeten Flügelformen in Bezug auf homologe und analoge Übereinstimmungen und begründen Sie diese. Beurteilen Sie anhand der Merkmale die Nähe Verwandtschaft zwischen den beiden Arten.

2 Erläutern Sie allgemein, inwiefern die Nukleotidsequenzen der DNA Hinweise auf die Verwandtschaft zwischen verschiedenen Arten geben können (vgl. auch Text in Material B).

3 Vergleichen Sie die (heutige) geografische Verbreitung der Straußenvögel mit dem Verwandtschaftsdiagramm und stellen Sie die sich daraus ergebenden Probleme heraus.

4 Erarbeiten Sie Hypothesen zur Lösung dieser Probleme.

Material A: Vergleich Vogel- und Fledermausflügel

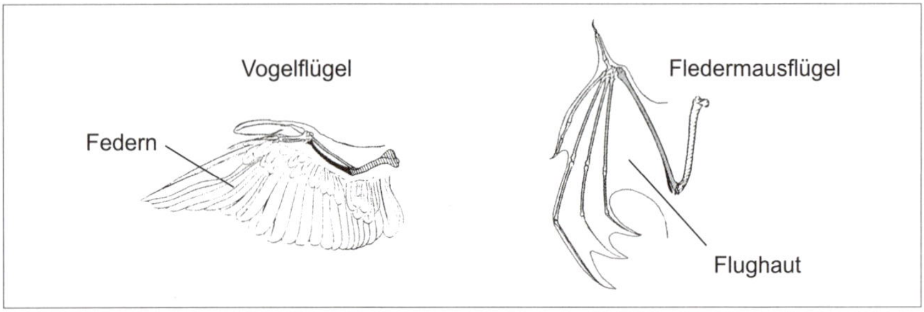

Material B: Straußenvögel

Die Straußenvögel gehören zu den sogenannten Flachbrustvögeln, deren Brustbein nicht den Ansatz einer kräftigen Flugmuskulatur ermöglicht. Sie sind daher nicht flugfähig. Der Stammbaum der Straußenvögel wurde anhand der Analyse von Nukleotidsequenzen des Cytochrom b-Gens erstellt. Die Karte zeigt die heutige disjunkte (unzusammenhängende) Verbreitung dieser Gruppe in dem Gebiet des alten Gondwana-Kontinents, der vor ca. 80 Mio. Jahren endgültig in die einzelnen Südkontinente auseinander driftete.

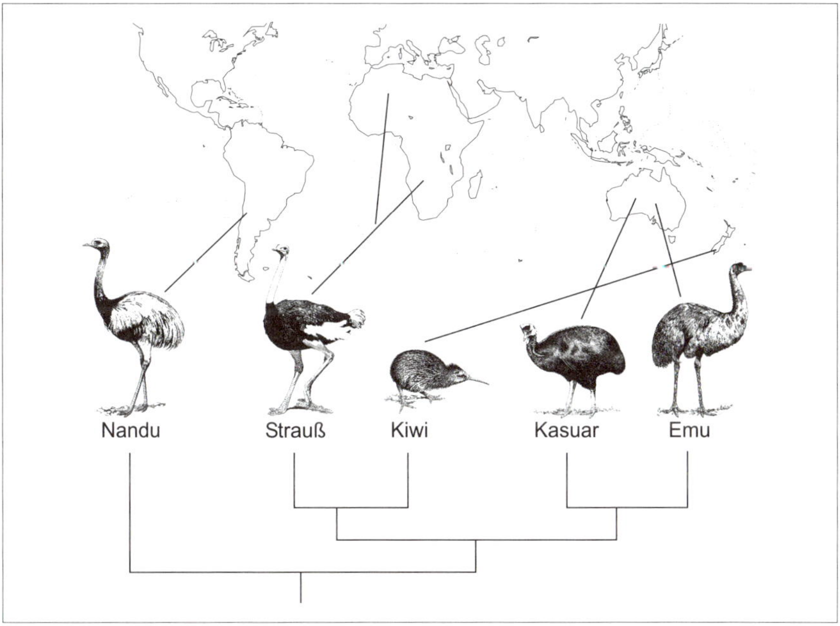

aus: Feduccia, Alan: The Origin and Evolution of Birds, Yale University Press, New Haven and London, 1996, S. 170 (Drawings by George Miksch Sutton)

---

monophyletische Gruppe

Lösungsvorschlag

In der Aufgabe thematisierte Unterrichtsinhalte sind:
Evolution: Hinweise auf Verwandtschaft: Homologie der Wirbeltiergliedmaßen, Homologie-/Analogie-Analyse; Eignung der DNA-Sequenz für die Erstellung von Stammbäumen; Erstellung von Hypothesen zur Stammesgeschichte

1 Homologien können mithilfe der drei Homologiekriterien – Lage im Gefügesystem, Stetigkeit und spezifische Qualität – ermittelt werden. Überlegen Sie, welches Kriterium in dem vorliegenden Beispiel anwendbar ist. Homologe Übereinstimmungen bilden einen Hinweis auf die gemeinsame Abstammung. Neben homologen gibt es auch analoge Übereinstimmungen zwischen den beiden Organen, die durch die Funktionsgleichheit entstanden ist.

Das Skelett beider Flügel bildet ein Gefügesystem, dessen Elemente nach ihrer Lage miteinander homologisiert werden können. Beiden gemeinsam ist die Abfolge von Oberarmknochen (schraffiert), Elle und Speiche im Unterarm (schwarz/punktiert), Handwurzelknochen, Mittelhandknochen und Fingerknochen. Diese homologen Übereinstimmungen belegen einen gemeinsamen Ursprung der Vorderextremität, die sich gleichartig auch bei anderen Landwirbeltieren findet.
Allerdings sind die einzelnen Elemente des Flügelskeletts in beiden Fällen sehr unterschiedlich ausgebildet. Während beim Vogel die Anzahl der Finger und Mittelhandknochen reduziert ist, hat die Fledermaus die wirbeltiertypische Fünfzahl, wobei diese Skelettelemente zudem extrem verlängert sind. Dagegen ist bei der Fledermaus der Unterarm reduziert, da er fast nur noch von der Speiche gebildet wird, die Elle ist fast verschwunden. Diese Unterschiede weisen darauf hin, dass trotz der prinzipiellen Homologie beider Skelette keine nahe Verwandtschaft zwischen beiden Tieren vorliegt.
Beide Flügelformen sind als Funktionsgestalten analog: Die Tragfläche ist – bei gleicher Funktion – anatomisch völlig unterschiedlich gebaut. Beim Vogel besteht sie aus Federn, die durch ihren Schaft stabilisiert werden; bei der Fledermaus bildet die Flughaut die Tragfläche. In diesem Fall wird sie zwischen den Knochen des Armskeletts ausgespannt. Federn und Flughaut sind nicht homolog. Die verlängerten Hand- und Fingerknochen können in ihrer stabilisierenden Funktion mit den Federschäften des Vogelflügels verglichen (analogisiert) werden. Somit beruht die Umgestaltung der Vordergliedmaßen zu Flügeln in beiden Fällen auf einem analogen Evolutionsprozess, nicht auf einer nahen Verwandtschaft beider Organismen.

2 Beim Vergleich der DNA verschiedener Organismen bzw. verschiedener Arten kann man aus der Anzahl unterschiedlicher Basen in vergleichbaren DNA-Abschnitten auf den Grad der Verwandtschaft schließen.
Unterschiedliche Basen in der DNA kommen durch Mutationen zustande. Die häufigsten Mutationen sind Änderungen des Triplettcodes, die durch Ausfall oder Einbau von Basen oder auch durch Änderung einer vorhandenen Base erfolgen

können. Da die Tripletts den Code für Aminosäuren bilden, können veränderte Tripletts in der Proteinsynthese zu veränderten Proteinen und damit zu veränderten Phänotypen führen. Die Mutationen können aber auch „stumm" sein und keine Auswirkungen auf den Phänotyp haben. Je länger zwei Arten sich getrennt voneinander entwickelt haben, d. h. je weiter zurück ihr letzter gemeinsamer Vorfahre liegt, desto mehr unterschiedliche Mutationen konnten sich im Laufe der Zeit in ihrer DNA ansammeln. Mithilfe dieser Information lässt sich ein Stammbaum der betrachteten Organismen erstellen: Je mehr Unterschiede in solchen Nukleotidsequenzen zweier Organismen auftreten, umso länger muss die Zeit ihrer getrennten Entwicklung sein und umso geringer ist also ihr Verwandtschaftsgrad.

3 Hier sollten Sie zunächst den dargestellten Stammbaum der Vögel analysieren. Überlegen Sie dann, welche geografische Verbreitung Sie aufgrund der Datenlage vermuten würden und vergleichen Sie dies mit der tatsächlichen, in der Abbildung angedeuteten Verbreitung. Beachten Sie bei Ihrer Auswertung auch die äußere Erscheinung der einzelnen Vogelarten.

Das Verwandtschaftsdiagramm zeigt, dass die Straußenvögel eine gemeinsame Abstammung haben *(sie stellen eine sog. monophyletische Gruppe dar)*. Trotzdem leben sie heute auf verschiedenen Kontinenten, die durch Ozeane getrennt sind (disjunkte Verbreitung). Da die Vögel flugunfähig sind, ist eine aktive Verbreitung durch fliegende Überquerung der Ozeane nicht möglich. Besonders auffällig wird das Problem der disjunkten Verbreitung an Strauß und Kiwi, die eine Schwestergruppe bilden, obwohl sie in Afrika bzw. Neuseeland beheimatet sind. Beim Kiwi würde man aufgrund der geografischen Nähe eher eine engere Verwandtschaft mit dem australischen Kasuar oder Emu erwarten. Andererseits ließe sich aus der äußeren Ähnlichkeit eine engere Verwandtschaft des afrikanischen Straußes mit dem südamerikanischen Nandu annehmen. Die molekulare Verwandtschaftsanalyse widerlegt diese Annahmen, verstärkt aber zugleich das Problem der heutigen Verbreitung nahe verwandter Gruppen.
Folgende Probleme ergeben sich damit:

- Wie kam es zur heutigen Verbreitung dieser monophyletischen Gruppe von flugunfähigen Vögeln in vier durch weite Meeresflächen getrennten Gebieten?
- Wie ist der trotz ihrer nahen Verwandtschaft vorhandene phänotypische Unterschied zwischen Kiwi und afrikanischem Strauß zu erklären?
- Woher kommt andererseits die phänotypische Ähnlichkeit der nicht nahe verwandten Arten Strauß und Nandu?

4 Die Fragestellung deutet schon darauf hin, dass es mehrere Lösungen des Problems der Verbreitung der Vögel geben kann. Es geht hier nicht darum, die einzelnen Vorgänge bis ins Detail zu erklären, sondern darum, mehrere mögliche, in sich schlüssige Erklärungen dafür zu finden, wie die o. g. Fragestellungen erklärbar sein könnten. Neben den unten genannten Ansätzen sind sicher noch weitere Erklärungen denkbar.

Zur Lösung der in Aufgabenteil 3 angeführten Probleme sind verschiedene Hypothesen denkbar.
Die disjunkte Verbreitung nahe verwandter Straußenvögel könnte darauf beruhen, dass die Vorfahren flugfähig waren. Dann wäre eine Verbreitung auch nach der Trennung des Gondwanakontinents möglich, eventuell mit anschließender (allopatrischer) Artbildung. Oder die Straußenvögel waren ursprünglich flugunfähig. Dann kann ihre Verbreitung nur mit dem Auseinanderdriften durch die Kontinentalverschiebung erfolgt sein. Durch die Aufteilung des Gondwana-Kontinents wurden die Populationen separiert und konnten sich in unterschiedliche Arten weiterentwickeln. In diesem Fall wären die Flachbrustvögel älter als 80 Mio. Jahre.
Die angeführten Probleme der phänotypischen Ausprägung ließen sich durch die Hypothese entsprechender Selektionsbedingungen erklären. Im Fall von Strauß und Kiwi müssten ganz unterschiedliche Selektionsbedingungen geherrscht haben, während beim Nandu ähnliche Bedingungen einen konvergenten Phänotyp hervorriefen wie beim Strauß.
Eine ganz andere Hypothese wäre die Vermutung, dass der auf der DNA-Analyse eines einzelnen Gens beruhende Stammbaum noch nicht genügend gesichert ist. Weitere Verwandtschaftsanalysen wären damit gefordert, die diesen Stammbaum entweder bestätigen oder abändern.

Abitur-Prüfung Biologie (NRW) – Leistungskurs
Übungsaufgabe 3: Ökologie

Eutrophierung des Stadtsees

1 Erläutern Sie anhand von Material A–C und Material G mögliche Ursachen für die Eutrophierung des Stadtsees. Stellen Sie dar, welche langfristigen Folgen das Ausbleiben von Sanierungsmaßnahmen für den See haben kann.

2 Erklären Sie anhand von Material D die Grundlagen und die Durchführung der TWA-Technik.

3 Erklären Sie mithilfe von Material G und H, welche Auswirkungen die Renaturierung des Urbachs für die Wasserqualität des Stadtsees haben kann.

4 Beurteilen Sie unter Verwendung von Material E–G den Erfolg der Sanierung des Stadtsees.

Material A: Der Stadtsee

Der Stadtsee ist in den Ortskern der oberschwäbischen Stadt Bad Waldsee (14 000 Einwohner) eingebettet. Er ist eiszeitlichen Ursprungs und besitzt einen schmalen, aber dicht bewachsenen Ufergürtel. Hauptzufluss ist der über weite Strecken begradigte Urbach, der ca. 15 km südlich von Bad Waldsee entspringt, einziger Abfluss der Pfaffenbach (siehe Material B).
Der See selbst sowie sein 20 km^2 großes Einzugsgebiet werden vielfältig genutzt (siehe auch Material B und C):
- als Naherholungsgebiet (Wald und Parkanlagen, Badebetrieb, Freibad, Sportfischerei)
- als landwirtschaftliche Nutzfläche (teilweise Hanglage zum Urbach hin)
- als industrielle Nutzfläche (Holzindustrie, Seidenweberei, Kunststoffverarbeitung)

Die extreme Eutrophierung Anfang der 1980er-Jahre mit jährlich wiederkehrenden Algenblüten machte eine Seesanierung dringend erforderlich. Hierzu wurden unter anderem folgende Maßnahmen durchgeführt:
- 1985 wurde die in Material D dargestellte Tiefenwasserableitung (TWA) installiert, die in den Pfaffenbach mündet.
- Mehrere seenahe Abschnitte des Urbachs wurden von 1995–1998 renaturiert.
- Von 1996–1998 wurden elf Kleingemeinden im Einzugsgebiet an die Kläranlage angeschlossen.

Die Veränderung ausgewählter biotischer und abiotischer Faktoren vor, während und nach der Sanierung ist in Material E und F dargestellt.

Material B: Geografische Lage und Morphologie des Stadtsees

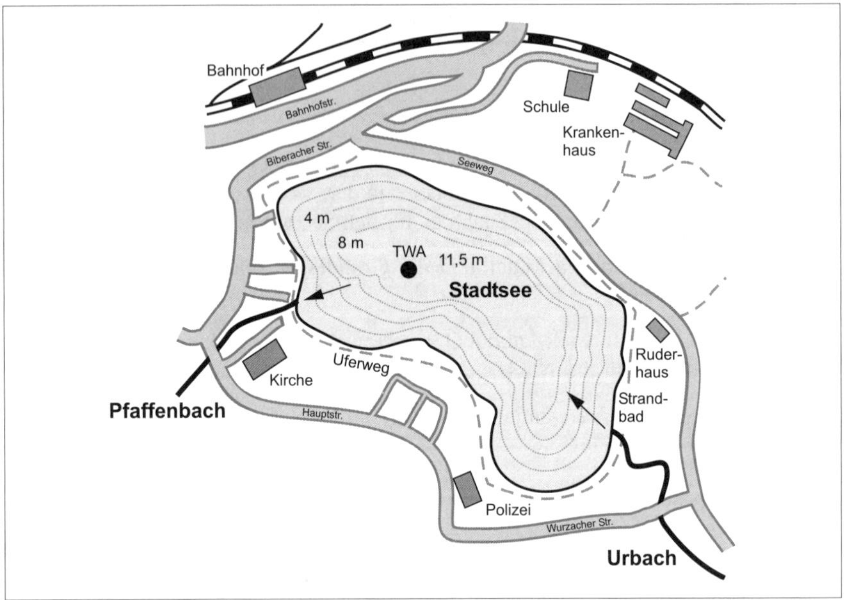

Material C: Nutzung des Einzugsgebietes des Stadtsees

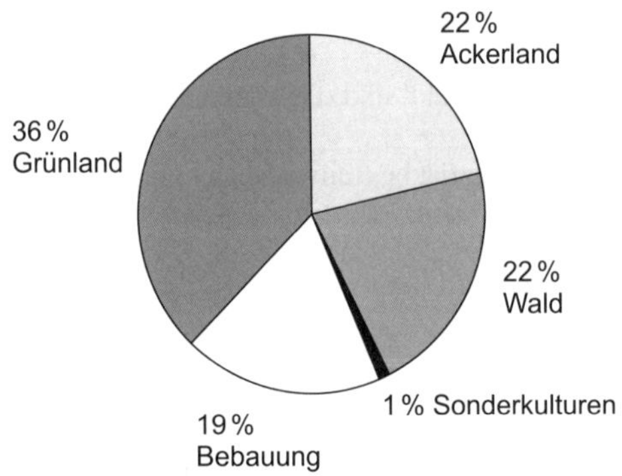

nach Daten von: www.seenprogramm.de/142.html (26.05.06)

Material D: Tiefenwasserableitung

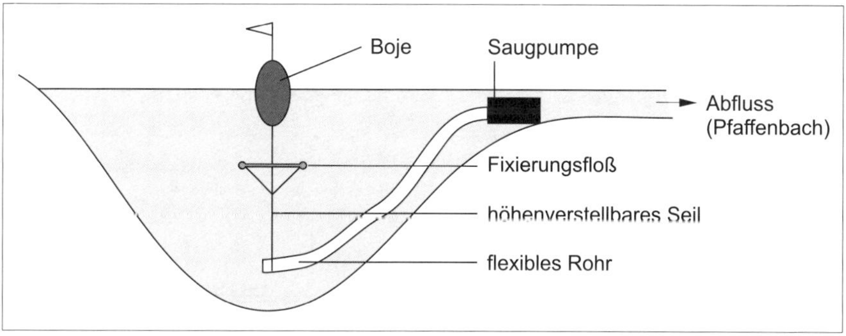

verändert nach: Lorenz, P., Klee, O.: Rehabilitation polytrophierter kleinerer Stehgewässer am Beispiel Stadtsee in Bad Waldsee; in: Zintz, K.; Rahmann, H.; Wiesser, H.: Ökologie und Management kleinerer Stehgewässer, Markgraf Weikersheim 1990, S. 358

Material E: Gesamtphosphorgehalt im Stadtsee und fotosynthetische Biomasse als Chlorophyll a von 1985–2004

	1985	**1987**	**1988**	**1995**	**2002**	**2004**
Gesamtphosphor (mg/l)	0,13	0,10	0,054	0,040	0,062	0,042
Chlorophyll a (µg/l)	–	33	20	25	23	19

verändert nach: www.seenprogramm.de/142.html (26.05.06)

Material F: BSB_5 im Jahresmittel in 10,5 m Tiefe

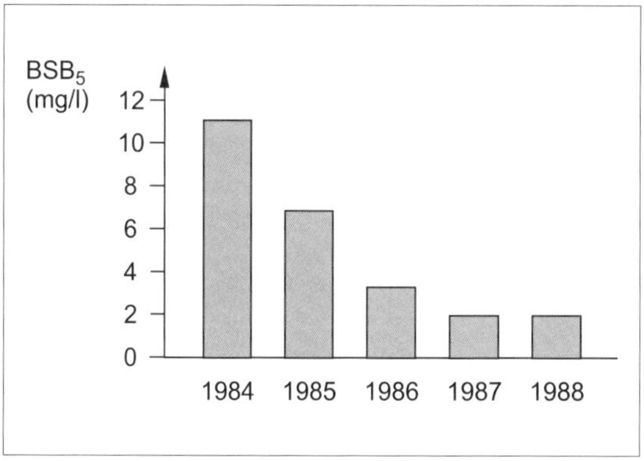

Hinweis: Der **B**iologische **S**auerstoff-**B**edarf ist ein Messwert, der angibt, wie viel Sauerstoff von Mikroorganismen in einem bestimmten Zeitraum (hier: 5 Tage) benötigt wird, um organische Stoffe im Wasser abzubauen.

verändert nach: Lorenz, P., Klee, O.: Rehabilitation polytrophierter kleinerer Stehgewässer am Beispiel Stadtsee in Bad Waldsee; in: Zintz, K.; Rahmann, H.; Wiesser, H.: Ökologie und Management kleinerer Stehgewässer, Markgraf Weikersheim 1990, S. 367

Material G: Abnahme von NH_4^+ nach einer Abwassereinleitung in einem naturnahen Bach und einem ausgebauten Bach

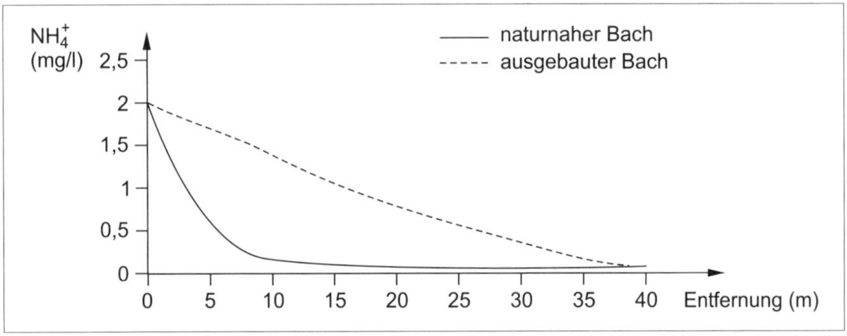

verändert nach: Borchardt, D., Wolf, P.: Labor- und Modelluntersuchungen zur benthischen Nitrifikation in Fließgewässern, Wasserwirtschaft 83, 4, 1993, S. 218–225

Material H: Zonierung ausgewählter Umweltfaktoren eines Fließgewässers im Längsverlauf

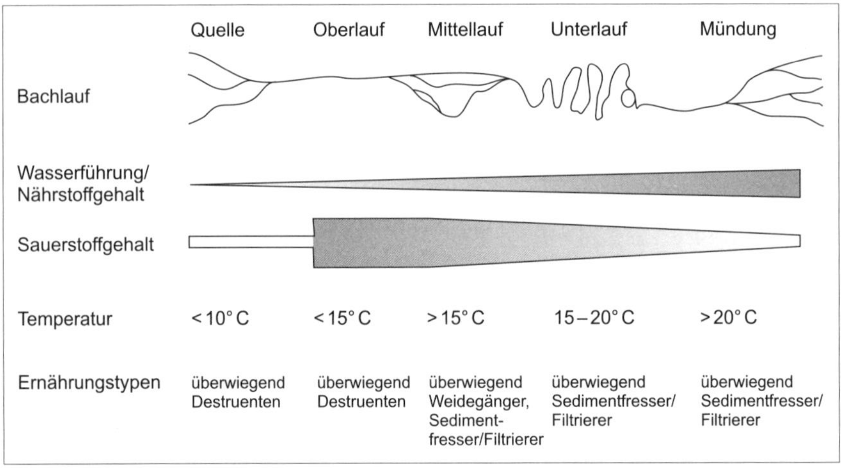

verändert nach: Graw, Martina: Ökosystem Fließgewässer, in: Ökologische Bewertung von Fließgewässern, Schriftenreihe der Vereinigung Deutscher Gewässerschutz e.V., Band 64, 2004, S. 14

Lösungsvorschlag

In der Aufgabe thematisierte Unterrichtsinhalte sind:
Ökologie: Eutrophierung und Eutrophierungsfaktoren für Gewässer, Algenblüte, anaerober/aerober Abbau von Detritus, Maßnahmen zur Gewässersanierung, Selbstreinigungskraft, Zonierung, Stickstoffkreislauf

1 Aufgaben aus dem Bereich „Ökosystem" sind vom Prinzip her eher einfach einzuschätzen. Was sie auf den ersten Blick aber schwer aussehen lässt, ist die Fülle an Materialien. Hier ist es wichtig, Ruhe zu bewahren und die Aufgabenstellungen Schritt für Schritt durchzuarbeiten. Das Material erschließt sich dabei sozusagen „von selbst". Die Gewässerökologie ist besonders leicht zugänglich, da sie nur sehr wenig Möglichkeiten der Fragestellung bietet – meist geht es um die Einordnung des Zustands eines Gewässers oder die Beurteilung der Sanierungsmaßnahmen.
Wegen der Vielzahl an Materialien, die bei diesem Aufgabenteil zu berücksichtigen sind, ist es hier besonders wichtig, die Aufgabenstellung als Hilfe für die Strukturierung zu benutzen. Arbeiten Sie also zuerst einmal die Ursachen einer Eutrophierung am Beispiel Stadtsee heraus. Erst danach sollten Sie die möglichen Folgen einer Eutrophierung schildern!

Nitrat und Phosphat stellen limitierende Faktoren *(Minimumfaktoren oder begrenzende Faktoren im Sinne des LIEBIG-Gesetzes)* für das Pflanzenwachstum in Gewässern dar. Werden diese beiden Mineralsalzbestandteile stark erhöht, kommt es zu der in Material A beschriebenen Algenblüte, der extremen Vermehrung von Algen. Im Falle des Stadtsees hat die Zunahme der Mineralsalze im See mehrere Faktoren als Ursache:

- Die Einleitung organisch belasteter Abwässer durch Haushalte, die nicht an die Kläranlage angeschlossen sind (z. B. Phosphate aus Waschmitteln).
- Die Abwassereinleitung durch die Industriezweige, die organische Verbindungen verarbeiten (Holz, Seide), führt ebenfalls zur Erhöhung des Eintrags organischen Materials und damit v. a. zur Erhöhung des Phosphatgehaltes.
- Die intensive landwirtschaftliche Nutzung im Einzugsgebiet (22 % der Gesamtfläche!) erhöhen vor allem den Nitratgehalt des Sees.
- Sportfischerei bedeutet einen erhöhten Fischbesatz und damit ebenfalls eine erhöhte Belastung des Sees mit N- und P-haltigem Detritus.
- Der Stadtsee besitzt wegen seiner geringen Tiefe (Material B) nur ein geringes Wasservolumen und hat nur einen Zufluss, den Urbach. Dieser ist begradigt worden, d. h. durch die verminderte Selbstreinigungskraft kommt es zu einem verstärkten N-Eintrag (Material G).

Die durch den Eintrag von Phosphat und Nitrat gesteigerte Primärproduktion führt auch zu einer Vermehrung der Konsumenten. Produzenten und Konsumenten erzeugen dadurch große Mengen organischen Abfalls. Dieser Detritus wird anfangs oxidativ abgebaut, was einen hohen Sauerstoffbedarf bedingt (erkennbar z.B. an den BSB_5-Werten in Material F). Ist der Sauerstoff im Gewässer aufgebraucht, kommt es zum anaeroben Detritusabbau; Giftgase (Methan, Schwefelwasserstoff, Ammoniak) können entstehen. Bei extremer Detritusbelastung kann es zum „Kippen“ eines Gewässers kommen, d. h. viele Organismen im Gewässer sterben aufgrund des Sauerstoffmangels bzw. der entstehenden Giftgase ab.

2 In diesem Aufgabenteil geht es nicht darum, den Aufbau der in Material D dargestellten Pumpenanlage detailgenau zu beschreiben. Sie sollen vielmehr berücksichtigen, was Sie in Aufgabenteil 1 zum Zustand des Tiefenwassers erarbeitet haben, und den Einfluss der Sanierungsmaßnahme auf das Gewässer erklären.

Das detritusreiche, sauerstoffarme und mit Giftgasen belastete Wasser wird durch die TWA-Anlage in den Pfaffenbach abgeleitet. Damit werden dem See einerseits gefährliche Stoffe entzogen, die Gefahr des „Kippens“ des Sees wird somit also verringert. Andererseits sinkt durch die Ableitung des Detritus der Sauerstoffbedarf der Destruenten, für die heterotrophen Organismen im See steht damit wieder genügend Sauerstoff zur Verfügung. Zuletzt wird aber auch der N- und P-Gehalt des Sees auf Dauer vermindert und damit die Eutrophierung teilweise rückgängig gemacht. Die Selbstreinigungskraft des Pfaffenbachs wird dazu genutzt, den Detritus aerob abzubauen.

3 Charakterisieren Sie zunächst den Urbach, indem Sie ihn einer Zone aus Material H zuordnen (Größe beachten!). Erläutern Sie dann die Vorgänge, die im Bach zum Abbau des Ammoniums führen. Nennen Sie dabei auch die Ursache des in Material G dargestellten Unterschiedes zwischen einem naturnahen (renaturierten) und einem begradigten Fluss.

Wie aus Material A und C hervorgeht, wird der Stadtsee auch durch eingeleitete Nährstoffe aus dem Einzugsgebiet stark belastet. Die Nährstoffe stammen vor allem aus der Landwirtschaft und gelangen auch über den Urbach in den See.
Nach Material H ist der Urbach aufgrund seiner Größe dem Bereich „Oberlauf“ zuzuordnen. Er ist damit abiotisch durch niedrige Temperaturen und einen hohen Sauerstoffgehalt gekennzeichnet. Biotisch überwiegen bei den heterotrophen Organismen die Destruenten, es sollte hier also zu einem Abbau organischer Substanz und damit zur Selbstreinigung des Baches kommen.
Durch die Begradigung des Baches wurden dem See die Nährstoffe aber so rasch zugeleitet, dass nicht genügend Zeit für einen vollständigen Detritusabbau zur Verfügung stand. Die Renaturierung gewährleistet wieder eine geringere Fließgeschwindigkeit und damit eine längere Verweildauer des Wassers im Urbach. Damit kann die Selbstreinigungskraft des Fließgewässers besser genutzt werden. Material G zeigt deutlich, dass die Oxidation von Ammonium durch nitrifizierende Bakterien in einem natürlichen Bachlauf auf der gleichen Fließstrecke zu einem fast vollständigen Abbau führt. Das dabei entstehende Nitrat wird zum Teil durch denitrifizierende Bakterien zu Stickstoff reduziert, sodass die Belastung des Sees durch Stickstoff-Verbindungen vermindert werden kann.

4 Zum Beurteilen der Sanierungsmaßnahmen müssen Sie den Zustand und den „Trend“ des Sees noch einmal abschließend zusammenfassen. Geben Sie ggf. auch Vorschläge für notwendige weitere Maßnahmen an.

Die bisher ergriffenen Maßnahmen sind nur zum Teil als erfolgreich zu beurteilen. Wie Material E zu entnehmen ist, hat die TWA zwar tendenziell zu einer Verminderung des Phosphatgehalts geführt, trotzdem ist es aber im Jahr 2002 wieder zu einem deutlichen Anstieg gekommen. Die Auswirkungen auf die Entwicklung der Pflanzenbiomasse sind dementsprechend nur begrenzt positiv. Auch hier ist nur eine Tendenz in die richtige Richtung zu erkennen, erst nach den umfangreichen Renaturierungsmaßnahmen am Urbach und dem Anschluss mehrerer Kleingemeinden an die Kläranlage Ende der 1990er-Jahre hat die Pflanzenbiomasse deutlich abgenommen. Material E ist zu entnehmen, dass der Phosphatgehalt alleine nicht für die Schwankungen in der Pflanze verantwortlich sein kann, da keine direkte Parallele feststellbar ist. Wie bereits im Aufgabenteil 3 beschrieben, könnte der zweite wichtige Eutrophierungsfaktor NH_4^+ sein. In Material G wird deutlich, dass durch die Renaturierung des Urbachs die Ammonium-Belastung für den Stadtsee deutlich abgenommen haben könnte.
Obwohl die TWA hinsichtlich des Eintrags an Phosphat nur begrenzte Wirkung zeigte, hatte sie offensichtlich einen deutlichen Einfluss auf die Detritusmenge im Stadtsee. Seit dem ersten Einsatz 1985 hat der BSB_5 um fast 80 % abgenommen. Offensichtlich wurden große Mengen an Detritus durch die TWA in den Pfaffenbach abgeleitet. Damit und durch die verminderte Pflanzenbiomasse hat die Sauerstoffzehrung im See deutlich abgenommen.
Der See ist insgesamt aber immer noch als eher eutroph einzuordnen. Ein dauerhafter Erfolg ist ohne unterstützende Maßnahmen nicht gewährleistet, wie die Schwankungen im Phosphatgehalt beweisen. So könnte z. B. eine Einschränkung des Badebetriebs und der Sportfischerei sinnvoll sein. Auch Drainageleitungen oder ein Mindestabstand landwirtschaftlicher Nutzflächen zum Urbach wären denkbar.

Vom Gift zum Heilmittel – die Karriere des ω-Conotoxins

1 Geben Sie mithilfe von Material C für die in Material D markierten Aminosäuren des ω–Conotoxins die mRNA- und die codogene DNA-Sequenz an. Erläutern Sie daran, welche Auswirkung(en) eine Punktmutation der 3. Base des ersten Tripletts in der DNA (vom 3'-Ende ausgehend gelesen) haben könnte.

2 Erklären Sie mit Ihrem Wissen über neurophysiologische Vorgänge, in welcher Weise ω-Conotoxin an der in Material A beschriebenen Lähmung und Tötung der Beutetiere von *Conus* mitwirkt.

3 Beschriften Sie die in Material F bezifferten Stellen einer Schmerzsynapse.

4 Beschreiben und erläutern Sie die in Material F dargestellten Vorgänge an einer Rückenmarkssynapse.

5 Erklären Sie unter Bezug auf die Materialien, wie ω-Conotoxin als Heilmittel die Schmerzempfindung unterdrücken kann.

Material A: Kegelschnecken

Die Kegelschnecken der Gattung *Conus* kommen mit etwa 500 Arten im gesamten indopazifischen Raum vor. Sie leben vor allem am Boden von Korallenriffen. Im Gegensatz zu unseren einheimischen Landschnecken sind Kegelschnecken Raubtiere, rund 70 Arten jagen sogar Fische. Das mag angesichts der sprichwörtlichen Langsamkeit dieser Tiere verwundern, sie haben jedoch im Laufe der Evolution eine Jagdmethode entwickelt, die ihnen das evolutionäre Überleben erlaubt: Sie produzieren hochwirksame Toxine, die ihre Beute in Sekundenschnelle lähmt oder sogar tötet. Dabei besitzt jede *Conus*-Art einen Cocktail von 50–200 individuellen Giftsubstanzen. Diese sogenannten Conotoxine werden mittels kleiner, hohler Zähnchen abgeschossen und der Beute injiziert (Material B).
Struktur und Wirkungsmechanismus vieler Conotoxine sind schon seit längerem geklärt. So blockiert z. B. das ω(omega)-Conotoxin hochspezifisch präsynaptische Ca^{2+}-Kanäle.
Diese Wirkung könnte möglicherweise zur Behandlung von Patienten mit chronischen Schmerzen eingesetzt: den Betroffenen würde dann eine Pumpe implantiert werden, die fortwährend kleinere Mengen des ω-Conotoxins in die Rückenmarksflüssigkeit abgibt. Schmerzpatienten werden durch das Gift jedoch nicht getötet, da die Rückenmarksflüssigkeit durch eine spezielle Membran von der Blutbahn getrennt ist. Dadurch kann das ω-Conotoxin nicht an andere Synapsen gelangen, es verbleibt also im Rückenmark und gelangt nicht in andere Teile des Körpers.

Material B: Kegelschnecke der Gattung *Conus* bei der Jagd

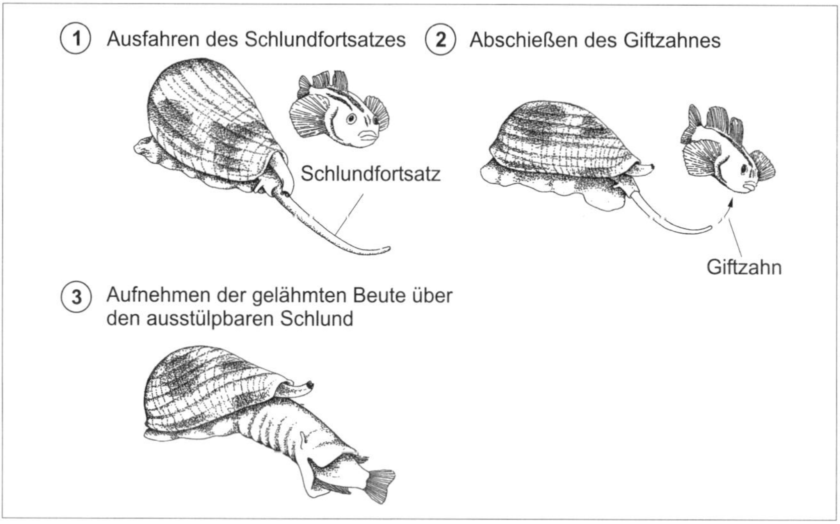

aus: Mebs, Dietrich: Gifte im Riff: Toxikologie und Biochemie eines Lebensraums, Wissenschaftliche Verlagsgesellschaft Stuttgart, 1989 (Zeichnungen von Renate Klein-Rödder)

Material C: Codesonne

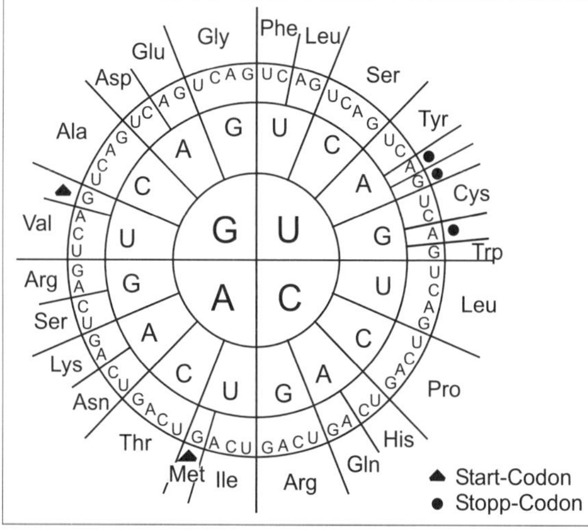

Ala	= Alanin
Arg	= Arginin
Asp	= Asparagin
Asp	= Asparaginsäure
Cys	= Cystein
Gln	= Glutamin
Glu	= Glutaminsäure
Gly	= Glycin
His	= Histidin
Ile	= Isoleucin
Leu	= Leucin
Lys	= Lysin
Met	= Methionin
Phe	= Phenylalanin
Pro	= Prolin
Ser	= Serin
Thr	= Threonin
Trp	= Tryptophan
Tyr	= Tyrosin

Material D: Aminosäuresequenz des ω-Conotoxins

Statt Prolin verwenden Kegelschnecken bei der Proteinsynthese die leicht veränderte Aminosäure Hydroxyprolin (O), was für die Funktion des Giftes jedoch ohne Bedeutung ist.

Cys-Lys-Ser-O-Gly-Ser-Ser-Cys-Ser-O-Thr-Ser-Tyr-Asn-Cys-Cys-Arg-Ser-Cys-Asn-O-Tyr-Thr-Lys-Arg-Cys-Tyr

verändert nach: Olivera B. M., Miljanich G. P., Ramachandran J., Adams M. E.: Calcium Channel Diversity and Neurotransmitter Release: The ω-Conotoxins and ω-Agatoxins, Annual Review of Biochemistry, Vol. 63, 1994, S. 823-867

Material E: Schmerzwahrnehmung

Wenn ein Mensch sich z. B. an einem Streichholz verbrennt, spürt er sofort einen starken Schmerz. Die Schmerzsignale entstehen dabei durch besonders starke Reizung der sensorischen Nervenendigungen spezieller Nervenzellen, der sogenannten Schmerzrezeptoren. Die Erregung wird über das Axon des Schmerzrezeptors zum Rückenmark geleitet. Im Rückenmark wird das Schmerzsignal über eine Synapse auf eine Rückenmarkszelle übertragen (siehe Material F). Der exzitatorisch (erregend) wirkende Neurotransmitter ist dabei Glutamat. Das Axon der Rückenmarkszelle leitet die Erregung weiter zum Gehirn.

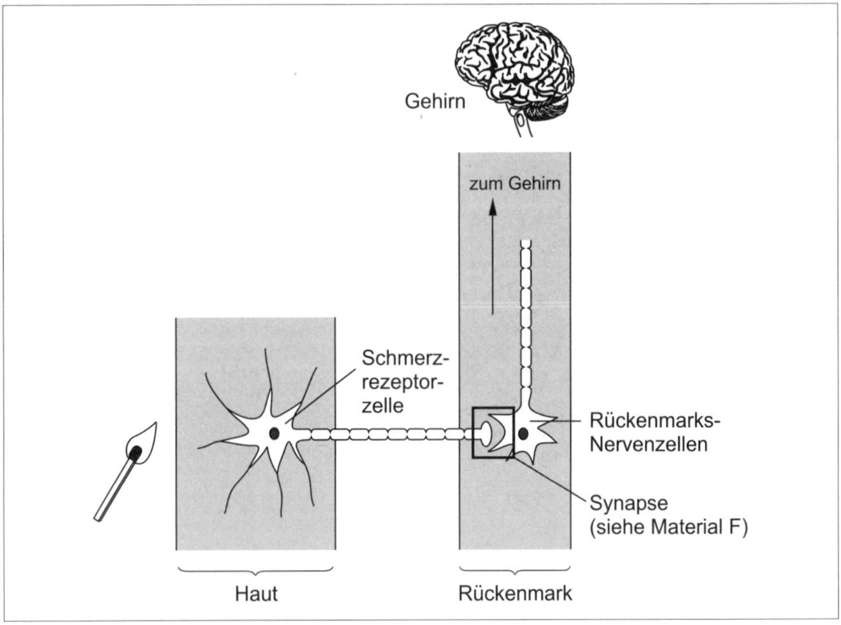

Material F: Vereinfachte Darstellung der synaptischen Übertragung eines Schmerzsignals im Rückenmark

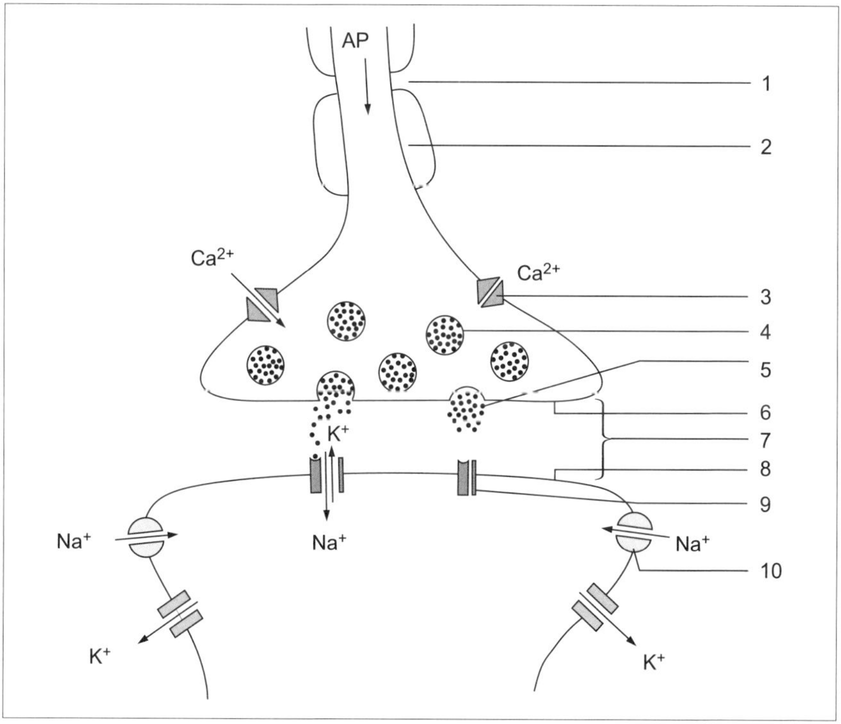

Lösungsvorschlag

In der Aufgabe thematisierte Unterrichtsinhalte sind:

- *Zellbiologie: Proteinbau und Proteinfunktion, Schlüssel-Schloss-Prinzip*
- *Neurobiologie: Bau und Funktion von exzitatorischen Synapsen, Erregungsübertragung an Synapsen, transmittergesteuerte Rezeptorkanäle, Bau eines Neurons, Entstehung von Ruhe- und Aktionspotenzialen auf ionaler, molekularer und zellulärer Ebene*
- *Genetik: genetischer Code, Punktmutationen und ihre Folgen*

1 Beachten Sie bei der Bearbeitung unbedingt die richtige Reihenfolge der Basen! Zum besseren Verständnis sind in der folgenden Lösung alle Sequenzen mit einer 5' →3'-Beschriftung versehen.

Aminosäuresequenz:		Cys –	Lys –	Ser –	
mRNA-Sequenz:	5' …	UGC	AAA	UCA	… 3'
oder		UGU	AAG	UCC	
				UCG	
				UCU	
				AGC	
				AGU	
codogene DNA-Sequenz:	3' …	ACG	TTT	AGT	… 5'
oder		ACA	TTC	AGG	
				AGC	
				AGA	
				TCG	
				TCA	

Bei einer Punktmutation der 3. Base im ersten DNA-Triplett gibt es drei Möglichkeiten hinsichtlich der Folgen:

- Liegt eine der beiden DNA-Sequenzen 3' AC**G** 5' oder 3' AC**A** 5' vor, würde ein Basenaustausch von A zu G oder umgekehrt zu keiner Veränderung in der Aminosäuresequenz führen. Dies liegt an der Degenriertheit des genetischen Codes: Viele Aminosäuren werden durch mehrere Tripletts codiert. Im vorliegenden Fall codieren die abgeleiteten mRNA-Tripletts 5' UG**C** 3' und 5' UG**U** 3' beide für die Aminosäure Cystein.
- Kommt es zu einem Basenaustausch von A/G durch C, würde die Aminosäuresequenz verändert werden, denn das DNA-Triplett 3' AC**C** 5' wird in das mRNA-Codon 5' UG**G** 3' transkribiert, das für die Aminosäure Tryptophan codiert. Dies könnte Auswirkungen auf die Giftwirkung haben, da die Tertiärstruktur des ω-Conotoxins verändert würde: Die Cystein-Brücke zwischen der 1. und 16. Aminosäure wäre verloren gegangen. Möglicherweise könnte das einen völligen Funktionsverlust des Giftes bedeuten, da die Tertiärstruktur eines Proteins für seine Funktion entscheidend ist.

- Bei einem Basenaustausch von A/G durch T würde bei der Transkription das Stopp-Codon 5' UG**A** 3' entstehen. Da diese Mutation direkt das erste Triplett der mRNA betrifft, bedeutet das, dass das gesamte ω-Conotoxin nicht synthetisiert würde.

2 Bei dieser Aufgabe geht es nicht darum, den Ablauf der Erregungsleitung bzw. -übertragung ausführlich darzustellen. Es soll nur die aus den Informationen in Material A die Auswirkung des Conotoxins auf die Erregungsübertragung abgeleitet werden.

Das Einströmen von Ca^{2+}-Ionen ist ein Signal für die Ausschüttung von Acetylcholin (ACh) aus den präsynaptischen Vesikeln der neuromuskulären Synapse. ACh dient der Erregungsübertragung zur Muskelfaser und bewirkt somit die Kontraktion des Muskels. Werden die Ca^{2+}-Kanäle durch ω-Conotoxin blockiert, bleibt die Erregungsübertragung aus. Die daraus resultierende Muskellähmung kann tödlich sein, wenn der Herzmuskel oder die Atemmuskulatur betroffen sind.

3 Vorsicht: Es handelt sich hier nicht um die typische neuromuskuläre Synapse mit dem Transmitter Acetylcholin. Beachten Sie bei der Beschriftung auch die Informationen in Material E!

1 Ranvierscher Schnürring
2 Markscheide *(oder: Schwannsche Zelle)*
3 *(spannungsabhängiger)* Ca^{2+}-Kanal
4 Vesikel mit Transmitter
5 Glutamat-Molekül
6 präsynaptische Membran
7 synaptischer Spalt
8 postsynaptische Membran
9 *(transmitterabhängiger)* Glutamat-Rezeptor-Kanal
10 *(spannungsabhängiger)* Na^{+}-Kanal

4 Es handelt sich um den Ihnen bekannten Vorgang der Erregungsübertragung an einer Synapse. Um die Aufgabe vollständig richtig zu beantworten, müssen Sie Ihre Erklärung aber an den hier vorliegenden Fall anpassen.

Erreicht ein Aktionspotenzial der Schmerzrezeptorzelle das synaptische Endbläschen, werden dort in der Membran Ca^{2+}-Kanäle geöffnet. Für die Ca^{2+}-Ionen besteht ein Konzentrationsgefälle in das Innere der Präsynapse. Das Eindiffundieren der Ca^{2+}-Ionen führt zum Verschmelzen von mit Transmitter gefüllten Vesikeln mit der präsynaptischen Membran. Daraufhin öffnen sich in Vesikel und Membran Poren, durch die der Transmitter (in diesem Fall Glutamat) in den synaptischen Spalt freigesetzt wird. Glutamat diffundiert zu spezifischen Glutamat-Rezeptorkanälen in der postsynaptischen Membran der Rückenmarkszelle. Diese Rezeptorkanäle werden als transmittergesteuert oder -abhängig bezeichnet, da sie sich nur öffnen, wenn sich der entsprechende Transmitter in das Protein setzt *(Schlüssel-Schloss-Prinzip)*. Nach dem Andocken des Transmitters an das Rezeptormolekül öffnet sich dieses. Jetzt diffundieren Na^+-Ionen in Richtung des Konzentrations- und Ladungsgefälles in die Rückenmarkszelle ein und gleichzeitig K^+-Ionen in Richtung des Konzentrationsgefälles aus der Zelle heraus. Da der Nettoeinstrom der Na^+-Ionen überwiegt, kommt es an der postsynaptischen Membran zur Depolarisation, d. h. Glutamat wirkt erregend *(exzitatorisch)* auf die Rückenmarkszelle. Ist diese Depolarisation überschwellig, kommt es zur Öffnung von spannungsgesteuerten Na^+-Kanälen in der Nachbarschaft der postsynaptischen Membran, es entsteht über die folgende Depolarisation wieder ein Aktionspotenzial.

5 Wie bei der muskulären Lähmung verhindert ω-Conotoxin über die Blockade der Ca^{2+}-Kanäle in den synaptischen Endknöpfchen eine Weiterleitung der Erregung: Die Ausschüttung von Glutamat wird unterdrückt. Die Rückenmarkszelle wird nicht erregt, das Schmerzsignal nicht in Richtung Gehirn weitergeleitet.

Schädlingsbekämpfung am Beispiel der Baumwollpflanze

1 Erläutern Sie anhand aussagekräftiger Skizzen die Volterra-Gesetze.

2 Stellen Sie anhand des Materials dar, welche ökologischen und wirtschaftlichen Probleme beim Insektizid-Einsatz entstehen können.

3 Beschreiben Sie ein alternatives Verfahren zur Schädlingsbekämpfung, das bei der Bekämpfung der Baumwollschädlinge sinnvoll eingesetzt werden könnte.

4 Erläutern Sie, worauf die Wirkung von Azodrin® (Material C) aus neurophysiologischer Sicht beruht.

Material A: Baumwollanbau in Kalifornien – Schädlinge und Schädlingsbekämpfung

Im kalifornischen San Joaquin Valley werden 90 % der Baumwolle Kaliforniens angebaut. Die Kulturpflanze stellt damit einen wichtigen Wirtschaftsfaktor der Region dar.
In den großen Monokulturen kam und kommt es immer wieder zu erheblichen Schädlingsbefall. Hauptschädling der Baumwollpflanze ist dabei die Blattwanze *Lygus hesperus*. Sie saugt an den reifenden Fruchtknospen der Baumwolle, wodurch sich die Bildung der Baumwollkapseln verzögert. Aus den Samenhaaren dieser Kapsel wird der Baumwollfaden gewonnen.
Ein weiterer bedeutender Schädling ist der Baumwollkapselwurm *Heliothis zea*. Die Weibchen legen im Frühjahr ihre Eier in die Knospen und Samenkapseln der Baumwolle. Die Larven fressen die Pflanzenteile von innen auf und entwickeln sich innerhalb von drei Wochen zum Eier legenden Käfer. Pro Sommer sind so 4–5 Generationen möglich.
Die genannten Baumwollschädlinge haben nur wenige natürliche Feinde. Eine davon ist die räuberische Florfliege *Chrysopa carnea* aber auch einige Vogelarten.
Eine Lösung des Schädlingsproblems schien mit der Entdeckung der Pestizide in Sicht. Bei der chemischen Schädlingsbekämpfung können verschiedene Stoffgruppen unterschieden werden. Das Insektizid Azodrin® zählt zu den sogenannten Organophosphaten, DDT und Toxaphen zu den chlorierten Kohlenwasserstoffen (CKW). Trotz guter erster Erfolge stellten sich bald erhebliche Probleme beim Einsatz der ausgewählten Insektizide ein (siehe Material B).
Rückläufige Ernten führten dazu, dass Ende der 1960er-Jahre an der Universität Kaliforniens mehrere Versuche zu den ökologischen Auswirkungen der Azodrin®-Anwendung durchgeführt wurden. Die Ergebnisse dieser Versuche werden in Material E dargestellt.

Material B: Probleme im Zusammenhang mit der Anwendung von CKWs im 20. Jahrhundert

„(...) Gegen den Rat ökologisch ausgebildeter Entomologen (...) wurden 1949 synthetische organische Pestizide in dem Tal eingeführt. Die Anwendung dieser Pestizide, vor allen Dingen der chlorierten Kohlenwasserstoffe DDT, BHC und Toxaphen, war zunächst sehr erfolgreich. Die Baumwollernte stieg von 494 kg pro ha im Jahre 1950 auf 728 kg pro ha im Jahre 1954. Die Baumwollfarmer gelangten zu dem Schluss, dass bei Anwendung von mehr Pestiziden mehr Baumwolle geerntet werden könnte. Daraufhin wurden Insektizide wie eine Decke über das ganze Tal ausgebreitet. Die Bäume wurden geschlagen, um den Flugzeugen das Ausbringen der Insektizide zu erleichtern. Die Vögel, die bisher in den Bäumen genistet hatten, verschwanden. (...)
Im Jahre 1952 erwies sich, dass BHC nicht mehr gegen Blattläuse wirksam war. Im Jahre 1954 schlug die Vergiftung mit Toxaphen gegen einen Schmetterling fehl. Die durch den Baumwollkäfer verursachten Schäden erreichten 1955 und 1956 extrem hohe Werte. Darüber hinaus traten mindestens 6 neue Schädlinge auf, die in den umliegenden Tälern, wo keine organischen Pestizide angewandt worden waren, nicht vorkamen. Zusätzlich erreichte die Zahl eines alten Schädlings, des Schmetterlings *Heliothis virescens,* nie gekannte Größen. (...) Anstelle der chlorierten Kohlenwasserstoffe wurden nun synthetische Organophosphate angewandt, und eine Begasung erfolgte nicht mehr alle 1–2 Wochen, sondern alle drei Tage. Trotzdem sank 1955–1956 der Ernteertrag auf 232 kg pro ha; das Tal stand vor dem wirtschaftlichen Ruin. (...)"

aus: Ehrlich Paul R., Ehrlich Anne H., Holdren John P.: Humanökologie, übers. von Hermann Remmert, Springer Verlag Berlin, Heidelberg, New York, 1975, S. 147

Material C: Insektizide im Vergleich – DDT und Azodrin®

	DDT	**Azodrin®**
LD_{50} (mg/kg, Ratte)	300	100
Tage bis zum 95 %-igen Abbau	11 000	90
Anreicherung in der Nahrungskette (Bioakkumulation)	hoch	gering bis gar nicht
Wirkmechanismus	noch nicht völlig geklärt, wahrscheinlich auf das Nervensystem wirkend	Hemmung des Enzyms Acetylcholinesterase
Fettlöslichkeit	sehr gut	sehr schlecht
Wasserlöslichkeit (g/100 g, 20°C)	0,0000012	100
Wirkungsspektrum	unspezifisch gegen die meisten Insektengruppen	unspezifisch gegen die meisten Insektengruppen und viele Milben

Material D: Einfluss der Azodrin®-Konzentration auf die Sterblichkeit der Blattwanze *Lygus hesperus*

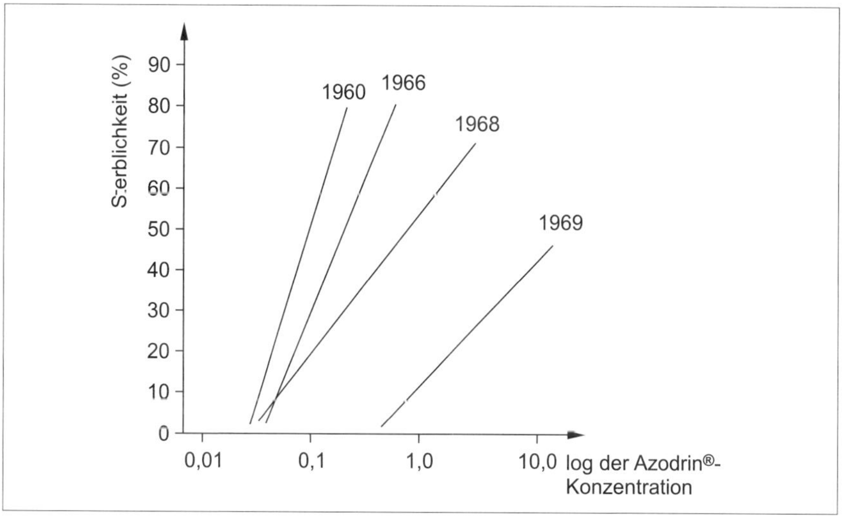

nach: van den Bosch, R. et al., The developing program of integrated control on cotton pests in California. In: Huffaker, C. B. (ed.), Biological Control Plenum Press New York 1971, S. 377–394

Material E: Versuche zu ökologischen Auswirkungen beim Einsatz von Azodrin®

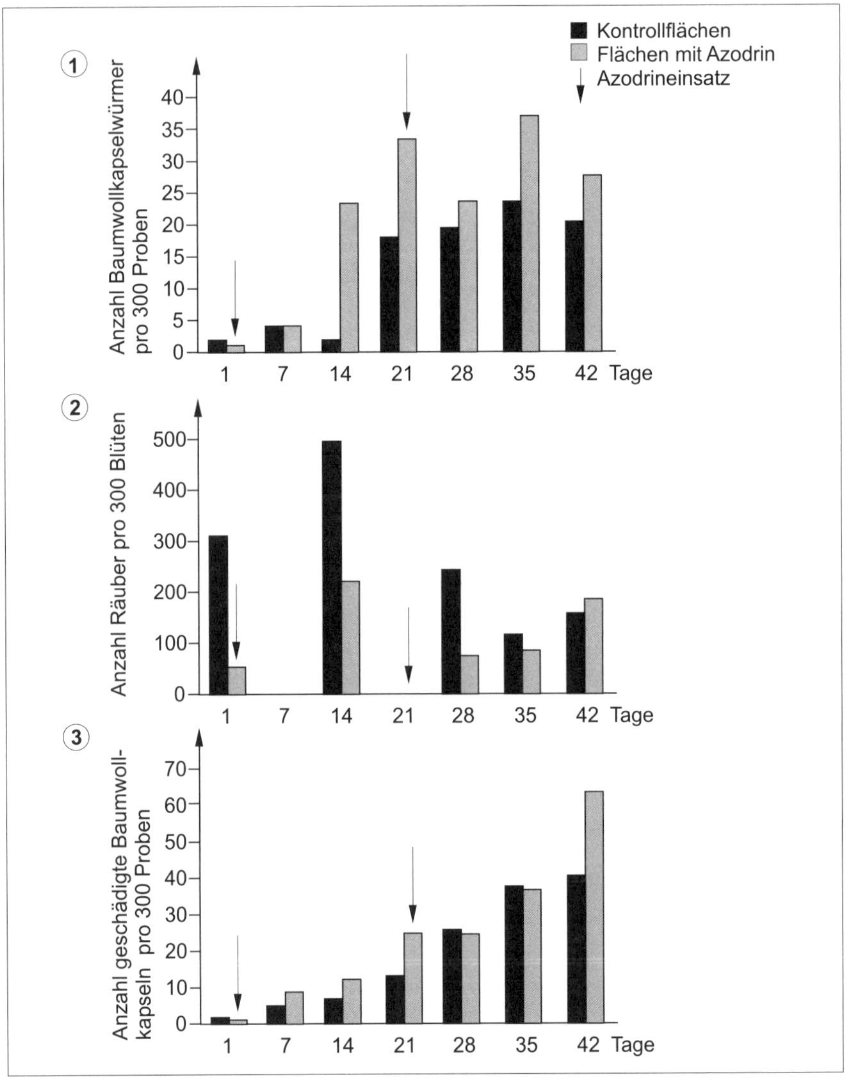

(1) Populationsentwicklung des Baumwollkapselwurms *H. zea,* (2) Populationsentwicklung der Florfliege *C. carnea,* (3) geschädigte Baumwollkapseln je 300 Blüten
Es sind jeweils die Kontrollflächen ohne Azodrin®-Einsatz sowie die Flächen mit Azodrin®-Einsatz dargestellt. Das Insektizid wurde jeweils am 1. und am 21. Tag versprüht (Pfeile).

nach Daten von: van den Bosch R. et al., Pest and Disease Control Program for Cotton, University of California Agricultural Experimental Station 1968

Lösungsvorschlag

In der Aufgabe thematisierte Unterrichtsinhalte sind:
- *Ökologie: Chemische und biologische Schädlingsbekämpfung, Resistenzbildung, Nahrungspyramide, Trophieebenen, Räuber-Beute-Beziehung, Volterra-Gesetze*
- *Neurobiologie: Bau und Funktion der neuromuskulären Synapse von Wirbeltieren, Entstehung und Weiterleitung eines Aktionspotenzial an einer Synapse*

1 Bei ökologischen Betrachtungen im Unterricht sollten eigentlich alle drei hier dargestellten Volterra-Gesetze behandelt werden. Es kann jedoch vorkommen, dass das 3. Gesetz nicht behandelt wurde. In diesem Fall wird von Ihnen auch nur die Wiedergabe der ersten zwei Gesetze erwartet. Da es sich um eine reproduktive (wiederholende) Fragestellung handelt, kann nur das gewertet werden, was unterrichtlich auch behandelt worden ist!

- Volterra-Gesetz 1 (Gesetz von den periodischen Zyklen): Die Dichten der Räuber- und Beutepopulationen schwanken phasenverschoben. Der Abstand der jeweiligen Maxima ist von den Ausgangsbedingungen sowie von den Wachstumsraten beider Populationen abhängig.

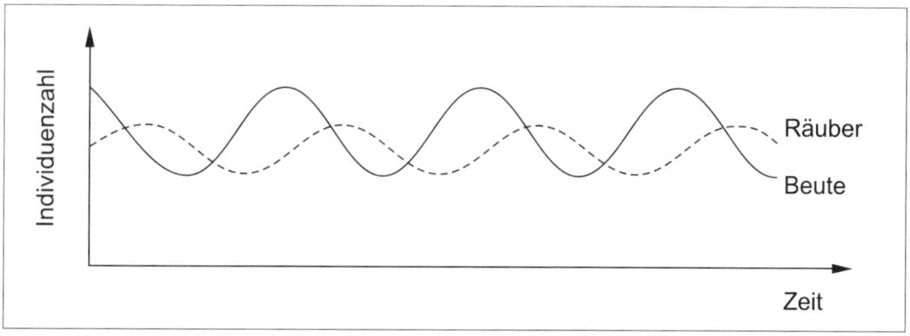

- Volterra-Gesetz 2 (Gesetz von der Erhaltung der Mittelwerte): Bei unveränderten Umweltbedingungen bleiben die Populationsdichten von Räuber und Beute über längere Zeit betrachtet konstant.

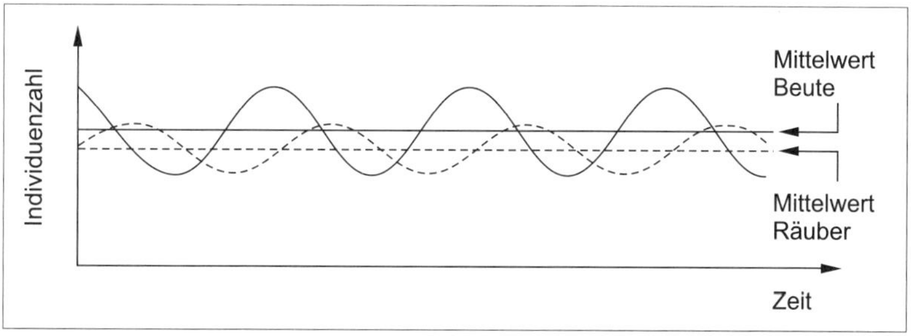

– Volterra-Gesetz 3 (Gesetz von der Störung der Mittelwerte): Wird die Gesamtzahl der Räuber- und Beutepopulationen zu gleichen Anteilen (proportional) durch einen Eingriff von außen (z. B. chemische Schädlingsbekämpfung) vermindert, nimmt die Beutedichte aufgrund der höheren Wachstumsrate zunächst stark zu, die Räuberdichte nimmt hingegen ab bzw. steigt erst zeitlich verzögert wieder an.

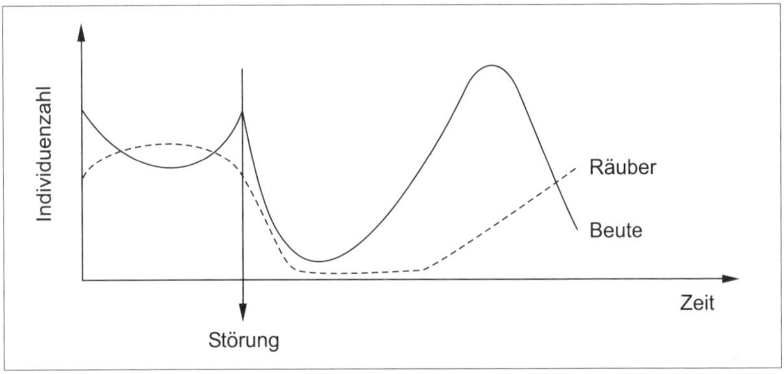

2 Aufgrund der Fülle von Materialien lohnt es sich, alle Texte, Abbildungen etc. nach Gemeinsamkeiten zu überprüfen und die eigene Darstellung in einem ersten Schritt sozusagen nach Überschriften zu ordnen – der Lösungsvorschlag enthält eine solche mögliche Gliederung. In einem nächsten Schritt ist dann zu überprüfen, welche der Materialien bei der zweiten Durchsicht auch noch zu diesen Überschriften passen könnten. Belegen Sie Ihre Aussagen anhand des Materials!

Natürliche Feinde – Volterra-Gesetze

CKW und Azodrin wirken unspezifisch gegen alle Insekten (Material C), d. h. auch gegen die natürlichen Feinde der Baumwollschädlinge (z. B. die Florfliege, Material A, Material E). Beim Ersteinsatz kommt es also zu einer Dezimierung beider Insektengruppen. Die Vernichtung der Schädlinge erklärt den in Material B beschriebenen Erfolg des Pestizideinsatzes im Jahr 1954. Die Schädlinge und ihre Feinde stehen jedoch in einer Räuber-Beute-Beziehung. Dieser Sachverhalt ist auch an Material E zu erkennen: Auf den Kontrollflächen sind die phasenverschobenen Populationsdichteschwankungen zwischen der räuberischen Florfliege und dem Baumwollkapselwurm zu erkennen, die im 1. Volterra-Gesetz beschrieben sind.

Offensichtlich erholt sich die Schädlingspopulation schneller und erreicht somit eine höhere Populationsdichte als unter unbeeinflussten Bedingungen *(3. Volterra-Gesetz).* Diese Tatsache erklärt unter anderem die in Material B beschriebene explosionsartige Vermehrung des Baumwollkäfers sowie die Vermehrung des Baumwollkapselwurm auf den in Material E beschriebenen Versuchsflächen. Dadurch, dass in den Folgejahren 1955 und 1956 der CKW-Einsatz sogar noch verstärkt wurde und die Pestizide in immer kürzeren Zeitabständen ausgebracht wurden (Material B), hatten die Populationen der natürlichen Feinde der Schädlinge keine Chance, sich zu erholen. Darüber hinaus wurde durch das Fällen der Bäume im Tal den baumbrütenden Vögeln die Nistmöglichkeiten genommen. Unter diesen befinden sich jedoch ebenfalls natürliche Feinde der Schädlinge (Material A). Damit wurde der beschriebene Vorgang natürlich noch verstärkt. Durch das Fehlen praktisch aller natürlichen Gegenspieler der Schädlinge konnten jetzt auch neue Schädlinge aus Nachbargebieten in die Baumwollfelder einfallen. In deren natürlichen Verbreitungsgebieten stellten sie kein Problem dar, da sie sich dort mit ihren natürlichen Feinde in einer stabilen Räuber-Beute-Beziehung befanden und sich daher nicht extrem vermehren konnten.

Monokulturen
Die Problematik wird dadurch verstärkt, dass die Schädlinge in den Monokulturen der Baumwollfelder ideale Nahrungsbedingungen vorfinden (Material A).

Resistenz
Zudem kommt es noch zur Bildung von resistenten Schädlingspopulationen: 1969 werden durch eine 1000fach erhöhte Azodrin-Konzentration nur noch 50 % der *Lygus*-Wanzen abgetötet (Material D). Alle genannten Faktoren zusammen führen zu einer stärkeren Schädigung der Baumwollpflanzen als ohne Anwendung des Insektizids.

Bioakkumulation
DDT besitzt eine sehr gute Fettlöslichkeit und eine extrem lange Abbauzeit (Material C). Damit kann es sich in der Nahrungskette anreichern. Trotz der geringen Toxizität für Wirbeltiere (LD_{50}= 300 mg/kg, Material C) kann es diese auch in späteren Jahren schädigen, da es sich aufgrund der Weitergabe über die Trophieebenen ansammelt und so Konzentrationen erreicht, die für Endkonsumenten gefährlich sein können.
Für Azodrin besteht dieses Problem nicht, es ist schlecht fettlöslich und wird rasch abgebaut. Andererseits besitzt es eine ausgezeichnete Wasserlöslichkeit, wodurch es in aquatische Ökosysteme (z. B. Bäche, Seen der Umgebung) gelangen und dort andere Organismen schädigen kann.

3 Es gibt eine Vielzahl alternativer Verfahren zur biologischen Schädlingsbekämpfung, von denen aber meist nur wenige im Freiland erfolgreich einzusetzen sind. Der Lösungsvorschlag kann daher in diesem Punkt nicht ausführlich bzw. vollständig sein, das würde den Rahmen dieses Buchs sprengen! Es handelt sich demnach nur um ein Beispiel für die Beantwortung der Fragestellung, auch andere Lösungen sind möglich.

Im integrierten Pflanzenschutz werden eine Vielzahl flankierender Maßnahmen eingesetzt, um die Schädlingspopulationen in ihren Populationsdichten deutlich einzuschränken. Im vorliegenden Fall würde die Förderung der natürlichen Räuberpopulation z. B. durch Einrichten geeigneter Nist- oder ungestörter Rückzugsmöglichkeiten sicherlich sinnvoll sein. Die Wiederaufforstung in dem Gebiet ist daher dringend zu empfehlen (Nistplätze für Vögel).

Der Einsatz von Pheromonen zum Abfangen der Schädlinge muss von Fall zu Fall geprüft werden, dürfte aber im beschriebenen Tal aufgrund der räumlichen Größe schwierig bzw. sehr kostenintensiv sein.
Ist das Tal gegen Migration einigermaßen geschützt (z. B. durch höhere Gebirgszüge) könnte auch der Einsatz von sterilen Männchen gegen die Schädlinge erwogen werden. Künstlich sterilisierte Männchen eines Schädlings werden dazu in großen Mengen auf den Feldern ausgebracht. Dort konkurrieren sie mit den fertilen Männchen der natürlichen Population um fortpflanzungsfähige Weibchen. Da die sterilen Männchen in der Überzahl sind, sind ihre Kopulationschancen größer. Diese Methode ist dann besonders wirksam, wenn die Weibchen, die von einem Männchen begattet wurden, eine weitere Begattung abwehren. Von sterilen Männchen begattete Weibchen legen unbefruchtete Eier, die Population nimmt drastisch ab.

4 In Material C ist der Wirkmechanismus von Azodrin angegeben. Erläutern Sie, wie die Erregungsübertragung auf der Ebene der Synapse dadurch beeinträchtigt wird und zu welchen Folgen dies für den Gesamtorganismus führt.

Azodrin hemmt die Acetylcholin-Esterase. Durch diese Hemmung kommt es zuerst zu einer Dauererregung an der motorischen Endplatte: Das Acetylcholin (ACh) wird nicht gespalten und hält dadurch den transmitterabhängigen Rezeptor-Kanal offen. In der Folge kommt es zu einer starken Summation der exzitatorischen postsynaptischen Potenziale (EPSPs). Es entstehen Krämpfe in der Muskulatur, die motorische Kontrolle geht verloren. Da aber Na^+- und K^+-Ionen durch den jetzt offenen Kanal weiter diffundieren können, kommt es allmählich zu einem Ausgleich der Na^+- und K^+-Konzentration. Die EPSP werden also immer schwächer und versiegen schließlich völlig. Nach den anfänglichen Krämpfen kommt es dadurch zu einer völligen motorischen Lähmung. Betrifft diese Lähmung z. B. den Herzmuskel, kommt es zum Tod.

Abitur-Prüfung Biologie (NRW) – Leistungskurs
Übungsaufgabe 6: Genetik

Genetische Ursachen des Hyperinsulinismus

1 Übersetzen Sie den in Material E angegebenen codogenen DNA-Strang mithilfe von Material G in eine Aminosäuresequenz. Stellen Sie an diesem Beispiel die Grundlagen des genetischen Codes dar.

2 Begründen Sie anhand des in Material C dargestellten Stammbaums, welcher Vererbungsmodus beim Hyperinsulinismus vorliegt.

3 Beschreiben Sie die in Material F dargestellten Abläufe in einer β-Zelle des Pankreas.

4 Erklären Sie anhand des Materials die Ursachen für den hier vorliegenden Hyperinsulinismus:
a) aus genetischer Sicht und
b) aus biochemischer Sicht.
Beziehen Sie in Ihre Erklärung auch die in Material B beschriebenen Symptome des an Hyperinsulinismus erkrankten Mannes ein.

Material A: Regulation des Blutzuckerspiegels durch den Pankreas (Bauchspeicheldrüse)

Die Bauchspeicheldrüse ist ein wichtiges Organ, um die Glucosekonzentration im Blut, den Blutzuckerspiegel, zu regulieren. Ist der Blutzuckerspiegel z. B. nach einer glucosereichen Mahlzeit hoch, stellt sie vermehrt in den sogenannten β-Zellen das Hormon Insulin her. Dieses Hormon wird in die Blutbahn abgegeben und gelangt so zu allen Zellen des Körpers. Je höher der Blutzuckerspiegel ist, desto mehr Insulin produziert der Pankreas.
Insulin ermöglicht es den Körperzellen, die lebensnotwendige Glucose aus der Blutbahn ins Zellinnere aufzunehmen. Auf diese Weise wird die Glucosekonzentration konstant gehalten. Sinkt der Blutzuckerspiegel unter diesem Wert, kommt es zu einer stark verminderten Leistungsfähigkeit des Körpers.

viel Glucose im Blut nach einer Mahlzeit → Insulin-Freisetzung im Pankreas → Insulinabgabe ins Blut → Glucose-Aufnahme durch die Körperzellen

Material B: Symptomatik und Ursachen des Hyperinsulinismus

Hyperinsulinismus (HI) ist eine seltene Erbkrankheit (Häufigkeit: 1 : 40 000), die vor allem durch stark vergrößerte β-Zellen im Pankreas gekennzeichnet ist. Die Symptomatik soll an Person E (Material C) beschrieben werden: Während der vergangenen Jahre hatte der 31-jährige Mann immer wieder über Müdigkeit, Schwäche, Hunger und Zittern am Morgen geklagt. Die Symptome verschwanden, sobald er eine glucosereiche Mahlzeit zu sich nahm. Eine Untersuchung des Pankreas zeigte keine Auffälligkeiten. Als der Mann nach einem Frühstück bewusstlos zusammenbrach, diagnostizierten die Ärzte schließlich HI.

Für das beschriebene Krankheitsbild des HI gibt es viele verschiedene Ursachen, von denen eine mit der Glucokinase zusammenhängt, eines der Enzyme, die in der Glykolyse den Zucker Glucose umsetzen. Das Gen für dieses Enzym ist sehr lang und besteht aus 12 Exons.

Material C: Stammbaum einer Familie mit Hyperinsulinismus

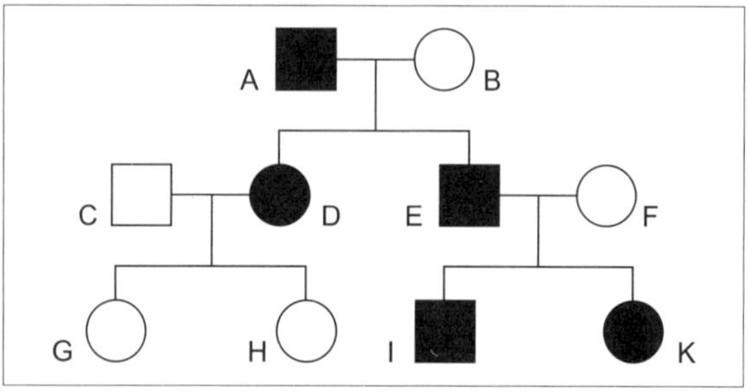

Hinweis: Quadrate symbolisieren männliche, Kreise weibliche Mitglieder der Familie; Person B ist homozygot

nach: Glaser, B. et al., Familial Hyperinsulinism caused by an activating Glucokinase mutation, in: The New England Journal of Medicine, Jan 22, 1998, p 226–230

Material D: Aktivität verschiedener Formen der Glucokinase

Mutationsort	**Aktivität in %**
unverändertes Enzym	100
Exon 5	50
Exon 6	0,5
Exon 7	0,4
Exon 10	165

Material E: Ausschnitt aus dem codogenen DNA-Strang für das Exon 10 des Enzyms Glucokinase eines Gesunden und eines an Hyperinsulinismus Erkrankten

gesunde Person	3´… AGC CGC CAC CGG ACA …5´
an HI erkrankte Person	3´… AGC CGC TAC CGG ACA …5´

nach: Glaser, B. et al., Familial Hyperinsulinism caused by an activating Glucokinase mutation, in: The New England Journal of Medicine, Jan 22, 1998, p 226–230

Material F: Schematische Darstellung der Abläufe in einer β-Zelle

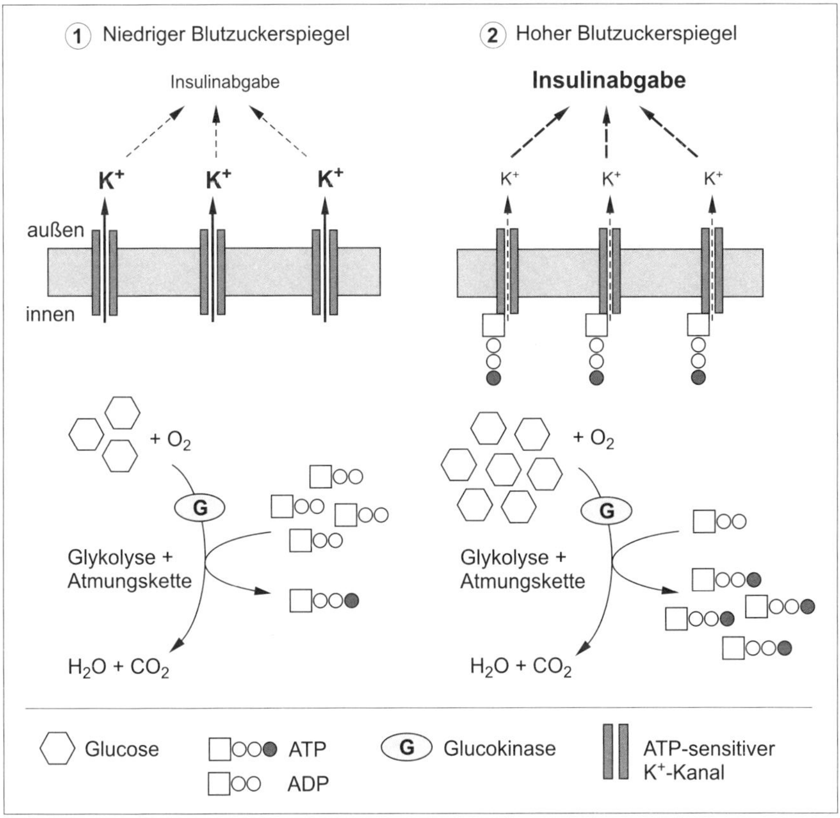

verändert nach: Meissner, T., Mayatepek, E., Genetische Grundlagen des kongenitalen Hyperinsulinismus, in: Dt. Ärzteblatt 97, 39/2000, S. 1916–1919

Material G: Codesonne

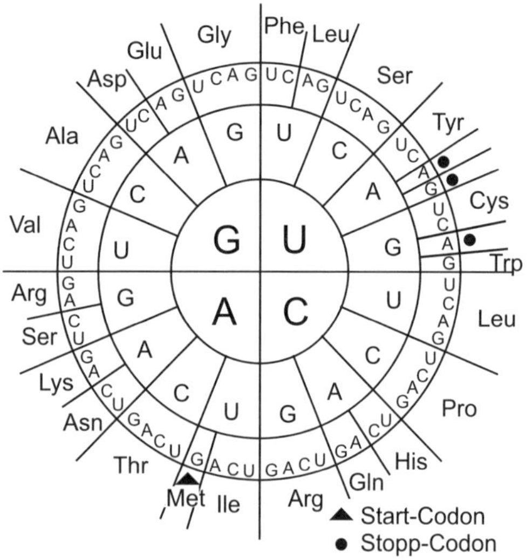

Ala	= Alanin
Arg	= Arginin
Asp	= Asparagin
Asp	= Asparaginsäure
Cys	= Cystein
Gln	= Glutamin
Glu	= Glutaminsäure
Gly	= Glycin
His	= Histidin
Ile	= Isoleucin
Leu	= Leucin
Lys	= Lysin
Met	= Methionin
Phe	= Phenylalanin
Pro	= Prolin
Ser	= Serin
Thr	= Threonin
Trp	= Tryptophan
Tyr	= Tyrosin

Lösungsvorschlag

In der Aufgabe thematisierte Unterrichtsinhalte sind:

- *Genetik: Stammbaumanalyse, DNA-Bau, Transkription, Translation, genetischer Code, Proteinbau und -funktion*
- *Zellbiologie: Funktion von transmitterabhängigen Membrankanälen (z. B. ACh-Rezeptor)*

1 – Bei Aufgaben dieses Typs ist immer auf die Polarität von DNA und mRNA zu achten.
- Beachten Sie die Fragestellung und verwenden Sie als Beispiel daher so weit wie möglich Abschnitte aus der vorliegenden DNA-Sequenz. Achten Sie auch auf begriffliche Eindeutigkeit. Man bezeichnet z. B. das auf der DNA codierte Startsignal erst in der transkribierten Form auf der mRNA als Start-Codon.

gesunde Person:

DNA	3'... AGC-CGC-CAC-CGG-ACA ...5'
mRNA	5'... UCG GCG GUG-GCC-UGU ...3'
Aminosäuresequenz	Ser – Ala – Val – Ala – Cys

an Hyperinsulinismus erkrankte Person:

DNA	3'... AGC-CGC-TAC-CGG-ACA ...5'
mRNA	5'... UCG-GCG-AUG-GCC-UGU ...3'
Aminosäuresequenz	Ser – Ala – Met – Ala – Cys

Die genetische Information für den Bau von Proteinen ist als Triplett-Code auf der DNA realisiert. Dieser genetische Code ist lückenlos und kommafrei, d. h. auf der DNA folgen die codierenden Tripletts ohne Einschub aufeinander. Andererseits ist er auch nicht überlappend, alle Tripletts werden hintereinander abgelesen. Prinzipiell ist der genetische Code für alle Lebewesen gültig.
Der genetische Code ist eindeutig, d. h. jedem Triplett ist genau eine Aminosäure bzw. ein Signal zugeordnet. Wegen der 64 Kombinationsmöglichkeiten der vier Basen in Dreiergruppen codieren jedoch häufig mehrere Tripletts für eine Aminosäure *(sogenannte Degeneriertheit des genetischen Codes, auch Redundanz genannt)*. So ist im vorliegenden Beispiel die Aminosäure Alanin durch 2 unterschiedliche DNA-Tripletts codiert: 3' CGC 5' und 3' CGG 5'.
Zur Übersetzung der genetischen Information in die Aminosäuresequenz eines Proteins verwendet man üblicherweise eine Codesonne, in der die Basentripletts der mRNA dargestellt sind. Ein mRNA-Basentriplett wird als Codon bezeichnet. Jedes Codon codiert die Information für eine Aminosäure eines Proteins (z. B. UGU für die Aminosäure Cystein) oder enthält Informationen über den Startpunkt für die Translation (das Start-Codon AUG) oder über das Translationsende (z. B. das Stopp-Codon UAA).

2 Schreiben Sie sich ein Schema für die vier Möglichkeiten eines Erbgangs auf und überprüfen Sie jede einzelne bis zu dem Punkt, wo der Vererbungsmodus nicht mehr passt! Wenn Sie sich nicht sicher sind, tragen Sie in Ihrer Darstellung alle Argumente Für und Wider zusammen. So wird ersichtlich, dass Sie das Problem bis zu einem bestimmten Punkt kritisch durchdacht haben.

Ein X-chromosomal-rezessiver Erbgang ist nicht möglich, da sonst alle Nachkommen in der F_1 gesund sein müssten *(die homozygot gesunde Person B könnte in diesem Fall nur ein nicht-mutiertes Allel weitergeben)*.
Ein X-chromosomal-dominanter Erbgang ist ebenfalls nicht möglich. In diesem Fall müsste Person E gesund sein, da männliche Nachkommen das Allel nicht erhalten könnten, da ihr X-Chromosom von der (gesunden) Mutter B stammt.
Ein autosomal-rezessiver Erbgang ist theoretisch möglich. Dafür müssten die Personen B und F heterozygot sein. Wegen der in Material B angegebenen Häufigkeit von HI ist dieser Erbgang deshalb sehr unwahrscheinlich.
Ein autosomal-dominanter Erbgang ist ebenfalls möglich und im Gegensatz zum autosomal-rezessiven Erbgang zutreffend.

3 Die Abbildung wirkt auf den ersten Blick recht kompliziert. Bevor Sie an einer so komplexen Darstellung verzweifeln, sehen Sie sich immer zuerst die Legende an. Erst danach sollten Sie sich mit dem Abbildungsinhalt beschäftigen. Im vorliegenden Fall ist dabei zu beachten, dass die Abbildung sozusagen zweigeteilt ist: Es sind zwei Zustände einer β-Zelle dargestellt. Es macht daher Sinn, auch die Beschreibung zweigeteilt anzulegen. Machen Sie sich daher zunächst die Vorgänge in Teilabbildung 1 Schritt für Schritt klar. Vergleichen Sie dann, welche Unterschiede in Teilabbildung 2 zu erkennen sind.

Bei einem niedrigen Blutzuckerspiegel befindet sich auch nur wenig Glucose im Inneren der β-Zelle. In der Glykolyse und der Atmungskette kann folglich auch nur wenig ATP hergestellt werden, sodass die ATP-sensitiven K^+-Kanäle offen sind. Kaliumionen diffundieren entsprechend ihrem Konzentrationsgefälle von innen nach außen. *(Die Folge davon ist eine Depolarisation, die zur Öffnung von spannungsabhängigen Ca^{2+}-Kanälen und damit zu einem Ca^{2+}-Einstrom führt.)* Die β-Zelle gibt nur geringe Mengen an Insulin ab.
Bei einem hohen Blutzuckerspiegel befindet sich viel Glucose im Zellinneren. In der Glykolyse und der Atmungskette wird dementsprechend viel ATP hergestellt. Die ATP-Moleküle binden an die ATP-sensitiven K^+-Kanäle und infolge dessen strömen insgesamt weniger K^+-Ionen aus. Dies führt letztlich dazu, dass die β-Zellen große Mengen an Insulin abgeben.

4 Wie bei anderen Aufgabenteilen ist auch hier in der Fragestellung eine Hilfe für die Strukturierung Ihrer Antworten gegeben:
- In Aufgabenteil 1 haben Sie bereits herausgearbeitet, welche Mutation der Krankheit zugrunde liegt und welche Auswirkungen die Mutation auf die Aminosäuresequenz des Enzyms hat. Fassen Sie dies noch einmal kurz zusammen. Begründen Sie die in Material D genannten Konsequenzen für die Enzymakti-

vität mithilfe Ihres Wissens über die Raumstruktur von Proteinen.

- Zur Beantwortung dieser Teilaufgabe überlegen Sie, wie die im 1. Teil dieser Aufgabe erarbeiteten Konsequenzen für die Enzymaktivität auf die in Aufgabenteil 3 beschriebenen Vorgänge wirken müssen. In einem letzten Schritt sollten Sie damit die Symptomatik des Hyperinsulinismus erläutern.

a) **Genetische Erklärung:** Es liegt eine Punktmutation der dritten Base im dritten Triplett des codogenen DNA-Ausschnittes vor: Cytosin wird durch Thymin ersetzt. Damit kommt es zu einer Änderung in der Aminosäuresequenz im Exon 10, statt Valin wird durch das neu entstandene mRNA-Triplett AUG die Aminosäure Methionin codiert. Offensichtlich hat dies Auswirkungen auf die Tertiärstruktur des Enzyms: Die Mutation bewirkt eine Steigerung der Glucokinase-Aktivität auf 165 % des unveränderten Enzyms. Damit liegt hier der seltene Fall vor, dass eine Mutation zu einer Aktivitätssteigerung eines Enzyms führt. In Material D ist ebenfalls ersichtlich, dass alle anderen Mutationen zu einem deutlichen Aktivitätsverlust führen.

b) **Biochemische Erklärung:** Durch die gesteigerte Aktivität der Glucokinase wird vermehrt Glucose umgesetzt. Deshalb wird insgesamt auch mehr ATP hergestellt als beim unveränderten Enzym. Durch die so erhöhte ATP-Konzentration können nun auch mehr ATP-Moleküle an die ATP-sensitiven K^+-Kanäle binden, die sich dadurch schließen. Wie in Material F dargestellt, geben die β-Zellen daraufhin viel Insulin ab, was wiederum zu einer deutlich beschleunigten Aufnahme von Glucose führt. *(Durch die übermäßig vermehrte Insulin-Produktion nimmt auch die Größe der β-Zellen zu, siehe Material B.)* Der Blutzuckerspiegel sinkt damit schon bei geringen Mengen von Glucose im Blut rasch ab. Dadurch können die Symptome der Müdigkeit und Schwäche sowie das Hungergefühl bei dem in Material B beschriebenen Patienten erklärt werden: Der Blutzuckerspiegel war so gering, dass zu wenig Glucose für die Energiebereitstellung in den Zellen zur Verfügung stand. Eine glucosereiche Mahlzeit (siehe Material B) kann die Symptome durch die erhöhte Glucosemenge daher auch kurzzeitig vermindern.

Abitur-Prüfung Biologie (NRW) –Leistungskurs
Übungsaufgabe 7: Ökologie/Evolution

Der Landgang der jamaikanischen Felsenkrabben

1 Beschreiben Sie die drei Formen natürlicher Selektion und deren Auswirkungen auf eine Population.

2 Erklären Sie an Material C den Begriff „Toleranzbereich“ und beschriften Sie die Kurve von *S. rectum* mit den entsprechenden Fachbegriffen. Beurteilen Sie die drei vorliegenden Toleranzkurven unter Bezug auf Material D.

3 Vergleichen Sie die unterschiedlichen Fortpflanzungsstrategien von *S. rectum* und *S. jarvisi* unter evolutionsbiologischen und ökologischen Aspekten.

4 Erläutern Sie unter Bezug auf Material D, Material E und Material F, wie es aus evolutionstheoretischer Sicht zur Artaufspaltung unter den Felsenkrabben kommen konnte. Gehen Sie bei Ihren Ausführungen auch darauf ein, warum die meeresbewohnenden Tiere den Übergang zum Landleben erfolgreich bewältigen konnten.

Material A: Die Felsenkrabben der Insel Jamaika

Auf der karibischen Insel Jamaika gibt es eine Vielzahl endemischer Lebewesen wie z. B. neun verschiedene Arten von Felsenkrabben. Diese Felsenkrabben der Familie Sesarmidae sind monophyletischen Ursprungs und infolge einer adaptiven Radiation im Pliozän vor ca. 3,5–1,9 Mio. Jahren entstanden. Ihre Vorfahren waren überwiegend Meeres- oder Küstenbewohner, so wie die meisten ihrer rezenten, außerhalb von Jamaika lebenden Verwandten, z. B. *Sesarma rectum.*
Die jamaikanischen Sesarmiden hingegen leben überwiegend im Landesinneren, nur die Larvenentwicklung erfolgt noch im Wasser. Dabei ist es zu extremen Anpassungen gekommen: Die Schneckenkrabbe *(Sesarma jarvisi)* z. B. legt ihre Eier in die Gehäuse großer Landschnecken, die im Durchschnitt nur 5 ml Süßwasser enthalten!
Bei der Frage, wie die Felsenkrabben den terrestrischen Lebensraums erobert haben könnten, waren Beobachtungen der Brackwasser bewohnenden Art *Armases miersii* als ein Modell für eine Übergangsform von Bedeutung.

Sesarma jarvisi im Gehäuse einer Landschnecke
© *Rudolf Diesel*

Material B: Vergleich mariner und terrestrischer Felsenkrabben

	Eizahl pro Brut	**Eivolumen in µm³**	**Larvenentwicklung**	**Larvenstadien**	**Brutpflege**
S. rectum **(marin)**	25 000	17–48	20 Tage	3	nein
S. jarvisi **(terrestrisch)**	23	527–2 878	4 Tage	2	ja

nach Daten aus: Diesel, Rudolf, Schubart, Christoph D.: Die außergewöhnliche Evolutionsgeschichte jamaikanischer Felsenkrabben. In: BiuZ, 30. Jahrgang 2000, Nr. 3, S. 136–147
© *Wiley-VCH*

Material C: Überlebensrate der Larven verschiedener Felsenkrabben in Abhängigkeit von der Salinität

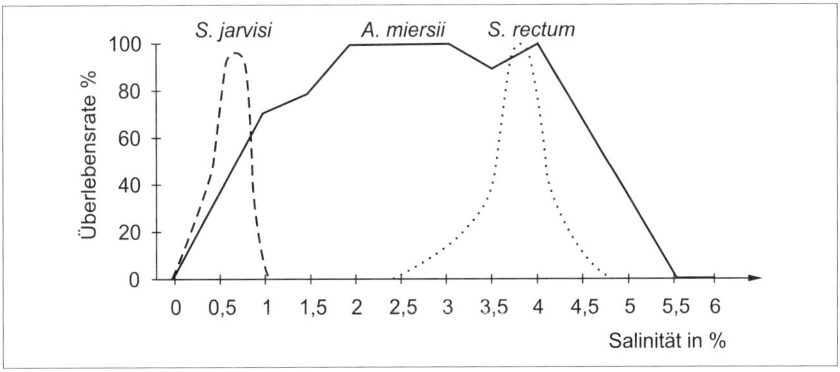

Salinitätstoleranz von A. miersii nach: Diesel, Rudolf, Schubart, Christoph D.: Die außergewöhnliche Evolutionsgeschichte jamaikanischer Felsenkrabben. In: BiuZ, 30. Jahrgang 2000, Nr. 3, S. 136–147 © *Wiley-VCH*

Material D: Salinität in einem Felstümpel an der Nordküste Jamaikas, Mai – Juli

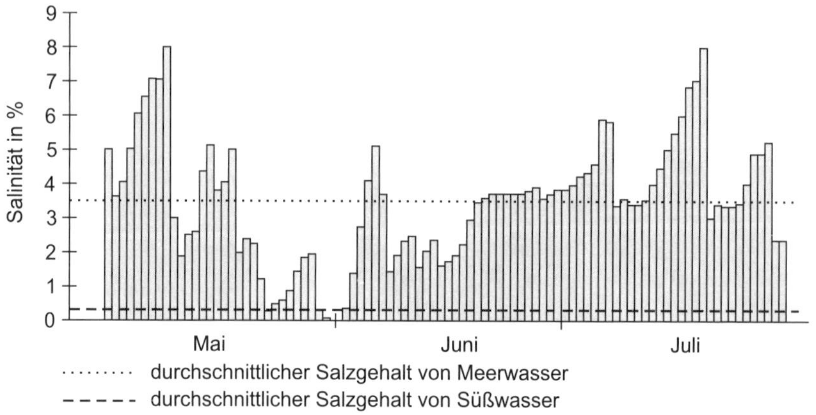

verändert nach: Diesel, Rudolf, Schubart, Christoph D.: Die außergewöhnliche Evolutionsgeschichte jamaikanischer Felsenkrabben. In: BiuZ, 30. Jahrgang 2000, Nr. 3, S. 136–147 © Wiley-VCH

Material E: Geologie und Klima der Insel Jamaika

Die karibische Insel Jamaika ist vor ca. 28 Mio. Jahren (Oligozän) erstmals aus dem Meer aufgetaucht (Material G). Noch heute hebt sich die Nordküste der Insel etwa 6–20 cm pro Jahr. Dabei entstehen ständig neue ausgedehnte Kalksteinterrassen. Heute ist das Land, bis auf wenige flache Landstriche in der südlichen Küstengegend, gebirgig. Die längste Bergkette bilden die Blue Mountains im Osten der Insel. Eine Reihe kleinerer Gebirge erstreckt sich nach Westen bis zur Küste. Sie umgeben eine weiträumige Hochebene (900 Meter hoch).
Die durchschnittliche Jahrestemperatur liegt an der Küste bei 26,7 °C, auf der Hochebene bei etwa 22,2 °C. Die jährliche Niederschlagsmenge ist regional sehr unterschiedlich. Über 5 080 mm Regen fallen jährlich in den Bergen im Nordosten, im Südosten sind es hingegen nur 813 mm.
Der Tidenhub (Unterschied zwischen Ebbe und Flut) an der Küste Jamaikas ist mit 20–25 cm eher gering. Dadurch entstehen vor allem an der Nordküste flache Mangrovensümpfe mit wenig Wasseraustausch mit dem Meer, isolierte Brackwassertümpel und auf etwas höheren Terrassen isolierte Felstümpel. Diese Lebensräume bieten den endemischen jamaikanischen Felsenkrabben trotz stark wechselnder Umweltbedingungen ein reichhaltiges Nahrungsangebot, wobei natürliche Feinde fehlen oder nur selten vorkommen.

Material F: Topografische Veränderungen Jamaikas und Veränderungen des Meeresspiegels

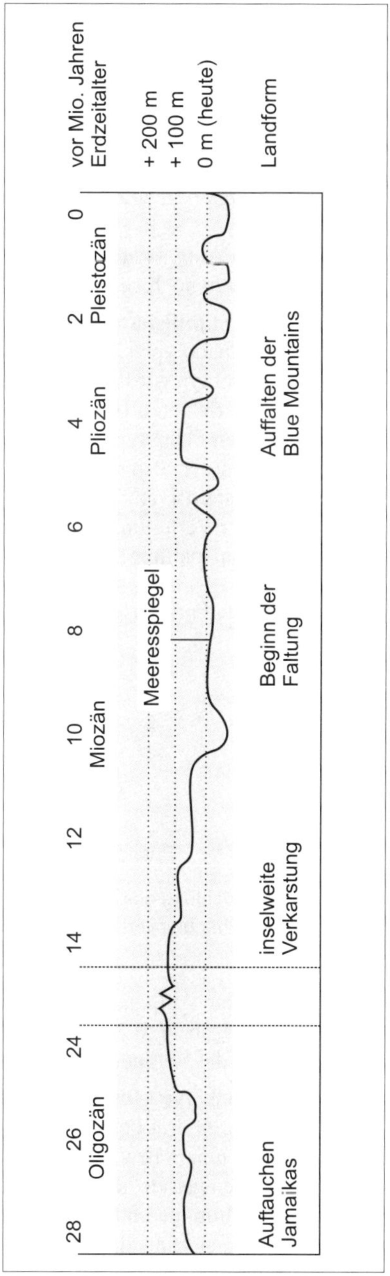

verändert nach: Diesel, Rudolf, Schubart, Christoph D.: Die außergewöhnliche Evolutionsgeschichtejamaikanischer Felsenkrabben. In: BiuZ, 30. Jahrgang 2000, Nr. 3, S. 136–147 © Wiley-VCH

Lösungsvorschlag

In der Aufgabe thematisierte Unterrichtsinhalte sind:
Selektionstypen, Toleranzbereich und -kurve, abiotische und biotische Umweltfaktoren, Konkurrenz, Konkurrenzausschluss, Konkurrenzvermeidung, ökologische Nische, r- und k-Strategen, adaptive Radiation, Isolationsmechanismen (z. B. geografisch, ökologisch), allopatrische Artbildung, Panmixie

1 Bei diesem Aufgabenteil können ergänzende Diagramme die verschiedenen Selektionstypen noch veranschaulichen.

- Unter der **stabilisierenden** Selektion versteht man die Selektion stärker abweichender Phänotypen einer Art. Diese besitzen eine geringere Fitness, der häufigste Phänotyp wird bevorzugt (Arterhaltung).
- Bei der gerichteten (**transformierenden**) Selektion wird einer der stärker abweichenden Phänotypen in einer Verteilungskurve bevorzugt, der ehemals häufigste Phänotyp also selektiert (Artumwandlung).
- Bei der **disruptiven** Selektion werden beide am stärksten abweichenden Phänotypen einer Verteilungskurve bevorzugt, der ehemals häufigste Phänotyp selektiert (Artaufspaltung).

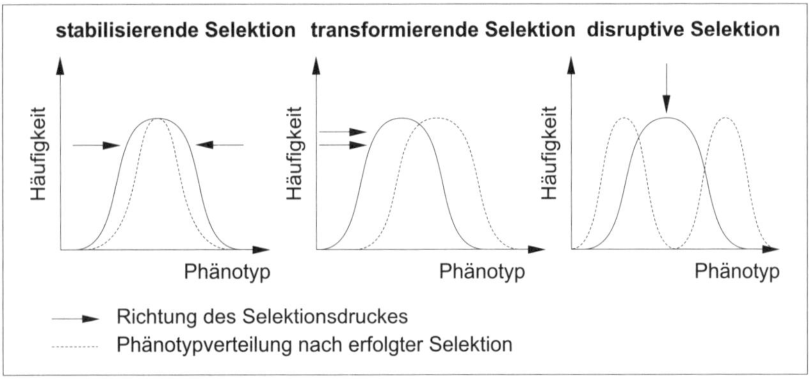

2 Wer bei diesem Aufgabenteil mitdenkt, wird feststellen, dass er für die Beantwortung von Aufgabenteil 3 wichtig ist. Dort wird ja nach Anpassungserscheinungen gefragt. Und die Veränderung der Salinitätstoleranz ist eine solche.

Eine Toleranzkurve gibt die Grenzen eines Lebewesens für einen Umweltfaktor an. Sie ist durch drei Festpunkte gekennzeichnet: Minimum und Maximum kennzeichnen die untere bzw. obere Grenze der Intensität des Umweltfaktors, an denen ein Lebewesen gerade noch überleben kann. Darunter bzw. darüber kommt es zum Tod. An Minimum und Maximum angrenzend folgen die Pessima. Bei diesen Faktorenstärken kann das Lebewesen zwar überleben, seine Vitalität ist jedoch vermindert, es produziert wenige oder keine Nachkommen. Der bevorzugte (und von beweglichen Arten aktiv aufgesuchte) Bereich hinsichtlich eines Umweltfaktors stellt das Präferendum dar. Im Optimum wirkt der Umweltfaktor am förderlichsten für Wachstum und Fortpflanzungsfähigkeit eines Lebewesens. Je nach Toleranzfähigkeit unterscheidet man euryöke (weiter Toleranzbereich) von stenöken (enger Toleranzbereich) Organismen.

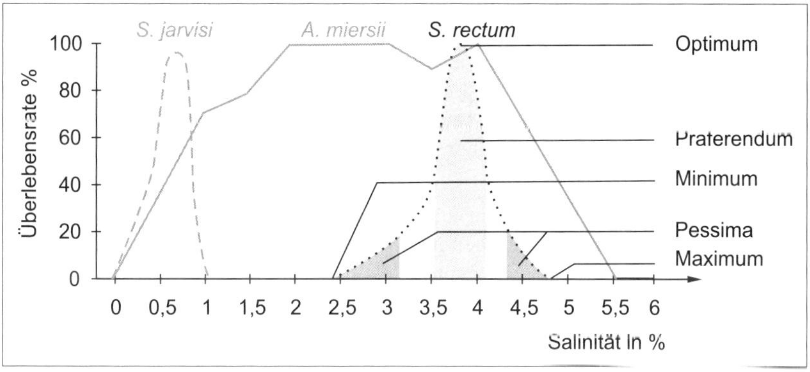

A. miersii besitzt hinsichtlich der Salinität einen weiten Toleranzbereich (ist also eurysalin). Dies ist aus ökologischer Sicht sinnvoll, da der Lebensraum von *A. miersii* durch extreme Schwankungen im Salzgehalt gekennzeichnet ist, wie Material D zeigt: Die Salinität beträgt in Abhängigkeit vom Niederschlag (und damit von der Verdünnung des Meereswassers) bzw. der Länge/Stärke der Sonneneinstrahlung (und damit der Verdunstung des Wassers in den Brackwassertümpeln) zwischen fast 0 % und über 8 %. Diese Werte entsprechen dem Salzgehalt von Süßwasser bzw. dem 1,5-fachen von Meerwasser.
Die anderen beiden Felsenkrabbenarten sind jeweils stenohalin, wobei *S. rectum* ein Optimum bei ca. 3,5 % Salzgehalt besitzt und *S. jarvisi* bei ca. 0,5 %. Beide Krabbenarten befinden sich in Lebensräumen, die durch einen konstanten Salzgehalt gekennzeichnet sind: Süßwasser besitzt eine Salinität von ca. 0,9 %, Meerwasser eine von 3,5 %. Ihr enger Toleranzbereich spiegelt ihre Anpassung an diese Lebensverhältnisse wider.

3 Bei *S. rectum* ist die typische Fortpflanzungsstrategie eines r-Strategen zu finden: Die Krabbe legt viele, kleine Eier und betreibt daher keine Brutpflege. Da das Meer ein dauerhaft stabiles Ökosystem darstellt, dauert die Larvalentwicklung deutlich länger als die der terrestrischen Krabben und umfasst sogar ein Larvenstadium mehr.
S. jarvisi hat das Problem, dass sie zwar das Festland als Lebensraum erobert hat, die Larvalentwicklung (vergleichbar den Amphibien) aber noch im Wasser abläuft. Die Krabbe hat sich dafür einen nur kurzzeitig zur Verfügung stehenden Raum ausgesucht. Die Anpassung daran äußert sich in einer auf ein Fünftel verkürzten Entwicklungsdauer der Larven. Es entfällt zwar ein Larvenstadium, andererseits sind die abgelegten Eier sehr groß, bringen also viel Baustoffe für die Entwick-

lung mit. Die Elternkrabben zeigen ein ausgeprägtes Brutpflegeverhalten, was angesichts der geringen Gelegezahl typisch für k-Strategen ist.

4 Hier handelt es sich um eine sehr komplexe Aufgabe, da viele verschiedene Materialien beachtet werden müssen. Der erste Teil ist jedoch insofern einfach zu lösen, da im Material A angegeben ist, dass eine adaptive Radiation vorliegt bzw. eine allopatrische Artbildung. Jetzt gilt es also nur noch, die Materialien dementsprechend zuzuordnen. Für die Lösung des zweiten Fragenteils sollten Sie in den bisherigen Aufgabenteilen die grundsätzlichen Unterschiede zwischen Meer und Süßwasser herausgearbeitet haben, sodass es auch hier nur noch darum geht, das Material sinnvoll zuzuordnen.

Für die Felsenkrabben stellte die Besiedlung des jamaikanischen Festlands die Besetzung einer freien ökologischen Nische dar. Wie in Material E beschrieben fehlten natürliche Feinde, das Nahrungsangebot war besonders in den Küstenregionen sehr gut, ebenso die Bedingungen für die Entwicklung der Larven in den Tümpeln. Dies erleichterte den Übergang vom aquatischen zum terrestrischen Lebensraum.
Durch die Niederschläge und die immer wieder kehrende Austrocknung der Tümpel kommt es zu einer drastischen Veränderung der Salinität (Material D). Die Felsenkrabbe *A. miersii* beweist jedoch, dass die Eroberung des Landes über die Brackwassertümpel erfolgte. Der Landgang setzte also eine große Salinitäts-Toleranz voraus. *(Die Schneckenkrabbe durchläuft ihre Entwicklung in praktisch salzfreiem Regenwasser!)*
Die im Pliozän beginnende Auffaltung der Gebirge und der v. a. am Ende des Pliozäns fallende und stark variierende Meeresspiegel (Material F) führte zur Bildung stark voneinander abgegrenzter Habitate und damit zur geografischen Isolation der Stammform der heutigen Sesarmiden z. B. durch das Hochgebirge oder die Kalksteinterrassen (Material E). Diese Habitate unterscheiden sich aber auch im Klima und in der Temperatur deutlich und stellen damit unterschiedliche Selektionsfaktoren dar (Material E). Zeitgleich mit der geografischen Isolation ist es durch die gehinderte Panmixie zur ökologischen Isolation gekommen. Insgesamt muss die Artaufspaltung bei den Sesarmiden als Beispiel für eine allopatrische Artbildung gesehen werden.
Offensichtlich waren zum Zeitpunkt der Besiedlung der Insel viele der unterschiedlichen ökologischen Nischen frei, da sonst die Sesarmiden in direkter Konkurrenz mit besser angepassten Landbewohnern aufgrund des Konkurrenzausschlussprinzips verdrängt worden wären. Die Insellage war also insofern günstig, da sie die Besiedlung durch andere Tiere (vor allem Säuger) erschwerte oder sogar unmöglich machte. Dies wird auch dadurch bewiesen, dass die Felsenkrabben in ihrer landlebenden Form auf Jamaika endemisch sind, also nirgends sonst auf der Erde vorkommen.

Abitur-Prüfung Biologie (NRW) – Leistungskurs
Übungsaufgabe 8: Neurophysiologie / Evolution

Fluchtverhalten des Eulenfalters

1 Erklären Sie das Verhalten des Eulenfalters bei der Feindvermeidung (Material A) auf der Basis ultimater Ursachen, d. h. aus der Sicht der Evolutionstheorie!

2 Erläutern Sie anhand von Material B zunächst die Nervenschaltung und erklären Sie sodann detailliert auf neurophysiologischer Ebene, wie die Erregungsleitung durch Aktionspotenziale zustande kommt.

3 Leiten Sie aus Material C den Zusammenhang von Schallreiz und neuronaler Aktivität ab.

4 Material D zeigt, wie ein Eulenfalter eine hinter ihm bzw. über ihm fliegende Fledermaus orten kann. Erläutern Sie anhand des Materials, wie der Falter in den beiden dargestellten Fällen a und b die Richtung erkennt, aus der sich die Fledermaus nähert.

Material A: Eulenfalter

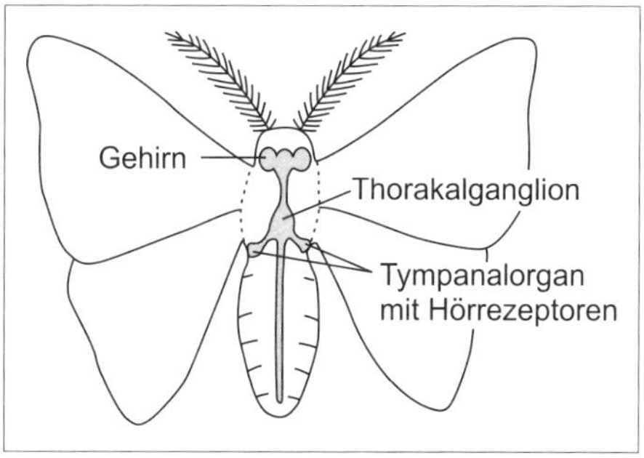

nach: Roeder, K. D.: Nerve Cells and Insect Behaviour, Harvard University Press, Cambridge 1963

Eulenfalter gehören zu den Beutetieren von Fledermäusen. Fledermäuse orientieren sich durch Rufe im Ultraschallbereich, deren Echo ihnen Informationen über Gegenstände in ihrer Umgebung liefert.
Beobachtungen in der Dämmerung zeigen, dass die Falter oftmals Ausweichbewegungen machen oder abtauchen, wenn eine Fledermaus naht. Auf diese Weise gelingt es ihnen häufig, dem Fressfeind zu entgehen. Versuche ergaben, dass Eulenfalter hohe Schallfrequenzen (> 20 kHz) mit ihrem Tympanalorgan wahrnehmen können, nicht aber Frequenzen unter 20 kHz. Sie können damit nicht nur die Ultraschallrufe der Fledermäuse hören, sondern sie sogar genau orten.

Material B: Nervenschaltung und Rezeptorfunktion beim Eulenfalter

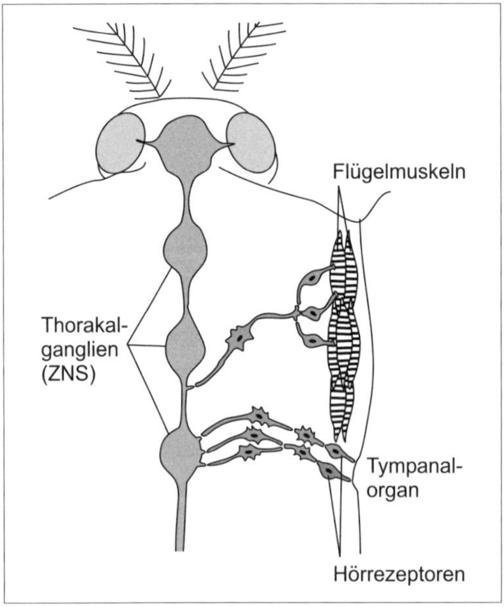

verändert nach: Alcock, John: Animal behaviour: An Evolutionary Approach, 5th edition 1993 © Sinauer Associates, Inc., Sunderland, USA, S. 122/4

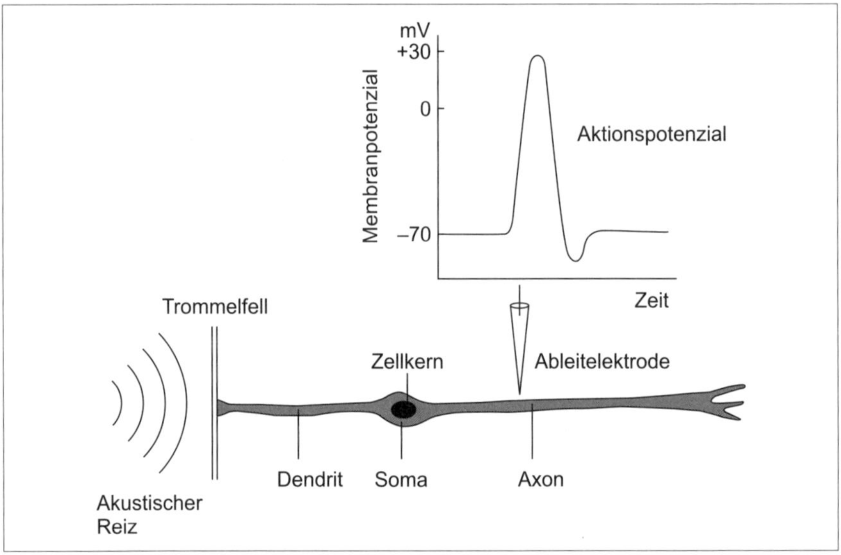

Der auf das Trommelfell treffende akustische Reiz bewirkt im Axon des Hörrezeptors die Bildung von Aktionspotenzialen.

verändert nach: Alcock, John: Animal behaviour: An Evolutionary Approach, 5th edition 1993 © Sinauer Associates, Inc., Sunderland, USA, S. 121/3

Material C: Reizaufnahme und -verarbeitung beim Eulenfalter

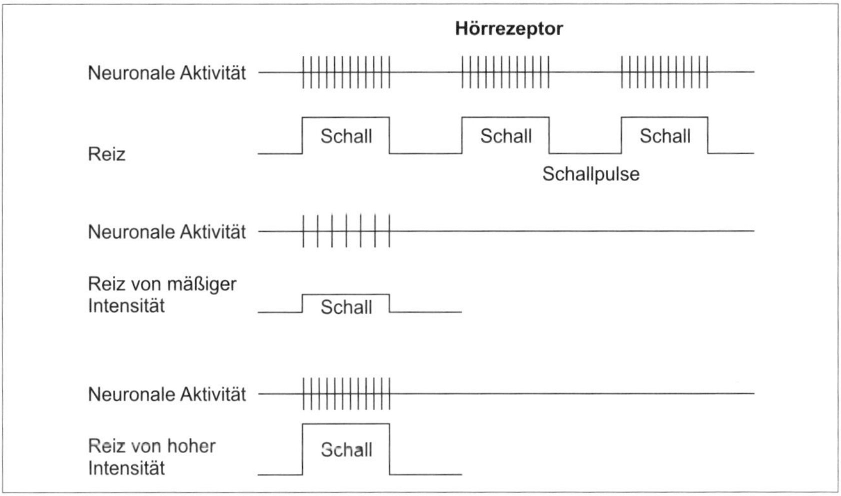

verändert nach: Alcock, John: Animal behaviour: An Evolutionary Approach, 5th edition 1993
© Sinauer Associates, Inc., Sunderland, USA, S. 123/5

Material D: Feindortung

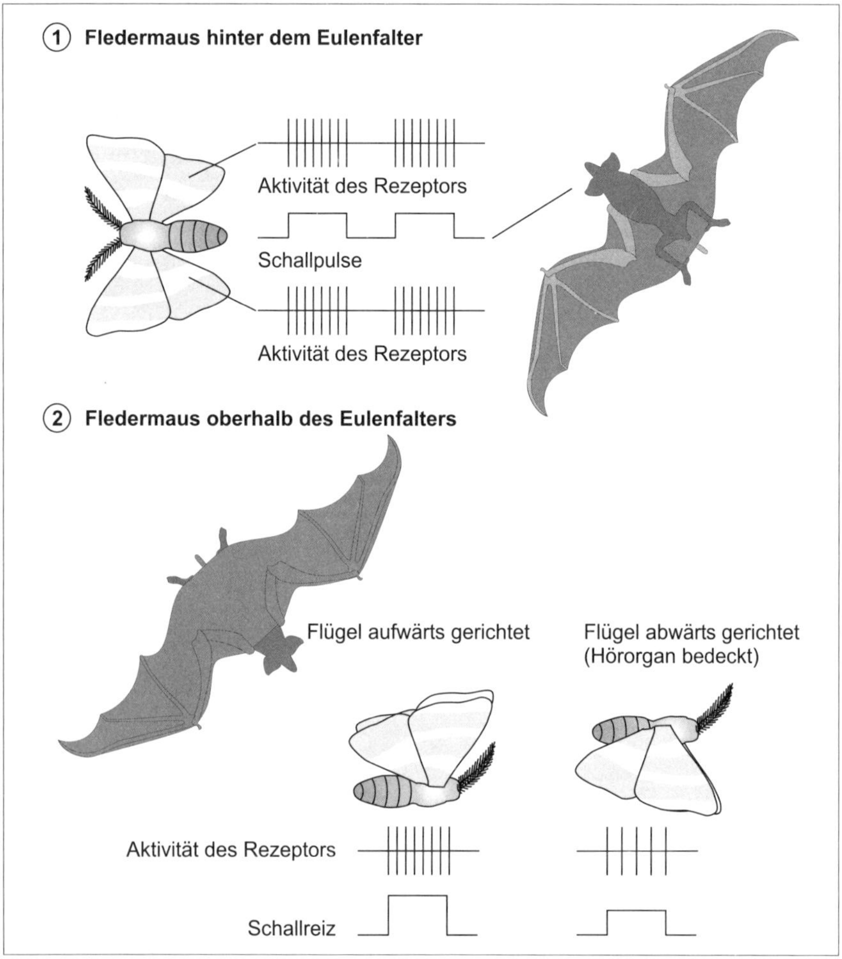

verändert nach: Alcock, John: Animal behaviour: An Evolutionary Approach, 5th edition 1993
© Sinauer Associates, Inc., Sunderland, USA, S. 125/6

Lösungsvorschlag

In der Aufgabe thematisierte Unterrichtsinhalte sind:
- *Evolution: ultimate Ursachen, Fitness, Selektion*
- *Neurophysiologie: Reflexbogen, Aktionspotenzial, Erregungsleitung, Reizcodierung*

1 Die ultimate Erklärung bezieht sich auf den evolutionären Grund für die Entstehung einer Verhaltensweise. Ultimate Ursachen begründen eine Zunahme der Fitness. Im Gegensatz dazu versteht man unter proximaten Ursachen die direkt im Organismus ablaufenden genetischen und physiologischen Ursachen, die das Verhalten hervorrufen.

Als ultimate Ursache der evolutionären Entwicklung des Fluchtverhaltens des Eulenfalters kommt insbesondere die natürliche Selektion in Betracht, durch die Verhaltensweisen und ihre organischen Grundlagen stabilisiert oder verändert werden können. Die „Tauglichkeit" eines Verhaltens im Sinne der Evolution drückt sich im Fortpflanzungserfolg, d. h. in der Fitness aus. Vorteilhaftes Verhalten führt zu höherer Fitness und damit zur Erhaltung dieses Verhaltens in den Folgegenerationen.
Als Beutetier von Fledermäusen ist der Eulenfalter einer ständigen Bedrohung ausgesetzt. – Das zielgenaue Fluchtverhalten dient somit der Erhaltung des Individuums, es entgeht dem Fressfeind und kann seine Gene und damit sein Verhalten weiter vererben. Es hat damit eine höhere Fitness als ein Falter, der gefressen wird, bevor er sich fortpflanzen konnte.
Die Abstimmung des Tympanalorgans auf die Ruf-Frequenzen der Fledermaus ist evolutionär sicherlich in direktem Zusammenhang mit der Feindvermeidung entstanden und als Anpassung zu werten. Ebenso dient das Ausweichverhalten einer Fitnesserhöhung und muss als Resultat einer optimierenden Selektion gewertet werden. Der Hinweis im Text, dass die Falter „häufig", aber eben nicht immer, dem Fressfeind entgehen, weist auf die fortdauernd bestehende stabilisierende Selektionswirkung dieses Räuber-Beute-Verhältnisses hin.

2 Bei der in Material 2 dargestellten Nervenschaltung handelt es sich um einen Reflexbogen eines polysynaptischen Fremd-Reflexes. Je nachdem, ob dies in Ihrem Unterricht behandelt wurde oder nicht, kann die Erklärung hier unterschiedlich detailliert ausfallen. Auch mit der Kenntnis von einfachen Reflexen sollten Sie aber den Weg der Erregung vom Rezeptor bis zu den Flugmuskeln beschreiben können.

Nervenschaltung: Nach der Aufnahme eines Reizes am Tympanalorgan *(Hörrezeptor)* erfolgt eine *(afferente, sensorische)* Leitung der Erregung zum 3. Thorakalganglion des ZNS mit mehreren zwischengeschalteten *(Inter-)*Neuronen. Im Thorakalganglion findet eine Umschaltung auf die *(efferente, motorische)* Bahn zur Flügelmuskulatur *(Erfolgsorgan, Effektor)* statt. Diese relativ einfache Ner-

venschaltung ist die Grundlage für eine schnelle *(reflektorische)* Reaktion des Tieres auf den Reiz.
Erregungsleitung: Der Schallreiz wirkt über die Trommelfellbewegung auf den Hörrezeptor, es entsteht eine Änderung des Membranpotenzials, die sich als Reizstrom vom Dendriten über das Soma zum Axon hin ausbreitet. Wenn der Reizstrom das Ruhepotenzial (RP) im Axon so verändert, dass der Schwellenwert überschritten wird, bildet sich ein Aktionspotenzial (AP): Öffnung der spannungsabhängigen Na^+-Kanäle, Na^+-Einstrom (Diffusionspotenzial), kurzfristige Ladungsumkehr/Spannungsänderung bis ca. +30 mV. Anschließend folgt eine kurze Hyperpolarisation, die auch für die Refraktärzeit verantwortlich ist, d. h. die bewirkt, dass die betreffende Axonstelle kurzfristig nicht erregbar ist. Dadurch breitet sich die AP-Folge nur in einer Richtung aus, zudem kann es auch bei hoher AP-Frequenz nicht zu einer Verschmelzung der APs kommen. Die Weiterleitung der APs erfolgt über mehrere Synapsen zur motorischen Endplatte.

3 Die einzelnen Schallpulse der Fledermausrufe werden vom Hörrezeptor als AP-Sequenz weitergeleitet. Dabei erzeugen leisere Schallreize eine geringere Anzahl von APs pro Zeiteinheit als intensivere Schallreize. Es handelt sich um eine frequenzmodulierte Codierung der Schallstärke. Dabei entspricht die Dauer der AP-Folge jeweils der Dauer des Schallreizes.

4 In Aufgabenteil 3 haben Sie bereits beschrieben, wie die Stärke eines Hörreizes weitergegeben wird. In diesem Aufgabenteil können Sie nun auf Ihre Beschreibung zurückgreifen: Stellen Sie die Unterschiede zwischen Teilabbildung a und b heraus und erklären Sie, wie der Eulenfalter diese in die Richtungsinformation umsetzt. Vermeiden Sie dabei Wiederholungen mit Aufgabe 3.

Wenn die Fledermaus sich von hinten dem Falter nähert, treffen die Schallpulse des Echolot-Systems der Fledermaus gleich stark auf die Tympanalorgane an beiden Seiten des Falters. Ist die Fledermaus oberhalb des Eulenfalters, so bewirkt der Flügelschlag des Falters ein rhythmisches Verdecken des Trommelfells und damit eine Verminderung der Schallintensität. Diese tritt immer auf, wenn die Flügel nach unten geschlagen werden. Daraus resultiert eine im Schlagrhythmus der Flügel wechselnde Folge von hoch frequenten und niedrig frequenten AP-Serien. Diese Unterschiede in der Schallwahrnehmung befähigen den Eulenfalter, die Fledermaus genau zu orten.

Abitur-Prüfung Biologie (NRW) – Leistungskurs
Übungsaufgabe 9: Genetik

Genetik und Diagnostik der Hereditären Pankreatitis

1 Erläutern Sie, welche möglichen Folgen eine Punktmutation in einem codierenden Triplett haben kann. Welche Punktmutation liegt bei der hier beschriebenen Form der Hereditaren Pankreatitis vor?

2 Geben Sie an, welcher Erbgang dem in Material C dargestellten Stammbaum vermutlich zugrunde liegt und begründen Sie Ihre Entscheidung. Verwenden Sie für Ihre Argumentation gegebenenfalls auch das weitere Material.

3 Erklären Sie an Material D und Material F die methodische Bedeutung des Restriktionsenzyms Afl 3 für die Diagnostik.

4 Entwickeln Sie aus molekulargenetischer Sicht eine Deutung für die Entstehung der Hereditären Pankreatitis, die auch die genannten Symptome erklären kann.

5 Erstellen Sie eine Hypothese, welche medizinisch nahe liegende(n) Behandlungsmöglichkeit(en) denkbar ist (sind).

Material A: Hereditäre Pankreatitis

Bei der Hereditären Pankreatitis handelt es sich um eine seltene Erkrankung der Bauchspeicheldrüse (Pankreas). Die Bauchspeicheldrüse liegt im Bauchraum und produziert u. a. Verdauungsenzyme, die über einen Ausführgang in den Dünndarm abgegeben werden.
Die Hereditäre Pankreatitis tritt häufig schon im Kindes- oder Jugendalter auf (das mittlere Erkrankungsalter liegt bei ca. 14 Jahren). Neben immer wieder kehrenden Pankreasentzündungen sind charakteristische Kennzeichen (Symptome) u. a.:
- Völlegefühl,
- Schmerzen im Bauchraum und
- Entwicklungsstörungen (falls die Krankheit im Jugendstadium ausbricht).

Wie häufig bei erblichen Erkrankungen gibt es unterschiedliche Ursachen für die Symptomatik. Eine mögliche Ursache zeigt Material D: eine Mutation im Gen, das für das Enyzm Trypsin(ogen) codiert.
Die Diagnose der Hereditären Pankreatitis ist nicht nur wegen der Seltenheit der Krankheit schwierig, auch die Symptome sind eher unspezifisch und werden daher manchmal falsch gedeutet. Bei einer neueren Nachweismethode für die Erkrankung wird das Restriktionsenzym Afl 3 eingesetzt, dessen Schnittstelle Material G zu entnehmen ist.

Material B: Das Enzym Trypsin

Trypsinogen ist eine Vorstufe des Verdauungsenzyms Trypsin. Es wird im Pankreas gebildet und in den Dünndarm abgegeben. Dort erfolgt eine Abspaltung von 6 Aminosäuren aus der Trypsinogen-Kette, wodurch das aktive Enzym Trypsin entsteht. Im Dünndarm wirkt Trypsin als Peptidase, d. h. es spaltet Proteine, die über die Nahrung aufgenommen wurden, sodass sie in das Blut aufgenommen werden können. Gleichzeitig aktiviert es im Dünndarm auch durch spezifische Spaltungen alle anderen Verdauungsenzyme, die vom Pankreas gebildet werden.

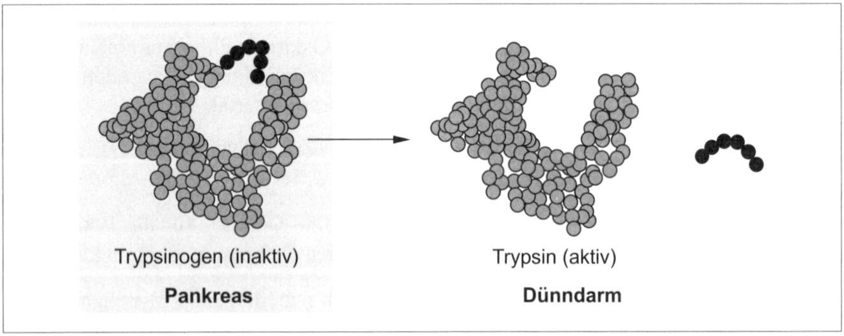

Erfolgt die Aktivierung des Trypsin(ogen)s fälschlicherweise bereits im Pankreas, wird das aktive Zentrum des nun aktiven Enzyms zum Schutz der Zellen der Bauchspeicheldrüse durch sogenannte Trypsininhibitoren blockiert. Diese Maßnahme ist aber je nach Menge des ausgeschütteten Enzym-Vorläufers unter Umständen nicht ausreichend. Daher kann als zusätzlicher Schutzmechanismus aktives Trypsin in einer Art „Selbstzerstörung" an einer Stelle gegenüber dem aktiven Zentrum von spezifischen Trypsin-ähnlichen Pankreasenzymen gespalten und damit inaktiviert werden. Dabei dient eine bestimmte Aminosäuresequenz an dieser Stelle als Erkennungssignal (siehe Material E).

Material C: Stammbaum einer Familie mit Hereditärer Pankreatitis

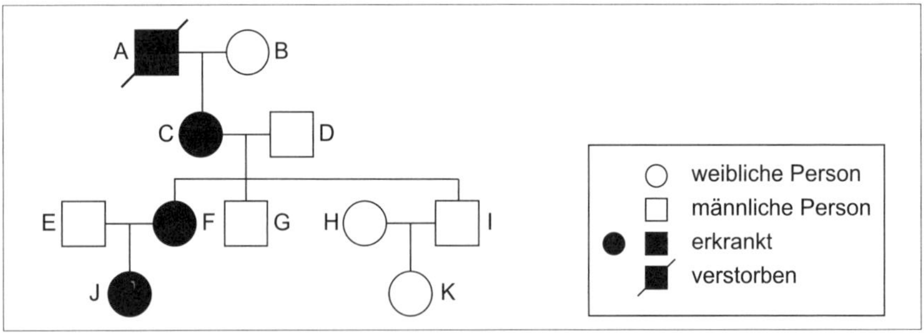

verändert nach: Keim, V., Tannapfel, A., Mössner, J.: Hereditäre Pankreatitis. In: Dt. Ärztebl. 95, Heft 40, 2. Oktober 1998, S. C–1767–1771

Material D: Ausschnitt aus der codierenden (d. h. nicht-codogenen) DNA-Sequenz im Exon 3 des Trypsinogen-Gens bei gesunden und an Hereditärer Pankreatitis erkrankten Personen

Triplett-Nr.		116	117	118	119	120	121	122	123	124	125	126	127	
gesund	5' ...	CGT	GCA	GTA	ATC	AAC	GCC	CGC	GTG	TCC	ACC	ATC	TCT	...3'
erkrankt	5' ...	CGT	GCA	GTA	ATC	AAC	GCC	CAC	GTG	TCC	ACC	ATC	TCT	...3'

aus: Whitcomb, D. C. et al.: Hereditary pancreatitis is caused by a mutation in the cationic trypsinogen gene, Nature Genetics 14, 1996, S. 141-145

Material E: Räumliche Darstellung des bei Hereditärer Pankratitis veränderten Trypsinmoleküls

Die in Material D dargestellte Mutation, die bei Hereditärer Pankreatitis vorliegt, hat keinen Einfluss auf die Tertiärstruktur des Enzyms. Das aktive Zentrum ist demnach unverändert. In der Abbildung auf der folgenden Seite ist die ungefähre Lage der Stelle, die infolge der Mutation verändert ist, ebenso gekennzeichnet wie die Lage der Aminosäure-Erkennungssequenz für die Trypsinspaltung.

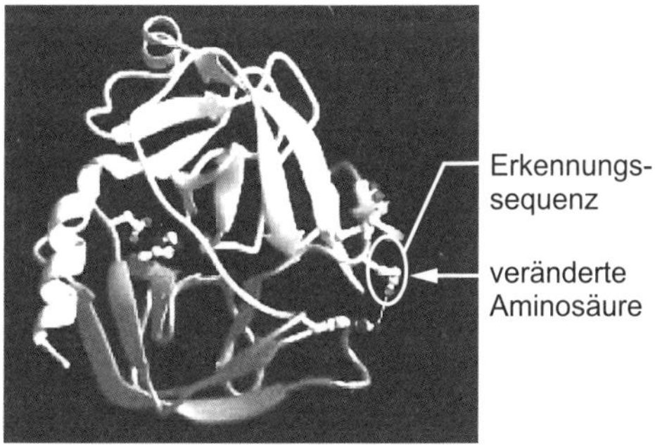

aus: Whitcomb, D. C.: Hereditary pancreatitis: new insights into acute and chronic pancreatitis. In: Gut, 1999, 45: 317–322

Material F: PCR-vervielfachte Exon-3-Region des Trypsinogen-Gens bei den Personen D, E und J aus Material B nach Einsatz des Restriktionsenzyms Afl 3

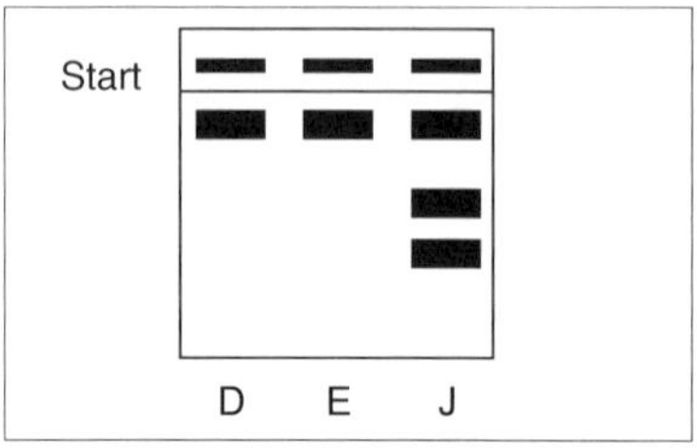

nach: Keim, V., Tannapfel, A., Mössner, J.: Hereditäre Pankreatitis. In: Dt. Ärztebl. 95, Heft 40, 2. Oktober 1998, S. C–1767–1771

Material G: Erkennungssequenz und Schnittstellen (↓↑) des Restriktionsenzyms Afl 3

5' ... A↓CGTGT ... 3'
3' ... TGCAC↑A ... 5'

Material H: Codesonne

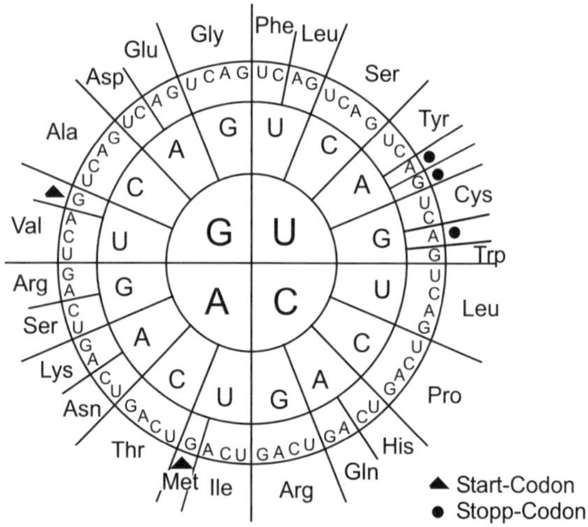

Ala	= Alanin
Arg	= Arginin
Asp	= Asparagin
Asp	= Asparaginsäure
Cys	= Cystein
Gln	= Glutamin
Glu	= Glutaminsäure
Gly	= Glycin
His	= Histidin
Ile	= Isoleucin
Leu	= Leucin
Lys	= Lysin
Met	= Methionin
Phe	= Phenylalanin
Pro	= Prolin
Ser	= Serin
Thr	= Threonin
Trp	= Tryptophan
Tyr	= Tyrosin

Lösungsvorschlag

In der Aufgabe thematisierte Unterrichtsinhalte sind:
Genetik: Punktmutationen und ihre Folgen, genetischer Code, Translation, Proteinbau und -funktion, Erbgänge und Stammbaumanalyse, Restriktionsenzyme, PCR, Gelelektrophorese

1 *Bei der Bearbeitung dieses Aufgabenteils ist es wichtig, dass die DNA-Sequenz aus dem nicht-codogenen Strang stammt – ein bisschen ungewöhnlich auf den ersten Blick. Es erleichtert die Arbeit aber sehr, da die Codesonne so ohne die „Übersetzung" in die mRNA genutzt werden kann (mit U statt T natürlich).*

Man unterscheidet zwei Mutationsarten:

- Der **Basenaustausch** kann Auswirkungen auf die Aminosäuresequenz haben. Er bleibt ohne Folgen, wenn aufgrund der Redundanz (Degeneriertheit) des genetischen Codes die gleiche Aminosäure codiert wird. Der Basenaustausch kann aber auch zur Codierung einer anderen als der ursprünglichen Aminosäure führen *(missense-Mutation)*. Dadurch kann die Struktur eine Proteins verändert werden und damit eine Funktionsänderung (meist Verschlechterung) oder gar ein Funktionsverlust einhergehen.
  Wird durch die Mutation ein Stopp-Codon codiert *(nonsense-Mutation)*, führt dies zum vorzeitigen Translationsabbruch, das Protein wird unvollständig synthetisiert, Funktionsverlust ist fast immer die Folge. Entfällt andererseits durch den Basentausch das Stopp-Codon, kommt es zur Kettenverlängerung. Als Folgen sind alle bisher genannten Möglichkeiten denkbar.
- Beim **Baseneinschub oder -verlust** kommt es zu einer Leserasterverschiebung mit einer Veränderung der Aminosäuresequenz ab der Mutationsstelle. Es entstehen entweder ein Stopp-Codon oder eine Kettenverlängerung (da das Stopp-Codon entfallen ist). Je nachdem wie viele Basen von der Leserasterverschiebung betroffen sind, sind die Folgen entweder unbedeutend oder schwerwiegend bis hin zum völligen Funktionsverlust.

Bei der angegebenen DNA-Sequenz bei Hereditärer Pankreatitis liegt ein Basenaustausch *(missense-Mutation)* im 2. Basenpaar des Tripletts 122 vor: Statt dem Nukleotid mit der Base Guanin liegt in der DNA ein Nukleotid mit der Base Adenin vor. Als Folge kommt es zu einer Veränderung in der Aminosäuresequenz, da die beiden Tripletts für unterschiedliche Aminosäuren kodieren: Statt Arginin wird die Aminosäure Histidin bei der Translation in das Protein eingebaut.

2 *Die Fragestellung deutet bereits darauf hin, dass eine eindeutige Zuordnung nicht möglich ist! Zudem wird durch die Fragestellung auch klar, dass der Stammbaum alleine als Erklärungsgrundlage nicht ausreicht. Überprüfen Sie also nach dem Ausschlussprinzip alle möglichen Erbgänge, ob sie mit der im Material dargestellten Situation kompatibel sind (Material F beachten!).*

Ein X-chromosmal rezessiver Erbgang ist nur denkbar, wenn Person D heterozygot hinsichtlich des Allels ist. Nur dann sind Frauen als Merkmalsträger in der F_2 möglich, wie z. B. Person F in Material C. Wie aus Material F ersichtlich ist, besitzt die Person D das unveränderte Allel aber homozygot *(da es sich um einen Mann handelt, wäre hier der Ausdruck „hemizygot" zutreffender!)*. In diesem Fall wären in der F_2 jedoch nur gesunde Frauen und kranke Männer möglich. Damit ist dieser Erbgang ausgeschlossen.
Ein autosomal-rezessiver Erbgang lässt sich aus vergleichbaren Gründen ausschließen: Wenn Person C Merkmalsträger ist und in der F_2 kranke Nachkommen auftauchen, muss Person D heterozygot hinsichtlich des betrachteten Pankreatitis-Allels sein. Da aber Person D das unveränderte Allel homozygot trägt, müssten alle Nachkommen in der F_2 gesund sein.
Ein autosomal-dominanter Erbgang ist auf den Stammbaum anwendbar. Auch die Tatsache, dass die Personen D und E homozygot für das Normal-Allel sind, widerspricht nicht diesem Vererbungsmodus. Eine dominante Vererbung des Allels für die Hereditäre Pankreatitis ist auch deshalb sehr wahrscheinlich, da alle Generationen betroffen sind.
Auch der X-chromosomal-dominante Erbgang liefert richtige Ergebnisse für den Stammbaum. Die Daten in Material F würden dem nicht widersprechen, wenn man davon ausgeht, dass die männlichen Personen hemizygot hinsichtlich des Allels sind. Da jeweils heterozygote Frauen mit phänotypisch gesunden Männern Kinder zeugen ist die statistische Wahrscheinlichkeit, dass die Erkrankung bei Mädchen oder Jungen auftaucht gleich groß.
Eine endgültige Entscheidung für einen der beiden möglichen Erbgänge ist aufgrund der vorliegenden Daten daher nicht möglich.

Für die hier beschriebene Form der Hereditären Pankreatitis konnte tatsächlich ein autosomal-dominanter Erbgang nachgewiesen werden.

3 *Vergleichen Sie den bei der Hereditären Pankreatitis mutierten Abschnitt der DNA-Sequenz in Material D mit Material G, so liegt die Lösung auf der Hand!*

Die Erkennungssequenz des Restriktionsenzyms Afl 3 ist im Exon 3 in der Basenfolge der mutierten DNA bei Menschen mit Hereditärer Pankreatitis zu finden: Statt der Basenabfolge CGC-GTG-TCC in den Tripletts 122 bis 124 liegt nach der Mutation **CAC GTG T**CC vor *(die Erkennungssequenz ist fett markiert, siehe Material G!)*. Das heißt, dass Afl 3 in der Exon-3-Region der DNA von Gesunden keine Erkennungssequenz vorfindet und daher dort nicht wirksam wird. Bei an Hereditärer Pankreatitis erkrankten Menschen liegt an dieser Stelle der DNA jedoch die Schnittstelle des Enzyms vor. Folglich wird der entsprechende DNA-Abschnitt an dieser Stelle durchtrennt, die Exon-3-Region wird in zwei Stücke geteilt. Dieses Ergebnis ist auch in Material F zu erkennen: Die Personen D und E sind jeweils homozygot für das unveränderte Trypsinogengen, daher liegt auch nur eine Bande vor. Die Person J ist jedoch heterozygot, trägt also auf einem der beiden Chromosomen das mutierte Gen. Dies ist erkennbar an den beiden zusätzlichen Banden, die die Bruchstücke darstellen, die nach der DNA-Spaltung durch

Afl 3 entstanden sind. Da diese Bruchstücke kürzer sind als das nicht geschnittene DNA-Stück wandern sie bei der Gelektrophorese im Gel auch weiter.

4 *Um diesen Aufgabenteil zu bewältigen, müssen Sie sich auf diejenigen Materialien konzentrieren, die Sie bisher noch nicht oder nur am Rande genutzt haben! Die Lösung ist etwas kniffelig, da verschiedene Materialien gleichzeitig beachtet werden müssen. Versuchen Sie daher systematisch vorzugehen: Finden Sie erst die molekulargenetische Ursache, bevor Sie sich danach mit der Symptomatik beschäftigen.*

Wie in Aufgabenteil 1 besprochen, führt die Mutation im Trypsinogen-Gen zu einer Veränderung der Aminosäuresequenz des Trypsin(ogen)s. Diese Veränderung liegt in direkter Nähe der Erkennungssequenz der Trypsin spaltenden Pankreasenzyme (Material E). Bedingt durch die Mutation scheint sich die Primärstruktur des Proteins so zu ändern, dass das Erkennungssignal für diese Enzyme nicht mehr besteht. Sie können in der Pankreas aktiviertes Trypsin nicht mehr spalten. Da das aktive Zentrum hiervon nicht betroffen ist (Material E), ist das Enzym weiterhin voll funktionsfähig.
Betroffen von der Mutation ist der Schutz der Pankreas vor Selbstverdauung. Vorzeitig aktiviertes, verändertes Trypsin wird zwar noch von den Inhibitoren erkannt, dieser Schutz alleine reicht aber nicht aus. Der 2. Schutzmechanismus der „Selbstzerstörung" des überschüssigen Trypsins kann bei Vorliegen der Hereditären Pankreatitis nicht greifen: Verändertes Trypsin wird von den Schutzenzymen nicht mehr erkannt und kann daher nicht abgebaut werden. Es beginnt demzufolge bereits im Pankreas mit dem Abbau von Proteinen und der Aktivierung weiterer Verdauungsenzyme, die ihrerseits ebenfalls Proteine abbauen (Material B): Es kommt zur Selbstverdauung des Pankreas (was die Schmerzen erklärt)!
Der so verursachte Abbau von Pankreas-Zellen führt zu einem Mangel an Verdauungsenzymen, wodurch es zu einem unvollständigen Abbau der Nahrung im Dünndarm kommt (dies erklärt das Völlegefühl). Bei Ausbruch der Krankheit im Kindesalter führt dies zu Störungen der körperlichen Entwicklung, da dem Körper zu wenig Baustoffe zur Verfügung stehen.

5 *Für diesen Aufgabenteil ist das Adjektiv „nahe liegend" von entscheidender Bedeutung. Schüler neigen häufig dazu, hier gentherapeutische Maßnahmen vorzuschlagen – diese sind jedoch bis heute nicht machbar!*

Medizinisch nahe liegend ist die Gabe der fehlenden Verdauungsenzyme. Damit könnten die Verdauungsprobleme, die Schmerzen und die Entwicklungsstörungen gelindert oder möglicherweise ganz vermieden werden. Die Symptome der Erkrankung können so behandelt werden, nicht jedoch die Ursache!

Abitur-Prüfung Biologie (NRW) – Leistungskurs
Übungsaufgabe 10: Ökologie

Ausbreitung und Bekämpfung der Alge *Caulerpa taxifolia*

1 Erklären Sie die Begriffe „dichteabhängige und dichteunabhängige Faktoren" und geben Sie einige Beispiele an. Erläutern Sie den unterschiedlichen Einfluss dieser Faktoren auf die Größe von Populationen.

2 Tragen Sie die in Material C dargestellten Werte grafisch auf.

3 Erläutern und begründen Sie unter Verwendung der weiteren Materialien die populationsökologischen Grundlagen des in Material C dargestellten Werteverlaufs. Skizzieren Sie hierzu einen Graphen, in dem die weitere Entwicklung der unbeeinflussten *Caulerpa*-Population erkennbar wird.

4 Erklären Sie, unter welchen Bedingungen eine Ausrottung der Alge durch die Schnecken eventuell möglich ist. Wie würden sich die Populationsdichten der beiden Arten ohne diese Bedingungen langfristig entwickeln? Skizzieren Sie zu Ihren Ausführungen einen aussagekräftigen Graphen.

Material A: Ausbreitung und Bekämpfung von *Caulerpa taxifolia*

Die Probleme durch die Verschleppung von Organismen in fremde Ökosysteme verschärfen sich mit zunehmender Globalisierung. Ein Beispiel aus jüngster Vergangenheit ist die aus den tropischen Gewässern stammende Alge *Caulerpa taxifolia*. Wie im Zeitungsartikel Material B nachzulesen, gestaltet sich die Bekämpfung des Eindringlings schwierig. Im Gegensatz zu ihren tropischen Verwandten zeigt die mediterrane Form von *Caulerpa* ein wesentlich schnelleres Wachstum. Sie wird zudem bis zu 80 cm groß, die tropische nur 10 cm. *Caulerpa* verbreitet sich im Mittelmeer fast ausschließlich asexuell, sodass schon kleinste Pflanzenteile zu neuen Algen auswachsen können.
Um *Caulerpa* zu bekämpfen, plant man den Einsatz der aus tropischen Gewässern stammenden Schnecken *Oxynoe* und *Elysia*: "We have proof that the snail only attacks this seaweed," schlägt Alexandre MEINESZ vor, "We'll put it in the sea in the spring and it will die from cold in December."
Das französische Umweltministerium teilt diese optimistische Einschätzung von Prof. MEINESZ über die Bekämpfung von *Caulerpa* nicht. Ein Einsatz der nur 1–2 cm großen Schnecken ist daher bisher nicht in Sicht, vielleicht auch, da man mehr als 1 000 Tiere pro Quadratmeter zur effektiven Bekämpfung benötigen würde.

Material B: Gefährliche Killeralge breitet sich aus – aber winzige Schnecken haben riesigen Appetit auf *Caulerpa*

Paris (dpa). Seit dem ersten Auftreten vor der Küste von Monaco hat sich die tropische „Killeralge" *Caulerpa taxifolia* im Mittelmeer trotz zahlreicher Bekämpfungsversuche rasant ausgebreitet. (…)
Die Alge breitet sich wie ein grüner Teppich auf der Meeresoberfläche aus und erstickt andere Algen und Meerespflanzen. Nach und nach verdrängt sie so alles andere Leben. (…)
Betroffen sind vor allem die Küsten Frankreichs, Italiens, Spaniens und Kroatiens. Die Ausbreitung der Alge wird durch Meeresströmungen, aber auch durch den starken Schiffsverkehr auf dem Mittelmeer begünstigt.
Alle Versuche, die Invasion der Killeralge zu stoppen, sind gescheitert: Einfaches Herausreißen in aufwändiger Handarbeit, der Einsatz von Ultraschall oder elektrolytischen Verfahren haben nicht verhindern können, dass blitzschnell wieder neue Algenteppiche auf mehreren tausend Quadratmetern gewachsen sind. (…)
„Das einzige, was uns bleibt, ist der biologische Kampf", weiß Prof. Alexandre Meinesz. Er ist sicher, die Lösung des *Caulerpa*-Problems gefunden zu haben: Winzige Meeresschnecken, die sich ausschließlich von den Blättern der Killeralge ernähren. „Sie fressen nichts anderes, und wenn nichts mehr da ist, sterben sie."
Von über hundert Arten, die Meinesz in Laborversuchen unter die Lupe nahm, fand er drei heraus, die sich ebenso schnell verbreiten wie *Caulerpa taxifolia,* sodass Hoffnung besteht, dass sie die Schnecken es mit der Alge aufnehmen könnten.

Aus: Freisinger Morgenecho, 26. 3. 2004

Material C: Die Ausbreitung der Alge *Caulerpa taxifolia* im Mittelmeer

Caulerpa taxifolia
© Rachel Woodfield, Merkel & Associates, Inc., www.forestryimages.org

Jahr	bewachsene Meeresfläche in km^2
1984	0,000001
1990	0,03
1991	0,3
1994	15
1995	20
1996	30
2000	60

Material D: *Caulerpa taxifolia* fressende Meeresschnecken

Elysia brycei (Elysiidae)

Lobiger souverbii (Oxynoidae)

Debelius, H.: Schneckenführer. Jahr Verlag, 1997, S. 163 f.; Fotos: Rudie Kuiter (links), Mike Severns (rechts)

Lösungsvorschlag

In der Aufgabe thematisierte Unterrichtsinhalte sind:
Ökologie: dichteabhängige und dichteunabhängige Faktoren, Räuber-Beute-Beziehung, VOLTERRA-Gesetze, Umweltkapazität, Umweltwiderstand, exponentielles und logistisches Wachstum von Populationen, ökologische Nische, biologische Schädlingsbekämpfung

1 Dichteabhängige Faktoren sind von der Populationsdichte abhängig, d. h. ihr Einfluss nimmt mit zunehmender Populationsdichte zu. Sie wirken daher in Form des Umweltwiderstands stark regulierend auf die Größe einer Population. Beispiele für dichteabhängige Faktoren sind: intraspezifische Konkurrenz (Nahrung, Revier, Gedrängefaktor), Räuber-Beute-Beziehung (mit artspezifischen Feinden), Parasitismus oder ansteckende Krankheiten.
Dichteunabhängige Faktoren sind von der Populationsdichte unabhängig und verändern daher die Populationsgröße nur zufallsgemäß. Beispiele für dichteunabhängige Faktoren sind: abiotische Faktoren (Niederschlag, Sonneneinstrahlung, Temperatur, Mineralsalzgehalt etc.), nicht artspezifische Feinde oder nicht ansteckende Krankheiten.

2 Es gibt hierbei zwei verschiedene (sinnvolle) Möglichkeiten, die Werte aus der Tabelle grafisch aufzutragen. Am einfachsten ist es sicher, ein Säulendiagramm zu erstellen, da hier die unterschiedlichen Abstände zwischen den Jahren nicht berücksichtigt werden müssen. Da aber in Aufgabenteil 3 eine Weiterführung des Graphen erwartet wird, ist die bessere Wahl in diesem Fall die Auftragung in einer Kurve. Legen Sie am besten gleich ein größeres Koordinatensystem an, sodass Sie die Kurve für Aufgabenteil 3 entsprechend ergänzen können.

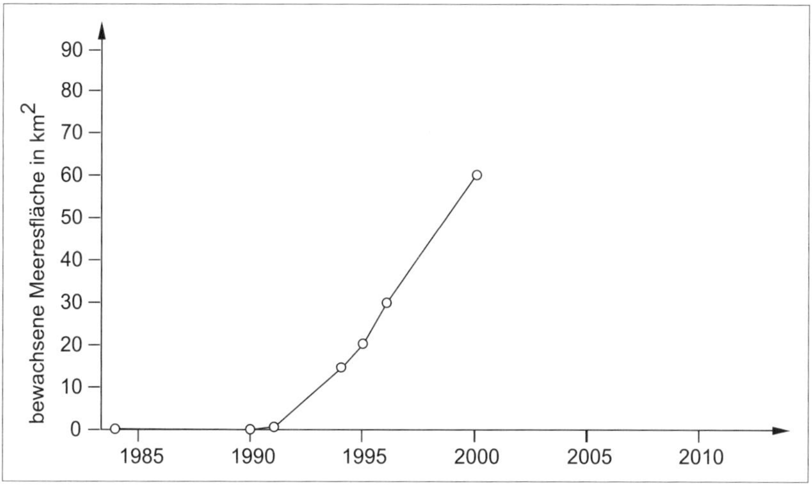

Richtig ist aber wie gesagt auch eine Darstellung als Säulendiagramm:

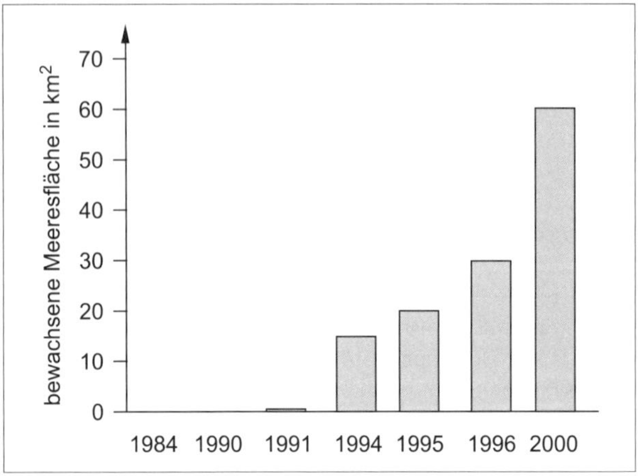

3 In Material A finden Sie die nötigen Informationen zum ersten Teil der Aufgabenstellung. Leiten Sie daraus die weitere Entwicklung der Algenpopulation ab. (Die Schnecken kommen hierbei noch nicht ins Spiel!). Ergänzen Sie die Prognose über den weiteren Verlauf der Wachstumskurve von Caulerpa in einer anderen Farbe in dem bereits von Ihnen angefertigten Diagramm. Sollten Sie Aufgabenteil 2 nicht gelöst haben, können Sie (ausgehend von Material C) den in diesem Aufgabenteil verlangten Graphen auch Freihand zeichnen, wenn Ihnen klar ist, worum es hier geht.

Caulerpa hatte bei der Besiedlung des neuen Ökosystems Mittelmeer keine natürlichen Feinde und damit einen Konkurrenzvorteil gegenüber anderen Meerespflanzen. Zudem zeichnet die Alge sich durch ein starkes Wachstum und durch eine ausgeprägte Fähigkeit der asexuellen Vermehrung aus *(Material A und B)*. Es zeigt sich daher ein annähernd exponentielles Wachstum, das typisch ist für die Neubesiedlung einer freien ökologischen Nische.
Bei zunehmendem Umweltwiderstand wird die Vermehrungsrate jedoch immer stärker absinken. Das exponentielle Wachstum geht dann in ein logistisches Wachstum über. Ist die durch den Umweltwiderstand gegebene Umweltkapazität N des Ökosystems erreicht, verändert sich die Populationsdichte der Alge praktisch nicht mehr. Schwankungen kommen dann vor allem durch den Einfluss dichteunabhängiger Faktoren vor.

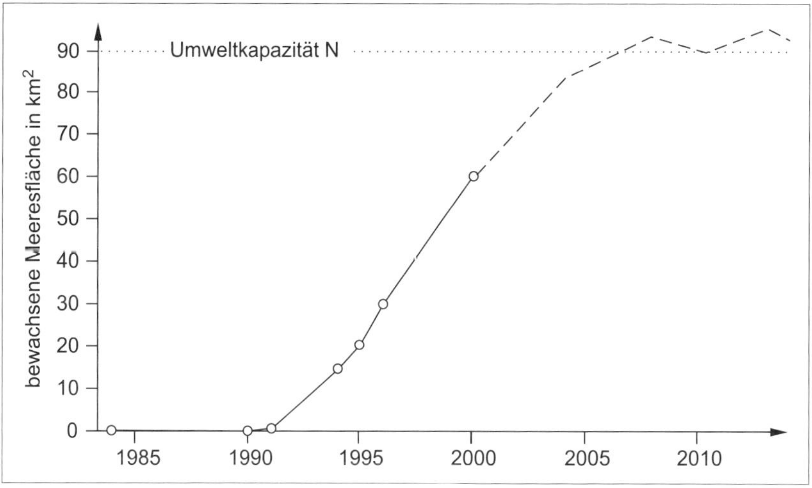

4 Obwohl dieser Aufgabenteil auf den ersten Blick eher einfach wirkt, hat er es in sich! Hier ist eine kritische Beurteilung der klassischen Räuber-Beute-Beziehung erforderlich, weshalb die Erstellung der Grafik schwierig ist. Beachten Sie die besonderen Lebensbedingungen der Schnecken!

Die Biologische Bekämpfung von Schädlingen führt in offenen Ökosystemen nie zur völligen Ausrottung des Schädlings (z. B. wegen Zu- und Abwanderungen von Schädlingen aber auch wegen der Volterra-Regeln, siehe unten). Ausnahmen sind Insellagen oder andere geografisch abgeschlossene Areale, da hier keine oder nur eine geringfügige Migration möglich ist. Auch hier ist eine Ausrottung nur dann möglich, wenn ein permanenter „Nachschub" des Beutegreifers erfolgt. Die Meeresareale müssten folglich durch Barrieren abgetrennt werden und über einen längeren Zeitraum immer wieder mit den in Material A genannten Schnecken beschickt werden. Zusätzlich muss wegen der asexuellen Vermehrung von *Caulerpa* gewährleistet sein, dass auch kleinste Teile der Alge nicht (z. B. durch Schiffsverkehr, Material B, 3. Absatz) verschleppt werden.
Da die Schnecken auf den Schädling spezialisierte Feinde sind, ist gewährleistet, dass sie bei zunehmender Dezimierung des Schädlings nicht auf leichter auffindbare Beuteorganismen überwechseln können. Günstig ist in diesem Fall auch, dass die aus tropischen Gewässern stammenden Schnecken offensichtlich im winterkalten Meereswasser sterben (Material A). Aus diesen beiden Gründen wird sich die Schneckenpopulation nicht stark ausbreiten können und stellt kaum eine Gefahr für die einheimische Fauna und Flora dar *(andererseits kann es natürlich – wie bei Caulerpa – durch Mutationen zu Anpassungen kommen mit nicht vorhersehbaren Folgen!)*.
Bei ausbleibender Arealabgrenzung wird sich im vorliegenden Fall ein „klassisches" Räuber-Beute-Verhältnis entwickeln, da der Greifer auf die Beute hochspezialisiert ist (Material B, 5. Absatz) und die Beute keinen anderen Feind im Öko-

system zu haben scheint. Die Populationsentwicklung müsste theoretisch also den ersten beiden Volterrra-Gesetzen folgen, wonach die mittleren Populationsdichten bei Räuber und Beute regelmäßige, phasenverschobene Oszillationen aufweisen (Volterra 1), langfristig aber einen konstanten Mittelwert annehmen (Volterra 2). Ob diese Schwankungen tatsächlich zu beobachten sein werden, ist jedoch zu bezweifeln, da die Schnecken den Winter nicht überstehen, d. h. in jedem Frühjahr neu ausgesetzt werden müssten, was in der folgenden Grafik zu erkennen ist.

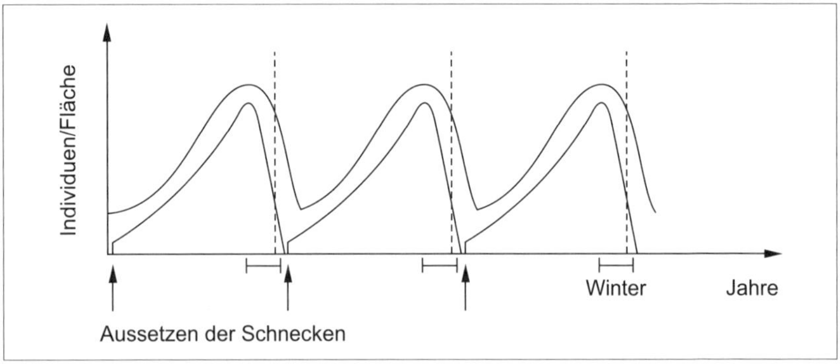

In wie weit die Schnecken die Algenpopulation jeweils dezimieren können ist also von der Ausgangspopulation abhängig.

Abitur-Prüfung Biologie (NRW) – Leistungskurs
Übungsaufgabe 11: Genetik

Genetische Grundlagen der Hornhauttrübung

1 Geben Sie mithilfe des Stammbaums (Material B) den Erbgang zur Hornhautdystrophie an und begründen Sie Ihre Entscheidung. Bestimmen Sie für alle abgebildeten Personen die Genotypen.

2 Bestimmen Sie aus der in Material C angegebenen DNA-Sequenz die entsprechende Aminosäuresequenz. Ermitteln Sie den Mutationstyp, welcher der Hornhautdystrophie zugrunde liegt, und erklären Sie den Zusammenhang zwischen der Mutation und den in Material A beschriebenen Symptomen.

3 Beschreiben Sie den Ablauf der Polymerase-Kettenreaktion.

4 Analysieren und deuten Sie das Ergebnis der Elektrophorese (Material D). Entscheiden Sie begründet, welches der beiden Bandenmuster einem Kind zuzuordnen ist, das an Hornhautdystrophie erkranken wird.

Material A: Die „Gittrige Hornhautdystrophie"

Das Auge des Menschen wird aus hoch spezialisierten Geweben aufgebaut; eines dieser Gewebe bildet die Hornhaut, die das Licht bricht und im Normalfall durchsichtig wie Glas ist, sodass die Lichtstrahlen ungehindert in den Augapfel bis zur Netzhaut eindringen können. Verschiedene Ursachen können zu einer Trübung der Hornhaut führen, wodurch Lichtstrahlen absorbiert oder gestreut werden, sodass im Augeninneren kein scharfes Bild mehr entsteht. Es kann dann oft nur noch zwischen hell und dunkel unterschieden werden.
Auch die Erbkrankheit „Gittrige Hornhautdystrophie" führt zur Hornhauttrübung. Betroffene Personen leiden an schmerzhaften, beidseitig immer wiederkehrenden Hornhautaufbrüchen, die die Sehfähigkeit stark beeinträchtigen. Bei Gewebeuntersuchungen der Hornhaut stellte man fest, dass bei Erkrankten ein Struktureiweiß des Hornhautgewebes verändert ist und sich fadenförmig in den Zellen der Hornhaut ablagert. Mit steigendem Lebensalter häufen sich diese fadenförmigen Proteine an und verursachen gitterartige Aufbrüche in der Hornhaut. Der Stammbaum einer Familie mit dieser „Hornhautdystrophie" ist in Material B dargestellt.
Es gelang Genetikern, die molekularen Ursachen für diese „Hornhautdystrophie" aufzuklären: Die Hornhautdystrophie wird ausgelöst durch eine Mutation in dem sog. ßIGH-Gen. Material C zeigt einen DNA-Ausschnitt dieses Gens für das Hornhautprotein eines Gesunden. Bei Personen, die an der Hornhautdystrophie erkrankt sind, findet man an der Position 417 des nicht codogenen DNA-Stranges das Cytosin-Nukleotid durch ein Thymin-Nukleotid ersetzt.

Der Nachweis von Hornhautdystrophie, z. B. im frühen Kindesalter, wenn die Hornhaut noch nicht auffällig gestört ist, gelingt heutzutage mithilfe der PCR des kritischen Genbereichs. Daran schließt sich eine Restriktion mit der Endonuklease Ava II an, die die PCR-Produkte an der Erkennungssequenz 5'–G/GACC–3' schneidet.
In Material D ist das Ergebnis einer Gelelektrophorese dargestellt, in dem eine Bahn auf ein gesundes Kind, die andere Bahn auf ein Kind hinweist, welches an Hornhautdystrophie erkranken wird.

Text aus: Zühlke, Christine und Hellenbroich Yorck: Molekulargenetische Wege bei der Diagnostik erblich bedingter Erkrankungen, BIOforum 11, 2000, Seite 744–747

Material B: Familienstammbaum einer Familie mit Gittriger Hornhautdystrophie

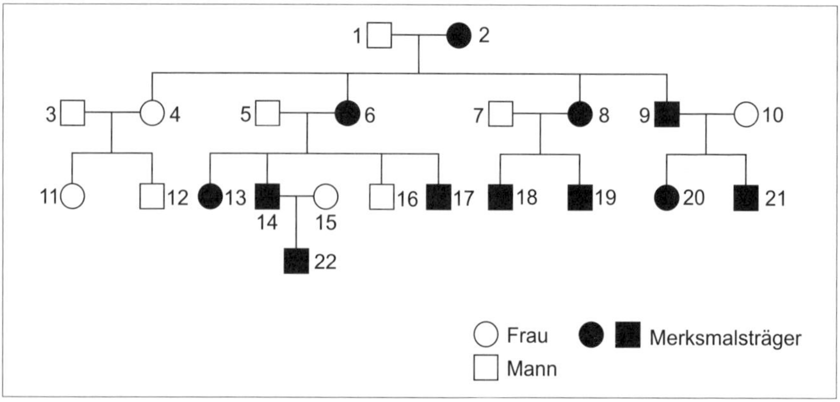

verändert nach: Zühlke Christine und Hellenbroich Yorck: Molekulargenetische Wege bei der Diagnostik erblich bedingter Erkrankungen, BIOforum 11, 2000, Seite 744–747

Material C: DNA-Ausschnitt der Nukleotidsequenz vom nicht codogenen Strang

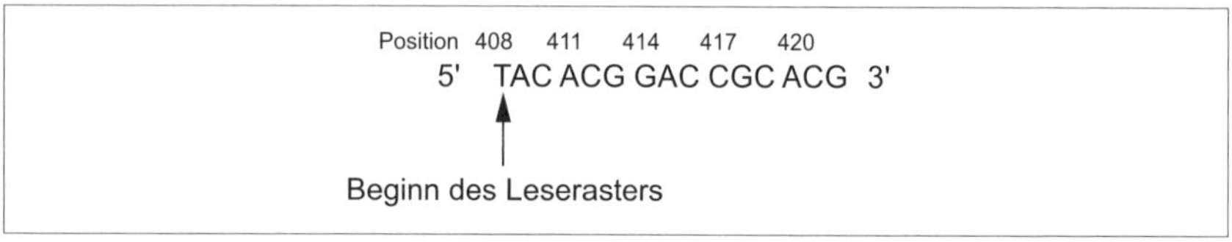

verändert nach: Zühlke Christine und Hellenbroich Yorck: Molekulargenetische Wege bei der Diagnostik erblich bedingter Erkrankungen, BIOforum 11, 2000, Seite 744–747

Material D: Ergebnis einer Gelelektrophorese

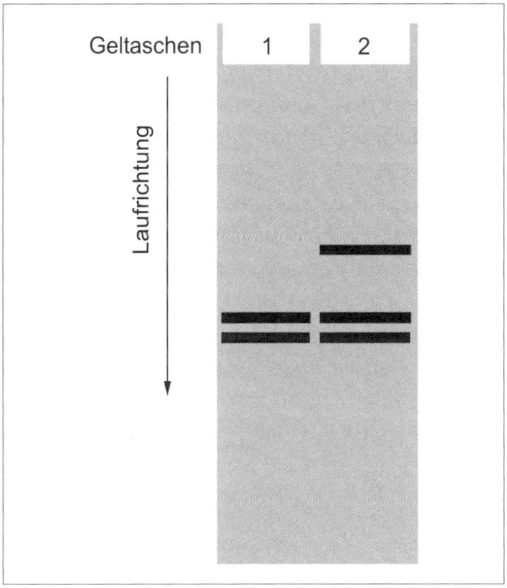

verändert nach: Zühlke Christine und Hellenbroich Yorck: Molekulargenetische Wege bei der Diagnostik erblich bedingter Erkrankungen, BIOforum 11, 2000, Seite 744–747

Material E: Codesonne

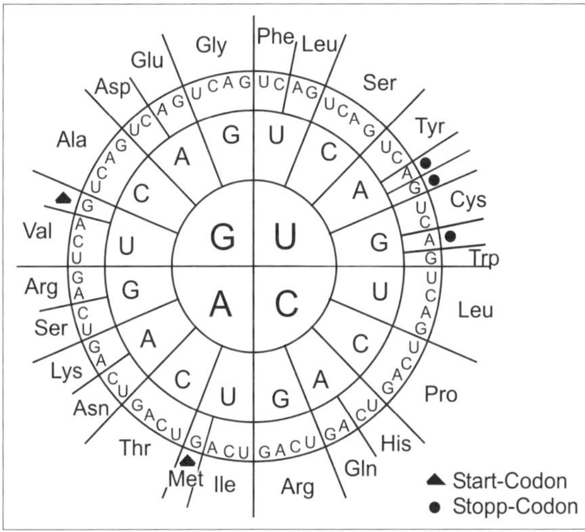

Ala	=	Alanin
Arg	=	Arginin
Asp	=	Asparagin
Asp	=	Asparaginsäure
Cys	=	Cystein
Gln	=	Glutamin
Glu	=	Glutaminsäure
Gly	=	Glycin
His	=	Histidin
Ile	=	Isoleucin
Leu	=	Leucin
Lys	=	Lysin
Met	=	Methionin
Phe	=	Phenylalanin
Pro	=	Prolin
Ser	=	Serin
Thr	=	Threonin
Trp	=	Tryptophan
Tyr	=	Tyrosin

Lösungsvorschlag

In der Aufgabe thematisierte Unterrichtsinhalte sind:
Genetik: Stammbaumanalyse, Vererbungsmodi, Mutationstypen, Genetischer Code, Codon, Proteinbiosynthese, Transkription, Translation, Aminosäuresequenz, Tertiärstruktur der Proteine, DNA- und RNA-Aufbau, Komplementaritätsregel, PCR

1 *Bei der Analyse des Stammbaums helfen Ihnen einige einfache Überlegungen:*
- *Dominant vererbte Merkmale treten normalerweise in jeder Generation auf, wohingegen rezessive Merkmale eine oder mehrere Generationen überspringen können.*
- *Sind in einem Stammbaum gleich viele männliche und weibliche Merkmalsträger, handelt es sich wahrscheinlich um ein autosomal vererbtes Merkmal. Überwiegen dagegen Männer als Merkmalsträger, so wird das Merkmal höchstwahrscheinlich gonosomal vererbt. (Das Y-Chromosom können Sie im Normalfall vernachlässigen, da es so gut wie genleer ist.)*

Aufgrund dieser Überlegungen können Sie den Erbgang relativ einfach einordnen. Denken Sie aber daran, dass die o. g. Hilfestellungen noch keine ausreichende Erklärung darstellen und Sie außerdem die anderen Möglichkeiten begründet ausschließen sollten.

Bei der „Gittrigen Hornhautdystrophie" handelt es sich um ein autosomal-dominant vererbtes Merkmal. Dies ist daraus zu schließen, dass die Erkrankung in jeder der angegebenen vier Generationen auftritt und dass sowohl Männer als auch Frauen als Merkmalsträger auftreten.
Jedes erkrankte Familienmitglied hatte ein Elternteil mit dieser Krankheit; wohingegen andererseits gesunde Eltern (Individuen Nr. 3 und 4) immer nicht erkrankte Kinder (Individuen Nr. 11 und 12) bekommen. Eine Rezessivität der Erkrankung kann insofern ausgeschlossen werden, da in den Familienstammbaum einheiratende Mitglieder phänotypisch gesund sind und somit im Falle einer rezessiven Vererbung alle Überträger für diese Krankheit sein müssten. Dies ist rein statistisch gesehen sehr unwahrscheinlich.
Da Männer und Frauen zu gleichen Teile von der Erkrankung betroffen sind und das defekte Allel sowohl von der Mutter als auch vom Vater an die gemeinsamen Kinder weitergegeben werden kann, liegt es nahe, dass die Hornhautdystrophie nicht X-chromosomal, sondern autosomal vererbt wird. Gegen eine gonosomale Vererbung spricht ebenfalls, dass in diesem Stammbaum die Söhne (21, 22) betroffener Väter (9, 14) und anlagefreier Mütter (10, 15) erkrankt sind. Wäre das Merkmal auf dem X-Chromosom lokalisiert, wären diese Söhne auf jeden Fall gesund.
Für das Gen, welches im mutierten Zustand die Hornhautdystrophie bedingt, kann der Buchstabe A für das dominante, defekte Allel verwendet werden, welches die Krankheit auslöst, und a für seine rezessive, funktionstüchtige Variante. Die genotypische Identifizierung der Allelzuordnungen ist einfach:

- Alle nicht von der Hornhauttrübung betroffenen Individuen (1, 3, 4, 5, 7, 10, 11, 12, 15 und 16) sind homozygot rezessiv (aa).
- Alle erkrankten Personen (2, 6, 8, 9, 13, 14, 17–22) sind Überträgerinnen bzw. Überträger der Krankheit mit der heterozygoten Allelkombination Aa.

Homozygote Merkmalsträger (AA) können deswegen in diesem Stammbaum nicht vorkommen, da in jeder Ehe mindestens einer der Partner nicht von dieser Krankheit betroffen ist.

2 *Vor der Umsetzung der vorliegenden Nukleotidsequenz in eine Sequenz von Aminosäuren (AS) müssen Sie zunächst der Material-Überschrift entnehmen, dass hier die DNA-Sequenz des nicht-codogenen Stranges vorliegt. Die Erstellung einer mRNA vom nicht-codogenen Strang aus ist denkbar einfach: Ersetzen Sie einfach T durch U. Den „Umweg" über den codogenen Strang können Sie sich sparen, da ja beide – nicht-codogener Strang der DNA und die mRNA – komplementär zum codogenen Strang der DNA sind. Also müssen sie zwangsläufig identisch sein (bis auf die Vertauschung von Thymin und Uracil).*
Die Angabe zur vorliegenden Mutation finden Sie im Text zu Material 1: An Position 417 ist C durch T ersetzt. Auch die Auswirkungen der Mutation sind hier bereits erklärt: Ablagerung des veränderten Proteins in den Zellen der Hornhaut.

Intaktes Gen:

Position des Nukleotids		*408–410*	*411–413*	*414–416*	*417–419*	*420–422*	
nicht-codogener Strang	5'	TAC	ACG	GAC	CGC	ACG	3'
mRNA	5'	UAC	ACG	GAC	CGC	ACG	3'
Aminosäure-Sequenz		Tyr –	Thr –	Asp –	Arg –	Thr –	

Bei der hier vorliegenden Mutation handelt es sich um eine **Punktmutation**, welche eine Form der Genmutationen darstellt. Eine einzelne Base innerhalb eines Basentripletts ist ausgetauscht worden. Im vorliegenden Fall wurde im nicht-codogenen Strang an der Position 417 die Base Cytosin gegen die Base Thymin ausgetauscht. Da die Mutation die erste Base des Basentripletts betrifft, wird anstelle der Aminosäure Arginin die Aminosäure Cystein in das βIGH-Protein eingebaut:

Mutiertes Gen:

Position des Nukleotids		*408–410*	*411–413*	*414–416*	*417–419*	*420–422*	
nicht-codogener Strang	5'	TAC	ACG	GAC	**T**GC	ACG	3'
mRNA	5'	UAC	ACG	GAC	**T**GC	ACG	3'
Aminosäure-Sequenz		Tyr –	Thr –	Asp –	**Cys** –	Thr –	

Betrachtet man die chemischen Eigenschaften der beiden vertauschten Aminosäuren genauer, so sind deutliche Unterschiede zu erkennen: Arginin besitzt eine polare und basische Restgruppe, Cystein einen ebenfalls polaren, aber neutralen Rest.

Zudem hat Cystein die Tendenz, bevorzugt Disulfidbrücken auszubilden. In der Tertiärstruktur des βIGH-Proteins bedeutet dies, dass andere Bindungen – vermutlich zusätzliche Disulfidbrücken – ausgebildet werden können. Dies führt zu einer Konformationsänderung des Proteins, einer Veränderung in seiner Raumstruktur. Der durch die Mutation bedingte Austausch einer einzigen Aminosäure hat – bei sonst unveränderter Primärstruktur – somit gravierende Auswirkung für den davon betroffenen Menschen. Die Änderung der Tertiärstruktur des Proteins bewirkt, dass sich *(wie in Material 1 beschrieben)* das veränderte Eiweiß in den Hornhautzellen des Auges ablagert und dadurch die Hornhauttrübung hervorruft.

3 *Bei dieser reinen Reproduktionsaufgabe ist es angebracht, vor der Darstellung des Vorgangs zunächst ein oder zwei kurze Einleitungssätze zu schreiben, in denen die Polymerase-Kettenreaktion kurz umrissen wird.*

Die Polymerase-Kettenreaktion (PCR) ist eine molekularbiologische Arbeitsmethode zur exakten Analyse von DNA. Mit diesem Verfahren können gezielt spezifische Abschnitte einer DNA in einem Reaktionsgefäß identisch vermehrt werden (*In-vitro*-Amplifikation).

Der erste Arbeitsgang der PCR besteht darin, dass die zu untersuchende **DNA** bei ca. 92° C **denaturiert** und damit in ihre Einzelstränge zerlegt wird.

Im nächsten Schritt werden die Startstellen der Replikation auf dem zu kopierenden DNA-Abschnitt festgelegt. Dies ist der entscheidende Arbeitsschritt in der PCR, der nur dann gelingen kann, wenn die Nukleotidsequenz bekannt ist, welche an den Enden des zu kopierenden DNA-Abschnitts liegen. Zur Begrenzung des zu vervielfältigenden Abschnitts werden jeweils zwei spezifische gegenläufige PCR-Primer (für die zwei Enden des DNA-Abschnitts) verwendet. Damit die Primer reagieren können, wird die Temperatur auf 50–60° C gesenkt. Wenn die beiden im Überschuss zugegebenen Moleküle sich nach der Komplementaritätsregel an die denaturierte DNA anlagern, kommt es zu einer **Hybridisierung** (DNA + Primer).

Als Nächstes kann hierauf die **Polymerisierung** stattfinden. Nach der Zugabe von DNA-Nukleotiden (A, T, C, G) und hitzebeständiger DNA-(Taq-)Polymerase können – mit den Primern als Ausgangspunkt – neue komplementäre Einzelstränge synthetisiert werden.

Die Abfolge von DNA-Denaturierung, Hybridisierung und Polymerisierung bezeichnet man als **PCR-Zyklus**. Dieser Kreislauf wird im Reaktionsgefäß mehrfach durchlaufen, wodurch bei jedem Durchlauf doppelt so viele neue, identische DNA-Moleküle erzeugt werden, deren Zahl exponentiell ansteigt (n Zyklen = 2^n DNA-Abschnitte). Nach 30–40 PCR-Zyklen ist dann – selbst bei einer geringen Ausgangsmenge einer DNA-Probe – ausreichend DNA synthetisiert worden, um damit weitere Untersuchungen durchführen zu können.

4 *Bei der hier geforderten Auswertung sollte zunächst eine Beschreibung des Ergebnisses der Elektrophorese erfolgen. Zur Analyse der Bandenmuster müssen Sie auch die Informationen mit heranziehen, die im zweiten Teil von Material A und in Material C aufgeführt sind. Ohne einen Rückgriff auf die dort angegebenen Nukleotid-Sequenzen ist eine Lösung der Teilaufgabe nicht möglich.*

Das vorliegende Ergebnis einer Gelelektrophorese weist zwei unterschiedliche Bandenmustern auf. Das Bandenmuster 1 zeigt zwei schmale, dicht bei einander liegende Banden. Muster 2 weist ebenfalls die gleichen Banden wie 1 auf, jedoch zusätzlich eine weitere Bande, die näher am Ausgangspunkt der Elektrophorese, der Geltasche, angesiedelt ist. Die unterschiedliche Lage der Banden kann auf die unterschiedliche Molekülmasse der elektrophoretisch getrennten DNA-Fragmente zurückgeführt werden, da größere Moleküle langsamer durch das Gel wandern als kleinere. Die identischen Banden in Probe 1 und 2 sind also mittellange DNA-Fragmente, bei der zusätzlichen Bande in 2 muss es sich um eindeutig längere DNA-Bruchstücke handeln, die deswegen deutlich langsamer innerhalb des Gels in Laufrichtung gewandert sind.
Im vorliegenden Fall wurden die PCR-Produkte, also die vervielfältigten DNA-Abschnitte, vor der gelelektrophoretischen Auftrennung mit einer spezifischen Endonuklease (Ava II) gespalten. Die Erkennungssequenz dieses Restriktionsenzyms liegt dabei in einem Bereich des DNA-Abschnitts, der im intakten Gen enthalten ist: 5' G/GACC 3' (Position 413–417). Genau in diesem Bereich hat bei Personen, die an Hornhautdystrophie erkrankt sind, eine Punktmutation stattgefunden (Thymin statt Cytosin an der Position 417), die zu einem Basenaustausch führt. Bei den DNA-Fragmenten dieser Personen kann die Endonuklease nicht ansetzen und sie demzufolge auch nicht spalten. Als Folge hieraus sind ihre PCR-Bruchstücke deutlich länger als diejenigen von nicht erkrankten Personen, deren DNA-Fragmente ja gespalten werden können.
Aufgrund dieser Überlegungen kann Bandenmuster 1 einem Kind zugeordnet werden, das nicht an Hornhautdystrophie erkranken wird (Genotyp aa). Die beiden Banden stellen die DNA-Bruchstücke dar, die von der Endonuklease Ava II in zwei Teile gespalten worden sind.
Ein Kind, das eine heterozygote Anlage für die Krankheit besitzt und damit an Gittriger Hornhautdystrophie erkranken wird, zeigt das Bandenmuster 2 (Genotyp Aa): Neben dem rezessiven Allel, das für die beiden unteren, kleineren Banden auf dem Gel verantwortlich ist, manifestiert sich in der Gelelektrophorese auch die dominante Allel-Variante des Gens βIGH. Sie wird durch die zusätzliche dritte Bande sichtbar.

Abitur-Prüfung Biologie (NRW) – Leistungskurs
Übungsaufgabe 12: Genetik

Kartoffeln ohne störende Amylose

1 Beschreiben Sie die Entstehung einer reifen mRNA in eukaryotischen Zellen!

2 Ermitteln Sie die im Material B fehlenden Nukleotidsequenzen und begründen Sie Ihre Darstellung! Zeigen Sie, dass die mRNA des Ziel-Gens und die des Antisense-Gens einen komplementären Doppelstrang bilden können.

3 Erklären Sie anhand des Schemas (Material C) die Abläufe in der gentechnisch veränderten Kartoffelzelle.

4 Erläutern Sie mithilfe der Materialien, durch welche Mechanismen die Amyloseproduktion in der gentechnisch veränderten Kartoffelzelle unterdrückt wird.

Material A: Warum sollen Kartoffeln amylosefrei werden?

Die Stärke in Kartoffeln besteht zu ca. 20 % aus Amylose und zu ca. 80 % aus Amylopektin. Amylose und Amylopektin lassen sich aufgrund ihrer unterschiedlichen chemischen Eigenschaften technisch nicht gemeinsam verarbeiten und müssen daher vor der Verarbeitung unter hohem Energieaufwand voneinander getrennt werden. Da die Kartoffel außer ihrer wichtigen Rolle als Grundnahrungsmittel auch einen der größten Stärkelieferant für die Industrie darstellt, hat man bereits 1995 am Max-Planck-Institut für Züchtungsforschung in Köln mithilfe gentechnischer Methoden die Stärkezusammensetzung der Kartoffel verändert: Man entdeckte dort ein wichtiges Schlüsselenzym, das sog. GBSS-Enzym des Amylose-Syntheseweges der Kartoffelzellen, und identifizierte anschließend auch das dazugehörige Gen. Durch gentechnische Manipulation von Kartoffel-Keimlingen konnte man eine Kartoffelsorte herstellen, die in ihren Knollen nahezu ausschließlich Amylopektin produziert. Material B und C zeigen den Weg, der zu amylosefreien Kartoffeln führte.

Material B: Allgemeine Methode zum Einführen eines Antisense-Gens in Zellen

Im Labor werden folgende Arbeitsschritte durchgeführt:
- Identifizierung des Ziel-Gens
- Bestimmung der Nukleotidsequenz des Ziel-Gens
- Ermittlung der Exons und Introns des Ziel-Gens (können anhand von spezifischen Erkennungssequenzen leicht ermittelt werden)
- Synthese eines doppelsträngigen DNA-Abschnittes auf der Basis der Exons des Ziel-Gens, jedoch Ausrichten der neuen Sequenz in umgekehrter Orientierung wie beim Ziel-Gen (= „Antisense"-Gen)
- Vorschalten eines Promotors vor das Antisense-Gen
- Integration des Antisense-Gens in die DNA der Zelle

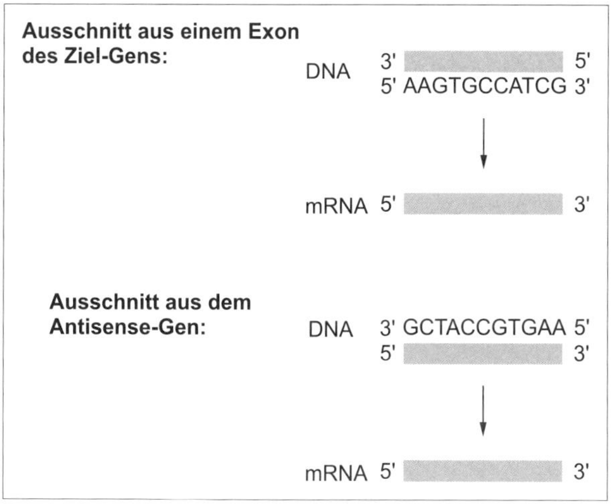

Abb. 1: Ziel-Gen und Antisense-Gen

Material C: Abläufe in Kartoffelzellen nach dem Einbau eines Antisense-Gens zum GBSS-Gen

Zu den genauen Vorgängen in der Kartoffelzelle gehören folgende Reaktionsschritte:

- Das Enzym „Dicer" zerschneidet doppelsträngig vorliegende mRNA in Fragmente mit einer Länge von 22 Nukleotiden und zerlegt diese dann in Einzelstränge.
- Bestimmte Proteine im Plasma binden jeweils einen dieser einzelsträngigen RNA-Schnipsel mit einer Länge von 22 Nukleotiden. Es bildet sich dadurch ein Komplex (RISC), der mit mRNAs mit komplementären Abschnitten einen Doppelstrang bildet und diese dann ebenfalls zerschneidet.

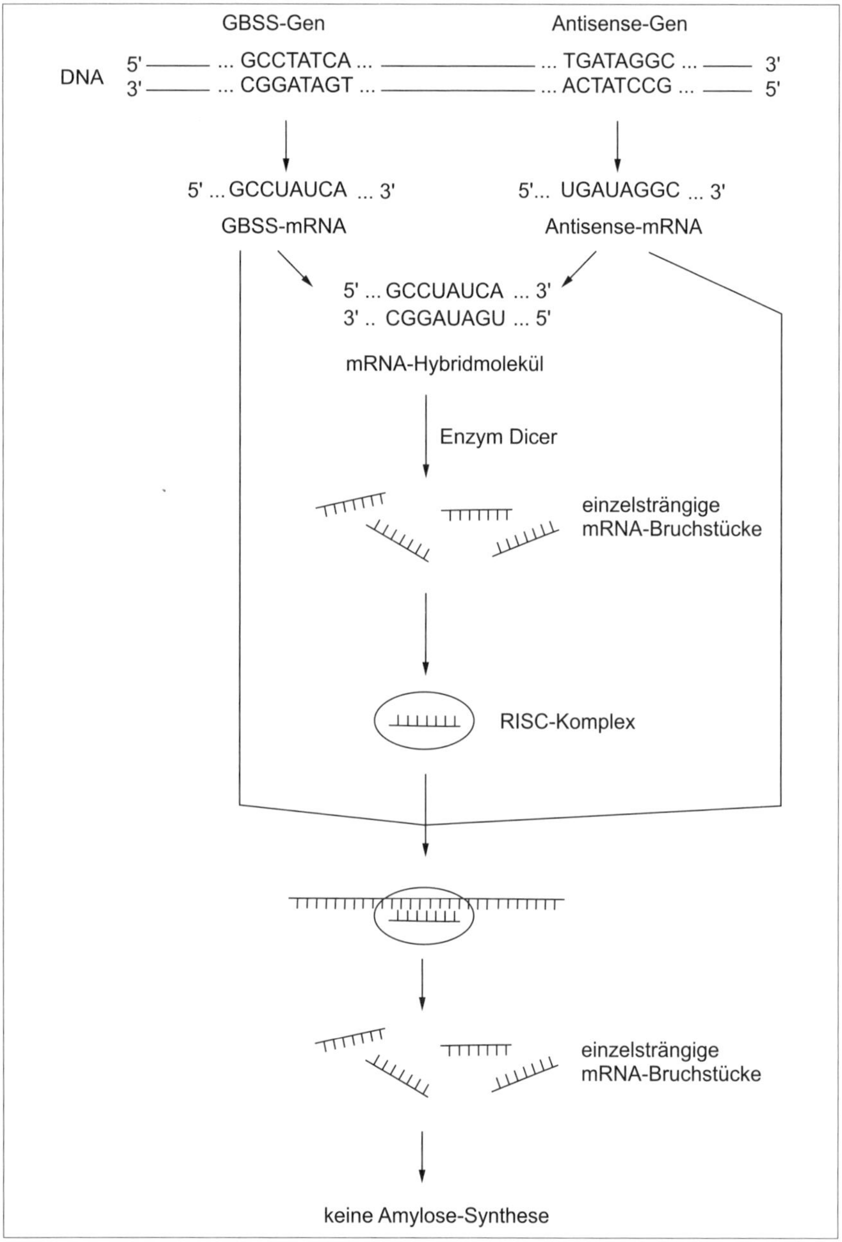

Abb. 2: Verhinderung der Amylose-Synthese in den Kartoffelzellen

Lösungsvorschlag

In der Aufgabe thematisierte Unterrichtsinhalte sind:
Genetik: Genetischer Code, Proteinbiosynthese, Transkription, Translation, DNA- und RNA-Aufbau, Komplementaritätsregel, Wasserstoffbrückenbindung, Exon, Intron, Splicing, RNA-Polymerase, mRNA, Hybridmoleküle

1 Die Entstehung von mRNA-Molekülen hat ihren Ausgangspunkt im Zellkern der eukaryotischen Zelle. Um ein Gen, das transkribiert werden soll, für die RNA-Polymerase erreichbar zu machen, muss – enzymatisch katalysiert – der DNA-Doppelstrang zunächst entwunden werden. Auf der kurzen Strecke des jeweils zu transkribierenden Genabschnitts werden die Wasserstoffbrückenbindungen zwischen den komplementären Basen der DNA fortschreitend gelöst. Dadurch können sich die komplementären Einzelstränge aufspalten. An den Promotor, eine spezifische Nukleotidsequenz des codogenen Stranges, kann sich nun die RNA-Polymerase anlagern. Von hier aus beginnt der Vorgang des Ablesens entlang des codogenen Stranges in 3'→5'-Richtung. Die in den Zellkern diffundierten Ribonukleotide lagern sich nach dem Komplementaritäts-Prinzip der Basenaarung an den DNA-Strang an. Die RNA-Polymerase verknüpft dabei die Ribonukleotide in 5'→3'-Richtung zu einem linearen mRNA-Molekül. Ist ein Bereich abgelesen worden, verbinden die Wasserstoffbrücken der Basen sofort wieder den DNA-Doppelstrang. Das Überschreiben der Information von DNA in RNA endet, sobald das Enzym auf eine Terminator-(Stopp-)Sequenz innerhalb der DNA trifft. Nun löst sich die RNA-Polymerase vom codogenen DNA-Strang und setzt die mRNA, die als prä-mRNA oder Vorläufer-RNA bereichnet wird, frei.
Da ein eukaryotisches Gen sowohl informationstragende (Exons) als auch informationsfreie Abschnitte (Introns) beinhalten kann, schneiden in einem folgenden Schritt spezifische Enzyme alle Introns aus der prä-mRNA heraus. Während dieses Vorgangs, der als Spleißen *(Splicing)* bezeichnet wird, werden die Aminosäure-codierenden Exons zu einem reifen mRNA-Molekül verbunden.

In einem letzten Arbeitsgang wird die mRNA noch an zwei Stellen verändert. Um es vor sofortigem Abbau im Cytoplasma zu schützen, erhält das mRNA-Molekül am 5'-Ende eine sogenannte „Kappe" aus methyliertem Guanin und am 3'-Ende einen „Poly-A-Schwanz" aus bis zu 200 Adenin-Nukleotiden.

2 *Bei dieser Aufgabe ist es sehr wichtig, die Orientierung der mRNA- und DNA-Stränge im Auge zu behalten! Am besten schreiben Sie sich alles Schritt für Schritt auf.*

Die fehlenden Nukleotidsequenzen können nach der Regel der komplementären Basenpaarung ermittelt werden. Hiernach paart sich im DNA-Doppelstrang immer eine Purinbase mit einer Pyrimidinbase, d. h. Adenin (A) mit Thymin (T) und Cytosin (C) mit Guanin (G). In der DNA sind die beiden Einzelstränge, die zusammen den DNA-Doppelstrang bilden, antiparallel angeordnet: Während der eine Strang in 5'→3'-Richtung verläuft, verläuft der zweite Einzelstrang in 3'→5'-

Richtung. Aus diesem antiparallelen Verlauf der Einzelstränge resultiert damit die unterschiedliche Polarität der Stränge in der Doppelhelix.
Die Basenfolge für den angegeben Ausschnitt aus dem Ziel-Gen lautet demnach:
3' TTC ACG GTA GC 5'
5' AAG TGC CAT CG 3'

Für den angegeben Ausschnitt aus dem Antisense-Gen lautet sie:
3' GCT ACC GTG AA 5'
5' CGA TGG CAC TT 3'

Auch die zu ermittelnde mRNA-Sequenz kann mithilfe der o. g. Gesetzmäßigkeiten aufgeklärt werden. Hierbei ist allerdings zu berücksichtigen, dass in der RNA die Base Thymin durch die Base Uracil (U) ersetzt ist.
Die Basenfolge der mRNA für den angegeben Ausschnitt aus dem GBSS-Gen lautet demnach:
5' AAG UGC CAU CG 3'

Für den angegeben Ausschnitt aus dem Antisense-Gen lautet die mRNA-Sequenz:
5' CGA UGG CAC UU 3'

In gegenläufiger Orientierung können die beiden mRNAs einen komplementären Doppelstrang bilden:
5' AAG UGC CAU CG 3'
3' UUC ACG GUA GC 5'

3 *Wenn Sie in Abbildung 2 zu dem Punkt kommen, an dem die weiteren Abläufe nur mithilfe der Hinweise aus dem Informationstext vollständig zu beschreiben sind, sollten Sie diese Informationen gleich in Ihre Darstellung mit einfließen lassen. Sie ersparen sich damit nicht nur einen Arbeitsschritt, sondern bringen Ihre Darstellung auch in eine lesbare, kompakte Form.*

Abbildung 2 verdeutlicht – ausgehend von der DNA – die Reaktionsschritte in Kartoffelzellen nach einem erfolgten Gentransfer.
Die abgeänderte DNA im Zellkern der veränderten Kartoffelzelle enthält in diesem Fall sowohl das unveränderte GBSS-Gen nebst zugehörigem Promotor als auch das Antisense-Gen inklusive eigenem Promotor. Bei der Trankription können demnach sowohl das GBSS-Gen als auch das Antisense-Gen von der RNA-Polymerase in eine lineare mRNA übersetzt werden.
Aufgrund der umgekehrten Orientierung des Antisense-Gens sind beide mRNA-Moleküle zu einander komplementär und können sich – über die Ausbildung von Wasserstoffbrückenbindungen – zu einem mRNA-Hybridkomplex zusammenlagern.
Im Plasma der Kartoffelzelle laufen nun nacheinander weitere, proteinvermittelte Vorgänge ab. Das erste in den Prozess eingreifende Protein ist das Enyzm Dicer. Dieses Enzym erkennt doppelsträngige RNA-Moleküle und zerlegt sie in einzelne Fragmente, die 22 Nukleotide umfassen, und spaltet diese Fragmente danach in RNA-Einzelstränge auf. Die zweite Gruppe der an den Vorgängen beteiligten Protein nimmt die zuvor erzeugten kurzen RNA-Fragmente auf, bindet sie an sich

und bildet den sogenannten Risc-Komplex. Diese Risc-Komplexe haben die Fähigkeit, lineare mRNA-Moleküle über komplementäre Basenpaarungen zu erkennen und an sich zu binden. Ist dies geschehen, werden die „eingefangenen" mRNA-Stränge an der Stelle zerschnitten, an der sie mit den kleineren RNA-Fragmenten verbunden sind und so eine Doppelstrangstruktur bilden.

4 *In dieser Teilaufgabe wird eine Deutung der in Aufgabenstellung 3 erarbeiteten Sachverhalte verlangt. Prinzipiell ist es möglich, dass Sie die entsprechenden Rückschlüsse bereits in der vorherigen Aufgabenstellung dargelegt haben. Trotzdem müssen Sie hier die Deutung nochmals darlegen, um die volle Punktzahl zu erhalten. Aus diesem Grund ist es wichtig, dass Sie die Anweisungen aller Aufgabenstellung vor dem „Losschreiben" genau lesen und befolgen – Sie ersparen sich unnötige Dopplungen oder sogar Punktabzüge!*

Amylose kann in den wie oben beschrieben gentechnisch veränderten Kartoffelzellen nicht mehr synthetisiert werden, da das Produkt des GBSS-Gens, das GBSS-Enzym, nicht mehr gebildet werden kann. Durch den Mechanismus, der bereits in Aufgabe 3 dargelegt ist, wird keine der transkribierten mRNA-Kopien des GBSS-Gens in ein Protein übersetzt. Es finden in der Zelle nacheinander zwei Verfahrensschritte statt:

- Die vom Antisense-Gen abgelesene mRNA hybridisiert mit der komplementären GBSS-mRNA. Das mRNA-Hybridmolekül aus der mRNA des GBSS-Gens und der mRNA des Antisense-Gens wird vom Enzym Dicer zerschnitten und in Einzelstrangbruchstücke zerlegt. Diese Bruchstücke werden in Rics-Komplexe eingebunden.
- Mithilfe dieser Rics-Komplexe können nun auch nicht-hybridisierte mRNA-Moleküle des GBSS-Gens aus dem Cytoplasma entfernt und zerlegt werden.

Aufgrund dieser beiden Verfahrensschritte können keine vollständigen mRNA-Kopien des GBSS-Gens zur Translation gelangen, woraus resultiert, dass keine GBSS-Enzymsynthese und damit auch keine Amylosesynthese in derart gentechnisch veränderten Kartoffelzellen mehr stattfinden kann.

Leistungskurs Biologie (NRW) – Abitur-Prüfung 2007
Aufgabe 1

Aufgabenstellung:

Thema: Die Jagdgifte der Meeresschnecken

I.1 Nennen Sie die Phasen und beschreiben Sie die molekularen Vorgänge beim Ablauf eines Aktionspotentials. Zeichnen Sie zur Illustration eine beschriftete Skizze, die den zeitlichen Verlauf wiedergibt. (14 Punkte)

I.2 Ermitteln Sie mit Hilfe von Material A und B die Wirkung des δ- und ω-Conotoxins und erklären Sie diese. Leiten Sie die folgen für den Beute-Organismus ab. (20 Punkte)

I.3 Stellen Sie kurz die Vorgänge an einer Endplatte ohne Giftwirkung dar! Erläutern Sie in diesem Zusammenhang die Wirkung der Conotoxine α und μ. Stellen Sie dabei Hypothesen auf, welche Symptome durch das jeweilige Conotoxin ausgelöst werden. (16 Punkte)

I.4 Erklären Sie den Effekt des Giftcocktails für den Beutefang der Kegelschnecken. (8 Punkte)

I.5 Erklären Sie die Wirkungsweise von ω-Conotoxin bei der Schmerztherapie (Material C). Stellen Sie eine Hypothese dazu auf, warum das Medikament direkt in die Rückenmarksflüssigkeit gegeben und nicht durch Tabletten verabreicht wird. (8 Punkte)

Material A: Informationstext zu Kegelschnecken und deren Giften

Der Biologe H. Terlau beschrieb 1996, dass die marine Kegelschnecke *Conus purpurascens* ein hochwirksames Gift-Gemisch zur Beutejagd einsetzt.
Zur Jagd gräbt sich diese Kegelschnecke derart im sandigen Meeresboden ein, dass nur noch ihr Schlundrohr aus dem Boden ragt. So werden Fische angelockt, die das Schlundrohr für einen Wurm halten. Doch wenn der Fisch versucht, den „Wurm" zu fressen, schießt die Schnecke ihren Giftpfeil ab. Anschließend zieht die Schnecke langsam ihre Beute in ihr stark erweiterbares Schlundrohr und verdaut sie.
Das Gift der Kegelschnecken ist ein Gemisch aus recht kleinen Peptiden, den Conotoxinen. Diese setzen an verschiedenen Stellen des Nervensystems der Beute an. Conotoxine sind hoch spezifisch für bestimmte Rezeptoren oder Ionenkanäle, für jeden Typ Ionenkanal gibt es ein passendes Toxin. So reagieren ω-Conotoxine jeweils nur mit einem Typ von präsynaptischen Ca^{2+}-Kanälen, beispielsweise im Herz, an der Muskulatur oder im ZNS.

Diese Spezialität macht die Conotoxine so interessant in der pharmakologischen Forschung. Bei der Schmerztherapie erzielt man schon Erfolge mit ω-Conotoxinen (Material C), die gegenüber Morphin wesentlich weniger Nebenwirkungen besitzen und daher für eine Langzeittherapie geeignet sind.

Material B: Toxine der Kegelschnecken und ihre Wirkung

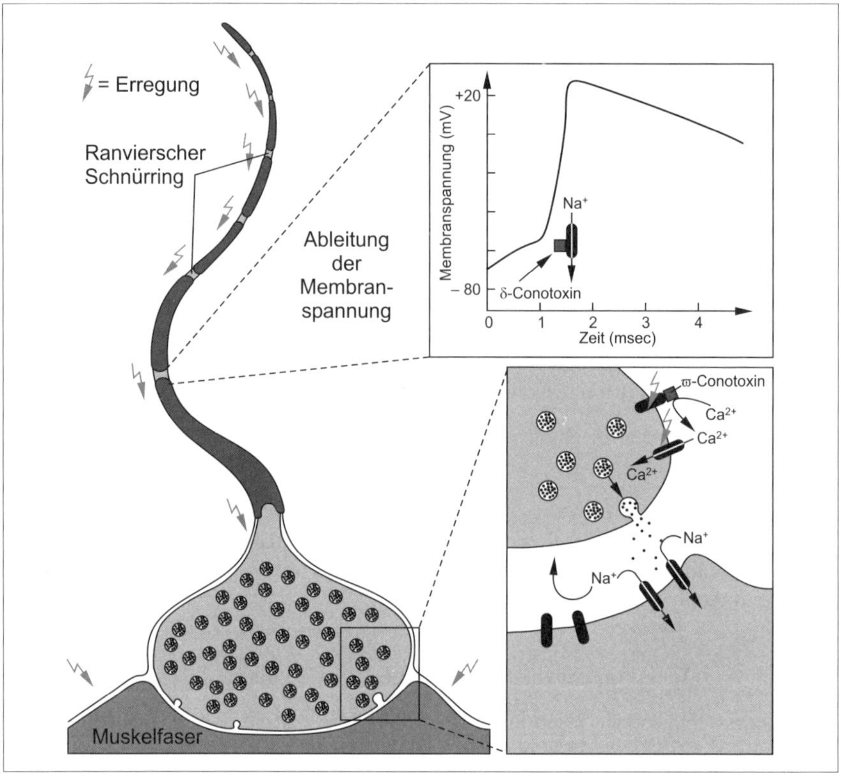

verändert nach: Putzier, I. & Frings, St. (2002): Vom Jagdgift zur neuen Schmerztherapie. In: Biologie in unserer Zeit, Heft 3, S. 151 und S. 153

Toxine	**Wirkung/Ort**
α-Conotoxin	blockiert die Acetylcholinrezeptoren an den motorischen Endplatten
δ-Conotoxin	wirkt an den spannungsgesteuerten Na^+-Kanälen des Axons (siehe elektrische Ableitung in oben gezeichneter Abbildung)
ω-Conotoxin	wirkt an der präsynaptischen Membran (siehe Abbildung Endplatte)
μ-Conotoxin	blockiert die Öffnung postsynaptischer Natriumkanäle

Material C: ω-Conotoxin als Mittel zur Schmerzbekämpfung beim Menschen

Obwohl die Gifte der jagenden Schnecken auch für Menschen tödlich wirken können, wird das ω-Conotoxin in der Humanmedizin erfolgreich zur Schmerztherapie eingesetzt.

Schmerz entsteht dadurch, dass bei Gewebeschädigungen, z. B. in der Haut, den Muskeln oder den Organen, spezifische Schmerzrezeptoren aktiviert werden. Nervenfasern leiten elektrische Impulse zum Rückenmark. Dort übertragen Synapsen das Schmerzsignal auf Nervenzellen, die zum Großhirn führen, wo der Schmerz wahrgenommen wird.

Das ω-Conotoxin kann zur Schmerztherapie kontinuierlich in kleinen Mengen in die Rückenmarksflüssigkeit injiziert werden.

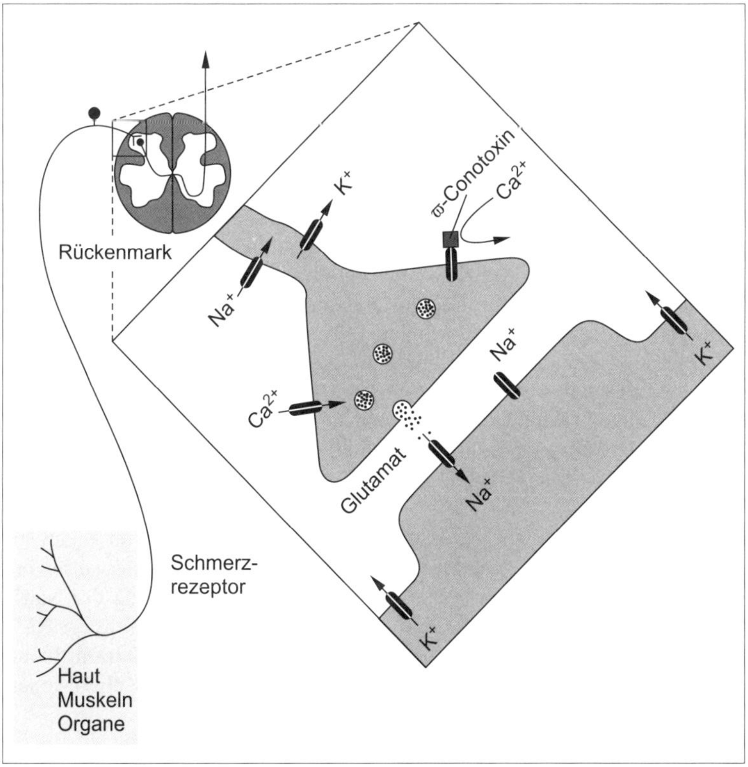

verändert nach: Putzier, I. & Frings, St. (2002): Vom Jagdgift zur neuen Schmerztherapie. In: Biologie in unserer Zeit, Heft 3, S. 156

Lösungsvorschlag

In der Aufgabe thematisierte Unterrichtsinhalte sind:
Steuerungs- und Regulationsmechanismen im Organismus: Bau und Funktion des Neurons, Erregungsentstehung, Erregungsleitung, Synapsenvorgänge

I.1 *Vor der Darlegung des Ablaufs eines Aktionspotentials sollte eine kurze Beschreibung des Gesamtzusammenhangs stehen. Die Beschreibung der Entwicklungen beim Aktionspotential sollten geordnet dargestellt und die Ionenbewegungen zueinander in Beziehung gesetzt werden.*

An erregbaren Zellen können Nervenimpulse ausgelöst werden. Sie werden Aktionspotentiale genannt. Damit bezeichnet man den Vorgang einer kurzzeitigen Umkehrung des Ruhepotentials und die Rückführung in den Ausgangszustand des Ruhepotentials. Aktionspotentiale stellen damit zeitlich veränderliche Spannungen (Potentialänderungen) dar, bei denen auf eine Depolarisation der Zellmembran stets eine Repolarisation folgt.
Damit eine Depolarisation der Membran einer Nervenzelle erfolgen kann, muss ein Schwellenwert überschritten werden, der um ca. 20 mV positiver ist als das negative Ruhepotential. Ist dies der Fall, laufen alle weiteren Vorgänge automatisch und selbstständig ab. Während der Depolarisationsphase öffnen sich in der Membran der Nervenzelle zunächst spannungsabhängige Na^+-Kanäle. Na^+-Ionen strömen entlang des Konzentrationsgefälles in die Zelle und verursachen an der inneren Membran eine Ladungsumkehr ins Positive (Depolarisation). Noch bevor sich die Na^+-Kanäle schließen, öffnen sich nach einer Millisekunde die spannungsgesteuerten K^+-Kanäle. K^+-Ionen strömen – entlang des Konzentrationsgefälles – aus der Nervenzelle und kompensieren den Zustrom der positiven Ladungen (Repolarisation). Dann schließen sich die K^+-Kanäle. Am Ende der Repolarisationsphase ist es möglich, dass das Potential kurzzeitig negativer wird als das Ruhepotential. Diesen Zustand bezeichnet man als Hyperpolarisation.
Nach der Repolarisation ist zwar die Membranspannung wieder im negativen Bereich des Ruhepotentials. Der Ausgangszustand, d. h. die normalerweise vorliegenden Spannungsverhältnisse und die ursprüngliche Verteilung der Natrium- und Kalium-Ionen innerhalb der Nervenzelle, wird dann mithilfe der Na^+-K^+-Pumpe wieder hergestellt. Sie befördert die eingeströmten Natrium-Ionen wieder in den extrazellulären Bereich und versetzt von dort Kalium-Ionen zurück ins Innere der Nervenzelle.

Gestalten Sie die zeichnerische Darstellung zum Ablauf des Aktionspotentials übersichtlich und nicht zu klein.

Schematischer Verlauf eines Aktionspotentials:

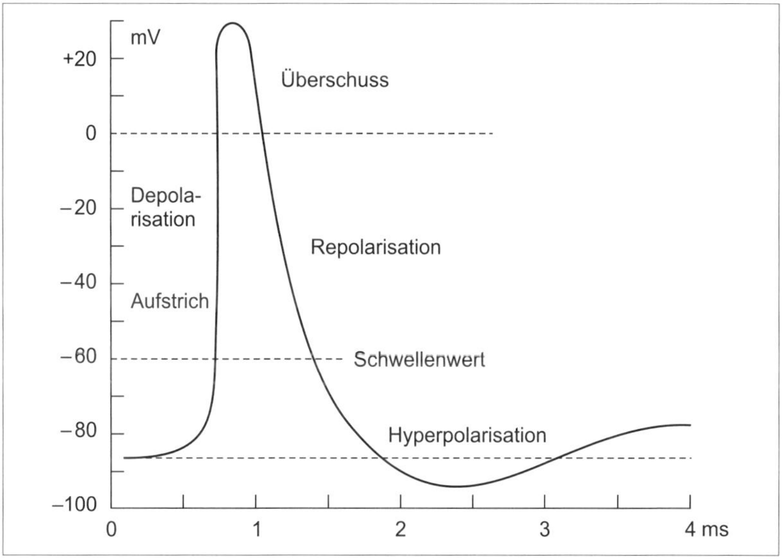

I.2 *Die Aufgabenstellung verlangt weder eine Darlegung der Inhalte aus Text-Material A noch eine Beschreibung der graphischen Darstellungen/Tabelle aus Material B. Beide Materialien beinhalten zusätzliche Informationen, die an dieser Stelle zur Bearbeitung nicht vonnöten sind und die auch nicht behandelt werden sollten. Trotzdem ist es sinnvoll im Laufe der Bearbeitung zumindest auf das Diagramm, welches die Werte einer elektrischen Ableitung an einem Ranvier'schen Schnürring wiedergibt, einzugehen.*

Die vier Toxine der Kegelschnecke *Conus purpurascens* entfalten ihre Wirkung bei den Beute-Organismen an unterschiedlichen Angriffsorten. Zu nennen sind hier zum einen die Axone motorischer Nervenzellen – und hier speziell für eines der Conotoxine die Ranvier'schen Schnürringe. Zum anderen sind weitere Wirkungsorte der übrigen drei Toxine Bereiche der motorischen Endplatten der Beutetiere.

Wenn den Beutetieren der Giftcocktail von der Kegelschnecke injiziert wurde, sind die ersten Angriffsorte für einen Bestandteil, das δ-Conotoxin, die Ranvier'schen Schnürringe der Motoneurone. Dort wirkt das Toxin auf die spannungsgesteuerten Na^+-Kanäle des Axons ein. Eine überschwellige Depolarisation der Axonmembran zum Aktionspotential ist weiterhin möglich, allerdings erfolgt die Repolarisation nur äußerst langsam zurück zu einem negativen Membranpotential und dauert (wie das Diagramm verdeutlicht) viele Millisekunden. Da das δ-Conotoxin an die spannungsabhängigen Na^+-Kanäle binden kann (wie aus dem Diagramm zur Membranspannung in Material B zu entnehmen ist), werden diese aufgrund der Anlagerung wahrscheinlich nicht mehr oder nur sehr langsam geschlossen. Dies hat zur Folge, dass durch die geöffneten Kanäle weiterhin Na^+-Ionen entlang des Konzentrationsgradienten in das Neuron diffundieren können. Dies verhindert bzw. behindert eine Repolarisation der Zellmembran und führt dazu, dass die motorischen Neurone permanent „feuern". Als Konsequenz werden die innervierten Muskelfasern permanent erregt, was zu einer andauernden Verkrampfung der Muskelpartien bei den Beutetieren führt.

Der Wirkmechanismus des ω-Conotoxin ist ein gänzlich anderer. Hier wird eine Weiterleitung der Aktionspotentiale verhindert. Wie die Detaildarstellung aus dem Bereich der motorischen Endplatte in Material B verdeutlicht, bindet das ω-Conotoxin an die spannungsgesteuerten Ca^{2+}-Kanäle in der präsynaptischen Membran. Dadurch wird das Einströmen von Ca^{2+}-Ionen als Reaktion auf ein Aktionspotential, das im synaptischen Endknöpfchen ankommt, verhindert. Dies wiederum hat zur Folge, dass eine Verschmelzung der synaptischen Bläschen mit der präsynaptischen Membran unterbleibt und es zu keiner Ausschüttung von Acetylcholin in den synaptischen Spalt kommt. Eine Ausbildung von Aktionspotentialen an den Membranen der Muskelzellen kann somit nicht mehr stattfinden und die Muskeln des Beutetiers werden durch das ω-Conotoxin gelähmt.

I.3 *Bei dieser Teilaufgabe werden nun die beiden weiteren Toxine des Giftcocktails angesprochen. Wichtig für Sie ist es hierbei herauszustellen, dass beide Giftkomponenten zwar unterschiedlich wirken, aber zum gleichen Ergebnis für das Beutetier führen.*

An der neuromuskulären Endplatte wird der vom Axon stammende elektrische Nervenimpuls in eine chemischen Informationsübermittlung umgewandelt, die an der postsynaptischen Membran der Muskelzelle wieder zu einer elektrischen Erregungsleitung führt. Der Vorgang der Informationsübermittlung beginnt mit der Ankunft eines Aktionspotentials im synaptischen Endknöpfchen und dem darauf folgenden Einstrom von Ca^{2+}-Ionen durch spannungsabhängige Porenproteine. Daraufhin verschmelzen die den Transmitterstoff Acetylcholin enthaltenden synaptischen Bläschen mit der präsynaptischen Membran der Nervenzelle und entleeren den Transmitter in den synaptischen Spalt. Die Acetylcholin-Moleküle diffundieren durch den synaptischen Spalt und gelangen an die postsynaptische Membran, die Membran der nachgeschalteten Muskelzelle. Dort verbinden sich die Transmittermoleküle mit den Rezeptoren von Na^+-Kanälen und öffnen diese, wodurch ein Einstrom von Natrium-Ionen in die Muskelzelle und eine Depolarisation der Membran erfolgt. Es wird ein erregendes postsynaptisches Potential (EPSP) ausgelöst, welches benachbarte Na^+- und K^+-Ionenkanäle stimuliert. Die lokale Veränderung des Membranpotentials ist damit für die Weiterleitung der Information in der Muskelzelle verantwortlich.

Das α-Conotoxin greift nun in das gerade geschilderte Geschehen ein, indem es die Acetylcholin-Rezeptoren der Na^+-Kanäle an der motorischen Endplatte besetzt und blockiert – ohne dabei die Kanäle zu öffnen. Da die Rezeptoren nicht mehr durch Acetylcholin-Moleküle besetzt werden können, kann die postsynaptische Muskelmembran nicht depolarisiert werden. Die Symptome einer derartigen Vergiftung mit α-Contoxin wären eine Lähmung der betroffenen Muskulatur, weil trotz der ankommenden Aktionspotentiale keine Muskelkontraktion mehr eintritt.
Zu einer Blockade der Öffnung postsynaptischer Na^+-Kanäle kommt es bei einer Vergiftung mit μ-Conotoxin. Auch hier kann an der postsynaptischen Membran der Muskelzelle keine Depolarisation erfolgen, da keine Natrium-Ionen in die Muskelzellen der motorischen Endplatte einströmen können. Obwohl hier ein anderer Wirkmechanismus vorliegt (die Kanäle selber sind blockiert und nicht die Rezeptoren, deren Besetzung mit ACh die Öffnung der Kanäle bewirken) kommt es zu den gleichen Symptomen wie beim Gift α-Conotoxin. Eine Weiterleitung der Erregung an die betroffenen Muskelzellen findet nicht statt, wodurch es ebenfalls zu keiner Kontraktion kommt und eine Lähmung eintritt.

I.4 *Hier kommt es für Sie darauf an, zum einen herauszustellen, dass alle vier Komponenten des Giftcocktails zwar unterschiedlich wirken, aber immer das gleiche Ergebnis erzielen. Zum anderen muss die Bedeutung der Beutefangmethode für die Schnecke in einem verhaltensbiologischen Kontext dargelegt werden.*

In allen vier Fällen läuft es bei den Giften der Kegelschnecke *Conus purpurascens* auf dieselbe Wirkung für das Opfer hinaus – das Beutetier wird bewegungsunfähig gemacht. Dabei ist der Wirkmechanismus bei allen Contoxinen unterschiedlich:

- Die δ-Komponente beeinflusst die Erregungsweiterleitung im Axon des Beutetieres. Es kommt zu einem Muskelkrampf.
- Die ω-Komponente bewirkt Manipulationen an der präsynaptischen Membran. Es kommt zu einer Muskellähmung.
- Die α-Komponente manipuliert die Acetylcholin-Rezeptoren an den motorischen Endplatten. Auch hier finden keine Muskelkontraktionen mehr statt.
- Die μ-Komponente blockiert die Na^+-Kanäle der postsynaptischen Muskelzellmembran. Dieses Toxin verursacht ebenso eine Lähmung der Muskel.

Dadurch, dass sich das Beutetier – im Normalfall ein Fisch – nach einem Stich der Schnecke nicht mehr bewegen kann, wird ein Wegschwimmen unmöglich gemacht. Dies ermöglicht es der langsam kriechenden Schnecke, ihre Beute mit Leichtigkeit zu erreichen und das völlig immobilisierte Tier ohne Widerstand in ihr erweiterbares Schlundrohr ziehen zu können.

I.5 *Auch bei dieser Teilaufgabe ist es sinnvoll, zunächst einen Überblick zu geben, worum es bei einer Schmerztherapie beim Menschen geht. Ausgehend von dieser Darstellung kann dann der Wirkmechanismus des ω-Conotoxins in pharmakologischer Hinsicht angesprochen werden. Es ist dabei nicht notwendig die Wirkungsweise des Toxins erneut ausführlich darzulegen. Ein Verweis auf die zweite Teilaufgabe reicht hier aus. Bei der Überlegung, warum ω-Conotoxin einem Patienten nicht in Form von Tabletten verabreicht wird, können Sie zu mehreren – wenn auch nicht gleich wahrscheinlichen – Schlussfolgerungen kommen.*

Auch für den Menschen kann von *Conus purpurascens* eine tödliche Gefahr ausgehen, wenn ein Taucher von einer jagenden Schnecke gestochen wird. Interessanterweise ist aber eine Komponente des Giftgemischs in der Humanmedizin aufgrund ihres Wirkortes bei der Schmerzbekämpfung einsetzbar, das ω-Conotoxin. Es wird zu therapeutischen Zwecken eingesetzt, wenn chronische Schmerzen auftreten, deren konkrete Ursache nicht eindeutig lokalisiert werden kann. In der Schmerztherapie kommt es darauf an, dass die Wahrnehmung des Schmerzes im Großhirn größtenteils unterbunden oder vollständig gehemmt wird. Die Informationen über Schmerzzustände gelangen von spezifischen Schmerzrezeptoren aus dem Körper von Organen, Muskeln und der Haut über Nervenfasern als elektrische Impulse in das Rückenmark. Von dort werden die Schmerzinformationen über Synapsen auf andere Neuronen übertragen, welche die Information an das Großhirn weiterleiten. Da das ω-Conotoxin am synaptischen Endknöpfchen ansetzt und eine Depolarisation der postsynaptischen Membran verhindert (siehe Teilaufgabe 2), wird die Schmerzinformation nicht an die Nervenzelle des Rückenmarks weitergegeben. Somit unterbleibt eine Weiterleitung elektrischer Impulse zum Gehirn und der Schmerz wird nicht wahrgenommen. Damit dies eintreten kann, muss ω-Conotoxin direkt in die Rückenmarksflüssigkeit injiziert werden. Eine Verabreichung in Tablettenform wäre aus mehreren Gründen nicht praktikabel und u. U. sogar gefährlich für den Patienten. Bei den Conotoxinen der Kegelschnecke handelt es sich um kleine Peptidmoleküle. Sollte das ω-Conotoxin in Tablettenform verabreicht werden und in Magen und Darm gelangen, so könnte es – wie andere Proteine auch – im Verdauungstrakt abgebaut werden. Dies ist die wahrscheinlichere Möglichkeit – und damit wäre ein derart verabreichtes Medikament wirkungslos. Sollten aber einzelne ω-Conotoxin-Moleküle im Verdauungstrakt resorbiert und über die Blutbahn verteilt werden, so würden sie ihre Wirkung wahllos im gesamten Organismus des Patienten entfalten können. Damit würde jede Informationsübermittlung durch Weiterleitung von Erregung innerhalb des Körpers unmöglich gemacht. Ein lebensbedrohlicher Zustand wäre für den Patienten die Folge.

Leistungskurs Biologie (NRW) – Abitur-Prüfung 2007
Aufgabe 2

Aufgabenstellung:

Thema: Samenkäfer und Kletterpflanze, ein Beispiel für „evolutionäres Wettrüsten"?

II.1 Beschreiben Sie die in Material C und D dargestellten Experimente und ihre Ergebnisse. (18 Punkte)

II.2 Erklären Sie im Zusammenhang die in Material C und D dargestellten Ergebnisse auf molekularbiologischer Ebene unter Berücksichtigung von Material E. Erklären Sie, worin der vom Samenkäfer *Caryedes brasiliensis* entwickelte Schutzmechanismus gegen Canavanin besteht. (18 Punkte)

II.3 Stellen Sie weitere Anpassungsmerkmale des Samenkäfers an die Kletterpflanze *D. megacarpa* anhand der Materialien A, B und F dar und erläutern Sie insgesamt die Vorteile für den Samenkäfer, die sich aus seiner Spezialisierung auf die Nahrungspflanze ergeben. (18 Punkte)

II.4 Stellen Sie auf der Basis der Synthetischen Evolutionstheorie eine Hypothese auf, wie sich die Beziehung zwischen Kletterpflanze und Käfer im Laufe der Zeit schrittweise entwickelt haben könnte. (12 Punkte)

- andere Tiere haben nachdem sie die Kletterpflanze gegessen haben diese gemieden, sodass der Käfer sich auf diese spez. hat, da hier keine Konkurrenz herrscht
- Pflanze bietet optimale Bedingungen für den Käfer da hier gute Fitness hat

Material A: Informationstext zur Beziehung zwischen dem Samenkäfer *Caryedes brasiliensis* und der Kletterpflanze *Dioclea megacarpa*

Die Samen von Hülsenfrüchtlern sind besonders groß, stellen für jegliche Herbivoren (Pflanzenfresser) eine außerordentlich reichhaltige Nährstoffquelle dar und werden somit sehr häufig gefressen.
Im Regenwald Costa Ricas findet man aber überraschenderweise eine Kletterpflanze, *Dioclea megacarpa*, ebenfalls zur Ordnung der Hülsenfrüchtler gehörig, die nur ein einziges Insekt zum Feind hat: den Samenkäfer *Caryedes brasiliensis*.
Durch nähere biochemische Untersuchungen ließen sich Besonderheiten im Stoffwechsel dieser Kletterpflanzen nachweisen. *Dioclea megacarpa* synthetisiert die für andere Organismen giftige Aminosäure Canavanin. Canavanin wird allerdings von der Pflanze nicht zum Aufbau von Proteinen verwendet, sondern als stickstoffhaltige Verbindung in den Samen angereichert und gespeichert. Erst bei der Keimung fördert Canavanin durch weitere Stoffwechselprozesse das Wachstum des Pflanzenembryos.
Die Weibchen des Samenkäfers *Caryedes brasiliensis* legen ihre befruchteten Eier im Spätherbst, am Ende der Regenzeit, ausschließlich außen auf die Naht der noch unreifen Hülsenfrüchte von *Dioclea megacarpa* ab (Material B, Abb. 1 und 2). Bis zu 50 frisch geschlüpfte Larven bohren sich durch die Hülsenwand in das Speichergewebe eines Samens und entwickeln und verpuppen sich in den nachfolgenden Monaten dort (Material B, Abb. 3). Von April bis Juni schlüpfen aus den Puppen die Käfer, welche sich dann ausschließlich vom Pollen anderer Pflanzen ernähren und kein Canavanin mehr aufnehmen.
Die Wirkung der Aminosäure Canavanin wurde in Fütterungsversuchen mit Samenmehl an Larven des Samenkäfers *Caryedes brasiliensis* und an Raupen des Tabakschwärmers *Manduca sexta*, die sich normalerweise von Tabak- und Tomatenpflanzen ernähren, untersucht. Die Ergebnisse sind der Abbildung in Material C zu entnehmen.
Durch die Ergebnisse molekulargenetischer und biochemischer Untersuchungen an der Kletterpflanze, dem Samenkäfer und dem Tabakschwärmer lässt sich erklären, wodurch *Caryedes brasiliensis* sich vor dem Pflanzengift Canavanin schützt (Material D, Abb. 1 und 2; Material E).
Weiterhin stellte man fest, dass die Käferlarven in der Lage sind, den im Canavanin enthaltenen Stickstoff zu nutzen. Denn nur ein Teil des Canavanins wird über den Kot direkt wieder ausgeschieden. Der größte Teil des Canavanins wird mit Hilfe spezieller Enzyme über das ebenfalls giftige Zwischenprodukt Canalin abgebaut und der enthaltene Stickstoff zur Synthese körpereigener Aminosäuren genutzt (Material F).

Material B: Entwicklungsstadien der Kletterpflanze *Dioclea metacarpa* und des Samenkäfers *Caryedes brasiliensis* (Abb. 1–3)

Abb. 1: *Dioclea megacarpa* mit Weibchen von *Caryedes brasiliensis* bei der Eiablage auf Hülsen (Pfeil)

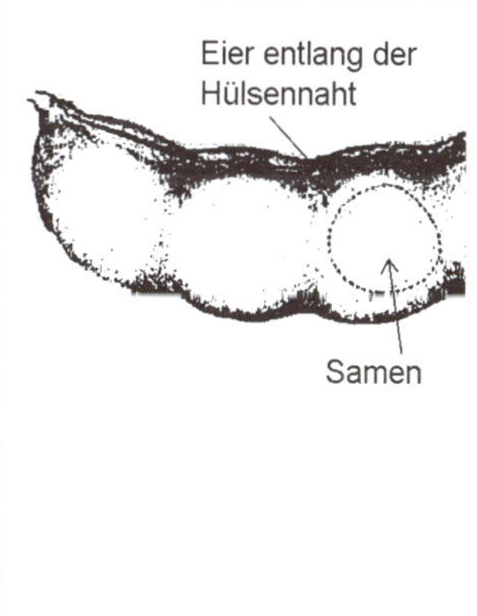

Abb. 2: Hülse mit abgelegten Eiern

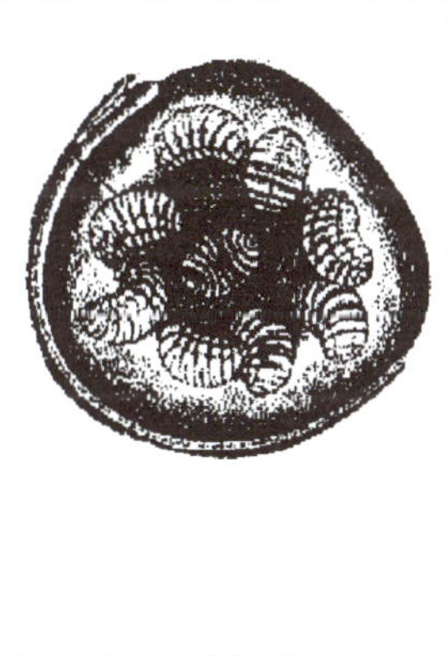

Abb. 3: Querschnitt durch einen Samen mit Larven

Material C: Fütterungsversuche zur Erforschung der Wirkungsweise von Canavanin

Natürliche Entwicklungsstadien der Larven des Tabakschwärmers	Natürliche Entwicklungsstadien der Larven des Samenkäfers
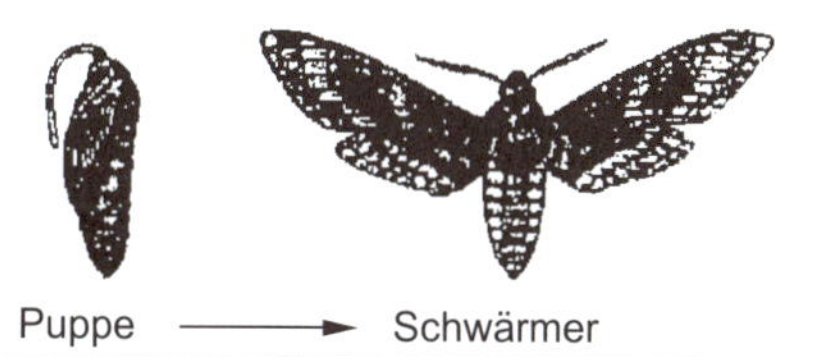	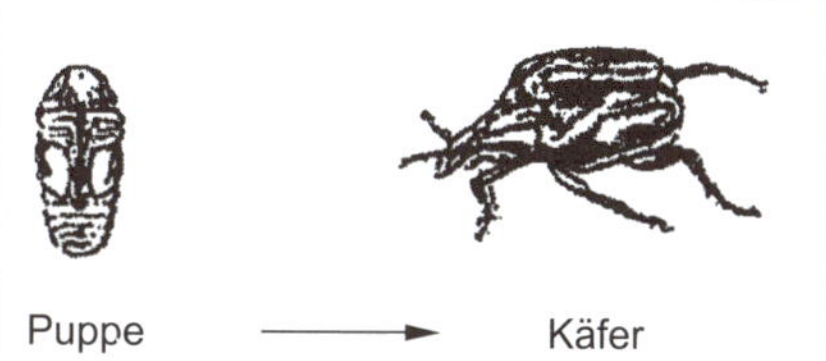

Fütterung der Larven	Fütterungsversuche der Larven des Tabakschwärmers	Fütterungsversuche der Larven des Samenkäfers
a) mit Samenmehl ohne Canavanin	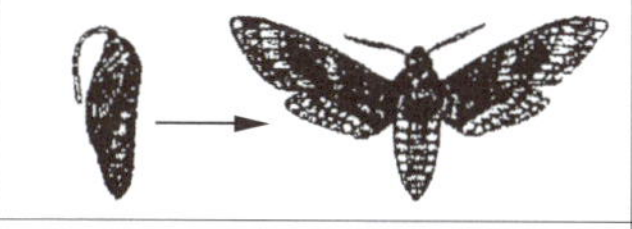	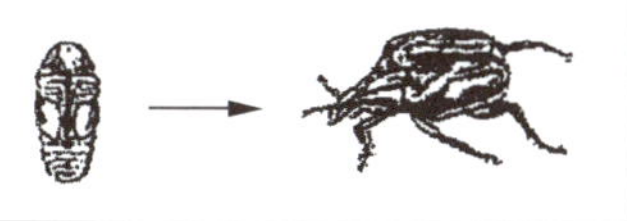
b) mit Samenmehl mit Canavanin	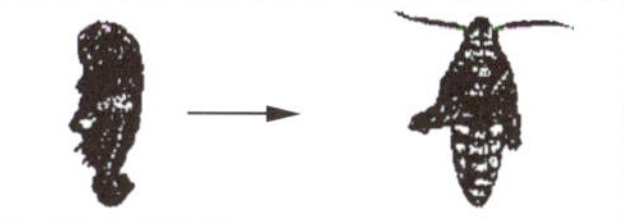	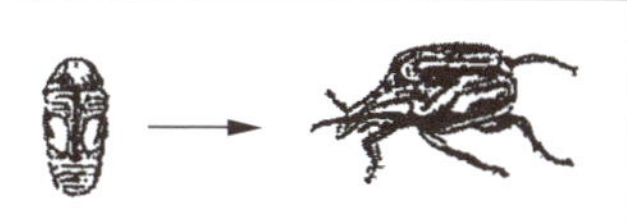

Material D: Molekulargenetische Untersuchungen zur Erforschung des Schutzmechanismus gegenüber Canavanin

<table>
<tr><th>Untersuchungs-objekt</th><th>Reaktionsprozesse (modellhafte Darstellung)</th></tr>
<tr><td>Kletterpflanze, Samenkäfer, Tabakschwärmer</td><td>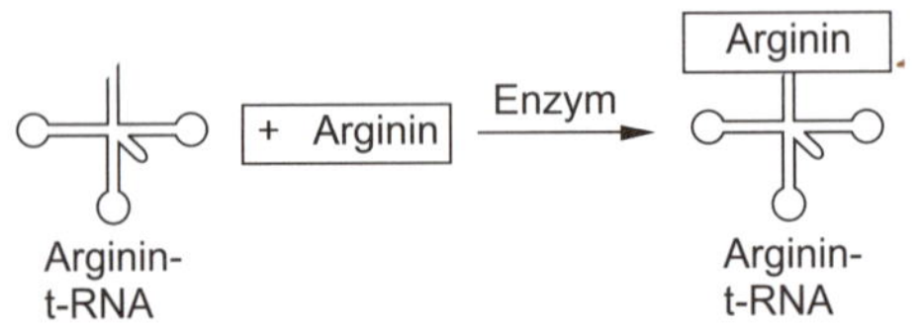
</td></tr>
<tr><td>Kletterpflanze, Samenkäfer</td><td>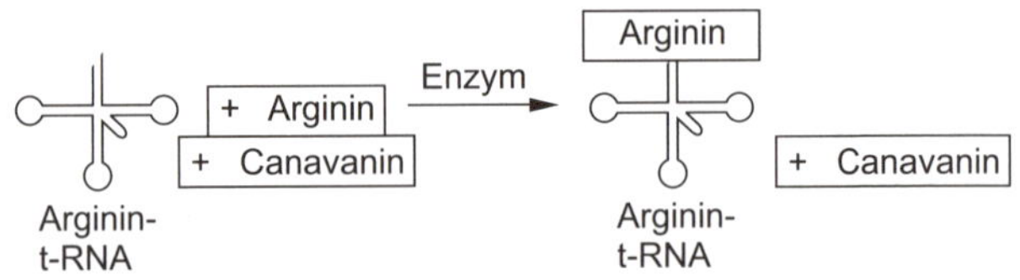
</td></tr>
<tr><td>Tabakschwärmer</td><td>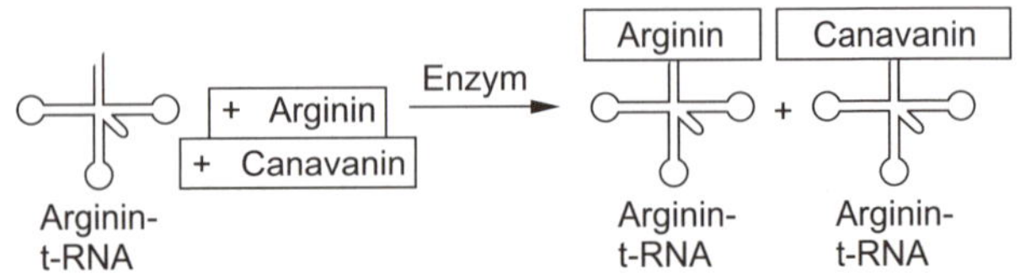
</td></tr>
</table>

Abb. 1: Vergleichende Untersuchung zum Einfluss von Canavanin auf die Proteinbiosynthese. Die Enzyme gehören zur Gruppe der Synthetasen

Organismus	**Einbau von Canavanin in Proteine**	**katalytische Aktivität neu synthetisierter Enzyme**
Kletterpflanze, Samenkäfer	nicht nachweisbar	unverändert
Tabakschwärmer	hoch	z. T. stark herabgesetzt

Abb. 2: Vergleichende Untersuchung zum Einfluss von Canavanin auf die Eigenschaften neu synthetisierter Proteine

Material E: Strukturformeln der Aminosäuren Canavanin und Arginin

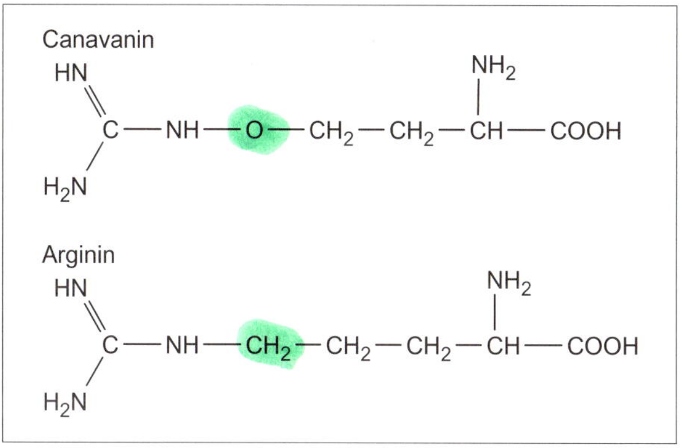

Material F: Stoffwechselweg zum Abbau von Canavanin (in keimenden Samen der Kletterpflanze und im Samenkäfer)

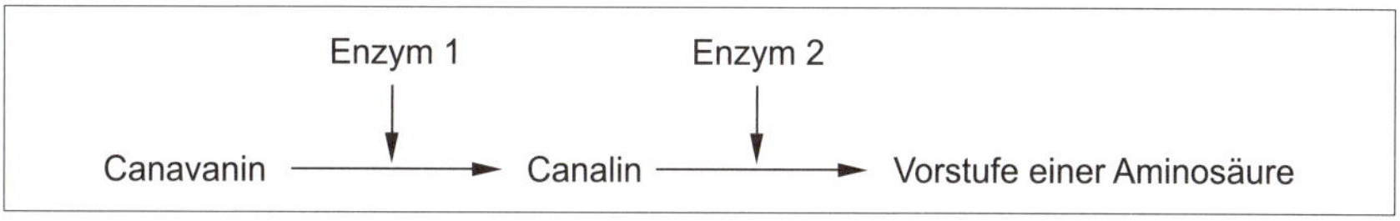

Lösungsvorschlag

In der Aufgabe thematisierte Unterrichtsinhalte sind:

- *Evolution der Vielfalt des Lebens in Struktur und Verhalten: Grundlagen evolutiver Veränderung, Verhalten, Fitness und Anpassung, Fortpflanzungsstrategien, Art und Artbildung, Erklärungsmodelle für Evolution (Synthetische Evolutionstheorie)*
- *Genetische und entwicklungsbiologische Grundlagen von Lebensprozessen: Molekulare Grundlagen der Vererbung und Entwicklungssteuerung, Replikation, Proteinbiosynthese, Wirkungsweise von Mutagenen*

II.1 *In der ersten Teilaufgabe wird eine Beschreibung von Sachverhalten und keine Deutung verlangt. Bei der Darlegung der jeweiligen Versuchsdurchführungen sollte zumindest kurz auf die experimentelle Vorgehensweise eingegangen und diese mit wenigen Worten skizziert werden.*

Material C gibt Fütterungsversuche zur Erforschung der Wirkungsweise von Canavanin und die dabei erzielten Versuchsergebnisse wieder. Die Untersuchungen wurden an Larven des Tabakschwärmers und des Samenkäfers vorgenommen. Unter normalen, nicht veränderten Umweltbedingungen leben die beiden Insektenarten nach dem holometabolen Entwicklungstyp: Über ein Larvenstadium entwickelt sich aus einem Puppenstadium der ausgewachsene Schwärmer bzw. adulte Käfer. Der Versuch zur Wirkungsweise von Canavanin auf die beiden Insektenarten setzt bei den Larvenstadien an. In zwei parallel durchgeführten Experimenten werden die Larvenstadien beider Arten einmal mit Samenmehl gefüttert, welches kein Canavanin enthält und einmal mit Samenmehl, das die giftige Aminosäure beinhaltet. Im ersten Fall ohne Canavanin (Kontrollexperiment) ergibt sich keine Veränderung gegenüber der normalerweise zu beobachtenden Entwicklung der Tiere. Die aus den Puppen geschlüpften Schwärmer bzw. Käfer sehen normal aus. Das gleiche Resultat ergibt sich, wenn an die Larven von *Caryedes brasiliensis* Samenmehl mit Canavanin verfüttert wurde. Die geschlüpften Käfer weisen keine äußerlichen Veränderungen auf. Anders verhält es sich beim Ergebnis der Experimentreihe, bei welcher Samenmehl mit Canavanin an *Manduca sexta* verfüttert wurde. Hier zeigen sowohl die Puppe des Tabakschwärmers als auch das adulte Tier gravierende Veränderungen. Die Puppe ist deutlich deformiert; sie bildet auch den auffälligen Anhang im vorderen Bereich nicht aus. Der aus dieser Puppe geschlüpfte Schwärmer besitzt verkrüppelte Flügel.

In Material D sind molekulargenetische Experimente zur Erforschung des Schutzmechanismus gegenüber Canavanin dargestellt. Untersucht wurden hier erneut die beiden Insektenarten Tabakschwärmer und Samenkäfer sowie zusätzlich die Kletterpflanze *Dioclea megacarpa*. An ihnen wurde die enzymatisch katalysierte Beladung eines argininspezifischen t-RNA-Moleküls bei Anwesenheit von Arginin sowie von Arginin und Canavanin überprüft. Der entsprechende ablaufende Reaktionsprozess ist in der Beschreibung nur modellhaft dargestellt. Wird in einem Experiment dem Samenkäfer, dem Tabakschwärmer und der Kletterpflanze nur Arginin angeboten, so kommt es zu dem erwarteten Ergebnis: In allen drei Organismen wird das für Arginin spezifische t-RNA-Molekül durch eine Synthetase mit dieser Aminosäure beladen (Kontrollversuch). Andere Ergebnisse erbringen die Experimente, wenn sowohl Arginin als auch Canavanin für den Reaktionsprozess angeboten wird. Bei der Kletterpflanze und dem Samenkäfer werden nur Arginin-Moleküle an die frei vorliegenden Arginin-t-RNA-Moleküle angekoppelt. Die giftige Aminosäure Canavanin findet sich an keinem der t-RNA-Moleküle wieder und verbleibt im Versuchsmedium. Im Reaktionsprozess beim Tabakschwärmer werden dagegen argininspezifische t-RNA-Moleküle von der Synthetase sowohl mit Arginin als auch mit Canavanin beladen. Eine Tabelle gibt darüber hinaus die Ergebnisse einer vergleichenden Untersuchung zum Einfluss von Canavanin auf die Eigenschaften neu synthetisierter Proteine wieder. Die zugrunde liegenden Experimente ergaben, dass bei der Kletterpflanze und dem Samenkäfer der Einbau von Canavanin in körpereigene Proteine nicht nachgewiesen werden konnte. Auch die katalytische Wirkung neu hergestellter Enzyme war nicht beeinträchtigt. Bei *Manduca sexta* wurde anscheinend ein sehr hoher Prozentsatz Canavanin in die Proteine des Schwärmers eingebaut, denn die katalytische Aktivität von neu synthetisierten Enzymen zeigte sich zum Teil stark herabgesetzt.

II.2 *Hier sollten Sie – unter Rückgriff auf die in der vorherigen Teilaufgabe dargelegten Versuchsergebnisse – eine Deutung der Experimente liefern und dabei die chemischen Grundlagen der beteiligten Moleküle miteinbeziehen. Wichtig ist in diesem Zusammenhang, zum einen die enzymatischen Grundlagen, auf denen die angesprochenen Einbauprozesse beruhen, mit aufzugreifen. Zum anderen sollten Sie auch die entsprechenden Prozesse der Proteinbiosynthese angemessen darstellen.*

Unter Einbeziehung der in Material E dargestellten Strukturformeln von Arginin und Canavanin können die in der vorigen Teilaufgabe dargelegten Versuchsergebnisse wie folgt gedeutet werden. Canavanin und Arginin unterscheiden sich in ihrer Molekülstruktur durch die in einer Position unterschiedlichen spezifischen Seitenketten, welche die Eigenschaft der jeweiligen Aminosäure bestimmen. Arginin hat in seiner Seitenkette drei auf einander folgende CH_2-Gruppen, gefolgt von einer NH-Gruppe, an welche ein C-Atom mit den Bindungspartnern $-NH_2$ und -NH gebunden ist. Das Canavanin-Molekül ist chemisch sehr ähnlich aufgebaut. Bei ihm ist lediglich die dritte CH_2-Gruppe durch ein Sauerstoff-Atom ersetzt. Diese Ähnlichkeit zwischen Arginin und Canavanin hat im zweiten Teil der Proteinbiosynthese, der Translation, gravierende Folgen für den Tabakschwärmer. Hier kommen die t-RNA-Moleküle zum Einsatz, welche die Aminosäuren für den Aufbau der Proteine an die Ribosomen liefern. Beladen werden die jeweiligen t-RNA-Moleküle durch spezifische Aminoacyl-t-RNA-Synthetasen. Sie erkennen die Anticodon-Sequenz

des Moleküls und koppeln die zugehörige Aminosäure an die spezifische t-RNA an. Die Enzyme des Tabakschwärmers können aber anscheinend nicht unterscheiden, ob es sich bei der Aminosäure, die an die Arginin-t-RNA angekoppelt werden soll, um Arginin handelt oder um Canavanin. So werden auch Moleküle der giftigen Aminosäure an t-RNAs gebunden, für die Translation zur Verfügung gestellt und in die zu synthetisierenden Aminosäureketten eingebaut. Dies hat zur Folge, dass sich nicht nur die Primärstruktur der neu gebildeten Eiweiße verändert (Canavanin statt Arginin), sondern auch deren Sekundär- und Tertiärstruktur. In der Sekundärstruktur können andere Wasserstoffbrückenbindungen zwischen den Seitenketten der Aminosäuren aufgebaut werden und bei der Tertiärstruktur kommen durch den Austausch der Aminosäuren vielleicht keine Disulfidbrücken an dafür vorgesehen Stellen zu Stande. Eine veränderte Tertiärstruktur eines Enzyms kann dazu führen, dass das Aktive Zentrum des Biokatalysators strukturell verändert vorliegt oder überhaupt nicht gebildet wird. Im ersten Fall würde dies die katalytische Wirkung des Enzyms vermindern und im zweiten Fall unmöglich machen. Auf diese Weise unterbleiben wichtige Prozesse im Stoffwechselgeschehen der Tabakschwärmer ganz oder teilweise, wie dies experimentell auch bestätigt werden konnte (Material D, Abb. 2). Zum anderen werden damit die phänotypisch sichtbaren Veränderungen der Puppe und des Imago des Tabakschwärmers aufgrund fehlgesteuerter Stoffwechselaktivitäten erklärbar (Material C).
Der Samenkäfer *Caryedes brasiliensis* ist hiervon nicht betroffen. Seine Enzyme können – aufgrund ihrer hohen Substratspezifität – bei der Beladung der Arginin-t-RNA-Moleküle zwischen Arginin und Canavanin diskriminieren. Die Anwesenheit von Canavanin im Futter der Käferlarven hat also keine Auswirkungen – weder auf den Ablauf der Translation noch auf die Aktivität der synthetisierten Enzyme.

II.3 *Bei dieser Teilaufgabe kommt es darauf an, die evolutiven Vorteile für die Entwicklung des Samenkäfers klar herauszustellen. Denken Sie bei Ihrer Bearbeitung der Aufgabenstellung auch hier bitte daran, dass Sie Rückgriffe auf und kurze Wiederholungen von bereits herausgearbeiteten Sachverhalten bei einer korrekten Aufgabenlösung in Ihre Lösung einarbeiten.*

Zwischen dem Samenkäfer *Caryedes brasiliensis* und der Kletterpflanze *Dioclea megacarpa* aus der Ordnung der Hülsenfrüchtler gibt es eine enge, parasitäre Beziehung. Die Pflanze stellt dabei in der Entwicklung des Käfers nicht nur die Nahrungsgrundlage, sondern auch die „Kinderstube" der Larven dar. Dabei ist der Samenkäfer gut an die Kletterpflanze und ihren Lebenszyklus angepasst. Sie stellt die einzige Pflanze dar, auf der die Entwicklung dieser Insektenart zum Käfer stattfindet. Da – aufgrund der bereits beschriebenen biochemischen Besonderheiten – sonst keine anderen Insekten *Dioclea megacarpa* nutzen können, hat der Samenkäfer einen eindeutigen Selektionsvorteil durch Vermeidung von Konkurrenz. Das Insektenweibchen platziert die Eier auf den noch unreifen Früchten der Kletterpflanze und gewährleistet damit, dass die aus den Eiern schlüpfenden Larven optimale Ernährungsbedingungen vorfinden, wenn sie sich durch die Hülsennaht in das Speichergewebe der Frucht einbohren. Dieser Sachverhalt sorgt auch dafür, dass der Samenkäfer sich durch seine Spezialisierung weitere Vorteile verschaffen kann. Die Entwicklung der Nachkommenschaft erfolgt nicht im Freien, sondern innerhalb der Pflanze, was sie zum einen vor Fressfeinden schützt. Da sich bis zu 50 Larven in einer Samenanlage entwickeln können, ist zum anderen eine hohe Zahl an Nachkommen sichergestellt, die alle eine ausreichende Ernährungsbasis vorfinden. Die sich in den Samen der Kletterpflanzen entwickelnden Larven können darüber hinaus noch weiteren Nutzen aus ihrer Nahrungsgrundlage ziehen, der ihr Wachstum fördert. Die giftige Aminosäure Canavanin, vor deren Einbau in körpereigene Proteine die Larven durch die hohe Spezifität ihrer Arginin-Synthetase geschützt sind, kann von den heranwachsenden Tieren auch noch zum eigenen Nutzen eingesetzt werden. Nur ein geringer Teil der giftigen Substanz wird von den Tieren ausgeschieden. Den größeren Anteil des Canavanin wandeln die Larven in einer Genwirkkette in für sie verwertbare Aminosäurevorstufen um. Dabei setzt ein erstes Enzym Canavanin in das – ebenfalls giftige – Canalin um. Diese Substanz wird anschließend von einem zweiten Enzym abgebaut, wobei der im Canalin enthaltene Stickstoff für den Aufbau körpereigener Aminosäuren genutzt werden kann.

II.4 *Zunächst sollten Sie sich die Bestandteile der Synthetischen Evolutionstheorie noch einmal ins Gedächtnis rufen. Hierbei ist es oft hilfreich, wenn Sie auf einem Notizzettel alle Komponenten der Synthetischen Evolutionstheorie auflisten. Anhand dieser Auflistung können Sie dann entscheiden, welche der Bestandteile auf den vorliegenden Fall des „evolutionären Wettrüstens" angewendet werden können. Dies sind Mutation, Selektion, Rekombination, Präadaptation, Genpool, Fitness und Variation. Wichtig ist, dass Sie nicht die Synthetische Evolutionstheorie in toto darlegen, sondern aus dem Aufgabenmaterial erkennbare Sachverhalte auf die Theorie anwenden. Um diese Aufgabe bearbeiten zu können, müssen wiederum erarbeitete Ergebnisse aus den beiden vorausgegangenen Teilaufgaben herangezogen werden. Am sinnvollsten ist es, wenn Sie zur Darlegung der Beziehungen mit der Kletterpflanze beginnen.*

Zufällige Mutationen verschafften einzelnen Individuen der Kletterpflanze *Dioclea megacarpa* einen evolutiven Vorteil gegenüber ihren Konkurrenten. Zum einen war dies die Fähigkeit, die giftige Aminosäure Canavanin zu synthetisieren, da sie sich so gegen Fressfeinde wehren konnten. Während der Keimung konnte die Pflanze zum anderen diese Verbindung für sich selber im Stoffwechsel nutzbar machen. *Dioclea megacarpa* war aber selber dagegen resistent, weil sie Canavanin als stickstoffhaltige Verbindung in den Samen nur speichert und die Substanzen nicht zum Proteinaufbau verwendet. Im Laufe der geschlechtlichen Fortpflanzung konnten diese Mutationen an die Nachkommenschaft weitergegeben und verschiedene Variationen in der Ausprägung der Fähigkeiten neu kombiniert (rekombiniert) werden. Die so vor Fressfeinden geschützten Pflanzen hatten damit einen entscheidenden Selektionsvorteil gegenüber anderen Mitgliedern ihrer Art, welche diese Fähigkeit nicht besaßen. Da die „giftigen" Ausprägungen dieser Art überlebten, veränderte sich mit der Zeit auch der Genpool der Kletterpflanzenart zugunsten der mutierten Formen.

Auch bei *Caryedes brasiliensis* setzt die Evolution durch zufällig aufgetretene Mutationen bei einzelnen Individuen der Samenkäfer an. Aufgrund ihrer Fähigkeit, die Giftigkeit der Aminosäure Canavanin zu umgehen, erwarben diese Tiere Präadaptationen. Zu diesen Voranpassungen gehörte erstens die Fähigkeit – aufgrund der mutierten Synthetase – bei der Beladung der t-RNA-Moleküle zwischen Arginin und Canavanin unterscheiden zu können. Zweitens konnten sie – resistent gegen Canavanin – die giftige Aminosäure zu ihrem eigenen Nutzen verwenden. Damit war es den Tieren möglich, sich die Kletterpflanze nutzbar zu machen. Dieser Nutzen bezog sich nachfolgend nicht nur auf die Nahrungsgrundlage der Larven, sondern auch auf deren Schutz vor Fressfeinden innerhalb der Samenanlagen. Auch hier war (wie bei den Kletterpflanzen) ein entscheidender Selektionsvorteil gegenüber nicht mutierten Artgenossen entstanden. Da die Mutationen über geschlechtliche Fortpflanzung und Rekombination auch weitergegeben und neu kombiniert werden konnten, veränderte sich auch der Genpool der Samenkäfer-Art, sobald die Präadaptationen zu tatsächlichen Adaptationen in Bezug auf *Caryedes brasiliensis* wurden. Darüber hinaus waren weitere Mutationen von *Caryedes brasiliensis* selektionsbegünstigt, welche die Zeit der Eiablage mit der Zeit synchronisierten, in der die Samen der Futterpflanze reif wurden.

Für beide, die Kletterpflanze und den Samenkäfer, gilt gleichermaßen, dass ihre Fitness durch die neu erworbenen Fähigkeiten deutlich gesteigert wurde, indem sie sich das ansonsten giftige Canavanin als Stickstoffquelle nutzbar machen konnten.

Leistungskurs Biologie (NRW) – Abitur-Prüfung 2007
Aufgabe 3 – Vorschlag 1 (terrestrisches Ökosystem)

Aufgabenstellung:

Thema: Die Wälder des Teutoburger Waldes (terrestrisches Ökosystem)

III.1 Vergleichen Sie anhand der beiden Vegetationsaufnahmen die Pflanzengesellschaften und ihre Standortfaktoren (Material C). (22 Punkte)

III.2 Stellen Sie den Ausschnitt aus dem Stickstoffkreislauf beim Abbau der Laubstreu bei pH 3–4 und pH 4,5–6 (Material B) vergleichend dar. (12 Punkte)

III.3 Erläutern Sie anhand der beiden in Material B dargestellten modellhaften Standorte sowie des zugehörigen Informationstextes den Zusammenhang zwischen den Humusformen und dem Mineralstoffangebot am Beispiel der Stickstoffverbindungen. Berücksichtigen Sie dabei insbesondere das für viele Pflanzen leichter aufnehmbare Nitrat. (16 Punkte)

III.4 Ermitteln und begründen Sie anhand der Humusform und der Stickstoffversorgung, welche der Vegetationsaufnahmen (Material C) jeweils den in der Abbildung von Material A eingezeichneten Standorten A und B zuzuordnen ist. (16 Punkte)

Material A: Informationstext zur geografischen Lage der Untersuchungsstandorte im Teutoburger Wald

Vor 200–60 Millionen Jahren vor unserer heutigen Zeit war der Raum des Teutoburger Waldes fast ununterbrochen von Wasser bedeckt. Auf dem Meeresgrund kam es zu Ablagerungen von festen Stoffen aus dem Wasser. Diese wurden entweder durch Bäche und Flüsse vom Festland eingeschwemmt oder aus Kalkschalen von Meerestieren gebildet. Durch sehr viele Ablagerungen verfestigte sich das Material, d. h., Sand wurde zu Sandstein, Kalkablagerungen wurden zu Kalkstein.
Heute stellt sich der Teutoburger Wald als ein von Nordwest nach Südost verlaufender Mittelgebirgszug dar, der aus drei parallel zueinander liegenden Kämmen besteht. Der zentrale Hauptkamm wird vom Osning-Sandstein gebildet, der südwestlich davon liegende Kamm von Plänerkalk-Schichten und der nordöstlich liegende Kamm von Muschelkalkgesteinen.

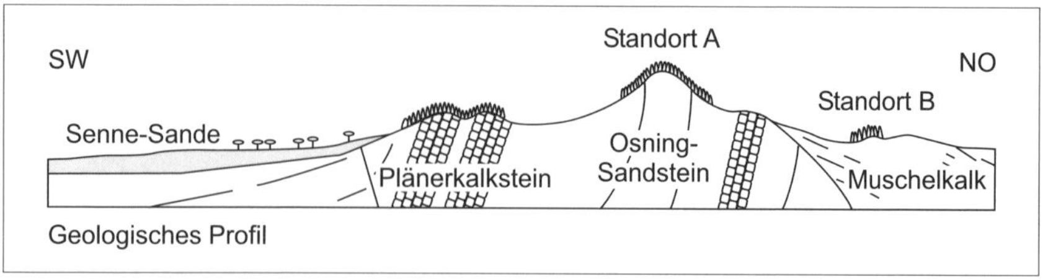

aus: Horstmann, D., Lienenbecker, H. u. Vieth, W.: Freilandbiologie: Projekt Wald. PdN-B 8/48, Köln 1999, S. 13

Zur genaueren Standortanalyse wurden an zwei Stellen des Teutoburger Waldes Vegetationsaufnahmen erstellt, die Material C wiedergibt. Neben Unterschieden zwischen der Vegetation fallen auch Unterschiede in der Bodenart und der Humusform auf.
Der Abbau der Laubstreu hängt stark von Standortfaktoren ab (u. a. besonders vom Kalkangebot und damit vom vorherrschenden pH-Wert). Der vorhandene Humustyp lässt Rückschlüsse auf das Mineralstoffangebot des Bodens zu. Für zwei Böden mit unterschiedlichen pH-Werten ist der Abbauprozess in Form eines Kreislaufschemas in Material B zusammengestellt.

Material B: Der Abbau der Laubstreu bei verschiedenen pH-Werten

Informationstext: Humusform und Humusbildung in Abhängigkeit vom pH-Wert

Nach dem Laubfall im Herbst findet je nach pH-Wert des Bodens ein mehr oder weniger schneller Abbau der Laubstreu statt. Der pH-Wert beeinflusst dabei sowohl die Bakteriendichte und Aktivität von Nitrosomas und Nitrobacter, als auch die Aktivität größerer Bodenorganismen, wie die der Asseln und der Regenwürmer. Je saurer der pH-Wert, desto geringer ist die Aktivität dieser Zersetzer, je weiter der pH-Wert gegen neutral ansteigt, desto höher ist ihre Zersetzungsleistung und somit der Zersetzungsgrad des Laubs und des übrigen organischen Materials.
Auf sauren Böden findet sich so eine dickere Schicht kaum zersetzten Materials, der sogenannte Rohhumus. Auf weniger sauren Böden wird der Rohhumus weiter zu Moder abgebaut. Nur auf neutralen Böden führt die Aktivität der Bodenorganismen zu einem fast vollständigen Laubabbau. Dieser an Humus- und Mineralstoffen reiche Oberboden wird Mull genannt.

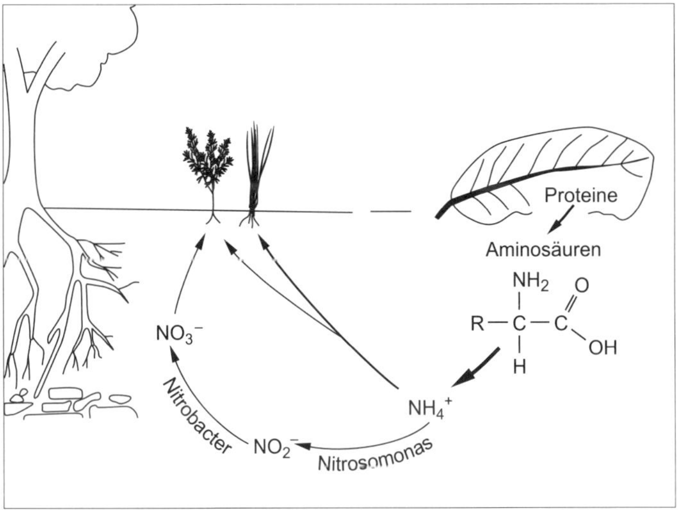

Abb. 1: Abbau der Laubstreu bei pH 3–4, die Dicke der Pfeile symbolisiert die Mengenverhältnisse

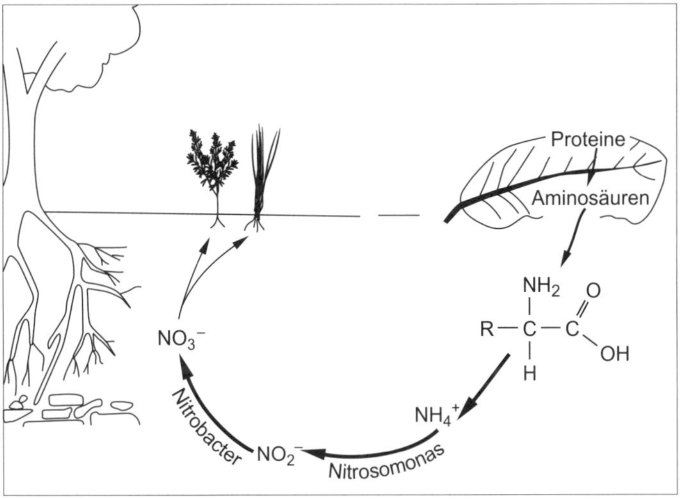

Abb. 2: Abbau der Laubstreu bei pH 4,5–6, die Dicke der Pfeile symbolisiert die Mengenverhältnisse

verändert nach: Horstmann, D., Lienenbecker, H. u. Vieth, W.: Freilandbiologie: Projekt Wald. PdN-B 8/48, Köln 1999, S. 8 f.

Material C: Vegetationsaufnahmen von zwei Standorten

Tabelle 1: Vegetationsaufnahme 1

Zur Auswertung der Zeigerwerte L, F, R und N siehe Tabelle 3, zu den Mengenangaben siehe unten.

Ort	Wiebelsbusch		*Exposition*	Südost			
Datum	18. 05. 1992		*Bodenart*	toniger Lehm		*Humusform*	Mull

Schicht	Pflanzenart	Menge	L	F	R	N
Baumschicht	Rotbuche	5	3	5	x	x
Baumschicht	Hainbuche	+	4	x	x	x
Strauchschicht	Schwarzer Holunder	2	7	5	x	9
Strauchschicht	Feldahorn	1	5	7	7	6
Krautschicht	Waldmeister	3	2	5	x	5
Krautschicht	Wald-Zwenke	2	4	5	6	6
Krautschicht	Wald-Segge	2	2	5	6	5
Krautschicht	Echte Nelkenwurz	2	4	5	x	7
Krautschicht	Wald-Bingelkraut	2	2	x	7	7
Krautschicht	Dreinervige Nabelmiere	2	4	5	6	7
Krautschicht	Hain-Rispengras	2	5	5	5	3
Krautschicht	Aronstab	1	3	6	7	8
Krautschicht	Nesselblättrige Glockenblume	1	4	5	8	8
Krautschicht	Stachel-Segge	+	7	5	x	6
Krautschicht	Wald-Labkraut	+	5	4	7	5
Krautschicht	Efeu	+	4	5	x	x
Krautschicht	Wald-Habichtskraut	+	5	4	7	5
Krautschicht	Goldnessel	+	3	5	7	5
Krautschicht	Flattergras	+	4	5	5	5
Krautschicht	Mauerlattich	+	4	5	x	6
Krautschicht	Nestwurz	r	2	5	7	5
Krautschicht	Stattliches Knabenkraut	r	7	4	8	3
Krautschicht	Vielblütige Weißwurz	r	2	5	6	4
Krautschicht	Sanikel	r	4	5	8	7
Krautschicht	Wald-Ehrenpreis	r	5	4	2	4
Krautschicht	Wald-Veilchen	r	4	5	7	6
	Berechnung ohne Berücksichtigung der Menge, d. h. ungewichtet	Mittelwerte (MW)	mL = 4,0	mF = 5,0	mR = 6,4	mN = 5,7

Mengenangaben (Bedeckung) nach *Braun-Blanquet*			
5 =	76–100 %		
4 =	51–75 %	1 =	1–5 %
3 =	26–50 %	+ =	<1 %
2 =	6–25 %	r =	selten

Tabelle 2: Vegetationsaufnahme 2
Zur Auswertung der Zeigerwerte L, F, R und N siehe Tabelle 3

Ort	Bergkamp	*Exposition*	Ostsüdost		
Datum	18. 05. 1992	*Bodenart*	sandiger Lehm	*Humusform*	Moder

Schicht	Pflanzenart	Menge	L	F	R	N
Baumschicht	Rotbuche	3	3	5	x	x
Baumschicht	Weißbirke	1	7	x	x	x
Baumschicht	Eberesche	1	6	x	4	x
Baumschicht	Rotfichte	1	5	x	x	x
Strauchschicht	Stieleiche	r	7	x	x	x
Krautschicht	Drahtschmiele	4	6	x	2	3
Krautschicht	Harzer Labkraut	2	7	5	2	3
Krautschicht	Adlerfarn	1	6	6	3	3
Krautschicht	Wald-Geißblatt	+	6	x	3	4
Krautschicht	Heidelbeere	+	5	x	2	3
Krautschicht	Kleiner Dornfarn	r	5	x	4	3
Krautschicht	Gemeines Hornkraut	r	5	5	x	5
Krautschicht	Schattenblümchen	r	3	x	3	3
Krautschicht	Weiße Hainsimse	r	4	5	3	4
	Berechnung ohne Berücksichtigung der Menge, d. h. ungewichtet	Mittelwerte (MW)	mL = 5,4	mF = 5,2	mR = 2,9	mN = 3,4

aus: Horstmann, D., Lienenbecker, H. u. Vieth, W.: Freilandbiologie: Projekt Wald. PdN-B 8/48, Köln 1999, S 18. f.

Tabelle 3: Erläuterung zu den Zeigerwerten

	Ökofaktoren			
Allgemein bedeuten die Wertzahlen	Licht L	Feuchte F	Boden-reaktion R	Nährstoff N
1 = sehr geringer Anspruch	tiefschattig	sehr trocken	stark sauer	sehr nährstoffarm
3 = geringer Anspruch	schattig	mäßig trocken	sauer	nährstoffarm
5 = mittlerer Anspruch	halbschattig	frisch	mäßig sauer	mäßig nährstoffreich
7 = hoher Anspruch	besonnt	feucht	neutral	nährstoffreich
9 = sehr hoher Anspruch	voll besonnt	nass	basisch	sehr nährstoffreich
die geraden Zahlen (2, 4, 6, 8) sind jeweils Zwischenstufen				
x = indifferent (mit sehr breiter ökologischer Toleranz, ohne besonderen Anspruch)				

aus: Horstmann, D., Lienenbecker, H. u. Vieth, W.: Freilandbiologie: Projekt Wald. PdN-B 8/48, Köln 1999, S. 12

Lösungsvorschlag

In der Aufgabe thematisierte Unterrichtsinhalte sind:
Ökologische Verflechtung und nachhaltige Nutzung: Umweltfaktoren, ökologische Nische, Untersuchungen im terrestrischen System Wald, Erstellen von Vegetationsaufnahmen, Charakterisierung von Waldgesellschaften, Standortbeurteilung mit Zeigerwerten, Erfassung physikalischer und chemischer Faktoren (Licht, Temperatur, pH-Wert), Verflechtungen in Lebensgemeinschaften, biogeochemischer Kreislauf am Beispiel des Stickstoffkreislaufs

III.1 *Lassen Sie sich bitte nicht von der Materialfülle verwirren! Bei einer systematischen Herangehensweise ist diese erste Teilaufgabe zu bewältigen. Vergegenwärtigen Sie sich zuerst, welche generellen Aussagen Vegetationsaufnahmen und Standortfaktoren zulassen, und arbeiten Sie anschließend die spezifischen Bedingungen der Beispiele beider Pflanzengesellschaften anhand des Materials gegenüberstellend heraus. Es kann nicht Ihre Aufgabe sein, auf jede Pflanzenart vergleichend einzugehen. Sie sollten während Ihrer Bearbeitung des Materials bei charakteristischen Übereinstimmungen und erkennbaren Unterschieden Schwerpunkte setzen. Bei den Ökofaktoren helfen Ihnen vor allem die zusammenfassenden Mittelwerte.*

In einer Vegetationsaufnahme sind die makroskopisch sichtbaren Arten, die in einer Pflanzengesellschaft leben, in Form einer Tabelle und bezogen auf eine bestimmte, festgelegte Fläche aufgelistet. Über die Mitglieder der Pflanzengesellschaft werden Aussagen zu Artmächtigkeit (Mengenangaben) und Soziabilität (Häufungsweise) sowie zu Standortfaktoren gemacht. In den vorliegenden Beispielen sind die Schichtung und an Ökofaktoren Licht, Feuchte, Boden-pH-Reaktion und Nährstoffgehalt angegeben. Darüber hinaus werden Exposition, Bodenart und Humusform genannt.
Bei den Grunddaten zu Vegetationsaufnahme 1 und 2 fällt auf, dass die Flächen, auf denen das Datenmaterial erhoben wurde (Südost bzw. Ostsüdost), eine ähnliche Exposition – d. h. eine ähnliche Lage – aufweisen. Beide Bodenarten sind Lehmböden, wovon der eine mehr toniger und der andere mehr sandiger ist. Die Humusformen sind deutlich unterschiedlich; der eine ist Mull (lockere Erde ohne Humusauflage), der andere Moder (zersetzte Streu in der Humusauflage). Ein Vergleich der Baumschicht in der Vegetationsaufnahme 1 (V1) mit derjenigen in Vegetationsaufnahme 2 (V2) zeigt, dass in V1 nur zwei Baumarten vorkommen, wovon die Rotbuche mit 76–100 % eindeutig überwiegt. In V2 kommen vier Baumarten vor. Auch hier dominiert die Rotbuche, weist aber nur einen Mengenanteil von 26–50 % auf. Was die Strauchschicht betrifft, so ist bei V1 zu erkennen, dass der Schwarze Holunder mit bis zu 25 % vertreten ist, wohingegen die Menge an Feldahorn vernachlässigt werden kann. In V2 sind Sträucher eher selten anzutreffen. Beide Standorte unterscheiden sich deutlich in ihrer Krautschicht. Im Vergleich zum artenreichen V1 ist V2 eher artenarm. Waldmeister, Wald-Segge, Hain-Rispengras u. a. Pflanzen der

Krautschicht bedecken bei V1 ein großes Areal innerhalb der untersuchten Fläche. Die eher artenarme Krautschicht in V2 wird dagegen mit 51–75 % dominiert durch die Drahtschmiele. Bei einem Vergleich der Ökofaktoren ergibt sich bei den Zeigerwerten folgendes Bild: Die mittleren Werte der Lichtzahl lassen erkennen, dass V1 mit 4,0 deutlich schattiger ist als V2 mit 5,4. Daraus können Rückschlüsse auf den Kronenschluss gezogen werden, der bei V1 sehr dicht bei V2 hingegen lichter ausfällt. Die mittlere Feuchte ist für beide Standorte frisch; mit 5,0 und 5,2 ist dies im Hinblick auf den unterschiedlichen Kronenschluss nicht von vorne herein zu erwarten. Im dritten angegebenen Ökofaktor, der Bodenreaktion, unterscheiden sich V1 und V2 wieder deutlich voneinander. V1 ist mit 6,4 zwischen mäßig sauer und neutral angesiedelt, wohingegen der Wert 2,9 für V2 zeigt, dass der Boden sauer ist. Die Werte für die Nährstoffe liefern folgendes Bild: V1 ist mit 5,7 mäßig nährstoffreich bis nährstoffreich wohingegen V2 mit 3,4 als nährstoffarm angesehen werden muss.

III.2 *Vergegenwärtigen Sie sich zuerst, was Ihnen über den Proteinabbau bekannt ist. Anschließend gehen Sie systematisch bei beiden Abbildungen so vor, dass Sie – ausgehend vom zu zersetzenden Substrat – zunächst die Gemeinsamkeiten herausstellen. In einem zweiten Schritt verdeutlichen Sie die jeweiligen Unterschiede. Denken Sie daran, dass die Dicke der Pfeile auch eine Rolle spielt. Je dicker der Pfeil gezeichnet ist, desto häufiger läuft der entsprechende Reaktionsschritt ab. Insgesamt können Sie diesen Aufgabenteil etwas kürzer gestalten, da keine weiteren Ausführungen (z. B. in Richtung des Stickstoffkreislaufs) verlangt werden.*

Proteine, d. h. pflanzliches und tierisches Eiweiß, sind aus stickstoffhaltigen Aminosäuren aufgebaut. Sowohl in der Laubstreu, deren pH-Wert mehr alkalisch ist, als auch in derjenigen, wo der pH-Wert auf Acidität hinweist, sind die ersten Abbauprodukte der Proteine die Aminosäuren. Sie werden im Stickstoffkreislauf durch Ammonifikation weiter zerlegt. Die hieran beteiligten Eiweiß abbauenden Fäulnisbakterien und Pilzarten zerlegen die Aminosäuren in NH_4^+-Ionen. Nitrosomonas, nitrifizierende Bakterien, wandeln Ammonium in NO_2^- (Nitrit) um. Dies funktioniert auf alkalischen Böden gut, ebenso wie der folgende Schritt, in welchem weitere nitrifizierende Bakterien, die Nitrobacter, Nitrit zu Nitrat (NO_3^-) oxidieren. Das Nitrat kann anschließend von den Pflanzen aufgenommen und für ihre Stoffwechselprozesse verwendet werden. Auf sauren Böden verläuft der Abbauprozess – auch mengenmäßig – etwas anders. Hier können sich die entsprechenden Bakterien – wenn überhaupt – nur sehr schlecht entwickeln. Die Effektivität der nitrifizierenden Bakterien ist daher eher gering. Als Folge daraus steht den Pflanzen mengenmäßig hauptsächlich Ammonium zur Verfügung. Das NO_2^- ist als Stickstoffquelle nicht so häufig für den Einbau im pflanzlichen Stoffwechsel vorhanden.

III.3 *Diese komplexe Aufgabenstellung erfordert von Ihnen, dass Sie Material B genau sichten und nach Informationen suchen, die für eine Beantwortung erforderlich sind. Hervorhebungen mit unterschiedlich farbigen Textmarkern (pH-Wert sauer/basisch) können hier hilfreich sein. Die Herangehensweise könnte so aussehen, dass Sie zunächst die Verhältnisse bei sauren Böden und anschließend die Gegebenheiten auf Böden mit Basizität darlegen.*

Anhand unterschiedlicher Stickstoffverbindungen wird in Material B dargelegt, welchen Einfluss der pH-Wert des Bodens auf das Mineralstoffangebot und die Zusammensetzung der Humusformen ausübt. Der Abbau der Laubstreu, die im Herbst den Boden bedeckt, ist entscheidend von der Acidität oder Basizität der oberen Erdschicht abhängig. Bei einem sauren Boden, dessen Verhältnisse in Bezug auf den Stickstoffkreislauf in Abb. 1 dargestellt sind, ist die Aktivität vieler zersetzender Organismen herabgesetzt. Sowohl die nitrifizierenden Bakterien als auch Regenwürmer und Asseln können ihre Aufgabe der Freisetzung von Stickstoffverbindungen unter diesen ph-Bedingungen nur unzureichend erfüllen. Die Laubstreu wird daher nicht vollkommen abgebaut. Zudem geht der Umsetzungsprozess nur schleppend vonstatten und führt zur Erzeugung von Moder, der gegen den darunter befindlichen Mineralboden klar abgegrenzt ist. Auf diesen Böden ist es für Pflanzen mitunter sehr schwierig an geeignete, leicht aufnehmbare Mineralstoffe zu gelangen. Hinzu kommt das Problem, dass Nitrat – durch den verlangsamten Abbau der Laubstreu – nicht in ausreichender Menge zur Verfügung stehen. Mengenmäßig am häufigsten ist in sauren Böden die Stickstoffverbindung Ammonium zu finden. NH_4^+-Ionen können aber von Pflanzen nicht in unbegrenzten Mengen aufgenommen werden, was zu einer deutlichen Wachstumsbeeinträchtigung führt. Pflanzen, die auf andere Stickstoffquellen zurückgreifen können (z. B. der Sonnentau oder die Venusfliegenfalle) haben an diesen Standorten deutliche Selektionsvorteile. Auf Böden mit einem höheren, basischen pH-Wert ist dies unterschiedlich. Die Destruenten-Aktivitäten sind hier nicht in der Weise beeinträchtigt wie auf sauren Böden. Die anfallende Laubstreu kann dort durch nitrifizierende Bakterien und andere Destruenten wie Asseln und Regenwürmer komplett abgebaut und vollständig zersetzt werden. Es entsteht Mull, bei dem die Humusauflage dann fast vollständig fehlt. Die in der Laubstreu enthaltenen Nährsalze können so den Pflanzen komplett zur Verfügung gestellt werden, wobei von den Zersetzern über Ammonium und Nitrit, das von den Pflanzen favorisierte NO_3^- hergestellt wird. Die gute Versorgung mit Nitrat führt bei Pflanzen auf diesen Böden – im Vergleich mit sauren Böden – zu einem gesteigerten Wuchs.

III.4 *Die Bearbeitung der dritten Teilaufgabe erfordert bei mehreren Arbeitsschritten, dass Sie auf Ihre erarbeiteten Aufgabenlösungen der vorherigen Teilaufgaben zurückgreifen. Nur so können Sie argumentativ Ihre Standortentscheidung untermauern. Bewertungspunkte werden nur für Aussagen innerhalb einer Aufgabe vergeben. Wiederholen Sie also im Begründungszusammenhang für Ihren Lösungsansatz zusammenfassend nochmals kurz grundlegende Aussagen.*

Vegetationsaufnahmen ergeben ein charakteristisches Bild vom makroskopischen Pflanzenbewuchs des jeweiligen Standortes. Darüber hinaus gehende Angaben, wie Ökofaktoren (Zeigerwerte), Exposition, Bodenart und Humusform tragen dazu bei, dass seine konkrete Lage innerhalb eines Ökosystems ermittelt werden kann.
Zum Standort der Vegetationsaufnahme 1 (V1) kann zusammenfassend festgehalten werden: Die Humusform Mull lässt darauf schließen, dass die Laubstreu vollständig abgebaut wurde. Dies ist nur dann möglich, wenn die hierfür erforderlichen Destruenten gute Lebensbedingungen vorfinden und deswegen optimal ihre Zersetzungstätigkeit durchführen können. So werden den Pflanzen die für ihr Wachstum dringend benötigten Mineralstoffe in ausreichender Menge zugeführt. Dies kann mit den ermittelten Werten zum Nährstoffangebot, vor allem des Stickstoffs als einen limitierenden Faktor, (Mittelwert 5,7) belegt werden. Das gute Nährstoffangebot wie auch die übrigen ermittelten Zeigerwerte wirken sich damit positiv auf die pflanzliche Biozönose aus: Die vorherrschende Baumart ist die Rotbuche; am Standort der V1 existiert ein Buchenwald mit deutlichem Artenreichtum. Dieser Artenreichtum ist nur an einem Standort möglich, an dem zum einen ein pH-Wert vorliegt, der sich im neutralen bis leicht basischen Bereich bewegt, woraus sich zum anderen auch die guten Bodenbedingungen ergeben – in diesem Fall der Mull als Humusform. Bei der Betrachtung des geologischen Bodenprofils kann die V1 damit nur vom Standort B stammen. Hier sind diejenigen abiotischen Faktoren gegeben, die für eine derartige Artenzusammensetzung einer Vegetationsaufnahme charakteristisch sind. Die Grundlage hierfür ist im wahrsten Sinne des Wortes der Muschelkalk-Boden. Nur er ermöglicht in den beiden zur Begutachtung anstehenden Standorten ein optimales Wachstum auf einem neutralen (bis leicht basischem) Boden
Für den Standort der Vegetationsaufnahme 2 (V2) lässt sich folgendes festhalten: Die vorherrschende Humusform ist der Moder. Dies bedeutet, dass die Laubstreu nur unzureichend zersetzt worden ist. Die Gegenwart von unzersetztem Rohhumus beruht darauf, dass die Destruenten in ihrer Zersetzungs-Aktivität behindert werden. Der Boden ist mit einem Mittelwert von 3,4 nährstoffarm. So liegt der verfügbare Stickstoff hier weder in optimaler Menge noch überwiegend in der Form (NO_3^-) vor, die für ein günstiges Pflanzenwachstum erforderlich wären. Sowohl das Nährstoffangebot als auch die Werte der übrigen Ökofaktoren lassen den Rückschluss zu, dass es sich bei der V2 um einen Standort mit einer deutlich geringeren Artenvielfalt handelt. Dies wird durch die Erhebung der Pflanzenpopulation bestätigt, deren Spektrum als Befund mit sauren, mineralstoffarmen Bodenverhältnissen korreliert ist. Unter niedrigen pH-Wert-Bedingungen können die Bodenorganismen nicht optimal arbeiten und lassen noch unzersetzten Rohhumus übrig. Diese Verhältnisse sind im vorgegebenen geologischen Profil nur am Standort A zu finden, einem Areal mit Sandstein (Osning-Sandstein).

Leistungskurs Biologie (NRW) – Abitur-Prüfung 2007
Aufgabe 3 – Vorschlag 2 (aquatisches Ökosystem)

Aufgabenstellung:

Thema: Die Eutrophierung – das Hauptproblem für die Gewässergüte der unteren Spree (aquatisches Ökosystem)

III.1 Fassen Sie die Phytoplankton-, Phosphat- und Nitrat-Messergebnisse (Material B, Abb. 1–3) der Spree im Bereich von *Zerre* bis zur Mündung in die Havel bei *Berlin-Sophienwerder* zusammen und erklären Sie den Verlauf der Planktondichte. (20 Punkte)

III.2 Erläutern Sie anhand des Materials C die Ursachen für die Eutrophierung der Spree zwischen 1993 bis 1997 und erklären Sie diese unter Bezugnahme auf die Nutzungsstruktur der Einzugsgebiete (Material A). (10 Punkte)

III.3 Ermitteln Sie anhand von Material C, inwieweit die Gewässerbelastung der Spree durch Mineralsalze seit der Wiedervereinigung Deutschlands (1989) verbessert werden konnte und stellen Sie Hypothesen auf, welche Maßnahmen zur Gewässersanierung bezüglich der Eutrophierung in den neunziger Jahren ergriffen wurden und auch weiterhin durchgeführt werden sollten. (14 Punkte)

III.4 Beschreiben Sie, wie der Saprobienindex ermittelt wird und welche Auskunft er über den ökologischen Zustand eines Gewässers gibt. Beurteilen Sie, inwieweit der Chlorophyll-a-Gehalt ein sinnvoller alternativer Parameter zur Bewertung der Gewässergüte sein kann. (22 Punkte)

Material A: Die Spree zwischen Zerre und Berlin

Die knapp vierhundert Kilometer lange Spree entspringt im Lausitzer Bergland, wo sie zunächst den Charakter eines Mittelgebirgsflusses hat. Den Hauptteil ihrer Fließstrecke, oberhalb von Zerre bis zur Mündung in die Havel bei Berlin-Sophienwerder, legt sie als typischer Flachlandfluss zurück. Dieser Flussabschnitt lässt sich in drei Teileinzugsgebiete unterteilen, die sich in ihrer Nutzungsstruktur unterscheiden:

Teileinzugsgebiete	Einwohner	Siedlungen	Ackerland	Grünland	Wald
Zerre bis Leibsch	287 000	6,7 %	36,3 %	13,4 %	32,5 %
Leibsch bis Neu-Zittau	105 000	4,8 %	31,7 %	8,0 %	52,1 %
Neu-Zittau bis Sophienwerder	2 435 000	40,5 %	23,6 %	3,3 %	28,5 %

Tabelle verändert nach: Köhler, J., Gelbrecht, J., Pusch, M., 2002: Die Spree. E. Schweizerbart'sche Verlagsbuchhandlung, Stuttgart, S. 64

Vor allem im letzten Jahrhundert wurde die Wasserqualität der Spree stark beeinträchtigt. An zahlreichen Messstellen zwischen Zerre und Berlin werden regelmäßig Wasserproben entnommen und analysiert (Material B). In diesem Gewässerabschnitt ist die Fließgeschwindigkeit gering, so dass sich pflanzliches Plankton entwickeln kann. Als Maß für die Dichte des Phytoplanktons ermittelte man die leicht zu bestimmende Chlorophyll-a-Konzentration; sie ist direkt proportional zur Phytoplankton-Biomasse (Material B, Abb. 1).
Die Frage nach den Ursachen der Gewässerbelastung lässt sich durch die Auswertung langjähriger Untersuchungen beantworten (Material C).

Material B: Gewässeranalyse zwischen Zerre und Berlin (1997 bis 1999)

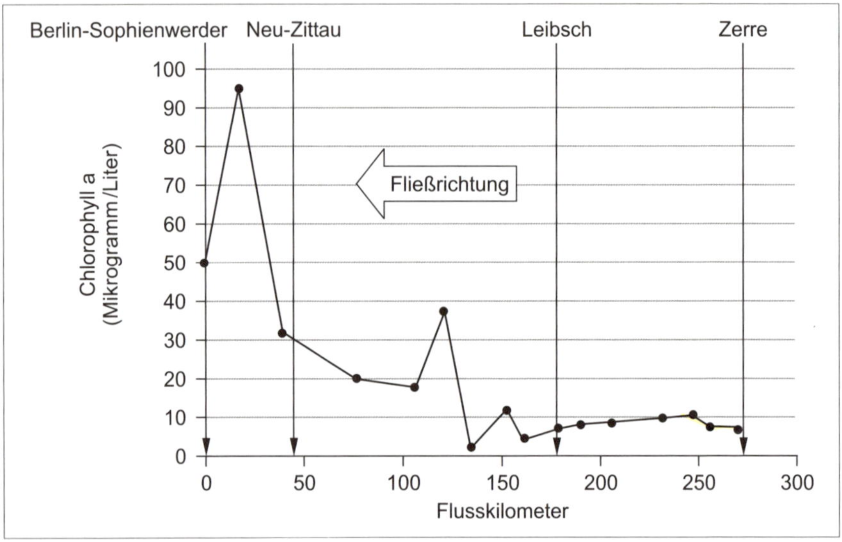

Abb. 1: Phytoplanktonkonzentrationen (Juni – Oktober, 1997–1999);
verändert nach: Köhler, J., Gelbrecht, J., Pusch, M., 2002: Die Spree. E. Schweizerbart'sche Verlagsbuchhandlung, Stuttgart, S. 113

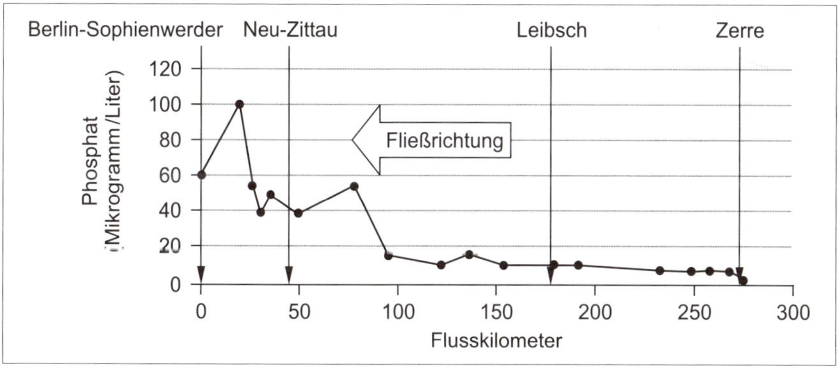

Abb. 2: Anorganische gelöste Phosphatkonzentrationen (1997–1999)

Köhler, J., Gelbrecht, J., Pusch, M., 2002: Die Spree. E. Schweizerbart'sche Verlagsbuchhandlung, Stuttgart, S. 77

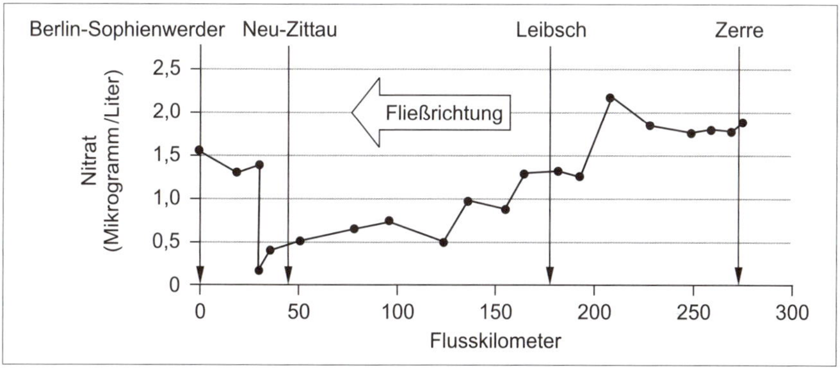

Abb. 3: Nitratkonzentrationen (1997–1999)

verändert nach: Köhler, J., Gelbrecht, J., Pusch, M., 2002: Die Spree. E. Schweizerbart'sche Verlagsbuchhandlung, Stuttgart, S. 78

Material C: Stickstoff- und Phosphoreinträge in die Spree unterhalb von Zerre

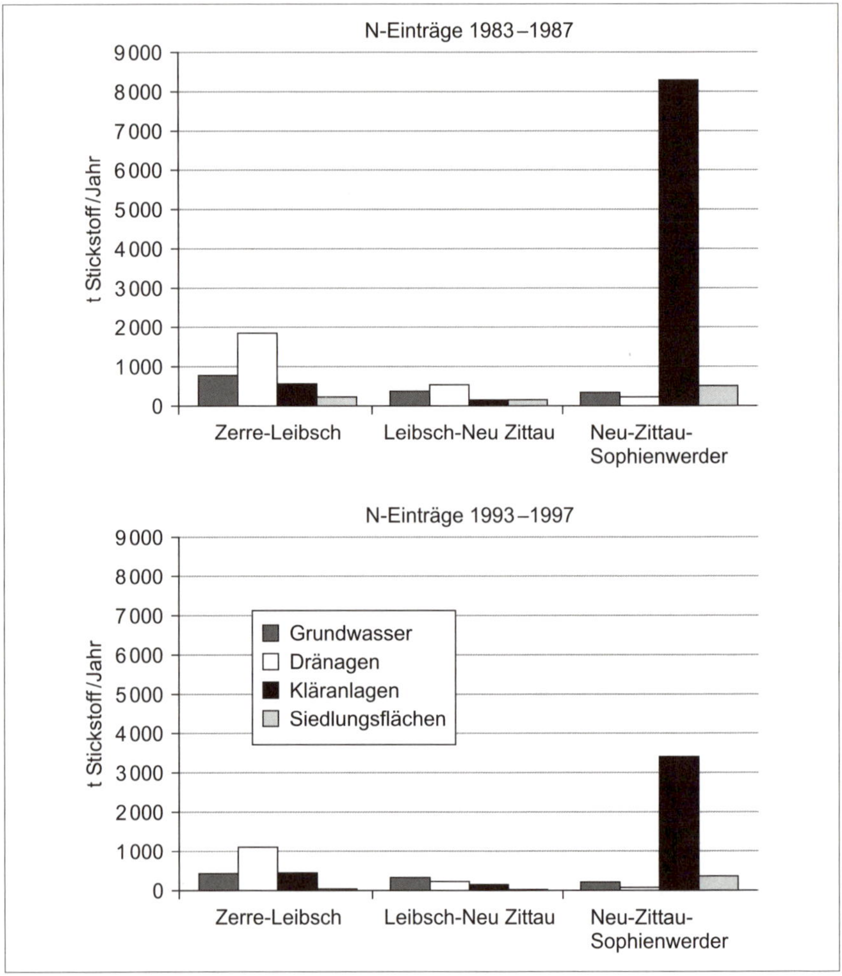

Diagramm 1: Vergleich der Stickstoffeinträge zwischen 1983 bis 1987 und 1993 bis 1997

verändert nach: Köhler, J., Gelbrecht, J., Pusch, M., 2002: Die Spree. E. Schweizerbart'sche Verlagsbuchhandlung, S. 68

Grundwasser und Wasser aus Dränagen (Entwässerungssysteme von landwirtschaftlichen Flächen) enthalten N- und P-Verbindungen, die aus dem Boden stammen, kommunale Kläranlagen sowie Siedlungen ohne Anschluss an Kläranlagen (Siedlungsflächen, Mischkanalisation) belasten die Spree mit N- und P-haltigem Abwasser.

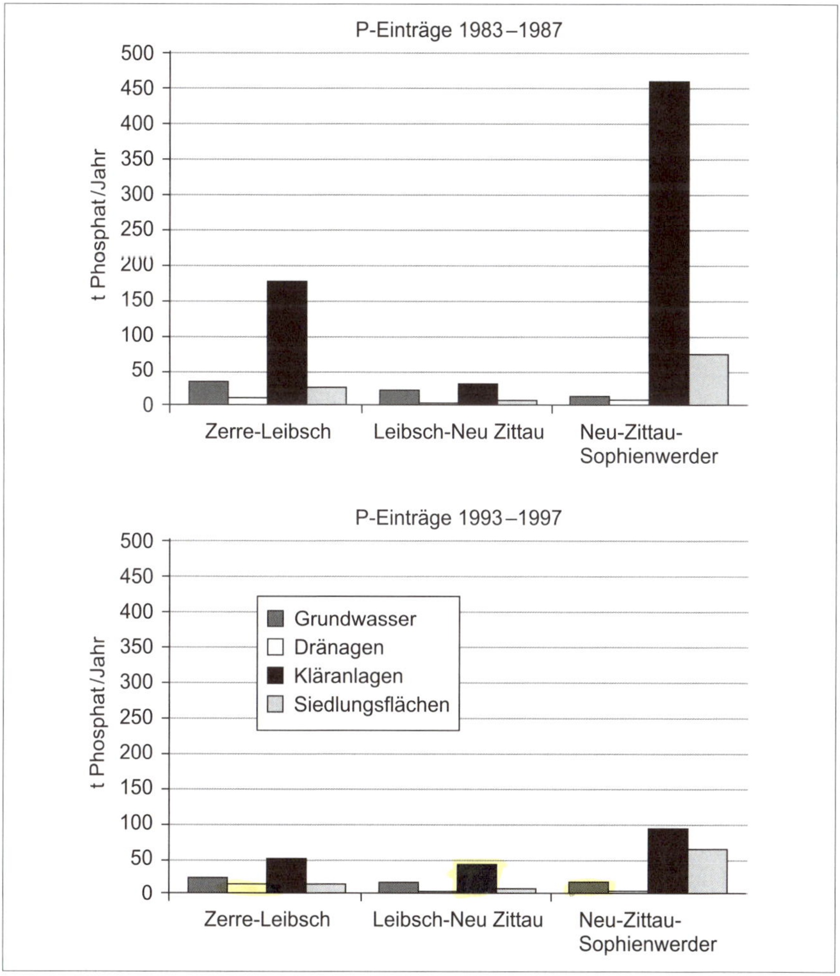

Diagramm 2: Vergleich der Phosphoreinträge zwischen 1983 bis 1987 und 1993 bis 1997

verändert nach: Köhler, J., Gelbrecht, J., Pusch, M., 2002: Die Spree. E. Schweizerbart'sche Verlagsbuchhandlung, S. 68

Grundwasser und Wasser aus Dränagen (Entwässerungssysteme von landwirtschaftlichen Flächen) enthalten N- und P-Verbindungen, die aus dem Boden stammen, kommunale Kläranlagen sowie Siedlungen ohne Anschluss an Kläranlagen (Siedlungsflächen, Mischkanalisation) belasten die Spree mit N- und P-haltigem Abwasser.

Lösungsvorschlag

In der Aufgabe thematisierte Unterrichtsinhalte sind:
Ökologische Verflechtung und nachhaltige Nutzung: Umweltfaktoren, ökologische Nische, Untersuchungen im aquatischen System Fließgewässer, Zonierung, Eu- und Oligotrophie, Methoden der Bestandsaufnahme, Gewässergüte und Selbstreinigung, Anwendung des Saprobienindex, Erfassung physikalischer und chemischer Faktoren (Licht, Temperatur, pH-Wert), Verflechtungen in Lebensgemeinschaften, Biomassenproduktion, Trophieebenen, Energiefluss, nachhaltige Nutzung und Erhaltung von Ökosystemen.

III.1 *Bei der Bearbeitung der Diagramme aus Material B ist zunächst zu beachten, dass die Interpretation der Daten nicht in der gewohnten Lesrichtung entlang der Abszisse (x-Achse) von links (kleinster Wert) nach rechts (größter Wert) erfolgen kann. Sie muss der Fließrichtung folgen, da nur so die Werte aussagekräftig analysiert und interpretiert werden können. Denken Sie daran, dass existierende Korrelationen auf gegenseitige Beeinflussungen hindeuten bzw. bei ihrem Fehlen nicht hindeuten können.*

Die drei in Material B dargestellten Diagramme geben die Phytoplankton-Konzentration, die Nitratkonzentration und die Konzentration an anorganischen gelösten Phosphaten zwischen Zerre und Berlin in den Jahren 1997 bis 1999 an. Auf der Ordinate (y-Achse) ist die Menge der jeweils gemessenen Substanz (Nitrat, Phosphat und Chlorophyll a) in Mikrogramm pro Liter Flusswasser und auf der Abszisse (x-Achse) sind die Flusskilometer angegeben. Berlin-Sophienwerder, der Einmündungsort der Spree in die Havel, entspricht Flusskilometer Null, Zerre liegt bei Flusskilometer 275. Die Fließrichtung des Wassers entspricht in den Diagrammen der Leserichtung von rechts nach links.
Die Chlorophyll-a-Konzentration, welche als Maß für die Dichte des Phytoplanktons herangezogen wird, liegt in Zerre bei 9 µg/L. Auf den nächsten 100 Flusskilometern bis Leibsch schwankt der Wert um 10 µg/L. Unterhalb von Leibsch verändert sich die Menge des gemessen Chlorophyll-a deutlich. Nach einem geringen Abfall, gefolgt von einem leichten Anstieg, fällt der Wert ab Flusskilometer 150 stark ab und erreicht bei km 140 mit ca. 1 µg/L seinen niedrigsten Wert. Innerhalb von nur 20 km springt der Chlorophyll-a-Wert auf fast 40 µg/L, fällt bis zum Flusskilometer 100 auf ca. 19 µg/L, um anschließend stetig anzusteigen. In Neu-Zittau liegt er bereits wieder bei 30 µg/L und springt einige Kilometer vor der Mündung der Spree in die Havel auf ein Maximum von ca. 95 µg Chlorophyll-a/L. An der Einmündungsstelle bei Kilometer Null verringert sich der Wert wieder auf 50 µg/L.
Die Konzentration der anorganischen gelösten Phosphate bei der Ortschaft Zerre beträgt ca. 8 µg/L. Dieser Wert steigt auf den nächsten 125 km langsam an und erreicht unterhalb Leibsch einen Wert von 19 µg Phosphat/L, um danach wieder leicht abzufallen und erneut ca. bei Flusskilometer 95 auf 19 µg/L anzusteigen. Ab dort springt der Wert innerhalb der nächsten 15 Kilometer auf

fast 60 µg/L an und fällt vor Neu-Zittau wieder auf 40 µg/L ab. Hinter der Ortschaft steigt der Wert auf einer kurzen Wegstrecke auf 50 µg/L, fällt erneut auf 40 µg/L und springt danach – kurz vor der Mündung der Spree – auf 100 µg/L. An der Einmündungsstelle in die Havel bei Berlin-Sophienwerder liegt der gemessene Wert dann bei 60 µg Phosphat/L.
Die gemessene Nitratkonzentration entwickelt sich – von leichten Schwankungen und einem Maximum bei Flusskilometer 210 (2,2 µg/L) abgesehen – von Zerre mit 1,9 µg/L fallend bis hinter Neu-Zittau auf 0,2 µg Nitrat/L. 35 km vor der Flussmündung springt der gemessene Wert dann auf fast 1,5 µg/L, sinkt leicht ab, um dann bei der Einmündung wieder auf 1,6 µg Nitrat/L anzusteigen.
Betrachtet man den Kurvenverlauf der Phytoplankton-Konzentration genauer, so ist für die Monate Juni bis Oktober auffällig, dass ein deutlich erhöhter Wert erst unterhalb Leibsch zu beobachten ist. Eine ähnliche Aussage lässt sich auch für den Wert der Konzentration der anorganischen gelösten Phosphate machen. Für die Nitratkonzentration trifft dies nicht zu. Ihre Zahlenwerte fallen auch unterhalb von Leibsch noch ab. Damit ergibt sich aus den Untersuchungen keine direkte Korrelation für die beiden anorganischen Substanzen Phosphat und Nitrat, deren Salze als limitierende Faktoren für das Pflanzenwachstum und die Biomassenproduktion eine entscheidende Bedeutung haben. Bei der Nitratkonzentration in der Spree kann es sich nicht um einen limitierenden Faktor handeln, was aus den Ergebnissen der Untersuchungen zwischen Flusskilometer 270 und 170 klar zu erkennen ist. Einer hohen Nitratkonzentration steht hier ein geringes Phytoplankton-Wachstum gegenüber. Eher kann der Phosphatgehalt als ein begrenzender Faktor angesehen werden, da sein Kurvenverlauf mit demjenigen der Phytoplankton-Konzentration korreliert. Für alle drei Konzentrationskurven gilt aber, dass kurz vor der Mündung der Spree ein Maximum zu beobachten ist. Hier können die deutlich erhöhten Mengen an Nitraten und Phosphaten als Minimumfaktoren dahingehend wirken, dass durch ihr erhöhtes Angebot ein vermehrtes Phytoplankton-Wachstum ermöglicht wird.

III.2 *Bevor Sie die Nutzung der drei Teileinzugsgebiete heranziehen, sollten Sie sich zunächst mit den Werten der Stickstoff- und Phosphat-Einträge auseinandersetzen. Bedenken Sie bitte bei der Ausarbeitung, dass Sie nur die beiden Diagramme bearbeiten sollen, welche die Verhältnisse im Zeitraum nach der Wiedervereinigung darlegen. Das Nennen genauerer Zahlenangaben erübrigt sich aufgrund der vorgegeben Darstellungsform. Exakte Werte können aus ihr kaum ermittelt werden, weshalb Sie sich auf die sich abzeichnenden allgemeinen Aussagen und Tendenzen konzentrieren und diese konkret und begründet herausarbeiten sollten.*

Die Ursachen für die Eutrophierung der Spree im betrachteten Flussabschnitt hängen mit den Einträgen von Stickstoff und Phosphat in das Gewässer zusammen. Diese werden für jede der beiden Substanzen in einem Diagramm, das den Zeitraum von 1993 bis 1997 umfasst, dargelegt. Die hier zu berücksichtigenden Mengen sind in den Diagrammen auf der Ordinate (y-Achse) in Tonnen

pro Jahr für die Streckenabschnitte Zerre bis Leibsch, Leibsch bis Neu-Zittau und Neu-Zittau bis Berlin-Sophienwerder – auf der Abszisse (x-Achse) aufgetragen – angegeben. Die Mengenangaben werden dahingehend aufgeschlüsselt, aus welcher Quelle die Stoffeinleitungen stammen. Angegeben sind Einträge aus dem Grundwasser, von Dränagen, Kläranlagen und Siedlungsflächen.
Zwischen den Städten Zerre und Leibsch stammt mehr als die Hälfte des in die Spree eingeleiteten Stickstoffs (über 1 000 t/Jahr) aus landwirtschaftlichen Betrieben, die ihre Dränagen in den Fluss einleiten. Einleitungen aus dem Grundwasser und aus Kläranlagen halten sich in etwa die Waage. Im Streckenabschnitt zwischen Leibsch und Neu-Zittau ist dies unterschiedlich. Hier wird nicht nur deutlich weniger Stickstoff eingeleitet – auch die Mengenverhältnisse sind anders gelagert, wobei aus dem Grundwasser fast die Hälfte der Einleitungen stammt und die andere aus Dränagen und Kläranlagen. Auch auf diesem Streckenabschnitt ist der Anteil aus den Siedlungsflächen zu vernachlässigen. Ein gänzlich anderes Bild bietet die Teilstrecke zwischen Neu-Zittau und der Einmündung in die Havel. Mit mehr als 3 000 t/Jahr tragen hier Kläranlagen Stickstoff in die Spree. Angesichts dieser Zahl bleiben die übrigen Verursacher einer Stickstoffeinleitung weit dahinter zurück. Auffällig ist aber, dass hier zum ersten Mal die Einleitung aus Siedlungsflächen mit einem nennenswerten Betrag angeführt werden kann, der deutlich über dem aus Grundwasser und Dränage zusammen liegt.
Für die Phosphoreinträge ergibt sich ein anderes Bild. Auf der Teilstrecke Zerre-Leibsch leiten die kommunalen Kläranlagen mit 50 t/Jahr fast die Hälfte des Phospats in die Spree. Von den verbleibenden 50 % stammt die Hälfte wiederum aus dem Grundwasser und je ein Viertel aus landwirtschaftlichen Dränagen und von Siedlungsflächen. Zwischen Leibsch und Neu-Zittau ändert sich das Bild dahingehend, dass zwar auch hier hauptsächlich Kläranlagen für eine Einleitung sorgen, Dränagen und Siedlungsflächen aber kaum mehr. Wiederum anders gestalten sich die Verhältnisse auf dem letzten betrachteten Teilstück des Flusses. Zwar sind auch hier die Haupteinleitungsstellen für Phosphate die kommunalen Klärwerke (fast 100 t/Jahr), daneben kommen jetzt aber auch mehr als 50 t Phosphat pro Jahr von Siedlungsflächen, die nicht an ein Klärwerk angeschlossen sind, in den Unterlauf der Spree. Das Grundwasser als Quelle für eine Phosphat-Einleitung ist daneben zu vernachlässigen, eine nennenswerte Einleitung über Dränagen kommt nicht vor.
Bei einem zusammenfassenden Vergleich des Stickstoff- und des Phosphoreintrags in die Spree kann man folgendes feststellen. Hauptverschmutzer mit Phosphor-Einträgen sind in allen betrachteten Flussabschnitten die kommunalen Klärwerke, die gut die Hälfte zur Belastung der Spree beisteuern. Im Streckenabschnitt zwischen Neu-Zittau und Berlin-Sophienwerder kommen als wesentliche Verschmutzer die nicht an eine Kläranlage angeschlossenen Siedlungsflächen hinzu. Auch beim Stickstoffeintrag kommt vor der Einmündung der Spree in die Havel die Hauptbelastung aus den Kläranlagen. In den beiden Teilabschnitten Zerre – Leibsch und Leibsch – Neu-Zittau ist kein einheitliches Bild auszumachen. Im ersten Streckenabschnitt sind es mit Abstand die Dräna-

gen und im zweiten ist es etwas häufiger das Grundwasser, was zur Stickstoffbelastung der Spree beiträgt.
Setzt man diese Erkenntnisse nun in Beziehung zur Nutzungsstruktur der Einzugsgebiete, ist klar zu erkennen, dass die unterschiedlichen Einleitungsmengen der betrachteten Substanzen aus der unterschiedlichen Nutzung der Flächen resultieren. Für die drei betrachteten Einzugsgebiete ergibt sich dabei Folgendes: Zwischen Zerre und Leibsch wird der Boden hauptsächlich für die Landwirtschaft genutzt. Ackerland und Grünland machen die Hälfte der Nutzungsfläche aus; hinzu kommt fast ein weiteres Drittel an Waldgebiet. Das erklärt die hohe Stickstoff-Einleitung, die auf die Düngung zurückzuführen ist. Über Dränagen aus den Feldern und Auswaschungen über das Grundwasser gelangt so der Stickstoff in den Fluss. Der Teilabschnitt Leibsch bis Neu-Zittau besteht zu mehr als der Hälfte aus Waldgebieten. Diese Bereiche werden vom Menschen kaum genutzt, woraus die dortige geringere Belastung der Spree durch Stickstoff- und Phosphat-Einleitungen resultiert. Das Grundwasser enthält hier eine geringe Menge der beiden Substanzen und auch landwirtschaftliche Dränagen kommen weniger vor. Der Bereich zwischen Neu-Zittau und Berlin-Sophienwerder ist ein für Siedlungszwecke stark genutzter Raum (mehr als 40 % der Gesamtfläche). Damit wird der starke Eintrag sowohl von Stickstoff als auch von Phosphat in den Unterlauf der Spree durch Abwässer und die Einleitungen kommunaler Kläranlagen verständlich.

III.3 *Ein Vergleich der Verhältnisse vor und nach der Wiedervereinigung Deutschlands verlangt von Ihnen, dass Sie nicht nur die absoluten Zahlenwerte, sondern auch Tendenzen, die sich daraus ableiten lassen, im Blick haben. Dabei reicht es aus, wenn Sie an ein oder zwei ausgewählten Beispielen – am besten denen mit der stärksten Veränderung gegenüber dem Ausgangszustand – die erkennbaren Tendenzen darlegen.*

Bereits ein kurzer Blick auf die Wertetabellen in Material C lässt klar erkennen, dass sich seit der Widervereinigung Deutschlands die Verhältnisse bei der Gewässerbelastung der Spree durch Mineralsalze deutlich gebessert haben. In fast allen untersuchten Bereichen sind die Werte rückläufig. In Bezug auf den Stickstoff ist der deutlichste Rückgang der Belastung des Flusses im Bereich Neu-Zittau – Berlin-Sophienwerder zu beobachten. Hier wurde der Eintrag aus allen vier untersuchten Einleitungsquellen um fast 45 % von mehr als 9 000 auf gut 4 000 t Stickstoff pro Jahr reduziert. Bei den Phosphoreinträgen ist ein ähnliches Bild zu beobachten. Im Spree-Abschnitt Zerre – Leibsch ging die Einleitung von ca. 250 t Phosphor/Jahr um 40 % auf 100 t/Jahr zurück. Dies stellt hier den größten prozentualen Rückgang dar. Deutlich ist die Abnahme auch im Teilbereich Neu-Zittau – Berlin-Sophienwerder zu beobachten. Von mehr als 450 t reduzierte sich der Eintrag aus den unterschiedlichen Quellen auf ca. 150 t Phosphor pro Jahr – ein Rückgang von nicht ganz 30 %, mengenmäßig aber der größte Rückgang auf die betrachteten Flussabschnitte gesehen. Trotz der gelungenen Reduzierung des Mineralsalz-Eintrags – sowohl absolut als

auch prozentual – ist aber auch eine Tendenz zu beobachten. Bei allen Einleitungsstellen blieben die relativen Anteile der einzelnen Quellen zueinander relativ konstant, d. h. die „Hauptverschmutzer“ sind die gleichen geblieben.
Diese zum Teil deutlich ausfallende Reduktion der Mineralsalzeinleitung ist sehr wahrscheinlich darauf zurückzuführen, dass in den sieben Jahren seit der Wiedervereinigung verstärkte Anstrengungen von Seiten der Kommunen und des Landes unternommen wurden, die Belastungs-Situation des Flusses Spree zu verbessern. Zunächst ist hier der Neu- oder Ausbau von Kläranlagen zu nennen. Bei diesen Einleitungsstellen ist – sowohl auf den Stickstoff- als auch auf den Phosphoreintrag bezogen – der Rückgang signifikant. Dies gilt aber nicht für alle Teilabschnitte: So nicht für Zerre – Leibsch in Bezug auf Stickstoff und auch nicht für Leibsch – Neu-Zittau in Bezug auf Phosphat. Hier ist die Einleitung so gut wie gleich geblieben. Anscheinend war es nicht oder noch nicht möglich, die Einleitungswerte durch eine verbesserte Technik zu reduzieren. Auch bei Einleitungen aus den Siedlungsflächen ist punktuell (so z. B. bei Zerre – Leibsch für Stickstoff und Phosphat) eine Verbesserung zu beobachten. Dies kann damit begründet werden, dass vermehrt Haushalte, deren Abwässer bisher nicht in Kläranlagen geleitet wurden, nun angeschlossen sind. Damit wird weniger Stickstoff und Phosphat in den Fluss geleitet. Als dritte Möglichkeit, für eine Verbesserung der Wasserqualität zu sorgen, ist, die Landwirtschaft in Bezug auf Dränagen und von ihr verursachter Grundwasserbelastung anzusprechen. Es ist zu vermuten, dass der Einsatz von Kunstdünger zurückgefahren wurde, sodass keine Überdüngung der Felder mit anschließenden Auswaschungseffekten mehr eintritt. Besonders deutlich wird dies erneut im Bereich Zerre bis Leibsch. Die Stickstoffeinleitung ging hier fast um die Hälfte zurück. Ähnlich drastische Reduktionen sind in Bezug auf die Phosphoreinträger allerdings nicht zu beobachten.

III.4 *Beginnen sollten Sie mit einer klaren und verständlichen Definition des Sachverhalts, um dann erst mit einer Beschreibung fortzufahren, wie, womit und mit welchem Ziel der Saprobienindex ermittelt wird. Bei der abschließend geforderten Beurteilung des Chlorophyll-a-Gehaltes als Alternative zum Saprobienindex müssen Sie berücksichtigen, wofür die Chlorophyll-Menge steht.*

Der Saprobienindex wird bei der biologischen Untersuchung der Wasserqualität verwendet. Er ist ein Maß für die Sauerstoffzehrung in einem Gewässer. Der ermittelte Wert dient der Klassifizierung der Gewässergüte, wobei 1,0 für sauberes und fast unbelastetes Wasser steht und der Wert 4,0 für übermäßig verschmutztes, sehr stark belastetes Wasser. Dabei bedient man sich Zeige- oder Leitorganismen, die für spezifische Umweltparameter eine unterschiedliche Empfindlichkeit aufweisen. Grob zu bestimmen ist der Index dadurch, dass diejenigen Leitorganismen ermittelt werden, welche sich im zu untersuchenden Wasser massenhaft vermehrt haben. Ein genaueres Bild liefert eine biologische Analyse des Untersuchungswassers. Hierbei werden alle Organismen der Biozönose erfasst. So sind in sauberem, unbelastetem Wasser (blaue Güteklasse I)

Organismen wie bestimmte Kieselalgenarten, Flussperlmuschel und Forellen vorzufinden. Die Skala verläuft über die grüne Güteklasse II mit mäßig verschmutzten Wasser (Leitorganismen z. B. spezifische Insektenlarven und Protozoen) und die gelbe Güteklasse III mit stark verunreinigtem Wasser – Leitorganismen sind hier z. B. Cyanobakterien und Pilze, aber auch Karpfen und Aal – bis zur roten Güteklasse IV, in der das Wassers sehr stark verschmutzt ist. Coccen und Schwefelbakterien sind hier ebenso anzutreffen wie Bachröhrenwürmer und Zuckmückenlarven. Zwischen diesen Güteklassen gibt es Zwischenstufen und Übergangsbereiche, sodass absolute Werte (Index 1, 2, 3 oder 4) selten sind. Der genaue Saprobienindex – als Gradmesser der langfristigen organischen Belastungen – wird nach einer komplizierten mathematischen Formel entwickelt, in der die Artenhäufigkeit, Artenanzahl, der Saprobiewert und das Indikatorgewicht einfließen. Der Saprobiewert ist hierbei ein Index, der angibt, in welcher der vier Güteklassen der jeweilige Zeigeorganismus vorzufinden ist. Das Indikatorgewicht ist ein Zahlenwert, welcher die Eignung einer Art als Indikatororganismus für eine spezifische Güteklasse der Gewässer festlegt.
Betrachtet man den Aufwand, der für die Bestimmung des Saprobienindex betrieben werden muss, kann man zu Recht Überlegungen anstellen, ob nicht die Ermittlung des Chlorophyll-a-Gehaltes in einem Gewässer eine sinnvolle Alternative darstellen kann. Entscheidend ist hierbei, dass die Menge an gemessenem Chlorophyll-a und die Artendichte des Phytoplanktons mit einander korreliert sind; sie entsprechen einander. Als Maß für die Belastung eines Gewässers mit anorganischen Verbindungen kann daher der Chlorophyll-a-Gehalt durchaus verwendet werden: Die Chlorophyll-a-Menge ist direkt abhängig vom Gehalt an Mineralstoffen im betrachteten Gewässer. Darüber hinaus können bei seiner Ermittlung auch Rückwirkungen mit berücksichtigt werden, die beim Saprobienindex keinen Eingang in die Gewässerbewertung finden. Ausgangspunkt sind hier die Zersetzer, welche die zu beobachtenden Verschmutzungen des Gewässers beseitigen. Dabei werden Mineralstoffe freigesetzt. Somit wird die Menge der Mineralstoffe erhöht, die für das Phytoplankton zur Verfügung steht. Das Ergebnis dieses Prozesses ist dann ein vermehrtes Wachstum des Phytoplanktons und damit eine Erhöhung der Chlorophyll-a-Menge. Wenn diese Auswirkungen mit berücksichtigt werden, ist u. U. eine genauere Darlegung des herrschenden Gewässerzustandes möglich.

Leistungskurs Biologie (NRW) – Abitur-Prüfung 2008
Aufgabe 1: Evolution/Genetik

Aufgabenstellung:

Thema: *Homo sapiens* und Neandertaler

I.1 Erläutern Sie die Bedeutung der DNA-Sequenzanalyse bei dem Erstellen von Stammbäumen. Werten Sie die in den Materialien A und B angeführten Informationen (Sequenzanalyse, Datierungen, räumliche Zuordnung) aus und entwickeln Sie im Hinblick auf die Verwandtschaftsbeziehungen der Neandertalerpopulationen Hypothesen zur Erklärung der dargestellten Befunde. (18 Punkte)

I.2 Beschreiben Sie die PCR-Methode und erläutern Sie vor dem Hintergrund möglicher Untersuchungsaussagen den Einsatz der verschiedenen Primer.
Fassen Sie das Ergebnis von Tabelle 2 (Material C) zusammen und erläutern Sie es. (22 Punkte)

I.3 Werten Sie die Daten der Materialien D und E aus und diskutieren Sie auch unter Berücksichtigung von Material C, ob die Daten eine schlüssige Aussage bezüglich einer Vermischung oder Nichtvermischung der Neandertaler- und *Homo sapiens*-Populationen erlauben. (12 Punkte)

I.4 Erläutern Sie die globale Ausbreitung von *Homo sapiens* unter Hinweis auf DNA-Untersuchungen und Fossilfunde (Material F).
Entwickeln Sie eine begründete Stammbaumhypothese zur Evolution von *Homo sapiens* und von Neandertalern unter Einbeziehung deren Ausbreitung, die von *Homo erectus* ausgeht, und erörtern Sie die Frage, ob *Homo sapiens* die Neandertaler in Europa verdrängt haben könnte. (12 Punkte)

Material A: Stand der Forschung

1856 wurden in der Feldhofer Grotte im Neandertal bei Düsseldorf große Teile des Skeletts eines Mannes gefunden. Die deutlichen Unterschiede vor allem in der Anatomie des Schädels führten zu der Erkenntnis, dass es sich um eine ausgestorbene Menschenform (den „Neandertaler") handeln müsse. Das Alter des Skeletts wurde mit einer Radiokarbondatierung auf 42 000 Jahre bestimmt. Seitdem wurden etwa 300 weitere Überreste von Neandertalern ausschließlich in Europa und Westasien gefunden. Die jüngsten Überreste von Neandertalern sind ca. 30 000 Jahre alt. Inzwischen geht man davon aus, dass es im Zuge der Eis- und Zwischeneiszeiten zu Veränderungen der Areale von verschiedenen Populationen gekommen ist.

Material B: Ein neuer Fund aus Spanien

2005 wurde in einer Höhle in El Sidrón in Spanien ein Neandertaler-Oberschenkelknochen ausgegraben. Die Wissenschaftler haben mtDNA (Mitochondrien-DNA) aus diesem Knochen untersucht und konnten eine Teilsequenz bestimmen. Tabelle 1 zeigt das Ergebnis im Vergleich zu bisher bekannten mtDNA-Sequenzen von anderen Fundorten (Abb. 1).

Tabelle 1: Anzahl der Basenunterschiede von Neandertaler-mtDNA-Teilsequenzen

	El Sidrón	Düsseldorf	Monti Lessini	Vindija	Mezmaiskaya
El Sidrón (43 000 Jahre alt)					
Düsseldorf (42 000 Jahre alt)	2				
Monti Lessini (50 000 Jahre alt)	7	7			
Vindija (39 000 Jahre alt)	1	1	6		
Mezmaiskaya (29 000 Jahre alt)	5	5	8	4	

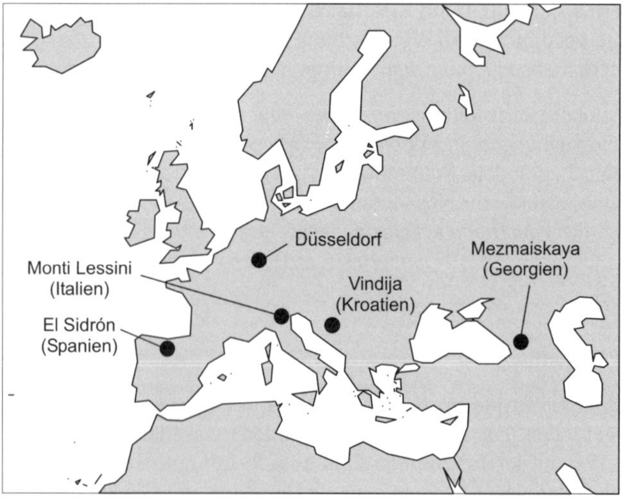

Abb. 1: Fundorte von Neandertaler-Fossilien, deren DNA untersucht wurde.

Material C: Verschiedene Primer als Test

Um genügend Genmaterial für eine Analyse der DNA aus Fossilien zu gewinnen, wird normalerweise die PCR-Methode *(polymerase chain reaction)* eingesetzt. Entscheidend ist dabei die Verwendung der richtigen Primer. Der Leipziger Biologe David Serre hat 2004 zwei verschiedene Typen von Primern eingesetzt: „Hominoiden-Primer", die auf homologe Mitochondrien-DNA-Stücke von Neandertalern, *Homo sapiens* und Menschenaffen passen und „Neandertaler-Primer", die nach bisherigen Erkenntnissen die Vervielfältigung von Stücken der Neandertaler-DNA ermöglichen.

Tabelle 2: DNA-Vervielfältigung mit Hominoiden-Primer und Neandertaler-Primer bei Neandertalern und frühen *Homo sapiens*-Funden. Die Angabe 2/3 bedeutet: 2 erfolgreiche Vervielfältigungen bei 3 Versuchsansätzen.

	Hominoiden-Primer	Neandertaler-Primer
Neandertaler-Funde		
Vindija 77 (Kroatien) 39 000 Jahre	3/3	2/3
Engis 2 (Belgien) (Alter bisher nicht feststellbar)	2/3	2/3
La Chapelle-aux-Saints (Frankreich) 45 000 Jahre	3/3	2/3
***Homo sapiens*-Funde**		
Mladec 25 C (Tschechien) 31 000 Jahre	3/3	0/3
Mladec 2 C (Tschechien) 31 000 Jahre	2/3	0/2
Cro Magnon (Frankreich) 30 000 Jahre	3/3	0/3
Abri Pataud (Frankreich) 18 600 Jahre	3/3	0/3
La Madeleine (Frankreich) 15 000 Jahre	2/3	0/3

Material D: Ergebnisse der mtDNA-Analyse des Düsseldorfer Neandertalers

Der deutsche Wissenschaftler M. Krings und seine Mitarbeiter haben Knochenmark aus dem Skelett des 1856 in der Nähe von Düsseldorf gefundenen Neandertalers untersucht und die Ergebnisse 1997 veröffentlicht. Es gelang ihnen, eine Sequenz zu rekonstruieren, die insgesamt 379 Basenpaare umfasste.
Diese Sequenz wurde mit 994 verschiedenen mtDNA-Sequenzen verglichen, die von heute lebenden Menschen stammten.
Auch heute lebende Menschen unterscheiden sich natürlich untereinander in ihren mtDNA-Sequenzen. Diesbezügliche Untersuchungen ergaben, dass sich die Europäer um 5 Basen, Asiaten um 6 Basen und Afrikaner um 8 Basen im statistischen Mittel innerhalb der jeweiligen Bevölkerungsgruppe voneinander unterscheiden.

Tabelle 3: Anzahl unterschiedlicher Basen der mtDNA heute lebender Menschen im Vergleich zu der des Düsseldorfer Neandertalers

	Anzahl unterschiedlicher Basen
Düsseldorfer Neandertaler – Europäer	28
Düsseldorfer Neandertaler – Ureinwohner Australiens	28
Düsseldorfer Neandertaler – Afrikaner	27
Düsseldorfer Neandertaler – Ureinwohner Nordamerikas	27
Düsseldorfer Neandertaler – Asiaten	28

Material E: Vergleich der mtDNA des Düsseldorfer Neandertalers und des Kaukasus-Neandertalers aus Mezmaiskaya

Die Analyse der Mitochondrien-DNA (mtDNA) eines etwa zwei Monate alten Neandertaler-Säuglings aus der Berghöhle bei Mezmaiskaya im Kaukasus (ca. 2 500 km von Düsseldorf entfernt) konnte im Jahr 2000 durchgeführt werden.
Radiokarbonuntersuchungen zeigten, dass der Fund etwa 29 000 Jahre alt war.

Tabelle 4: Anzahl unterschiedlicher Basen der mtDNA (Die Längen der untersuchten mtDNA-Sequenzausschnitte unterscheiden sich von denen in Material B.)

	Anzahl unterschiedlicher Basen
Neandertaler aus Mezmaiskaya – Düsseldorfer Neandertaler	12
Neandertaler aus Mezmaiskaya – heute lebende Afrikaner	23
Neandertaler aus Mezmaiskaya – heute lebende Asiaten	23
Neandertaler aus Mezmaiskaya – heute lebende Europäer	25

Material F: Die Ursprünge von *Homo sapiens*

Homo erectus lebte vor 1,8 Millionen Jahren bis etwa 400 000 Jahren vor heute in Afrika Europa und Asien.

Neandertaler-Fossilien fand man bisher nur in Europa und Westasien; die jüngsten Fossilien sind ca. 30 000 Jahre alt.

Die ältesten Fossilien von *Homo sapiens* stammen aus Afrika (Äthiopien, 195 000 Jahre); die ältesten *Homo sapiens*-Funde aus Asien (China) sind 67 000 Jahre alt und die ältesten *Homo sapiens*-Funde in Europa (36 000 Jahre alt) stammen aus Rumänien. Der amerikanische Biologe Allan Wilson veröffentlichte 1987 die Ergebnisse seiner Untersuchungen der Mitochondrien-DNA (mtDNA) von 147 heute lebenden Individuen aus Afrika, Asien, Australien, Neuguinea und Europa. Das Ergebnis waren 133 verschiedene Typen von mtDNA, die mit mathematischen Methoden in einem „Ähnlichkeits-Stammbaum" dargestellt werden konnten. Es stellte sich heraus, dass der Stammbaum in zwei Gruppen zerfiel: eine rein afrikanische und eine mit Vertretern aus allen untersuchten Kontinenten. Die afrikanische Gruppe zeigt relativ größere Unterschiede untereinander und ist älter. Das Alter des (weiblichen) gemeinsamen Vorfahren („Eva") schätzte Wilson auf ca. 200 000 Jahre.

Materialgrundlage:
Hammer, M.F. (1995). A recent common ancestry for human Y chromosomes. Nature 378: 376–378
Krings, M. et al. (1997). Neandertal DNA sequences and the origin of modern humans. Cell 90, 19–30
Lalueza-Fox, C. et al. (2006). Mitochondrial DNA of an Iberian Neandertal suggests a population affinity with other European Neandertals. Current Biology 16, R629–R630
Ovchinnikov, I.V. et al. (2000). Molecular analysis of Neanderthal DNA from the northern Caucasus. Nature 404: 490–493
Serre, D. et al. (2004). No evidence of Neandertal mtDNA contribution to early modern humans. PloS Biology, 2: 313–317

Lösungsvorschlag

In der Aufgabe thematisierte Unterrichtsinhalte sind:
Genetische Grundlagen von Lebensprozessen (molekulare Grundlagen der Vererbung, Angewandte Genetik – PCR) und evolutionsbiologische Grundlagen der Stammbaumanalyse (Artbildung, phylogenetische Stammbaumanalyse auf der Grundlage von DNA-Sequenzen, fossile und rezente Hinweise zur Evolution des Menschen)

I.1 *Zunächst sollten Sie darlegen, welche Rolle die Erbsubstanz DNA beim Erstellen von Stammbäumen spielt, insbesondere, warum mitochondriale DNA (mtDNA) hier von entscheidender Bedeutung ist. Bei der Erläuterung der „zeitlichen Dimension", d. h. der zeitlichen Einordnung einzelner mtDNA-Proben anhand der mutationsbedingten Unterschiede in den Basenpaaren, sollten Sie auch kurz auf deren Problematik eingehen. Lassen Sie sich von der Darstellung in Tabelle 1 nicht verwirren. Es wird immer der Fundort in der Spalte (Vertikale) mit einem anderen Fundort in der Kopfzeile (Horizontale) in Verbindung gebracht. (Daher ist auch die erste Reihe mit „El Sidrón" als Vermerk und die letzte Spalte mit der Bezeichnung „Mezmaiskaya" ganz ohne Eintrag.) Um eine abgesicherte Hypothese aufstellen zu können, müssen Sie die Befunde aus allen Materialien gesondert analysieren und anschließend die daraus abzuleitenden Erkenntnisse zusammenhängend deuten.*

Die DNA-Sequenzanalyse spielt bei der Erstellung von Stammbäumen eine entscheidende Rolle. Als Träger der Erbinformation kann die DNA eine ergiebige Informationsquelle sein, wenn Verwandtschaftsbeziehungen aufgezeigt werden sollen. Dabei spielen Abweichungen in der genetischen Information, bedingt durch Mutationen – spontane, ungerichtete Veränderungen des genetischen Materials, die vererbt werden können – eine entscheidende Rolle. Sie lassen Rückschlüsse auf den Grad einer möglichen Verwandtschaft zwischen einzelnen Individuen zu. Mitochondriale DNA (mtDNA) ist hier besonders ergiebig, da sie als Bestandteil der „Kraftwerke der Zelle", immer nur von weiblichen Wesen stammen, weil bei der Verschmelzung von Eizelle und Spermium so gut wie keine Mitochondrien in die Eizelle gelangen. Da alle Nachkommen die mtDNA somit fast ausschließlich von ihren mütterlichen Vorfahren erhalten, können Veränderungen in der Basensequenz somit beinahe ausschließlich auf Mutationen zurückgeführt werden. Dies ist damit zu erklären, dass bei der mtDNA eine genetische Rekombination – wie sonst bei der Durchmischung genetischen Materials üblich – so gut wie nicht stattfindet. Die mutationsbedingten Unterschiede bei mtDNA-Proben verschiedener Populationen werden von der Wissenschaft so gedeutet, dass die Divergenzen in der Sequenz der Basenpaare proportional zu dem Zeitpunkt sind, an dem sich die Populationen getrennt haben. Dabei ist die Grundannahme, dass die Mutationsrate immer gleich bleibend war, nicht unumstritten. Trotzdem dient die mtDNA-Analyse heute allgemein als Basis, auf der in der Anthropologie Verwandtschaftsbeziehungen gedeutet werden können. Die zu analysierenden Neandertaler-mtDNA-Teilsequenzen stammen von fünf Fundorten aus Europa und Georgien. Alle Fundorte bis auf einer (Mezmaiskaya) liegen relativ dicht beieinander. Die Fossilien sind alle unterschiedlichen Alters, liegen aber in einem vergleichsweise engen Zeitrahmen von 50 000–29 000 Jahren vor Christus. Mit einer Zeitspanne von bis zu 4 000 Jahren liegen die Funde von El Sidrón, Düsseldorf und Vindija zeitlich am engsten zusammen. Interessanterweise weist die mtDNA, welche an diesen drei Fundorten aufgefunden wurde, bei der Anzahl der Unterschiede in den Basenpaaren mit 2 (Düsseldorf zu El Sidrón) bzw. mit 1 (Vindija zu El Sidrón und zu Düsseldorf) einen sehr geringen Wert auf. Alle übrigen Vergleiche haben in den mtDNA-Teilsequenzen deutlich mehr mutationsbedingte Unterschiede, wobei die fossile DNA aus dem italienischen Monti Lessini im Vergleich zu allen übrigen Fundorten eine besonders große Abweichung aufweist. Gleiches gilt auch für die DNA des Fundortes Mezmaiskaya. Betrachtet man die Zeitspannen der Fossilfunde von Mezmaiskaya und Monti Lessini im Vergleich zu allen anderen Fundstätten, so ist festzustellen, dass auch hier der zeitliche Abstand jeweils am größten ist. Die meisten Unterschiede in den mtDNA-Teilsequenzen aller untersuchter Neandertaler (8) und den größtem zeitlichen Abstand (21 000 Jahre) weisen die Fossilien von Mezmaiskaya und Monti Lessini auf. Hieraus lassen sich folgende Überlegungen ableiten: Die ältesten Funde stammen aus dem italienischen Monti Lessini. Der geografisch am weitesten entfernt gelegene Fundort ist das georgische Mezmaiskaya. Bei diesen beiden Fossilfunden ist der Unterschied in den mtDNA-Teilsequenzen – bezogen auf alle anderen Neandertaler-Fossilien – sehr groß. Die Erklärung hierfür kann zum einen in der räumlichen Distanz und zum anderen im zeitlichen Abstand vermutet werden. Die untersuchten Überreste der Neandertaler aus Monti Lessini sind die ältesten der hier angegeben Fossilfunde. Es ist anzunehmen, dass dieser zeitliche Abstand zwischen ihnen und allen anderen Funden, d. h. ein größeres Alter, die deutlich höheren mutationsbedingten Unterschiede in der mtDNA erklären kann. Die ebenfalls häufigeren Abweichungen in der mtDNA der Knochenfunde aus Mezmaiskaya können mit der geografischen Entfernung des georgischen Ortes zu allen übrigen Fundorten erklärt werden. Zusätzlich muss bei diesem jüngsten aller angegebenen Funde ebenfalls der zeitliche Abstand als weitere Begründung angeführt werden. Die Befunde deuten damit darauf hin, dass am italienischen Fundort und am georgischen Fundort keine Durchmischung des Genpools mit den anderen Populationen der übrigen Neandertalerfundorte stattgefunden hat. Im Gegensatz zu Mezmaiskaya und Monti Lessini aber weisen die mtDNA-Teilsequenzen der Fossilien aus den anderen Fundorten nur eine geringe Varianz in den Basenpaarsequenzen der mtDNA auf. Dies kann als ein Indiz für eine nähere Verwandtschaft der Populationen aus Vindija, Düsseldorf und El Sidrón gedeutet werden. Zu erklären ist diese Hypothese mit der aus Material A bekannten Veränderung der Areale verschiedener Populationen im Zuge der Eis- bzw. Zwischeneiszeit. Möglicherweise haben einzelne Populationen von Neandertalern aufgrund der Veränderung des Klimas andere Territorien aufgesucht und dadurch an neuen Standorten Populationen gegründet. Denkbar ist in diesem

Zusammenhang auch die Möglichkeit, dass unterschiedliche Populationen aufeinander getroffen sind und sich vermischt haben. Ergebnis eines solchen Zusammentreffens könnte dann die Durchmischung des Genpools der Neandertaler-Populationen gewesen sein.

I.2 *Beim reproduktiven Anteil dieser Teilaufgabe ist es sinnvoll, vor der Darstellung des Vorgangs zunächst ein oder zwei kurze Einleitungssätze zu schreiben, in denen die Polymerase-Kettenreaktion kurz umrissen wird. Die Analyse der Tabelle 2 kann zusammenfassend erfolgen. Eine gesonderte Darlegung aller Einzelergebnisse ist hier nicht notwendig.*

Die Polymerase-Kettenreaktion (PCR) ist eine molekularbiologische Arbeitsmethode. Mit diesem seit 1983 gebräuchlichen Verfahren können gezielt spezifische Abschnitte einer DNA in einem Reaktionsgefäß identisch vermehrt werden (*in-vitro*-Amplifikation).
Der erste Arbeitsgang der PCR besteht darin, dass die zu untersuchende DNA bei 92 °C **denaturiert** und in ihre Einzelstränge zerlegt wird. Im nächsten Schritt werden die zu kopierenden DNA-Abschnitte identifiziert. Dies ist der entscheidende Arbeitsschritt in der PCR, der nur dann gelingen kann, wenn die Nukleotidsequenz bekannt ist, welche an den Enden des zu kopierenden DNA-Abschnitts liegen. Zur Identifizierung werden jeweils zwei spezifische gegenläufige PCR-Primer (für die zwei Enden des DNA-Abschnitts) verwendet. Damit die Primer reagieren können, wird die Temperatur auf 50–60 °C gesenkt. Wenn die beiden im Überschuss zugegebenen Oligonukleotide sich nach der Komplementaritätsregel an die denaturierte DNA anlagern, kommt es zu einer **Hybridisierung** (DNA + Primer). Als Nächstes kann die **Polymerisierung** stattfinden. Die im Versuchsansatz enthaltenen DNA-Nukleotide und die hitzebeständige DNA-(Taq-)Polymerase können – mit den Primern als Ausgangspunkt – neue komplementäre Einzelstränge synthetisieren. Die Abfolge von DNA-Denaturierung, Hybridisierung und Polymerisierung bezeichnet man als **PCR-Zyklus**. Dieser Kreislauf wird im Reaktionsgefäß mehrfach durchlaufen, sodass bei jedem Durchlauf doppelt so viele neue, identische DNA-Moleküle erzeugt werden, deren Zahl exponentiell ansteigt (n Zyklen = 2^n DNA-Abschnitte). Nach 30–40 PCR-Zyklen ist dann – selbst bei einer geringen Ausgangsmenge von etwa 2 µl einer DNA-Probe – ausreichend DNA synthetisiert worden, um damit weitere Untersuchungen durchführen zu können.

Ein Einsatz der beiden Primer für Hominiden- bzw. Neandertaler-DNA kann bei der Untersuchung fossiler DNA zur Aufklärung folgender Fragestellungen genutzt werden. Zum einen ist es durch den Einsatz des Neandertaler-Primers möglich festzustellen, ob im Genom des *Homo sapiens sapiens*, also des Jetztzeit-Menschen, überhaupt DNA-Teilsequenzen vorhanden sind, die auch der Neandertaler bereits besessen hat. Andererseits liefert die Verwendung des Hominoiden-Primers Aussagen darüber, ob – und wenn ja in welchem Grad – eine Verwandtschaft zwischen den Hominiden allgemein besteht. Hierbei sind die Aussagen, die aus Material C abgelesen werden können, beim Hominoiden-

Primer wie auch bei demjenigen des Neandertalers eindeutig. Sowohl das fossile DNA-Material der Neandertaler-Funde aus Kroatien, Belgien und Frankreich, als auch dasjenige von den *Homo sapiens*-Fundstätten in Tschechien und Frankreich konnte mithilfe des Hominoiden-Primers zur Vervielfältigung gebracht werden. Lediglich beim Neandertaler-Fundort Engis 2 und den *Homo sapiens*-Fundorten Mladec 2 sowie La Madeleine waren nur zwei der drei Vervielfältigungen erfolgreich. Ein gänzlich anderes Bild liefert der Einsatz des Neandertaler-Primers. Hier zeigten nur Versuchsansätze mit DNA-Material der drei untersuchten Neandertaler-Funde einen Vervielfältigungserfolg; jeweils zwei von drei PCR-Versuchen gelangen. Dagegen konnte kein Versuchsansatz mit fossiler *Homo sapiens*-DNA zur Vervielfältigung gebracht werden. Diese Befunde können wie folgt erläutert und gedeutet werden. Die Tatsache, dass es möglich ist, unter Verwendung eines Hominoiden-Primers sowohl DNA-Fragmente der untersuchten Neandertaler-Gruppen als auch der Populationen von *Homo sapiens* zu vervielfältigen, spricht für eine Verwandtschaft beider Hominiden. Sowohl die Neandertaler als auch der *Homo sapiens* müssen demnach gemeinsame Vorfahren gehabt haben. Die untersuchten Neandertaler-Populationen in Kroatien, Belgien und Frankreich entwickelten sich danach aber vermutlich getrennt weiter. Dies zeigen die weiteren Ergebnisse. Der Fehlschlag bei dem Vervielfältigungsversuch vom *Homo sapiens*-DNA mit Primern, die eine Vermehrung von Stücken der Neandertaler-DNA bewirken, kann nur so gedeutet werden, dass wahrscheinlich viele und umfangreiche Veränderungen im genetischen Material von *Homo sapiens* im Vergleich zu dem der Neandertaler aufgetreten sind. Sonst wäre eine – wenn auch nur teilweise erfolgreiche – Vervielfältigung möglich gewesen. Aus dieser Tatsache kann man rückschließen, dass die untersuchten Neandertalergruppen populationsgenetisch isoliert waren, weil sie sich von der Entwicklungslinie, die schließlich zum *Homo sapiens* führte, getrennt haben.

I.3 *Auch bei dieser Teilaufgabe ist keine detaillierte Beschreibung der Versuchsergebnisse erforderlich. Eine Zusammenfassung der einzelnen Versuchsergebnisse aus Material D und E unter übergeordneten Gesichtspunkten wird hier von Ihnen bei der Auswertung erwartet. Denken Sie bei der Bearbeitung daran, dass die geforderte „schlüssige Aussage" in punkto Vermischung oder Nichtvermischung der Populationen von Neandertaler und Homo sapiens nur bei einer Berücksichtigung aller drei Materialien (C, D und E) sicher möglich ist. Die abschließend geforderte Diskussion sollte differenziert und abwägend erfolgen und dabei auch Zweifel an voreiligen Schlüssen erkennen lassen.*

Die in Material D angegebenen Informationen und die Ergebnisse des Vergleichs mitochondrialer DNA des Neandertalers aus Düsseldorf mit der mtDNA heute lebender Menschen können wie folgt ausgewertet und zueinander in Bezug gesetzt werden. Die mtDNA heute lebender Menschen weist im statistischen Mittel keine großen Schwankungen bei der Anzahl der unterschiedlichen Basenpaarungen auf. Die Abweichungen liegen zwischen fünf

und acht Basenpaaren. Ein einheitliches Bild ergibt sich auch beim DNA-Vergleich heute lebender Menschen mit der fossilen Düsseldorfer Neandertaler-DNA – bei allen getesteten Kombinationen war das Ergebnis gleich. Sowohl bei den Europäern, Afrikanern und Asiaten als auch bei den Ureinwohnern Australiens und Nordamerikas ist die Anzahl der unterschiedlichen Basenpaare mit 27 bzw. 28 einheitlich sehr hoch. Demnach haben alle getesteten rezenten, d. h. heute lebenden Menschen eine gleich große, sehr weite genetische „Entfernung" zum Neandertaler aus Düsseldorf.
Ein weiterer Vergleich, dessen Ergebnisse in Material E wiedergegeben sind, untersucht einerseits den genetischen Abstand zwischen der mtDNA des kaukasischen und des Düsseldorfer Neandertalers. Zum anderen wird auch die Abweichung bei den mtDNA-Basenpaaren vom Neandertaler aus Mezmaiskaya und heutigen Europäern, Asiaten und Afrikanern untersucht. Erstaunlicherweise ist die Zahl unterschiedlicher Basenpaare bei den beiden Neandertaler-Populationen mit durchschnittlich 12 relativ niedrig, obwohl die Fundstätten 2 500 km voneinander entfernt liegen und auch zeitlich mit 11 000 Jahren nicht gerade zeitnah sind. Fast (Afrikaner, Asiaten mit 23) bzw. mehr als doppelt so hoch (Europäer mit 25) sind die Basenpaarunterschiede bei einem Vergleich mit rezenten Menschen. Dies bedeutet, dass alle heute lebenden Menschen in genetischer Hinsicht gleich weit vom kaukasischen Neandertaler entfernt sind.
Bei dem Versuch zu klären, ob zwischen den Neandertaler- und *Homo sapiens*-Populationen eine Vermischung stattgefunden hat oder nicht, können aus den hier vorliegenden Materialien erste Rückschlüsse gezogen werden. Zwei wesentliche Erkenntnisse sprechen dabei dafür, dass keine Durchmischung der beiden Populationen stattgefunden hat. Dies ist auf der einen Seite die in den Versuchsergebnissen aus Material C belegte Tatsache, dass es mit einem Primer aus Neandertaler-DNA nicht möglich ist, fossile DNA-Funde des *Homo sapiens* aus der gleichen Zeitepoche (± maximal 16 000 Jahre) zu vermehren. Da dies mit fossiler DNA aus allen Neandertalerfundstätten möglich ist (Zeitspanne mit bis zu 6 000 Jahren Unterschied), kann es als ein starkes Indiz dafür angesehen werden, dass die Neandertaler-Populationen „unter sich" blieben und sich nicht generell mit Populationen des *Homo sapiens* vermischt haben. In die gleiche Richtung deuten andererseits auch die Befunde der Experimente, bei denen – neben einer vergleichenden Analyse (Neandertaler und *Homo sapiens*) – mtDNA der einzelnen Fundorte auch innerhalb der jeweiligen Gruppe (Neandertaler unter sich – *Homo sapiens* fossil und rezent unter sich) analysiert wurde. Auch hier zeigte sich deutlich, dass die Abweichungen in den Basenpaaren innerhalb der Gruppe eindeutig geringer waren als diejenigen im direkten Vergleich der Neandertaler-Populationen mit dem *Homo sapiens*. Trotz der eindeutigen Hinweise, welche diese Untersuchungen liefern, sollte man mit einer letztendlichen Entscheidung für die eine oder für die andere Alternative vorsichtig sein. Eine weitere Absicherung der sich abzeichnenden möglichen Richtung der Populationsentwicklung sollte unbedingt erfolgen. Hierbei wären

vor allem Untersuchungen dahingehend sinnvoll, die mit reinen *Homo sapiens*-Primern arbeiten, und diese auf die Fähigkeit einer möglichen Vervielfältigung fossiler Neandertaler-DNA hin überprüfen.
Ein weiterer Ansatz ist denkbar, bei dem nach den Basenunterschieden zwischen rezenten Menschen und *Homo sapiens*-Populationen der verschiedenen Fundorte gesucht wird. Ist hierbei mit *Homo-sapiens*-Primern eine Vervielfältigung der fossilen DNA nicht erfolgreich, so wäre dies ein Beleg dafür, dass es keine Durchmischung der Populationen des Neandertalers und des *Homo sapiens* gegeben hat. Die gleiche Schlussfolgerung ergäbe sich, falls entsprechende Untersuchungen als Ergebnis zeigen, dass die Basenunterschiede zwischen den rezenten Menschen und den *Homo sapiens*-Populationen nur sehr gering sind.

I.4 *Bei der Erstellung der Stammbaumhypothese kann es u. U. zu Unstimmigkeiten kommen zwischen dem, was Sie in Ihrem Unterricht gelernt haben und dem, was im Material F angegeben wird. Lassen Sie sich dadurch nicht verwirren. Sie können sowohl Ihre eigenen Schlüsse aus den Angaben in Material F ziehen als auch das wiedergeben, was Sie bei Ihrer Lehrerin bzw. ihrem Lehrer gelernt haben. Selbstverständlich können Sie auch beide Varianten darstellen. Bei ihrer abschließenden Erörterung zur möglichen Verdrängung des Homo neanderthalensis durch den Homo sapiens müssen Sie auch Ihre Erkenntnisse aus den vorherigen Teilaufgaben mit heranziehen.*

Die Art und Weise, wie sich der *Homo sapiens* über die Erde ausgebreitet hat, ist immer noch nicht eindeutig geklärt. Zwei Modelle konkurrieren bei der Erklärung der Entwicklung und der globalen Verbreitung des *Homo sapiens*. Neben dem „multiregionalen Modell", das von einer unabhängigen Entstehung des *Homo sapiens* aus mehreren Hominidenformen in Afrika, Asien und Europa und deren genetischer Vermischung untereinander ausgeht, existiert die heute favorisierte *„Out of Africa"*-Modellvorstellung. Letztere wird auch durch die in der Aufgabe vorgegebenen Materialien unterstützt. Nach diesen Überlegungen geht man davon aus, dass die Art *Homo sapiens* zuerst in Afrika entstanden ist. Die mtDNA-Untersuchungen von Allan Wilson an Hominiden-Fossilien führten zu dem Ergebnis, dass der gemeinsame *Homo sapiens*-Vorfahre, von ihm „Eva" genannt, ca. 200 000 Jahre vor Chr. in Afrika gelebt hat. Diese Untersuchungsergebnisse werden auch durch die in Afrika gemachten Fossilfunde gestützt, wonach die ältesten Fossilien des *Homo sapiens* aus Äthiopien stammen und ein Alter von 195 000 Jahren aufweisen. 67 000 Jahre alt sind die Knochenüberreste, die man von *Homo sapiens* im asiatischen Raum, genauer gesagt in China, gefunden hat. Dem gegenüber sind bis heute aus Europa keine Fossilfunde bekannt, die älter als 40 000 Jahre sind. Die ältesten Überreste der Art *Homo sapiens* stammen aus Rumänien und sind 36 000 Jahre alt.
Bei der Entwicklung einer Stammbaumhypothese zur Evolution von *Homo sapiens* und Neandertaler ist es zunächst wichtig darzulegen, wo die „Wurzeln"

dieses Stammbaumes liegen könnten. Aufgrund der Angaben in Materia F zu den weltweiten Hominidenfunden und deren Alter kann davon ausgegangen werden, dass sich der Neandertaler aus dem *Homo erectus* (genauer gesagt aus der *Homo ergaster/Homo erectus*-Gruppe über den *Homo heidelbergensis*) in Westasien und Europa entwickelt hat. Aus dieser Wurzel müssen auch die Vorfahren des Jetztzeitmenschen stammen, die sich – parallel zum Neandertaler – (über den *Homo heidelbergensis*) zum *Homo sapiens* entwickelt haben. Dass die Überlegung einer parallelen Entwicklung von *Homo sapiens* und *Homo neanderthalensis*, also die Annahme zweier getrennter Äste am Hominidenstammbaum, gerechtfertigt ist, zeigen die genetischen Untersuchungen. Diese haben nach den vorliegenden Befunden eindeutig ergeben, dass es keine Vermischung des Genpools von Neandertaler und den Vorfahren des Jetztzeitmenschen gegeben hat – was für eine getrennte Entwicklungsgeschichte spricht. Des Weiteren ist aus der Datierung der in Europa gemachten Fossilfunde erkennbar, dass sich der Neandertaler vor dem *Homo sapiens* dort aufgehalten hat. Dies bedeutet, dass unsere Vorfahren erst später – nach dem Neandertaler – nach Europa gewandert und dort sesshaft geworden sind. Darüber hinaus zeigen die Fossilfunde auch, dass sich *Homo neanderthalensis* in Europa nur bis vor 30 000 Jahren halten konnte. Nach diesem Zeitpunkt existieren bis heute keine jüngeren Fossilbelege für seine weitere Anwesenheit. Schließt man nach den vorliegenden Befunden eine Vermischung von *Homo sapiens* und Neandertaler aus, kann das Verschwinden des *Homo neanderthalensis* am ehesten dadurch erklärt werden, dass diese Form der Hominiden im Konkurrenzkampf um Wohnraum und Ressourcen dem *Homo sapiens* unterlegen war. Dies hat sehr wahrscheinlich zu einer Verdrängung des Neandertalers durch unsere Vorfahren geführt. Damit ist der *Homo neanderthalensis* einem Konkurrenzausschluss erlegen. Er konnte nicht dauerhaft eine ähnliche ökologische Nische besetzen wie der *Homo sapiens*, der die gleichen ökologischen Bedürfnisse wie der Neandertaler hatte. In letzter Konsequenz musste *Homo neanderthalensis* dem *Homo sapiens*, der konkurrenzstärkeren Art, weichen und ist ausgestorben.

Leistungskurs Biologie (NRW) – Abitur-Prüfung 2008
Aufgabe 2: Genetik

Aufgabenstellung:

Thema: Das MERRF-Syndrom

II.1 Begründen Sie, warum X-chromosomale Vererbung des MERRF-Krankheitsbildes, wie in Material C dargestellt, ausgeschlossen ist und eine autosomal rezessive Vererbung wenig wahrscheinlich ist. Erläutern Sie dies anhand geeigneter Falldarstellungen aus Abbildung 1. (16 Punkte)

II.2 Beurteilen Sie, inwieweit eine mitochondriale Vererbung durch das Material A bis D abgesichert erscheint, und erklären Sie das Zustandekommen des Krankheitsbildes. (12 Punkte)

II.3 Beschreiben Sie kurz die Vorgänge bei der Translation und gehen Sie dabei besonders auf die Rolle der tRNA ein. Erläutern Sie unter Bezug auf die in Material E dargestellten Erkenntnisse die molekulargenetische Ursache des MERRF-Krankheitsbildes. (24 Punkte)

II.4 Stellen Sie dar, welche Inhalte eine genetische Beratung der Schwestern und Brüder der *Mutter* des Patienten in Material B anlässlich geäußerter Kinderwünsche haben muss. (14 Punkte)

Material A: MERRF-Syndrom und Mitochondrien

Beim MERRF-Syndrom, einer recht seltenen Krankheit, wurde nach seiner Entdeckung eine erbliche Komponente zunächst widersprüchlich diskutiert. MERRF bedeutet: *Myoclonic epilepsy associated with ragged-red muscle fibers* (Muskelschüttelkrämpfe verbunden mit ausgefransten roten Muskelfasern).
Aufgrund der Symptome wurden die Mitochondrien in die Untersuchungen einbezogen. Mitochondrien vermehren sich durch eine vom Zellzyklus unabhängige Teilung, die der Zellteilung von Bakterien sehr ähnlich ist. Tatsächlich fand man Mitochondrien mit eingeschränkter Funktion („defekte Mitochondrien") in den Gewebszellen von MERRF-Kranken, daneben allerdings auch vollständig intakte Mitochondrien. Denn bei jeder Zellteilung erfolgt eine zufällige Verteilung der Mitochondrien, sodass in den Tochterzellen intakte und defekte Mitochondrien nebeneinander existieren (Heteroplasmie) oder alle Mitochondrien die gleiche Mutation in ihrer DNA tragen (Homoplasmie). Innerhalb eines Gewebes treten entsprechend gesunde Zellen neben krankhaft veränderten auf. Die Krankheit wird erst dann auffällig, wenn der Heteroplasmiegrad im entsprechenden Gewebe 50–80 % beträgt.

Material B: Patient mit MERRF-Syndrom

(gekürzte Schilderung aus einem Patientenforum)

„Sven ist heute 6 ½ Jahre alt und die Diagnosesuche ging los, da war er fast 2 Jahre alt und bis wir die Diagnose hatten, gingen ca. 1 ½ Jahre ins Land. Bei uns war es auch so, dass die Ärzte die Muskelbiopsie, also die Entnahme und Untersuchung von Muskelzellen aus dem Oberschenkelmuskel erstmal nicht machen wollten, aber letztendlich nicht drum herum kamen. …

Sven war leider noch ein Frühchen (Frühgeburt) aus der 27. Schwangerschaftswoche und da wurden viele Auffälligkeiten erstmal auf seine Frühgeburt geschoben. …

Trotzdem fiel auf, dass sich seine Muskulatur wie Wackelpudding anfühlte und auch sehr wenig Muskelgewebe überhaupt da war. Nach allen Seiten drehen konnte er sich erst mit fast 3 Jahren. Es hieß, er würde nie laufen lernen und nie sprechen lernen. Aber, die Ärzte irrten sich, Gott sei Dank. Er lernte sprechen, viel später, aber das ist egal. Und er lernte sogar das freie Laufen mit fast 5 Jahren. Allerdings hat er eine starke Belastungsintoleranz […] aufgrund des Energiemangels. Kurze Strecken geht er, und für draußen hat er seinen Rolli. Er hat auch immer wieder sehr schlappe Phasen, wo er fast den ganzen Tag nur liegt.“

Material C: Stammbaum einer betroffenen Familie

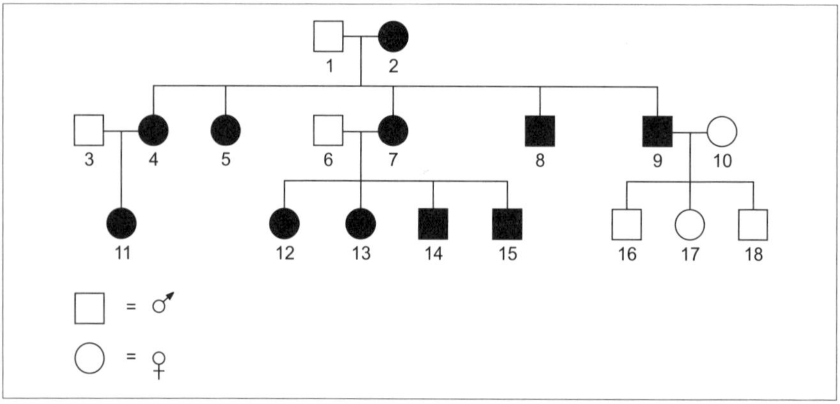

Abb. 1: MERRF-Stammbaum, Merkmalsträger sind schwarz dargestellt. Die Personen 3, 6 und 10 stammen aus Familien, in denen das Krankheitsbild nachweislich nie aufgetreten ist.

Material D: Mitochondrien in Eizellen, Spermien und verschiedenen Geweben

Jedes Spermium besitzt im Halsteil weniger als 50 Mitochondrien, jede Eizelle im Plasma Tausende. Bei der Befruchtung dringt nur der Kopf des Spermiums in die Eizelle ein. Den höchsten Mitochondriengehalt haben die Gewebe, in denen der Sauerstoffbedarf sehr hoch ist, dazu gehören die Skelettmuskulatur (vor allem Arme und Beine), das Gehirn und das Herz.

Mitochondrien besitzen eigene DNA, eigene Ribosomen, eigene Proteine und vermehren sich unabhängig vom Zellzyklus.

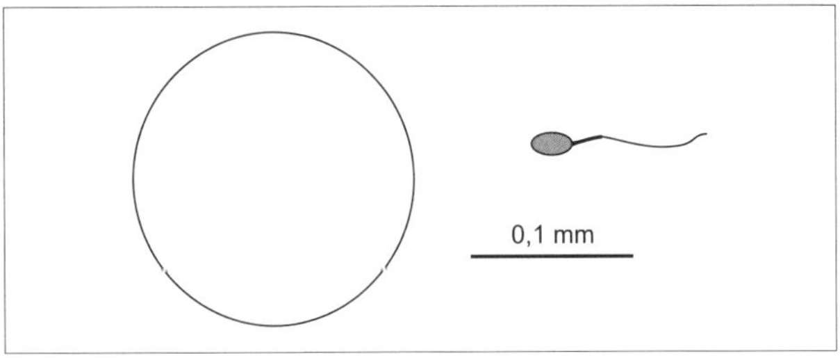

Abb. 2: Größenvergleich Eizelle / Spermium

Material E: Molekulare Ursachen des MERRF-Krankheitsbildes

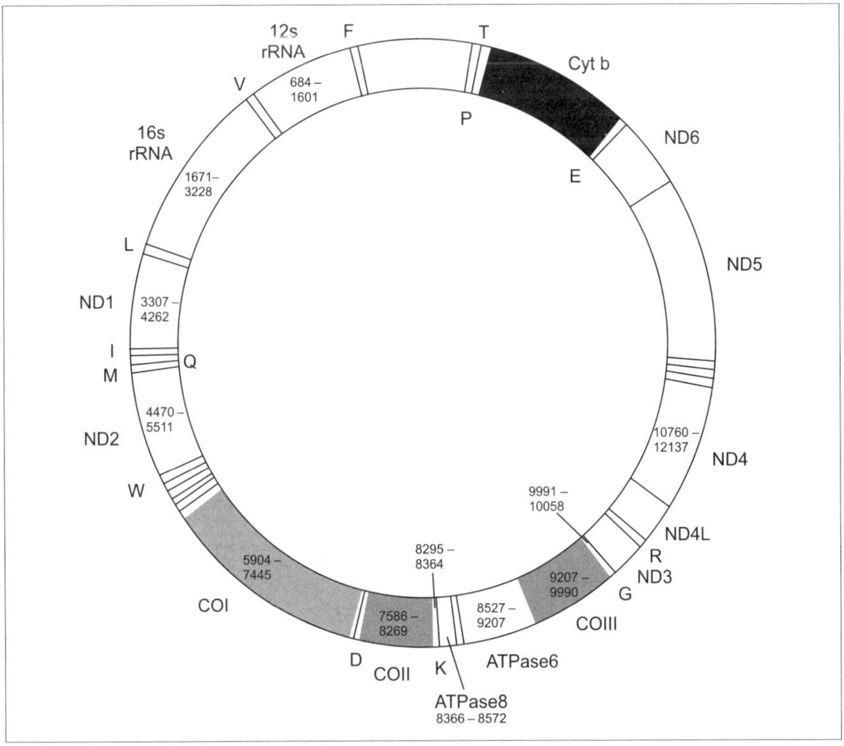

Abb. 3: Karte der mitochondrialen DNA des Menschen.

Dargestellt sind der ringförmige DNA-Strang eines Mitochondriums sowie beispielhaft für einige Bereiche die Position der Basen; so codiert, z. B. der Bereich von 648 bis 1601 für die kleine Untereinheit der Ribosomen (12s rRNA). Beschriftet sind außerdem Bereiche, die für bestimmte Proteine codieren, z. B. „ND“ für NADH-Dehydrogenase und „CO“ für Cytochrom c-Oxidase, beides Enzyme, die an der Energiebereitstellung beteiligt sind. Zusätzlich erkennt man, welche Bereiche in tRNA transkribiert werden, so steht z. B. „K“ für die $tRNA^{Lysin}$ und „G“ für die $tRNA^{Glycin}$.

Genom: *Homo sapiens*, Mitochondrium, Positionen 8295 – 8364

normal:

CACTGTAAAGCTAACTTAGCATTAACCTTTTAAGTTAAAGATTAAGAGAACCAACACCTCTTTACAGTGA

8300 8350

MERRF:

CACTGTAAAGCTAACTTAGCATTAACCTTTTAAGTTAAAGATTAAGAGAGCCAACACCTCTTTACAGTGA

8300 8350

Abb. 4: Ausschnitt aus der mitochondrialen DNA eines Gesunden und eines an MERRF Erkrankten

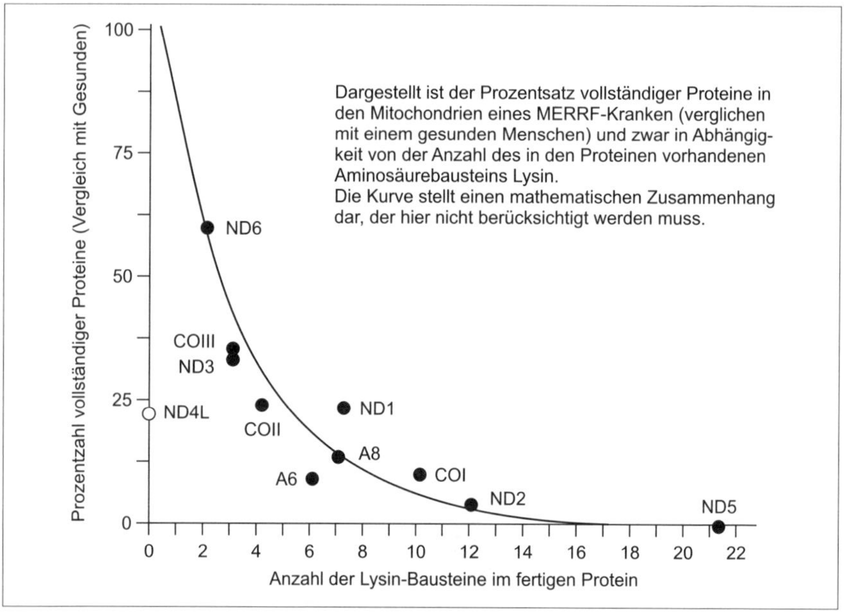

Abb. 5: Proteine in Mitochondrien eines MERRF-Kranken

nach: Enriquez, JA: mtDNA mutation in MERFF syndrome causes defective aminoacylation of tRNAlys and premature translation termination. Nat. Genet. 10, p. 47 – 55

Außer den in Abbildung 5 angeführten Proteinen findet man in den Mitochondrien Erkrankter ein sogenanntes MERRF-Protein. Es handelt sich dabei um unvollständige Reste des Proteins COI; auch fand man unvollständige Reste des Proteins ND2 in hoher Konzentration in MERRF-Mitochondrien.

weitere Materialgrundlage:
Chomyn, Anne: „The Myoclonic Epilepsy and Ragged-Red Fiber Mutation Provides New Insights into Human Mitochondrial Function and Genetics" in American Journal of Human Genetic 62: 745–751, 1998
Jacobs, Howard T.: "Disorders of mitochondrial protein synthesis" in Human Molecular Genetics, Vol. 12, Review Issue 2, R293–R301, 2003
Abb. 3 verändert nach: "Mitochondrial DNA Function locations", http://www.mitomap,com (17. Mai 2007)
Abb. 4 (mDNA-Sequenz) aus NCBI Sequence-Viewer http://ncbi.nlm.nih.gov/entrez/viewer
Bio Reg 2/93 S. 3–6 (ehemalige Heftchen der Lehrerfortbildung regional)

Lösungsvorschlag

In der Aufgabe thematisierte Unterrichtsinhalte sind:
Genetische Grundlagen von Lebensprozessen (Zytogenetik, Stammbaumanalyse und Erbgänge in der humangenetischen Beratung), molekulare Grundlagen der Vererbung (Replikation, Proteinbiosynthese, Regulation der Genaktivität)

II.1 *Obwohl in dieser Teilaufgabe drei mögliche Vererbungsmodi der betrachteten Krankheit bereits ausgeschlossen wurden und Sie aufgefordert werden, dies zu erläutern, müssen Sie jede Vererbungsmöglichkeit in Ihrer Bearbeitung ansprechen. Sie brauchen dies nicht in Form umfangreicher grafischer Darstellungen zu tun. Bei einem klar strukturierten Text kann darauf verzichtet werden. Während Ihrer Auswertung des Stammbaums helfen Ihnen die folgenden einfachen Überlegungen. Da es Autosomen und Gonosomen (Geschlechtschromosomen) gibt, kann ein Merkmal prinzipiell auf vier verschiedene Weisen vererbt werden: autosomal-rezessiv, autosomal-dominant, gonosomal-rezessiv oder gonosomal-dominant. Die gonosomal-dominante Vererbungsvariante ist aber von der autosomal-dominanten kaum zu unterscheiden und daher sehr unwahrscheinlich. Sie sollte aber dennoch genannt werden, wenn von Ihnen – wie hier – verlangt wird, andere Möglichkeiten auszuschließen. (Das Y-Chromosom können Sie im Normalfall vernachlässigen, da es so gut wie genleer ist.) Sind in einem Stammbaum gleichviel männliche wie weibliche Merkmalsträger, handelt es sich wahrscheinlich um ein autosomal vererbtes Merkmal. Überwiegen dagegen Männer als Merkmalsträger oder existieren ausschließlich männliche Merkmalsträger, so wird das Merkmal höchstwahrscheinlich gonosomal vererbt. Bei der Frage, ob ein Merkmal dominant oder rezessiv in seiner Vererbung ist, kann ein Blick auf die einzelnen „Generationen" des Stammbaums helfen. Dominant vererbte Merkmale treten normalerweise in jeder Generation auf, wohingegen rezessive Merkmale eine oder mehrere Generationen überspringen können. Ziehen Sie bei Ihrer Stammbaumanalyse unbedingt auch die Zusatzinformationen in der Legende zu Abbildung 1 (Material C) mit heran und vergessen Sie nicht, dass es auch noch die Möglichkeit der autosomal-dominanten Vererbung des Merkmals gibt.*

Der Stammbaum dieser vom MERRF-Syndrom betroffenen Familie kann – in Bezug auf die möglichen Vererbungsmodi – wie folgt ausgewertet werden. Ein gonosomal-rezessiver Erbgang ist deswegen ausgeschlossen, weil das Ehepaar 3 und 4 eine am MERRF-Syndrom erkrankte Tochter hat. Da der Vater nicht von dieser Krankheit betroffen ist, trägt sein X-Chromosom den Defekt nicht. Die Mutter ist betroffen und wäre in diesem Annahmefall homozygote Trägerin eines rezessiven Defektes. Das die Krankheit verursachende Allel auf dem X-Chromosom, das die Mutter zwangsläufig weiter vererbt, würde dann von der gesunden Anlage auf dem väterlichen X-Chromosom „ausgeglichen" werden. Da dies nicht der Fall ist, kommt diese Form der Vererbung der Erkrankung nicht in Frage. Ebenfalls ausgeschlossen ist die Möglichkeit einer gonosomal-dominanten Vererbung. In einem solchen Falle wäre das Mädchen 17 aus der Ehe 9/10 Trägerin des Merkmals, da sie von ihrem Vater das X-Chromosom mit der Anlage für das MERRF-Syndrom erben würden. Die Wahrscheinlichkeit einer autosomal-rezessiven Weitergabe der Krankheit kann mithilfe der Zusatzinformation zum vorgegebenen Stammbaum annähernd ausgeschlossen werde. Die Information besagt, dass die Vorfahren der Personen 3, 6 und 10, welche in die Familie hinein geheiratet haben, nie vom MERRF-Syndrom betroffen waren. Aber auch ohne diesen Hinweis ist ein derartiger Vererbungsmodus sehr unwahrscheinlich, weil dann alle eingeheirateten Personen Überträgerin bzw. Überträger dieser äußerst seltenen Erkrankung sein müssten. Prinzipiell kann aber eine autosomal-rezessive Vererbung – anhand dieses Stammbaumes – nicht ausgeschlossen werden. Demgegenüber ist eine autosomal-dominante Vererbung aber nicht möglich, da in diesem Fall Person 9 nicht Vater der Kinder 16–18 sein könnte, da jedes seiner drei Kinder die Anlage für die Erkrankung erhalten würde. Hiermit liegt der interessante Fall vor, dass die Vererbung des MERRF-Syndroms nicht mit den gängigen Vererbungsmodi erklärt werden kann.

II.2 *Der Arbeitsauftrag „beurteilen" bedeutet, dass Sie eine mögliche mitochondriale Vererbung des MERRF-Syndroms anhand Ihres Fachwissens und der vorhandenen Informationen im Aufgabenmaterial kritisch hinterfragen. Hierfür ist es notwendig, die umfangreichen Textmaterialien A und B, aber auch die Darstellung in Material D aufmerksam durchzuarbeiten. Ein farbiger Stift oder Textmarker ist hier sehr hilfreich. Selbst wenn Ihnen der Begriff „mitochondriale Vererbung" aus Ihrem Unterricht nicht bekannt sein sollte (keine Panik, er gehört auch nicht zu den obligatorischen Unterrichtsinhalten), können Sie auf der Grundlage der Materialien A–D ein Sachurteil formulieren und dieses begründen. Bei der Bearbeitung ist es sinnvoll, sich zunächst Eizelle und Spermium zuzuwenden, die Weitergabe der Mitochondrien bei diesem Vorgang zu analysieren und – ausgehend von den gewonnenen Erkenntnissen – das Zustandekommen des Krankheitsbildes zu erklären und zu beurteilen.*

Bei der Verschmelzung von Eizelle und Spermium treffen die größte Zelle des menschlichen Organismus und eine ihrer kleinsten Vertreter aufeinander. Die Eizelle liefert für die entstehende Zygote die komplette plasmatische Ausstattung – das Spermium lediglich den haploiden Chromosomensatz des Vaters. Bei der Befruchtung gelangt nur der „Kopf" des Spermiums, welcher die DNA enthält, in die Eizelle. Der „Halsteil" und die Geißel des Samenfadens, d. h. der komplette Antriebsapparat, inklusive der ca. 50 väterlichen Mitochondrien, gelangt nicht in die Eizelle. Daher stammen so gut wie alle Mitochondrien des Embryos aus der Eizelle – und damit von seiner Mutter. In Bezug auf die Vererbung der Mitochondrien kann man daher auch von einer maternalen (mütterlichen) Vererbung sprechen (Material D). Dies kann auch mit einem Blick auf den Stammbaum der von dem MERRF-Syndrom betroffenen Familien beobachtet werden. In den Ehen 1/2, 3/4 und 6/7, von denen Nachkommen aufge-

führt sind, ist immer die Mutter ein Merkmalsträger der Krankheit. In der Familie, in welcher der Vater vom MERRF-Syndrom betroffen ist, sind alle Kinder gesund (Material C).
Die Vermehrung der Mitochondrien verläuft anders als bei den meisten Zellorganellen. Sie hängt nicht von der Teilung der Zelle im Zellzyklus ab. Mitochondrien gehen immer nur durch Teilung dieser Zellorganellen auseinander hervor. Gewebe-Untersuchungen bei Patienten mit dem MERRF-Syndrom haben ergeben, dass bei ihnen Zellen existieren, deren Mitochondrien eine eingeschränkte Funktionsfähigkeit aufweisen. Diese Zellen haben einen einheitlichen Mitochondrien-Bestand; es liegt Homoplasmie vor. Daneben gibt es aber auch homoplasmatische Zellen, die nur funktionstüchtige Mitochondrien enthalten und solche Zellen, die eine Mischung beider Mitochondrien-Typen aufweisen. In ihnen liegt Heteroplasmie vor. Das Mischungsverhältnis folgt dabei keiner erkennbaren Regel. Als Erklärung des Befundes kann die Art und Weise herangezogen werden, in der die Weitergabe dieser Zellorganellen bei der Zellteilung erfolgt. Mitochondrien werden bei der Weitergabe an die Tochterzellen – passiv im Zytoplasma liegend – mitverteilt. So ist es vollkommen dem Zufall überlassen, welche mitochondriale Ausstattung die jeweilige Tochterzelle erhält. Das MERRF-Syndrom tritt als Krankheitsbild aber erst dann in Erscheinung, wenn in einem betroffenen Gewebe der Grad der Heteroplasmie über 50 % liegt (Material A).
Mitochondrien sind die Kraftwerke der Zelle. Aus diesem Grund kommen sie vor allem in solchen Geweben vermehrt vor, in denen ein hoher Bedarf an ATP vorherrscht, dem Skelett- und Herzmuskelgewebe, aber auch dem Gehirn. Diese Gewebe weisen deshalb auch einen hohen Bedarf an Sauerstoff auf, der für eine effektive Erzeugung von ATP während der mitochondrialen Endoxidation unerlässlich ist (Material D). Die Symptome wie Muskelschüttelkrämpfe und Veränderungen an und in der Muskulatur, welche beim MERRF-Syndrom auftreten (Material A und B), kommen damit gerade in solchen Geweben vor, in denen ein erhöhter ATP- und O_2-Bedarf vorliegt.
All diese Befunde im Zusammenhang betrachtet (Mitochondrien, Sauerstoffbedarf, ATP-intensives Muskelgewebe, Ausfallerscheinungen in der Muskulatur) lassen sehr stark vermuten, dass es sich beim MERRF-Syndrom um eine Erkrankung handelt, die auf einem Defekt in den Mitochondrien beruht. Die Tatsache, dass immer nur Mütter den Mitochondrien-Defekt an ihre Kinder weitergeben, erklärt den Sachverhalt, dass die Vererbung der Krankheit keinem der klassischen Vererbungsschemata folgt und eine maternale Vererbung vorliegt.

II.3 *Beginnen Sie Ihre Beschreibung der Translation mit einem einleitenden, den Prozess zusammenfassenden Satz. Obwohl in der Aufgabenstellung die Aufforderung „kurz" gegeben wird, sollten Sie sich nicht zu knapp äußern. Wenn Sie aber alle relevanten Elemente und Vorgänge bei der Translation ansprechen und darlegen, sind Sie auf der sicheren Seite. Dies bedeutet aber nicht, dass Sie den gesamten Vorgang in „epischer Breite" darlegen sollen. Im ungünstigsten Fall gibt Ihnen Ihre Lehrerin bzw. Ihr Lehrer dann für diese Teilauf-*

gabe nicht die gesamte Punktzahl, weil Sie sich (Stichwort: kurz) nicht an die Aufgabenstellung gehalten haben. Achten Sie bei der Analyse der Abbildungen 3–5 besonders auf die über die grafischen Elemente hinaus gehenden Textinformationen. Sie geben Ihnen wichtige Hinweise für die Bearbeitung der Aufgabenstellung.

Bei der Translation, dem zweiten Schritt der Proteinbiosynthese, handelt es sich um einen Prozess, der in drei Abschnitte eingeteilt werden kann, die Startphase (Initiation), die Verlängerung der Polypeptidkette (Elongation) und die Beendigung der Translation (Termination).
Zu Beginn der Translation fügen sich die kleinere und die größere Untereinheit zu einem funktionstüchtigen Ribosom zusammen. Nun lagert sich das mRNA-Molekül mit seinem Startcodon an der kleineren Untereinheit an. Nach der Anlagerung der mRNA liegt im Bereich des Ribosoms ein Abschnitt von zwei mRNA-Basentripletts. An diese beiden Tripletts lagern sich während der Elongation – nach dem Prinzip der komplementären Basenpaarung – zwei tRNA-Moleküle an, die an ihrem terminalen 3'-Ende jeweils eine spezifische Aminosäure tragen. Jede tRNA wird im Zytoplasma von einem spezifischen Enzym, der Aminoacyl-tRNA-Synthetase, mit der Aminosäure „beladen", welche zum Anticodon dieser tRNA passt. Am Ribosom werden nach dem Prinzip der Codon (mRNA)/Anticodon (tRNA)-Paarung die Tripletts der mRNA fortlaufend abgelesen und in die Aminosäuresequenz übersetzt. Dazu verbindet sich immer die Aminosäure der zuletzt abgelesenen tRNA – unter Ausbildung einer Peptidbindung – mit der Aminosäure des tRNA-Moleküls, welches sich danach an das Ribosom angelagert hat. Dieser Vorgang der Aminosäure-Kettenverlängerung wiederholt sich so lange, bis durch das Erscheinen eines Stopp-Codons die Termination des Translationsvorganges eingeleitet wird. Dies führt dazu, dass die Aminosäurekette, das neu entstandene Polypeptid, von der zuletzt im Ribosom befindlichen tRNA abgetrennt wird. Die mRNA löst sich vom Ribosom, das wieder in seine beiden Untereinheiten zerfällt. Damit ist die Übersetzung der Nukleotidsequenz der mRNA an den Ribosomen mithilfe der tRNA in die Aminosäuresequenz der Polypeptide erfolgt.
Die molekulargenetische Ursache für das Krankheitsbild des MERRF-Syndroms kann letztlich in einer Punktmutation in der mitochondrialen DNA gesehen werden. Wie aus Abbildung 4 ersichtlich, ist bei einem Menschen, der das MERRF-Krankheitsbild zeigt, an der Position 8 344 die Base Adenin gegen die Base Guanin ausgetauscht. Diese Punktmutation wirkt sich auf die Bildung einer tRNA aus, welche im Bereich zwischen den Positionen 8 295 und 8 364 der mitochondrialen DNA codiert ist und die Aminosäure Lysin transportiert (Abb. 3). Diese Feststellung wird durch die Untersuchung der Proteine bestätigt, die in den Mitochondrien am MERRF-Syndrom erkrankter Menschen gefunden werden. Der in Abbildung 5 wiedergegebene Prozentsatz vollständig synthetisierter Proteine nimmt in dem Maße ab, je häufiger in diesen Proteinen die Aminosäure Lysin verwendet wird. Dies ist ein deutlicher Hinweis darauf, dass die $tRNA^{Lysin}$ einen Defekt zeigt, denn nur dieses DNA-Produkt der Mito-

chondrien weist bei MERRF-Patienten eine Mutation auf. Der tRNA-Defekt kommt beim zweiten Teil der Proteinbiosynthese, der Translation, zum Tragen. Bei Menschen, die am MERRF-Syndrom erkrankt sind, ist die Raumstruktur der mutierten $tRNA^{Lysin}$ verändert. Durch den Einbau einer anderen Base ist wahrscheinlich die ursprüngliche Kleeblatt-Struktur der tRNA nicht mehr vorhanden. Dies kann sich zum einen auf die Beladung der tRNA mit Lysin auswirken, da – aufgrund der veränderten Raumstruktur – die veränderte tRNA u. U. nicht mehr in die Aminoacyl-tRNA-Synthetase passt; das Schlüssel-Schloss-Prinzip funktioniert dann in diesem Fall nicht mehr. Die Folge hiervon wäre, dass die Aminosäure Lysin nicht mehr in ausreichendem Maße bei der Translation zur Verfügung stünde. Eine andere Möglichkeit wäre, dass die in ihrer Raumstruktur veränderte $tRNA^{Lysin}$ sich nicht mehr an das Ribosom anlagern kann. In diesem Fall würde die Translation der mitochondrialen mRNA sehr oft an der Stelle „stecken bleiben“, an der in das entstehende Polypeptid die Aminosäure Lysin eingebaut werden müsste. Sehr wahrscheinlich wird dann die Translation an einer solchen Stelle abgebrochen. Das Ergebnis dieses Vorgangs ist in diesem Fall ein unvollständig ausgebildetes Polypeptid. Der Hinweis in Abbildung 5 auf die in den Mitochondrien erkrankter Personen gefundenen MERRF-Proteine schließt den Kreis zu den Symptomen, die mit dem MERRF-Syndrom verbunden sind. Die angesprochenen Proteine, unvollständige Reste von COI und ND2, sind in ihrer funktionstüchtigen Form essenzielle Enzyme, die bei der Biologischen Oxidation, der Erzeugung von ATP innerhalb der Mitochondrien, Verwendung finden. Können in den Kraftwerken der Zellen von MERRF-Patienten keine oder nur noch unzureichende Mengen an Energie bereitgestellt werden, ist die Versorgung der Muskelgewebe nicht mehr in ausreichendem Maße sichergestellt.

II.4 *Da Sie in den vorangegangenen drei Teilaufgaben die grundlegenden Sachverhalte des MERRF-Syndroms erarbeitet haben, dürfte es Ihnen nicht schwer fallen, die Inhalte einer möglichen genetischen Beratung darzulegen. Gehen Sie bei Ihren Überlegungen systematisch vor und arbeiten Sie die angesprochenen Personengruppen nacheinander ab.*

Eine genetische Beratung der Geschwister einer Frau, die bereits ein Kind geboren hat, welches an dem MERRF-Syndrom leidet, kann für die männlichen Mitglieder der Familie sehr schnell erfolgen. Die Wahrscheinlichkeit, dass ihre Kinder an diesem Syndrom erkranken werden – vorausgesetzt ihre Partnerin leidet nicht daran – geht gegen null. Selbst wenn der zu beratende Mann an der Krankheit leidet, kann er diese nicht an seine Kinder weiter vererben, da er keine – möglicherweise defekten – Mitochondrien in die Zygote einbringt. Anders gestaltet sich die genetische Beratung der weiblichen Geschwister. Hier besteht – selbst wenn diese nicht an der Krankheit leiden – die Möglichkeit, dass sie als Überträgerinnen das MERRF-Syndrom an ihre Nachkommen weiter geben können. Dies liegt in der Tatsache begründet, dass die Verteilung der mit dem Gendefekt behafteten Mitochondrien nach dem Zufallsprinzip geschieht. Es ist zum einen nicht vorherzusagen, welchen Grad der Heteroplasmie die Urkeimzellen aufweisen und zum anderen ist ebenfalls nicht im Voraus bestimmbar, wie viele mutierte Mitochondrien im Laufe der meiotischen Reifeteilungen in die zukünftige Eizelle gelangen werden. Die einzige Möglichkeit, Gewissheit über den ungefähren mengenmäßigen Anteil der defekten Mitochondrien zu erhalten, besteht darin, dass man (wie in Material B angedeutet) eine Biopsie des Muskelgewebes vornimmt. Werden die Muskelzellen der zu beratenden Frau dann auf genetisch defekte Mitochondrien hin untersucht und ihr mengenmäßiger Anteil festgestellt, kann zunächst eine generelle Aussage darüber gemacht werden, ob sie ggf. Überträgerin des MERRF-Syndroms ist oder nicht. Ist der Anteil an mutierten Mitochondrien sehr hoch, so ist auch die Wahrscheinlichkeit sehr groß, dass in ihren Eizellen eine Heteroplasmie zuungunsten normal funktionierender Mitochondrien vorliegt. Da es aber – wie in Material A dargelegt – vom mengenmäßigen Anteil der defekten Mitochondrien abhängt, ob die Krankheit zum Ausbruch kommt, kann nicht mit Sicherheit vorhergesagt werden, inwieweit dieser Anteil bei möglichen Nachkommen unter der Grenze von 50 % mutierter Mitochondrien bleiben wird. Letztendliche Gewissheit, ob die Nachkommen am MERRF-Syndrom leiden werden oder nicht, kann eine genetische Beratung nach dem heutigen Stand der Wissenschaft nicht geben.

Leistungskurs Biologie (NRW) – Abitur-Prüfung 2008
Aufgabe 3: Ökologie

Aufgabenstellung:

Thema: Eine Lebensgemeinschaft von Ameisen und Ameisenpflanzen

III.1 Fassen Sie die in den Materialien A und B dargestellten Ergebnisse der durchgeführten Versuche zusammen. (18 Punkte)

III.2 Begründen Sie mithilfe der Materialien A und B, dass es sich bei der Lebensgemeinschaft von Ameisen und den verschiedenen Ameisenpflanzen um eine Symbiose entsprechend der in Material C angegebenen Definition handelt.
Diskutieren Sie diese Lebensgemeinschaft vor dem Hintergrund von Aufwand und Nutzen. (22 Punkte)

III.3 Fassen Sie die Aussagen der Abbildungen 3, 4 und 5 aus Material D zusammen und erläutern Sie mithilfe der Abbildung 6 und unter Einbezug aller Materialien, auf welche Weise die Produktion von Blattnektar über den Fraßdruck reguliert wird.
Erklären Sie die biologische Funktion dieses Regulationsmechanismus in Bezug auf Aufwand und Nutzen. (26 Punkte)

Material A:

In Südostasien, speziell in West-Malaysia und auf Borneo, ist die Baumgattung *Macaranga* beheimatet. Auf vielen dieser *Macaranga*-Bäumen leben Ameisenkolonien der Gattung *Crematogaster*. Es handelt sich bei den Bäumen um ein Beispiel von sogenannten „Ameisenpflanzen". Das Verhalten dieser Ameisen gegenüber Insekteneiern und Raupen wird in Tabelle 1 dargestellt. Außerdem kappen sie die Ranken von Schlingpflanzen, sobald diese ihren Wirtsbaum berühren.

Viele *Macaranga*-Bäume produzieren auf ihren Blättern sogenannten extrafloralen Nektar (Blattnektar), der nicht der Anlockung von bestäubenden Insekten dient, sondern eine Nahrungsquelle für Ameisen, Wespen und andere räuberische Insekten darstellt. Außerdem werden Futterkörperchen von diesen Bäumen produziert. Sie werden von diesen Bäumen von ihren Nebenblättern als spezielle Produkte gebildet.

Als fakultative Ameisenpflanzen bezeichnet man solche, die nur zum Nahrungserwerb besucht werden. Als obligate Ameisenpflanzen bezeichnet man Arten, die dauerhaft bewohnt werden.

Versuch 1

In einem Versuch untersuchte man das Verhalten von Ameisen auf einer obligaten Ameisenpflanze.

Tabelle 1: Untersuchungen zum Verhalten von Ameisen gegenüber Eiern von Insekten, Raupen und Futterkörperchen nach ihrer Entdeckung

Eier von Insekten	90 % wurden von den Ameisen von den Blättern entfernt, keine Nahrungsquelle
Raupen	80,5 % wurden von den Ameisen durch Bisse vertrieben, keine Nahrungsquelle
Futterkörperchen	wurden von den Ameisen gefressen

nach: M. Heil/B. Fiala/U. Maschwitz/K. E. Linsenmair: On benefits of indirect defence: short- and long-term studies of antiherbivore protection via mutualistic ants; In: Oecologia (2001) 126: 395–403

Versuch 2

Eine Analyse der chemischen Zusammensetzung der Futterkörperchen unterschiedlicher fakultativer und obligater Ameisenpflanzen wurde durchgeführt. Ziel war es, die Bedingungen zu ermitteln, nach denen Ameisen obligate Pflanzen auswählen.

Tabelle 2: Chemische Zusammensetzung und Energiegehalt der Futterkörperchen verschiedener obligater und fakultativer Ameisenpflanzen

Pflanzenarten	Vergesellschaftung Pflanze/ Ameise	Kohlenhydrate (m/g Frischgewicht)	Proteine (m/g Frischgewicht)	Lipide (m/g Frischgewicht)	Energiegehalt (kJ/g Frischgewicht)
Macaranga triloba	obligat	10,3	15,9	146,9	6,0
M. hulletti	obligat	19,7	17,8	156,4	6,6
M. hosei	obligat	22,4	21,8	91,5	4,2
M. tanarius	fakultativ	39,3	6,1	82,6	3,9
Pseudomyrmex tricussipidata	fakultativ	14,8	6,0	5,0	0,5

nach: M. Heil/B. Fiala/W. Kaiser/K. E. Linsenmair: Chemical contents of Macaranga food bodies: Adaptations to their role in ant attraction and nutrition; In: Functional ecology (1998) 12, 117–122

Material B:

Versuch 3

Es wurde eine Langzeitstudie bei Pflanzen der Art *Macaranga triloba* durchgeführt, bei der während eines Jahres das relative Blattwachstum bzw. der relative Blattverlust bedingt durch pflanzenfressende Insekten untersucht wurden. Untersucht wurden Pflanzen, die von Ameisen bewohnt waren und solche ohne Ameisen.

Die Ergebnisse dieser Studie werden in der folgenden Abbildung 1 dargestellt.

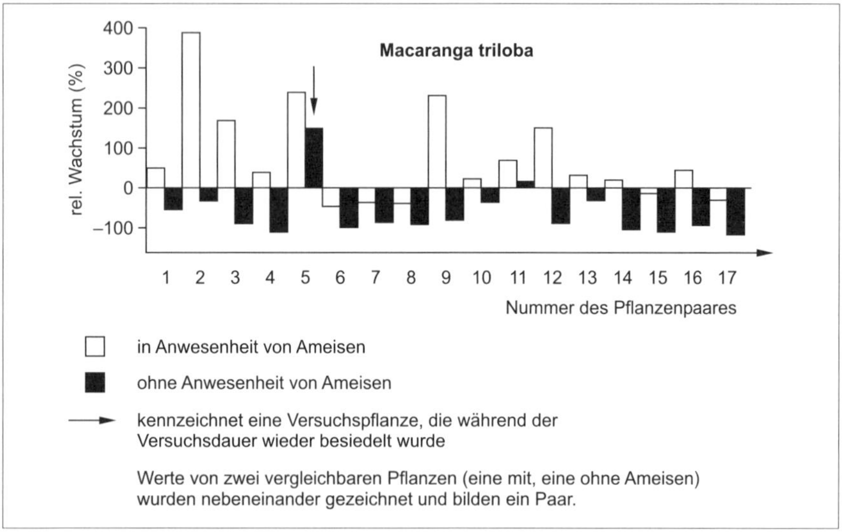

Abb. 1: Relatives Blattwachstum bzw. relativer Blattflächenverlust (Zuwachs bzw. Verzehr durch pflanzenfressende Insekten bezogen auf einen Durchschnittswert) von Pflanzen der Art *Macaranga triloba* innerhalb eines Jahres mit und ohne Ameisen.

B. Fiala/U. Maschwitz/Tho Yow Pong/A. J. Helbig: Studies of a South East Asian ant-plant association: protection of Macaranga trees by Crematorgaster borneensis; aus: Oecologia, (1998), 79: 463 – 470

Versuch 4

Bei einem weiteren Versuch wurde bei jeweils 30 Ameisenpflanzen die Ausbildung von zusätzlichen Futterkörperchen angeregt (+ Futterkörperchen) bzw. entfernt (– Futterkörperchen) oder die Pflanzen wurden nicht manipuliert (Kontrolle). Nach 30 Tagen wurden die Anzahl der Ameisen und die Altersstruktur der Ameisenpopulation (Eier, Larven, Puppen) bestimmt (Abb. 2).

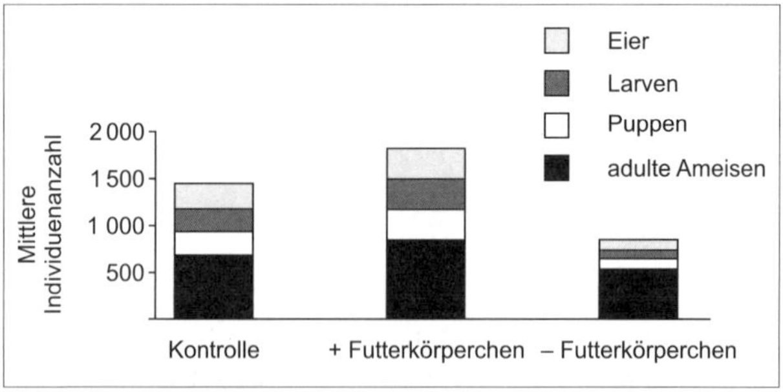

Abb. 2: Abhängigkeit einer Ameisenkolonie von dem Vorhandensein bzw. Fehlen der Futterkörperchen

nach: K. E. Linsenmair/M. Heil/W. M. Kaiser/B. Fiala/T. Koch/W. Boland: Adaptions to biotic and abiotic stress: Macaranga-ant plants optimize investment in biotic defence; In: Journal of Experimental Botany, V. 52, 363, 2057 – 2066 pl 2001

Material C:

In einem Schulbuch findet man folgende Definition für ein Beispiel einer interspezifischen Beziehung:
Eine Symbiose ist „eine Beziehung zwischen artverschiedenen Lebewesen, die für beide Partner vorteilhaft und durch enges räumliches Zusammenleben gekennzeichnet ist."

Definition „Symbiose" aus J. Jaenicke/A. Paul: Biologie Heute SII entdecken, Schroedel Verlag

Material D:

In einem Experiment wurden 30 von Ameisen besiedelte Ameisenpflanzen sechs Wochen lang alle vier Tage mit Jasmonsäure besprüht, durch Fraß oder gezielt mit Nadelstichen beschädigt. Jasmonsäure ist ein Stoff, der in Pflanzen produziert wird und verschiedene Reaktionen bewirkt. Jasmonsäure kann auch in Experimenten auf die Pflanzen gesprüht werden und wirkt dann ebenfalls.
Das Ergebnis des Experiments zeigen Abb. 3, 4 und 5.

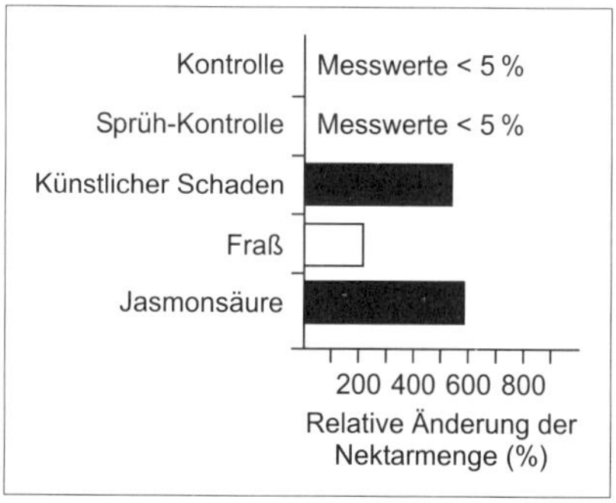

Abb. 3: Nektarproduktion von *Macaranga tanarius* unter verschiedenen Bedingungen (Nektar: ausgeschiedener, stark zuckerhaltiger Pflanzensaft)
Kontrolle: Pflanzen wurden nicht behandelt
Sprüh-Kontrolle: die Pflanzen wurden nur mit dem Lösungsmittel und nicht mit Jasmonsäure besprüht
Künstlicher Schaden: die Pflanzen wurden gezielt mit Nadelstichen beschädigt (Löcher)
Fraß: man lässt Insekten fressen
Jasmonsäure: wurde aufgesprüht

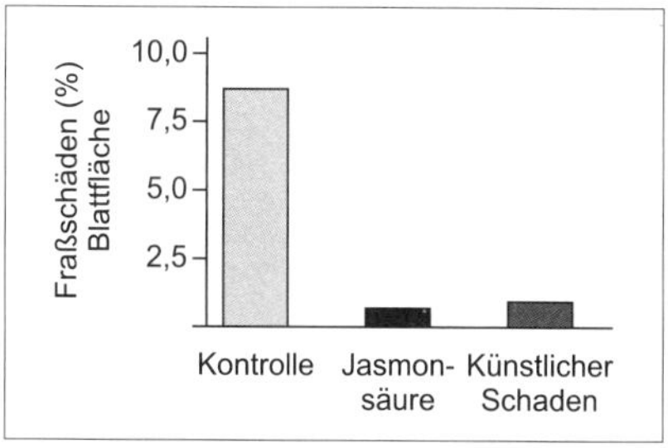

Abb. 4: Auswirkung von einer mechanischen Beschädigung und einer Behandlung mit Jasmonsäure auf Fraßschäden durch pflanzenfressende Insekten. Die von Ameisen besiedelten Pflanzen wurden erst mit Jasmonsäure behandelt bzw. künstlich beschädigt. Anschließend wurde das Ausmaß an Fraßschäden ermittelt. Kontrolle: Die untersuchten Pflanzen wurden nicht behandelt bzw. nicht beschädigt.

nach: M. Heil/T. Koch/A. Hilpert/B. Fiala/W. Boland/K. E. Linsenmair: Extrafloral nectar production of the ant-associated plants Macaranga tanarius, is an included, indirect, defensive response elicited by jasmonic acid. Proceedings of the National Academy of Sciences 98/2001 S. 1083 – 1088

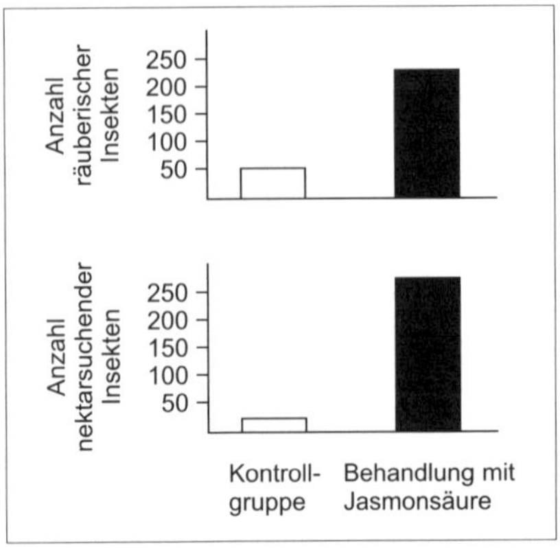

Abb. 5: Anzahl der auf mit Jasmonsäure behandelten und auf Kontrollpflanzen auftretenden räuberischen Insekten und nektarsuchenden Insekten (z. B. Ameisen)

nach: M. Heil/T. Koch/A. Hilpert/B. Fiala/W. Boland/K. E. Linsenmair: Extrafloral nectar production of the ant-associated plants Macaranga tanarius, is an included, indirect, defensive response elicited by jasmonic acid. Proceedings of the National Academy of Sciences 98/2001, S. 1083–1088

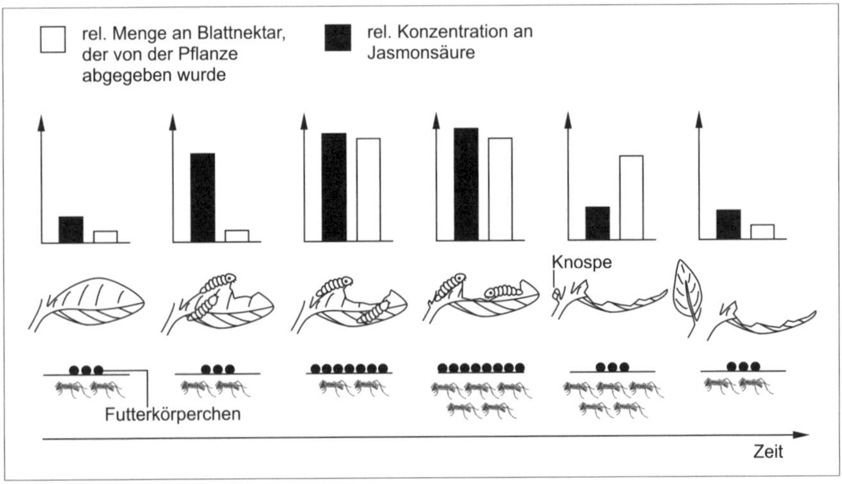

Abb. 6: Regulation der Blattnektar-Produktion von Ameisenpflanzen: Dargestellt sind die relative Konzentration an der von der Pflanze selbst im Gewebe gebildeten Jasmonsäure, die relative Menge des von der Pflanze gebildeten Nektars, die relative Anzahl der Raupen, die relative Anzahl der Ameisen, die relative Anzahl der Futterkörperchen sowie das Wachstum der Knospen in Symbolen.

M. Spieler/F. Skiba/Marko Franke: Ameisenpflanzen: Vor- und Nachteile des Zusammenlebens; In: Unterricht Biologie 306, Juli 2005, S. 51–55

weitere Materialgrundlage:

W. Boland: Wie Insekten auf Nektar fliegen; In: MaxPlanckForschung 3/2001, 18–19

Lösungsvorschlag

In der Aufgabe thematisierte Unterrichtsinhalte sind:
Ökologische Verflechtungen und nachhaltige Nutzung (Umweltfaktoren, ökologische Nische, Beziehungen zwischen Populationen und Verflechtungen in Lebensgemeinschaften, Biomassenproduktion, nachhaltige Bewirtschaftung und biologischer Pflanzenschutz)

III.1 *Lassen Sie sich bitte keinesfalls von der Materialfülle in A und B abschrecken. Sie brauchen hier nicht alles zu bearbeiten bzw. darzulegen. Wichtig für Sie bleibt aber, die Texte und Tabellen gründlich durchzuarbeiten, damit Sie sich so die Grundlage schaffen, auf der Sie die jeweiligen Anforderungen der Teilaufgaben 1 und 2 bewältigen können. In dieser Teilaufgabe wird von Ihnen verlangt, dass Sie sich einen Überblick verschaffen und diesen zusammenfassend darlegen. Dies bedeutet hier nicht, dass Sie jede Tabelle explizit beschreiben und den Inhalt jedes Textes referieren müssen. Wie so oft ist es hier wichtig, das Wesentliche bzw. generelle Tendenzen zusammenfassend herauszuarbeiten. Sollten Sie die Aussagen bereits hier zueinander in Beziehung setzen, bedenken Sie bitte, dass dies erst in der zweiten Teilaufgabe erwartet wird. Da Bewertungspunkte zwischen den Teilaufgaben nicht verschoben werden können, müssen Sie ihre Aussagen dann noch einmal wiederholen. Beginnen sollten Sie mit einem Überblick über die Komponenten dieser Lebensgemeinschaft in Verbindung mit den dabei existierenden Sonderbildungen der Pflanzen. Denken Sie bei Abbildung 1 in Material B daran, dass jede der Nummern für ein Paar von Macaranga-Pflanzen steht, die zusammen analysiert werden müssen. Bei der Bearbeitung der Abbildung 2 in Material B ist es hilfreich, wenn Sie parallel zur Abszisse (x-Achse) die Linien der 500-er Werte über die gesamte Breite der Darstellung verlängern und ggf. auch die dazwischen liegenden 250-er Schritte zusätzlich einzeichnen.*

In West-Malaysia und auf Borneo existiert eine spezielle Lebensgemeinschaft von Ameisen der Gattung *Crematogaster*, deren Kolonien auf Bäumen der Gattung *Macaranga* leben, weshalb die Bäume die Bezeichnung „Ameisenpflanzen" tragen. Dabei unterscheidet man zwei Typen dieser Pflanzen – fakultative und obligate Ameisenpflanzen. Als fakultativ bezeichnet man diejenigen Bäume, welche die Ameisen lediglich zur Suche nach Nahrung besuchen, wohingegen die obligaten Ameisenpflanzen den Tieren als beständige Behausung dienen. Die Besonderheit der Ameisenpflanzen besteht darin, dass sie zwei Sonderbildungen zeigen, die von den Ameisen als Futter genutzt werden. Dies sind zum einen der Blattnektar, ein extrafloraler Nektar, und zum anderen Futterkörper, Spezialprodukte, die auf den Nebenblättern von *Macaranga* gebildet werden. Der Blattnektar dient dabei nicht als Nahrungsquelle für bestäubende Insekten, sondern zieht neben Ameisen auch andere räuberisch lebende Insekten an.

Untersuchungen zum Verhalten von *Crematogaster* auf obligaten Ameisenbäumen erbrachten diese Ergebnisse: Sobald die Ameisen Raupen oder die Eier anderer Insekten auf ihrem Baum entdecken, werden „die Eindringlinge" (in 80–90 % der Fälle) vertrieben bzw. entfernt. Die Futterkörperchen verwendet *Crematogaster* als Nahrung. Eine chemische Untersuchung dieser Futterkörper – aufgeschlüsselt nach obligaten und fakultativen Ameisenpflanzen – erbrachte folgendes Bild: Bei den untersuchten obligaten *Macaranga*-Arten war deren Proteingehalt der Futterkörper mindestens mehr als doppelt so hoch wie derjenige bei den fakultativen, meist aber dreimal so hoch und mehr. Ein ähnliches – wenn auch nicht so eindeutiges – Bild zeigte sich bei der Ermittlung der mg Lipide pro Gramm Frischgewicht. Hier lagen zwei der drei untersuchten obligaten Ameisenpflanzen um die 150 mg/g Frischgewicht, die dritte bei gut 90. Die analysierte fakultative *Macaranga*-Ameisenpflanze wies etwas mehr als 80, die ebenfalls fakultative *Pseudomyremex tricussipidata*-Art lediglich 5 mg Lipide pro g Frischgewicht auf. Die Untersuchungen des Gehalts an Kohlenhydraten und des Energiegehalts erbrachten die Ergebnisse, dass der Energiegehalt der nur für die Nahrungsaufnahme genutzten Ameisenpflanzen stets unterhalb desjenigen der dauerhaft bewohnten Arten liegt; auch für Kohlenhydrate trifft diese Aussage – bei einer deutlichen Ausnahme – meistens zu. Zusammenfassend lässt sich hier feststellen, dass die *Macaranga*-Arten, welche obligate Ameisenpflanzen darstellen, in Bezug auf Proteine und Lipide den dort wohnenden Insekten bessere Lebensbedingungen ermöglichen als die fakultativen Vertreter.
Die Bedeutung der Ameisen für die Art *Macaranga triloba* wurde in einer Langzeitstudie erforscht. Dabei untersuchte man ein Jahr lang immer 17 Paare vergleichbarer Pflanzen, von denen die eine mit Ameisen besetzt war und die andere keine Anwesenheit von Ameisen aufwies. Protokolliert wurde der Zuwachs bzw. der Verlust an Blattsubstanz, den Wachstum bzw. Insektenfraß verursachten. Nach einem Jahr konnte man folgende generelle Aussagen machen: Bei 12 von Ameisen bewohnten *Macaranga triloba* war ein relatives Blattwachstum zu beobachten, in fünf Fällen zwischen 150 und 400 % relativen Wachstums; ansonsten lag der Wert zwischen 20 und 90 %. Lediglich fünf der bewohnten Vertreter verloren an Blattsubstanz, wobei die zu verzeichnenden Verluste im Normalfall deutlich geringer ausfielen, als bei solchen Pflanzen, auf denen keine Ameisen lebten. Lediglich eine Pflanze ohne Ameisen zeigte ein geringes relatives Blattwachstum. Alle übrigen Exemplare verzeichneten Substanzverluste – z. T. bis zu 100 % des relativen Wachstums. Interessant ist der Einzelfall, bei dem im Laufe des Versuchs das *Macaranga triloba*-Exemplar wieder von Ameisen besiedelt wurde. Hier zeigte sich, dass die Pflanze am Ende des Versuches – bedingt durch die Wiederbesiedelung – ein relatives Wachstum von 140 % verzeichnen konnte. Die Ergebnisse der Langzeitstudie können damit derart zusammengefasst werden, dass *Macaranga*-Pflanzen, auf denen Ameisenkolonien leben, häufiger Blattwachstum verzeichnen als solche ohne diese Insekten.

In einer weiteren Untersuchungsreihe wurde die Abhängigkeit der jeweiligen Ameisenkolonien vom Vorkommen bzw. dem Nicht-Vorkommen der Futterkörperchen bei 90 Ameisenpflanzen untersucht. Bei jeweils 30 Pflanzen ist die Bildung weiterer zusätzlicher Futterkörperchen angeregt worden, an weiteren 30 wurden diese entfernt und eine Kontrollgruppe von 30 Pflanzen blieb unverändert. Untersucht wurde, wie viele Entwicklungsstadien der Insekten nach 30 Tagen Untersuchungszeit auf den jeweiligen Ameisenpflanzen anzutreffen waren. Alle vier Entwicklungsstadien der Ameisen, Eier, Larven, Puppen und die adulten Tiere, profitieren von einem vermehrten Angebot an Futterkörperchen – wenn auch nicht entsprechend gleich stark. Lag die mittlere Individuenzahl in der Kontrollgruppe unter 1 500, so lag der entsprechende Wert hier bei 1 800. Im Vergleich zur Kontrollgruppe sind deutlich mehr Ameisen vorhanden, aber auch die Anzahl der Larven ist deutlich gestiegen. Die Anzahl der Eier und Puppenstadien vermehrte sich nur geringfügig. Ein Entfernen der Futterkörperchen wirkt sich – im Vergleich zu Kontrollgruppe – in einer drastischen Verminderung aller frühen Vermehrungsstadien aus. Auch die Anzahl der adulten Ameisen geht zurück, wenn auch nicht so stark wie bei Eiern, Larven und Puppen. Die mittlere Individuenzahl liegt hier nur noch bei knapp 900. Damit belegen die ermittelten Versuchsergebnisse eindeutig, welche Bedeutung die Futterkörperchen der Ameisenpflanzen für die Insektenkolonien haben.

III.2 *Achten Sie bei der Bearbeitung der Aufgabenstellung darauf, dass hier von Ihnen keine Entscheidung ob, sondern eine Begründung, warum es sich bei dieser Lebensgemeinschaft um eine Symbiose handelt, verlangt wird. Es ist sinnvoll, zunächst mit der Definition zu beginnen, die einzelnen Komponenten einer Symbiose anzusprechen und diese dann nacheinander abzuarbeiten.*
Bei der abschließenden Diskussion des Kosten-Nutzen-Aspekts sollten Sie am Ende Ihrer Darstellung mit einfließen lassen, dass eine fundierte Entscheidung bei der gegebenen Materiallage nicht möglich ist.

Für symbiotische Lebensgemeinschaften ist es charakteristisch, dass es sich bei den Partnern a) um Lebewesen handelt, die nicht derselben Art angehören und das Zusammenleben sowohl b) für beide vorteilhaft ist als auch c) räumlich eng beieinander geschieht. In diesem Sinne handelt es sich bei der Koloniebildung von *Crematogaster* auf den Ameisenpflanzen der Gattung *Macaranga* eindeutig um eine Symbiose. Dies kann anhand der folgenden Überlegungen verifiziert werden.

a Da es sich hier um eine Pflanze und eine tierische Lebensform handelt, welche zusammenleben, kann dieser Punkt der Definition als erfüllt gelten.

b Auch das Zusammenleben gestaltet sich sowohl für die Ameisen als auch für die Ameisenbäume vorteilhaft. Mit den *Macaranga*-Arten erhalten die Insekten einen geschützten Lebensraum mit „Wohnmöglichkeit" in und an den Bäumen angeboten. Unmittelbar in ihrem Lebensraum wird den Tieren Nahrung in Form der Futterkörperchen präsentiert, wobei die Nahrung nicht nur energiereich, sondern vor allem reich an Proteinen und Lipiden ist (Tabelle 2). Dies ist die Grundvoraussetzung dafür, dass *Crematogaster* auf den Ameisenpflanzen Kolonien errichten und diese auch ausbauen kann. Die zu beobachtende Vermehrung vor allem der adulten Tiere und Larven, d. h. der sich einstellende Fortpflanzungserfolg bei günstiger Futterlage, ist hierfür ein Indiz (Abb. 2). Für die Ameisenpflanzen ist das Zusammenleben mit den Insekten ebenfalls Erfolg versprechend. Der entscheidende Aspekt ist hierbei, dass die Ameisen ihren „Nahrung spendenden Wohnraum" von Schädlingen der Ameisenpflanzen befreien. Sowohl direkte Fressfeinde – wie z. B. Raupen – werden vertrieben als auch zukünftige Herbivoren vor dem Schlüpfen mit den Eiern entfernt (Tabelle 1). Darüber hinaus verhindern die Ameisen auch, dass Ranken sich um den Baum winden können. Die Ausläufer der Schlingpflanzen werden von den Insekten unmittelbar gekappt, sobald sie ihren Wohnbaum berühren (Material A). Dies bedeutet für die Pflanzen, dass sich ihr Wachstum – verglichen mit Exemplaren ohne Ameisen als Symbionten – entscheidend steigern kann. Das relative Blattwachstum ist unter Symbiosebedingungen deutlich besser als es ohne ein Zusammenleben mit den Ameisen wäre (Abb. 1).

c Da die Ameisen ihre Kolonien direkt auf und in den Bäumen der Gattung *Macaranga* anlegen und damit unmittelbar auf der Pflanze ihren Lebensraum haben, kann auch das letzte Kriterium, das für eine symbiotische Beziehung spricht, als erfüllt gelten.

Grundsätzlich müssen alle Leistungen, die jeder der beiden Partner innerhalb der Partnerschaft erbringt, aufgerechnet werden gegen den Aufwand, den ihn diese Leistungen selber kosten. Betrachtet man nun das Zusammenleben von Ameisen und Ameisenbaum unter diesem Kosten-Nutzen-Aspekt, so lässt sich Folgendes feststellen: Es ist zu vermuten, dass die Produktion der Futterkörperchen, mit denen die Ameisen auf den Pflanzen gehalten werden, die *Macaranga*-Arten einiges an Energie und Material kostet. Dies geschieht auf Kosten der Vermehrung der Blattsubstanz und des Ausbaus reproduktiver Leistungen. Darüber hinaus ist ggf. auch die Stabilität der Pflanze beeinträchtigt, wenn die Ameisen in ihrem Inneren Kolonien anlegen und dafür Hohlräume geschaffen werden müssen. Aber auch die Ameisen „zahlen in diese Partnerschaft ein". Das „Beschützen" ihrer Wirtspflanze vor Fressfeinden erfordert einen gewissen Energiebetrag, welcher der Kolonie für andere, arterhaltende Leistungen nicht mehr zu Verfügung steht. Auch die Maßnahmen, die von den Insekten getroffen werden, um Schlingpflanzen von ihrem Lebensraum fernzuhalten, fordern auf Seiten von *Crematogaster* einen Energieeinsatz, der für andere Aktivitäten zugunsten der Kolonie verloren ist.

Anhand der vorgegebenen Materialien ist es aber nicht möglich zu entscheiden, ob einer der beiden Symbiosepartner in Bezug auf den Kosten-Nutzen-Aspekt mehr in die Partnerschaft einbringt als der andere.

III.3 *Halten Sie sich bei Ihrer Bearbeitung am Besten an die in der Aufgabenstellung vorgegebene Reihenfolge: Zusammenfassung der Aussagen, anschließend Erläuterung des Regelmechanismus, abschließend Kosten-Nutzen-Abwägung dieses Regulationsvorgangs. Auch hier kann bei der Bearbeitung von Abbildung 4 ein zusätzliches Einfügen von horizontalen Hilfslinien das Ermitteln konkreter Zahlenwerte erleichtern. Die Darstellung in Abbildung 6 kann auf den ersten Blick etwas verwirrend erscheinen, denn sie enthält sehr viele Informationen. Daher muss es Ihre erste Aufgabe sein, sich einen Überblick zu verschaffen und dann in einem zweiten Schritt, die einzelnen Informationen der Symbole und Aussagen der Diagramme zueinander in Beziehung zu setzen. Für eine Beschreibung, die konkrete Aussagen über die Veränderung in den Balkendiagrammen erlaubt, ist es notwendig, selber Zahlenwerte zu definieren. Hierbei ist es sinnvoll, die Höhe der Balken von Nektar-Produktion und Jasmonsäure-Konzentration in der ersten Darstellung jeweils mit 1 zu definieren. Alle weiteren Veränderungen der Balkenhöhe können Sie dann auf diesen „Ausgangswert" beziehen. Achten Sie bei der Bearbeitung darauf, dass eine Entwicklung in zeitlicher Reihenfolge dargestellt ist. Wenn Sie systematisch und schrittweise vorgehen, dürfte die von Ihnen geforderte Bearbeitung Sie nicht vor unüberwindbare Hürden stellen.*

Die Experimente in Material D, bei denen 30 Ameisenpflanzen durch gezielte Eingriffe beeinträchtigt wurden, können wie folgt zusammengefasst werden. Alle Versuchsergebnisse lassen klar erkennen, dass die *Macaranga tanarius*-Pflanzen auf Manipulationen, die für die Ameisenpflanzen mit einer Bedrohung ihrer Existenz gleich gesetzt werden, mit einer deutlich erhöhten Ausschüttung von Nektar reagieren (Abb. 3). Wie zu erwarten war, konnten bei den unbehandelten Pflanzen und denjenigen Pflanzen, die nur mit dem Lösungsmittel, in dem die Jasmonsäure gelöst wird, besprüht wurden (Kontrollgruppen), keine Veränderungen in der Produktion des zuckerhaltigen Pflanzensaftes festgestellt werden. Ein künstlich herbeigeführter Schaden (Löcher in den Pflanzen) und ein Besprühen der Ameisenpflanzen mit Jasmonsäure führt fast zu einer Versechsfachung der produzierten Nektarmenge. Ein tatsächlich durch Insekten verursachter Fraß hingegen bewirkt lediglich eine relative Änderung der Nektarmenge um 200 Prozent.
In einer weiteren Untersuchung wurden die Ameisenpflanzen im einem Fall mit Jasmonsäure besprüht bzw. im anderen künstlich beschädigt (Abb. 4). Die anschließende Ermittlung der danach eingetretenen Fraßschäden erbrachte in beiden Fällen, dass der prozentuale Fraßschaden an der Blattfläche unter einem Prozent (Säurebehandlung) bzw. bei einem Prozent (Beschädigung) lag. Im Vergleich hierzu verzeichneten die Ameisenpflanzen der Kontrollgruppe einen beträchtlichen Fraßschaden von fast 9 %.
Abbildung 5 zeigt die Ergebnisse einer weiteren Versuchsreihe, in deren Verlauf das Vorkommen Nektar suchender Vertreter – so z. B. Ameisen – und räuberisch lebender Insekten auf Ameisenpflanzen unter bestimmten Bedingungen untersucht wurde. Eine Gruppe der Pflanzen war mit Jasmonsäure behandelt

worden, eine Kontrollgruppe nicht. Es zeigte sich, dass bei denjenigen Versuchspflanzen, die eine Behandlung mit Jasmonsäure erhalten hatten, sich sowohl die Anzahl der räuberischen (220 Tiere) als auch die der Nektar suchenden Insekten (300 Tiere) gegenüber der jeweiligen Kontrollgruppe (50 bzw. 25 Tiere) deutlich erhöht hatte.

Nachdem in den zuvor analysierten Experimenten u. a. die Bedingungen analysiert wurden, unter denen Nektar produziert wird, verdeutlicht die Untersuchung in Abbildung 6, wie die Regulation der Blattnektar-Produktion von Ameisenpflanzen funktioniert und welche Wechselwirkungen dabei auftreten. Unter normalen Bedingungen wird in der Ameisenpflanze nur wenig Jasmonsäure produziert. Sobald die Pflanze von Herbivoren, in diesem Fall Raupen, befallen wird, geschieht Folgendes: Als Erstes steigt der Jasmonsäure-Gehalt im Gewebe – im Bezug auf den Ausgangszustand – auf das 3,5-fache an; die Menge des produzierten Blattnektars vermehrt sich nur geringfügig. Dies ändert sich aber, wenn die Konzentration an Jasmonsäure auf das mehr als 4-fache ansteigt. Nun erfolgt eine sprunghafte Steigerung der Blattnektar-Produktion auf das mehr als 9-fache des Ausgangswertes, verbunden mit einer Vermehrung der Futterkörperchen auf das 2,3-fache. Die Folge dieses vermehrten Angebots an Futter ist, dass mehr Ameisen die Pflanze besuchen - ihre Anzahl vermehrt sich auf das 2,5-fache. Die Menge an Jasmonsäure steigert sich unter diesen Stressbedingungen für die Pflanze nochmals auf das dann 4,25-fache des Wertes vor der Attacke durch die Fressfeinde. Die Menge an Blattnektar bleibt annähernd gleich, obwohl sich die Menge der Futterkörperchen nochmals auf das dann 2,6-fache des Normalfalls erhöht. In diesem Stadium beginnt die Ameisenpflanze, neue Blattknospen anzulegen. Zu diesem Zeitpunkt kann nun zweierlei geschehen, was aus der Darstellung nicht eindeutig hervorgeht. Zum einen können die Ameisen die eingedrungenen Raupen von ihrer Wirtspflanze vertreiben – was ihrem natürlichen Verhalten entspricht (siehe Material A). Zum anderen ist es aber auch denkbar, dass die Raupen zunächst weiter Blattmaterial auffressen und erst dann von den Ameisen vertrieben werden. In beiden Fällen muss die Pflanze das verloren gegangene Assimilationsgewebe wieder neu aufbauen, was aus den neu angelegten Knospen heraus geschieht. Besteht für die Ameisenpflanzen keine Gefahr mehr, weiter von Herbivoren geschädigt zu werden, fällt der Wert der im Gewebe vorhandenen Jasmonsäure fast bis auf den Ausgangswert hin ab. Auch die Menge des gebildeten Blattnektars sinkt auf den 7,5-fachen Wert und die Anzahl der Futterkörperchen wird auf die Menge vor der Fraßattacke zurückgeführt – obwohl zunächst noch 2,5-mal so viele Ameisen wie im Normalfall die Pflanze besiedeln. Auch ihre Zahl geht im Folgenden wieder auf den Normalwert zurück, sobald das zusätzliche Futterangebot in Form des Blattnektars nicht mehr gebildet wird. Damit ist der Ausgangszustand wieder erreicht und die Ameisenpflanze kann damit fortfahren, neues Blattmaterial aufzubauen.

Die biologische Funktion dieses ausgeklügelten Regulationsmechanismus liegt auf der Hand. Sie besteht darin den Aufwand zu minimieren, der von den Ameisenpflanzen betrieben werden muss, um im Bedarfsfall Herbivoren von ihren Blättern vertreiben zu lassen. Dadurch, dass die Pflanzen immer nur dann Substanzen – seien es Jasmonsäure, Blattnektar oder Futterkörperchen – produzieren, wenn diese benötigt werden, ist die Energiebilanz in einem solchen Fall äußerst günstig. Eine unnötige Mehrproduktion und damit die Vergeudung wertvoller (Energie-)Reserven unterbleibt. Andererseits ist im Bedarfsfall die schnelle und mengenmäßig umfangreiche Produktion der oben angesprochenen Substanzen dann wiederum effektiv, um schnell viele Ameisen anzulocken, welche sodann die Fressfeinde vertreiben und damit das Über- und Weiterleben der Ameisenpflanzen sichern.

Leistungskurs Biologie (NRW) – Abitur-Prüfung 2009
Aufgabe 1: Evolution/Genetik

Aufgabenstellung:

Thema: Artbildung vor unserer Haustüre?

I.1 Fassen Sie die Ergebnisse der Untersuchungen in Material B zusammen und erklären Sie die spezifischen Angepasstheiten der in stehenden Gewässern lebenden Feuersalamanderlarven im Kottenforst (Material A und B). (24 Punkte)

I.2 Beschreiben Sie die wesentlichen Aussagen der Abbildung 3 (Material C) und werten Sie die Ergebnisse aus. (16 Punkte)

I.3 Analysieren Sie, welche Informationen über die beiden Feuersalamander-Typen im Kottenforst (Material B und C) eher auf die Anfangsphase eines Artbildungsprozesses hinweisen als auf eine individuelle Reaktion auf Umweltbedingungen. (14 Punkte)

I.4 Entwickeln Sie unter Berücksichtigung des Materials D Hypothesen über die Mechanismen des Artbildungsprozesses bei den Feuersalamandern im Kottenforst. Erläutern Sie die Bedeutung der aktuellen Forschungsvorhaben für die weitere Klärung des Mechanismus, der dem möglichen Artbildungsprozess zugrunde liegt (Material D). (12 Punkte)

Material A: Feuersalamander-Populationen im Kottenforst bei Bonn und in der Eifel

In Mitteleuropa ist der Feuersalamander ein klassischer Bewohner der bewaldeten Mittelgebirge. Die Paarung findet an Land statt. Nach der Befruchtung entwickeln sich die Eier innerhalb des weiblichen Körpers bis zum Larvenstadium. Die Larven werden dann typischerweise in sauerstoffreichen, permanent wasserführenden Bächen abgesetzt. Bis zum Abschluss der Larvenphase sind die Feuersalamander somit auf Wasser existenziell angewiesen. Erwachsene Feuersalamander leben an Land. Ihr Aktionsradius kann sich in geeigneten Wäldern durchaus über einen halben bis zu mehr als zwei Quadratkilometer erstrecken.
In manchen Gebieten Deutschlands besiedelt der Feuersalamander aber auch Habitate, in denen nur selten permanent wasserführende Bäche vorkommen. Er setzt seine Larven dort in stehenden Gewässern ab, wie z. B. in wassergefüllten Wagenspuren oder in Pfützen, die nur zeitweise Wasser enthalten (temporäre stehende Gewässer). Die biotischen und abiotischen Faktoren zwischen Gebirgsbächen und temporären stehenden Gewässern unterscheiden sich beträchtlich. Vor allem die Gefahr der Austrocknung während langer Trockenperioden und der permanent drohende Futtermangel in den temporären Gewässern stellen eine tödliche Gefahr für die Larven dar.

Im Kottenforst bei Bonn existieren beide Feuersalamander-Typen innerhalb eines geschlossenen Waldgebietes auf engem Raum ohne trennende Barrieren nebeneinander. Forscher gehen von der Hypothese aus, dass es sich bei dem Vorkommen der beiden Populationen im Kottenforst um einen Artbildungsprozess handeln könnte.

Material B: Freilanduntersuchungen und Laborversuche zur Larvenentwicklung von Feuersalamandern

Tabelle 1: Durchschnittliches Gewicht der Feuersalamanderlarven in mg beim Absetzen durch die Weibchen in das Wasser und bei der Metamorphose. Die Larven stammen aus stehenden Gewässern oder aus Bächen (Freilanduntersuchungen).

Herkunft der Larven	Durchschnittliches Gewicht beim Absetzten in das Wasser (in mg)	Durchschnittliches Gewicht bei der Metamorphose (in mg)
stehende Gewässer	184	772
Bäche	164	1 062

verändert nach: Weitere, Markus; Tautz, Diethard; Neumann, Dietrich; Steinfartz, Sebastian (2004). Adaptive divergence vs. Environmental plasticity: tracing local genetic adaptation of metamorphosis traits in salamanders. Molecular Ecology 13, S. 1668 und 1671

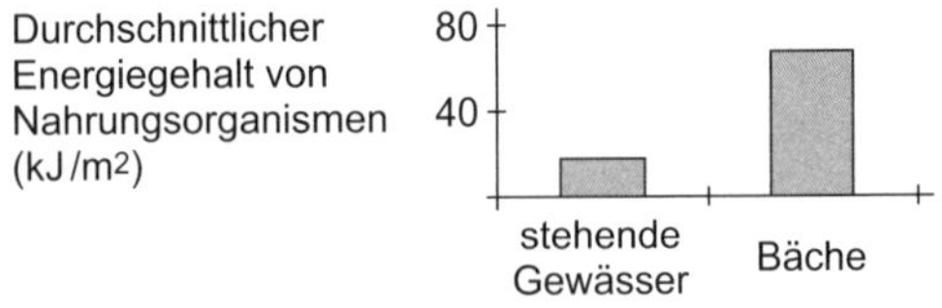

Abb. 1: Durchschnittliche Energiegehalte von Nahrungsorganismen der Feuersalamander in stehenden Gewässern und in Bächen. Angegeben sind die Energiegehalte (kJ) der Nahrungsorganismen bezogen auf die Wassersäule unter 1 m^2 Gewässeroberfläche.
nach: Weitere, Markus; Tautz, Diethard; Neumann, Dietrich; Steinfartz, Sebastian (2004). Adaptive divergence vs. Environmental plasticity: tracing local genetic adaptation of metamorphosis traits in salamanders. Molecular Ecology 13, S. 1670

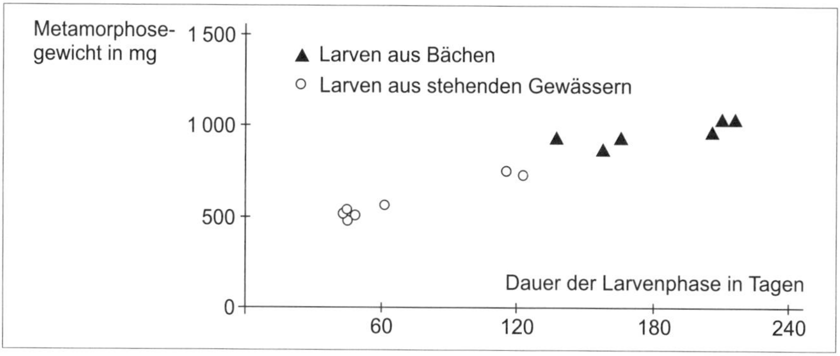

Abb. 2: Laborversuch zur Dauer der Larvenphase und zum Larvengewicht von Beginn der Larvenphase bis zur Umwandlung zum erwachsenen Tier (Metamorphose). Larven wurden, kurz nachdem sie von den Weibchen abgesetzt worden waren, aus stehenden Gewässern und aus Bächen entnommen und jeweils einzeln und unter konstanten Versuchsbedingungen im Labor gehalten. Angegeben sind Einzelwerte für jeweils eine Larve.
nach: Weitere, Markus; Tautz, Diethard; Neumann, Dietrich; Steinfartz, Sebastian (2004). Adaptive divergence vs. Environmental plasticity: tracing local genetic adaptation of metamorphosis traits in salamanders. Molecular Ecology 13, S. 1672

Material C: Molekulargenetische Daten zur Untersuchung der genetischen Ähnlichkeit von Feuersalamanderlarven

Über 1 000 Larven von Feuersalamandern aus dem Kottenforst und aus Wäldern der benachbarten Eifel wurden molekulargenetisch untersucht. In den Wäldern der benachbarten Eifel, wo die Landschaft von steilen Hängen und vielen Bächen geprägt ist, stehende Gewässer aber nur selten vorkommen, findet man ausschließlich Feuersalamander, deren Larven in Fließgewässern heranwachsen. Kottenforst und Eifel sind seit mindestens 200 Jahren durch landwirtschaftlich genutzte Flächen voneinander getrennt.

Die Ergebnisse aus Untersuchungen der mitochondrialen DNA zeigten, dass die heute lebenden Feuersalamander alle auf eine einzige Population zurückgehen, die nach der letzten Eiszeit, also vor etwa 6 000 bis 8 000 Jahren, das Gebiet wiederbesiedelt hat.

Um die aktuellen verwandtschaftlichen Beziehungen zu erfassen, wurden Methoden des genetischen Fingerabdrucks eingesetzt. Die Ergebnisse dieser Untersuchungen lassen sich relativ überschaubar, z. B. in sogenannten Ähnlichkeitsbäumen, grafisch darstellen (Abbildung 3). Jeder Punkt repräsentiert die genetischen Fingerabdrücke der Larven eines bestimmten Fundorts. Die Anordnung und die Verbindungslinien der Punkte spiegeln die Unterschiede zwischen den untersuchten DNA-Abschnitten wider: Je länger die Äste zwischen den Gabelungen, desto größer sind die Unterschiede. Alle Fundorte mit gleicher Markierung beheimaten Larven mit jeweils ähnlichen genetischen Fingerabdrücken, sodass man sie zu einem sogenannten genetischen Cluster zusammenfasst.

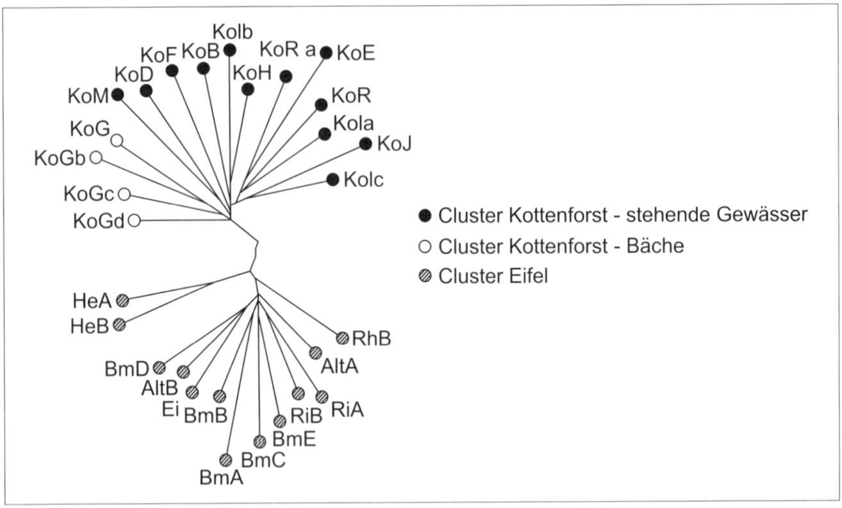

Abb. 3: Ähnlichkeitsbaum auf der Grundlage des genetischen Fingerabdruckes für die untersuchten Salamanderlarven von den unterschiedlichen Fundorten im Kottenforst und in der Eifel. Jede Buchstabenkombination bezeichnet einen Fundort, von dem jeweils zwischen 10 und 53 Larven in die Untersuchung einbezogen wurden.
nach: Steinfartz, Sebastian; Weitere, Markus; Tautz, Diethard (2007). Tracing the first step to speciation – ecological and genetic differentiation of a salamander population in a small forest. Molecular Ecology 16, S. 4555

Material D: Aktuelle Forschungsvorhaben an den Feuersalamander-Populationen des Kottenforstes

Die Feuersalamander-Populationen im Kottenforst bei Bonn wurden in abgeschlossenen Untersuchungen ökologisch und genetisch detailliert charakterisiert (siehe Material A bis C). Schwerpunkt der aktuellen Forschung auf diesem Gebiet ist nun die Klärung der zugrunde liegenden Mechanismen der vorgefundenen Differenzierung.

- Als ein möglicher Mechanismus wird die sogenannte „assortative Paarung“ diskutiert. Damit ist gemeint, dass sich Partner mit der gleichen „Vorliebe“ für das Laichgewässer bei der Paarung bevorzugen. Mit gezielten Partnerwahlexperimenten soll untersucht werden, ob eine solche „assortative Paarung“ tatsächlich vorliegt.
- Da sich die beiden Feuersalamander-Typen im äußeren Erscheinungsbild nicht deutlich unterscheiden lassen, sucht man nach Geruchsstoffkomponenten, die eine gegenseitige Erkennung der ökologisch-genetisch differenzierten Feuersalamander ermöglichen könnten.
- Die Analyse des Ausbreitungs- und Wanderverhaltens der Feuersalamander im Kottenforst mittels implantierter Sender soll im Rahmen von Fang-/Wiederfang-Studien Auskunft über die Mobilität der adulten Salamander in diesem Gebiet geben.

weitere Materialgrundlage:

Goldstein, D.B.; Pollock, D.D. (1997). Launching Microsatellites: A Review of Mutation Processes and Methods of Phylogenetic Inference. The Journal of Heredity 88 (5), 335–342

Haltenorth, Th. (1978). Säugetiere sowie Lurche und Kriechtiere. BLV Verlagsgesellschaft, München, 108 f.

Schulte, U.; Kuesters, D.; Steinfartz, Sebastian (2007). A PIT tag based analysis of annual movement patterns of adult fire salamanders (Salamandra salamandra) in a Middle European habitat. Amphibia-Reptilia 28, 531–536

Steinfartz, Sebastian, Persönliche Mitteilung (20. 06. 2008)

Steinfartz, Sebastian; Tautz, Diethard (2002). Vor unserer Haustüre entstehen neue Arten – Der Feuersalamander als ein natürliches Untersuchungsmodell der sympatrischen Artbildung. Praxis der Naturwissenschaften – Biologie in der Schule 7/51, 3–8

Steinfartz, Sebastian; Weitere, Markus; Tautz, Diethard (2007). Tracing the first step to speciation – ecological and genetic differentiation of a salamander population in a small forest. Molecular Ecology 16, 4550–4561

Weitere, Markus; Tautz, Diethard; Neumann, Dietrich; Steinfartz, Sebastian (2004). Adaptive divergence vs. environmental plasticity: tracing local genetic adaptation of metamorphosis traits in salamanders. Molecular Ecology 13, 1665–1677

http://www.uni-bielefeld.de/biologie/vhf/SF/ (05. 04. 2008)

http://www.scinexx.de/wissen-aktuell-7348-2007-11-06.html (05. 04. 2008)

http://www.uni-bielefeld.de/biologie/vhf/SF/Research_projects.html (31. 05. 2008)

Lösungsvorschlag

In der Aufgabe thematisierte Unterrichtsinhalte sind:
Genetischer Fingerabdruck, Beziehungen zwischen Organismengruppen und abiotischen Habitatfaktoren, Grundlagen evolutiver Veränderung, Genotypische Variabilität von Populationen, Fortpflanzungsstrategien, Analyse von Stammbaumbeziehungen, Synthetische Evolutionstheorie

I.1 *In dieser Teilaufgabe kommt es darauf an, dass Sie sich zunächst gründlich mit dem Text (Material A) auseinandersetzen, spezifische Textsignale erkennen und diese in Ihre Überlegungen zu Material B mit einbeziehen. Hier ist Textanalyse, nicht aber ausführliche Textwiedergabe gefragt! Bei Abb. 2 ist das Einziehen von Hilfslinien zum besseren Ermitteln einzelner Zahlenwerte ratsam.*

Im Kottenforst in Bonn existieren zwei Populationen von Feuersalamandern, die beide für ihre Larvenentwicklung auf Wasser angewiesen sind. Der eine Typ setzt seine Larven in permanent wasserführende Bäche ab, der andere in temporär stehende Gewässer wie Pfützen oder mit Wasser gefüllte Reifenspuren. Freilanduntersuchungen sowie Laborversuche zur Entwicklung der Larven dieser beiden Feuersalamander-Typen erbrachten das folgende Bild. Tabelle 1 verdeutlicht, dass sich sowohl die Werte für das Absetz-Gewicht als auch diejenigen für das Metamorphose-Gewicht bei den beiden Entwicklungstypen unterschieden. Obwohl die Larven, welche in stehenden Gewässern abgesetzt wurden, mit durchschnittlich 184 mg ein um ca. 11 % höheres Absetz-Gewicht als die in Bächen abgesetzten Larven (164 mg) aufwiesen, war ihr durchschnittliches Metamorphose-Gewicht mit 772 mg um mehr als 27 % geringer, als dasjenige der Larven aus Bächen (1 062 mg). Ein Erklärungsansatz für diesen Tatbestand liefert Abbildung 1. Hier ist der durchschnittliche Energiegehalt von Nahrungsorganismen des Feuersalamanders in stehenden Gewässern und Bächen angegeben. Die Zahlenwerte verdeutlichen, dass in stehenden Gewässern die spezifischen Nahrungsorganismen mit nicht ganz 20 kJ/m^2 deutlich weniger energiereich sind als in Bächen. Ihr Energiegehalt liegt mit fast 70 kJ/m^2 um 350 % höher. In Labor-Versuchen, in denen das Metamorphose-Gewicht in Abhängigkeit von der Dauer der Larvenphase untersucht wurde (Abb. 2), fanden die Forscher heraus, dass Larven, die aus stehenden Gewässern entnommen wurden, sich von solchen, die aus Bächen stammten, in beiden Parametern deutlich unterschieden. Beim Gewicht zum Zeitpunkt der Metamorphose lagen alle Werte der Tiere aus stehenden Gewässern unter denen der Exemplare, die aus Bächen stammten – und dies mit Werten um 500 bis maximal 750 mg z. T. sehr deutlich. Mit Werten von 800 bis knapp über 1 000 mg hatten die gerade ausgewachsenen Tiere, die aus dem Bach stammten, ein deutlich höheres Gewicht. Bei der Dauer der Larvenphase zeigte sich, dass die Zeitspanne, in der die Metamorphose erfolgte, bei den Tieren aus stehenden Gewässern zwischen 45 und etwas mehr als 120 Tagen lag. Larven aus Bächen dagegen schlossen ihre Entwicklung erst in einer Zeitspanne zwischen

135 und ca. 220 Tagen ab. Alle Experimente wurden unter exakt den gleichen Versuchsbedingungen durchgeführt. Betrachtet man nun die Zahlenwerte innerhalb der beiden Gruppen von Versuchstieren aus Abbildung 2 im Überblick, so ist die z. T. recht große Streuung sowohl in punkto Gewicht als auch in Bezug auf den Metamorphosezeitpunkt auffallend.
Die nicht in Bächen lebenden Feuersalamanderlarven zeigten spezifische Anpassungen im Hinblick auf ihren Lebensraum. Wie Abbildung 1 verdeutlich, kommen in temporär stehenden Gewässern nur Nahrungsorganismen vor, die keinen besonders hohen Energiegehalt aufweisen. Dieser Nahrungsknappheit begegneten die Tiere auf zweierlei Weise. Zum einen war das Gewicht, das die abgesetzten Larven aufwiesen, höher als das von Feuersalamanderlarven in Bächen. Zum anderen hatten sie eine deutlich kürzere Larvenzeit – was allerdings auch mit einem verminderten Gewicht zum Zeitpunkt der Metamorphose einherging. Die verkürzte Entwicklungszeit der Larven hat darüber hinaus den evolutionsbiologischen Vorteil, dass damit der Aufenthalt in den u. U. schnell austrocknenden Gewässern deutlich verkürzt wird. So können die Larven nach der Metamorphose schneller das Wasser verlassen – eine weitere Anpassung an ihre Umgebung, die ständig droht auszutrocknen.

I.2 *Lassen Sie sich durch die für Sie vielleicht ungewohnte Darstellung nicht verwirren! Lesen Sie sich zunächst aufmerksam den Begleittext in Material C durch. Anschließend versuchen Sie, die jeweiligen „je ... desto"-Beziehungen in der Abbildung 3 zu identifizieren und danach Verwandtschaften zuzuordnen. Bei der abschließenden Auswertung müssen Sie beides – Text und Grafik – miteinander verbinden.*

Die Methode des Genetischen Fingerabdrucks, welche hier zum Aufzeigen von Verwandtschaftsverhältnissen zwischen einzelnen Feuersalamander-Populationen angewandt wurde, führte zu eindeutigen Aussagen. Genetisch betrachtet ist die Population der Feuersalamander aus der Eifel (13er-Cluster) eindeutig von derjenigen aus dem Kottenforst (16er-Cluster) getrennt. Im Kottenforst gibt es wiederum zwei unterschiedliche Cluster; diese differieren untereinander aber nicht so stark, was die eng beieinander liegenden Verzweigungen in Abbildung 3 verdeutlichen. Es handelt sich dabei um vier Gruppen aus Bächen und 12 weiteren aus stehenden Gewässern, die jeweils eng miteinander verwandt sind.
Sowohl die Eifel- als auch die Kottenforst-Populationen gehen auf eine einzige Population zurück, welche vor 6 000 bis 8 000 Jahren nach Ende der letzten Eiszeit eine freie ökologische Großnische besiedelt hat. Seit gut 200 Jahren ist dieser Lebensraum aber nicht mehr einheitlich gestaltet. Landwirtschaftlich genutzte Flächen trennen seitdem die Eifel vom Gebiet des Kottenforstes. In diesen Habitaten ist es den Feuersalamandern nicht möglich zu leben. Aufgrund ihrer Ausdehnung können die vom Menschen landwirtschaftlich genutzten Flächen auch kaum umwandert werden. Zu Beginn des 19. Jahrhunderts wurden demnach die Tiere in zwei Teilpopulationen, die der Eifel und die des Kotten-

forstes, getrennt. Durch diese allopatrische Trennung führte die geografische Isolation zu den beiden Populationen, die sich heute genetisch deutlich von einander unterscheiden.

Betrachtet man die 16 Gruppen des Kottenforst-Clusters genauer, so kann für die Tiere, die ihre Larven in Bächen absetzen und solche, die dies in stehenden Gewässern tun, Folgendes festgehalten werden: Beide Populationsgruppen leben im selben Habitat, dem Kottenforst. Trotzdem scheint eine Paarung untereinander – obwohl räumlich und von ihrem Wanderverhalten her theoretisch möglich – seit längerer Zeit nicht mehr zu erfolgen. Die genetischen Unterschiede zwischen den untersuchten Individuen deuten klar darauf hin, dass ein Austausch von Allelen nicht mehr stattfindet. Beide Gruppen sind demnach sympatrisch voneinander getrennt.

I.3 *Achten Sie bei Ihrer Antwort darauf, dass in der Aufgabestellung eine klare Richtung für die Interpretation der Versuchsergebnisse aus Material B und C vorgegeben ist!*

Die beiden Feuersalamander-Typen, die im Kottenforst nebeneinander existieren, könnten auf dem Weg sein, sich endgültig in zwei unterschiedliche, eigenständige Arten zu entwickeln. Für die Auffassung, dass hier die Entwicklung zweier Arten „in statu nascendi" zu beobachten ist und es sich bei den im Kottenforst auftretenden Gruppen nicht nur um individuelle Reaktionstypen auf Umweltbedingungen handelt, sprechen mehrere Gründe: Geht man von der genetischen Seite aus, so verdeutlichen die Untersuchungen des Genetischen Fingerabdrucks, dass beide Feuersalamander-Typen innerhalb ihrer eigenen Gruppe homogene Cluster bilden, die an ihrer Basis deutlich voneinander abgegrenzt sind. Dies lässt darauf schließen, dass im Kottenforst, wenn überhaupt, nur noch sehr begrenzt Genfluss stattfindet. Eine reproduktive Isolation zwischen Individuen mit unterschiedlichem Verhalten, wie sie hier vermutet werden kann, ist der klare Hinweis auf den Beginn eines Artbildungsprozesses. Hinzu kommen die Befunde, welche in Laborexperimenten gewonnen werden konnten, denn sie widersprechen der These einer umweltbedingten Anpassung. Unter exakt gleichen Versuchsbedingungen, die den Faktor „Umwelt" ausschalten, verhalten sich die jeweiligen Feuersalamanderlarven so, wie sie es auch in der Natur tun. Exemplare aus Bächen haben eine längere, solche aus stehenden Gewässern eine deutlich kürzere Larvenzeit bis die Metamorphose eintritt. Dies beweist, dass das unterschiedliche Verhalten bei den beiden Feuersalamander-Typen genetischen Ursprungs sein muss.

I.4 *Bei der Bearbeitung der letzten Teilaufgabe müssen Sie auf alle von Ihnen gewonnene Erkenntnisse der vorherigen Aufgabenteile zurückgreifen. Diese sollten Sie anschließend sinnvoll mit den Darlegungen aus Material D kombinieren.*

Um Hypothesen über die Mechanismen des Artbildungsprozesses bei den Feuersalamandern im Kottenforst aufstellen zu können, ist es zunächst notwendig, sich die – z. T. bereits erwähnten – Grundbedingungen für die Aufspaltung einer Tierpopulation in zwei neue Arten vor Augen zu führen. Zu einer neuen Art kann es nur kommen, wenn sich einzelne Tiere der Feuersalamander-Population im weitesten Sinne phänotypisch, d. h. vom Aussehen und/oder Verhalten her von den anderen unterscheiden. Grundlage hierfür sind Mutationen – spontane, ungerichtete und vererbbare Veränderungen des genetischen Materials. Die genetisch bedingte Verhaltensänderung bestand in diesem Fall darin, dass einzelne Weibchen nicht mehr ausschließlich bzw. gar keine Bäche mehr zum Absetzen ihrer Larven nutzten. Wichtig war dabei, dass die Erfolgsaussichten für das Überleben der Feuersalamanderlarven gut waren, wenn die Weibchen stehende statt fließende Gewässer auswählten. Da die physiologischen und entwicklungsbiologischen Veränderungen innerhalb der Mutanten sehr umfangreich waren, müssen mehrere bis viele Mutationsereignisse stattgefunden und sich in einzelnen Tieren konzentriert haben. Diese Mutationen bzw. Mutanten mussten demnach einen Vorteil gehabt haben, da sie sich sonst nicht in Teilen der Feuersalamander-Population durchgesetzt hätten. Ein Selektionsvorteil könnte gewesen sein, dass nur die Mutationsträger in der Lage waren, die im Kottenforst vorhandenen stehenden Gewässer zu nutzen, nicht aber die übrigen Feuersalamanderweibchen. Indem sie eine – für die Fortpflanzung bislang ungenutzte – ökologische Nische besiedelten, konnten sich die mutierten Tiere dem intraspezifischen Konkurrenzdruck bezüglich des Laichgewässers entziehen. In der Eifel und ihren dortigen Landschaftsformen kommen stehende Gewässer weitaus seltener vor als im Kottenforst. Natürlich könnten entsprechende Mutationen auch in der Eifel stattgefunden, sich aber aufgrund des Mangels an stehenden Gewässern nicht durchsetzen haben. Da nicht genau bekannt ist, seit wann die Lurche das veränderte Verhalten im Kottenforst zeigen – dies kann aufgrund der bereits fortgeschrittenen genetischen Absonderung (siehe Material C) schon sehr lange der Fall sein – ist auch eine andere Erklärung für das Vorhandensein von Tieren mit abweichendem Verhalten im Kottenforst möglich: die Einwanderungs-Hypothese. Feuersalamander besitzen einen großen Aktionsradius, der bis zu zwei km^2 betragen kann. Daher ist es theoretisch auch möglich, dass Tiere mit den entsprechenden Fähigkeiten von außerhalb in den Kottenforst einwanderten. Dort fanden sie geeignete, fortpflanzungsbiologisch unbesetzte Nischen vor und konnten sich so neben der dort bereits existieren Feuersalamander-Population ansiedeln.

Um zu klären, auf welchen evolutionsbiologischen Grundlagen die im Kottenforst vorgefundenen Differenzierungen beruhen, werden momentan verschiedene Überlegungen verfolgt. Ausgangspunkt für diese Untersuchungsansätze ist die Tatsache, dass die Feuersalamander im Kottenforst in einem geschlossenen Siedlungsgebiet leben. Da gegenwärtig keine geografischen Mechanismen erkennbar sind, durch welche die Feuersalamander-Typen im Waldgebiet voneinander getrennt sind, muss es sich bei ihrer Aufspaltung um eine sympatrische Artbildung handeln. Dieser Form, die ohne geografische Trennung auskommt, müssen andere separierende Mechanismen zugrunde liegen, so vor allem die assortative Paarung. Dieser Mechanismus, der auf der Partnerwahl von Individuen beruht, die jeweils die gleiche „Vorliebe" für das spezielle Laichgewässer aufweisen, wird gerade experimentell für die Feuersalamander überprüft. Potenzielle Sexualpartner, die die gleiche Neigung für das Laichgewässer haben, müssen sich im Vorfeld der Paarung aber auch erkennen können. Dabei scheiden optische Erkennungsmerkmale weitgehend aus, da sich die Lurche phänotypisch kaum unterscheiden. Olfaktorische Signale zu untersuchen ist deshalb konsequent zumal im Tierreich eine Partnererkennung über Geruchsstoffkomponenten sehr häufig ist. Eine weitere Möglichkeit zur gegenseitigen Erkennung, die ebenfalls überprüft werden sollte, ist eine Veränderung des Balzverhaltens, wobei spezifische veränderte Schlüsselreize eine Rolle spielen. Auch eine Analyse des Ausbreitungs- und Wanderverhaltens der Feuersalamander im Kottenforst kann bei der Aufklärung des hier vorliegenden Artbildungsprozesses hilfreich sein. Mithilfe von implantierten Sendern kann herausgefunden werden, ob beispielsweise die Tiere, welche spezifische Laichgewässer bevorzugen, auch mit Vorliebe dort oder in deren Nähe aufhalten. Dies wäre ein deutliches Indiz dafür, dass sich die Population in zwei getrennte Feuersalamander-Typen aufspaltet, denn wenn die Tiere nur noch mit „ihresgleichen" in Kontakt kommen, wird die Wahrscheinlichkeit der Paarung mit einem Lurch des anderen Typs verringert.

Leistungskurs Biologie (NRW) – Abitur-Prüfung 2009
Aufgabe 2: Genetik

Aufgabenstellung:

Thema: Adipositas (Fettleibigkeit)

II.1 Beschreiben Sie das Ziel und den Ablauf der Polymerase-Kettenreaktion, und beziehen Sie dabei die Abbildung 1 in Material A ein. (12 Punkte)

II.2 Ermitteln Sie die Art der aufgetretenen Mutationen auf dem codogenen Strang der DNA für die drei Fallbeispiele, indem Sie von der mRNA auf die DNA zurückschließen. Leiten Sie die Aminosäuresequenz der gebildeten Proteine ab (Material B, E). Entwickeln Sie pro Fallbeispiel eine Hypothese, wie sich die Mutation auf die Struktur und die Funktion der gebildeten Proteine auswirken wird. (21 Punkte)

II.3 Stellen Sie die Regulation der Nahrungsaufnahme (Material C) unter Berücksichtigung der unterschiedlichen Körperregionen in einer Skizze dar. Erklären Sie für jeden der drei Patienten (Material B), ob eine regelmäßige Injektion von Leptin oder MSH als Therapie bei Fettleibigkeit geeignet ist. (21 Punkte)

II.4 Erörtern Sie am Fall der Familie Smith, welche Probleme bzw. welche Handlungsmöglichkeiten sich aus dem positiven Gentest ergeben könnten (Material D). (12 Punkte)

Material A: Polymerase-Kettenreaktion

Adipositas (Fettleibigkeit) hat weltweit zugenommen und entwickelt sich vor allem in den Industrienationen zu einem zentralen Gesundheitsproblem. Studien an eineiigen Zwillingen haben gezeigt, dass Fettleibigkeit teilweise erblich bedingt ist.

Weltweit arbeiten Forschergruppen an der Untersuchung des Einflusses von Mutationen auf die Ausbildung der Fettleibigkeit. Geläufige Methoden zur Durchführung der notwendigen Mutationsscreenings (diesbezügliche Untersuchungen vieler Testpersonen) sind dabei eine Kombination der Polymerase-Kettenreaktion (PCR/Polymerase Chain Reaction) und unterschiedlicher Methoden zur Untersuchung bzw. Sequenzierung der jeweiligen DNA-Abschnitte.

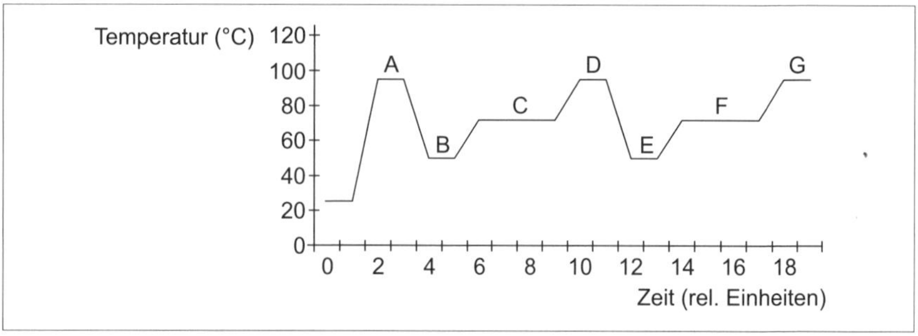

Abb. 1: Phasen der Polymerase-Kettenreaktion

Material B: Genmutationen im Leptin-Gen, POMC-Gen und MC4-Rezeptor-Gen

Im Folgenden sind Einzelfälle aus der Vielzahl der unterschiedlichen Variationen von genetisch mitbedingter Fettleibigkeit dargestellt. (Genauere Erklärung der Gene und ihrer Funktion siehe auch Material C)

Fall 1: Mutation im Leptin-Gen
Die folgende seltene Mutation im Leptin-Gen trat bei zwei übergewichtigen Kindern einer pakistanischen Familie auf. Dargestellt ist ein relevanter Ausschnitt der Basensequenz des mRNA-Stranges des Leptin-Gens. Die erste Base ist auch die erste Base eines Tripletts.
mRNA des Normalallels: 5' ... UGG GGG GUG U.. 3'
mRNA des mutierten Allels: 5' ... UGG GGG UGU ... 3'

Fall 2: Mutation im POMC-Gen
Das Exon 3 des POMC-Gens ist unter anderem verantwortlich für die Bildung von MSH. Bei einer übergewichtigen 16 Jahre alten Patientin wurde folgende Mutation in diesem Abschnitt des POMC-Gens nachgewiesen. Dargestellt ist ein relevanter Ausschnitt der Basensequenz des mRNA-Stranges. Die erste Base ist auch die erste Base eines Tripletts.
mRNA des Normalallels: 5' ... GAC CUG GAG CAC 3'
mRNA des mutierten Allels: 5' ... GAC CUG UAG CAC 3'

Fall 3: Mutation im MC4-Rezeptor-Gen
Die folgende Mutation wurde im MC4-Rezeptor-Gen bei einem übergewichtigen 23 Jahre alten Mann nachgewiesen. Dargestellt ist ein relevanter Ausschnitt der Basensequenz des mRNA-Stranges. Die erste Base ist auch die erste Base des Tripletts.
mRNA des Normalallels: 5' ... AAG CGG GUU ... 3'
mRNA des mutierten Allels: 5' ... AAG CGG AUU ... 3'

Material C: Regulation der Nahrungsaufnahme (vereinfachte Darstellung)

Die Nahrungsaufnahme wird von einer vorgeschalteten und einer nachgeschalteten Region des Hypothalamus, einem Bereich des Zwischenhirns, reguliert. Man nimmt heute an, dass die Regulation vereinfacht wie folgt abläuft:

Im Körperfettgewebe des Menschen ist das Leptin-Gen aktiv. Dieses codiert das Protein Leptin. Leptin fungiert langfristig regulierend bei der Nahrungsaufnahme. Je mehr Fett in den Fettzellen enthalten ist, d. h., je höher der Energievorrat ist, desto häufiger wird das Leptin-Gen transkribiert. Dementsprechend wird dann mehr Leptin in das Blut abgegeben. Über das Blut gelangt das Leptin vom Fettgewebe zur vorgeschalteten Region des Hypothalamus und bindet dort an ein spezifisches Rezeptorprotein der Nervenzellmembran, den Leptin-Rezeptor.

Dadurch wird in diesen Nervenzellen das sogenannte POMC-Gen verstärkt transkribiert; dieses bildet eine Vorstufe, das Protein POMC. Aus diesem Vorläuferprotein entsteht in den Nervenzellen unter anderem MSH, ein Überträgerstoff, der von diesen Nervenzellen zur Erregungsweiterleitung abgegeben wird. Das MSH bindet an spezifische MC4-Rezeptorproteine in der Zellmembran von Nervenzellen in der nachgeschalteten Region des Hypothalamus. Diese Nervenzellen leiten Impulse weiter, die letztlich eine Hemmung des Appetits und damit eine Reduktion der Nahrungsaufnahme auslösen.

Ein Ansatz zur Therapie der Fettleibigkeit ist die regelmäßige Injektion von Leptin oder MSH.

Material D: Molekulargenetische Diagnostik der Fettleibigkeit

Die Eltern Smith nehmen eine genetische Familienberatung in Anspruch, da sie die Sorge haben, dass ihr einziges Kind (2 Jahre alt) fettleibig werden könnte. Frau Smith entstammt einer Familie, in der immer wieder Fälle von Fettleibigkeit aufgetreten waren. Sie lassen deshalb die DNA ihres Kindes auf eine genetische Veranlagung für Adipositas untersuchen. Der Gentest fällt positiv aus; es besteht die Gefahr der Ausbildung einer genetisch mitbedingten Fettleibigkeit.
Da die Erforschung der Zusammenhänge zu dieser Erkrankung noch in den Kinderschuhen steckt, wird der Familie keine klare Aussage zum Risiko und zum Ausmaß der Ausprägung der Krankheit gegeben.

Hinsichtlich der Konsequenzen möchte Herr Smith, dass sofort der Lebenswandel des Kindes geändert wird und medizinische Maßnahmen angegangen werden. Frau Smith verweist darauf, dass trotz Fettleibigkeit Mitglieder der Familie ein glückliches Leben führen.

Material E: Codesonne und Tabelle zum genetischen Code

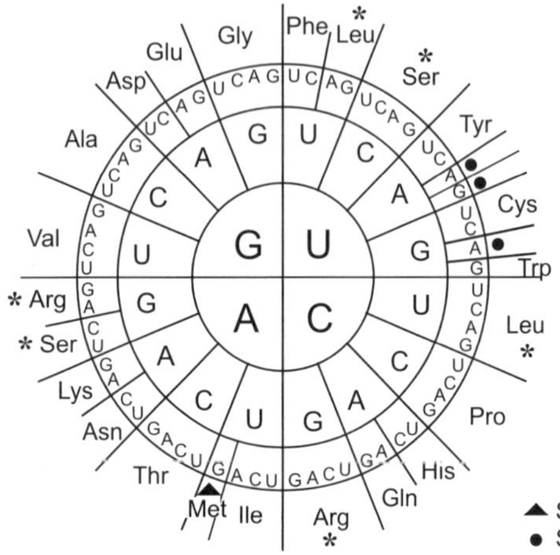

Ala	Alanin	Arg	Arginin
Asn	Asparagin	Asp	Asparaginsäure
Cys	Cystein	Gln	Glutamin
Glu	Glutaminsäure	Gly	Glycin
His	Histidin	Ile	Isoleucin
Leu	Leucin	Lys	Lysin
Met	Methionin	Phe	Phenylalanin
Pro	Prolin	Ser	Serin
Thr	Threonin	Trp	Tryptophan
Tyr	Tyrosin	Val	Valin

▲ Start-Codon
● Stopp-Codon
* zweimal auftretende Aminosäure

Erste Base	Zweite Base				Dritte Base
5'	**U**	**C**	**A**	**G**	**3'**
U	Phe	Ser	Tyr	Cys	**U**
	Phe	Ser	Tyr	Cys	**C**
	Leu	Ser	Stopp	Stopp	**A**
	Leu	Ser	Stopp	Trp	**G**
C	Leu	Pro	His	Arg	**U**
	Leu	Pro	His	Arg	**C**
	Leu	Pro	Gln	Arg	**A**
	Leu	Pro	Gln	Arg	**G**
A	Ile	Thr	Asn	Ser	**U**
	Ile	Thr	Asn	Ser	**C**
	Ile	Thr	Lys	Arg	**A**
	Met (Start)	Thr	Lys	Arg	**G**
G	Val	Ala	Asp	Gly	**U**
	Val	Ala	Asp	Gly	**C**
	Val	Ala	Glu	Gly	**A**
	Val	Ala	Glu	Gly	**G**

weitere Materialgrundlage:

Feldmann, D. (2005). Untersuchung zu Mutationen in Kandidatengenen für die Adipositas in einem Kollektiv von Patienten mit extremem Übergewicht.
Inaugural-Dissertation, Julius-Maximilian-Universität Würzburg, 46 ff.

Gibson, W. et al. (2004). Congenital Leptin Deficiency Due to Homozygosity for the 133G Mutation: Report of Another Case and Evaluation of Response to Four Years of Leptin Therapy.
The Journal of Clinical Endocrinology & Metabolism 89, No. 10, 4821–4826

Hebebrand, J. et al. (2006). Gene, die wahren Dickmacher.
Biologie in unserer Zeit 36 (4), 208–210

Hebebrand, J. (2005). Genetische Faktoren der Adipositas im Kindes- und Jugendalter.
Praxis der Naturwissenschaften Biologie 54 (8), 8–11

Hebebrand, J. et al. (2005). Genetik und Gen-Umwelt-Interaktionen.
In: Wabitsch, M. et al. Adipositas bei Kindern und Jugendlichen,
Springer-Verlag, Berlin, 27–36

Nottebom, K. (2003). Mutationsanalyse des Pro-Opiomelanocortin-Gens bei extrem adipösen Kindern und Jugendlichen.
Inaugural-Dissertation, Philipps-Universität Marburg, 7 ff.

Lösungsvorschlag

In der Aufgabe thematisierte Unterrichtsinhalte sind:
Replikation, Proteinbiosynthese, Mutation, Regulation der Genaktivität, PCR

II.1 *Hier ist zunächst eine rein reproduktive Wiedergabe des Ablaufs der Polymerase-Kettenreaktion anhand der Abbildung 1 in Material A erforderlich. Dabei sollten Sie in der Beschreibung die einzelnen Buchstaben Ihren Aussagen zuordnen. Beginnen Sie Ihre Darstellung mit einem kurzen Überblick über den Gesamtprozess!*

Die PCR ist eine molekularbiologische Arbeitsmethode zur exakten Analyse von DNA. Mit diesem Verfahren können gezielt spezifische DNA-Abschnitte in einem Reaktionsgefäß identisch vermehrt werden. Diesen Vorgang bezeichnet man auch als in-vitro-Amplifikation („gezielte Vermehrung von DNA-Sequenzen im Glase"). Damit lassen sich selbst kleinste Mengen an DNA in kurzer Zeit für weitere Analysezwecke vermehren. In Abbildung 1 ist der typische Verlauf dieser in-vitro-Amplifikation dargestellt. Auf der Ordinate (y-Achse) ist die Temperatur in °C aufgetragen, auf der Abszisse (x-Achse) die Zeit in relativen Einheiten. Zunächst werden die zu vervielfältigenden DNA-Stücke auf annähernd 100 °C erhitzt. Daraus resultiert eine Denaturierung der DNA in Einzelstränge (A). Dann können sich nach Absenkung der Temperatur auf ca. 50 °C (B) spezifische PCR-Primer nach der Komplementaritätsregel an die Einzelstränge anlagern. Im dritten Schritt (C) erfolgt bei ca. 75 °C – ausgehend von den Primern – die Anlagerung von freien, komplementären Nukleotiden an die Einzelstränge, welche dadurch zu DNA-Doppelsträngen ergänzt werden. Nun liegt doppelt so viel genetisches Material wie zu Beginn der PCR vor. Von nun an wiederholt sich der Prozess, beginnend mit einer erneuten Temperaturanhebung auf annähernd 100 °C (D = A), ein zweites Mal, wobei am Ende die vierfache Menge an DNA vorliegt. Die Abschnitte E bis G deuten in der Abbildung an, dass die PCR noch weitere Male durchlaufen bis schließlich genügend genetisches Material für eine Sequenzierung vorhanden ist.

II.2 *Bei der Bearbeitung dieser Teilaufgabe kommt es nur auf die molekulargenetischen Grundlagen der jeweiligen Mutationen an. Stellen Sie diese schrittweise und gegliedert dar. Denken Sie bei Ihrer Arbeit mit der Codesonne daran, dass diese von innen (5') nach außen (3') gelesen wird.*

Sowohl beim Leptin-Gen als auch beim POMC- und beim MC4-Rezeptor-Gen handelt es sich bei der jeweiligen molekulargenetischen Veränderung um eine Genmutation. Im Folgenden werden die drei Fälle einzeln analysiert und die Mutationsereignisse in ihren Auswirkungen abgeschätzt.

Leptin-Gen:
Ein Vergleich der mRNA-Stränge des Normal-Allels und des mutierten Allels zeigt deutlich, dass die Genmutation in Form einer Raster(schub)-Mutation vorliegt.
Im dritten angegebenen Triplett ist das Guanin-Molekül in der ersten Position nicht mehr vorhanden. Das bedeutet für den codogenen DNA-Strang, dass dort durch Deletion ein Cytosin-Molekül verloren gegangen ist. Beim mutierten Allel wird durch den Nukleotidverlust die ursprünglich erste Base des nachfolgenden Tripletts (Uracil) zur letzten Base des vorhergehenden Tripletts und vervollständigt die dortige Dreiergruppe wieder. Aus dem Triplett GUG wird das neue Triplett UGU. Da ab dort, wo die Deletion stattgefunden hat das gesamte Leseraster innerhalb der DNA verschoben wird, hat die Mutation folglich Auswirkungen auf die Abfolge der Aminosäuren im daraus gebildeten Protein. Aus der Reihenfolge –Trp–Gly–Val– des Normal-Allels wurde die neue Reihenfolge –Trp–Gly–Cyc– im mutierten Allel. Alle nachfolgenden Aminosäuren im gebildeten Eiweißkörper stimmen nicht mehr mit denen überein, die anhand der mRNA des nicht mutierten Normal-Allels translatiert werden. Im günstigsten Fall wird durch die Mutation ein Protein gebildet, das in seiner Funktionsfähigkeit lediglich eingeschränkt ist. Normalerweise ist aber eine Funktionsveränderung, wenn nicht ein kompletter Funktionsverlust des Proteins zu erwarten. Das liegt daran, dass bestimmte Ionen- und Wasserstoffbrückenbindungen oder Disulfidbrücken im veränderten Protein nicht mehr ausgebildet werden können, wodurch sich die sterische Konfiguration des Eiweißkörpers verändert.

POMC-Gen:
Auch hier ermöglicht ein Vergleich der mRNA des Normal-Allels mit der mRNA des mutierten Allels eine eindeutige Aussage über die Art der Genmutation: Es handelt sich um eine Punktmutation (Substitution).
In den dargestellten Ausschnitten der mRNA unterscheidet sich im dritten Triplett die erste Base: Anstelle des Guanins befindet sich im mutierten Allel die Base Uracil. Daraus lässt sich schließen, dass im codogenen Strang der DNA die Base Cytosin durch die Base Adenin substituiert wurde. Diese Mutation hat gravierende Auswirkungen auf die Aminosäuresequenz des Proteins, für das die entsprechende mRNA codiert. Im Fall des Normal-Allels lautet die Reihenfolge der Aminosäuren für den angegebenen Abschnitt –Asp–Leu–Glu–His–. Bei der mRNA, die vom mutierten Allel transkribiert wurde, wird die Translation der Aminosäurekette mit Leucin als letzter Aminosäure abgebrochen, da das nächstfolgende mRNA-Triplett UAG als Stopp-Codon fungiert. Damit ist die Primärstruktur der Aminosäurekette kürzer als die des nicht mutierten POMC-Gens. Aus dem Material ist zwar nicht ersichtlich, wie lang die Polypeptidkette im Normalfall ist, trotzdem kann aber vermutet werden, dass die Verkürzung des Proteins aufgrund des mutierten Allels mit hoher Wahrscheinlichkeit eine Nonsense-Mutation darstellt. Dies hat mit großer Wahrscheinlichkeit einen kompletten Funktionsverlust des Proteins zur

Folge – im günstigsten Fall könnte aus der Mutation auch eine Funktionsveränderung resultieren.

MC4-Rezeptor-Gen:
Der Vergleich der beiden mRNA-Ausschnitte ermöglicht bei diesem Beispiel ebenfalls die Feststellung, dass es sich bei der Mutation im MC4-Rezeptor-Gen um eine Genmutation handelt. Hier liegt – wie auch im Fall zuvor – eine Punktmutation (Substitution) vor. Diese unterscheidet sich aber von derjenigen im Falle des POMC-Gens.
Ein Vergleich der mRNA-Ausschnitte verdeutlicht, dass die Substitution im dritten dargestellten Triplett erfolgte. Anstelle des Guanins steht in der mRMA des mutierten Allels an erster Position des Tripletts die Base Adenin. Dies lässt den Rückschluss zu, dass im codogenen DNA-Strang eine Substitution der Base Cytosin durch die Base Thymin erfolgte. Für die Aminosäuresequenz in den jeweils gebildeten Proteinen bedeutet dies, dass die Reihenfolge im Normalfall –Lys–Arg–Val– und im Fall des mutierten Allels –Lsy–Arg–Ile– lautet. Die Punktmutation führt also in diesem Fall zum Einbau einer anderen Aminosäure in das translatierte Polypeptid. Auch diese Mutation kann sich – obwohl nur eine einzige Aminosäure verändert wurde – schwerwiegend auf die Funktionsweise des Proteins auswirken. Ist diese Aminosäure beispielsweise integraler Bestandteil des Aktiven Zentrums eines Enzyms, so wird dieser Biokatalysator nicht mehr oder nicht mehr richtig arbeiten können. Aber auch dann, wenn die Aminosäure nicht an einer derart exponierten Stelle im Protein angesiedelt ist, kann sie Veränderungen im Eiweißkörper bewirken, indem einzelne Wechselwirkungen und Verbindungen zwischen bestimmten Aminosäuren nicht mehr erfolgen (s. o. Leptin-Gen). Dies ist wahrscheinlich, da es sich bei Arginin um eine – von ihren Seitenketten her – größere Aminosäure mit basischen Eigenschaften handelt, Valin hingegen nur unpolare Seitenketten besitzt und zudem nicht den gleichen Raumumfang einnimmt wie Arginin. Grundsätzlich ist es auch möglich, dass überhaupt keine Veränderung im Protein durch die Mutation hervorgerufen wird. In diesem Fall hätte die Substitution zu einer neutralen Mutation geführt.

II.3 *Das Erstellen einer Skizze bedeutet für Sie, dass alle wesentlichen Elemente, die im Text des Materials C genannt werden, in Ihrer Darstellung enthalten sein müssen. Mit Pfeilen können Sie die jeweilige Wirkrichtung der einzelnen Komponenten verdeutlichen. Zusammengehörende Elemente – wie z. B. die Vorgänge im Zwischenhirn – sollten Sie in einen Kasten zeichnen. Im zweiten Aufgabenteil sollten Sie bei jedem der drei Fälle zunächst den jeweils zugrunde liegenden „Ausfall" aufgrund der Mutation kurz in seinen Auswirkungen auf den Stoffwechsel der Person ansprechen. Hieraus können Sie dann anschließend Ihre Schlussfolgerungen im Hinblick auf die therapeutische Eignung regelmäßiger Injektionen begründet ableiten.*

Die Regulation der Nahrungsaufnahme unter Berücksichtigung der unterschiedlichen Körperregionen, wie sie in Material C dargestellt ist, kann mit der folgenden Skizze verdeutlicht werden:

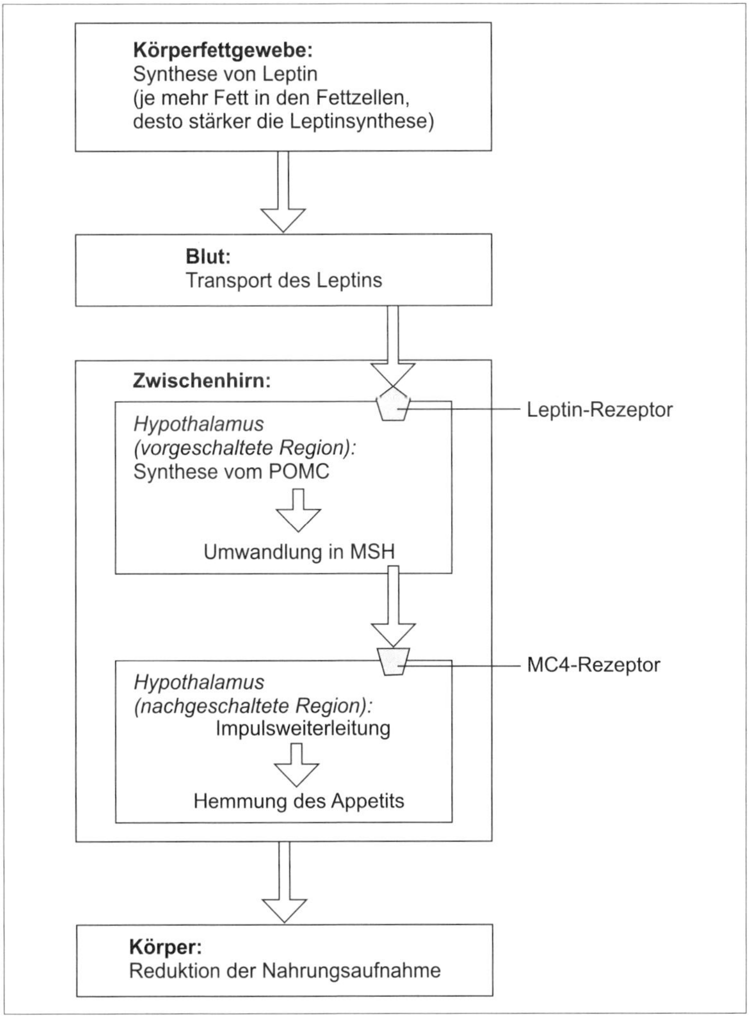

Ein Therapieansatz bei Adipositas besteht darin, dass dem Patienten in regelmäßigen Abständen das Protein Leptin oder der neuronale Überträgerstoff MSH injiziert wird. Ziel dieser Injektionen ist es, dass bei den übergewichtigen Menschen eine Hemmung des Appetits und damit eine Reduktion der Nahrungsaufnahme erzielt wird. Ob diese Therapie auch bei den in der letzten Teilaufgabe angesprochenen Patienten sinnvoll ist, wird im Folgenden dargelegt:

Bei den beiden übergewichtigen Kindern (Fall 1) liegt eine Mutation im Leptin-Gen vor. Hierdurch kann das entsprechende Protein sehr wahrscheinlich nicht in einem funktionstüchtigen Zustand gebildet werden. Damit kann es seine Aufgabe am entsprechenden Rezeptor im Zwischenhirn – die Ausschüttung von MSH zu veranlassen – nicht erfüllen. Aus diesem Grund ist für beide Kinder eine Therapie mittels Leptin-, aber auch MSH-Injektion durchaus angebracht.
Die übergewichtige, 16-jährige Patientin im zweiten Fall hat einen genetischen Defekt im POMC-Gen, der mit hoher Wahrscheinlichkeit zu einem kompletten Funktionsverlust des POMC-Proteins führt. Da aus diesem Vorläufer-Protein in den Nervenzellen der Überträgerstoff MSH entsteht, kann MSH bei ihr nicht oder nur in veränderter Form gebildet werden. Eine Bindung dieses Stoffes an den MC4-Rezeptor ist damit sehr unwahrscheinlich – eine Hemmung des Appetits bleibt aus. In diesem Fall wäre eine Therapie mit Leptin sinnlos, da dieses Protein lediglich zu einer vermehrten Produktion des defekten POMC-Proteins und in dessen Folge zum ebenfalls funktionsuntüchtigen MSH führen würde. Eine direkte Injektion von MSH hingegen ist sinnvoll, da es über seine Bindung an den MC4-Rezeptor zu einer Reduktion der Nahrungsaufnahme im Körper führt.
Die Mutation im MC4-Rezeptor-Gen, wie sie im Fall drei des übergewichtigen 23 Jahre alten Mannes nachgewiesen wurde, führt bei ihm möglicherweise zu einem MC4-Rezeptor, an den das MSH nicht mehr binden kann. In diesem Fall kann weder eine Injektion von Leptin noch ein Verabreichen von MSH als Therapie genutzt werden, da der Rezeptor, an dem MSH andockt, defekt ist. Mit keinem der beiden Stoffe kann damit im Hypothalamus eine Impulsweiterleitung initiiert werden, die zu einer Hemmung des Appetits führt.

II.4 *Bei der Bearbeitung dieser Teilaufgabe, die zum Anforderungsbereich III gehört, helfen Ihnen die übrigen Materialien dieser Aufgabe nicht. Hier kommt es auf Ihr Alltagswissen und den sog. „gesunden Menschenverstand“ an. Gehen Sie bei Ihren Überlegungen planmäßig vor, dramatisieren Sie die möglichen Probleme nicht und vergegenwärtigen Sie sich, welche realisierbaren Handlungsmöglichkeiten bei dem zweijährigen Kind angebracht sein können.*

Der positive Gentest bringt den Eltern zunächst Gewissheit in Bezug auf die Veranlagung zur Fettleibigkeit bei ihrem zweijährigen Kind. Aus dieser Erkenntnis heraus können die Eltern prinzipiell mehrere Wege in der Erziehung ihres Kindes einschlagen. Zunächst einmal könnten Sie alles so belassen, wie es in der Erziehung und Esserziehung bisher gewesen ist. Dies könnte dazu führen, dass bei ihrem Kind vielleicht irgendwann einmal die Veranlagung zur Fettleibigkeit zu einem erhöhten Körpergewicht führt. Frau Smith weist ja auch mit Blick auf ihre Familienangehörigen – darauf hin, „dass trotz Fettleibigkeit Mitglieder der Familie ein glückliches Leben führen“. Auf der anderen Seite möchte der Vater aber, dass im Lebenswandel seines Kindes Änderungen vorgenommen werden sollen und dies auch in Verbindung mit medizinischen

Maßnahmen zu geschehen hat. Beide Positionen stellen, wenn man sie absolut sieht, die beiden möglichen Extrempositionen dar. Wie so oft ist es daher vielleicht ratsam, den „goldenen Mittelweg" zu beschreiten. Dies würde zunächst bedeuten, dass dem Kind, welches ja – laut Material D – noch nicht an Fettleibigkeit leidet, ein bewusster Umgang mit Nahrungsmitteln und bewusstes Essen beigebracht wird. Als unterstützende Maßnahmen sind hier Bewegung und in späteren Jahren sportliche Betätigungen angebracht. Sollte sich dennoch die Veranlagung zur Fettleibigkeit im Erscheinungsbild durchsetzen, wäre es u. U. angebracht, über eine therapeutische Intervention mit medikamentöser Unterstützung nachzudenken. Dies gilt vor allem dann, wenn beim Kind psychische Probleme seines Gewichtes wegen auftreten (Mobbing durch andere Kinder). Leidet das Kind darunter, ist – mit Blick auf die genetische Disposition – von den Eltern Aufbauarbeit zu leisten. Sie müssen zum einen darauf hinweisen, dass eine Krankheit vorliegt, und zum anderen dem Kind klar machen, dass es erfolgversprechende Maßnahmen dagegen gibt. Ggf. müsste dann eine konsequente Diät in Verbindung mit Bewegungstherapie und medikamentöser Unterstützung ins Auge gefasst werden. Als problematisch erweist sich in diesem Zusammenhang aber die Möglichkeit, dass das Kind – trotz vermeintlicher Diät – als Rechtfertigung einer erneuten Gewichtszunahme nicht sein falsches Essverhalten sondern seine genetische Disposition anführt. Hier ist es dann wichtig, dass die Eltern konsequent reagieren – dann aber auch kleinere Gewichtsabnahmen positiv herausstellen.
Ein anderer Aspekt ist die Frage nach der weiteren Familienplanung bei der in Material D angesprochenen Familie. Da – wie im Material erwähnt – „die Erforschung der Zusammenhänge zu dieser Erkrankung noch in den Kinderschuhen steckt" können der Familie keine klaren Vorhersagen gemacht werden, ob, und wenn ja, wie sich eine genetisch mitbedingte Fettleibigkeit bei einem weiteren Kind geno- und phänotypisch manifestieren wird.

Leistungskurs Biologie (NRW) – Abitur-Prüfung 2009
Aufgabe 3: Ökologie

Aufgabenstellung:

Thema: Wie wirken sich Mastjahre und Parasiten auf Nagetierpopulationen aus?

III.1 Beschreiben Sie zusammenfassend die Veränderungen von Eichelmenge, Streifenhörnchen-Population und Zeckennymphendichte und erklären Sie die möglichen Ursachen der Schwankungen (Material A). (20 Punkte)

III.2 Nennen Sie die 1. und 2. LOTKA-VOLTERRA-Regel und diskutieren Sie, ob diese ein geeignetes Erklärungsmodell für die Beziehungen zwischen Eichelmenge, Streifenhörnchen und Zeckennymphen sind (Material A). (18 Punkte)

III.3 Vergleichen Sie die Veränderungen der Populationsdichte von Streifenhörnchen (Material A, Abbildung 1) und Mäusen (Material B, Abbildung 2) im zeitlichen Verlauf und in Abhängigkeit von der Eichelmenge. Gehen Sie dabei auf Unterschiede und Gemeinsamkeiten ein. (10 Punkte)

III.4 Werten Sie Abbildung 3 (Material C) aus. Ermitteln Sie auf der Grundlage von Material C und Material D, welche Rolle die Parasitierung der Mäuse und das schwankende Nahrungsangebot bei der Populationsentwicklung spielen. (18 Punkte)

Material A: Streifenhörnchen-Populationen und Zecken

In den Laubwäldern Nordamerikas leben Streifenhörnchen *(Tamias striatus)*. Sie ernähren sich vor allem von Samen, insbesondere von Eicheln.

Wenn die Eichen sehr viele Eicheln haben, spricht man von „Mastjahren". In solchen Mastjahren ist die Überlebensrate von kleinen Nagetieren im Winter allgemein höher.

Streifenhörnchen sind die bevorzugten Wirte von parasitischen, blutsaugenden Zecken *(Ixodes scapularis)*. Die Zecken saugen in ihrem Leben dreimal Blut: erst als Larve, dann nach der Häutung als Nymphe und nach einer weiteren Häutung schließlich als erwachsenes Tier, das ein größeres Säugetier als Wirt sucht. Die Entwicklung dauert mehr als ein Jahr. Anschließend erfolgen Paarung und Eiablage.

Im amerikanischen Bundesstaat New York wurden in einem Langzeitprojekt über 8 Jahre in einem Laubwald die Eichelmenge, die Zahl der Streifenhörnchen und die Zahl der Zeckennymphen untersucht. Abbildung 1 zeigt das Ergebnis.

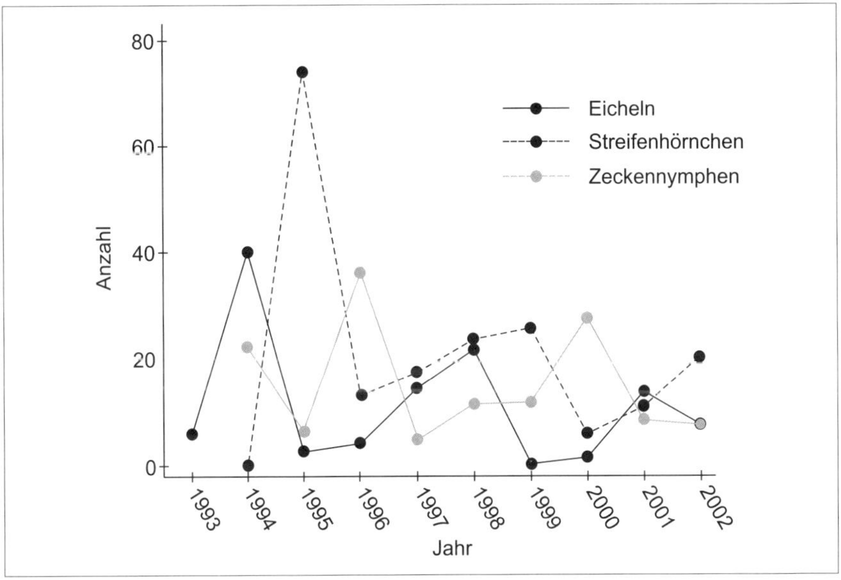

Abb. 1: Zeitlicher Verlauf der Eichelmenge (Eicheln auf einem Quadratmeter), der Populationsdichte der Streifenhörnchen (Anzahl Individuen pro 2,25 Hektar-Fläche) und Zeckennymphen (Anzahl Individuen pro 100 m^2) im Bundesstaat New York, USA
Ostfeld RS, Canham CD, Oggenfuss K, Winchcombe RJ, Keesing F (2006) Climate, Deer, Rodents, and Acorns as Determinants of Variation in Lyme-Disease Risk. PLoS Biol 4(6): e145. doi:10.1371/journal.pbio.0040145 © 2006 Ostfeld et al. This is an open-access article distributed under the terms of the Creative Commons Attribution License.

Material B: Mäusepopulationen und Eicheln

Im amerikanischen Bundesstaat Virginia wurde ebenfalls die Populationsdichte von Nagetieren, nämlich von Weißfußmäusen *(Peromyscus leucopus)* und den ihnen ähnlichen Rehmäusen *(Peromyscus maniculatus)* bestimmt und die Anzahl von Eicheln festgestellt.

Beide Mausarten haben in Mastjahren sogar im Winter Junge und ihre Überlebensrate ist dann allgemein erhöht.

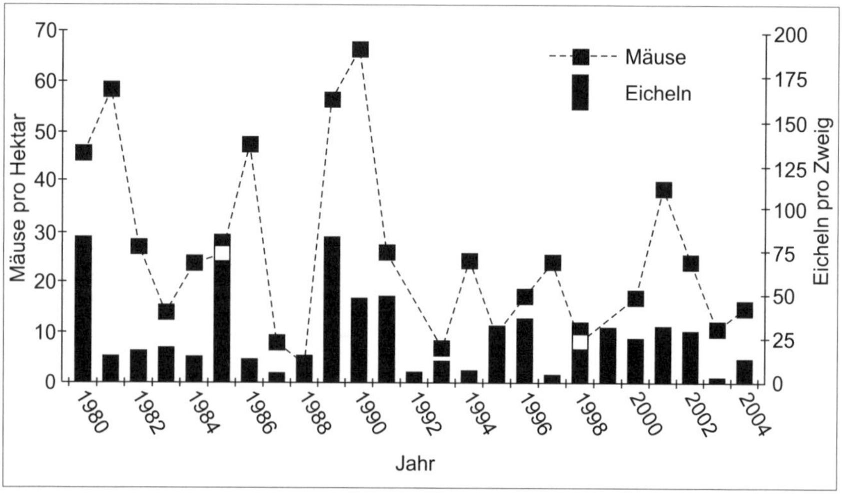

Abb. 2: Eichelmenge und Dichte der Mäusepopulation (Weißfuß- und Rehmäuse) in Virginia; die Zahl der Eicheln pro Zweig ist ein Index für die insgesamt als Nahrung zur Verfügung stehende Eichelmenge.
verändert nach: Pedersen, Amy B. and Greives, Timothy J. (2008). The interaction of parasites and resources causes crashes in a wild mouse population.
Journal of Animal Ecology Vol. 77, Issue 2, S. 370–377

Material C: Mäusepopulationen und Parasiten

Um die jahreszeitlichen Schwankungen der Mäusepopulation genauer zu untersuchen, wurden in Virginia experimentelle Untersuchungen auf getrennten Versuchsflächen von je 0,5 Hektar Größe über einen relativ kurzen Zeitraum von zwei Jahren durchgeführt. Die Dichte der Mauspopulationen wurde durch Fänge mit Lebendfallen bestimmt. Gefangene Tiere wurden mit Ohrsteckern markiert. Insbesondere ging es dabei um die Frage, welche Rolle die wichtigsten Parasiten der Mäuse und die Nahrungsversorgung spielen.

Mäuse haben Außenparasiten (z. B. Flöhe und Zecken), aber auch Innenparasiten, z. B. Fadenwürmer, die die Mäuse ebenfalls schädigen. Je höher die Populationsdichte von Mäusen ist, desto leichter infizieren sich die Tiere mit den Parasiten.

Gegen Parasiten wirkt das Medikament Ivermectin sehr effektiv. Eine einzige Dosis entfernt alle Würmer und hält die Mäuse mindestens vier Wochen lang wurmfrei. Das Medikament wurde allen auf bestimmten Versuchsflächen gefangenen Mäusen gegeben.
Auf einigen Versuchsflächen wurde zugefüttert.

Insgesamt gab es vier verschiedene Typen von Versuchsflächen:
Typ 1: Zufütterung (jeweils August bis Februar), Zugabe von Ivermectin an gefangene Mäuse
Typ 2: Zufütterung (jeweils August bis Februar), aber keine Zugabe von Ivermectin
Typ 3: keine Zufütterung, aber Zugabe von Ivermectin
Typ 4: keine Zufütterung und keine Zugabe von Ivermectin

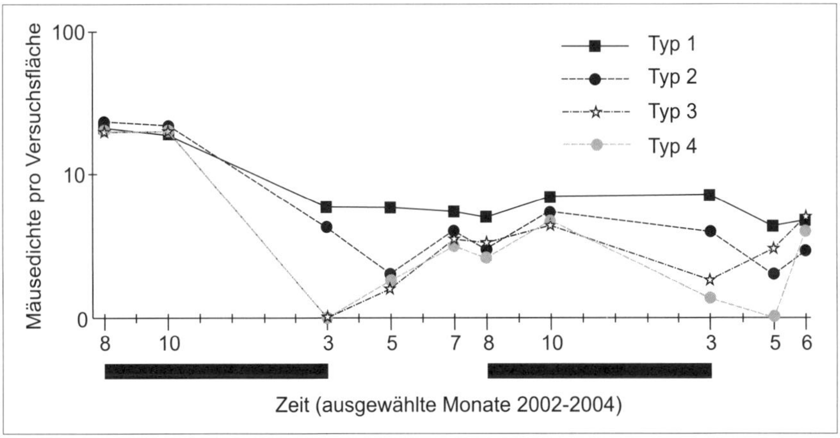

Abb. 3: Mäuse-Populationsdichte auf den vier Typen von Versuchsflächen in Virginia. Schwarze Balken: Zeitraum, in dem zugefüttert wurde. Auf der x-Achse sind ausgewählte Monate (von August 2002 bis Juni 2004) in Zahlen angegeben (z. B. 8: August; 10: Oktober); die Skalierung der y-Achse ist logarithmisch, d. h., die Abstände zwischen den Skalenmarkierungen entsprechen einer Verzehnfachung der Werte
verändert nach: Pedersen, Amy B. and Greives, Timothy J. (2008). The interaction of parasites and resources causes crashes in a wild mouse population.
Journal of Animal Ecology Vol. 77, Issue 2, S. 370–377

Material D: Stresshormon bei Mäusen

Bei den Fallenfängen wurde der Anteil der reproduktionsfähigen Tiere (definiert als Männchen mit ausgereiften Hoden und Weibchen mit voll entwickelten Vaginen bzw. trächtige Weibchen) bestimmt. Ihr Anteil war auf Flächen des Typs 1 bis 3 (s. Material C) deutlich erhöht.

Außerdem wurde die Menge des Stresshormons Corticosteron im Kot der gefangenen Tiere bestimmt. Je mehr von dem Hormon vorhanden ist, desto größer ist der Stress, dem die Tiere ausgesetzt sind. Unter Stress leidet ihr Immunsystem und die Reproduktionsrate sinkt.

Bei den Versuchsflächen des Typs 1 und 3 (siehe Material C) war die Menge des Stresshormons deutlich niedriger als bei den Versuchsflächen des Typs 2 und 4.

weitere Materialgrundlage:

Ostfeld RS, Canham CD, Oggenfuss K, Winchcombe RJ, Keesing F (2006) Climate, Deer, Rodents, and Acorns as Determinants of Variation in Lyme-Disease Risk. PLoS Biol 4(6): e145

Pedersen, Amy B. and Greives, Timothy J. (2008). The interaction of parasites and resources causes crashes in a wild mouse population. Journal of Animal Ecology Vol. 77, Issue 2, S. 370–377

Lösungsvorschlag

In der Aufgabe thematisierte Unterrichtsinhalte sind:
Ökologische Verflechtungen und Wechselbeziehungen, Populationsdynamik, LOTKA-VOLTERRA-Regeln, Konkurrenz, Koexistenz

III.1 *Bevor Sie die von Ihnen erkannten Sachverhalte darlegen, ist es sinnvoll, zunächst das Diagramm in seinen Grundzügen zu beschreiben. Auf diese Weise werden Sie zum einen mit dem Diagramm besser vertraut und zum anderen ist es dadurch unwahrscheinlicher, dass Sie einzelne Aspekte übersehen. Es empfiehlt sich, im Diagramm Hilfslinien einzuziehen, um mit korrekten Zahlenwerten argumentieren zu können. Des Weiteren ist es u. U. hilfreich, wenn Sie – der besseren Übersichtlichkeit wegen – den Kurvenverlauf bei den Streifenhörnchen bzw. bei den Zeckennymphen mit einem Farbstift nachzeichnen. Um die Ursachen der Populationsschwankungen konkreter zu benennen, können Sie ggf. auch auf andere Materialien dieser Aufgabe – hier speziell Material C – zurückgreifen und in einem Analogieschluss die Erkenntnisse zum Parasitenbefall von Mäusepopulationen (Nagetiere) auf die Streifenhörnchen (Nagetiere) anwenden.*

Die Abbildung 1 stellt in einem Kurvendiagramm die Eichelmenge, die Populationsdichte von Streifenhörnchen und die Anzahl an Zeckennymphen in einem bestimmten Zeitraum im amerikanischen Bundesstaat New York dar. Auf der Ordinate (y-Achse) ist die Anzahl von Null bis 80 angegeben, auf der Abszisse (x-Achse) sind die Jahre von 1993 bis 2002 aufgetragen. Die Menge an Eicheln schwankte im angegebenen Zeitraum deutlich. Es sind drei ausgeprägte Maxima zu erkennen. Mastjahre waren 1994 mit 40 Eicheln pro m^2, 1998 mit über 20 und 2001 mit ca. 13 Eicheln pro m^2. Auch beim Streifenhörnchen *Tamias striatus* ist in der Jahresabfolge eine erhebliche Schwankung innerhalb der Populationsdichte zu beobachten. Hierbei sind zwei Maxima gegeben: 1995 mit annähernd 75 Tieren und 1999 mit ca. 26 Individuen pro 2,25 Hektar. Ein ähnliches Bild liefert auch die Individuenzahl der Zeckennymphen, bei denen 1996 mit ca. 36 und 2000 mit nicht ganz 30 Individuen pro 100 m^2 ebenfalls zwei Maxima zu erkennen sind.

Alle drei dargestellten Kurven weisen damit deutliche Schwankungen mit enormen Bandbreiten auf. Sie lagen bei den Früchten der Eiche zwischen Null und 40 Eicheln/m^2, bei *Tamias striatus* zwischen Null und fast 75 Individuen auf der Untersuchungsfläche und die Anzahl der Zeckennymphen schwankt zwischen 1994 und 2002 zwischen fünf und fast 37 Tieren/100 m^2. Diese Schwankungen haben ihre direkte Ursache in den Beziehungen der drei betrachteten Lebewesen untereinander. Eicheln stellen die Nahrungsgrundlage für *Tamias striatus* dar. Da in Mastjahren eine besonders große Menge dieser Nussfrucht anfällt, überleben deutlich mehr Streifenhörnchen den Winter. Damit ergibt sich für ihre Individuenzahl ein – mit Blick auf das Nahrungsangebot – zeitversetzter Anstieg der Populationsdichte: Auf die Mastjahre 1994 und 1998 folgten 1995 und 1999 Maxima bei den Streifenhörnchen. Zecken parasitieren als Nymphen vor allem auf Streifenhörnchen. Aufgrund dieser Wirt-Parasit-Beziehung ist zu erklären, warum die Individuenzahl der Zeckennymphen 1996 und 2000 zeitversetzt zum Anstieg der Populationsdichte von *Tamias striatus* in den Jahren 1995 und 1999 ebenfalls zunahm. Mit Blick auf Material D können die Parasiten aber auch noch eine andere Wirkung auf die Individuenzahl der Streifenhörnchen-Population ausüben – sie können ihre Wirte u. U. massiv schädigen und damit ihre Überlebenschancen stark einschränken. Deshalb können die Zeckennymphen mit dafür verantwortlich gemacht werden, dass die Populationsdichte von *Tamias striatus* nach einem Maximum meist drastisch absank.

III.2 *Bei der Darlegung der LOTKA-VOLTERRA-Regeln ist eine reproduktive Wiedergabe von gelerntem Wissen gefragt. Die Beantwortung der Frage, ob diese Regeln ein geeignetes Erklärungsmodell für den vorliegenden Fall liefern, erfordert eine konkrete Stellungnahme ihrerseits.*

Die LOTKA-VOLTERRA-Regeln beschreiben Gesetzmäßigkeiten, die sich bei der Populationsdynamik von Räuber-Beute-Beziehungen ergeben. Als mathematisches Modell gehen die Regeln von der Beschreibung der Beziehung zweier Arten aus. Die erste Regel wird auch „Gesetz des periodischen Zyklus" genannt. Sie besagt, dass sich immer dann, wenn sich eine Art (Räuber) von einer anderen Art (Beute) ernährt, für die Maxima beider Populationen phasisch gegeneinander verschobene Häufigkeitskurven ergeben. Das Maximum des Räubers folgt auf das seiner Beute. Für die Minima gilt Entsprechendes. Die Regel zwei („Gesetz von der Erhaltung der Mittelwerte") beschreibt die Tatsache, dass die Häufigkeit sowohl des Räubers als auch die seiner Beute jeweils um einen konstanten Mittelwert schwankt.

Betrachtet man die in der Abbildung 1 dargestellten Kurvenverläufe, so kann der Eindruck entstehen, dass die LOTKA-VOLTERRA-Regeln auf den hier vorliegenden Fall – speziell auf die Beziehung zwischen Streifenhörnchen und Zeckennymphen – Anwendung finden. Die Anzahl der Zeckenlarven (Parasiten) nahm 1996 zeitversetzt zu, während gleichzeitig die Populationsdichte der Streifenhörnchen (Wirte) nach einem Maximum im Jahre 1995 abnahm. Da die wechselseitigen Beeinflussungen – etwa nach dem Muster Beuteanzahl reguliert Räuberanzahl und umgekehrt – anscheinend vorliegen, könnten die Voraussetzungen für die LOTKA-VOLTERRA-Regeln hier als gegeben angesehen werden. Tatsächlich finden die LOTKA-VOLTERRA-Regeln auf Parasit-Wirt-Verhältnisse aber keine Anwendung. Dies liegt u. a. daran, dass bei einer Räuber-Beute-Beziehung die jeweiligen Schwankungen in den Populationsdichten wechselseitig bedingt sind. Bei der Wirt-Parasit-Beziehung wirkt normalerweise nur die Wirtspopulation regulierend, nicht aber die Individuenzahl der Parasiten, obgleich in diesem Fall die Zeckennymphen dazu beitragen, die Population der Streifenhörnchen zu dezimieren (siehe Lösung III.1).

Auf die Beziehung zwischen *Tamias striatus* und ihrer hauptsächlichen Nahrungsgrundlage, den Eicheln, können die LOTKA-VOLTERRA-Regeln auf keinen Fall angewendet werden, da eine wechselseitige Beeinflussung beider Populationen niemals so weit ging, dass die Populationsgröße der Streifenhörnchen die Anzahl der von den Eichen gebildeten Nussfrüchte beeinflusst.

III.3 *Der in der Aufgabenstellung verlangte Vergleich erfordert von Ihnen, dass Sie sich auch mit dem zweiten Diagramm intensiv auseinandersetzen und die beiden geforderten Parameter (zeitliche und mengenmäßige Abhängigkeiten) bei Ihrer Analyse im Auge behalten müssen. Auf eine konkrete Beschreibung des zweiten Diagramms können Sie in diesem Fall verzichten, da hier der Vergleich im Mittelpunkt steht. Wenn die Daten nicht eindeutig zu interpretieren sind (hier z. B. bei Populationsrückgang trotz ausreichendem Nahrungsangebot) sollten Sie auf Ihnen aus dem Unterricht bekannte Erklärungsmöglichkeiten zurückgreifen; das bringt Ihnen dann auch Zusatzpunkte!*

Bei einem Vergleich der Abbildungen 1 und 2 können folgende generelle Aussagen gemacht werden: Sowohl auf dem untersuchten Areal im Bundesstaat New York als auch in Virginia war eine deutliche Schwankung der Menge an Nussfrüchten zu beobachten, die von den Eichen gebildet wurden. In New York schwankte die Anzahl der Eicheln pro m^2 zwischen Null und 40, in Virginia zwischen zwei und 80 Eicheln pro Zweig. Eine ähnliche Schwankung ist auch in Bezug auf die Nager zu erkennen. Die Streifenhörnchen-Populationen schwankten zwischen Null und fast 75 Individuen und auch die Individuendichte in den Mäusepopulationen schwankte deutlich zwischen acht und 67 Tieren pro Hektar. Neben Gemeinsamkeiten gibt es aber auch auffällige Unterschiede: Im Gegensatz zu New York traten in Virginia mehrmals hintereinander Mastjahre auf, so 1989 bis 1991, 1995 und 1996 sowie 1998 bis 2002. Allerdings blieben 1995/96 sowie in den letzten vier aufeinander folgenden Jahren die Erträge z. T. deutlich hinter denen der Jahre 1989 bis 1991 zurück. Die häufigen Mastjahre hatten in Virginia dann auch Auswirkungen auf die Populationen der Mäuse, die entsprechend in zwei aufeinander folgenden Jahren (1991 und 1992) einen hohen Wert an Individuen erreichen konnten. Zu hinterfragen – da mit dem vorhandenen Material nicht zu klären – bleibt der Umstand, warum sich sowohl 1990 als auch 2001 trotz eines deutlich hohen Angebotes an Eicheln zeitlich versetzt die Populationsdichte der untersuchten Mäusearten deutlich verringerte. Dies könnte ein Indiz dafür sein, dass es in dem untersuchten Areal in Virginia (zumindest für 1990 und 2001) vielleicht keine eindeutige Abhängigkeit zwischen der Menge der als Futter zur Verfügung stehenden Eicheln einerseits und der Größe der Mäusepopulationen andererseits gab. Hier können demnach auch andere, die Populationsdichte regulierende Faktoren, wie z. B. Dichtestress oder Krankheiten, als Erklärungsmöglichkeit genannt werden.

III.4 *Lassen Sie sich von dem zunächst etwas unübersichtlich erscheinenden Diagramm nicht verwirren! Beginnen Sie auch bei dieser Teilaufgabe Ihre Bearbeitung, indem Sie zunächst das Diagramm in seinen Grundzügen beschreiben. Vor allem ist es ratsam, die Kurvenverläufe der Typen 2, 3 und 4 jeweils mit einem andersfarbigen Stift nachzuzeichnen. Gehen Sie systematisch vor, und arbeiten Sie eine Kurve nach der anderen ab – es sei denn, zusammenfassende Darstellungen bieten sich an. Achten Sie bei Ihrer Beschreibung darauf, dass die Populationsdichte logarithmisch aufgetragen ist. Der Abstand vom Wert 10 bis zum Wert 100 ist dabei genauso lang wie derjenige vom Wert 1 bis zum Wert 10! Im zweiten Teil Ihrer Darstellung sollten Sie die Quintessenz aus den Versuchsergebnissen mit den Informationen in Material D verbinden.*

In der Abbildung 3 sind die Ergebnisse von vier Versuchsreihen mit unterschiedlichen Mäusepopulationen im US-Bundesstaat Virginia als Kurvendiagramme dargestellt. Die Mäusedichte pro Versuchsfläche (jeweils 0,5 Hektar) ist in logarithmischer Form auf der Ordinate (y-Achse) dargestellt; auf der Abszisse (x-Achse) sind die Versuchsmonate vom August 2002 bis zum Juni 2004 angetragen. Die vier Typen der Versuchsfläche unterschieden sich sowohl durch die Zugabe bzw. Nicht-Zugabe des Parasitenmittels Ivermectin als auch in Bezug auf eine (zweimal von August bis Februar) erfolgte bzw. nicht erfolgte Zufütterung im jeweiligen Areal.
Zunächst kann festgehalten werden, dass die Population Typ 1, bei der sowohl zugefüttert als auch das Medikament gegen Fadenwürmer verabreicht wurde, über die gesamte Zeitspanne eine höhere Mäusedichte aufwies als die anderen. Ihr Bestand blieb ab März 2003 annähernd konstant. Interessanterweise veränderte sich die Populationsdichte bei Typ 1 trotz optimaler Bedingungen (Zufütterung und Medikamentengabe) von August bis Oktober 2002, den ersten Monaten des Versuchs, so gut wie gar nicht. Die stärksten Schwankungen in der Populationsdichte waren beim Typ 4 mit Minima im März 2003 und Mai 2004 (jeweils ein Tier) zu beobachten. Dem gegenüber waren die Schwankungen bei Typ 3 nicht ganz so extrem, aber deutlich ausgeprägter als bei Typ 2. Mit Ausnahme der Population Typ 1 wiesen die übrigen drei Versuchsgruppen zum Teil deutliche Einbrüche in der Mäusedichte innerhalb des fast zweijährigen Versuchszeitraums auf. Bei einer dieser drei Versuchsgruppen, dem Typ 2, fielen diese Einbrüche bei der Individuenzahl aber deutlich geringer aus als bei Typ 3 und 4.

Bei der Beantwortung der Frage, welchen Einfluss der Parasitenbefall und das schwankende Nahrungsangebot auf die Populationsentwicklung der Mäuse haben, können aus Abbildung 3 und Material D die folgenden Erkenntnisse gezogen werden: Eine Erhöhung des Nahrungsangebotes war entscheidend für eine Vermehrung der Mäusepopulation. Dies belegen die Kurvenverläufe bei Typ 1 und Typ 2. Die Populationsdichte beider Gruppen lag beim Typ 1 immer, beim Typ 2 fast immer (Ausnahme: August 2003) über derjenigen der Typen 3 und 4. Weniger entscheidend schien der Befall mit Endoparasiten (Fadenwürmern) zu sein. Dies belegt die Mäusedichte beim Typ 2, die nur bei einem Messwert (August 2003) unterhalb derjenigen des geimpften Typ 3 lag. Dass der Befall mit Fadenwürmern dennoch eine Rolle bei der Mäusedichte spielte, ist daraus zu ersehen, dass die Population Typ 4, deren Mitglieder keine Medikamente verabreicht bekamen, fast immer deutlich weniger Individuen aufwies als die medikamentös behandelte Population Typ 3. Untersuchungen über Reproduktionsfähigkeit und Vorhandensein des Stresshormons Corticosteron bestätigten die aus der Abbildung 3 gewonnenen Analyseergebnisse. Das Fehlen bzw. verminderte Auftreten von Endoparasiten bei den mit Corticosteron behandelten Individuen der Populationen 1 und 3 minderte für die Tiere deutlich den Stress verglichen mit den nicht medikamentös behandelten Typen 2 und 4. Die Individuen der Population Typ 2 konnten aber den Stress besser „ertragen", da ihnen durch die Zufütterung die Nahrungssuche erleichtert wurde. Stress beeinträchtigte sowohl das Immunsystem der betroffenen Individuen als auch deren Fortpflanzungsfähigkeit. So waren in den Populationen Typ 1 und 3 auch deutlich mehr reproduktionsfähige Tiere zu finden als in der Population Typ 4, bei der weder zugefüttert noch Ivermectin verabreicht wurde. Dies kann durch die ermittelten Daten zum Typ 4 in Abb. 3 verifiziert werden.

Leistungskurs Biologie (NRW) – Abitur-Prüfung 2010
Aufgabe 1: Evolution/Genetik

Aufgabenstellung: Punkte

Thema: Evolutionsbiologische Prozesse zur Brutbiologie der Blaumeise

		Punkte
I.1	Fassen Sie die wesentlichen Aussagen von Abbildung 1 und Tabelle 1 zusammen und deuten Sie das Wahlverhalten der Blaumeisenweibchen (Material A).	13
I.2	Erklären Sie das Grundprinzip der Methode der DNA-Gelelektrophorese, das dem Gel in Abbildung 2 (Material B) zugrunde liegt, und deuten Sie die unterschiedliche Anzahl der Banden pro Probe im Gel in Abbildung 2 (Material B). Ermitteln Sie anhand von Abbildung 2 (Material B) die Verwandtschaftsverhältnisse für Jungvogel J 1 und Jungvogel J 2.	22
I.3	Werten Sie Abbildung 3 (Material C) in Bezug auf den Heterozygotiegrad der Halbgeschwister aus und erklären Sie das Ergebnis. Erläutern Sie die Vorteile für den langfristigen Fortpflanzungserfolg des Weibchens, die sich aus der zusätzlichen Paarung mit Männchen ergeben, welche keine direkten Nachbarn des Brutpaares sind.	15
I.4	Beschreiben Sie die Aussagen der Abbildung 4 (Material D). Erläutern Sie anschließend das Verhalten der Männchen und begründen Sie die Konsequenzen des beobachteten Verhaltens der Weibchen für den langfristigen Fortpflanzungserfolg der Weibchen.	16

Material A: Zur Fortpflanzung der Blaumeisen

Blaumeisen sind Höhlenbrüter, die während der Brutperiode hauptsächlich kleine Insekten (z. B. Blatt- und Schildläuse), Spinnen, im Herbst auch Obst, Beeren und Sämereien, ab Spätwinter auch Knospen fressen.

Der Gesang der Vogelmännchen ist vor allem in der ersten Jahreshälfte zu hören. Die Männchen singen eine typische Strophe mit mehreren Einleitungselementen und einem anschließenden tiefen Triller, wobei die Strophenlängen bei den Männchen unterschiedlich sind. Mittels Gesang grenzen die Meisen ihr Revier gegen andere Nachbarn ab. Je größer und schwerer ein Männchen ist, desto länger ist seine Gesangsstrophe. Blaumeisenweibchen wählen nur einen Partner, der ein Territorium mit Nistmöglichkeit verteidigt.

Da Blaumeisen häufig auch künstliche Nistkästen als Bruthöhle annehmen, kann ihre Brutbiologie gut erforscht werden, denn die Meisen sind in den Nistkästen für die Wissenschaftler leichter zugänglich. Bei wissenschaftlichen Untersuchungen wird jeder Vogel beringt, um ihn wiederzuerkennen, und es wird jedem Vogel eine Blutprobe zur Erstellung eines genetischen Fingerabdrucks entnommen.

Lange Zeit war man der Auffassung, dass Blaumeisen in Monogamie (Einehe) leben und keinen Nachwuchs außerhalb des Paarbundes haben. Heute wird diese Form der sexuellen Paarbindung als genetische Monogamie bezeichnet. Seitdem den Wissenschaftlern der genetische Fingerabdruck als Routinemethode zur Verfügung steht, stellen sie fest, dass jedoch gerade bei monogamen Singvögeln außerpaarliche Kopulationen (das „Fremdgehen") eher die Regel als die Ausnahme sind und so „extra-pair" Jungtiere im Nest sein können. Sie sind das Produkt der außerpaarlichen Kopulation des Vogelweibchens. Man bezeichnet diese Form der Monogamie als soziale Monogamie.

Ein Großteil der Meisen brütet nur einmal, da sie den Winter nach Aufzucht der Brut nicht überleben. Nur körperlich starke, wohlgenährte Meisen überleben den Winter und brüten im folgenden Jahr erneut.

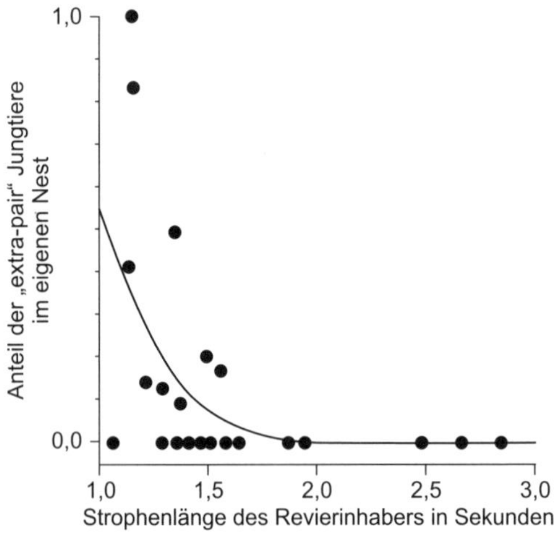

Abb. 1: Anteil der „extra-pair" Jungtiere im Nest des Revierinhabers (Stiefvater) in Abhängigkeit von der Strophenlänge des Revierinhabers. Ordinate (y-Achse): 1 entspricht 100 %. Jeder Punkt steht für ein Nest.
verändert nach Kempenaers, Bart (1997), S. 488

Tabelle 1: Anzahl der Männchen, die bis zur nächsten Brutsaison überleben

Jahr	überlebende, nicht betrogene Männchen	überlebende, betrogene Männchen
1990	**13** (von 21)	**0** (von 11)
1991	**12** (von 21)	**5** (von 19)
1992	**12** (von 19)	**2** (von 16)

Material B: „Extra-pair“ Nachkommen

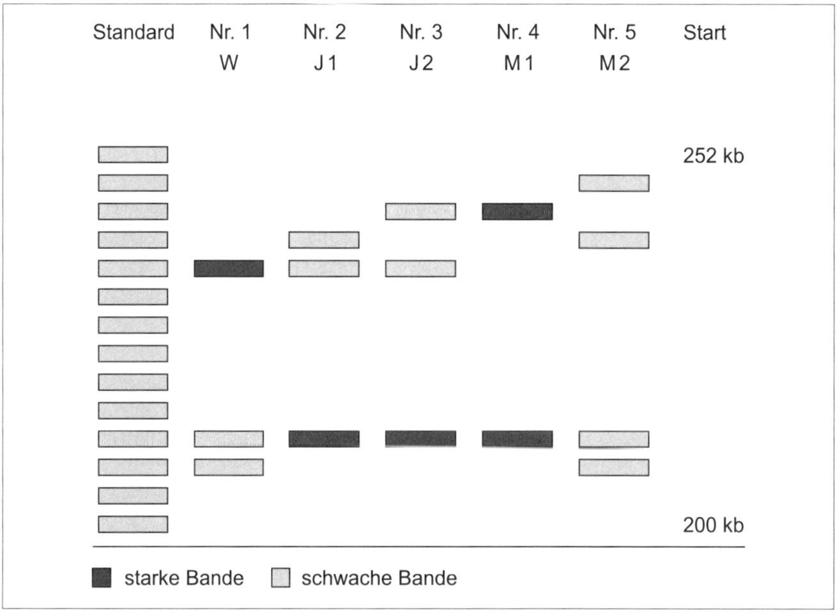

Abb. 2: Ergebnis der Gelelektrophorese nach PCR von zwei DNA-Abschnitten (bestehend aus kurzen sich wiederholenden Basensequenzen) aus dem nichtcodierenden Bereich der DNA.

Legende:
Nr. 1 – Weibchen (W)
Nr. 2 – Jungvogel 1 im Nest von Nr. 1 (J 1)
Nr. 3 – Jungvogel 2 im Nest von Nr. 1 (J 2)
Nr. 4 – Männchen von Nr. 1 (M 1)
Nr. 5 – Männchen aus der Nachbarschaft (M 2)

Material C: Heterozygotiegrade von Jungvögeln verschiedener Väter

Von einer im Durchschnitt zehn- bis elfköpfigen Blaumeisenbrut erleben meist nur ein oder zwei Jungvögel den nächsten Frühling – in erster Linie jene, deren Eltern einander genetisch weniger ähneln und deren genetisches Material einen hohen Heterozygotiegrad aufweist. Der Heterozygotiegrad ist ein Maß für die Menge des Vorkommens von unterschiedlichen Allelen in einem Individuum.

In einer Untersuchung stellte sich heraus, dass etwa die Hälfte der außerpaarlichen Jungvögel von Vätern stammte, die nicht in der direkten Nachbarschaft der Mutter brüteten. Weibchen wählten normalerweise für außerpaarliche Kopulationen jene Männchen, die älter und größer waren als ihr sozialer Partner. Diese Auswahlkriterien ließen sich jedoch nur in Bezug auf den direkten Nachbarn und nicht bei entfernt lebenden außerpaarlichen Vätern nachweisen.

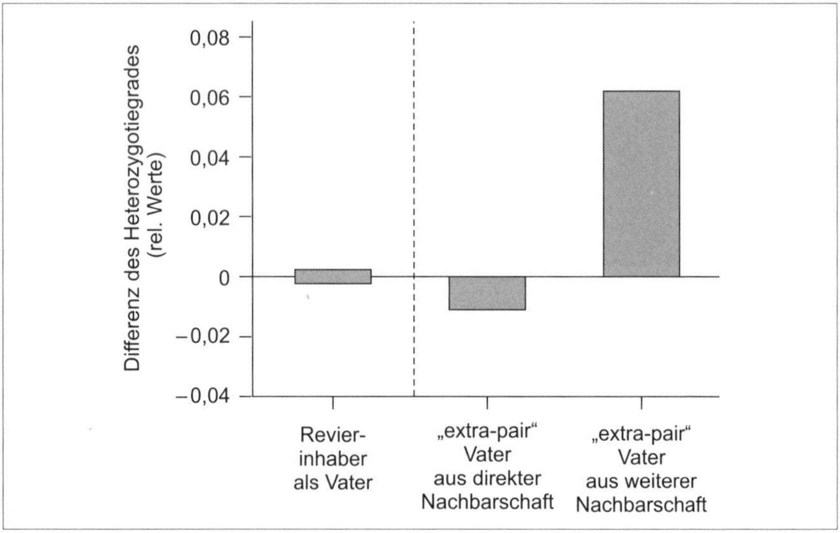

Abb. 3: Unterschiede des Heterozygotiegrades zwischen Jungvögeln des Brutpaares (Weibchen mit Revierinhaber) und „extra-pair" Jungvögeln. Der Heterozygotiegrad der Jungvögel des Brutpaares entspricht dem Wert Null.
verändert nach Lifjeld, Jan T., Johnson, Arhild, Delhey, Kaspar, Foerster, Katharina, Kempenaers, Bart. Nature 425 (16.10.2003), S. 715

Material D: Leuchtende Männchen

Vor wenigen Jahren erst wurde festgestellt, dass die Blaumeise eigentlich „UV-Meise" heißen sollte. Ihr für das menschliche Auge blau erscheinendes Gefieder reflektiert im UV-Bereich maximal und ist daher für UV-sehtüchtige Meisen wahrnehmbar. Man nahm an, dass die in diesem Farbbereich beobachtete Variation zwischen einzelnen Männchen von den Blaumeisenweibchen bei der Wahl eines Partners als Qualitätsmerkmal gewertet wird. In Verbindung mit den genetischen Daten zeigte sich, dass das Gefieder von Blaumeisenmännchen, deren Gene eine größere Heterozygotie aufweisen, stärker im UV-Wellenlängenbereich reflektiert als das ihrer genetisch weniger vielfältigen Artgenossen.

Limbourg und Mitarbeiter führten im Jahr 2004 ein Experiment zum Brutaufwand von Blaumeisenpaaren durch. Sie trugen, direkt nachdem die Jungtiere geschlüpft waren, einen UV-Blocker auf das Gefieder der Revierinhaber auf, so dass die UV-Strahlen nur noch minimal reflektiert wurden. Bei den Männchen der Kontrollgruppe wurde bei sonstiger Gleichbehandlung kein UV-Blocker aufgetragen. Anschließend wurde das Fütterungsverhalten der Paare untersucht.

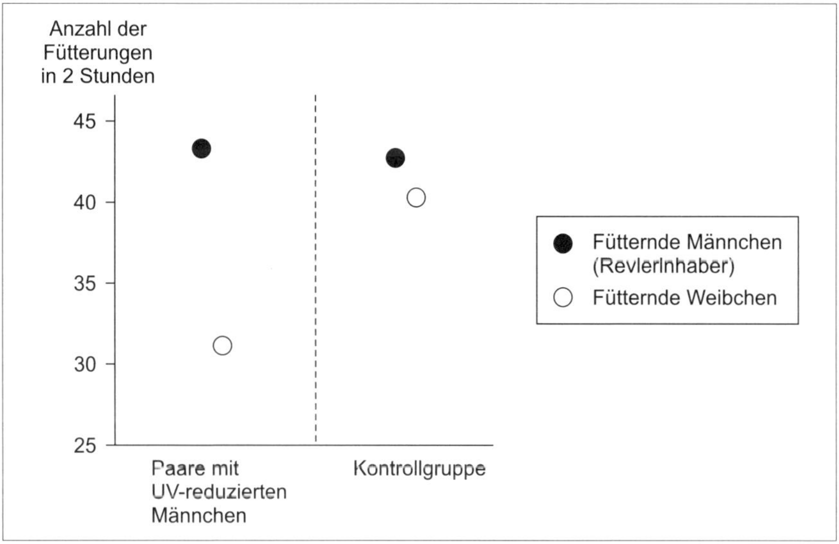

Abb. 4: Brutaufwand von Paaren mit UV-reduzierten Männchen und von Kontrollgruppe
verändert nach Lessels, Kate, Andersson, Staffan, Mateman, Christa, Limbourg, Tobias (22.9.2004) S. 1 906

weitere Materialgrundlage:

Bezzel, E. (1993). Kompendium der Vögel Mitteleuropas, Aula Verlag, Wiesbaden

Lifjeld, Jan T., Johnson, Arhild, Delhey, Kaspar, Foerster, Katharina, Kempenaers, Bart (2003). Females increase offspring heterozygosity and fitness through extra-pair matings. Nature 425, 714–717

Griffith, S. C. et al. (2003). Correlations between ultraviolet coloration, overwinter survival and offspring sex ratio in the blue tit. Evolutionary Biology 16, 1 045–1 054

Kempenaers, Bart (1997). Extrapair paternity in the blue tit (Parus caeruleus): female choice, male characteristics, and offspring quality. Behavioral Ecology 8, 481–492

Lessels, Kate, Andersson, Staffan, Mateman, Christa, Limbourg, Tobias (2004). Female blue tits adjust parental effort to manipulated male UV attractiveness. Proc. R. Soc. Lond. B Biol. Sci. 271, 1 903–1 908

http://www.orn.mpg.de/aktuelles/presse/blaumeisen.pdf (11. 02. 2009)

Lösungsvorschlag

In der Aufgabe thematisierte Unterrichtsinhalte sind:
Genotypische Variabilität, Population, Fitness, Fortpflanzungsstrategien, Partnerwahl, Paarungssysteme, DNA-Gelelektrophorese, Heterozygotenvorteil, „extra-pair"-Nachkommen, PCR

I.1 *Für die Bearbeitung der ersten Teilaufgabe ist es wichtig, dass Sie den Text des Materials A gründlich durcharbeiten (Textanalyse!). Lassen Sie sich von den Begriffen „genetische" bzw. „soziale Monogamie" nicht verwirren – auch wenn sie Ihnen vom Unterricht her nicht bekannt sein sollten. Ihre Bedeutung erschließt sich aus dem Text, dessen Aussagen Sie anschließend zu den Informationen aus Abbildung 1 und Tabelle 1 in Beziehung setzen müssen. Kritik an der Darstellung bzw. dem Inhalt der Darstellung (unklare Datenlage) kann Zusatzpunkte geben.*

Seit einigen Jahren ist den Wissenschaftlern bekannt, dass weibliche Blaumeisen, die eigentlich in einer monogamen Beziehung leben, doch häufiger „fremdgehen" und ihren Partner betrügen. Untersuchungen zu diesem Sachverhalt werden in Abbildung 1 verdeutlicht. Hier ist der Anteil der „extra-pair"-Jungtiere im Nest des Revierinhabers, also ihres Ziehvaters, in Abhängigkeit von seinem Gesang (Strophenlänge) dargestellt. Anhand des **Kurvenverlaufs** ist klar zu erkennen, dass, je länger die Strophe des Revierbesitzers ausfiel, desto geringer der Anteil an „extra-pair"-Jungen anderer Männchen war. Betrachtet man dagegen die ebenfalls angegebenen **Einzelergebnisse**, so ist die Lage nicht mehr so eindeutig. Bei einer relativ kurzen Strophenlänge bis 1,6 Sekunden gab es demnach zwar neun Nester, in denen Jungtiere anderer Väter vorkamen (zwischen 10 und 100 % der Jungen), aber auch acht Nester, in denen dies nicht der Fall war. Diese Diskrepanz kann mit dem vorliegenden Material nicht aufgelöst werden.
Die Grundaussage der Tabelle 1, in der die Anzahl der Männchen angegeben ist, welche die Zeit bis zur nächsten Brutsaison überleben, lautet wie folgt: Die Überlebenswahrscheinlichkeit derjenigen Blaumeisen-Männchen, die in genetischer Monogamie leben, ist deutlich höher (über 60 %) als die Überlebenschance, die „betrogene" Stiefväter haben (maximal 26 %).

Diese Ergebnisse lassen sich durch das Verhalten der weiblichen Blaumeisen bei der Partnerwahl erklären. Im Text zu Material A wird dargelegt, dass die Länge der Gesangsstrophe mit Größe und Gewicht der Männchen korreliert. Weibchen wählen bevorzugt große und schwere Revierbesitzer mit ausdauerndem Gesang als Partner aus, was eine klare Fitness-Maximierung für ihre Nachkommen zur Folge hat. Zum einen können kräftigere männliche Exemplare die Weibchen bei der Jungenaufzucht und Brutpflege besser unterstützen. Größere, ausdauerndere Sänger sind zum anderen fitter und haben deswegen bessere Chancen gegenüber ihren schmächtigeren Artgenossen, den Winter zu überleben. Geben sie diese Eigenschaften über ihre Gene an die Nachkommen weiter, steigern sie damit die Überlebenschancen der Jungen deutlich.

I.2 *Beachten Sie bei der Bearbeitung des ersten Teils, dass hier nicht nur die Gelelektrophorese in den Grundzügen dargestellt werden muss. Auch die entscheidenden Schritte, durch die das DNA-Ausgangsmaterial für dieses Verfahren gewonnen wird, müssen erklärt werden.*

Bevor die zwei zu testenden DNA-Abschnitte der Jungvögel 1 und 2, des Weibchens und der möglichen Blaumeisen-Väter untersucht werden können, müssen sie zunächst isoliert und dann vervielfältigt werden. Dies geschieht mithilfe genetischer „Scheren“, den Restriktionsenzymen. Sie schneiden die DNA an bekannten Nukleotid-Abschnitten, den Erkennungssequenzen, vor und hinter den spezifischen Stellen. Die so erhaltenen Fragmente unterschiedlicher Länge müssen dann mithilfe der Polymerase-Kettenreaktion (PCR) angereichert werden, damit genügend Genmaterial für die Gelelektrophorese vorhanden ist.

Die Gelelektrophorese ist ein technisches Verfahren, mit dem Stoffgemische in einem elektrischen Feld aufgetrennt werden können. Grundvoraussetzung für die Anwendung dieses Verfahrens ist, dass die zu trennenden Stoffe elektrisch geladene Körper sind – wie z. B. Proteine und Nukleinsäuren. Auf eine dünne Gelplatte werden dabei die zu trennenden Probengemische in vorgefertigte längliche Taschen gegeben. Bei DNA-Gemischen – wie in diesem Beispiel – wird der Minuspol an den Taschen angelegt, der Pluspol am anderen Ende der Elektrophoreseplatte. Je nach ihrer Größe und den Ladungen, die sie tragen, weisen die einzelnen Moleküle im angelegten elektrischen Gleichspannungsfeld eine unterschiedliche Wanderungsgeschwindigkeit auf. Je kleiner ein Molekül ist, desto schneller wandert es im elektrischen Feld. Bei unterschiedlichen Probengemischen werden z. B. gleich große DNA-Bruchstücke in gleichen Zeitabschnitten gleich weit im Gel wandern. Meist laufen Kontroll-DNA-Stücke bekannter Länge als „Standard“ mit. So können mehrere, nebeneinander aufgetragene Gemische getrennt und anschließend miteinander verglichen werden. Banden, die im Gel verschiedener Ansätze nebeneinanderliegen, enthalten gleichgroße DNA-Abschnitte.

Als Ergebnis des Trennverfahrens ist eine unterschiedliche Anzahl von Banden pro Probe zu erkennen. Dies lässt sich folgendermaßen erklären und deuten: Grundlage jeder Probe sind zunächst zwei bekannte DNA-Abschnitte, die zwischen 250 und 200 kb groß sind. Diese werden mit den Chromosomen von den Eltern auf die Kinder vererbt. Die Gene der Kinder stammen zur einen Hälfte von der Mutter und zur anderen Hälfte – auf den homologen Chromosomen – vom Vater. Das bedeutet, dass bei der Gelelektrophorese insgesamt vier ausgesuchte DNA-Fragmente untersucht werden. Nur ein einziges Individuum (M 2) weist auf dem Gel insgesamt vier Banden auf. Das heißt zum einen, dass das Tier vier unterschiedliche DNA-Fragmente für die beiden untersuchten Abschnitte besitzt. Zum anderen ist damit belegt, dass M 2 sowohl vom Vater als auch von der Mutter unterschiedliche DNA-Abschnitte vererbt wurden. Es ist für beide Abschnitte heterozygot. Alle anderen untersuchten Tiere weisen im Gel mindestens eine starke (verdickte) Bande auf, die auf ein doppeltes Vorhandensein des Genmaterials schließen lässt. Aus dieser Überlegung heraus lassen sich folgende Aussagen treffen: Gleiche Genabschnitte liegen auf homologen Chromosomen an der gleichen Stelle. J 1 und J 2 – aber auch W – zeigen jeweils drei Banden, davon jeweils eine starke. Als Deutung ist hier nur möglich, dass für den einen untersuchten DNA-Abschnitt die Informationen auf den homologen Chromosomen identisch sind (starke Bande) und für den anderen nicht (zwei unterschiedliche Banden). Völlige Übereinstimmung bei den geerbten DNA-Abschnitten liegt bei Individuum M 1 vor. Dieses Männchen hat sowohl von seinem Vater als auch von seiner Mutter identische genetische Informationen mitbekommen und zeigt im Gel daher nur zwei (starke) Banden. Vor dem Hintergrund dieser Erkenntnisse können nun die Verwandtschaftsverhältnisse für die Jungvögel J 1 und J 2 wie folgt erklärt werden: Beim Jungvogel J 1 muss es sich um ein „extra-pair“-Junges handeln. Es weist im Bereich von ca. 240 kb eine Bande auf, welche weder seine Mutter noch das mit ihm im Nest lebende Männchen aufweist. Bei einem Männchen in der Nachbarschaft (M 2) ist diese Bande allerdings vorhanden, wodurch angenommen werden kann, dass dieses Tier der genetische Vater von J 1 ist. J 2 dagegen ist ein Nachkomme von W und M 1. Das ist daran zu erkennen, dass der Jungvogel jeweils eine Bande hat, welche eindeutig bei W, und eine zweite, welche eindeutig bei M 1 (und jeweils **nur** dort), zu finden ist. Zwar besitzt J 2 noch eine dritte Bande, diese ist aber sowohl bei den Eltern als auch bei dem potenziellen Vater M 2 zu finden. Sie kann daher hier zur Klärung der Verwandtschaftsverhältnisse nicht herangezogen werden.

I.3 *Lassen Sie sich durch die Darstellung in Abbildung 3 nicht verwirren. Wenn der Heterozygotiegrad der Jungvögel des Brutpaares dem Wert 0 entspricht, dann bedeutet eine Abweichung in den positiven Bereich einen höheren und in den negativen Bereich einen geringeren Heterozygotiegrad. Halten Sie sich bei der Bearbeitung der Teilaufgabe an die vorgegebene Reihenfolge auswerten/erklären/erläutern. So gelangen Sie zu einem sinnvollen und nachvollziehbaren Aufbau ihrer Argumentation. Auch hier gilt: Sinnvolle Mutmaßungen, die vom Untersuchungsmaterial gestützt werden, sollten Sie unbedingt anbringen.*

Abbildung 3 zeigt, dass der Heterozygotiegrad zwischen den Halbgeschwistern (Jungvögel des sozialen Brutpaares und „extra-pair“-Tiere) zum Teil deutlich unterschiedlich ist. Handelt es sich bei den „extra-pair“-Jungen um Nachkommen mit einem Vater aus der direkten Nachbarschaft des Reviers, so ist das Vorkommen von unterschiedlichen Allelen bei diesen Jungvögeln um ca. 0,01 Grad geringer, als bei Nachkommen des Weibchens mit dem Revierinhaber. Stammt der Vater aber aus der weiteren Nachbarschaft des Brutreviers, so kann eine Zunahme der Heterozygotie um ca. 0,06 Grad gegenüber den „regulären“ Nachkommen beobachtet werden. Zu erklären ist dieser Sachverhalt mit folgenden Überlegungen: Tiere, die in direkter Nachbarschaft leben, sind offensichtlich näher miteinander verwandt als solche Individuen, die aus der weiteren Nachbarschaft stammen. Zu vermuten ist, dass die Blaumeisen – sofern sie den Winter überleben – sehr standorttreu sind und in unmittelbarer Nähe ihres Jugendnestes ein eigenes Revier suchen. Die Wahrscheinlichkeit hierfür ist sehr hoch, da nach den Angaben im Text von Material C nur wenige Jungvögel den folgenden Winter überleben. Sie können dann die verstorbenen Altvögel ersetzen und deren freie Reviere im alten Areal besetzen. Damit wäre zu erklären, warum ein „Fremdgehen" der Weibchen mit Männchen aus der Nachbarschaft zu weniger divergierenden Allel-Kombinationen im heterozygoten Zustand führt. Ein möglicher „extra-pair"-Vater könnte ein naher Verwandter (u. U. Geschwister) des Weibchens sein. Die Untersuchungen zeigen, dass die Nachkommen eines sozialen Blaumeisenpaares einen höheren Heterozygotiegrad aufweisen, da Weibchen anscheinend Revierinhaber bevorzugen, die mit ihnen nicht so eng verwandt sind. Um die Möglichkeit auszuschließen, dass mit dem Vater von „extra-pair"-Nachkommen ein engeres Verwandtschaftsverhältnis besteht, sind für den weiblichen Vogel Begattungen durch Männchen aus der weiteren Nachbarschaft vorteilhaft. Als Ergebnis eines solchen „Fremdgehens" weisen die „extra-pair"-Nachkommen einen deutlich höheren Heterozygotiegrad in den einzelnen Allelen auf, als dies bei ihren „regulären" Halbgeschwistern der Fall ist. Die Paarung mit nicht benachbarten fremden Männchen erweist sich als Fortpflanzungsstrategie, die den Weibchen in Bezug auf ihr genetisches Material langfristig deutliche Vorteile verschafft. Denn die „extra-pair"-Nachkommen besitzen dadurch eine insgesamt höhere Allelvielfalt und somit auch eine gesteigerte Fitness. Außerdem kann ein hoher Heterozygotiegrad auch davor schützen, dass rezessive, genetische Defekte auftreten. Bei nahe verwandten Tieren, wie es bei „extra-pair"-Vätern aus der unmittelbaren Nachbarschaft sehr wahrscheinlich der Fall ist, können genetische Defekte bei den Nachkommen homozygot vorliegen, wodurch der Fortpflanzungserfolg und die Fitness der Nachkommen deutlich herabgesetzt werden. Wie im Material A erwähnt, bevorzugen Weibchen große, schwere Männchen. Ob dieses Auswahlkriterium auch als Fitness steigernd greift, kann mit dem vorliegenden Untersuchungsmaterial C nicht beantwortet, aber sehr wohl angenommen werden.

I.4 *Bei der Ermittlung der Anzahl der jeweiligen Fütterungen ist es hilfreich, wenn Sie in die Abbildung 4 Hilfslinien einziehen. Dies erleichtert es Ihnen, die zwischen den vorgegebenen Zahlen liegenden Werte zu ermitteln.*

Das Gefieder männlicher Blaumeisen reflektiert UV-Licht. Dies scheint für die Weibchen dieser Vogelart von besonderer Bedeutung zu sein. Werden Männchen nämlich in ihrem Reflexionsvermögen für UV-Licht eingeschränkt, indem man einen UV-Blocker auf ihr Gefieder aufträgt, so hat dies entscheidende Auswirkungen auf das Fütterverhalten ihrer Partnerinnen. Sowohl die manipulierten Männchen als auch diejenigen der Kontrollgruppe zeigten annähernd das gleiche Fütterverhalten. In beiden Gruppen wurden die Jungtiere von den Männchen ca. 43-mal (Versuchsgruppe) bzw. 42-mal (Kontrollgruppe) innerhalb von 120 Minuten gefüttert. Die Weibchen der Kontrollgruppe beteiligten sich mit ca. 40 Futtereinträgen in zwei Stunden fast genauso häufig an den Fütterungen wie die Revierinhaber. In der Versuchsgruppe fütterten die Weibchen, deren Partner UV-reduziert waren, ihren Nachwuchs innerhalb von zwei Stunden nur ca. 31-mal. Sie reduzierten damit ihre Aktivitäten um 22,5 %, d. h. um fast ¼. Dies ist ein klares Indiz dafür, dass die gesunkene Fütterungsfrequenz der Weibchen mit der verringerten UV-Reflexion des Männchengefieders in direktem Zusammenhang steht. Interessanterweise veränderten die Männchen der Versuchsgruppe ihr Fütterverhalten nicht, um den Ausfall der Futtereinträge des Weibchens ggf. auszugleichen. Das Verhalten der Blaumeisen-Weibchen steht in einem direkten Zusammenhang mit ihrem langfristigen Fortpflanzungserfolg und der Weitergabe ihres Erbgutes. Aufgrund wissenschaftlicher Untersuchungen (Material D) ist bekannt, dass Männchen, deren Gefieder das UV-Licht stark reflektiert, gleichzeitig einen größeren Heterozygotiegrad des Erbgutes aufweisen. Artgenossen mit geringerer genetischer Vielfalt „strahlen“ nicht so intensiv. Die ermittelten Zahlenwerte legen in diesem Zusammenhang nahe, dass das Weibchen über seine optische Wahrnehmung den Einsatz für die Nachkommen im Gelege steuert. Eine hohe UV-Licht-Reflexion signalisiert dem Weibchen, dass es sich um einen (möglichen) Partner handelt, der den gemeinsamen Nachkommen – über den hohen Heterozygotiegrad seines Erbgutes – ein beträchtliches Maß an Fitness mitgeben kann. Weniger „strahlende“ Männchen signalisieren hingegen, dass sie einen niedrigen Heterozygotiegrad besitzen. Eine Folge hieraus könnte sein, dass gemeinsame Nachkommen mit solchen Männchen den folgenden Winter nicht überleben. Weibchen in der Versuchsgruppe mit den UV-reduzierten Männchen minimierten als Konsequenz ihren Fütterungseinsatz, um ihre eigenen Ressourcen zu schonen. Sie erhöhten dadurch ihre Chancen, den nächsten Winter zu überleben, um im folgenden Jahr wieder brüten zu können, evtl. sogar mit einem Revierinhaber, dessen Fitness höher ist als die ihres aktuellen Partners.

Leistungskurs Biologie (NRW) – Abitur-Prüfung 2010
Aufgabe 2: Genetik

Aufgabenstellung: Punkte

Thema: Alte Väter – wie alt ist zu alt?

II.1 Werten Sie die Diagramme „Altersprofile der Väter von Neugeborenen", „Anzahl der Fälle von Achondroplasie bei Neugeborenen" und „Anzahl der Mitosen in Abhängigkeit vom Alter des Mannes" (Material A, Abbildungen 1–3) einzeln aus. Erklären Sie den Zusammenhang zwischen der Häufigkeit des Auftretens von Achondroplasie bei Neugeborenen und dem Alter des Vaters, indem Sie auch die cytologischen Ursachen für die Zunahme der Zahlen der Neugeborenen mit Achondroplasie (vgl. Abbildung 2 und 3) berücksichtigen. 18

II.2 Vergleichen Sie die Sequenzausschnitte der FGFR3-Gene von Achondroplasie-Patienten und Gesunden (Material B, Tabelle 1) und benennen und erläutern Sie den Mutationstyp (Material D). Leiten Sie die Folgen für Zusammensetzung, Bau und Funktion des Proteins ab. 14

II.3 Analysieren Sie begründet den Erbgang für Achondroplasie (Material B, Abbildung 5) und geben Sie die Genotypen für alle Personen an. Bestimmen Sie die Wahrscheinlichkeit, mit der die Eltern Nr. 8 und Nr. 9 ein phänotypisch gesundes Kind erwarten können, und prüfen Sie, inwieweit Ihr Ergebnis durch die Daten von Murdoch (Material B, Tabelle 2) gestützt wird. 18

II.4 Erläutern Sie unter Beachtung der unterschiedlichen Betrachtungsebenen die Aussagen von Sperling und Crow zum Risiko für Neumutationen durch den väterlichen Alterseffekt (Material C). Beurteilen Sie anschließend die Aussagen der beiden Wissenschaftler unter Einbezug von Material A und ziehen Sie Schlussfolgerungen hinsichtlich der genetischen Familienberatung. 16

Material A: Alte Väter – Risiko für Kinder?

Bei Achondroplasie-Patienten verknöchern die Wachstumszonen viel zu früh: Das Längenwachstum der langen Röhrenknochen wird vorzeitig beendet, sodass Arme und Beine zu kurz bleiben. Die Häufigkeit von Achondroplasie bei Neugeborenen beträgt durchschnittlich etwa 1 : 10 000.
90 % aller dokumentierten Fälle von Achondroplasie sind das Ergebnis von Neumutationen.

Für Deutschland gibt das Statistische Bundesamt Wiesbaden die Daten für Altersprofile der Väter von Neugeborenen für die Jahre 1990 und 2001 wie folgt an:

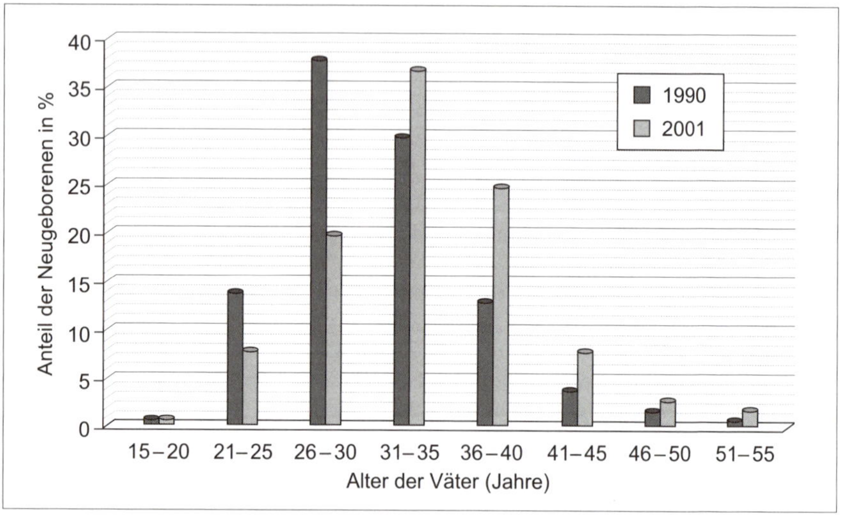

Abb. 1: Altersprofile der Väter von Neugeborenen in Deutschland für die Jahre 1990 (905 675 Geburten) und 2001 (734 475 Geburten)
verändert nach: Engel, Wolfgang; Sancken, U.; Laccone, Franco (2004) J. Reproduktionsmed. Endokr. 1 (4), 263, Krause & Pachernegg

Murdoch hat anhand des Geburtenregisters der USA bei 3 396 000 Neugeborenen den Anteil der Neugeborenen mit genetisch bedingtem Kleinwuchs (Achondroplasie) im Zusammenhang mit dem Alter der Eltern bestimmt. Er fand heraus, dass das Alter der Mutter keinen Einfluss in diesem Zusammenhang hat. Seine Befunde wurden in folgendem Diagramm aufgetragen:

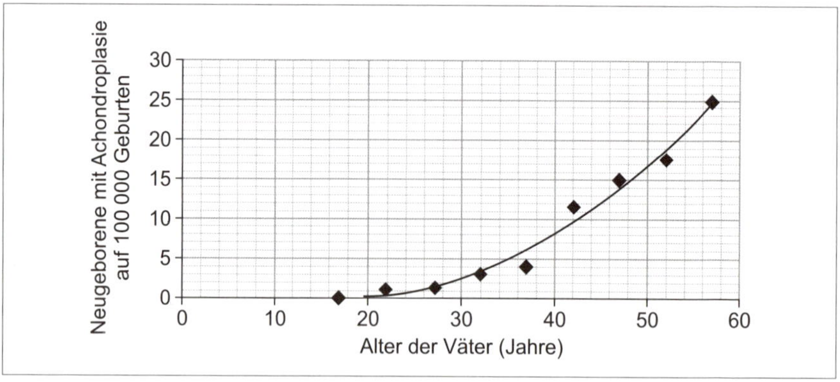

Abb. 2: Anzahl der Fälle von Achondroplasie (genetisch bedingter Kleinwuchs) bei Neugeborenen auf 100 000 Geburten

Während die Vorläuferzellen jeder Eizelle in ihrer Entwicklung ausgehend von der diploiden Urkeimzelle nur 22 Mitosen bis zum Beginn der Eireifung und damit bis zum Beginn der Meiose durchlaufen haben, liegt diese Zahl für die Vorläuferzellen der Spermien weitaus höher: Die Vorläuferzellen der Spermien in den männlichen Keimdrüsen haben bis zur Pubertät 30 Mitosen hinter sich, danach teilen sie sich alle 16 Tage einmal – bis ins hohe Alter, 23-mal im Jahr. Die Zahl der Mitosen von der Urkeimzelle bis zum Beginn der Meiose wurde berechnet.

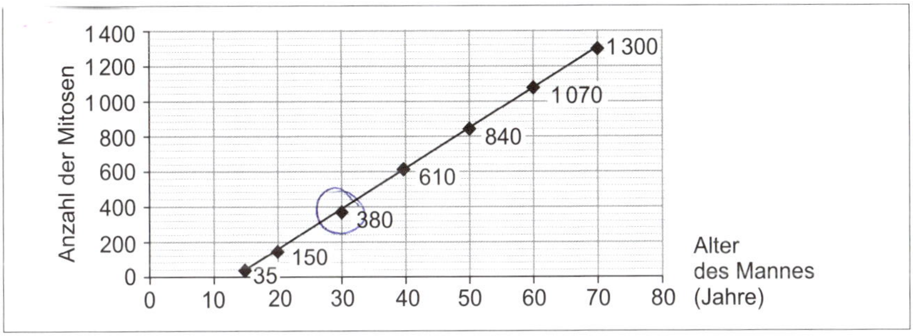

Abb. 3: Anzahl der Mitosen, die ausgehend von der Urkeimzelle bis zur Bildung einer männlichen Keimzelle (Spermium) durchlaufen werden

Material B: Achondroplasie – erblich bedingter Kleinwuchs

Um die Ursachen für die Erbkrankheit Achondroplasie (ACH) zu erforschen, wurde der Bauplan für den **R**ezeptor des Wachstumsfaktors **F**ibroblast **G**rowth **F**actor **3** untersucht. Eine Zufuhr dieses Wachstumsfaktors hilft den Patienten nicht. Bei fast normaler Sitzgröße erreichen Erwachsene nur eine Körpergröße von 120–148 cm. Darüber hinaus ist oft auch die Entwicklung weiterer Organe gestört. Das Gen für diesen Rezeptor (FGFR3) umfasst 2 421 Basenpaare, für die Nukleotide 1 114–1 152 wurden für ACH-Patienten und Gesunde die folgenden Teilsequenzen ermittelt:

Tabelle 1: Ausschnitt aus der Sequenz des FGFR3-Gens (Nucleotide 1 114–1 152) im codogenen Strang

Häufigkeit bei ACH-Patienten	Teilsequenz des codogenen Strangs der DNA (Position 1 114–1 152):
98 %	…CAC ATA CGA CCG TAG GAG TCG ATG TCC CAC CCG AAG AAG…
zusammen 2 %	…CAC ATA CGA CCG TAG GAG TCG ATG GCC CAC CCG AAG AAG…
	…CAC ATA CGA ACG TAG GAG TCG ATG CCC CAC CCG AAG AGG…
	Teilsequenz des codogenen Strangs bei normalwüchsigen Personen:
nicht mutiertes Allel bei Gesunden	…CAC ATA CGA CCG TAG GAG TCG ATG CCC CAC CCG AAG AAG… 1 120 1 130 1 140 1 150

FGFR3-Sequenz nach: www.sanger.ac.uk/perl/genetics/CGP/cosmic_sequence?ln=FGFR3;format=numbered, 15. 3. 2009

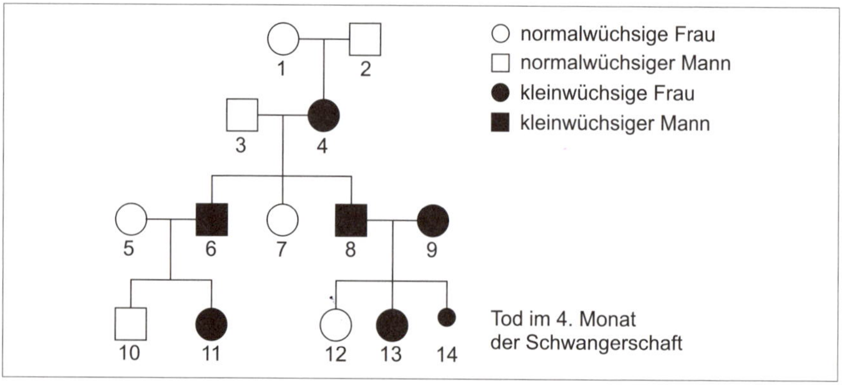

Abb. 5: Stammbaum einer Familie mit Achondroplasie: **Keiner** der Vorfahren der Personen 1 und 2 war kleinwüchsig.

Murdoch hat in den USA 14 Ehepaare aufgesucht, bei denen beide Ehepartner kleinwüchsig auf Grund von Achondroplasie waren. Er ermittelte folgende Daten:

Tabelle 2: Nachkommen von Eltern, die beide die Erbkrankheit ACH aufweisen

		Kinder mit Achondroplasie		**Kinder ohne Achondroplasie**
Zahl der Elternpaare:	Kinderzahl insgesamt:	davon leben:	Tod im Kindesalter:	mit normaler Körpergröße:
14	**23**	**9**	**7**	**7**

Material C: Experten zum väterlichen Alterseffekt

Wissenschaftler bringen das zunehmende Risiko für Erbgutveränderungen mit dem höheren Alter werdender Väter in Zusammenhang, unabhängig davon, ob es sich um dominante oder rezessive Allele handelt.
Die weitaus meisten erforschten Erbkrankheiten werden durch rezessive Allele vererbt, nur wenige durch dominante Allele.
Kinder von über 40jährigen Vätern sterben doppelt so häufig im Säuglingsalter wie Kinder von 25jährigen.

Dazu …

… der Humangenetiker **Karl Sperling** von der Charité Berlin in einem Interview zu Erbkrankheiten alter Väter sinngemäß:

Wenn das Risiko auch für solche Krankheiten fünf bis acht Mal höher ist, sind sie insgesamt doch so selten. Wenn das Risiko für uns alle etwa zwei Prozent beträgt und wenn es bei einem fünfzigjährigen Mann auf 2,1 Prozent steigen sollte, dann spielt das natürlich im Einzelfall keine Rolle. Wenn jemand fragt, welche Konsequenzen für seine Kinder das hat, dann kann man ihn beruhigen. (Inforadio RBB, März 2009)

… der Populationsgenetiker **James Crow**, Professor an der Universität Wisconsin:

„Ich schlussfolgere, dass für eine Reihe von Krankheiten die Mutationsrate mit dem väterlichen Alter ansteigt, und zwar viel stärker als nur linear. Das lässt vermuten, dass die größte Gefahr durch Mutationen in der menschlichen Population von fruchtbaren, alten Männern ausgeht.“ (August 1997)

Material D: Codesonne und Tabelle zum genetischen Code

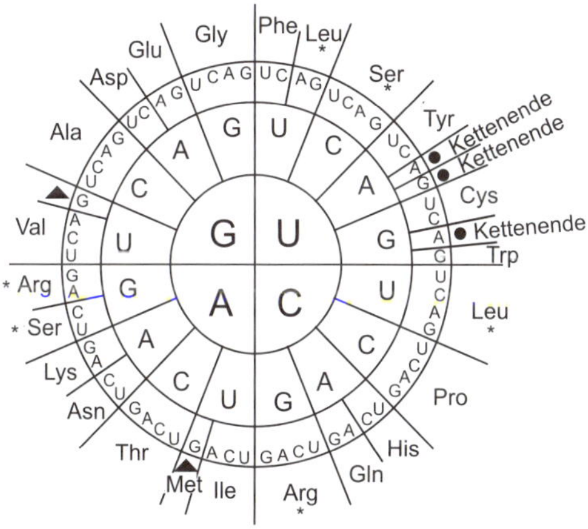

Ala	Alanin
Arg	Arginin
Asn	Asparagin
Asp	Asparaginsäure
Cys	Cystein
Gln	Glutamin
Glu	Glutaminsäure
Gly	Glycin
His	Histidin
Ile	Isoleucin
Leu	Leucin
Lys	Lysin
Met	Methionin
Phe	Phenylalanin
Pro	Prolin
Ser	Serin
Thr	Threonin
Trp	Tryptophan
Tyr	Tyrosin
Val	Valin

* zweimal auftretende Aminosäure ● Stopp-Codon ▲ Start-Codon

Erste Base	Zweite Base				Dritte Base
5'	**U**	**C**	**A**	**G**	**3'**
U	Phe Phe Leu Leu	Ser Ser Ser Ser	Tyr Tyr Stopp Stopp	Cys Cys Stopp Trp	**U** **C** **A** **G**
C	Leu Leu Leu Leu	Pro Pro Pro Pro	His His Gln Gln	Arg Arg Arg Arg	**U** **C** **A** **G**
A	Ile Ile Ile Met (Start)	Thr Thr Thr Thr	Asn Asn Lys Lys	Ser Ser Arg Arg	**U** **C** **A** **G**
G	Val Val Val Val	Ala Ala Ala Ala	Asp Asp Glu Glu	Gly Gly Gly Gly	**U** **C** **A** **G**

weitere Materialgrundlage:

Bray, I.; Gunnell, D., Smith, G. D. (2006). Advanced paternal age: how old is too old? J. Epidemiol. Community Health. 10: 851–853

Crow, J. F. (1997). The high spontaneous mutation rate: Is it a health risk? Proc. Natl. Acad. Sci. 94: 8 380–8 386

Ehrenfels, Y. (2000). Mutationen in FGFR3. Mutationen in den „fibroblast growth factor"(FGF)-Rezeptorgenen FGFR 1, 2 und 3 bei primären Craniosynostosen. Diss. Gießen: 81 f.

Engel, Wolfgang; Sancken, U.; Laccone, Franco (2004). Das väterliche Alter aus humangenetischer Sicht. J. Reproduktionsmed. Endokrinol. 1 (4), 263–267, Krause & Pachernegg

Murdoch, J. L.; Walker, B.; A. Hall, J. G.; Abbey, H.; Smith K. K.; McKusick, V. A. (1970). Achondroplasia - a genetic and statistical survey. Ann. Hum. Genet. 33: 227 f.

Risch, N.; Reicht, E.; W. Wishnickt, M. M.; McCarthy, J. G. (1987). Spontaneous Mutation and Parental Age in Humans. Am. J. Hum. Genet. 41: 218–248

Stelzer, C. (2000). Das humane FGFR3-Gen. Molekulargenetische Untersuchungen von Komponenten des Knochen- und Knorpelgewebes. Diss. Mainz: 112 f.

Vortkamp, A. (2003). Molekulare Kontrolle der Skelettdifferenzierung. Max-Planck-Institut für molekulare Genetik. Tätigkeitsbericht 2003: 1–6

Lösungsvorschlag

In der Aufgabe thematisierte Unterrichtsinhalte sind:
Mutation, Proteinbiosynthese, Stammbaumanalyse, humangenetische Beratung, Variabilität von Populationen, erblicher Kleinwuchs, Proteinaufbau

II.1 *Die Vorgehensweise bei Ihrer Bearbeitung ist durch die Aufgabenstellung bereits vorstrukturiert. Werten Sie jedes der drei Diagramme zunächst* ***gründlich*** *aus. Beachten Sie dabei, dass sich die Abbildung 1* ***nicht*** *mit der Krankheit beschäftigt. Um den Sachverhalt der Auswirkung von frühen und späten Mutationen zu verdeutlichen, können Sie auch zu einer einfachen Strichzeichnung greifen.*

In Abbildung 1 des Materials A ist in einem Diagramm der Anteil der Neugeborenen in den Jahren 1990 und 2001 in Zuordnung zum Alter ihrer Väter dargestellt. Bei diesem Altersprofil ist Folgendes auffällig: Im Jahr 1990 waren die meisten Väter von Neugeborenen in der Altersgruppe zwischen 26 und 30 Jahren (37,5 %) zu finden, im Jahr 2001 war dies für die Altersgruppe der 31 bis 35-Jährigen der Fall (36,5 %). Waren 1990 noch 51,5 % aller Väter nicht älter als 30 Jahre, so waren es im Jahre 2001 nur noch 27,5 %. Dieses Ergebnis deutet auf eine klare Verschiebung der Altersstruktur zu älteren Vätern hin, was mit einem Blick auf die Angaben für Männer, die bis zum 55. Lebensjahr Vater wurden, noch bestätigt wird. Innerhalb von 11 Jahren (1990–2001) hat sich die Zahl der Väter, die das 40. Lebensjahr überschritten haben, von 6,5 % auf 11,5 % beinahe verdoppelt.
Die Analyse des Diagramms „Anzahl der Fälle von Achondroplasie bei Neugeborenen" in den USA, bei dem die Anzahl der Neugeborenen mit dieser Krankheit in Abhängigkeit vom Alter ihrer Väter dargestellt wird, ergibt folgendes Bild: Der genetisch bedingte Kleinwuchs bei Neugeborenen tritt desto häufiger auf, je älter der Vater ist. Betrachtet man die Altersgruppe der bis zu 20 Jahre alten Väter, so tritt die Erkrankung bei den Neugeborenen so gut wie nie auf. Für einen Mann, der mit 30 Jahren Vater wird, liegt die Wahrscheinlichkeit, ein Kind zu zeugen, das an Achondroplasie leidet, bei 0,0025 % (2,5 Erkrankte auf 100 000 Geburten). Bereits 10 Jahre später ist diese Wahrscheinlichkeit mit 0,008 % schon ca. dreimal so hoch und im Vergleich zu einem 30-Jährigen liegt das Risiko bei einem 50 Jahre alten Vater bei 0,017 %, d. h., es ist über sechsmal so groß.
Ein weiteres Diagramm (Abbildung 3) zeigt die Anzahl der Mitosen bis zur Spermienbildung in Abhängigkeit vom Alter des Mannes. Hierbei fällt als Erstes der lineare Anstieg des Graphen ins Auge. Dies bedeutet, dass die Anzahl der Mitosen, welche die späteren Spermienzellen durchlaufen haben, mit zunehmendem Alter deutlich ansteigt. Sind es bis zum Eintritt in die Pubertät gerade einmal 30 Mitosen, haben sich die Zellteilungen in einem Alter von 50 Jahren auf 840 und im Alter von 70 Jahren bereits auf 1 300 erhöht.

Die Tatsache, dass die späteren männlichen Keimzellen mit zunehmendem Alter des Mannes immer mehr Mitosen absolviert haben, erklärt, warum das Risiko für ältere Väter deutlich erhöht ist, ein Kind zu zeugen, das an erblichem Kleinwuchs leidet. Bei jeder Zellteilung müssen alle DNA-Doppelstränge entwunden und semikonservativ redupliziert werden. Bei diesem komplizierten Prozess können Fehler im Kopiervorgang auftreten, die zu Mutationen führen. Berücksichtigt man dabei die Tatsache, dass „90 % aller dokumentierten Fälle von Achondroplasie … das Ergebnis von Neumutationen" sind, so wird verständlich, warum das Risiko, Vater eines Kindes mit Achondroplasie zu werden, mit zunehmendem Alter drastisch ansteigt. Die Spermien älterer Männer haben bereits deutlich mehr Mitosen absolviert als diejenigen von Jüngeren. Damit steigt die Wahrscheinlichkeit, dass sich mit zunehmendem Alter neue Mutationsereignisse während der Zellteilungen eingestellt haben. Entscheidend ist aber auch der Zeitpunkt, an dem ein solches neues Mutationsereignis stattfindet. Man unterscheidet dabei frühe von späten Mutationen. Je früher die Mutation eine zukünftige Spermiumzelle betrifft, desto mehr der aus ihr hervorgehenden Zellen tragen die Mutation, in diesem Fall eine Anlage für Achondroplasie. Das Risiko, ein Kind mit Achondroplasie zu zeugen, steigt demnach stärker als nur linear mit dem Alter des Mannes an. Umgekehrt verhält es sich mit späten Mutationsereignissen, die sich prozentual dann nicht so häufig in der Gesamtspermienmenge wiederfinden. Die nebenstehende Skizze soll diesen Sachverhalt von Mutationen in Spermium-Vorläuferzellen verdeutlichen.

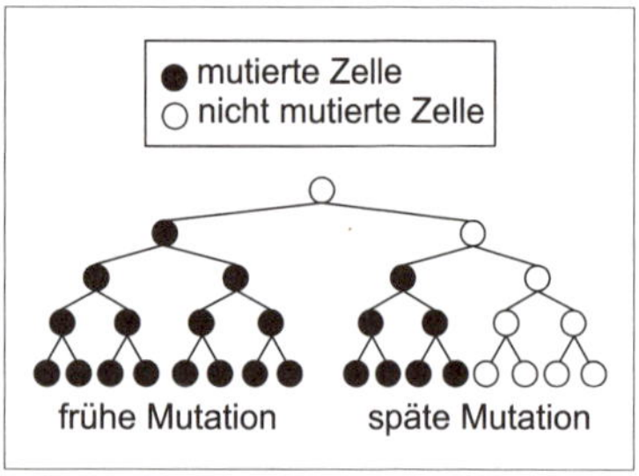

II.2 *Bei dieser Teilaufgabe können Sie methodisch vorgehen. Zunächst sollten Sie die infolge der Mutation eingetretenen Veränderungen in der DNA darlegen. Wenngleich in Tabelle 1 (Material B) keine diesbezüglichen Angaben gemacht werden, können Sie davon ausgehen, dass sich bei der angegebenen Teilsequenz der codogenen DNA-Stränge links das 3'- und rechts das 5'-Ende befindet. Obwohl dies in der Aufgabenstellung nicht verlangt ist, sollten Sie zunächst die mRNA-Sequenz der mutierten und der nicht mutierten Tripletts ermitteln, damit Sie über den Triplettcode die entsprechenden Aminosäuren zuordnen können. Achten Sie anschließend darauf, dass Sie die richtige Leserichtung (5' → 3') bei der Ermittlung von mRNA und Aminosäure (Codesonne von innen nach außen) anwenden. Bei der Frage nach den Folgen für die Funktion des Proteins sollten Sie sich Ihre Kenntnisse über die Entstehung, den Aufbau und die Umwandlung bei funktionalen Eiweißkörpern ins Gedächtnis rufen.*

Bei der Untersuchung der Ursachen für die Erbkrankheit Achondroplasie (ACH) wurde das Gen FGFR3 analysiert, welches für den Rezeptor eines spezifischen Wuchsfaktors codiert. Nach der Ermittlung der Nukleotidsequenz stellte sich heraus, dass bei diesem aus insgesamt 2421 Basenpaaren bestehenden Gen zwischen den Nukleotiden 1 123 und 1 138 bei ACH-Patienten jeweils nur eine einzige organische Base – aber nicht immer dieselbe – unterschiedlich ist. Demnach liegen in diesen Fällen Punktmutationen vor. In der Tabelle 1 (Material B) sind Teilsequenzen aus dem codogenen DNA-Strang von erkrankten Personen und die entsprechende Nukleotid-Reihenfolge im nicht-mutierten Allel bei Gesunden wiedergegeben. Nach diesen Angaben findet sich bei 98 % aller ACH-Patienten an der Stelle 1 138 nicht die Base Cytosin, sondern die Base Thymin. Interessanterweise gibt es aber auch von der Achondroplasie betroffene Personen, bei denen an der gleichen Nukleotid-Position anstelle der Base Cytosin die Base Guanin in der DNA vorliegt. Eine dritte Variante existiert bei ACH-Patienten, bei denen die Base an der Stelle 1 123 nicht Cytosin, sondern Adenin ist. Die beiden zuletzt erwähnten Punktmutationen findet man aber nur bei insgesamt 2 % aller an Achondroplasie-Erkrankten.

Durch den Einbau einer anderen organischen Base in den codogenen Strang der DNA kann es zu gravierenden Auswirkungen auf Zusammensetzung, Bau und Funktion des codierten Proteins kommen. Bei 98 % der von Achondroplasie betroffenen Patienten bewirkt der Einbau von Thymin im Triplett an der Position 1 138–1 140 über die mRNA-Sequenz „AGG“, dass die Aminosäure Arginin anstelle von Glycin (mRNA-Sequenz „GGG“) in das Protein eingebaut wird. Im zweiten Fall der Punktmutation im selben Triplett gelangt durch den Austausch von Guanin gegen Cytosin (mRNA-Sequenz „GGG“ ⇒ „CGG“) ebenfalls die Aminosäure Arginin an dieser Stelle in das Rezeptorprotein. Beim dritten vorkommenden Mutationsereignis codiert das Basentriplett an Position 1 123–1 125 (Cytosin ⇒ Adenin) über die mRNA-Sequenz „UGC“ für die Aminosäure Cystein statt Glycin (mRNA-Sequenz „GGC“).

Das insgesamt 807 Aminosäuren umfassende Protein stellt in seiner Tertiärstruktur den FGFR3-Rezeptor für einen Wachstumsfaktor dar. Obwohl durch alle drei möglichen Punktmutationen lediglich eine von 807 Aminosäuren verändert wird, sind die Auswirkungen so gravierend, dass der zugehörige Ligand (Wachstumsfaktor) nicht mehr am Bindungszentrum andocken kann. Zu erklären ist dies dadurch, dass durch die jeweilige Punktmutation im Laufe der Proteinbiosynthese über Transkription und Translation ein in seiner Primärstruktur verändertes Protein hergestellt wird. Durch Auffaltungen und spezifische Bindungen zwischen einzelnen Aminosäuren entsteht aus der Primär- die Sekundär- und daraus die Tertiärstruktur des Rezeptorproteins. Die veränderten Aminosäuren können beispielsweise an Schlüsselpositionen stehen, die für die sterische Konfiguration des Proteinmoleküls verantwortlich sind. Verhindern sie so z. B., dass Bindungen zwischen Aminosäuren ausgebildet oder Wechselwirkungen eingegangen werden, sind durch die veränderte Aminosäure-Zusammensetzung der Bau des Eiweißkörpers und seine ursprüngliche Struktur nicht mehr gegeben: Der Rezeptor wird funktionsuntüchtig.

II.3 *In der Aufgabenstellung werden Sie bereits auf die Individuen 8 und 9 hingewiesen. Von ihrer Elternschaft ausgehend können Sie die meisten Vererbungsmöglichkeiten bereits ausschließen. Lesen Sie auch genau die Informationen in der Legende zu Abbildung 5 und erinnern Sie sich an die ersten Informationen aus Material A. Im Übrigen können Sie bei allen Stammbäumen, die Ihnen vorgelegt werden, immer davon ausgehen, dass es sich bei den Individuen um leibliche Nachkommen handelt. Zu Verdeutlichung des Vererbungsgeschehens kann eine mit den Anlagen versehene Zeichnung des Stammbaums hilfreich sein.*

Die Erkrankung Achondroplasie, der erblich bedingte Kleinwuchs, wird autosomal dominant vererbt. Dies kann anhand des Stammbaums (Material B, Abbildung 2) folgendermaßen abgeleitet werden: Die beiden kleinwüchsigen Personen 8 und 9 haben gemeinsam eine Tochter (12), die keinen Wachstumsdefekt aufweist. Von Mutter und Vater hat sie je ein funktionstüchtiges Allel vererbt bekommen. Da beide Elternteile aber erkrankt sind, müssen sie für dieses heterozygot sein und sowohl ein defektes (dominantes) Allel für Achondroplasie als auch ein nicht defektes (rezessives) besitzen. Ein X-chromosomal rezessiver Erbgang kann insofern ausgeschlossen werden, da ansonsten Individuum 12 erkrankt sein müsste. Sie hätte vom Vater ein X-Chromosom mit dem Defekt vererbt bekommen, ebenso wie von der Mutter, welche – selbst von der Krankheit betroffen – auf beiden X-Chromosomen die Anlage für Achondroplasie tragen müsste. Auch ein X-chromosomal dominanter Erbgang kann hier nicht vorliegen, da die Personen 3 und 4 ansonsten keine normalwüchsige Tochter (7) haben könnten.

Eine Weitergabe des erblich bedingten Kleinwuchses auf dem Y-Chromosom kann sofort ausgeschlossen werden, da in diesem Fall nur männliche Familienmitglieder von der Krankheit betroffen wären. Unter Verwendung von „A“ für das dominante, mutierte Allel, welches für Kleinwuchs codiert, und „a“ für das rezessive Allel ohne entsprechende Mutation, ergeben sich damit für die Individuen des vorgegebenen Stammbaums die nebenstehend aufgeführten Genotypen.

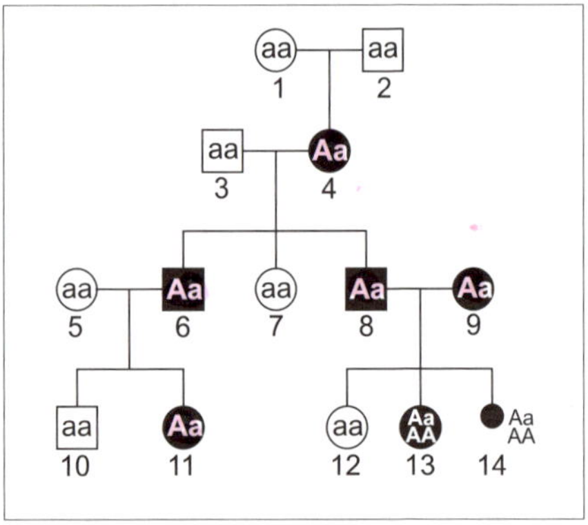

Genotypisch eindeutig sind alle gesunden Individuen. Da sie das Gen in keinem defekten Allelzustand besitzen, ist ihr Genotyp „aa“. Ebenfalls eindeutig ist die genetische Ausstattung der Erkrankten 4, 6, 8, 9 und 11 in Bezug auf den genetisch bedingten Kleinwuchs. Dem Individuum 13 kann der Genotyp nicht eindeutig zugeordnet werden, da prinzipiell sowohl der heterozygote (Aa) als auch der homozygote Zustand (AA) das gleiche Krankheitsbild hervorrufen.

Gleiches gilt für das nicht geborene Mädchen 14. Mit Blick auf die Untersuchungen von Murdoch (Material B, Tabelle 2) kann aber vermutet werden, dass ein homozygotes Vorliegen beider Allele im mutierten Zustand für das sie tragende Individuum wahrscheinlich letal, d. h. tödlich, wirkt. Somit hatte Individuum 14 höchstwahrscheinlich den Genotyp „AA" und Individuum 13 „Aa".

Eigentlich ist eine Konstellation mit Individuum 4 als kranke Tochter der Personen 1 und 2 nicht zu erklären. Da aber aus Material A bekannt ist, dass „90 % aller dokumentierten Fälle von Achondroplasie … das Ergebnis von Neumutationen" sind, kann man davon ausgehen, dass in den Keimzellen des normalwüchsigen Vaters (2) eine Mutation stattgefunden hat, die eine Achondroplasie-Erkrankung bei seiner Tochter (4) zur Folge hatte. Das mütterliche Erbgut spielt – nach Untersuchungen von Murdoch (Material A) – bei der Entstehung der Krankheit keine Rolle.

Die Frage nach der Wahrscheinlichkeit, mit der die Eltern Nr. 8 und Nr. 9 ein phänotypisch gesundes Kind erwarten können, ist wie folgt zu beantworten: Nach der zweiten MENDEL'schen Regel spaltet die Nachkommenschaft mischerbiger Eltern (Aa) beim monohybriden, dominant-rezessiven Erbgang im Verhältnis 1 (AA) : 2 (Aa) : 1 (aa) auf. Damit liegt die Wahrscheinlichkeit für das Elternpaar, ein phänotypisch gesundes Kind (aa) zu erwarten, bei 25 %. In den Untersuchungen von Murdoch, deren Ergebnisse in Material B, Tabelle 2 dargestellt sind, lag der Prozentsatz gesunder Nachkommen von Paaren, bei denen beide Partner kleinwüchsig waren, bei 30,4 %. 7 von 23 Kindern waren normalgroß. Betrachtet man das Vorkommen der beiden anderen Genotypen („AA" und „Aa") in der Untersuchung von Murdoch, so ist Folgendes festzustellen: Auch bei den bereits früh verstorbenen Kindern lag dasselbe Verhältnis vor, wie bei den gesunden Nachkommen (30,4 % – 7 von 23 Kindern). Dies ist nach den Vererbungsregeln (25 %) annähernd zu erwarten. Kinder mit dem Genotyp „Aa", die an der Achondroplasie leiden, kamen in Murdochs Studie zu 39,1 % vor. Dieser Prozentsatz liegt deutlich niedriger als es – nach MENDEL – mit 50 % statistisch zu erwarten wäre. Da die statistische Größe mit lediglich 14 untersuchten Ehepaaren jedoch nicht sehr hoch ist, kann annähernd davon ausgegangen werden, dass die Untersuchungen von Murdoch die theoretisch-statistischen Überlegungen bezüglich des Stammbaums stützen.

II.4 *Analysieren Sie die – durchaus provokanten – Expertenmeinungen vor dem Hintergrund von Material A, Material C und ihrem eigenen Wissen über genetisch bedingte Erkrankungen. Stellen Sie dafür zunächst die jeweiligen Meinungen, die aus* ***unterschiedlichen*** *Forschungsrichtungen stammen, dar und suchen Sie Belege für den entsprechenden Standpunkt. Abschließend kann eine eigenständige Wertung der beiden Standpunkte zusätzlich Punkte einbringen.*

Der zu beobachtende „väterliche Alterseffekt" wird von den beiden Wissenschaftlern, Karl Sperling und James Crow (Material C), verschiedenartig beurteilt. Bekannte Tatsachen sind z. B., dass Kinder von Vätern, die 40 Jahre alt sind, statistisch gesehen doppelt so häufig im Säuglingsalter versterben als diejenigen von 25-jährigen Männern. Auch für Achondroplasie ist ein deutlich höheres Risiko bei Kindern älterer Väter zu beobachten. Aus derartigen Erkenntnissen ziehen die beiden Wissenschaftler jedoch unterschiedliche Rückschlüsse, indem sie vor dem Hintergrund ihrer jeweiligen Forschungsgebiete argumentieren.

Karl Sperling ist Humangenetiker in Berlin. Für ihn steht in seiner täglichen Beratungsarbeit das jeweilige Individuum im Vordergrund. Er argumentiert mit statistischen Werten und sieht primär die Eltern und ihre möglichen Nachkommen, d. h., er bezieht sich bei seinen Aussagen auf maximal zwei Generationen (Eltern/Kinder). Sperling stellt heraus, dass ein vielfach höheres Risiko für die Vererbung von Erkrankungen durch ältere Väter selten ist. Er betrachtet eine Steigerung von 2 % (allgemeines Risiko) auf 2,1 % (Risiko bei einem 50-Jährigen) als nicht gravierend, sodass man ältere Väter beruhigen kann. Dies kann auch durch die Angaben aus Abbildung 2 im Material A bestätigt werden, da bei einem 50 Jahre alten Vater das Risiko, ein Kind mit erblichem Kleinwuchs zu zeugen, nur bei 0,017 % liegt. Beachtet man des Weiteren, dass die meisten bekannten Erbkrankheiten nicht dominant, sondern rezessiv vererbt werden, also für den Ausbruch der Erkrankung beide Allele den gleichen Defekt homozygot aufweisen müssen, verringert sich das individuelle Risiko deutlich. Trotz dieser Tatsache kann es aber ratsam sein, eine genetische Beratungsstelle aufzusuchen, wenn Männer in höherem Alter Vater werden möchten. Dies gilt vor allem dann, wenn in der Familie bereits Erbkrankheiten aufgetreten sind.

Demgegenüber argumentiert James Crow von der populationsgenetischen Seite her. Er hat nicht das Einzelindividuum, sondern viele Generationen mit zahlreichen Individuen im Blick. Vor diesem Hintergrund ist es für Crow bedenklich, dass im Laufe der Zeit immer ältere Väter immer mehr genetische Defekte in die menschliche Population eintragen werden. Für seine Überlegungen spricht, dass nach wissenschaftlichen Einschätzungen ein ansteigendes Risiko für Veränderungen im Erbgut mit zunehmendem Alter der Väter einhergeht. Dies gilt unabhängig davon, ob die Erkrankung dominant oder rezessiv vererbt wird. Je häufiger sich spätere Samenzellen über ihre Vorläuferzellen geteilt haben, desto höher steigt das Risiko – und zwar stärker als linear – für mutationsbedingte genetische Defekte im Laufe der einzelnen Teilungszyklen an. Von Generation zu Generation können sich so Defekte von immer älter werdenden Vätern im Genom der menschlichen Population immer stärker akkumulieren. Auch, wenn die meisten genetischen Erkrankungen rezessiver Natur sind, kann dadurch, dass immer mehr Menschen entsprechende Defekte in heterozygoter Form in sich tragen, die Anzahl erkrankter Individuen ansteigen.

Mit Blick auf die Entwicklung der menschlichen Population über viele zukünftige Generationen hinweg ist Crows Argumentation, fruchtbare, alte Männer stellten eine Gefahr für die menschliche Population dar, verständlich. Im individuellen Fall sollten solche Überlegungen aber für ein potenzielles Elternpaar mit einem älteren Mann keine Rolle spielen. Das Risiko, Kinder mit Erbkranheiten zur Welt zu bringen, darf hierbei nicht überbewertet werden.

Leistungskurs Biologie (NRW) – Abitur-Prüfung 2010
Aufgabe 3: Vorschlag 1 (aquatisches Ökosystem)

Aufgabenstellung: Punkte

Thema: Johannisbach und Obersee – Gewässergüte und Sanierungskonzept

III.1 Beschreiben Sie die Methode der Gewässergütebestimmung mit Hilfe des Saprobienindexes einschließlich der Berechnung und erklären Sie die Aussagekraft des Saprobienindexes über den ökologischen Zustand eines Fließgewässers (Material C). Ermitteln Sie anhand von Material C über den Saprobienindex die Gewässergüte des Johannisbaches am Messpunkt A (siehe Material A, Abbildung 1). Vergleichen Sie den Zustand des Johannisbaches am Messpunkt B mit dem Zustand nach der Passage durch den Obersee am Messpunkt A (Material B und C) und bewerten Sie den Zustand am Messpunkt B. Beurteilen Sie die im Jahr 2003 am Abfluss des Sees festgestellten Änderungen (Material B). 22

III.2 Erklären Sie anhand von Material A und D die Ursachen für den ökologischen Zustand des Obersees in Bielefeld vor Beginn der Sanierung im Jahre 2007. Bewerten Sie den ökologischen Zustand zu diesem Zeitpunkt. 12

III.3 Beschreiben Sie die jahreszeitlich bedingten Veränderungen der Temperatur und des Sauerstoffgehalts eines tiefen oligotrophen Sees und erläutern Sie, wie sich im Vergleich hierzu die chemischen Vorgänge und die Wasserqualität des Obersees in Bielefeld im Jahreslauf entwickeln. 20

III.4 Beurteilen Sie das in Material D dargestellte Sanierungskonzept im Hinblick auf die Veränderung des ökologischen Zustands des Obersees wie auch des Johannisbachs. 12

Material A: Der Obersee in Bielefeld – Basisdaten

Der Obersee liegt am nordöstlichen Stadtrand Bielefelds. Es handelt sich um einen 1982 durch ein 1,8 m hohes Wehr in der Johannisbachaue aufgestauten See, der einerseits dem Hochwasserschutz und andererseits der Freizeitnutzung dient. Schon wenige Jahre nach der Fertigstellung wurde deutlich, dass die vielen Menschen, die am See spazieren gingen, sich mehr wünschten, als nur den Blick aufs Wasser und eine schöne Grünanlage. Es entstanden zwei Kinderspielplätze und ein Bolzplatz westlich des Sees. Im Jahr 1989 wurde der „Seekrug" errichtet. Hier entwickelte sich eine Gastronomie mit Biergarten, Grillmöglichkeit und Sandstrandatmosphäre.
Zahlreiche Wasservögel, überwiegend Enten, die regelmäßig von Spaziergängern gefüttert werden, bevölkern den See.

Einzugsgebiet	Größe ca. 100 km^2
Flächennutzung im Einzugsgebiet	nördliches Einzugsgebiet: überwiegend landwirtschaftliche Nutzung südliches Einzugsgebiet: überwiegend Siedlungsfläche
Zuflüsse	Johannisbach, Jölle; in die Jölle und den Johannisbach münden oberhalb des Obersees: – zahlreiche Mischwasserüberläufe (bei heftigen Niederschlägen fließen Regenwasser und Abwasser gemeinsam zu) – die Abläufe von insgesamt vier Kläranlagen
Wasserfläche	Größe ca. 20 ha
Länge	ca. 950 m
größte Breite	ca. 300 m
maximale Tiefe	ca. 2,50 m
Volumen	ca. 400 000 m^3
durchschnittliche Abflussmenge	ca. 1,5 m^3/s
mittlerer Jahresdurchfluss	47,3 Millionen m^3

Basisdaten nach: http://www.bielefeld.de/de/un/obersee/entw

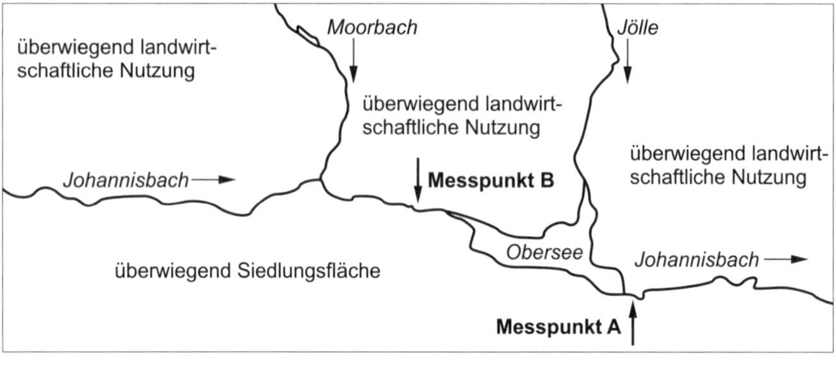

Abb. 1: Lageplan; die Pfeile an den Bächen geben die Fließrichtung an.
nach: https://www.bielefeld01.de/geo1/http/frames/index.php?&gui_id=stadtplan_jeder (05. 02. 2009)

Material B: Auszug aus dem Gewässergütebericht der Stadt Bielfeld zum Johannisbach

Die Quellbereiche des Johannisbaches liegen am Nordhang des Teutoburger Waldes. Danach fließt das Gewässer durch Siedlungsgebiete, wobei die Bevölkerungsdichte im Gewässerverlauf zunimmt. Nachdem der Johannisbach den Obersee durchquert hat, mündet das Gewässer im Nordosten der Stadt in die Aa. […]

Die Gewässergüteuntersuchungen der vergangenen Jahre zeigten im Johannisbachoberlauf mäßige Belastungsverhältnisse (Gewässergüteklasse II). Demzufolge findet man hier Arten mit besonderen Ansprüchen. […]

Interessant ist die Veränderung des Johannisbaches durch die Oberseepassage (siehe Material C, Untersuchung vom 02. 10. 2000).

Bei einer weiteren Untersuchung im Herbst 2003 wurden am Messpunkt A als weitere Art die Gewöhnliche Kugelmuschel *Sphaerium corneum* massenhaft vorgefunden (Häufigkeitsstufe 7). *Sphaerium corneum* ernährt sich von Nahrungspartikeln in Form von Plankton und Detritus, die sie aus dem Wasser filtert. *Sphaerium corneum* wird der Gütefaktor 2,3 zugeordnet.

Außerdem wurde im Jahre 2003 der Strudelwurm *Dugesia tigrina* an diesem Entnahmepunkt in größeren Mengen (Häufigkeitsstufe 5/Gütefaktor 2,2) neu vorgefunden, obwohl er am Messpunkt B (oberhalb des Obersees) nicht vorkam. *Dugesia tigrina* ist bekannt dafür, dass er sehr tolerant gegenüber organischen Verschmutzungen und Temperaturschwankungen ist.

Im Jahr 2003 ist der BSB_5-Wert am Messpunkt A unterhalb des Obersees im Vergleich zum Messpunkt B oberhalb des Obersees deutlich erhöht.

nach: Stadt Bielefeld, Umweltamt (2008), 17–19

Material C: Datenblatt zur Gewässeruntersuchung des Johannisbaches sowie Tabelle zur Auswertung

Auszug aus dem Gewässergütemessprogramm der Stadt Bielefeld (gekürzt)

Gewässer: Johannisbach Datum: 02. 10. 2000

Probestelle: **Messpunkt A:** am Abfluss des Johannisbaches aus dem Obersee in Schildesche, unterhalb des ca. 1,8 m hohen Stauwehrs (siehe Lageplan Material A)

Wetter: sonnig Lufttemperatur: 18,4 °C

chemische Untersuchung

Temperatur	14,5 °C
BSB_5	6,0 mg/ℓ
Ammonium (N)	0,03 mg/ℓ
Nitrit (N)	0,05 mg/ℓ
Nitrat (N)	1,3 mg/ℓ
Phosphat (P)	0,11 mg/ℓ
Sauerstoff	7,8 mg/ℓ

biologische Untersuchung

Art	h	s	h·s
Eintagsfliegenlarve	3	2,0	6,0
Bachflohkrebs	4	2,0	8,0
Köcherfliegenlarve	3	2,0	6,0
Schlammröhrenwurm	2	3,8	7,6
Wasserassel	3	2,8	8,4
Großer Schneckenegel	3	2,4	7,2
Schlammfliegenlarve	2	2,4	4,8
Rollegel	4	3	12,0
Abwasserpilz	2	3,6	7,2

h: Häufigkeit
s: Gütefaktor

$$\text{Saprobienindex } S = \frac{\sum(h \cdot s)}{\sum(h)} = 2{,}58$$

Gewässer: Johannisbach Datum: 02. 10. 2000

Probestelle: **Messpunkt B:** Johannisbach oberhalb des Obersees in Schildesche

Wetter: sonnig Lufttemperatur: 18,3 °C

chemische Untersuchung

Temperatur	14,4 °C
BSB_5	2,0 mg/ℓ
Ammonium (N)	0,1 mg/ℓ
Nitrit (N)	0,05 mg/ℓ
Nitrat (N)	2,1 mg/ℓ
Phosphat (P)	0,13 mg/ℓ
Sauerstoff	6,5 mg/ℓ

biologische Untersuchung

Es wurden an diesem Messpunkt keine Werte erhoben.

nach: Stadt Bielefeld, Umweltamt (2001), gekürzt

Tabelle 1: Zuordnung des Saprobienindexes und der chemischen Untersuchung zu Gewässergüteklassen

Güte-klasse	Grad der organischen Belastung	Saprobienindex	Sauerstoff (mg/ℓ)*	Ammonium (mg/ℓ)
I	unbelastet bis gering belastet	bis 1,49	> 8	Spuren
I–II	gering belastet	1,5–1,79	< 8,0	< 0,1
II	mäßig belastet	1,8–2,29	< 6,0	< 0,3
II–III	kritisch belastet	2,3–2,69	< 4,0	< 1,0
III	stark verschmutzt	2,7–3,19	< 2,0	< 1,5
III–IV	sehr stark verschmutzt	3,2–3,49	< 2,0	mehrere mg/ℓ
IV	übermäßig verschmutzt	3,5 und mehr	< 2,0	mehrere mg/ℓ

Güte-klasse	Nitrit (mg/ℓ)	Nitrat (mg/ℓ)	Phosphat (mg/ℓ)	BSB_5 (mg/ℓ)
I	0,02	< 1,0	< 0,03	< 1,0
I–II	< 0,1			< 2,0
II	< 0,2	< 5,0	< 0,5	< 5,0
II–III	< 0,5			< 7,5
III	< 4,0	> 5,0	< 5,0	< 11,0
III–IV	< 6,0			< 15,0
IV	< 8,0		> 5,0	> 15,0

* Bei der Löslichkeit von Sauerstoff in Wasser ist die starke Abhängigkeit von der Wassertemperatur zu beachten. Die maximale Löslichkeit beträgt bei 0 °C Wassertemperatur 14,2 mg Sauerstoff pro Liter, bei 15 °C 9,8 mg O_2/ℓ, bei 30 °C nur 7,5 mg O_2/ℓ.
verändert nach: Biologie-Zentrum Bustedt (1989), S. 15–17

Material D: Auszug aus dem Sanierungskonzept der Stadt Bielefeld für den Obersee (Stand 2005; Umsetzungen ab 2007)

Der Obersee ist mit etwa 20 Hektar das größte gestaute Gewässer Bielefelds. Mit dem Johannisbach und der Jölle fließen jedes Jahr etwa 4 000 m^3 Schlamm in den See. Bereits 1985 wurden erstmals 15 000 m^3 Sedimente mit einem Schwimmbagger entnommen und an den nördlichen Uferhängen aufgespült. Heute, im Jahre 2005, liegen schätzungsweise 120 000 m^3 Schlamm im See. Die Sedimente stammen aus der Regenwasserkanalisation und aus Abschwemmungen von landwirtschaftlichen Flächen. Die Schadstoffbelastungen sind gegenüber unbelasteten Böden deutlich erhöht, aber nach derzeitigem Kenntnisstand nicht so gravierend, dass die Sedimente auf einer Deponie abgelagert werden müssten.

Das Problem der Sedimentablagerung soll mit einer Entschlammung und Führung der beiden Bäche im Bypass gelöst werden. Durch den Bypass werden der Johannisbach und die Jölle um den Obersee herumgeleitet. Die mitgeführten Sedimente setzen sich nicht im See ab, sondern werden durch die Fließgeschwindigkeit flussabwärts transportiert. Durch die Bypass-Lösung werden die beiden Bäche außerdem wieder durchgängig und für Fische und andere Wassertiere passierbar.

Zur Regulierung der Wassermenge des Sees gibt es aber weiterhin die Möglichkeit, dem Obersee Wasser zuzuführen.

Zur Entschlammung des Obersees gehört auch die schadlose Beseitigung des anfallenden Schlamms. Seine Bergung mittels Saugbagger aus dem aufgestauten Obersee und der Transport des Schlamm-Wasser-Gemisches über Leitungen zu nahe gelegenen sogenannten Spülpoldern (Aufspülflächen) werden aus ökologischen und finanziellen Gründen als beste Lösung angesehen. Der entwässerte Schlamm wird anschließend mit maximal 200 000 Kubikmeter unbelastetem Boden landschaftsgerecht abgedeckt.

nach: http://www.bielefeld.de/de/un/obersee/sanierung

weitere Materialgrundlage:

Biologie-Zentrum Bustedt (1989). Gewässergütebestimmung – leicht gemacht; Bustedter Materialien Nr. 9/89, Hiddenhausen, 15–17

Stadt Bielefeld, Umweltamt (2001). Gewässergütemessprogramm der Stadt Bielefeld 2000/01

Stadt Bielefeld, Umweltamt (2008). Gewässergütebericht 2008 (CD), 17–19

http://www.bielefeld.de/de/un/obersee/entw (5. 2. 2009)

http://www.bielefeld.de/de/un/obersee/sanierung (5. 2. 2009)

https://www.bielefeld01.de/geo1/http/frames/index.php?&gui_id=stadtplan_jeder (05. 02. 2009)

Lösungsvorschlag

In der Aufgabe thematisierte Unterrichtsinhalte sind:
Zonierung eines Gewässers, Eutrophierung, Saprobienindex, Oligotrophie, Bestandsaufnahme eines Gewässers, Gewässergüte, aquatische Systeme, stehendes Gewässer, fließendes Gewässer, Gewässersanierung

III.1 *Die Arbeitsaufträge zur ersten Teilaufgabe sind zum einen sehr umfangreich, zum anderen müssen Sie fast alle Materialien bei Ihrer Bearbeitung heranziehen. Arbeiten Sie nacheinander alle gestellten Aufgaben ab. Sollten Sie im Unterricht die mathematische Formel zum Saprobienindex nicht kennengelernt haben, so hat das für Sie keinen Nachteil, da sie im Material C angegeben ist.*

Die Beurteilung eines Gewässers in seinem qualitativen Zustand ist ein wichtiges Kriterium, um die Gewässergüte bestimmen zu können. Bei der biologischen Untersuchung der Wasserqualität wird dafür der Saprobienindex herangezogen. Er gibt Auskunft über das Ausmaß der Abbauvorgänge in einem fließenden Gewässer (Saprobität). Der ermittelte Wert gibt ein Maß für die Sauerstoffzehrung in einem Gewässer an und ist somit ein Gradmesser für dessen langfristige organische (saprobielle) Belastung. Für die standardisierte Bestandsaufnahme bedient man sich sogenannter Zeiger- oder Leitorganismen, die für spezifische Umweltparameter eine unterschiedliche Empfindlichkeit aufweisen. Bei der Klassifizierung der jeweiligen Gewässergüte steht 1,0 für sauberes und fast unbelastetes Wasser und der Wert 4,0 für übermäßig verschmutztes, sehr stark belastetes Wasser. Die Übergänge sind fließend. Berechnet wird der Saprobienindex nach einer mathematischen Formel, die sich aus drei Komponenten zusammensetzt: dem Häufigkeitsfaktor eines Organismus (h), der zwischen 1 (einzelner Organismus) und 7 (Massenvorkommen) liegt und dem Gütefaktor (s). Er wird auch Saprobiewert genannt und kann zwischen 1 (geringe Saprobität) und 4 (sehr hohe Saprobität) liegen. Auf folgende Art wird der Saprobienindex (S) ermittelt: Der Wert für die Häufigkeit eines Organismus wird mit dem Wert des Gütefaktors multipliziert. Diese Berechnung führt man für alle Organismen im untersuchten Areal durch. Anschließend werden die ermittelten Produktwerte summiert. Der so gewonnene Zahlenwert wird anschließend durch die Summe aller Häufigkeitswerte der untersuchten Organismen dividiert. Daraus ergibt sich der Wert für den dimensionslosen Saprobienindex.

Für den Johannisbach betrug der Wert des Saprobienindexes am Messpunkt A im Jahr 2000 2,58. Dies entspricht einer Gewässergüteklasse von II bis III, d. h., das Gewässer war in diesem Abschnitt kritisch belastet. Der Messpunkt A lag an der Stelle, an welcher der Johannisbach den Obersee verlässt, und der Aa zufließt. Der Messpunkt B lag vor der Einmündung des Fließgewässers in den Obersee. Werden die dort ermittelten Werte der chemischen Untersuchung mit denjenigen des ersten Messpunktes verglichen, so können folgende Aussagen gemacht werden: Die meisten Parameter veränderten sich nach dem Durchfluss des Johannisbaches durch den Obersee nicht nennenswert. Lediglich der BSB_5-Wert weist darauf hin, dass der Johannisbach nach seiner Passage durch den Obersee deutlich stärker mit organischen Bestandteilen belastet war als vorher. Am Messpunkt A war dieser Wert, der den Abbau freien, gelösten Sauerstoffs durch Mikroorganismen unter definierten Bedingungen beschreibt, deutlich höher als vor dem Einfluss in den Obersee. Der Wert 6,0 mg/ℓ zeigt an, dass dort mehr Sauerstoff für die Zersetzung organischer Bestandteile benötigt wurde als am Messpunkt A mit nur 2,0 mg/ℓ. Daraus lässt sich schließen, dass der Fluss vor seiner Einmündung in den Obersee noch nicht kritisch belastet war. Die übrigen im Jahr 2000 am Punkt B erhoben Messwerte unterstützen diese Annahme. Ammonium und Nitrit, kritische Abbauprodukte des Stickstoffkreislaufs, kamen mit 0,1 bzw. 0,05 mg/ℓ nicht in bedenklichen Konzentrationen vor. Auch von Nitrat und Phosphat ging keine eutrophierende Wirkung aus. Der Phosphatwert war mit 0,13 mg/ℓ nicht besonders hoch und auch für das Endprodukt der Nitrifikation, das Nitrat, lag er bei lediglich 2,1 mg/ℓ. Ein Blick auf den Sauerstoffgehalt lässt erkennen, dass das Wasser am Messpunkt B mit einem Wert von 6,5 mg/ℓ lediglich gering belastet war. Hierauf deutet auch der BSB_5-Wert von 2,0 mg/ℓ hin. Vor dem Einfluss in den Obersee war der Johannisbach damit lediglich gering organisch belastet. Dies rechtfertigt, dass das Fließgewässer in den vergangenen Jahren in die Gewässergüteklasse I–II eingeordnet wurde.

Betrachtet man nun die 2003 am Abfluss des Sees festgestellten Veränderungen (Material B), so ergibt sich ein zwiespältiges Bild. Zunächst weist der immer noch „deutlich erhöht(e)" BSB_5-Wert darauf hin, dass der See und der daraus abfließende Johannisbach weiterhin belastet waren. Das massenhafte Vorkommen der Kugelmuschel *Sphaerium corneum*, welche Plankton und Detritus unterhalb des Obersees aus dem Wasser filtert, ist des Weiteren ein klarer Hinweis auf eine „Algenblüte" im Obersee. Auch dieses starke Algenwachstum ist damit ein untrügliches Zeichen dafür, dass immer noch eine hohe organische Belastung des Gewässers vorlag. Auf der anderen Seite kam neben der stark verbreiteten Kugelmuschel erstmals auch ein Strudelwurm, *Dugesia tigrina*, vor. Beide Arten sind Zeigerorganismen für Verschmutzungen in einem Gewässer, belegen mit ihren Gütefaktoren von 2,3 bzw. 2,2 jedoch gleichzeitig, dass die Belastung des Gewässers eher gemäßigt war und nicht als kritisch angesehen werden musste.

III.2 *Obwohl nur Material A und D als Arbeitsgrundlagen angegeben sind, benötigen Sie für eine angemessene Bearbeitung der Aufgabenstellung ebenfalls die Informationen aus Material B.*

Wie aus Material B zu erschließen ist, hatte der Obersee in Bielefeld bis 2005 ein Eutrophierungsproblem. Die Ursache hierfür ergibt sich zum einen aus seinem Einzugsgebiet und zum anderen aus den umliegenden Gebieten. Sowohl im Norden als auch im Osten grenzen überwiegend landwirtschaftlich genutzte Flächen direkt an das Gewässer. Mit dem Regenwasser kann so organischer

(Jauche, Gülle) bzw. anorganischer (Nitrate, Phosphate) Dünger ausgeschwemmt und in den See eingetragen werden. Dies führt bei einer intensiven landwirtschaftlichen Nutzung der Flächen zu einer starken organischen Belastung des Gewässers. Zum Einzugsgebiet des Obersees gehören insgesamt drei Flüsse, welche direkt oder indirekt in den See münden und mit ihrem Wasser weitere Belastungen für das Gewässer mit sich führen. Alle drei Flüsse fließen durch landwirtschaftlich genutzte Gebiete und können so zusätzlichen Dünger einbringen. Über den Johannisbach, den Moorbach und die Jölle gelangen darüber hinaus die Abläufe von insgesamt vier Kläranlagen in den Obersee, wodurch weitere organische Bestandteile in den See gelangen. Bei heftigen Niederschlägen ergießt sich mit dem Regen zusätzlich Abwasser in den See, da die drei Zuflüsse zahlreiche Mischwasserabläufe besitzen. Wie aus Material A hervorgeht, wird die am Obersee beheimatete Entenpopulation von Erholung suchenden Seebesuchern ausgiebig gefüttert. Futterreste sinken auf den Grund des Sees und auch die gefütterten Tiere sorgen durch ihre Ausscheidungen für einen weiteren Eintrag organischer Verbindungen. Gelangt immer mehr organisches Material in den See, führt dies zu einer stetigen Erwärmung des Gewässers. Die Destruenten am Grund des Sees leisten – nach der RGT-Regel – bei höheren Temperaturen eine schnellere Zersetzungsarbeit. Dies führt sowohl zu einer verstärkten Sauerstoff-Zehrung als auch zu einem weiteren Absinken des O_2-Gehaltes, da sich Sauerstoff in wärmerem Wasser schlechter löst als in kaltem.

Bei einer Bewertung des ökologischen Zustandes vor dem Zeitpunkt der Sanierung müssen die folgenden Punkte berücksichtigt werden: Trotz der Tatsache, dass man allgemein – wie in III.1 dargelegt – von einem nur mäßig belasteten Gewässer sprechen kann, sind doch einige ökologische Tatsachen bedenklich. Sie führen zu einer eher kritischen Einschätzung des Gewässerzustandes. Zu nennen ist hier die extensive Nutzung des Gewässers zur Freizeitgestaltung, die sich über Aktivitäten wie Grillen, „Strandbadnutzung" und Gastronomie bis hin zu unnötiger Tierfütterung erstreckt. Belastet wird das Ökosystem Obersee des Weiteren durch die vielfältige Zuleitung von Nährstoffen. Hinzu kommen schließlich die (vor allem im Material D angesprochenen) hohen Einträge an Schadstoffen in das Gewässer, die sich zusammen mit enormen Mengen an Sedimentmaterial am Gewässergrund ablagern. Dies wirkt sich besonders gravierend aus, da der Obersee mit maximal 2,50 Metern nicht besonders tief ist. Bei einer Ausdehnung von ca. 20 ha (große Oberfläche) kann sich das Gewässer zudem stark erwärmen, wodurch der O_2-Gehalt noch weiter verringert wird.

III.3 *Der erste Teil der Aufgabe erfordert von Ihnen eine reproduktive Darlegung der sich in einem See abwechselnden Stagnation und Zirkulation. Danach sollten Sie bei Ihren Erläuterungen zu den Verhältnissen im Bielefelder Obersee nicht vergessen, dass dieser nur 2,50 Meter tief ist. Auch ein Blick in die Tabelle 1 von Material C kann Ihnen bei der Einschätzung der Bedeutung der Gewässertemperatur weiterhelfen.*

Die jahreszeitlich bedingten Veränderungen der Temperatur und des Sauerstoffgehalts eines tiefen oligotrophen, d. h. nährstoffarmen, Sees folgen einem genauen Schema, bei dem sich Stagnation und Zirkulation der Wassermassen abwechseln: Im Frühjahr und im Herbst wird das Wasser im See – angetrieben durch starke Winde – kräftig durchgemischt. Dass eine starke Zirkulation (Vollzirkulation) vorherrscht, ist daran zu erkennen, dass der Sauerstoffgehalt in allen Bereichen des Sees gleich hoch ist. Der See „holt Luft". Die Temperatur fällt zum Gewässergrund hin ab, an dem sich das schwerere 4 °C warme Wasser sammelt (Dichteanomalie). Im Sommer und Winter wird das Seewasser hingegen kaum durchmischt. Dieser Zustand wird mit dem Fachbegriff Stagnation bezeichnet. Während der Sommerstagnation finden nur in den oberen Wasserschichten, dem Epilimnion, Teilzirkulationen statt. In den mittleren (Metalimnion) und tiefen (Hypolimnion) Seeschichten stagniert das Wasser. Im Metalimnion ist sowohl in Bezug auf die Temperatur als auch auf den Sauerstoffgehalt des Wassers ein Sprung zu beobachten. In dieser Sprungschicht fällt die Temperatur innerhalb weniger Meter um 15 °C ab. Ebenso verringert sich der Sauerstoffgehalt, der im Sommer am niedrigsten ist, innerhalb des Metalimnions deutlich. Diese Tendenz setzt sich zum Boden des Sees hin fort. Im Winter, wenn eine Eisschicht den See bedeckt, ist auch keine Zirkulation möglich. Die Wassertemperatur steigt hier mit zunehmender Wassertiefe an, der Sauerstoffgehalt nimmt zum Boden hin drastisch ab, erreicht aber nicht die niedrigen Werte des Sommers. Da auch hier das Wasser am Boden 4 °C warm ist, können Tiere in Bodennähe den Winter überleben.

Im Vergleich hierzu entwickeln sich die chemischen Vorgänge und die Wasserqualität des Obersees in Bielefeld im Laufe der Jahreszeiten deutlich anders. Bereits von seiner Anlage her liegen beim Obersee in zwei Punkten andere Verhältnisse vor: Im Gegensatz zu einem oligotrophen See ist der Obersee reich an Nährstoffen und darüber hinaus mit maximal 2,50 Metern Tiefe für einen See äußerst flach. Im Frühjahr wird auf die Felder, die um das Gewässer herum liegen, Dünger in Form von Pflanzennährstoffen und Mineralsalzen aufgebracht. Durch Auswaschung bei Regengüssen gelangen diese Substanzen in den Obersee und führen zu einer deutlichen Belastung des Gewässers. Als Resultat hieraus wird die bereits natürlich vorhandene Tendenz zur Eutrophierung zusätzlich noch dadurch verstärkt, da auch über die Zuflüsse Dünger und organisches Material eingetragen werden. Im Sommer kann sich eine Sommerstagnation mit ihrer ausgeprägten Schichtung des Gewässers aus mehreren Gründen nicht ausbilden: Zum einen ist das Gewässer viel zu flach und zum anderen kommen über seine Zuflüsse ständig neue Wassermassen in den Obersee, die für eine Sommer**zirkulation** sorgen. Das zufließende Wasser sorgt für eine komplette Durchmischung und einen partiellen Austausch der Wassermasse, wodurch O_2-haltiges, warmes Wasser bis zum Grund des Obersees gelangt. Dadurch wird bei nitrifizierenden Bakterien am Seegrund die Bildung von NO_3^- (Nitrat) durch Oxidation intensiviert. Das durch die Nitrifikation entstandene Nitrat wird dann – ebenso wie das im Wasser gelöste Kohlenstoffdioxid – im ganzen

See verteilt. Damit existieren auch am Grund des Obersees beste Voraussetzungen für Fotosynthese betreibende Organismen, vor allem für das Plankton. Hieraus resultiert, dass es überall im See zu einer guten O_2-Versorgung und zu keinen anaeroben Stoffwechselprozessen kommt bzw. nur in sehr geringem Maße. Da keine anaeroben Vorgänge ablaufen, werden auch deren Stoffwechsel-Abbauprodukte wie H_2S (Schwefelwasserstoff), NH_4^+ (Ammoniumionen) und NH_3 (Ammoniak) nicht gebildet. Trotzdem kann es auch im Sommer zur Bildung von anaeroben Stoffwechsel-Endprodukten kommen. Hierfür muss aber eine erhöhte Biomasseproduktion verbunden mit einem starkem O_2-Verbrauch durch aerobe Abbauprozesse vorliegen. Gleichzeitig muss (wie Tabelle 1 im Material C verdeutlicht) die Temperatur des Wassers so hoch sein, dass nur sehr wenig im Seewasser gelöster Sauerstoff vorkommt. Eine derartige Entwicklung hat für das Überleben der meisten Organismen im See verheerende Auswirkungen. Im Herbst und Winter gibt es im Normalfall keine landwirtschaftlichen Aktivitäten auf den Feldern, von dieser Quelle her erfolgt also kein weiterer Eintrag organischer Stoffe und Nährsalze in den Obersee. Die Zuflüsse leiten mit ihrem Wasser allerdings in beiden Jahreszeiten weiter die Mischwasserüber- und Kläranlagenabläufe in den See. Gegen Ende des Jahres verringert sich die Wassertemperatur. Dies hat zur Folge, dass sich Sauerstoff im kälteren Wasser des Sees besser lösen kann. Die Menge an gelöstem Sauerstoff erhöht sich zusätzlich dadurch, dass nach der RGT-Regel mit abnehmender Temperatur auch die Sauerstoff zehrenden Prozesse im See nicht mehr so intensiv ablaufen können. Eine Stagnation wird aber – wie im Sommer auch – nicht eintreten, da der Wasserkörper durch seine Zuflüsse ständig umgewälzt wird.

III.4 *Bei der Bearbeitung ist Textanalyse und ein genaues Durcharbeiten von Material D, am besten mit Textmarker, gefragt. Wenn Sie unterschiedliche Farben benutzen, können Sie z. B. die Veränderungen an den Flüssen bzw. am Obersee unterschiedlich markieren. Eine andere übersichtliche Strukturierung des Textes wäre eine farblich verschiedene Markierung der Veränderungen, die sich – Ihrer Meinung nach – positiv bzw. negativ auswirken. Als Abschluss bietet sich eine persönliche Einschätzung zu den angedachten Maßnahmen an.*

Material D liefert einen Überblick über das Sanierungskonzept der Stadt Bielefeld für den Obersee. Die hier im Jahr 2005 angedachten und ab 2007 umgesetzten Maßnahmen wirken sich insgesamt zwiespältig auf den ökologischen Zustand des Obersees aus. Sie können alles in allem aber weder als durchweg positiv noch als überwiegend negativ angesehen werden. Eine positive Veränderung des ökologischen Zustands des Obersees stellt in jedem Fall die Reduzierung des vielfältigen Nährstoffeintrags in das Gewässer dar. Zu nennen sind hier sowohl das organische Material als auch organische bzw. anorganische Dünger, die über Johannisbach, Moorbach und Jölle in den See gelangen. Gleiches gilt für die mitgeführten Sedimente der Flüsse und in ihrem Gefolge eingelagerte Schadstoffe, die nach einer Bypass-Lösung nicht mehr in den Obersee gelangen. Auch das Ausbaggern des Gewässers wirkt sich positiv aus. Eine

Entschlammung entfernt die nährstoffreichen Sedimente und es kommt zu einer geringeren Produktion schädlicher Abbauprodukte durch Anaerobier, da ihnen dadurch die Lebensgrundlage entzogen wird. Eher kritisch ist am Sanierungskonzept der Stadt anzumerken, dass eine freizeitliche Nutzung des Gewässers nicht eingeschränkt wird und ökologische Belastungen – z. B. durch das übermäßige Füttern der Wasservögel – nicht unterbunden werden. Hier zeigt sich erneut das Problem, dass dem berechtigten Wunsch der Stadtbewohner nach Bereichen mit Erholungs- und Freizeitqualität durchaus sinnvolle ökologische Schutzmaßnahmen für ein Gewässer entgegenstehen können. Auch eine Einschränkung der landwirtschaftlich genutzten Flächen im direkten Umfeld des Sees wurde von der Stadt nicht in Betracht gezogen. Mit einer solchen Maßnahme könnten weitere, unerwünschte und das Ökosystem belastende Einträge vermieden werden. Unverständlicherweise wird eine andere – durchaus Erfolg versprechende – Entscheidung nicht in Betracht gezogen, nämlich das tiefere Ausbaggern des Gewässers. Einer übermäßigen Erwärmung des Sees in den Sommermonaten könnte dadurch deutlich entgegengewirkt werden, was wiederum den Sauerstoffmangel im Gewässer beheben würde. Eine weitere landschaftsbauliche Maßnahme der Stadt Bielefeld ist dagegen zu befürworten. Durch die Bypass-Lösung für den Johannisbach und die Jölle können mehrere positive Effekte erzielt werden: Zum einen kann – wie oben bereits erwähnt – die Ablagerung von Fluss-Sedimenten im Obersee verhindert werden, da diese bei einer Umleitung in ein neues Flussbett am See vorbeigeleitet werden. Zum anderen werden beide Bäche „wieder durchgängig und für Fische und andere Wassertiere passierbar".

Abschließend stellt sich die Frage, welche Maßnahmen (auch unter dem Vorzeichen leerer Stadtkassen) tatsächlich umgesetzt wurden. Es bleibt zu hoffen, dass bei einer Sanierung des Obersees und seiner Zuflüsse nicht – wie so oft – ökonomische Zwänge den Vorrang vor ökologischen Notwendigkeiten bekamen.

Leistungskurs Biologie (NRW) – Abitur-Prüfung 2010
Aufgabe 3: Vorschlag 2 (terrestrisches Ökosystem)

Aufgabenstellung: Punkte

Thema: Flechten als Bioindikatoren der Luftqualität

III.1 Beschreiben Sie anhand von Material A den Aufbau einer Blattflechte und erklären Sie die Funktion ihrer verschiedenen Schichten für die beiden Organismenarten. Stellen Sie die Vor- und Nachteile des Zusammenlebens von Pilz und Alge dar und erörtern Sie, ob es sich bei der Lebensgemeinschaft von Pilz und Alge um eine Symbiose oder Parasitismus entsprechend der Definitionen in Material B handelt. Begründen Sie, wieso sich Flechten gut als Bioindikatoren für die Luftqualität eignen (Material A). 18

III.2 Fassen Sie die Ergebnisse der Untersuchung in Düsseldorf (Material C, Tabelle 1 und 2) zusammen. Leiten Sie aus dem Material einen Zusammenhang zwischen der Verkehrsdichte und der Nährsalzversorgung von Flechten ab. Begründen Sie unter Auswahl geeigneter Rasterquadrate die räumliche Verteilung der Artenzahl. 20

III.3 Skizzieren Sie den natürlichen Stickstoffkreislauf. Stellen Sie die verkehrsbedingten Stickstoffeinträge (Material E) durch eine Ergänzung in der Skizze dar. 10

III.4 Fassen Sie die Untersuchungsergebnisse der Messpunkte zusammen (Material D) und ermitteln Sie für *Parmelia sulcata* den Zusammenhang zwischen Häufigkeit, Verkehrsbelastung und Stickstoffgehalt (Material C, Tabelle 2 und Material E). 8

III.5 Erläutern Sie, warum sich die Flechte *Phaeophyscia orbicularis* besonders als Indikator für hohe Ammoniakbelastungen eignet (Material C, Tabelle 2 und Material E). 10

Material A: Flechten

Flechten wachsen auf Erde, Steinen und Baumrinde. Ein Pilz lebt mit mindestens einer Algenart in so engem Kontakt zusammen, dass sie äußerlich als ein Lebewesen erscheinen. Oft besitzen Flechten mit keinem der sie aufbauenden Partner eine Ähnlichkeit. Sie sind zu zahlreichen Leistungen fähig, z. B. der Synthese bestimmter Inhaltsstoffe, die weder von dem Pilz noch der Alge allein erbracht werden können.

Innerhalb der Flechte erhält der Pilz, der selber keine Photosynthese betreiben kann, die zu seiner Existenz notwendigen Kohlenhydrate von der Alge. Die Alge ist in der Umhüllung durch das Pilzgeflecht vor raschem Wasserverlust, vor intensiver Sonneneinstrahlung und vor algenfressenden Tieren geschützt. Das Pilzgeflecht der Markschicht verläuft überwiegend parallel zur Oberfläche und besitzt ausgiebige Lufträume. Flechten können Standorte besiedeln, die weder Pilz noch Alge erfolgreich einnehmen könnten. Die Algenarten kommen auch frei lebend (außerhalb der Flechte) vor, während die Pilzarten nur gemeinsam mit der jeweiligen Algenart gedeihen können.
Ein und dieselbe Algenart kann in verschiedenen Flechtenarten zu finden sein.
Flechten nehmen Wasser und Nährsalze über die gesamte Oberfläche meist direkt aus der Luft auf. Flechten werden als Bioindikatoren für die Luftqualität verwendet. Bioindikatoren sind Organismen, die auf eine Veränderung in der Schadstoffbelastung mit einer deutlichen und eindeutigen Veränderung ihrer Lebensfunktionen antworten und dadurch eine bestimmte Umweltqualität anzeigen.

verändert nach: Kirschbaum, Ulrich, Wirth, Volkmar (1997), S.8/9

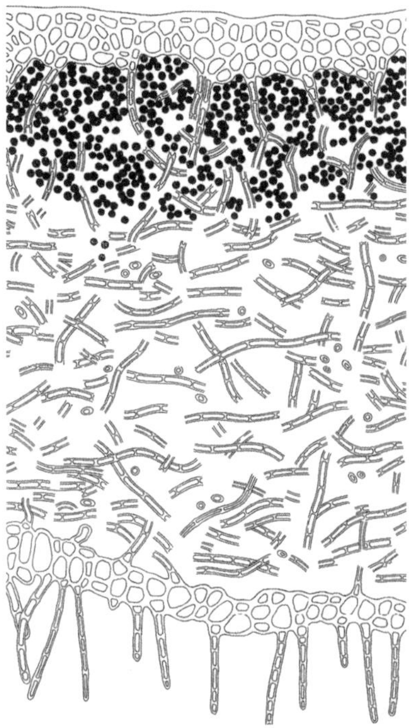

Abb. 1: Mikroskopischer Querschnitt durch eine Blattflechte (von oben nach unten):
- obere Rinde aus festem Pilzgeflecht,
- Algenschicht (schwarz),
- Markschicht aus lockerem Pilzgeflecht, untere Rinde mit Rhizinen (Haftorgane).

nach: Kirschbaum, Ulrich, Wirth, Volkmar (1997). S. 28

Material B: Interspezifische Beziehungen

In einem Schulbuch findet man folgende Definitionen für Beispiele interspezifischer Beziehungen:
Unter Parasitismus versteht man die Beziehung zwischen zwei Arten zum Nutzen der einen und zu Lasten der anderen.
Eine Symbiose ist „eine Beziehung zwischen artverschiedenen Lebewesen, die für beide Partner vorteilhaft und durch enges räumliches Zusammenleben gekennzeichnet ist."

Definition „Symbiose" nach: Jaenicke, J. & Paul, A. (2004). S. 484

Material C: Flechtenkartierung in Düsseldorf

Im Jahr 2003 wurde das Vorkommen von Flechten auf Bäumen im Stadtgebiet von Düsseldorf mittels eines standardisierten Verfahrens systematisch erfasst. Diese Untersuchung ermöglichte Rückschlüsse auf die Luftqualität. Die folgenden Graphiken zeigen zwei 9 bzw. 10 km lange, nebeneinander liegende Ausschnitte des Stadtgebiets. Sie verlaufen vom nördlichen Stadtrand durch die Innenstadt zum gegenüberliegenden südlichen Stadtrand. Die einzelnen Rasterquadrate haben jeweils eine Seitenlänge von 1 km. Der Straßenverkehr ist im Stadtzentrum am intensivsten und nimmt zum Stadtrand hin ab.

Tabelle 1: Luftbelastung in Düsseldorf und Anzahl bzw. N-Zahl (Stickstoffzahl nach Ellenberg) der im gleichen Raum kartierten Flechtenarten

C1: Luftbelastung durch gasförmige Substanzen sowie mit Nähr- und Schadstoffen beladenen Stäuben	**C2:** Anzahl der Flechtenarten pro Baum und Rasterquadrat; Mittelwerte	**C3:** N-Zahl der Flechten; Mittelwerte (Erläuterung siehe unten)
hoch bis sehr hoch hoch noch hoch mäßig gering bis mäßig 	3,4–5,9 6,0–8,5 8,6–11 11,1–13,6 13,7–16,3 	> 5,7–6,3 > 5,4–5,7 > 5,1–5,4 > 4,7–5,1 > 4,3–4,7 

zusammengestellt nach: Stapper, Norbert & Kricke, Randolph (2004). S. 187–208

Stickstoffzahl nach ELLENBERG (Erläuterung verändert):
N-Zahl der Flechte: Nährsalzversorgung der Baumrinde
1 = Baumrinde sehr mineralarm
2 = Baumrinde mineralarm
3 = Baumrinde mäßig mineralreich, keine Eutrophierung
4 = Baumrinde mäßig mineralreich, sehr geringe Eutrophierung
5 = Baumrinde mineralreich, mäßig mit nährsalzreichem Staub behaftet
6 = Baumrinde mineralreich, mit nährsalzreichem Staub behaftet
7 = nährsalzreiche Baumrinden, häufige Staubanhaftung
8, 9 = kommen auf Baumrinde nicht vor

Tabelle 2: Vorkommen von Flechtenarten in Düsseldorf an Straßen mit verschiedener Verkehrsbelastung

Flechtenart	**N-Zahl**	**Mittlere Häufigkeit des Vorkommens in Rasterquadraten**	
		an gering befahrenen Wirtschaftswegen und Nebenstraßen	an zwei- bis mehrspurigen Hauptstraßen bzw. Autobahnen
Hypogymnia physodes	2	0,75	0,48
Melanelia subaurifera	4	1,89	0,85
Parmelia sulcata	4	3,27	1,39
Phaeophyscia nigricans	7	0,20	1,69
Phaeophyscia orbicularis	7	3,95	6,29
Physcia tenella	6	14,04	11,17

N-Zahl: Stickstoffzahl der einzelnen Flechtenart nach ELLENBERG, siehe Tabelle 1
gekürzt nach: Stapper, Norbert & Kricke, Randolph (2004). S. 187–208

Material D: Verkehrsbelastung, Flechtendiversität und dazugehörige Stickstoffzahl sowie Stickstoffgehalt der Flechte Parmelia sulcata an verschiedenen Messpunkten in Düsseldorf

Tabelle 3: Verkehrsbelastung, Flechtendiversität und dazugehörige Stickstoffzahl sowie Stickstoffgehalt der Flechte *Parmelia sulcata* an verschiedenen Messpunkten in Düsseldorf

Messpunkt in Düsseldorf	Verkehrs-belastung	Flechten-diversitäts wert (FDW*)	mittlere Stickstoffzahl (N-Zahl) aller Flechten am Messpunkt	Stickstoffgehalt der Flechte *Parmelia sulcata* am jeweiligen Messpunkt in Prozent des Trockengewichts
Stadion	gelegentlich, kurzzeitig hoch	44,3	4,6	2,47
Messegelände	gelegentlich, kurzzeitig hoch	45,7	4,7	2,62
Mörsenbroich	permanent hoch	25,4	5,4	4,10
Corneliusstraße/ Fürstenwall	permanent hoch	17,1	6,0	4,08
Lessingplatz	mäßig/Parken	33,8	4,8	2,85
Benrath	gering	38,2	4,9	2,24

neu zusammengestellt nach: Stapper, Norbert, Franzen-Reuter, Isabelle & Frahm, Jan-Peter, (2005) S. 84–89, Erich Schmidt Verlag

*** FDW = Flechtendiversitätswert**
Der FDW ist ein Maß für die durchschnittliche Artenzahl am Standort: Zur Bildung dieses Wertes wird die Artenanzahl an der Nord-, Ost-, Süd- und Westseite der jeweiligen Bäume ermittelt und summiert. Dadurch werden manche Arten mehrfach erfasst und der Diversitätswert ist unter Umständen höher als die eigentliche Artenzahl.
Werte < 20: geringe Diversität
Werte zwischen 20 und 40: geringe bis mäßige Diversität
Werte > 40: mäßige bis hohe Diversität

Material E: Verkehrsbedingter Eintrag von Stickstoffverbindungen und die Aufnahme von Stickstoffverbindungen durch Flechten

Stickoxide (NO_x) und Ammoniak (NH_3) werden durch den Betrieb von Benzinmotoren freigesetzt. Die bevorzugte Stickstoffquelle von Flechten sind Ammoniumionen (NH_4^+), aus der Reaktion zwischen Wasser und Ammoniak). Ammoniak reagiert in der Luft sehr schnell mit Stickoxiden (NO_x) oder Schwefeldioxid (SO_2) zu festem Ammoniumnitrat (NH_4NO_3) bzw. Ammoniumsulfat ($(NH_4)_2SO_4$). Diese beiden Verbindungen sind Düngesalze, wie sie auch in Gartencentern erhältlich sind. Diese Salze bilden einen Teil des Staubs in der Luft.

verändert nach: Frahm, Jan-Peter (2006). 164–167; Frahm, Jan-Peter (2008), S. 94–101

weitere Materialgrundlage:

Frahm, Jan-Peter (2006). Der Einfluss von Ammoniak auf Stickstoff liebende Flechten in verkehrsbelasteten Gebieten. Immissionsschutz (4), 164–167

Frahm, Jan-Peter (2008). Nitrophile Moose und Flechten nehmen zu – Überdüngung und Versalzung durch Katalysatoren? Biologie in unserer Zeit 38: 94–101

Jaenicke, Joachim & Paul, Andreas (2004). Biologie Heute entdecken SII, Schroedel Verlag, S. 484

Kirschbaum, Ulrich, Wirth, Volkmar (1997). Flechten erkennen – Luftgüte bestimmen. 2. Aufl., Ulmer, Stuttgart. S. 8–9 (gekürzt und verändert)

Masuch, G. (1993). Biologie der Flechten. Quelle & Meyer, Heidelberg

Stapper, Norbert & Kricke, Randolph (2004). Epiphytische Moose und Flechten als Bioindikatoren von städtischer Überwärmung, Standorteutrophierung und verkehrsbedingten Immissionen. Limprichtia 24: 187–208 (Transekte aus Kartenmaterial)

Stapper, Norbert, Franzen-Reuter, Isabelle & Frahm, Jan-Peter (2005). Stickstoffgehalte in der Blattflechte Parmelia sulcata als Indikator atmosphärischer Stickstoffeinträge in einer Großstadt am Beispiel Düsseldorf. Immissionsschutz (3), 84–89 (Tabelle neu zusammengestellt) Erich Schmidt Verlag

Lösungsvorschlag

In der Aufgabe thematisierte Unterrichtsinhalte sind:
Symbiose, Parasitismus, Flechte, Bioindikator, Vegetationsaufnahmen, Standortfaktoren, Zeigerwerte, Beziehungen zwischen Organismengruppen, Habitatfaktoren, Konkurrenz, Koexistenz, biogeochemischer Stickstoffkreislauf, Düngesalze

III.1 *Bei diesem Aufgabenteil steht die Textanalyse im Vordergrund. Mit unterschiedlichen Farben können Sie die Informationen zu Pilz und Alge jeweils für sich kenntlich machen. Dies hilft Ihnen bei der geforderten Beschreibung und der Abgrenzung der Lebensgemeinschaft Flechte zwischen Symbiose und Parasitismus.*

Flechten stellen ein Zusammenleben eines Pilzes mit mindestens einer Algenart dar. Pilz und Alge bilden dabei eine morphologische und physiologische Einheit. Bei der Betrachtung ihres Aufbaus ist festzustellen, dass eine Blattflechte sich aus mehreren Schichten zusammensetzt. Auf eine obere Rinde aus festem Pilzgeflecht, die dem Schutz dient, folgt eine Schicht, in der die Algen angesiedelt sind. An diesen fotosynthetisch aktiven Bereich schließt sich eine umfangreiche Markschicht aus lockerem Pilzgeflecht an, in der zahlreiche Lufträume existieren. Ihre Aufgabe ist es, den Gasaustausch (CO_2/O_2) zu gewährleisten. Eine weitere Rindenschicht mit Rhizinen als Haftorgane schließt die Blattflechte nach unten hin ab. Das Zusammenleben von Alge und Pilz bietet beiden Partnern einige Vorteile: So erhält der Pilz, der selber nicht zur Fotosynthese befähigt ist, Kohlenhydrate von den Algen. Diese wiederum sind durch ihre Lage im Pilzgeflecht vor Austrocknung, zu intensiver Sonneneinstrahlung und Fraß geschützt. Für eine Flechte gilt, dass das Ganze mehr ist als nur die Summe der Teile, denn eine Flechte kann Stoffe synthetisieren, die jeder der beiden Partner alleine nicht produzieren kann. Zusammen können sie auch Lebensräume erobern, die ihnen als einzelne Arten verschlossen bleiben. Mit Blick auf die ernährungsphysiologische Seite der Zweierbeziehung muss allerdings kritisch angemerkt werden, dass die Algen einen Teil der von ihnen produzierten Kohlenhydrate an den Pilz abgeben müssen. Dieser Nachteil wiegt aber die eben beschriebenen Vorteile keinesfalls auf und so kann von der Beziehung Alge – Pilz als einer echten Symbiose gesprochen werden. Aus diesem symbiotischen Verband zweier Lebewesen kann jeder der Partner für sich Vorteile ziehen. Bei der Frage, warum sich Flechten gut als Bioindikatoren für die Luftqualität eignen, kann die Lebensweise dieses Organismus für die Begründung herangezogen werden. Flechten nehmen sowohl Wasser als auch die von ihnen benötigten Nährsalze über ihre gesamte Oberfläche direkt aus der Umgebungsluft auf. Dadurch ist es ihnen möglich, auf Veränderungen in ihrer Umgebung, z. B. auf eine Veränderung in der Schadstoffbelastung, direkt zu reagieren. Sie zeigen dies „mit einer deutlichen und eindeutigen Veränderung ihrer Lebensfunktionen".

III.2 *Sie sollten zunächst im Material C die Tabelle 1 genau betrachten und die Grundaussagen verbalisieren. Gleiches gilt für Tabelle 2. Die Teilaufgabe besteht aus drei Unterpunkten, die Sie jeweils einzeln abarbeiten müssen. Hierbei sollten Sie, wenn es sich anbietet, auch Beispiele für Ihre Aussagen anführen.*

Die Untersuchungen im Stadtgebiet von Düsseldorf können wie folgt zusammengefasst werden: Die Messergebnisse aus Material C lassen klar erkennen, dass die Luftbelastung durch gasförmige Substanzen und Stäube vom Stadtrand zur Stadtmitte hin deutlich zunimmt. Aber auch am Stadtrand ist die Luft nie gering, sondern immer mindestens mäßig belastet – im Abschnitt 1 A sogar „noch hoch". Je näher die Messpunkte in beiden untersuchten Abschnitten an der Stadtmitte liegen, desto geringer wird die Anzahl der dort anzutreffenden Flechtenarten pro Baum und km^2. In einem Fall (Abschnitte 1 G – H bzw. 1 B) findet sich auch in Stadtrand-Nähe eine geringe Flechtendiversität. Bezogen auf die N-Zahl, d. h. das Vorhandensein von Stickstoff für die Flechten, können eindeutige Parallelen zur Anzahl der Flechtenarten festgestellt werden. Auch hier ist der Zeigerwert für den Stickstoff in der Stadtmitte am höchsten; der gleiche Wert ist aber auch in den Abschnitten 1 G – H bzw. 1 B zu finden. Betrachtet man einzelne Flechtenarten gesondert, so kommen – von den in Tabelle 2 angegebenen Arten – zwei häufiger dort vor, wo die Verkehrsdichte an mehrspurigen Hauptstraßen und Autobahnen hoch ist. Diese sind *Phaeophyscia nigricans* und *Phaeophyscia orbicularis*. Die übrigen vier angegebenen Arten bevorzugen geringbefahrene Wirtschaftswege und Nebenstraßen als Lebensraum. An verkehrsreichen Straßen sind sie eher selten anzutreffen.

Zwischen der Verkehrsdichte und der Nährsalzversorgung von Flechten kann am vorliegenden Beispiel folgender Zusammenhang abgeleitet werden: In der Stadtmitte von Düsseldorf herrscht ein sehr hohes Verkehrsaufkommen, das zu entsprechenden Emissionen in die Luft führt. Die emittierten Stickoxide werden in Nährsalze umgewandelt, welche sich dann auf den Rinden der Bäume ablagern können. Für die beiden oben genannten *Phaeophyscia*-Arten ist damit in der City von Düsseldorf eine gute Verfügbarkeit von „Düngesalzen" gewährleistet, eine Bedingung, die sie für ein ideales Gedeihen (bei N = 7) an ihren Lebensraum stellen.

Die räumliche Verteilung der Artenzahl der Flechten in Düsseldorf kann wie folgt begründet werden: Wie aus Tabelle 1/C2 zu ersehen ist, liegt im Stadtzentrum (1 F, 1 G, 2 F, 2 E) die geringste Artenvielfalt an Flechten vor. Zu den Stadträndern hin nimmt die Frequenz der Flechtenarten mit einem fallendem Mittelwert für die N-Zahl stetig zu (Ausnahme s. o.). Als Erklärung kann das jeweilige Verkehrsaufkommen im Kernbereich und am Stadtrand herangezogen werden. Eine hohe Verkehrsdichte führt zu einer Eutrophierung, einem Überangebot an „Düngesalzen", welche für die meisten Arten der Flechten eine erschwerende Lebensbedingung darstellt. Betrachtet man die Abschnitte 1I sowie 2 A, 2 H, 2 I und 2 J in Tabelle 1/C2, so stellt man fest, dass in den Stadtrandbereichen eine hohe Artenzahl an Flechten verzeichnet ist. Gleichzeitig herrscht dort eine geringe Verkehrsdichte und die Gefahr einer Eutrophierung ist hier geringer als in der City. Insgesamt sind damit die Lebensbedingungen für die meisten Flechtenarten – aber nicht für alle – in den Randbezirken günstiger.

III.3 *Die von Ihnen verlangte Skizze sollte alle wesentlichen Elemente des Stickstoffkreislaufs enthalten. Bedenken Sie für den zweiten Teil dieser Aufgabe, dass Ammoniumnitrat und Ammoniumsulfat feste Substanzen sind, die direkt bei der Stickstoffassimilation durch die Pflanzen verwendet werden können.*

Die folgende Skizze stellt den natürlichen Stickstoffkreislauf in den Grundzügen dar:

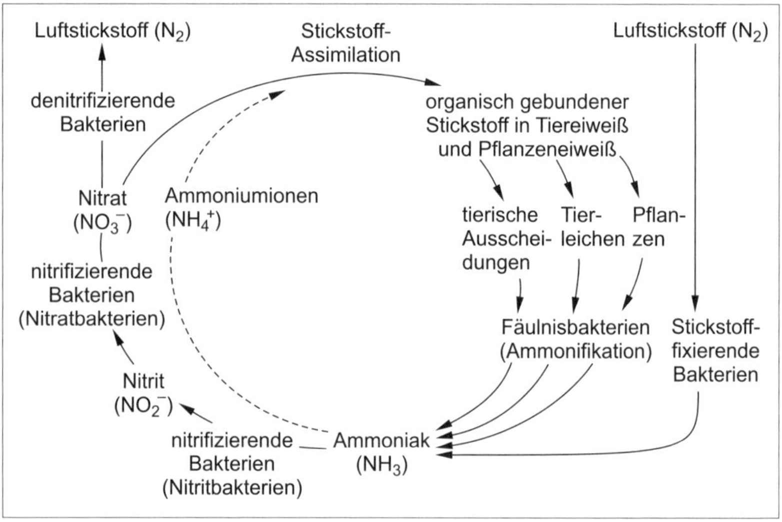

Die verkehrsbedingten Stickstoffeinträge können durch folgende Ergänzung der obigen Skizze verdeutlicht werden:

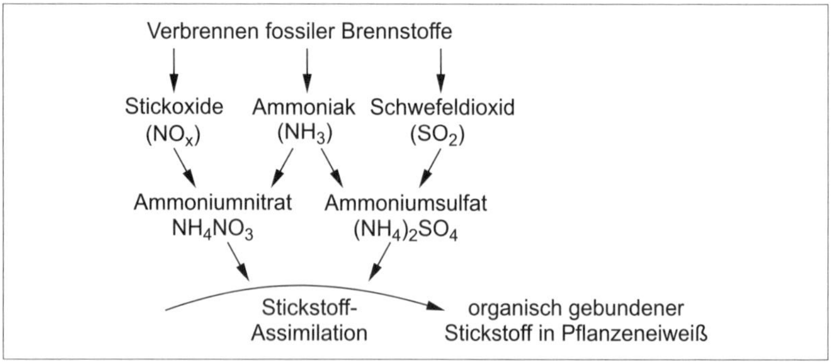

III.4 *Hier müssen Sie die Informationen mehrerer Tabellen bzw. Materialien kombinieren, um die richtigen Rückschlüsse ziehen zu können. Denken Sie bei Ihrer Bearbeitung daran, dass sie die Informationen* ***aller*** *in der Aufgabenstellung genannten Materialgrundlagen verwenden müssen.*

Bei einer Zusammenfassung der in Düsseldorf an verschiedenen Messpunkten für *Parmelia sulcata* ermittelten Werte können die folgenden Aussagen aus Tabelle 3 abgeleitet werden: Liegen die Messpunkte in stark frequentierten Bereichen wie Mörsenbroich (Autobahnabfahrt) oder Corneliusstraße/Fürstenwall (Durchgangsstraße), so nimmt die Flechtendiversität gegenüber Messpunkten in weniger befahrenen Gegenden, wie dem Lessingplatz (Parkplatz) oder Benrath (Parklandschaft), deutlich ab. Werden die Werte in Gegenden ermittelt, die nur gelegentliche oder kurzzeitig hohe Verkehrsbelastungen aufweisen, wie im Stadionbereich oder auf dem Messegelände, ist dort interessanterweise eine sehr hohe Flechtenartenzahl zu verzeichnen. Nimmt die Verkehrsbelastung an den Messpunkten zu, erhöht sich damit auch die mittlere Stickstoffzahl aller Flechten an diesem Ort. Die gleiche Tendenz ist zu beobachten, wenn der Stickstoffgehalt von *Parmelia sulcata* prozentual zum Trockengewicht ermittelt wird. Je verkehrsreicher die Gegend um den Messpunkt herum ist, desto höher ist der jeweilige Anteil von N_2 am Trockengewicht der Probe. Werden die drei gerade angesprochenen Parameter (Flechtenhäufigkeit, Verkehrsverhältnisse und Stickstoffgehalt) nun für *Parmelia sulcata* in einen Zusammenhang gebracht, kann für diese Flechte Folgendes festgehalten werden: An häufig befahrenen Straßen und Autobahnen als Stickstoffquelle kann sie offensichtlich mehr Ammoniumionen aufnehmen. Wie Tabelle 2 verdeutlicht, bedeutet dies aber nicht, dass die Flechtenart durch ihre vermehrte Aufnahme von Ammoniumionen an verkehrsbelasteten Messpunkten dort auch mengenmäßig häufiger vertreten ist. Hier sind andere Flechtenvertreter, wie *Phaeophyscia orbicularis* und *Physcia tenella*, z. T. deutlich erfolgreicher bei der Besiedelung dieses Lebensraumes.

III.5 *In der letzten Teilaufgabe sollten Sie die Materialien in Bezug auf Phaeophyscia orbicularis nochmals genau analysieren und sich die Frage stellen, auf welcher Grundlage gerade ihr Vorkommen an belasteten Standorten beruhen kann.*

Betrachtet man die Daten, welche in Düsseldorf zu verschiedenen Flechtenarten an unterschiedlichen Standorten ermittelt wurden, so kann hier vor allem die Art *Phaeophyscia orbicularis* als Bioindikator dienen. Dies ist mit folgenden Fakten zu belegen: Die Blattflechte *Phaeophyscia orbicularis* weist mit dem Wert 7 eine sehr hohe Stickstoffzahl auf, was bedeutet, dass sie vor allem dort gut existieren kann, wo nährsalzreiche Baumrinden vorkommen, an denen häufig Straßenstaub anhaftet. Damit kann die Flechte gerade dort am besten existieren, wo eine Belastung der Umwelt mit Ammoniak besonders hoch ist. Legt man die berechtigte Annahme zugrunde, dass es sich beim Stickstoff um einen Faktor handelt, der das Wachstum der Flechte limitiert (Minimumfaktor), so ist folgende Annahme wahrscheinlich: Je höher die Konzentration von Ammoniumionen in der Umgebung ist, desto größer ist die Wahrscheinlichkeit für ein Vorkommen und üppiges Wachstum von *Phaeophyscia orbicularis*. Daraus kann eine weitere Vermutung abgeleitet werden: *Phaeophyscia orbicularis* wird an diesen Standorten sehr wahrscheinlich über einen Konkurrenzvorteil gegenüber anderen, nicht so anpassungsfähigen Flechtenarten verfügen.

Leistungskurs Biologie (NRW) – Abitur-Prüfung 2011
Aufgabe 1: Evolution

Aufgabenstellung: Punkte

Thema: Tabakpflanzen wehren sich gegen Raupenfraß

I.1 Beschreiben Sie die in Material A dargestellten Ergebnisse der Versuche zur Ausbildung von Morgenblüten sowie die wesentlichen Eigenschaften von Nacht- und Morgenblüten und interpretieren Sie diese vor dem Hintergrund der unterschiedlichen Bestäuber (Materialien A und B). 17

I.2 Erläutern Sie das in Material C dargestellte Experiment und deuten Sie die Ergebnisse unter Berücksichtigung der an Tabakpflanzen vorkommenden Bestäuber und unter Berücksichtigung der in Abbildung 3 dargestellten Versuchsergebnisse. Nennen Sie Auswirkungen der geänderten Blühinduktion auf die Fitness der untersuchten Tabakpflanzen gegenüber Tabakpflanzen, die überwiegend Nachtblüten produzieren (Materialien B und C). 18

I.3 Fassen Sie die Versuchsergebnisse des in Material D beschriebenen Experiments zur Regulation der Blütenproduktion mit normalen und gentechnisch veränderten Tabakpflanzen zusammen. Entwickeln Sie eine Hypothese zur Regulation der Produktion von Morgenblüten über den Fraßdruck. 15

I.4 Erklären Sie, welche Evolutionsmechanismen zur Entwicklung der unterschiedlichen Blütenformen (nachtblühend/tagblühend) bei Tabakpflanzen geführt haben könnten (Materialien A bis D). Diskutieren Sie dabei, ob die Tabakpflanze auf lange Sicht nur noch Morgenblüten produzieren wird, indem Sie die verschiedenen Bestäuber der Tabakpflanze mit in Ihre Überlegungen einbeziehen. 16

Material A: Produktion von Morgenblüten bei Tabakpflanzen

Zahlreiche Pflanzenarten locken mit den Farben und Formen ihrer Blüten sowie mit Nektar und Duftstoffen Schmetterlinge zur Bestäubung und Fortpflanzung an. Weibliche Schmetterlinge können jedoch eine große Gefahr für die Pflanze darstellen: Einmal angezogen durch den Duft der Blüten, legen sie ihre Eier ab, aus denen schließlich gefräßige junge Raupen schlüpfen.

Wissenschaftler beobachteten im Verlauf von Freilanduntersuchungen im sogenannten „Großen Becken" in Utah (USA) ein massives Auftreten von Raupen des Tomatenschwärmers *(Manduca quinquemaculata)*. Fast jede Tabakpflanze der dort heimischen Art *Nicotiana attenuata* war am Versuchsort von diesen Schädlingen befallen.

Die Gruppe von Wissenschaftlern widmete sich den befallenen Tabakpflanzen genauer und bemerkte, dass diese – im Gegensatz zu nicht befallenen Pflanzen – viele Blütenknospen aufwiesen, die sich erst nach Sonnenaufgang öffneten („Morgenblüten"). Ursprünglich ist die oben genannte Tabakart aber nachtblühend und öffnet die Knospen nach Sonnenuntergang.

Um herauszufinden, ob ein Zusammenhang zwischen Raupenbefall und der Bildung von Morgenblüten besteht, führten Wissenschaftler des Max-Planck-Instituts Jena 2010 weitere Untersuchungen durch. Sie verwendeten dazu Tabakpflanzen der oben genannten Art sowie Raupen des Tabakschwärmers *(Manduca sexta)*; dieser ist mit dem in den Freilandbeobachtungen aufgetretenen Tomatenschwärmer verwandt. Er ähnelt ihm in den entscheidenden Eigenschaften und kann deshalb für die Versuche anstelle des Tomatenschwärmers verwendet werden.

Nachfolgende Abbildungen zeigen das Ergebnis der Untersuchungen:

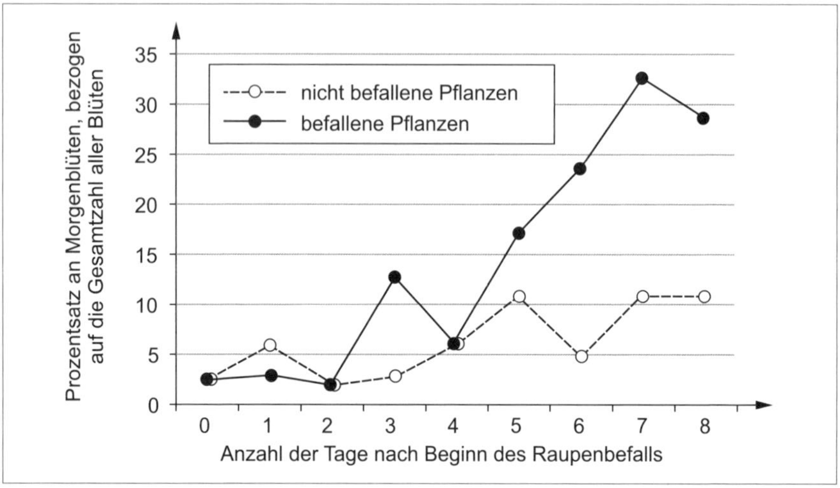

Abb. 1: Produktion von morgens öffnenden Blüten bei von Raupen befallenen und nicht befallenen Tabakpflanzen (bezogen auf die Gesamtzahl aller Blüten).
verändert nach: Kessler, Danny, Diezel, Celia, Baldwin, Ian T. (2010)

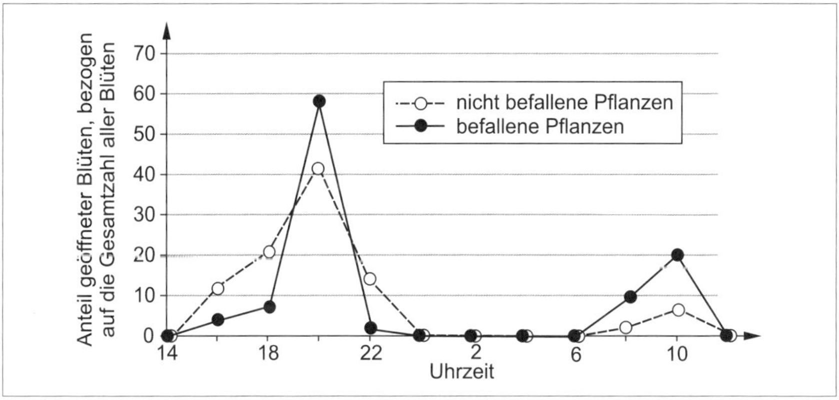

Abb. 2: Anteil geöffneter Blüten zu verschiedenen Tageszeiten bei von Raupen befallenen und nicht befallenen Pflanzen (bezogen auf die Gesamtzahl aller Blüten).
verändert nach: Kessler, Danny, Diezel, Celia, Baldwin, Ian T. (2010)

Weitere Untersuchungen an morgens und nachts geöffneten Blüten
Weiterhin stellten die Wissenschaftler in Versuchen fest, dass die Öffnung der Blütenblätter der morgens öffnenden Blüten um zwei Drittel gegenüber den nachts öffnenden Blüten reduziert ist und dass der Zuckergehalt in den morgens öffnenden Blüten deutlich geringer ist als in den sich nachts öffnenden Blüten. Beide Blütenformen geben nur am Abend und in der Nacht den Duftstoff Benzylaceton ab.

Material B: Bestäuber der Tabakpflanze

Tomatenschwärmer *(Manduca quinquemaculata)* und **Tabakschwärmer** *(Manduca sexta)* sind Schmetterlinge aus der Familie der Schwärmer *(Sphingidae)*. Beide Arten kommen in weiten Teilen Nord- und Südamerikas vor.

Die nachtaktiven Falter saugen Nektar von Blüten und können wie alle Schwärmer auf der Stelle fliegen. Die Raupen beider Arten ernähren sich von Nachtschattengewächsen, insbesondere von Tabakpflanzen. Sie vertragen das darin enthaltene Nikotin und können es im Körper anreichern, was sie für Fressfeinde ungenießbar macht. Die Tabakpflanzen dienen den Raupen als Lebensgrundlage, die ausgewachsenen Schwärmer ernähren sich außerdem von deren Nektar.

Tabak- und Tomatenschwärmer werden durch die Duftabgabe der Tabakblüten über sehr weite Strecken angelockt. Beide Schwärmerarten können grundsätzlich weite Strecken zurücklegen.

Neben den Schwärmern beobachteten die Wissenschaftler an den stark von Raupen befallenen Tabakpflanzen zunehmend auch **Kolibris** (Familie der *Trochilidae*) als Bestäuber. Kolibris sind sehr kleine Vögel, die sich vorwiegend von Blütennektar ernähren. In den Blüten sammeln sich zudem Insekten, die ebenfalls von den Kolibris gefressen werden. Kolibris sind tagaktiv. Sie verlassen die unmittelbare Umgebung ihrer Nester in der Regel nicht.

Material C: Bestäuber an befallenen und nicht befallenen Tabakpflanzen

Um zu untersuchen, welche der Bestäuber – Schwärmer oder Kolibris – die verschiedenen Blüten der Tabakpflanze aufsuchen und welche Auswirkungen dies hat, führten die Wissenschaftler weitere Freilandexperimente durch.
Dafür wurden zunächst aus den Blütenknospen der untersuchten Tabakpflanzen die Staubfäden entfernt. Dann wurde eine nicht von Raupen befallene und eine von Raupen befallene Pflanze mit einem netzumspannten Drahtkäfig von 20.00–06.00 Uhr zugedeckt, um nachtaktive Bestäuber auszuschließen. Ein zweites solches Paar befallener und nicht befallener Pflanzen blieb über Nacht unverdeckt und war so nachtaktiven Bestäubern zugänglich.

Noch vor der Morgendämmerung wurden die Käfige getauscht, sodass die nachts unverdeckten Pflanzen nun tagsüber verdeckt waren (von 06.00–20.00 Uhr) und die des Nachts verdeckten Pflanzen am Tage für Bestäuber zugänglich wurden.

Raupen des Tabakschwärmers wurden entfernt, bevor die Tabakpflanzen möglichen Bestäubern ausgesetzt wurden.

Am Abend wurden die Käfige auf alle Versuchspflanzen gesetzt und verblieben zugedeckt bis zur Bildung von Samenkapseln an den Blüten.

Die folgende Abbildung 3 zeigt die Ergebnisse der Untersuchung. In Abbildung 4 sind die Ergebnisse eines Kontrollversuchs dargestellt.

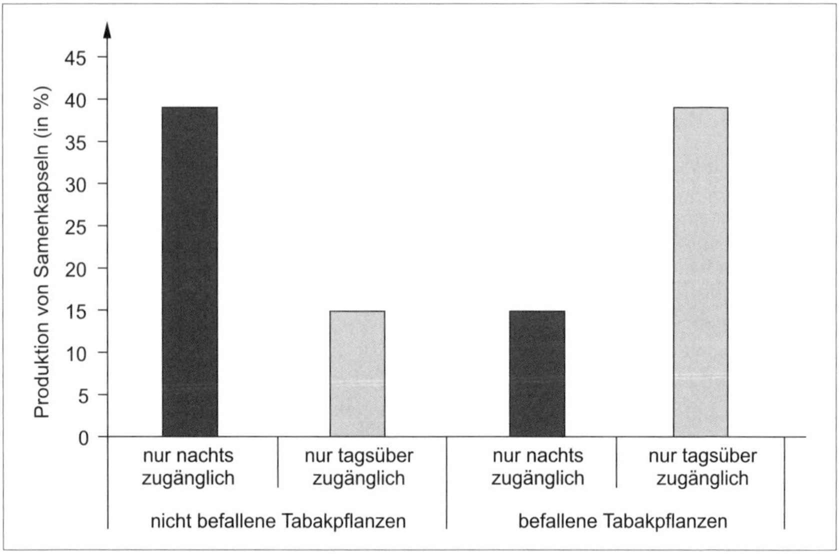

Abb. 3: Samenkapselproduktion bei befallenen und bei nicht befallenen Tabakpflanzen, die zu unterschiedlichen Tag- bzw. Nachtzeiten für Bestäuber unzugänglich waren. Angegeben ist für jeden Versuchsansatz, aus wie viel Prozent der vorhandenen Blüten sich Samenkapseln entwickelten.
verändert nach: Kessler, Danny, Diezel, Celia, Baldwin, Ian T. (2010)

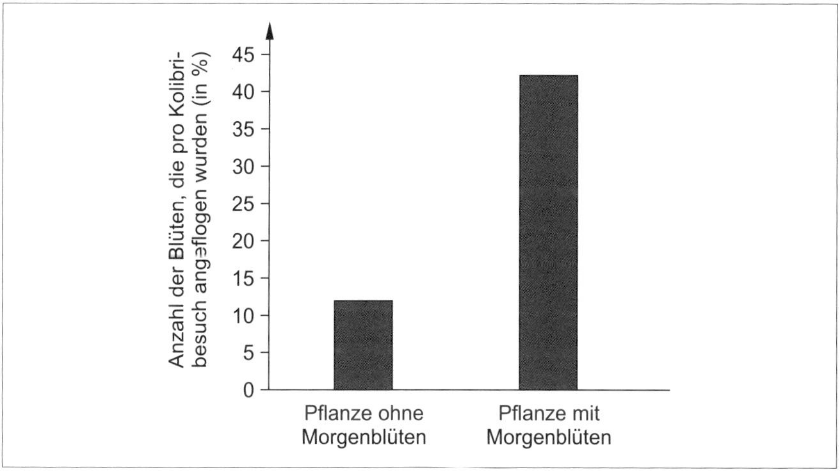

Abb. 4: Anzahl der Blüten von Pflanzen mit und ohne Morgenblüten, die pro Kolibribesuch angeflogen wurden (Kontrollversuch).
verändert nach: Kessler, Danny, Diezel, Celia, Baldwin, Ian T. (2010)

Material D: Regulation der Blütenproduktion

In weiteren Versuchen wurde überprüft, wie die von Raupen befallenen Pflanzen deren Fraß „bemerken" und wie die Produktion von Morgenblüten bei den Tabakpflanzen stimuliert wird. Statt junge Raupen auf die Blätter der Tabakpflanzen zu setzen, verwundeten die Forscher ein Blatt durch kleine Einstiche und verteilten darauf Speichel von Larven des Tabakschwärmers. Zusätzlich zum Wildtyp von *Nicotiana attenuata* wurde mit gentechnisch veränderten Tabakpflanzen gearbeitet, die nicht das Pflanzenhormon Jasmonat herstellen können.

Ein Teil der untersuchten Pflanzen wurde alle 2 Tage mit dem Pflanzenhormon Jasmonat besprüht, ein anderer Teil wurde nicht besprüht.

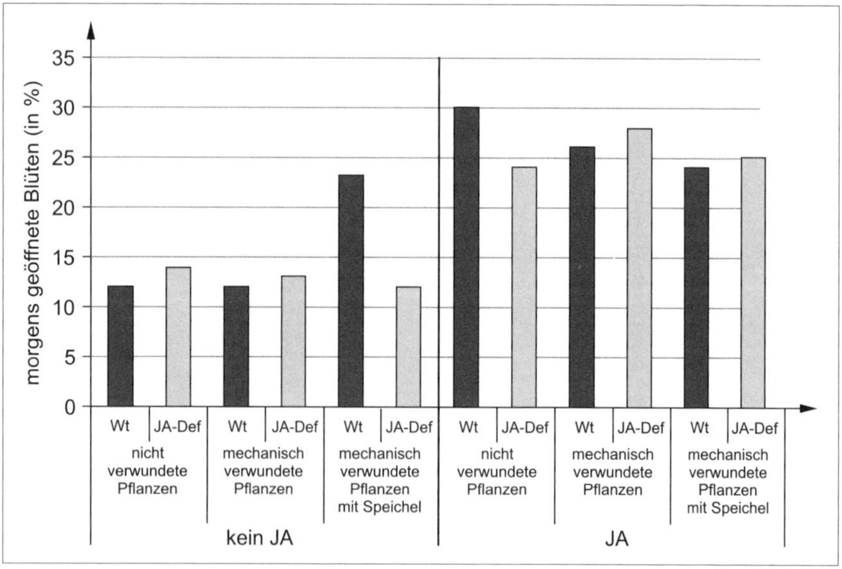

Wt = Wildtyp *N. attenuata* (Jasmonat-herstellend)
JA-Def = gentechnisch veränderte Tabakpflanzen ohne Jasmonat-Produktion (Jasmonat-Defizit)
JA = Pflanzen wurden alle zwei Tage mit Jasmonat besprüht
kein JA = Pflanzen wurden nicht besprüht

Abb. 5: Anteil an morgens geöffneten Blüten (bezogen auf die Gesamtzahl aller Blüten) bei nicht behandelten und bei mechanisch verwundeten Tabakpflanzen.
verändert nach: Kessler, Danny, Diezel, Celia, Baldwin, Ian T. (2010)

weitere Materialgrundlage:

Kessler, Danny, Diezel, Celia, Baldwin, Ian T. (2010). Supplemental Information: Changing Pollinators as a Means of Escaping Herbivores. Current Biology 20, Februar 9, 2010, 237–242

Max-Planck-Gesellschaft, Referat für Presse- und Öffentlichkeitsarbeit (Hrsg.) (2010) Kolibris bevorzugt. http://www.ice.mpg.de/main/news/prelease/Pressem_Kessler2010_de.htm (12. 04. 2011)

Kessler, A., Baldwin, Ian T. (2002). Plant responses to insect herbivory: The emerging molecular analysis. Annu. Rev. Plant Biol. 53, 299–328

Halitschke, R., Schittko, U., Pohnert, G., Boland, W., and Baldwin, Ian T. (2001). Molecular interactions between the specialist herbivore Manduca sexta (Lepidoptera, Sphingidae) and its natural host Nicotiana attenuata. III. Fatty acid-amino acid conjugates in herbivore oral secretions are necessary and sufficient for herbivore-specific plant responses. Plant Physiol. 125, 711–717

Lösungsvorschlag

In der Aufgabe thematisierte Unterrichtsinhalte sind:
Grundlagen evolutiver Veränderung in Struktur und Verhalten, genotypische Variabilität von Populationen, Fitness, Anpassung, Art und Artbildung, Selektionsvorteile

I.1 *Vor der Beschreibung der Versuchsergebnisse sollten Sie die allgemeinen Zusammenhänge, die zu den Untersuchungen geführt haben, kurz zusammenfassend schildern. Bei den Tabellen müssen Sie nicht auf jeden einzelnen Messwert eingehen. Wenn Sie die allgemeine Tendenz klar herausarbeiten und mit exemplarischen Werten belegen, genügt dies völlig. Unstimmigkeiten sollten Sie dennoch zumindest erwähnen. Auf der Grundlage der erarbeiteten Daten können Sie diese dann in Bezug auf die Bestäuber interpretieren.*

Tabakpflanzen der Art *Nicotiana attenuata* stellen die Nahrung der Raupen des Tomatenschwärmers *Manduca quinquemaculata* dar. Untersuchungen der befallenen Pflanzen ergaben, dass sie „viele Blütenknospen aufwiesen, die sich erst nach Sonnenaufgang öffneten". Derartige Morgenblüten waren bei nicht befallenen Pflanzen kaum vorhanden, zumal *Nicotiana attenuata* nachtblühend ist und ihre Blütenknospen normalerweise erst nach Sonnenuntergang öffnet. In weiterführenden Experimenten wurde das Verhältnis von Tabakpflanze und Schwärmerraupen genauer untersucht. Dabei verwendete man eine mit dem Tomatenschwärmer eng verwandte Art, die die gleichen Eigenschaften wie dieser besitzt, den Tabakschwärmer (*Manduca sexta*). Die Experimente brachten die folgenden Ergebnisse, die in zwei Abbildungen wiedergegeben sind:
Abbildung 1 gibt auf der Ordinate (y-Achse) den Prozentsatz an Morgenblüten bezogen auf die Gesamtzahl aller Blüten an; auf der Abszisse (x-Achse) ist die Anzahl der Tage nach Beginn des Raupenbefalls angetragen. Dargestellt ist jeweils die Entwicklung der Anzahl der befallenen bzw. nicht befallenen Tabakpflanzen. Bei den befallenen Tabakpflanzen konnte man bereits ab dem 3. Tag einen deutlichen Anstieg der Produktion von Morgenblüten (von ca. 2 auf etwa 14 %) beobachten. Diese Tendenz setzte sich bis zum 7. Tag fort, an dem ein Drittel aller Blüten Morgenblüten waren. Lediglich am 4. Tag der Untersuchungsreihe war ein „Ausreißer" in den Messwerten zu erkennen, hier fiel die Produktion der Morgenblüten für einen Tag ab. Bei den nicht von Tabakschwärmern befallenen Pflanzen zeigte sich ein deutlich anderes Bild. Hier schwankte der Wert bis zum 4. Versuchstag um die 5 % und danach zwischen 5 % (Tag 6) und 11 % (Tag 5, 7 und 8).
In der zweiten Abbildung wird der Anteil geöffneter Blüten bezogen auf die Gesamtzahl aller Blüten (Ordinate/y-Achse) in Relation zur Tageszeit (Abszisse/x-Achse) dargestellt. Von den Schwärmern befallene Tabakpflanzen öffneten ihre Blüten bevorzugt gegen 20 Uhr (beinahe 60 %) und gegen 10 Uhr am Morgen (20 %). Nicht befallene Exemplare von *Nicotiana attenuata* öffneten ihre Blüten deutlich länger, und zwar ab 14 Uhr bis 22 Uhr, mit einem Spitzen-

wert von 41 % um ca. 20 Uhr. Um 16, 18 und 22 Uhr waren bei ihnen mehr Blüten geöffnet als bei den befallenen Artgenossen.

In Bezug auf die wesentlichen Eigenschaften von Nacht- und Morgenblüten kann anhand der Informationen aus Material A das Folgende festgehalten werden: Der Durchmesser der Öffnung der Blüten unterschied sich bei den Blütentypen. Waren die Blütenblätter morgens geöffnet, so war deren Öffnung um zwei Drittel kleiner als bei Blüten, die sich nachts öffneten. Ebenso wiesen Morgenblüten einen deutlich verringerten Zuckergehalt auf als diejenigen, die nachts blühten. Beide Blütentypen gaben einen spezifischen Duftstoff, Benzylaceton, ab, und zwar nur am Abend und in der Nacht.

Mit Blick auf die unterschiedlichen Bestäuber der Tabakpflanze (nachtaktive Schwärmer/tagaktive Kolibris) lassen sich die Eigenschaften von *Nicotiana attenuata* wie folgt interpretieren: Aufgrund ihres Lebensrhythmus besuchen Schwärmer und Kolibris die Pflanzen zu unterschiedlichen Tageszeiten. Um die Schwärmer anzulocken, ist es für den Tabak günstig, seinen Duftstoff gegen Abend und im Laufe der Nacht abzugeben und damit seine Insektenbestäuber in einem weiten Umkreis auf sich aufmerksam zu machen. So ist zu vermuten, dass die Schwärmer vor allem die nachts geöffneten Blüten besuchen und bestäuben. Demgegenüber ist der Kolibri ein – zudem noch sehr ortstreuer – tagaktiver Vogel. Er wird wahrscheinlich die am Morgen geöffneten Blüten besuchen. In diesem Zusammenhang ist eine evolutive Anpassung der Pflanzen zu beobachten. Da es für Morgenblüten eine Energie- und Ressourcenvergeudung darstellt, tagsüber Benzylaceton zu verströmen, spart sich die Tabakpflanze im wahrsten Sinne des Wortes diese Mühe. Nur Insekten lassen sich damit anlocken. Diese fliegen aber über Tage nicht und tagaktive Kolibris reagieren auf den weitreichenden Duftstoff nicht.

I.2 *Hier sollten Sie zunächst kurz auf das Experiment eingehen und es erst anschließend erläutern. Dies gibt Ihnen die Sicherheit, alles Wesentliche an der Versuchsdurchführung erkannt zu haben. Lassen Sie sich von den vorgegebenen Formulierungen und den Grafiken nicht verwirren! Arbeiten Sie das Material gewissenhaft durch und ordnen Sie Zusammengehörendes einander zu. Selbst wenn Sie den Begriff „Blühinduktion“ nicht kennen, erschließt er sich sinngemäß aus dem Material.*

In Freilandexperimenten gingen Forscher der Frage nach, welche Auswirkungen der Blütenbesuch durch die verschiedenen Bestäuber auf die Blütenbildung hat. Bei den verwendeten Versuchspflanzen (zwei von Raupen befallene und zwei nicht befallene Exemplare) wurde zunächst eine Selbstbestäubung durch das Entfernen der Staubfäden ausgeschlossen. In einem aufwendigen Experiment setzte man je eine befallene und eine nicht befallene Pflanze den gleichen Bedingungen aus. Während das eine Paar nachts von 20 Uhr bis 6 Uhr von Nektar suchenden Bestäubern angeflogen werden konnte, verhinderte man dies bei dem zweiten Paar durch einen abschirmenden Drahtkäfig. In der Zeit von 6 Uhr bis 20 Uhr herrschten die umgekehrten Versuchsbedingungen, indem die

Drahtkäfige nun über das zweite Pflanzenpaar gestülpt wurden. Bevor die Tabakpflanzen möglichen Bestäubern ausgesetzt wurden, hatte man die Tabakschwärmerraupen von ihnen entfernt. 24 Stunden nach Versuchsbeginn wurden alle Versuchspflanzen mit Drahtkäfigen abgeschirmt. Unter diesen Bedingungen konnten die Pflanzen anschließend Samenkapseln an ihren Blüten bilden. Die Grundüberlegung, welche hinter dieser Versuchsanordnung stand, war zu überprüfen, wie wirksam sich die Blütenproduktion der Tabakpflanzen in Abhängigkeit von den jeweiligen Bestäubern gestaltet. Der Maßstab für die Wirksamkeit war in diesem Fall die Menge produzierter Samenkapseln. Als Kontrolle diente eine Versuchsanordnung mit Kolibris als alleinigen Bestäubern.
Abbildung 3 in Material C verdeutlicht das erzielte Versuchsergebnis. Waren nicht befallene Tabakpflanzen nur nachts für Bestäuber zugänglich, so lag ihre Samenkapselproduktion bei fast 40 %. Konnten sie nur tagsüber bestäubt werden, lag dieser Wert bei lediglich 15 %. Die nachtaktiven Schwärmer sorgten also dafür, dass mehr als doppelt so viele Samenkapseln entstehen konnten. Das prozentual genau umgekehrte Bild zeigt sich, wenn man die Ergebnisse der Pflanzen vergleicht, die von *Manduca sexta* befallen waren. Hier lag die Produktion der Samenkapseln bei den ausschließlich tagsüber zugänglichen Exemplaren bei 40 % und bei den nur nachts zugänglichen bei 15 %. In diesem Fall erklärt sich das Ergebnis aus der Tatsache heraus, dass die Kolibris, die hier als Bestäuber wirken, tagsüber aktiv sind. Diese Feststellungen lassen sich auch gut mithilfe des Kontrollversuchs (Abbildung 4 in Material C) belegen. Bei diesem Experiment wurde die Anzahl der Blüten von Pflanzen mit und ohne Morgenblüten ermittelt, die bei jedem Besuch des Vogels angeflogen wurden. Dabei stellte sich heraus, dass ca. 42 % der Pflanzen mit und nur ca. 12 % der Pflanzen ohne Morgenblüten angeflogen wurden. Beides deckt sich mit den Erkenntnissen über die Samenkapselproduktion unter den verschiedenen Versuchsbedingungen.

Betrachtet man die Ergebnisse, so zeigt sich, dass *Nicotiana attenuata* je nach den Außenbedingungen (Raupenbefall oder kein Raupenbefall) unterschiedliche Blüten bildet. Wodurch dies ausgelöst wird bzw. wonach entschieden wird, welche Blühinduktion zum Tragen kommt, hängt mit der reproduktiven Fitness der Tabakpflanzen zusammen. Wie aus Material A hervorgeht, ist *Nicotiana attenuata* normalerweise ein Nachtblüher, der seine Blütenknospen erst nach Sonnenuntergang öffnet. Die nachts ausschwärmenden Tomaten- und Tabakschwärmer dienen dann als Bestäuber. Sie können die Pflanze, die sie bestäuben, aber auch gleichzeitig als „Kinderstube" für ihren gefräßigen Raupennachwuchs nutzen und so einen deutlichen Fraßdruck auf die Tabakpflanze ausüben. Dies macht sich in der Blühinduktion bemerkbar. Ist eine Pflanze, die sowohl Nacht- als auch Morgenblüten ausbildet, bereits von Schmetterlingsraupen befallen, so bildet sie vermehrt Morgenblüten aus. Dadurch werden keine weiteren nachtaktiven Schmetterlinge mehr angelockt und die tagaktiven Kolibris sorgen mit ihrer Bestäubungstätigkeit für eine Fortpflanzung und Vermehrung von *Nicotiana attenuata*. So ist die enorme Produktion an Samenkapseln derjenigen Pflanzen zu erklären, die während des Versuchs nur tagsüber angeflogen werden konnten. Damit gelingt den Tabakpflanzen, die tagsüber blühen und unter Fraßdruck stehen, eine deutliche Fitnesssteigerung während ihrer Reproduktionsphase. Sie haben die Möglichkeit, durch die Bildung von Morgenblüten einen Bestäuber anzulocken, der sie – im Gegensatz zu den Schwärmern – nicht potenziell schädigt. Unter den Bedingungen des Fraßdrucks haben Tabakpflanzen mit einer derartigen Blühinduktion einen evolutiven Vorteil gegenüber ihren Artgenossen, die als weiterhin nachtblühende Pflanzen überwiegend Nachtblüten ausbilden.

I.3 *Auch die in Material D vorgegebene Abbildung 5 ist nicht auf den ersten Blick zu durchschauen. Hier gilt Gleiches wie bei der vorigen Teilaufgabe (s. o.). Bei der Entwicklung von Hypothesen sollen Sie nicht frei spekulieren, sondern kontextbezogen und anhand von Aussagen im Arbeitsmaterial überlegt argumentieren.*

In Material D sind die Ergebnisse eines Experimentes dargestellt, bei dem der prozentuale Anteil am Morgen geöffneter Blüten (bezogen auf die Gesamtblütenzahl) von *Nicotiana attenuata* ermittelt wurde. Die einzelnen Tabakpflanzen unterschieden sich zum einen in ihrer genetischen Ausstattung und zum anderen in der Art und Weise, wie mit ihnen verfahren wurde.
Verwendet wurde entweder der Wildtyp oder eine gentechnisch veränderte Form der Tabakpflanze, die das Phytohormon Jasmonat nicht bilden kann. Mit den einzelnen Exemplaren verfuhr man auf dreierlei Weise. Die Pflanzen wurden entweder nicht manipuliert oder man fügte ihnen mechanische Verletzungen durch kleine Einstiche zu, wodurch die Forscher Raupenfraß imitierten. Von den letzteren Pflanzen wurde ein Teil der Exemplare an den Einstichstellen zusätzlich noch mit Speichel von Tabakschwärmerlarven bestrichen. Eine Hälfte aller so behandelten bzw. unbehandelten Pflanzenexemplare besprühte man schließlich alle zwei Tage mit Jasmonat, die andere Hälfte wurde nicht dem Pflanzenhormon ausgesetzt.
Insgesamt ergab sich für die Forscher nach Auswertung der Versuche das folgende Bild: Betrachtet man die Versuchsansätze, die nicht mit Jasmonat besprüht worden waren, so wiesen alle bis auf einen ähnliche Prozentwerte an Morgenblüten auf (zwischen 12 und 14 %). Die deutliche Ausnahme bildeten Wildtyppflanzen, die verletzt und mit Speichel versehen worden waren. Hier lag der prozentuale Anteil morgens geöffneter Blüten bei ca. 23 %. Besonders interessant an diesen Versuchsergebnissen ist, dass die gentechnisch veränderten Verlustmutanten trotz Verletzung und aufgebrachtem Speichel keine vermehrte Ausbildung von Morgenblüten aufwiesen.
Wurden die Pflanzen mit dem Phytohormon Jasmonat besprüht, veränderten sich fast alle gemessenen Werte, mit einer Ausnahme: Der Prozentwert bei den verletzten und eingespeichelten Wildtypexemplaren blieb mit ca. 25 % annähernd gleich. Dies bedeutet, dass eine zusätzliche Benetzung mit Jasmonat auch einen maximal geschädigten Wildtyp (Verletzung + Speichelgabe) nicht

zu einer vermehrten Morgenblütenproduktion veranlasste. Bei allen anderen Exemplaren von *Nicotiana attenuata* war dagegen eine deutliche Steigerung – z. T. mehr als eine Verdoppelung – des Prozentsatzes der sich am Morgen öffnenden Blüten zu beobachten. Insgesamt ist zu erkennen, dass zwischen den Wildtyppflanzen einerseits und den Jasmonat-Defizitmutanten andererseits nur eine geringe Schwankungsbreite in den einzelnen Prozentzahlen vorkam. Eine sich generell abzeichnende, eindeutige Tendenz kann hieraus aber nicht abgelesen werden.

Legt man die hier mit verschiedenen experimentellen Ansätzen gewonnenen Erkenntnisse zugrunde, so lassen sich folgende Überlegungen zur Regulation der Produktion von Morgenblüten über den Fraßdruck anstellen: Ausgangspunkt ist, dass eine Raupe des Tabakschwärmers auf der Tabakpflanze aus dem Ei schlüpft und beginnt, an den Blättern der Pflanze zu fressen. Dadurch wird die Tabakpflanze verletzt, zusätzlich gelangt dabei Speichel der Schmetterlingsraupe in das Blattgewebe. Wie die Reaktion der nicht besprühten Wildtyppflanze, die mit Speichel bestrichen wurde, vermuten lässt, produzieren die Blätter der Tabakpflanze unter Fraßbedingungen Jasmonat. Dieses Phytohormon ist für die Blühinduktion in Richtung einer vermehrten Ausbildung von Morgenblüten verantwortlich. Hieraus ergibt sich eine direkte Abhängigkeit zwischen der Verletzung der Tabakpflanze durch eine Tabakschwärmerraupe einerseits und der Produktion des Pflanzenhormons Jasmonat andererseits. Die Ausbildung des Phytohormons bewirkt wiederum eine vermehrte Produktion von Morgenblüten, wodurch eine weitere Nektarsuche der nachtaktiven Schmetterlinge auf der Tabakpflanze eingeschränkt wird.

I.4 *Vergegenwärtigen Sie sich bei der Bearbeitung dieser Teilaufgabe noch einmal alle von Ihnen erarbeiteten Grundaussagen über das Zusammenwirken von Blütenform und Bestäubern. Ihre Deutung der Verhältnisse muss auf evolutive Erklärungsmuster ausgelegt sein. Bei der abschließenden Diskussion müssen Sie Vor- und Nachteile für die Überlebenschancen der Tabakpflanzen gegeneinander abwägen.*

Die Ausbildung der unterschiedlichen Blütenformen bei der Tabakpflanze *Nicotiana attenuata* ist das Ergebnis evolutiver Prozesse. Bei der Erklärung, welche Evolutionsmechanismen zur Entwicklung der unterschiedlichen am Tag und in der Nacht blühenden Formen bei Tabakpflanzen geführt haben, können die folgenden Überlegungen angeführt werden: Die Ausgangsform von *Nicotiana attenuata* war nachtblühend, d. h., es existierten nur oder fast nur Nachtblüten an den Pflanzen. Ihre Bestäuber, Tomaten- bzw. Tabakschwärmer, nutzten die Pflanzen aber nicht nur als Nahrungsquelle, sondern auch um ihre Eier an den Blättern des Tabaks abzulegen. Die schlüpfenden Raupen fraßen an der Pflanze und schädigten sie. Da nicht alle Individuen der Tabakpflanze genetisch gleich ausgestattet sind, konnten durch spontane, ungerichtete und vererbbare Mutationen und Rekombinationen Exemplare entstehen, die sich gegenüber dem Wildtyp unterschieden. Diese Mutanten waren in der Lage, sobald

Speichel der Schwärmerraupen in das Blattgewebe gelangte, Jasmonat zu produzieren. Dieses Pflanzenhormon veranlasste dann eine dahingehende Blühinduktion, dass vermehrt sich tagsüber öffnende Blüten ausgebildet wurden. Diese Morgenblüten wurden nun nicht mehr von nachtaktiven Schmetterlingen, sondern von tagsüber fliegenden Kolibris bestäubt, die im Kelch der Tabakpflanze Nektar und kleinere Insekten als Nahrung fanden. Damit hatten diese Pflanzen einen deutlichen Selektionsvorteil. Die mutierten Tabakpflanzen konnten ihr Erbgut vermehrt an die Nachkommenschaft weitergeben, weil sie eine größere Fitness besaßen als der Wildtyp, der keine Morgenblüten ausbilden konnte.
Im Zusammenhang mit der verbesserten Fitness der mutierten Tabakpflanzen stellt sich die Frage, ob *Nicotiana attenuata* dann auf Dauer ausschließlich Blüten produziert, die sich am Morgen öffnen. Für die Beantwortung dieser Frage muss man sich die Bedingungen vergegenwärtigen, unter denen der Tabak Morgenblüten ausbildet. Dies geschieht unter Phytohormonproduktion, die durch Raupenfraß induziert wird. Werden aber nur noch Morgenblüten ausgebildet, so sinkt die Wahrscheinlichkeit, dass die Pflanze von den Schmetterlingsraupen befallen wird. Dies führt zu einem Ausbleiben der Jasmonatproduktion, was eine Abnahme der Morgenblüten und wieder eine vermehrte Bildung von Nachtblüten zur Folge hat. Mehr Nachtblüten an der Pflanze bedeuten aber gleichzeitig auch wieder einen vermehrten Schwärmerbesuch mit der bekannten Folgeerscheinung der Produktion von Jasmonat und der vermehrten Ausbildung von Morgenblüten. Gedanklich wiederholt sich ab hier das „Wechselspiel" zwischen Raupenfraß, Blühinduktion und Wandel der Öffnungszeit der Tabakblüten. Trotz der Problematik, die auf die nächtlichen Bestäuber zurückgeht, bringt den Tabakpflanzen der Besuch des Tomaten- und des Tabakschwärmers auch einen Selektionsvorteil. Der Aktionsradius der Schmetterlinge ist sehr groß, da sie – wie aus Material B hervorgeht – weite Strecken zurücklegen können. Sie bringen der Tabakpflanze dadurch u. U. Pollen von entlegenen Standorten mit. Dies ist den Kolibris nicht möglich, da sie die unmittelbare Umgebung ihrer Nester in der Regel nicht verlassen. Indem die Art *Nicotiana attenuata* Schwärmer als Bestäuber nutzt, erhält sie die Aussicht auf neues genetisches Material und damit die Möglichkeit einer größeren genetischen Variabilität ihrer Nachkommen. Insofern ist die Ausbildung von Nachtblüten für die Tabakpflanzen nur bedingt als negativ anzusehen. Was letztendlich dem Tabak mehr Vorteile bringt (größere genetische Variabilität oder mehr Nachkommen durch weniger Raupenfraß), kann hier nicht entschieden werden.

Leistungskurs Biologie (NRW) – Abitur-Prüfung 2011
Aufgabe 2: Genetik

Aufgabenstellung: Punkte

Thema: Blütenfarbe bei Petunien

II.1 Beschreiben Sie zusammenfassend und vereinfacht die in Abbildung 1 dargestellten Prozesse sowie den Syntheseweg des violetten Blütenfarbstoffs Anthocyan bei der Petunie unter Einbezug der beteiligten Strukturen und Orte. Erklären Sie die dem beschriebenen Experiment zur Farbvertiefung (Material A) zu Grunde liegende Hypothese, dass durch das Einschleusen zusätzlicher Kopien des Gens für das Enzym Chalkon-Synthase die Blütenfarbe intensiviert werden könnte. 20

II.2 Beschreiben Sie anhand der Abbildungen 3a und 3b den Einbau einer zusätzlichen Kopie des Gens für das Enzym Chalkon-Synthase und leiten Sie begründet die Folgen für die Struktur der mRNA ab (Material B). 12

II.3 Erklären Sie den Bau und die Funktion eines Primers und vergleichen Sie ihn mit dem Bau und der Funktion der si-RNA bei der Petunie (Material C). 10

II.4 Zeichnen Sie aus den Informationen in den Materialien B und C ein Fließdiagramm, welches den Anstieg der si-RNA-Konzentration in Petunienzellen veranschaulicht. Erklären Sie die Tatsache, dass die Einführung einer zusätzlichen Genkopie für die Chalkon-Synthase bei den genetisch veränderten Petunien zu weißen Blüten oder Blüten mit weißen Bereichen, aber nicht zur gewünschten Farbvertiefung geführt hat (Material A, B, C). 16

II.5 Beurteilen Sie, ob die im Material C dargestellten Zusammenhänge als Gen-Regulationsmechanismus (im Sinne von Material D) bezeichnet werden können. 8

Material A: Experiment zur Intensivierung der Blütenfarbe

Die violette Blütenfarbe bei der Balkonpflanze der Gattung *Petunia*, im Folgenden Petunie genannt, wird durch den Farbstoff Anthocyan hervorgerufen.
1990 versuchte man, bei der Petunie die violette Blütenfarbe gentechnisch zu intensivieren. Dazu führte man zusätzliche Kopien des Gens für das an der Farbstoffsynthese beteiligte Enzym Chalkon-Synthase in die Pflanzenzellen ein. Die genaue Anzahl und Ausrichtung der Kopien lässt sich bei diesen zusätzlich in die Pflanzenzelle eingeschleusten Genkopien allerdings nicht steuern.
Erstaunlicherweise zeigten einzelne der so genetisch veränderten Pflanzen weiße Bereiche auf den Blütenblättern oder ganz weiße Blüten (Abbildung 2); die erwünschten dunkleren Pflanzen traten aber nie auf.

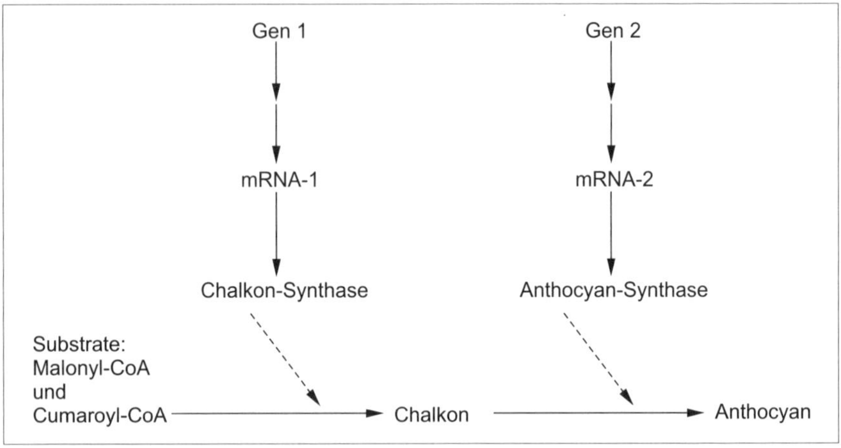

Abb. 1: Die Anthocyan-Synthese bei der Petunie
aus: Kuhlmann, M. (2004)

Abb. 2: Links die violette Wildform der Petunien-Blüten, in der Mitte und rechts genetisch veränderte Varianten, die die zusätzliche Genkopie für das Enzym Chalkon-Synthase enthalten
aus: Kuhlmann, M. (2004)

Material B: Einfügen einer Genkopie der Chalkon-Synthase in die DNA und resultierende Folgen

An der Sojabohne hat man den Einbau einer Genkopie und die daraus resultierenden Folgen für das Enzym Chalkon-Synthase erforscht.

Die folgenden Abbildungen illustrieren beispielhaft, wie sich eine Genkopie in den Genort der Chalkon-Synthase der Sojabohne integrieren kann und welche Folgen dies für die Transkription und Struktur der mRNA hat.

DNA	3'	…… **T G G G C A C T G**	5'
	5'	…… *A C C C G T G A C*	3'

Abb. 3a: DNA, Genausschnitt (Exon) aus dem Gen der Chalkon-Synthase der Sojabohne

DNA	3'	…… **T G G G C A C T G**	*C A G T G C C C A* ……	5'
	5'	…… *A C C C G T G A C*	**G T C A C G G G T** ……	3'

Abb. 3b: DNA am Genort (s. Abb. 3a) nach Einfügen einer Genkopie

mRNA-Moleküle	5'	…… A C C C G U G A C	G U C A C G G G U ……	3'
	3'	…… U G G G C A C U G	C A G U G C C C A ……	5'

Abb. 3c: Am gleichen Genort gebildete mRNA-Moleküle

ds-mRNA	5'	…… A C C C G U G A C	G U C A C G G G U ……	3'
	3'	…… U G G G C A C U G	C A G U G C C C A ……	5'

Abb. 3d: Möglichkeit der Bildung eines neuen Moleküls (doppelsträngige „ds"-mRNA)

Abb. 3a bis 3d: Einfügen einer Genkopie in die DNA und dessen Folgen für die Bildung der mRNA der Chalkon-Synthase.
erstellt nach: Akada, S. (1993) und Kooter (2010)

Material C: Abschalten von Genen durch RNA-Wechselwirkung

Die Expression von Genen kann verhindert werden, indem nach erfolgter Transkription die mRNA abgebaut wird.

Dabei spielen kurze, doppelsträngige RNA-Moleküle, die si-RNAs (short interfering RNA) eine große Rolle. Sie sind hinsichtlich der Basenabfolge unterschiedlich aufgebaut und haben immer eine Länge von ca. 21 bp.

Die si-RNA-Moleküle binden sich an spezielle RNA-Polymerasen (RdRP: RNA-directed RNA Polymerases) und werden danach in Einzelstränge aufgetrennt, so dass letztlich Verbindungen aus einem Einzelstrang der si-RNA und jeweils einem RNA-Polymerase-Molekül entstehen (abgekürzt: RdRP*).

Durch die jeweilige Basenabfolge der mit ihnen verbundenen si-RNA-Einzelstränge haben die RNA-Polymerase-Moleküle (RdRP*) jeweils eine sehr hohe Spezifität.

Einzelsträngige RNA, z. B. eine m-RNA, die komplementär zu einem si-RNA-Molekül-Einzelstrang ist, der mit einem RNA-Polymerase-Molekül verknüpft ist, wird zu einem **d**oppel**s**trängigen (ds-)RNA-Molekül ergänzt.

Diese doppelsträngige RNA wird in der Zelle abgebaut, indem sie durch das Enzym Dicer in kurze, ca. 21 bp lange Fragmente geschnitten wird, die wiederum als si-RNAs bezeichnet werden.
Die si-RNAs sind also Bruchstücke der ds-RNA-Moleküle, die unterschiedliche Sequenzen, aber jeweils die ungefähr gleiche Länge aufweisen. Diese neu entstandenen si-RNA-Moleküle können wieder mit den RNA-Polymerase-Molekülen reagieren.

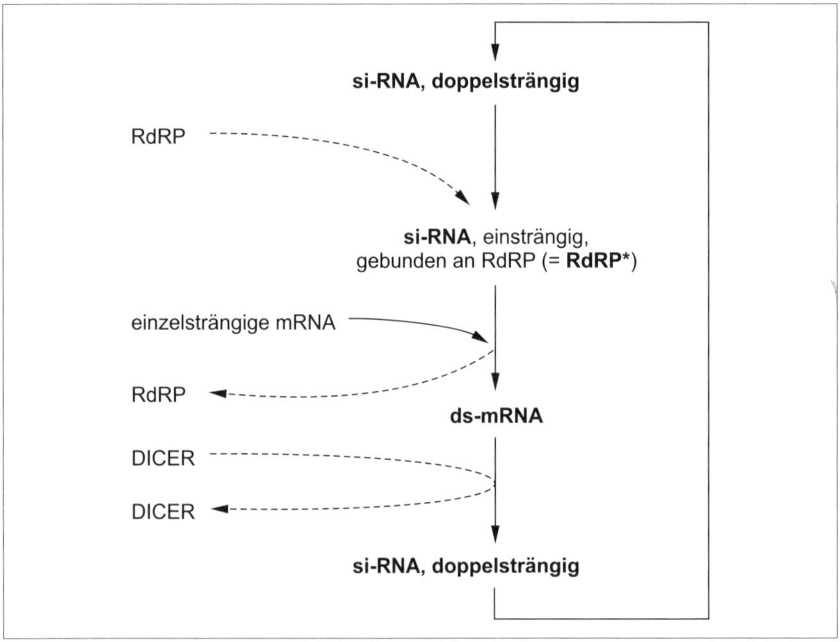

Abb. 4: Fließdiagramm zum Text Material C
aus: Kuhlmann, M. (2004)

Beim Versuch, die Blütenfarbe der Petunie durch die Einführung weiterer Genkopien für das Enzym Chalkon-Synthase zu intensivieren, traten weiße Blüten oder Blüten mit weißen Bereichen auf (Material A, Abbildung 2). In Zellen dieser weißen Blüten oder Blütenbereiche ließ sich keine vollständige mRNA für die Chalkon-Synthase nachweisen. Man findet aber einen Anstieg von si-RNA. In ihrer Basensequenz entsprechen diese si-RNAs Bruchstücken der mRNA für Chalkon-Synthase.

Material D: Das Prinzip einer Regelung

Als Regelung bezeichnet man die Aufrechterhaltung eines bestimmten Zustandes gegenüber verändernd wirkenden Einflüssen; der Ausgleich von Störungen und die Einstellung eines Gleichgewichts erfolgen meist durch negative Rückkopplung.
Beyer, Irmtraud, S. 462

weitere Materialgrundlage:

Akada, Shinji et al.: Nucleotide Sequence of a Soybean Chalcone Synthase Gene with a Possible Role in Ultraviolet-B Sensitivity, Gmchs6. In: Plant Physiology 1993, Nr. 102, 699–701

Beyer, Irmtraud et al.: Natura. Biologie für Gymnasien, Stuttgart 2008

Kanazawa, A., O'Dell, M., Hellens, R. P.: Epigenetic inactivation of chalcone synthase-A transgene transcription in petunia leads to a reversion of the post-transcriptional gene silencing phenotype. In: Plant Cell Physiol. 2007 (48) Nr. 4, 638–47. Epub 2007 Feb 21.

Kooter, J., Epigenetics. Gene silencing: RNA degradation and DNA methylation. http://www.bio.vu.nl/vakgroepen/genetica/Research-projects-new/Projects_Kooter/Projects_ J.Kooter.htm (23. 02. 2010)

Kuhlmann, Markus, Nellen, Wolfgang: Gen, sei still! RNAinterferenz. In: Biologie unserer Zeit 2004 (34) Nr. 3. S. 142–150

Napoli, Carolyn et al.: Introduction of a Chimeric Chalcone Synthase Gene into Petunia Results in Reversible Co-Suppression of Homologous Genes in trans. In: The Plant Cell, Vol. 2, 279–289, April 1990

Vaucheret, Hervé: Post-transcriptional small RNA pathways in plants: mechanisms and regulations. In: Genes & Development 2006, Vol. 20, 759–771 http://genesdev.cshlp.org/content/20/7/759.full.pdf + html (22. 02. 2010)

Vaucheret, Hervé et al.: Transgene-induced gene silencing in plants. In: The Plant Journal 1998, Vol. 16, Nr. 6, 651–659

Lösungsvorschlag

In der Aufgabe thematisierte Unterrichtsinhalte sind:
Proteinbiosynthese, Genregulation, Rückkopplungsmechanismen, Gentechnik, Entwicklungssteuerung

II.1 *Da die Abbildung 1 aus Material A nur geringfügig beschriftet ist, lässt Ihnen die Bearbeitung des ersten Teils dieser Aufgabe viele Freiheiten. Sie sollten sich aber trotzdem nicht in Ihrer Darstellung verzetteln, sondern nur die wirklich wichtigen Schritte und Vorgänge darlegen. Für die weitere Bearbeitung brauchen Sie sich nur konsequent an diese Abbildung zu halten.*

An der Synthese des Farbstoffs Anthocyan, welcher den Petunien ihre violette Farbe verleiht, sind zwei Gene beteiligt. Über den Prozess der Proteinbiosynthese werden beide Gene exprimiert, wobei die Enzyme Chalkon-Synthase und Anthocyan-Synthase gebildet werden. Für beide Gene läuft dieser Prozess zunächst gleich ab. Er beginnt mit der Transkription der Strukturgene im Zellkern. Nachdem die DNA-Doppelhelix an den betreffenden Stellen entwunden und in ihre Einzelstränge aufgespalten wurde, schreibt die RNA-Polymerase in 3' → 5'-Richtung die Nukleotidfolge der DNA in einen RNA-Einzelstrang um. Der entstandene prä-mRNA-Einzelstrang wird anschließend dem Prozess des Spleißens unterworfen. Dabei werden Introns, Bereiche der Erbinformation, die keine genetische Information für das spätere Enzym beinhalten, aus dem Einzelstrang entfernt. Die so entstandene reife mRNA enthält ausschließlich informationstragende Exons und gelangt über die Porenkomplexe des Zellkerns in das ihn umgebende Zytoplasma. Dort findet der zweite Teil der Proteinbiosynthese statt, die Translation, bei der die Nukleotidsequenz der mRNA an den Ribosomen mithilfe der tRNA in die Aminosäuresequenz von Polypeptiden übersetzt wird. Der mRNA-Einzelstrang lagert sich dabei zunächst an die kleinere Untereinheit des Ribosoms an. In Vertiefungen der größeren ribosomalen Untereinheit lagern sich dann nach der Komplementaritätsregel nacheinander Aminosäure tragende tRNA-Moleküle an die mRNA an. Die einzelnen Aminosäuren werden dabei nacheinander miteinander verknüpft, sodass am Ende der Translation ein linearer Polypeptidstrang entstanden ist. Dieser wird in einem sich anschließenden Vorgang im Zytoplasma zur spezifischen Tertiärstruktur der funktionstüchtigen Chalkon-Synthase (Genprodukt des Gens 1) bzw. der katalysierenden Anthocyan-Synthase (Genprodukt des Gens 2) gefaltet.

Die so gebildeten Enzyme Chalkon-Synthase und Anthocyan-Synthase katalysieren Reaktionsschritte auf dem Syntheseweg hin zum Blütenfarbstoff Anthocyan. Ausgangspunkt der Synthese sind die beiden Substanzen Malonyl-CoA und Cumaroyl-CoA, die als Substrate von der Chalkon-Synthase zum Zwischenprodukt Chalkon umgesetzt werden. Dieses Zwischenprodukt ist nun das Substrat für das zweite beteiligte Enzym. Die Anthocyan-Synthase katalysiert die Umsetzung von Chalkon zum Endprodukt der Synthesekette, dem Anthocyan.

Bei den Versuchen, die Blütenfarbe der Petunie zu intensivieren, setzten die Forscher beim Zwischenprodukt der Anthocyan-Synthesekette an. Dabei leitete sie die Überlegung, dass weitere Kopien des Gens 1 über die Proteinbiosynthese zu einer größeren Menge des Enzyms Chalkon-Synthase im Zytoplasma der Pflanzenzellen führen müsse. Dadurch würden vermehrt Chalkon-Moleküle produziert, die Ausgangsstoff für eine wiederum vermehrte Anthocyan-Produktion wären. Da so mehr violetter Blütenfarbstoff vorhanden wäre, so die Überlegungen, müsse der Farbton der genmanipulierten Petunie intensiver ausfallen.

II.2 *Achten Sie bei den Abbildungen 3a und b auf den Fettdruck. Er hilft Ihnen, auf den ersten Blick die zugrunde liegenden Sachverhalte zu erkennen.*

Der Einbau einer Genkopie für das Enzym Chalkon-Synthase ist am Beispiel der Sojabohne genauer untersucht worden. Der Ausschnitt eines Exons in Abbildung 3b (Material B) zeigt, dass es gelang, eine Kopie des Gens 1 am gleichen Genlocus einzufügen wie das Original. Allerdings gelang es nicht, die codogene Sequenz der Genkopie direkt hinter die codogene Abfolge des dort bereits befindlichen Gens zu platzieren. Die Kopie wurde um 180° gedreht hinter das Originalgen eingefügt. Die Kopie des codogenen Strangs wurde also an den nicht codogenen Strang des Originalgens angelagert und umgekehrt. Dadurch kommen bei der genmanipulierten Pflanze in beiden DNA-Strängen codogene DNA-Teile zu liegen. Die Abbildung 3c verdeutlicht, dass bei der Transkription durch die RNA-Polymerase beide Stränge, das Originalgen und dessen eingefügte Kopie, abgelesen werden (können). Da beide DNA-Stränge zueinander komplementär sind, sind es auch ihre transkribierten mRNA-Einzelstränge. Dies führt dazu, dass sich die Struktur der entstandenen mRNA grundlegend von der bei einer nicht manipulierten Sojabohne unterscheidet. Es kann zu einer Paarung der komplementären mRNA-Einzelstränge zu einer doppelsträngigen mRNA kommen (Abb. 3d), die als „ds"-mRNA bezeichnet wird.

II.3 *Am Anfang könnten Sie die unterschiedlichen, z. T. ähnlich klingenden Begriffe etwas verwirren. Wenn Sie aber beim Durcharbeiten des Textes aus Material C immer die zugehörige Abbildung 4 zu Rate ziehen, dürften einer erfolgreichen Bearbeitung keine Hindernisse mehr im Wege stehen.*

Ein Primer ist ein unerlässliches, kleines Stück RNA (RNA-Oligonukleotid), ohne das die Replikation der DNA am 3'→5'-Strang nicht möglich wäre. Der Primer, der spezifisch für einen DNA-Abschnitt ist, wird von einem Enzym, der Primase, synthetisiert. Er liefert der DNA-Polymerase das fehlende freie 3'-OH-Ende als Ansatzpunkt, damit eine DNA-Replikation in 5'→3'-Richtung möglich wird. Der 3'→5'-Strang wird in mehreren Abschnitten synthetisiert (Okazaki-Stücke) und für jeden DNA-Abschnitt existiert ein spezifischer Primer. Sobald die DNA-Replikation begonnen hat, ist der RNA-Primer nicht mehr notwendig. Er wird vom Enzym Ligase abgebaut, welches gleichzeitig die noch existierende Lücke im 3'→5'-Strang durch den Einbau von DNA-Nukleotiden schließt.

Der Vergleich eines Primers mit der si-RNA bei der Petunie verdeutlicht einige Gemeinsamkeiten beider Strukturen: Primer sowie si-RNA kommen in unterschiedlichen, aber jeweils für sie typischen Sequenzen vor. Außerdem bestehen sowohl der Primer als auch die si-RNA aus Ribonukleinsäure und beide Strukturen werden zum Verdoppeln von Nukleinsäuren verwendet.
Ein Unterschied ist bei der Art der zu verdoppelnden Nukleinsäure gegeben. Primer kommen bei der DNA-Replikation vor und werden jeweils neu synthetisiert, si-RNA bindet sich an RNA-Polymerasen, die RdRPs. Primer sind immer einsträngig, wohingegen si-RNA als Abbauprodukte von 21 bp Länge auch doppelsträngig vorkommen kann. In ihrer einsträngigen Form legt si-RNA, wenn sie an RdRP gebunden ist (RdRP*), fest, für welche einsträngigen RNA-Moleküle eine sehr hohe Spezifität besteht. Nach Paarung komplementärer Basen können dann RNA-Doppelstränge synthetisiert werden.

II.4 *Bei der grafischen Umsetzung in einem Fließdiagramm sollten Sie die wesentlichen Komponenten zueinander in Beziehung setzen. Dies erfordert allerdings einen guten Überblick über* ***alle drei*** *Materialien. Die anschließende Ursachenerklärung für den Fehlschlag des Experiments kann mit einem Überblick zur Ursache und zu den Folgen des Geneinbaus beginnen. Hieran sollte sich dann die Darlegung der konkreten Wechselwirkungen der einzelnen beteiligten Moleküle anschließen.*

Die Informationen aus Material B und C, warum ein Anstieg der si-RNA-Konzentration in den Zellen genmanipulierter Petunien erfolgt, können in einem Fließdiagramm (siehe rechts) zusammenfassend dargestellt werden.

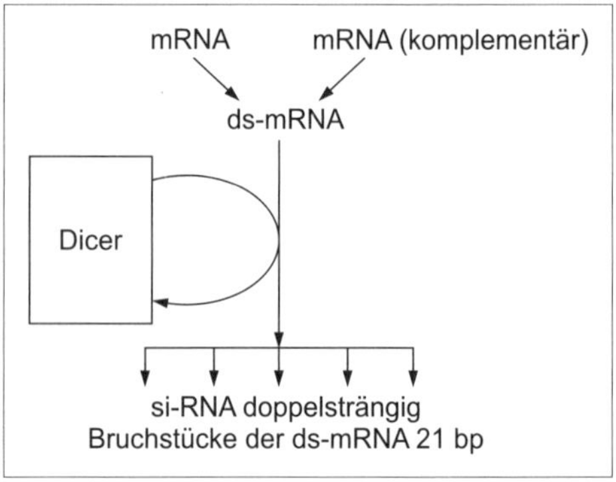

Aufgrund der Erkenntnisse über die Wechselwirkungen zwischen der si-RNA und RdPR einerseits und der „ds"-mRNA und dem Dicer andererseits können folgende Überlegungen darüber angestellt werden, warum bei diesem Experiment der von den Forschern gewünschte Effekt ausgeblieben ist: Ausgangspunkt ist der ungewöhnliche Einbau einer Kopie des für die Chalkon-Synthase codierenden Gens hinter das eigentliche Strukturgen der Chalkon-Synthase. Dies ist der Auslöser dafür, dass letztendlich keine einsträngige mRNA zur Bildung dieses Enzyms in der Pflanzenzelle vorliegt und damit das erste Enzym in der Synthesekette zum Farbstoff Anthocyan nicht gebildet werden kann. Denn somit kann das Zwischenprodukt Chalkon nicht synthetisiert werden und der Anthocyan-Synthase fehlt ihr Substrat, um daraus den blauen Farbstoff aufzubauen. Infolgedessen bleiben die Blüten weiß. Der unmittelbare

Grund hierfür liegt im Zusammenspiel und im Eingreifen der Moleküle „ds"-mRNA, si-RNA und RdPR in den Prozess der Proteinbiosynthese. Dabei ist als Erstes zu erwähnen, dass durch den beschriebenen Einbau der Genkopie letztendlich keine einsträngige mRNA vorhanden ist, da sich die Einzelstränge nach der Transkription zur „ds"-mRNA des Gens 1 aneinanderlagern. Diese so entstandenen doppelsträngigen RNA-Moleküle zerlegt das Enzym Dicer in 21 bp lange Fragmente, die si-RNAs. Die Bildung dieser si-RNA verhindert über ihren Zusammenschluss mit der spezifischen RNA-Polymerase RdRP, dass überhaupt noch einsträngige mRNA des Gens 1 in der Pflanzenzelle vorkommt. RdPR*, die Verbindung aus si-RNA und RdPR, synthetisiert jeden zugehörigen mRNA-Einzelstrang zu „ds"-mRNA. Solange einsträngige mRNA des Gens noch in der Zelle vorhanden ist, hält sich dieser Prozess über die gebildete si-RNA selbst in Gang. Dadurch sind bei den genmanipulierten Pflanzen so gut wie keine freien mRNA-Einzelstränge vorhanden, die zur Chalkon-Synthase translatiert werden könnten.

II.5 *Bedenken Sie bei Ihrer Bearbeitung der Teilaufgabe 5, dass Ihnen mit Material D eine Vorgabe zur Verfügung steht, was Sie unter dem Begriff „Regelung" zu verstehen haben. Vor allem sollten Sie Ihr Augenmerk auf den Aspekt „negative Rückkopplung" richten, denn er weist Ihnen den Weg zu einer richtigen Aufgabenlösung.*

Ein Genregulationsmechanismus sollte derart wirken, dass ein bestimmter Zustand gegenüber verändernd wirkenden Einflüssen beibehalten wird. Der Normalzustand wäre in diesem Beispiel, dass während der Proteinbiosynthese über eine Genwirkkette der violette Blütenfarbstoff Anthocyan produziert wird. Im vorliegenden Fall, bei dem eine zusätzliche Kopie des Gens 1 (zur Bildung der Chalkon-Synthase) in das Genom der Pflanzen eingebracht wurde, müssen zunächst die Wechselwirkungen der einzelnen RNA-Moleküle berücksichtigt werden. Durch die Kopie des Gens 1 wird das normalerweise existierende zelluläre Gleichgewicht bei der Synthese des funktionellen Proteins Chalkon-Synthase erheblich gestört. Dies zeigt sich zum einen an der Bildung der „ds"-mRNA und zum anderen daran, dass das Enzym Dicer eingreifen und diese Struktur wieder zerlegen muss, indem si-RNA gebildet wird. Letztendlich funktioniert von der gesamten Proteinbiosynthese nur der erste Teil, die Transkription des originären Stukturgens 1 und dessen hinzugefügter Kopie. Eine Genexpression aus der mRNA heraus findet aber nicht statt, da die hierfür notwendige freie, einsträngige mRNA niemals ein Ribosom erreicht. Sie wird sofort zu einer „ds"-mRNA verbunden. Dies bedeutet, dass dauerhaft keine Genexpression mehr stattfindet und die Chalkon-Synthase, ein wesentliches Enzym der Anthocyan-Synthese, überhaupt nicht mehr gebildet werden kann. Das Fließdiagramm in Abbildung 4 (Material C) verdeutlicht, dass es sich bei den in der genmanipulierten Pflanze ablaufenden Prozessen um eine positive Rückkopplung handelt, d. h. um einen sich selbst verstärkenden Vorgang. Die durch das Wirken von Dicer entstandenen si-RNAs sind wieder Ausgangs- und Ansatzpunkt für die RNA-Polymerase-Moleküle. Der Prozess des „ds"-mRNA-Abbaus kann auf diese Weise erneut beginnen und verstärkt sich dadurch selber in seiner Wirkung. Mit Blick auf die in Material D gegebene Definition und der darin herausgestellten Tatsache, dass „die Einstellung eines Gleichgewichts [...] meist durch negative Rückkopplung" erfolgt, kann im vorliegenden Fall unter keinen Umständen von einem Genregulationsmechanismus gesprochen werden.

Leistungskurs Biologie (NRW) – Abitur-Prüfung 2011
Aufgabe 3: Genetik/Ökologie

Aufgabenstellung: Punkte

Thema: Die Ökologie des Bienenwolfs

III.1 Nennen Sie Faktoren der ökologischen Nische des Bienenwolfs (Material A). Beschreiben Sie die interspezifischen Beziehungen des Bienenwolfs und begründen Sie das gehäufte Vorkommen des Bienenwolfs in der Nähe von Bienenstöcken (Material A). 18

III.2 Werten Sie die Untersuchungen eins bis drei (Material B) aus und beurteilen Sie, inwiefern die Produktion und Verteilung der weißen Substanz als Angepasstheit des Bienenwolfs betrachtet werden kann (Materialien A und B). 21

III.3 Werten Sie die Versuchsergebnisse zur Untersuchung der Abwehrreaktion in Tabelle 1 und die Ergebnisse der Untersuchungen von Chitinpanzer-Extrakten in Tabelle 2 aus (Material C). Bewerten Sie die Gültigkeit der beiden Hypothesen aus Material C (Materialien A und C). 17

III.4 Nennen Sie die Angepasstheiten der Goldwespe und erläutern Sie die Selektionsfaktoren, die zu einer Angepasstheit der Goldwespe an die Verhaltensweisen und den Lebenszyklus des Bienenwolfs beitragen (Materialien A und C). 10

Material A: Der Bienenwolf

Der Bienenwolf *(Philanthus triangulum),* im Folgenden Bienenwolf genannt, ist eine Grabwespe. Die Körpergröße der Weibchen beträgt 13–17 mm. Das Weibchen gräbt mehrere Gänge in sandigen Boden oder in Steilhänge, auch in sonnenbeschienene Ritzen von Wegsteinen oder in südexponierte sandige Ritzen von Hausfassaden. Im hinteren Abschnitt eines jeden 0,2–1,0 m langen Ganges zweigen fünf bis zehn Brutzellen ab, in denen es bis zu 30 °C warm und feucht ist. Der weibliche Bienenwolf überfällt Honigbienen (Körpergröße 15 mm) auf Blüten, lähmt sie mit seinem Giftstachel und transportiert sie zu den Brutzellen. In jede Brutzelle werden entweder zwei bis drei Bienen eingebracht und darauf ein unbefruchtetes Ei abgelegt, aus dem sich ein männlicher Nachkomme entwickelt, oder aber es werden drei bis sechs Bienen eingetragen und auf diesen wird ein befruchtetes Ei abgelegt, aus dem sich ein weiblicher Nachkomme entwickelt. Drei Tage nach der Eiablage schlüpft die Larve, die für ca. 72 Stunden unbeweglich ist. Sie frisst zunächst das Fettgewebe und dann die Organe der gelähmten Biene. Nach einigen Wochen hat sie den Nahrungsvorrat aufgebraucht und sich in einen Kokon eingesponnen. Die Larven befinden sich 9 Monate in einem Ruhezustand und überwintern gut geschützt in der Bruthöhle. Sie verpuppen sich im nächsten Frühjahr und schlüpfen im Juni. Die adulten Bienenwölfe ernähren sich von Nektar. Das Weibchen presst auch Nektartropfen aus erbeuteten Bienen und nutzt diese als Nahrung.

Der Bienenwolf fällt insektenfressenden Spinnen, Vögeln, Kleinsäugern oder Raubinsekten zum Opfer. In den 50er- und 60er-Jahren des 20. Jahrhunderts wurden Bienenwölfe von Imkern stark bekämpft.

Die Kleine Goldwespe *(Hedychrum rutilans),* im Folgenden Goldwespe genannt, ist nur 5 mm groß. Sie legt ihre Eier in Bienen ab, die der Bienenwolf gelähmt hat. In Versuchen und in Freilandbeobachtungen wurde die Eiablage der Goldwespe beobachtet. Sie wartet in der Nähe des Nesteingangs des Bienenwolfes, um dann blitzschnell ihr Ei abzulegen und sich wieder zu entfernen. Man beobachtete das Weibchen der Goldwespe bei der Eiablage, sowohl noch bevor das Bienenwolf-Weibchen die Biene in die Höhle schleppt als auch im Zentralgang der Höhle. Hier lagert das Bienenwolf-Weibchen die einzelnen Bienen zwischen, bis wieder eine neue Brutzelle mit mehreren Bienen befüllt und das Bienenwolf-Ei abgelegt wird. Das Bienenwolf-Weibchen reagiert nicht auf das sehr viel kleinere Weibchen der Goldwespe. Schlüpft vier Tage nach der Eiablage die sehr viel mobilere Larve der Goldwespe, frisst sie zunächst die unbewegliche Bienenwolflarve und dann die gelähmten Bienen von innen auf. Selten kommt es vor, dass die Larve der Goldwespe einige Tage nach dem Schlüpfen abstirbt. Meist entwickelt sie sich erfolgreich.

verändert nach: http://www.insektenbox.de/hautfl/biewol.htm (30. 03. 2010)
Strohm, Erhard et al., 2002. Schmid-Egger, C. (Hrsg.), 1995

Material B: Die weiße Substanz des weiblichen Bienenwolfs

Untersuchung 1

Bevor das Bienenwolf-Weibchen das Ei an die gelähmte Biene legt, bestreicht es die Wände der Brutzelle und die Biene mit einer weißen, wachsartigen Substanz aus speziellen Drüsen, die an den Antennen der Weibchen sitzen. Die Larven nehmen beim Fressen kleine Mengen von der Substanz auf und verteilen sie auch im Kokon. Man hat die Bedeutung der Substanz an zwei verschiedenen Gruppen von Larven untersucht. Der Versuch lief über die Dauer der Larvenentwicklung. Die Larven der Kontrollgruppe wuchsen an Bienen, die ganz normal mit weißer Substanz behandelt waren, die anderen Larven hatten keinen Zugang zur weißen Substanz (Abbildung 1). Aus letzterer Gruppe überlebte ein weiblicher Bienenwolf. Dieses Weibchen konnte selbst kein weißes Sekret bilden. Im Folgejahr konnte es keine stabile Brutkammer bauen und sich nicht vermehren.

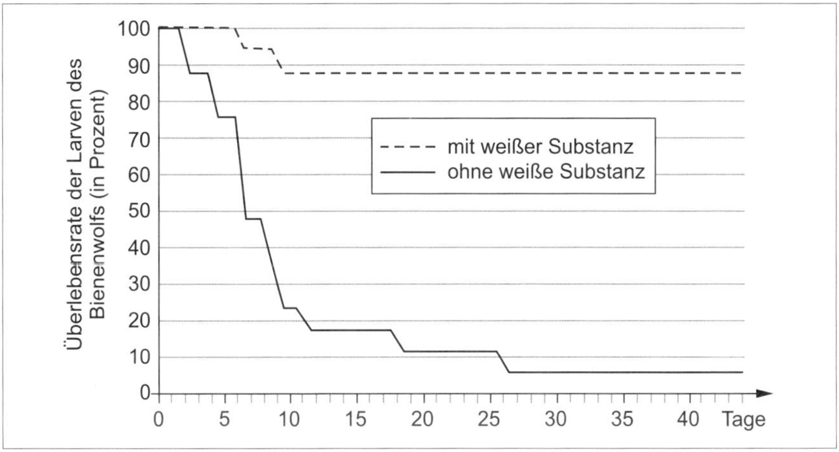

Abb. 1: Überlebensrate der Larven des Bienenwolfs (in Prozent) in Abhängigkeit vom Vorkommen der weißen Substanz an der Biene und in der Bruthöhle
verändert nach: Kaltenpoth, M., Goettler, W., Herzner, G., Strohm, E. 2005, Fig. 5

Untersuchung 2

In einer neuen Untersuchung am Max-Planck-Institut in Jena (2010) ermittelten Forscher Ursachen für die Wirkung der weißen Substanz. Hierzu stellten sie vom Bienenwolf-Weibchen einen Extrakt aus den Antennen mit ihren Drüsen und der weißen Substanz her. Außerdem züchteten sie eine Mischkultur aus verschiedenen Schimmelpilzen und Bakterien, die häufig Insekten befallen. Die Petrischalen dieser Mischkultur wurden dann mit dem Extrakt behandelt. Zum Vergleich testete man vier verschiedene Antibiotika.

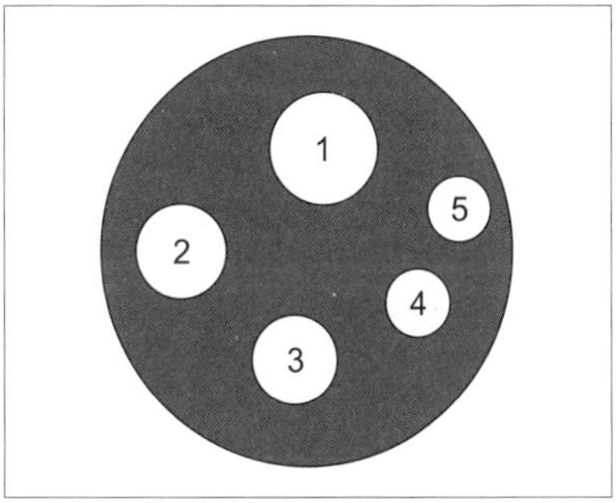

Filterpapiere getränkt mit Extrakt aus den Antennen des Bienenwolf-Weibchens mit ihren Drüsen und der weißen Substanz bzw. mit verschiedenen Antibiotika, s. u. Nr. 2–5
1: Extrakt
2: Streptochlorin
3: Piericidin A1
4: Piericidin B1
5: Glucopiericidin A
○ Die hellen Kreise geben die Löcher im Rasen an.

Abb. 1: Petrischale mit der Mischkultur aus Schimmelpilzen und Bakterien. Diese Mikroorganismen bilden einen zusammenhängenden Rasen (in der Abbildung grau) auf Agar. Auf **gleichgroßen Filterpapieren** sind Wirkstoffe aufgetragen, die in die Umgebung diffundieren und unterschiedlich große Löcher (in der Abbildung hell) im Rasen erzeugen.
verändert nach: Kroiss, Johannes, Kaltenpoth, Martin, 2010, Fig. 2

Untersuchung 3
Mikroskopische Untersuchungen zeigen, dass Mikroorganismen zwischen den Antennenborsten am Kopf des Bienenwolf-Weibchens, in den Antennendrüsen und auf dem Kokon siedeln. Um die Art der Bakterien zu identifizieren, wurden von den kompletten Antennendrüsen des weiblichen Bienenwolfs DNA-Proben entnommen und mittels PCR vervielfältigt. Die PCR gelang, wenn die Forscher Primer für die PCR benutzten, die hochspezifisch für ribosomale RNA von Bakterien der Gattung Streptomyces waren. Streptomyces produziert Antibiotika, z. B. Streptochlorin und verschiedene Piericidine.

Kroiss, Johannes, Strohm, Erhard et al., 2008

Material C: Wie verbirgt der Brutparasit seine Anwesenheit?

Soziale Insekten, zum Beispiel Bienen, erkennen einander am „Nestgeruch“. Dieser entsteht dadurch, dass die miteinander nahe verwandten Individuen in ihrem Chitinpanzer ein Gemisch flüchtiger Kohlenwasserstoffe fast identischer Zusammensetzung besitzen, das sie umgibt und sich im gesamten Nest verteilt. Fremde werden an ihrem andersartigen Geruch als Eindringlinge erkannt und bekämpft.

Biologen fragten sich, wie es dem Weibchen der Goldwespe gelingt, sich im Zentralgang der Bruthöhle vor dem Bienenwolf-Weibchen zu verbergen. Sie vermuteten, dass die Kleine Goldwespe eine „chemische Tarnung“ besitzt. Dabei waren zwei Hypothesen auf dem Prüfstand:
1) Die Goldwespe tarnt sich, indem sie die Duftstoffe aus der Bruthöhle annimmt.
2) Die Goldwespe produziert Duftstoffe, die denen des Bienenwolfes ähnlich sind.

In diesem Zusammenhang testete man im ersten Versuch, ob Düfte bei Bienenwolf-Weibchen eine Abwehrreaktion auslösen. In die Bruthöhle eines jeden Weibchens legte man in drei Versuchen (A, B, C) je ein Filterpapier, das unterschiedlich behandelt war. In Versuch A war es das reine Lösungsmittel, in Versuch B ein Extrakt aus dem Chitinpanzer der Goldwespe und in Versuch C ein Extrakt aus dem Chitinpanzer einer Fliege, die weder nah mit der Goldwespe noch nah mit dem Bienenwolf verwandt ist. Man protokollierte, in welchem Ausmaß weibliche Bienenwölfe auf den Duft reagierten.

Tabelle 1: Ergebnisse von Versuch 1 zur Abwehr-Reaktion der Bienenwolf-Weibchen auf unterschiedliche Duftproben

Probe auf dem Filterpapier im Zentralgang der Bruthöhle	Anteil an jeweils reagierenden Bienenwolf-Weibchen (%)
A Reines Lösungsmittel (Hexan)	0
B Extrakt der Goldwespe	20
C Extrakt der Fliege	90

Im zweiten Versuch analysierte man dann die chemische Zusammensetzung der flüchtigen Kohlenwasserstoffe im Extrakt aus Chitinpanzern verschiedener Arten. Dabei bezog man die Arbeiterinnen der Honigbiene und eine verwandte Goldwespenart, die Sandgoldwespe *(Hedychrum nobile),* die nicht beim Bienenwolf parasitiert, in die Untersuchung ein.

Tabelle 2: Ergebnisse von Versuch 2: Prozentualer Anteil der flüchtigen Kohlenwasserstoffe im Extrakt aus Chitinpanzern verschiedener Insekten

Substanz-bezeichnung	Honigbiene Arbeiterin	Bienenwolf Weibchen	Kleine Goldwespe Weibchen	Sandgold-wespe Weibchen
a) C21	0,40	0	0	0,19
b) C23-7-en	0,30	0	0	0,21
c) C23	22,40	10,20	10,10	3,65
d) C24	0,51	0	0	0,21
e) C26:1	0	0,44	0,21	0
f) C28	0,15	0	0	0,25
g) C31	5,41	2,47	2,0	0

verändert nach: Kroiss, Johannes, Strohm, Erhard et al., 2008

weitere Materialgrundlage:

Kaltenpoth, M., Goettler, W., Herzner, G., Strohm, E., 2005. Symbiotic Bacteria Protect Wasp Larvae from Fungal Infestation, In: Current Biology, Vol. 15 (5), 475–479, March 8, 2005

Kroiss, Johannes, Kaltenpoth, Martin, 2010. Symbiotic streptomycetes provide antibiotic combination prophylaxis for wasp offspring, in: Nature Chemical Biology, Vol. 6, 261–263 (published online 28. 02. 2010)

MPG Presseinformation B/2010 (49) 28. Februar 2010, Bienenwolf schützt sich mit Antibiotika

Kroiss, Johannes, Strohm, Erhard, 2008. A cuckoo in wolves' clothing? Chemical mimicry in a specialized cuckoo wasp of the European beewolf (Hymenoptera, Chrysididae and Crabronidae), in: Frontiers in Zoology 2008, 5:2 doi:10.1186/1742-9994-5-2

Schmid-Egger, C. (Hrsg.), 1995, Hedychrum rutilans, Wie geschieht die Eiablage wirklich?, In: Rundbrief für alle Freunde der akuleaten Hymenopteren, bembiX Nr. 5, Dezember 1995, http://www.insektenbox.de/hautfl/biewol.htm (30. 03. 2010)

Lösungsvorschlag

In der Aufgabe thematisierte Unterrichtsinhalte sind:
Umweltfaktoren, ökologische Nische, Lebensraum, Habitatfaktoren, Beziehungen zwischen Organismengruppen, Anpassungen, Populations-Wechselbeziehungen, LOTKA-VOLTERRA-Regeln, Konkurrenz, Koexistenz

III.1 *Die erste Teilaufgabe erfordert von Ihnen ein exaktes Durcharbeiten des Materials im Hinblick auf die relevanten Gesichtspunkte Lebensraum, Beziehungsgeflecht und Vorkommen. Dabei können Sie u. U. geschickt Vorkommen und ökologische Nische der Tiere miteinander verbinden. Sollten Ihnen der Fachbegriff „Parasitoid" nicht bekannt sein, ist dies nicht problematisch. Es genügt, wenn Sie die parasitäre Lebensweise der Goldwespe erkennen und entsprechend benennen.*

Der Bienenwolf *(Philanthus triangulum)* besetzt eine ökologische Nische, an die er durch seine Lebensweise optimal angepasst ist. Eine Grundvoraussetzung hierfür ist ein sandiger Boden, in dem die 13 bis 17 mm große Grabwespe ihre feuchtwarmen Brutzellen anlegen kann. In solchen sonnenbeschienenen, südexponierten Lagen müssen in unmittelbarer Nähe der Bruthöhle Futterpflanzen für Honigbienen vorhanden sein. Hier jagt der Bienenwolf Bienen, die er als Nahrung für seine Larven benötigt und gelähmt in den Bruthöhlen ablegt. Aufgrund ihrer Lebensweise stehen Bienenwolf und Honigbiene in einer Räuber-Beute-Beziehung zueinander. Wie üblich bei derartigen Beziehungen, die mit dem LOTKA-VOLTERRA-Modell erklärt werden können, reguliert auch hier die Anwesenheit sehr vieler Beuteorganismen die Anzahl der in einem Biotop vorkommenden Räuber. Je mehr Bienen also vorhanden sind, desto besser sind die Aussichten für weibliche Bienenwölfe, eine ausreichende Nahrungsgrundlage für sehr viele Nachkommen zu erschließen. Dies kann zu einer Massenvermehrung von *Philanthus triangulum* führen. Die ausgewachsene Grabwespe ernährt sich von Nektar, den sie auf Pflanzen in der Nähe ihrer Behausung sammelt. Bienenwölfe sind ihrerseits Beutetiere von Insekten fressenden Spinnen, Vögeln, Kleinsäugern bzw. Raubinsekten wie den Hornissen. Des Weiteren besteht eine interspezifische Beziehung zwischen Bienenwolf und Mensch, wenn Imker die Tiere bejagen. Vor allem in den 50er- und 60er-Jahren des 20. Jahrhunderts wurden die Tiere bei massenhaftem Auftreten als mittelbare Nahrungskonkurrenten des Menschen angesehen. Verschleppte Bienen fielen als Honigsammler aus, wodurch sich der Honigertrag insgesamt verringerte. Eine besondere Beziehung hat die Grabwespe zur mit 5 mm Größe deutlich kleineren Goldwespe *(Hedychrum rutilans).* Die Goldwespe ist ein Raubparasit (Parasitoid), der seinen Wirt, die Bienenwolflarve, befällt und tötet.

III.2 *Bedenken Sie, dass der Operator „auswerten" von Ihnen verlangt, Daten bzw. Ergebnisse in einen Zusammenhang zu stellen und ggf. zu einer Gesamtaussage zu verbinden. Daher sollten Sie zunächst die Abbildung 1 in Material B konkret beschreiben und anschließend aus der Beschreibung heraus die Versuchsergebnisse ableiten und erläutern.*

Abbildung 1 in Material B gibt die prozentuale Überlebensrate von Larven des Bienenwolfes (Ordinate/y-Achse) innerhalb von 44 Tagen (Abszisse/x-Achse) wieder. Die Tiere wurden bei zwei unterschiedlichen Ausgangsbedingungen gehalten. Eine Gruppe lebte auf Honigbienen, die mit der spezifischen weißen, wachsartigen Substanz überzogen waren, die auch unter natürlichen Bedingungen vom Muttertier auf den Bienen verstrichen wird. Die andere Gruppe hatte diese Substanz nicht zur Verfügung. Ab dem zweiten Versuchstag war ein stetiges Absterben der Larven dieser letzten Gruppe zu beobachten. Am 7. Tag lebte bereits mehr als die Hälfte der Tiere nicht mehr und bis zum 27. Tag waren noch ca. 6 % der Larven vorhanden. Dieser Wert änderte sich während der restlichen Versuchsdauer nicht mehr. In der Gruppe, die Kontakt zur weißen, wachsartigen Substanz hatte, starben vom 6. bis zum 9. Tag etwas mehr als 10 % der Versuchstiere. Danach war kein Todesfall mehr zu beobachten, sodass bis zum Ende des Versuchs fast 90 % der Versuchstiere überlebt hatten. Dieses Versuchsergebnis legt den Schluss nahe, dass die vom Muttertier auf der „Nahrungsquelle" Biene verteilte Substanz ein Stoff ist, der für das Überleben der heranwachsenden Larven sehr wichtig ist. Zwei weitere Untersuchungen bestätigen diese Annahme, indem sie zur Aufklärung der Beschaffenheit und Wirkungsweise der Substanz führten, die aus speziellen Drüsen an den Antennen des weiblichen Bienenwolfes abgegeben wird. Dazu wurde von Forschern ein Extrakt hergestellt, der „aus den Antennen mit ihren Drüsen und der weißen Substanz" bestand. Diesen Extrakt testeten die Forscher in Petrischalen auf seine antibakterielle und antimykotische Wirkung bei Bakterien und Schimmelpilzen, die häufig Insekten befallen. Im direkten Vergleich mit vier Antibiotika (u. a. Streptochlorin und zwei Piericidine) stellte sich heraus, dass der Extrakt deutlich wirksamer war als jedes der einzelnen getesteten Antibiotika. Eine weitere Untersuchung wandte sich u. a. der Anatomie des Kopfes der Bienenwolfweibchen zu. Bei diesen mikroskopischen Betrachtungen konnten zwischen den Antennenborsten, in den Antennendrüsen und auf dem Kokon der Larven Mikroorganismen entdeckt werden. Zur Identifizierung dieser Mikroorganismen wurde deren Erbsubstanz mithilfe der PCR-Methode untersucht. Dabei stellte sich heraus, dass es sich bei den Lebewesen um Bakterien der Gattung *Streptomyces* handelte. Mikroorganismen dieser Gruppe sind Antibiotika-Produzenten, sie stellen u. a. Streptochlorin und verschiedene Piericidine her. Damit konnte die von den weiblichen Bienenwölfen produzierte weiße, wachsähnliche Substanz dahingehend charakterisiert werden, dass ihre antibiotische Wirkung auf die darin befindlichen Bakterien der Gattung *Streptomyces* zurückzuführen ist. Die von diesen produzierten Antibiotika stellen die wirksame Komponente in der weißen Substanz der Bienenwolfweibchen dar.

Weibliche Bienenwölfe verteilen die von ihnen – bzw. mithilfe der sie besiedelnden Mikroorganismen – hergestellte weiße Substanz nicht nur auf den erbeuteten Bienen. Auch die Wände der Brutzellen werden mit ihr bestrichen. Dass die Larven kleine Mengen des weißen, wachsähnlichen Stoffes fressen und in ihren Kokons verteilen, weist bereits darauf hin, dass es sich um eine überlebenswichtige Substanz handeln muss, was Abbildung 1 signifikant verdeutlicht. Damit stellen Produktion und Verteilung dieser weißen Substanz eine Angepasstheit der Grabwespe an ihre Lebensbedingungen dar. Die Höhle des Bienenwolfs stellt mit einer Temperatur von bis zu 30 °C einen feuchtwarmen Lebensraum dar, in dem auch Mikroorganismen gut gedeihen können. Besonders in den Brutkammern, dem Aufenthaltsort der nächsten Grabwespengeneration, erweist sich das Vorkommen und die Weitergabe der antibakteriell und antimykotisch wirkenden weißen Substanz als Selektionsvorteil. Zum einen werden damit sowohl die Wände der Brutzellen (organisches Material) als auch die darin befindliche Nahrung (gelähmte Honigbienen) gegen eine Infektion durch Bakterien und Pilze abgesichert. Zum anderen ist auch die nächste Generation durch die Aufnahme und Verteilung der weißen Substanz innerhalb des Kokons vor entsprechenden Infektionen geschützt.

III.3 *Bei der hier geforderten Auswertung sollten Sie auf* ***alle*** *Versuchsergebnisse der Tabellen 1 und 2 eingehen und diese zueinander in Beziehung setzen. Auch hier ist eine Vermischung von Beschreibung und Deutung nicht angeraten. Bei der Bewertung der beiden Hypothesen ist es durchaus angebracht, die hier vorliegenden Sachverhalte auch in einen evolutiven Zusammenhang zu stellen. Eine derartige Thematisierung an dieser Stelle bringt Ihnen Zusatzpunkte.*

Der Brutparasit *Hedychrum rutilans* hält sich zeitweise in der Bruthöhle eines Bienenwolfweibchens auf, um dort sein Ei auf der eingeschleppten, gelähmten Biene abzulegen. Dabei wird die weibliche Goldwespe, sollte es zu einer Begegnung mit der Besitzerin der Bruthöhle kommen, im Normalfall ignoriert. In biologischen Experimenten wurde untersucht, wie es dem Parasitoid gelingt, im Zentralgang der Bruthöhle unentdeckt bzw. unerkannt zu bleiben. Ausgangspunkt für die Untersuchungen war die Annahme, dass sich die Kleine Goldwespe einer „chemischen Tarnung" bedient. Diese führte zu zwei Hypothesen. Eine Vermutung war, dass die Tarnung des Brutparasiten darin besteht, die Duftstoffe aus der Bruthöhle anzunehmen. Eine konkurrierende Hypothese ging davon aus, dass die Goldwespe selbst Duftstoffe produziert, die denen des Bienenwolfes ähnlich sind. Zur Verifizierung bzw. Falsifizierung dieser Mutmaßungen wurden zwei Experimente (Material C) durchgeführt. In der einen Untersuchung (Tabelle 1) wurde die Abwehrreaktion des Bienenwolfweibchens auf Extrakte aus dem Chitinpanzer der Goldwespe und einer weder mit dem Parasiten noch mit seinem Wirt verwandten Fliegenart getestet. Die Duftproben wurden auf Filterpapier aufgebracht. Für einen Kontrollversuch wurde reines Lösungsmittel verwendet. Die Versuchsergebnisse zeigten, dass das Filterpapier mit dem reinen Lösungsmittel ignoriert wurde. Wie es für diese Kontrolle zu erwarten war, beeinflusst es die Experimente nicht. In 90 % der Fälle reagierte der weibliche Bienenwolf auf den Geruch des Fliegenextraktes, jedoch nur in 20 % auf den der Goldwespe. Dies bedeutet, dass der Duftstoff des Brutparasiten nur jedes fünfte Mal als artfremd erkannt wurde. Darauf aufbauend untersuchten die Biologen in einer zweiten Experimentreihe (Tabelle 2) die spezifischen Geruchsstoffe, flüchtige Kohlenwasserstoffverbindungen, in Extrakten aus Chitinpanzern unterschiedlicher Insektenarten. Insgesamt sieben Substanzen von vier Insektenarten wurden getestet. Zu den Testobjekten gehörten neben den weiblichen Exemplaren des Bienenwolfes und der Kleinen Goldwespe auch die Honigbiene (Arbeiterin) sowie eine weitere Goldwespenart, die Sandgoldwespe. Diese ist zwar mit *Hedychrum rutilans* verwandt, parasitiert aber nicht bei Bienenwölfen. Die chemische Analyse erbrachte, dass von den untersuchten sieben flüchtigen Kohlenwasserstoffen nur drei (C 23, C 26 : 1 und C 31) im Exoskelett des Bienenwolfs vorkommen. Genau die gleichen und nur diese Stoffe dünsten auch aus dem Chitinpanzer der Kleinen Goldwespe aus. Dabei ist der jeweilige mengenmäßige Anteil sehr ähnlich und unterscheidet sich nur zwischen 0,1 und 0,47 % von dem des weiblichen Bienenwolfs. Ein Vergleich der Verhältnisse bei den verwandten Goldwespenarten weist kaum noch Gemeinsamkeiten in Bezug auf die flüchtigen Kohlenwasserstoffe aus dem Chitinpanzer auf. Es zeigt sich hier die evolutive Anpassung des Brutparasiten an seinen Wirt, den Bienenwolf. Völlig aus dem Rahmen fallen auch die Werte der Honigbiene, die sich deutlich von denen des Bienenwolfs und der Kleinen Goldwespe unterscheiden.

Mithilfe der Versuchsergebnisse der beiden Experimente ist eine Bewertung der zwei zu Beginn geäußerten Hypothesen möglich. Die Ergebnisse aus den Experimenten 1 und 2 können dahingehend gedeutet werden, dass die Kleine Goldwespe eine Art „chemischer Mimikry" betreibt. Die Duftstoffkombination des Chitins des Bienenwolfs wird nahezu perfekt von der Kleinen Goldwespe nachgeahmt. Aufgrund ihres Fortpflanzungsverhaltens in den Nestern von *Philanthus triangulum* liegt hier eine spezifische, evolutive Anpassung von *Hedychrum rutilans* vor. Somit kann die zweite Hypothese verifiziert werden. Eine Falsifizierung der ersten Überlegung ist schon deswegen sehr wahrscheinlich, weil sich der Brutparasit nur sehr befristet in den Gängen und Bruthöhlen des Bienenwolfs aufhält. In dieser kurzen Zeitspanne Duftstoffe aufnehmen zu können erscheint – zumal eine deutlich bessere Erklärungsmöglichkeit zur Verfügung steht – sehr unwahrscheinlich.

III.4 *Bei dieser Teilaufgabe ist es nicht damit getan, noch einmal die bereits erarbeiteten Ergebnisse zu wiederholen. Sie sollten vielmehr in einen größeren Zusammenhang eingeordnet und mit Blick auf den Evolutionsfaktor Selektion erläutert werden.*

Bei der Kleinen Goldwespe, *Hedychrum rutilans,* haben in mehreren Bereichen ihres Lebenszyklus Anpassungen an den von ihr parasitierten Wirt *Philanthus triangulum* stattgefunden. Bereits der frühzeitige Schlupf einer mobilen Larve aus dem Ei gehört zu diesen Anpassungen. Dadurch, dass die Larve der Kleinen Goldwespe beweglicher ist als die des Bienenwolfs, kann sie diese töten und sie als Nahrungsquelle nutzen. Anschließend hat der Brutparasit für seine weitere Entwicklung noch die gelähmten Honigbienen, die eigentlich für die Bienenwolflarve vorgesehen waren, als Futter zur Verfügung. Das sofortige Ausschalten und Verzehren des (Nahrungs-)Konkurrenten ist demnach eine weitere evolutive Anpassung. Die entscheidende Angepasstheit des Goldwespenweibchens stellt seine Fähigkeit dar, eine Art „chemischer Tarnung“ zu betreiben. Indem es im Bau seines Wirtes (durch die Chitinausdünstungen ähnlicher chemischer Komponenten wie die beim Bienenwolf) seine eigene Anwesenheit maskiert, kann es ungestört zur Eiablage an dem Ort kommen, der die Entwicklung einer nächsten Generation von Kleinen Goldwespen gewährleistet. All diese Verhaltensweisen haben sich im Laufe der evolutiven Anpassung der Kleinen Goldwespe an ihren Wirt herausgebildet.

Der Bienenwolf in seinen unterschiedlichen Entwicklungsstadien stellte einen entscheidenden Selektionsfaktor dar. Das Bienenwolfweibchen, das für seinen Nachwuchs Beute ins Nest einbringt, vertreibt alle von ihm erkannten Fremdorganismen. Ein vom Bienenwolfweibchen wahrgenommenes Goldwespenweibchen kann keine Eier im Nest seines Wirtes platzieren. Die Fitness eines solchen Goldwespenindividuums ist gegenüber der Fitness einer in ihrem Eiablageverhalten besser angepassten Artgenossin herabgesetzt. Die Bienenwolflarven wirken ihrerseits evolutiv dahingehend, dass alle Larven des Brutparasiten ausgemerzt werden, die sich nicht schnell genug entwickeln konnten. Beide Larven konkurrieren um die gelähmten Honigbienen als Nahrungsquelle für ihre weitere Entwicklung. Unterliegt die Larve der Kleinen Goldwespe, ist die Fitness der Art *Hedychrum rutilans* verringert, da sich die Larve nicht weiter zu einem adulten Tier entwickeln kann.

(Bitte blättern Sie um)

ABITUR

Prüfungsaufgaben mit Lösungen

Zentralabitur • NEU • Zentralabitur • NEU

Biologie

Grund- und Leistungskurs

Gymnasium • Gesamtschule

Nordrhein-Westfalen

STARK

ISBN-13: 978-3-89449-145-1
ISBN-10: 3-89449-145-0

Inhalt

Übungsaufgaben zur schriftlichen Abiturprüfung für den Grundkurs

Prüfungsähnliche Orientierungsaufgaben

Autoren:

Rolf Brixius: Übungsaufgaben 12, 14
Mustafa Jannan: Übungsaufgaben 1, 3, 4, 5, 6, 7, 9, 10
Dr. Henning Kunze: Übungsaufgaben 2, 8, 11, 13, 15
Redaktion: Prüfungsähnliche Orientierungsaufgaben

Vorwort

Liebe Schülerinnen und Schüler,

das vorliegende Buch bietet Ihnen die Möglichkeit, sich optimal auf die ab 2007 in Nordrhein-Westfalen zentral gestellte schriftliche Abiturprüfung im Fach Biologie vorzubereiten.

Im Abschnitt „**Hinweise und Tipps zum Zentralabitur**" bieten wir Ihnen dazu zunächst einen Überblick über:

- den **Ablauf** und die **Anforderungen** des neuen Zentralabiturs in NRW. Dies wird Ihnen helfen, die formalen Rahmenbedingungen für das neue Zentralabitur kennenzulernen. Erläuterungen zu den Prüfungsanforderungen, zum Umgang mit den sog. Operatoren und zu den festgesetzten thematischen Schwerpunkten lassen Sie die Prüfungssituation besser einschätzen.
- die erfolgreiche Bearbeitung der Arbeitsaufträge und Materialien in den Prüfungsaufgaben. Die „**Tipps zum Umgang mit Prüfungsaufgaben**" zeigen Ihnen konkret, wie Sie erfolgreich an die Aufgaben der schriftlichen Abiturprüfung herangehen können.

Der Hauptteil dieses Buches enthält 15 Übungsaufgaben im Stil der **Abiturklausuren**, wie sie inhaltlich und vom zeitlichen Ausmaß her im neuen Zentralabitur auf Sie zukommen können, sowie 4 Orientierungsaufgaben, die genau nach den Vorgaben und Inhalten der Zentralen Probeklausur von 2006 gestaltet sind. Zu allen Aufgaben bieten wir Ihnen **ausführliche, kommentierte Lösungsvorschläge mit Tipps und Hinweisen zur Lösungsstrategie**.

Beim Durcharbeiten der Aufgaben in diesem Buch werden Sie erkennen, dass auch die zentral gestellte Abiturprüfung bei gründlicher Vorbereitung kein „Buch mit sieben Siegeln" ist.

Das Autorenteam und der Verlag wünschen Ihnen für die Prüfungsvorbereitung und Ihre schriftliche Abiturprüfung viel Erfolg!

Stichwortverzeichnis

Hinweise und Tipps zum Zentralabitur

Die Anforderungen des Zentralabiturs im Fach Biologie

1 Die Rahmenbedingungen des Zentralabiturs

Im Jahr 2007 findet in Nordrhein-Westfalen die Abiturprüfung zum ersten Mal in Form des Zentralabiturs statt, d. h. alle Schülerinnen und Schüler mit Leistungskurs bzw. drittem Abiturfach Biologie schreiben ihre Abiturklausur jeweils an demselben Tag. Landesweit erhalten die Schülerinnen und Schülern dieselben Prüfungsaufgaben zur Auswahl.
Von den Ihnen vorgelegten drei Aufgaben müssen Sie zwei bearbeiten. Die Bearbeitungszeit beträgt für die Leistungskursklausur 255 Minuten und für die Klausur im dritten Abiturfach 180 Minuten. Hinzu kommen jeweils 30 Minuten, in denen Sie sich für die beiden von Ihnen zu bearbeitenden Aufgaben entscheiden müssen. Je schneller Sie sich darüber im Klaren sind, welche zwei Aufgaben Sie bearbeiten wollen, desto mehr Zeit haben sie zusätzlich für deren Bearbeitung!
Hilfsmittel, die Sie während der Abiturprüfung verwenden können, sind ein wissenschaftlicher Taschenrechner und ein deutsches Wörterbuch („Duden").

2 Die verbindlichen Unterrichtsinhalte im Fach Biologie für das Abitur 2007 und 2008

Als Grundlage für die Aufgaben der Abiturprüfung dienen zum einen die „Richtlinien und Lehrpläne für die Sekundarstufe II – Gymnasium/Gesamtschule in Nordrhein-Westfalen – Biologie" von 1999 und zum anderen die schulministeriellen „Vorgaben zu den unterrichtlichen Voraussetzungen für die schriftlichen Prüfungen im Abitur in der gymnasialen Oberstufe" im Fach Biologie.

Die Vorgaben des Schulministeriums legen die verbindlichen Unterrichtsinhalte im Fach Biologie für das Abitur 2007 und 2008 fest. Sie stellen damit die inhaltlichen Schwerpunkte dar und bilden die Grundlage, die Sie für eine erfolgreiche Bearbeitung der Klausuraufgaben unbedingt beherrschen müssen.

Für jedes der vier Unterrichtshalbjahre aus der Qualifikationsphase (Jahrgangsstufen 12 und 13) werden detaillierte Vorgaben gemacht. Eine Besonderheit ergibt sich für das Themenhalbjahr „Ökologische Verflechtungen und nachhaltige Nutzung". Hier kann die Lehrerin bzw. der Lehrer einen selbst gewählten Schwerpunkt legen – entweder auf die das aquatische (I) oder das terrestrische System (II). Wird das „Ökologie-Halbjahr" in den Prüfungsaufgaben des Zentralabiturs berücksichtigt, so muss die Sie unterrichtende Lehrerin bzw. der Sie unterrichtende Lehrer aus zwei Aufgabenvorschlägen denjenigen zur Bearbeitung auswählen, der dem in Ihrem Kurs gewählten unterrichtlichen Schwerpunkt entspricht.

Die folgende Auflistung der Unterrichtsinhalte ist mehrfach gegliedert. Nach der Überschrift der Themenhalbjahre (**fett**) folgt in der zweiten Unterteilung eine Benennung der Themenfelder, die im Lehrplan als obligatorisch (verbindlich) vorgesehen sind. Diese werden in einer dritten Gliederungsebene durch Schwerpunktsetzungen deutlich gemacht und präzisiert. Kursiv gesetzte Schwerpunkte sind nur für den Leistungskurs verbindlich.
Die hier gewählte Reihenfolge der verbindlichen Unterrichtsinhalte stellt lediglich eine Auflistung der vier Themenhalbjahre dar. Die unterrichtliche Abfolge kann sich von Schule zu Schule ändern, je nachdem, für welche Sequenz sich die jeweilige Biologie-Fachkonferenz entschieden hat.

A Genetische und entwicklungsbiologische Grundlagen von Lebensprozessen

Molekulare Grundlagen der Vererbung und Entwicklungssteuerung

- Replikation, Proteinbiosynthese, Wirkungsweise von Mutagenen
- Regulation der Genaktivität am Beispiel der Prokaryonten (Operonmodell im Zusammenhang mit Stoffwechselaktivitäten bei Bakterien)

Aspekte der Cytogenetik mit humanbiologischem Bezug

- Stammbaumanalyse und Erbgänge in der humangenetischen Beratung

Angewandte Genetik

- Werkzeuge und Verfahrensschritte der Gentechnik am Beispiel der PCR und des genetischen Fingerabdrucks
- *Kenntnis von Methoden der Kultivierung von Bakterien*

B Ökologische Verflechtungen und nachhaltige Nutzung

Umweltfaktoren, ökologische Nische – Untersuchungen in einem Lebensraum

- Aquatisches System - Fließgewässer (I):Zonierung, Eutrophie und Oligotrophie, Methoden der Bestandsaufnahme, Gewässergüte und Selbstreinigung, *Anwenden des Saprobienindex, Erfassen physikalischer und chemischer Faktoren (Licht, Temperatur, pH-Wert)*

oder

- Terrestrisches System - Wald oder naturnaher Park (II): Schichtung und Aufbau, Einfluss von Standortfaktoren und Bewirtschaftung, Erstellen von Vegetationsaufnahmen, Charakterisierung von Waldgesellschaften, *Standortbeurteilung mit Zeigerwerten, Erfassen physikalischer und chemischer Faktoren (Licht, Temperatur, pH-Wert)*

Wechselbeziehungen, Populationsdynamik

- Beziehungen zwischen Populationen: Ableitung der Lotka-Volterra-Regeln aus konkreten Untersuchungsdaten

Verflechtungen in Lebensgemeinschaften

- Biomasseproduktion, Trophieebenen, Energiefluss
- Biogeochemischer Kreislauf am Beispiel des Stickstoffkreislaufs

Nachhaltige Nutzung und Erhaltung von Ökosystemen

- nachhaltige Bewirtschaftung (chemische Schädlingsbekämpfung, biologischer Pflanzenschutz)

C Evolution der Vielfalt des Lebens in Struktur und Verhalten

Grundlagen evolutiver Veränderung

- Genotypische Variabilität von Populationen (keine Modellberechnungen)

Verhalten, Fitness und Anpassung

- *Fortpflanzungsstrategien*

Art und Artbildung

Evolutionshinweise und Evolutionstheorie

- Rezente und paläontologische Hinweise (Homologie der Wirbeltiergliedmaßen)
- Systematik und phylogenetischer Stammbaum (Grundlegende Zusammenhänge innerhalb des Wirbeltierstammbaumes, vertiefend: phylogenetische Stellung der Primaten)
- Vergleich und Beurteilung der Ergebnisse unterschiedlicher Analysemethoden; bei der Analyse bzw. Erstellung eines Stammbaumes sind Übereinstimmungen in der DNA-Sequenz und Aminosäure-Sequenz von Proteinen sowie der Präzipitintest einzubeziehen.
- Erklärungsmodelle für Evolution (Synthetische Evolutionstheorie)
- *historischer Aspekt: Theorie von Darwin*

Transspezifische Evolution der Primaten

- fossile und rezente Hinweise zur Evolution des Menschen

D Steuerungs- und Regulationsmechanismen im Organismus

Molekulare und cytologische Grundlagen mit den Schwerpunkten

- Bau und Funktion des Neurons
- Erregungsentstehung, Erregungsleitung, Synapsenvorgänge einschließlich molekularer Grundlagen
- Synaptische Verschaltung und Verrechnung

Die in der Tabelle genannten **Fachbegriffe** sollten Sie **als Oberbegriffe** zu bestimmten Themenkomplexen verstehen. So sind z. B. bei der genannten „Stammbaumanalyse" die Mendel'schen Regeln, autosomal oder gonosomale, dominante oder rezessive Vererbung sowie deren zytologische Grundlagen, d. h. der Vorgang der Meiose (einschließlich Kopplung und Entkopplung von Genen) von Bedeutung. „Wirkungsweise der Mutagene" umfasst hierbei auch die Kenntnis der unterschiedlichen Mutationstypen in der Molekulargenetik.

Das bedeutet, dass auch Inhalte der Jahrgangsstufe 11 sowie der gesamten Sekundarstufe I den Abituraufgaben zugrunde gelegt sein werden, insofern sie für das Verständnis der Themen des Oberstufenunterrichtes von Bedeutung sind. Dies gilt z. B. für die oben bereits genannten Mendel'schen Regeln, den Aufbau und die Struktur von Proteinen oder die Feinstruktur der Zelle. Ebenso sollten Ihnen organische Moleküle vom Grundaufbau her bekannt sein, so dass sie von Ihnen über die funktionellen Gruppen einer Stoffgruppe (z. B. Aminosäuren, Kohlenhydrate) zugeordnet werden können.

3 Die Prüfungsaufgaben – Struktur und Anforderungen

Aus den zuvor aufgelisteten Inhalten setzen sich die einzelnen Prüfungsaufgaben zusammen. Sowohl im Leistungskurs als auch bei der Biologieklausur im dritten Abiturfach bestehen die Aufgabenstellungen aus mehreren Teilaufgaben, deren Schwierigkeitsgrad sich von Frage zu Frage steigert. Jede Aufgabe in der Leistungskursklausur besteht aus vier bis fünf, jede in der Drittfachklausur aus maximal drei Teilaufgaben. Bei der schriftlichen Abiturprüfung müssen Sie damit rechnen, dass die Ihnen zur Bearbeitung vorgelegten Aufgaben **themenbereichs- und kurshalbjahrübergreifend** sind. Eine Aufgabe aus dem Themenbereich der Evolution benötigt für die erfolgreiche Bearbeitung dann z. B. zusätzlich Kenntnisse aus den Breichen Ökologie oder Genetik. Sie müssen darauf vorbereitet sein, dass auch innerhalb einer Aufgabe verschiedene Themenbereiche angesprochen werden können. Hier kann es sich als fatal erweisen, wenn Sie „auf Lücke" lernen. In diesem Fall können Sie u. U. eine oder mehrere der Prüfungsaufgaben – aufgrund des fehlenden Hintergrundwissens aus einem weiteren Kurshalbjahr – nicht bearbeiten oder lösen!

3.1 Anforderungsbereiche

Sämtliche Prüfungsaufgaben stützen sich auf die für alle Bundesländer vorgeschriebenen „Einheitlichen Prüfungsanforderungen in der Abiturprüfung Biologie" (EPA). Danach enthalten alle Prüfungsaufgaben Teilaufgaben aus drei verschiedenen Anforderungsbereichen:

- **AFB I (Reproduktion):** Sie müssen Ihr gelerntes Wissen wiedergeben können, also z. B. die Zeichnung eine Nervenzelle beschriften.
- **AFB II (Reorganisation/Transfer):** Hierbei geht es um die Anwendung Ihrer Kenntnisse, Sie müssen Ihr Wissen also neu geordnet anwenden können. Es kann z. B. von Ihnen verlangt werden, einen Vergleich in Form einer Tabelle anzufertigen (Reorganisation) oder das im Unterricht Gelernte auf unbekanntes Material sinnvoll anwenden zu können (Transfer).
- **AFB III (Problemlösendes Denken):** Schließlich müssen Sie auch in größeren Zusammenhängen argumentieren können. Hier sollen Sie z. B. Probleme lösen, Hypothesen aufstellen, einen Lösungsweg oder einen Versuch planen und Entscheidungen bewerten und begründen können.

Der **Schwerpunkt aller Prüfungsaufgaben** liegt dabei immer auf dem **AFB II**, in diesem Bereich können Sie auch die meisten Bewertungspunkte erreichen.

3.2 Operatoren

Damit sicher gestellt ist, dass alle Schülerinnen und Schüler unter vergleichbaren Voraussetzungen lernen und geprüft werden, wurden so genannte **Operatoren** für die Aufgaben ausgewählt. Es sind Arbeitsanweisungen, die eine definierte Bedeutung haben und die Sie auf das in der Aufgabe angebotene fachspezifische Material (Texte, Abbildungen, Schemata, grafische Darstellungen, Tabellen etc.) anwenden müssen. Die Handlungsanweisungen signalisieren Ihnen, was *genau* Sie mit den angebotenen Materialien machen sollen.

Während z. B. beim „Nennen" biologische Sachverhalte, Phänomene und Merkmale einfach wiedergegeben oder aufgezählt werden dürfen (AFB I), erfordert das „Bewerten" selbstständige Deutungen und Begründungen in Form strukturierter, zusammenhängender Texte unter Verwendung der komplexen Materialien (AFB III). Mit dem Arbeitsauftrag „Erläutern Sie" wird von Ihnen die verständliche, anschauliche Darstellung eines Sachverhalts unter Verwendung weiterer Informationen z. B. aus dem Material erwartet, sodass der Leser den Sachverhalt nachvollziehen kann (AFB II). Dabei gibt es auch Überschneidungen, sodass einige der Operatoren zu zwei Anforderungsbereichen gehören können – je nach dem, wie der Inhalt des konkreten Arbeitsauftrags formuliert wurde.
In der folgenden Tabelle finden Sie die alphabetisch geordnete Liste der Operatoren für das Fach Biologie mit Erklärungen und der Zuordnung zu den Anforderungsbereichen. Die Operatoren sowie deren Beschreibung in der folgenden Tabelle sollten Sie sehr genau studieren, damit Sie exakt wissen, was von Ihnen verlangt wird. In der Aufgabensammlung finden Sie außerdem viele Beispiele zum Einsatz dieser Operatoren, an denen Sie den Umgang mit solchen Handlungsanweisungen üben können.

Operator	**Beschreibung der erwarteten Leistung**	**AFB**	**Beispiele***
Ableiten	Auf der Grundlage wesentlicher Merkmale sachgerechte Schlüsse ziehen	III	Ü12, 1
Analysieren, Untersuchen	Wichtige Bestandteile oder Eigenschaften auf eine bestimmte Fragestellung hin herausarbeiten; Untersuchen beinhaltet ggf. zusätzlich praktische Anteile	II–III	Ü2, 1
Auswerten	Daten, Einzelergebnisse oder andere Elemente in einen Zusammenhang stellen und ggf. zu einer Gesamtaussage zusammenführen	II–III	O1, 4
Begründen	Sachverhalte auf Regeln und Gesetzmäßigkeiten bzw. kausale Beziehungen von Ursachen und Wirkung zurückführen	II–III	Ü2, 1
Beschreiben	Strukturen, Sachverhalte oder Zusammenhänge strukturiert und fachsprachlich richtig in eigenen Worten wiedergeben	I–II	Ü4, 4
Beurteilen	Zu einem Sachverhalt ein selbstständiges Urteil unter Verwendung von Fachwissen und Fachmethoden formulieren und begründen	III	Ü3, 4
Bewerten	Einen Gegenstand an erkennbaren Wertkategorien oder an Beurteilungskriterien messen	III	–
Darstellen	Sachverhalte, Zusammenhänge, Methoden etc. strukturiert und ggf. fachsprachlich wiedergeben	II	Ü1, 4

*O = Orientierungsaufgabe, Ü = Übungsaufgabe; angegeben ist die Nummer der jeweiligen Aufgabe und der darin befindlichen Teilaufgabe

Diskutieren, Erörtern	Argumente und Beispiele zu einer Aussage oder These einander gegenüberstellen und abwägen	III	–
Erklären	Einen Sachverhalt mithilfe eigener Kenntnisse in einen Zusammenhang einordnen sowie ihn nachvollziehbar und verständlich machen	II–III	Ü1, 3
Erläutern	Einen Sachverhalt veranschaulichend darstellen und durch zusätzliche Informationen verständlich machen	II–III	Ü1, 2
Ermitteln	Einen Zusammenhang oder eine Lösung finden und das Ergebnis formulieren	II–III	O1, 2
Hypothesen entwickeln/ aufstellen	Begründete Vermutung auf der Grundlage von Beobachtungen, Untersuchungen, Experimenten oder Aussagen formulieren	III	Ü2, 4
Interpretieren, Deuten	Fachspezifische Zusammenhänge in Hinblick auf eine gegebene Fragestellung begründet darstellen	II–III	Ü12, 2
Nennen, Angeben	Elemente, Sachverhalte, Begriffe, Daten ohne Erläuterungen aufzählen	I	Ü4, 1
Protokollieren	Beobachtungen oder die Durchführung von Experimenten detailgenau zeichnerisch einwandfrei bzw. fachsprachlich richtig wiedergeben	I–II	–
Skizzieren	Sachverhalte, Strukturen oder Ergebnisse auf das Wesentliche reduziert übersichtlich grafisch darstellen	II	Ü10, 3
Stellung nehmen	Zu einem Gegenstand, der an sich nicht eindeutig ist, nach kritischer Prüfung und sorgfältiger Abwägung ein begründetes Urteil abgeben	III	–
Überprüfen, Prüfen	Sachverhalte oder Aussagen an Fakten oder innerer Logik messen und eventuelle Widersprüche aufdecken	II–III	–
Vergleichen	Gemeinsamkeiten, Ähnlichkeiten und Unterschiede ermitteln	II	Ü2, 3
Zeichnen	Eine möglichst genaue grafische Darstellung beobachtbarer oder gegebener Strukturen anfertigen	I	–
Zusammenfassen	Das Wesentliche in konzentrierter Form herausstellen	I–II	–

4 Bewertung

Ihre Fachlehrerin bzw. Ihr Fachlehrer korrigiert und bewertet die Reinschrift der Abiturarbeiten auf der Grundlage eines **vorgegebenen Bewertungsschemas**, in dem eine Beurteilung der von Ihnen zu erbringende Teilleistungen aufgeschlüsselt ist. Diese Aufschlüsselung nennt konkrete Eigenschaften und Merkmale, die eine Bearbeitung der jeweiligen Aufgabenteile enthalten soll. Bei der Bewertung der von Ihnen erstellten Lösung wird deren Brauchbarkeit des Weiteren an den o. g. drei Anforderungsbereichen gemessen. Sie werden bei der Anzahl der maximal zu vergebenden Punkte mit berucksichtigt. Von diesem Bewertungsschema kann die Fachlehrerin bzw. der Fachlehrer in der Regel nicht abweichen!
Dies bedeutet allerdings nicht, dass Sie exakt die Formulierungen der Vorgaben wiedergeben müssen. Sie dienen als Orientierung und insofern hat Ihre Lehrerin bzw. Ihr Lehrer einen gewissen „Spielraum" bei der Benotung. Insgesamt werden bei der Bewertung Ihrer Darstellung sowohl die fachliche Richtigkeit und Vollständigkeit berücksichtigt als auch die Schlüssigkeit Ihrer Argumentation, die Qualität Ihrer Darstellung (klarer Aufbau und richtige Verwendung der Fachsprache) sowie gegebenenfalls die Kreativität und Eigenständigkeit bei Ihren Lösungen. Werden hier von Ihnen bei der Bearbeitung der einzelnen Teilaufgaben weitere, aufgabenbezogene Kriterien erfüllt, die eigentlich nicht vorgesehen sind, können Sie dafür Zusatzpunkte erhalten. Das können Lösungen sein, die im Bewertungsbogen nicht erfasst wurden, fachlich aber richtig sind und von Ihnen schlüssig dargestellt wurden. Hierzu zählen beispielsweise konstruktive Versuchskritik und das Aufstellen begründeter Hypothesen oder, wenn Sie einen biologischen Sachverhalt durch eine eigene Meinung fundiert beurteilen.
Für die Korrektur Ihrer Ausführungen sind detaillierte Randbemerkungen Ihrer Lehrerin bzw. Ihres Lehrers vorgesehen. Die inhaltlichen Leistungen und die Darstellungsleistungen werden bei der Bewertung Ihrer Arbeit gesondert ausgewiesen. Sie gehen mit fachspezifischer Gewichtung in die Gesamtbewertung mit ein. Denken Sie daran, dass *gehäufte* Verstöße gegen die sprachliche Richtigkeit (vor allem Verstöße gegen Rechtschreibung, Grammatik und Satzzeichensetzung, aber auch die äußere Form) zu einer Absenkung der Bewertung Ihrer Abiturarbeit um bis zu 3 Punkte (d.h. um eine komplette Note!) führen kann.
Ihre Arbeit kann mit ausreichend (5 Punkte) bewertet werden, wenn Sie annähernd die Hälfte der im Bewertungsschema beschriebenen Anforderungen erreicht haben. Dies bedeutet, dass rein reproduktive Leistungen des AFB I für ein Bestehen des Abiturs nicht ausreichen! Entsprechend erreichen Sie ein sehr gutes Prüfungsergebnis nur dann, wenn Sie auch Leistungen aus dem AFB III erbringen. Bedenken Sie bitte auch, dass ein mit „gut" beurteiltes Prüfungsergebnis von Ihnen verlangt, zumindest ansatzweise Aufgaben des AFB III zu bearbeiten.
Ihre Arbeit wird, nachdem Ihre Lehrerin bzw. Ihr Lehrer sie korrigiert und benotet hat, von einem zweiten Fachkollegen einer Zweitkorrektur unterzogen. Diese kann durch eine Kollegin oder einem Kollegen an Ihrer Schule erfolgen, es ist aber auch möglich, dass die Zweitkorrektur an einer anderen Schule vorgenommen wird.

Tipps zum Umgang mit Prüfungsaufgaben

Je nach individueller Veranlagung werden einige von Ihnen diese Vorbemerkungen überspringen und sich direkt auf die Aufgaben stürzen. Vielleicht, weil Sie schon wissen, wie man **sachgerecht** und **ökonomisch** arbeitet oder aus genau dem gegenteiligen Grund. Vielleicht gehen Sie grundsätzlich zu **überhastet** vor und wollen möglichst rasch ans Ziel kommen. Wenn Sie zur zweiten Gruppe gehören sollten, sind – gerade durch Ihr Vorgehen – **Leistungsvermögen** und erbrachte **Leistung** oft **nicht deckungsgleich**. Dabei ist es eigentlich ziemlich einfach, ein gutes Ergebnis mit vernünftigem Aufwand zu erreichen.
Im Folgenden daher einige **Tipps**, die allgemein für jede Form von schriftlicher Arbeit gelten und damit über dieses Buch hinaus während der Berufsausbildung oder dem Studium **hilfreich** sein können.
Wir können Ihnen hier nur eine kurze Auflistung der wichtigsten Punkte geben, die Sie beim Bearbeiten der Aufgaben beachten sollten. Ebenso kann an dieser Stelle nur exemplarisch auf einige Aspekte der Analyse von Materialien eingegangen werden.
Weiterführende Hilfestellungen zum Umgang mit Prüfungsaufgaben finden Sie in dem Buch „Training Methoden – Biologie", Stark Verlag Freising (Best.-Nr. 94710), mit dem Sie anhand einer Reihe konkreter Beispiele die prüfungsrelevanten Arbeitstechniken im Fach Biologie trainieren können.

1 Ökonomisches Bearbeiten der Aufgaben

Ökonomisches Arbeiten soll in diesem Zusammenhang heißen, dass Sie eine Klausur in der **vorgegebenen Zeit** möglichst **gründlich** bearbeiten.
Ihre Bearbeitung der schriftlichen Abiturprüfung beginnt mit der Auswahl der Aufgaben. Wie bereits angesprochen, sollte diese Auswahl zügig und trotzdem sorgfältig erfolgen. Wichtig ist hierbei, dass Sie sich zunächst einen Überblick über alle Aufgaben und Materialien verschaffen, auch wenn Sie aufgrund der thematischen Überschrift schon eine Vorentscheidung gefällt haben. Vielleicht verbirgt sich in der Aufgabe ein „Haken", den Sie bei der schnellen Durchsicht nicht gesehen haben!

Zur weiteren Bearbeitung der Aufgaben hilft es, wenn Sie sich vor der Klausur zu Hause einen Plan erstellen, wie Sie an die einzelnen Aufgaben herangehen sollen. Etwaige Nervosität in der Abitur-Prüfung wird dadurch vermindert, dass Sie nach gewohnter Routine vorgehen können. Dieser **Plan** kann z. B. wie folgt aussehen:

- **Lesen** Sie sich die Aufgabenstellung sorgfältig durch, lassen Sie sich **Zeit**. Achten Sie dabei besonders auf die Operatoren. Versuchen Sie sich klarzumachen, worum es in der Aufgabe geht. Hierbei hilft Ihnen oft das Thema der Aufgabe.
- Lassen Sie sich **nicht** von der Aufgabenstellung **erschrecken**, solange Sie sich das Material nicht angeschaut haben! Oft klingt eine Fragestellung komplizierter, als sie nach Durchsicht der Materialien wirklich ist.
- Arbeiten Sie nun das **Material** durch und versuchen Sie bereits jetzt, die Abbildungen, Graphen, Tabellen etc. den einzelnen Aufgabenstellungen zuzuordnen. Ein wichtiger Tipp: Oft gibt es regelrechte **Schlüsselwörter**, mit denen eine ganze

Aufgabe gelöst werden kann. Wer z. B. in einem Populationsgraphen eine Räuber-Beute-Beziehung entdeckt, der hat bestimmt schon die Hälfte der Aufgabe gelöst! Achten Sie also auf solche **Zusammenhänge**!

- Gehen Sie bei Ihrer Arbeit **systematisch** vor! Bleiben Sie solange bei einem Aufgabeteil bzw. den dazugehörigen Materialen, bis Sie diesen Teil erschöpfend bearbeitet haben.
- Wenn das Material trotz intensivster Anstrengungen nicht „zu Ihren Überlegungen passen will", **verwerfen** Sie Ihre (sicherlich falsche) Hypothese möglichst rasch – alles andere kostet nur unnötig Zeit.
- Erstellen Sie zu Ihren Überlegungen eine **Skizze** (z. B. eine *mind map*), in der Sie für sich ihren Lösungsweg skizzieren. Das Ganze sollte nicht mehr als ein roter Faden sein – alles andere kostet nur unnötig Zeit. Ordnen Sie in dieser Skizze unbedingt die einzelnen Materialien Ihrem Argumentationsweg zu.

2 Arbeiten mit Grafiken und Tabellen

Ein wesentlicher Bestandteil biologischer Aufgabenstellungen ist die Analyse von Material in Form von Tabellen sowie Grafiken. Die umfassende Untersuchung der dargestellten Sachverhalte ist oft der Schlüssel zu einer erfolgreichen Lösung der Aufgabe.

Daten aus biologischen Experimenten werden häufig in Form von **Tabellen** zusammengefasst. Eine andere Art der Darstellung von Zahlenmaterial sind die zu den Grafiken zählenden **Diagramme**. Zur Auswertung einer Tabelle oder eines Diagramms gibt es einige Grundregeln, die sich auf fast alle Tabellen und Diagramme unterschiedlichen Aufbaus und Inhaltes anwenden lassen.

- Welche Größen sind in der Tabelle/dem Diagramm dargestellt? Achten Sie auf die Überschriften und den Begleittext.
- Was für ein Diagrammtyp liegt vor (z. B. Säulendiagramm, Optimumkurve)?
- Welche Größen sind gegeneinander aufgetragen? Welche ist die variable, welche die abhängige Größe?
- Was sind die Bezugsgrößen: Zahlenarten (absolute Zahlen, Prozentzahlen), Zahlenwerte (gerundet, geschätzt, vorläufig)?
- Welche Auffälligkeiten/Tendenzen sind zu erkennen?
- Was wurde mit welcher Methode untersucht?
- Welche Kategorien werden miteinander in Beziehung gesetzt (z. B. bei Tabellen in Kopfzeile, Spalten und Vorspalten)?
- Welche Besonderheiten weist das Material auf? Bestimmen Sie wesentliche Auffälligkeiten!
- Welche Hauptaussagen lassen sich formulieren (Trends/Tendenzen)?
- Welche Teilaussagen lassen sich machen (Minima, Maxima, Optima, Zunahme, Abnahme, Stagnation, Zahlensprünge, Anomalien, Gleichmäßigkeiten und regelhafte Verläufe, unterschiedliche Phasen, Wechselbeziehungen zwischen verschiedenen Variablen/Merkmalen …)?
- Welcher Arbeitsauftrag ist mit dem Diagramm/der Tabelle verbunden? (Unabhängig davon sollten Sie Ihre Lösung unbedingt damit beginnen, eine kurze Beschreibung der Darstellung auf der Basis der o. g. Fragestellungen zu geben.)

- Welche Antwort gibt die Tabelle/das Diagramm auf die Fragestellung? Zu welchen Teilbereichen lassen sich keine Aussagen treffen?
- Welche Aussagen werden durch die Daten nahe gelegt?
- Welche neuen Fragen werden durch die Informationen der Tabelle/des Diagramms aufgeworfen?
- Was sind mögliche Ursachen für die Sachverhalte, die Sie der Tabelle/dem Diagramm entnommenen haben?

Abbildungen in der Biologie zeigen meist entweder Strukturen (z. B. einen Blattquerschnitt) oder Prozesse (z. B. die Proteinbiosynthese). Der erste Schritt Ihrer Lösung sollte auch hier immer darin bestehen, die bildlich dargestellte Information in Worte zu fassen. Die weitere Analyse ist dann sehr stark von der Art der Abbildung und der damit verbundenen Fragestellung abhängig. Aber auch hier gibt es wieder einige Grundregeln, die zu beachten sind:
- Wie ist die Abbildung zustande gekommen? Ist es z. B. die Skizze eines mikroskopischen Bildes oder die schematische Darstellung eines Experimentes? (Beachten Sie dabei auch den vorangestellten Text, die Bildunterschrift und die angegebene Quelle!)
- Welchem Themengebiet ist die Abbildung zuzuordnen (z. B. Evolutionsbiologie oder Molekulargenetik)?
- Was wissen Sie über die dargestellten Strukturen oder Abläufe? Welche Fachbegriffe können Sie hier zuordnen?
- Was sind die wichtigen Merkmale der dargestellten Objekte oder Sachverhalte? Vergleichen Sie Teilabbildungen miteinander. Formulieren Sie Kern- und Teilaussagen.
- Welche Arbeitsanweisung ist mit der Abbildung verknüpft? Sollen Sie z. B. die Abbildung zur Begründung oder Erläuterung eines Sachverhaltes verwenden oder wird von Ihnen eine Hypothese über den Ablauf eines dargestellten Experimentes erwartet?
- Welche für die Beantwortung der Fragestellung relevanten Informationen lassen sich aus den Darstellungen entnehmen und welche Fragen stellen sich?
- Welche Ursachen und Mechanismen könnten hinter den dargestellten Prozessen stecken? Wie sind auftretende Besonderheiten zu erklären?

3 Darstellen der Ergebnisse

Beim Erstellen Ihrer Lösungen sollten Sie sich, neben der fachlichen Richtigkeit, um **sprachliche Richtigkeit und eine angemessene äußere Form** bemühen. Alle Antworten sollten Sie (sofern es nicht ausdrücklich anders verlangt ist, wie z. B. die Angabe als Tabelle oder Skizze) durchgehend in **vollständigen Sätzen** unter Verwendung der passenden **Fachbegriffe** formulieren.
Auch wenn zur Beantwortung der Aufgabe kein Fließtext gefordert wird, sollten die unkommentierte Aufzählung einzelner Schlagworte (Ausnahme: Operator „Nennen“) sowie unbeschriftete Skizzen und Tabellen vermieden werden.

Bei allen Lösungen sollten Sie außerdem beachten,

- dass Sie sich bei der Bearbeitung der Aufgabe an den Operator der Aufgabenstellung halten, damit Sie die **Lösung im Sinne der Aufgabenstellung** erstellen. Sie sollten z. B. beim Operator „Nennen/Angeben" keine weiteren Erklärungen angeben, dies wäre auch nicht im Sinne einer zweckmäßigen Zeiteinteilung bei der Prüfung.
- dass die Darstellung **logischen und erkennbaren Ordnungsprinzipien** folgt. Für längere Teilantworten bietet sich die „klassische" – aus dem Deutschunterricht bekannte – Einteilung in eine kurze Einleitung (hier reichen meist 1–2 Sätze), einen in sinnvolle Absätze gegliederten Hauptteil und einen Schlusssatz an.
- dass die Ausführungen **eindeutig formuliert** sind und soweit sinnvoll auch mit anderen Klausurteilen verknüpft werden.
- dass Sie immer dann, wenn Sie **Abkürzungen** verwenden – sofern es sich nicht um Standardabkürzungen wie DNA, ATP o. Ä. handelt – diese einmal ausschreiben (z. B. PKU = Phenylketonurie). Ungebräuchliche Abkürzungen werden allgemein als Rechtschreibfehler angesehen und gewertet.

Zum Schluss sollten Sie – sofern es möglich ist – unbedingt noch einmal 10 bis 20 Minuten einplanen, um Ihre Lösungen noch einmal zu lesen und eventuelle Fehler (Grammatik, Zeichensetzung, Rechtschreibung) zu berichtigen. Denken Sie daran, dass Ihnen für eine mangelhafte äußere Form bis zu drei Notenpunkte abgezogen werden können! Achten Sie auch darauf, dass Verweise auf Abbildungen korrekt sind. Eine **lesbare Schrift** und eine **übersichtliche Gestaltung** sind deshalb besonders wichtig. Zuletzt sollten Sie die Seiten vollständig durchnummerieren.

Hinweise zur Benutzung dieses Buches

Dieses Buch enthält 15 **Übungsklausuren im Stil des Zentralabiturs in Nordrhein-Westfalen** mit Arbeitsaufträgen, Materialien und ausgearbeiteten Lösungen. Vor jedem Lösungsvorschlag finden Sie die in der Aufgabe thematisierten **Schwerpunkte** bzw. die für die Lösung geforderten **Vorkenntnisse.**
Nach diesen allgemeinen Hinweisen zur Lösung der Aufgabe folgen die **Lösungsvorschläge**. Jeder Lösungsvorschlag ist zusätzlich mit **methodischen Hinweisen** versehen. Diese Hinweise erläutern – sofern nötig – kurz die Herangehensweise an die Teilaufgabe und geben Ihnen konkrete Tipps, was bei der jeweiligen Aufgabe zu beachten ist. Alle Tipps und Hinweise erkennen Sie an den Rauten am Seitenrand.

Die vier abgedruckten **Prüfungsähnlichen Orientierungsaufgaben** sind inhaltlich und formal eng an die 2006 erfolgten Zentralen Probeklausuren angelehnt. Auch die Lösungsvorschläge orientieren sich an den ministeriellen Vorgaben zur Korrektur und Bewertung. Dabei sind ebenfalls Hinweise, Anmerkungen und weiterführende Informationen durch *kursiven* Druck abgesetzt.

Abitur-Prüfung Biologie (NRW) – Leistungskurs
Übungsaufgabe 1: Neurophysiologie

Die Wirkung des örtlichen Betäubungsmittels Procain

1 Ordnen Sie die in Material A2 dargestellten Membranpotenziale begründet den in Material A1 bezifferten Abschnitten eines künstlich gereizten Neurons zu.

2 Erläutern Sie an Material B1 und C die Vorgänge an einer Nervenfasermembran vor, während und nach einem Aktionspotenzial.

3 Erklären Sie unter Bezug auf das Material die lokal betäubende Wirkung von Procain. Erklären Sie auch, wie der Herzstillstand bei Überdosierung zustande kommt.

4 Stellen Sie dar, welche Eigenschaft(en) eine Substanz haben müsste, um eine Überdosierung von Procain behandeln zu können.

Material A: Modellhafte Darstellung verschiedener Membranpotenziale an einem Neuron, das künstlich überschwellig gereizt wird

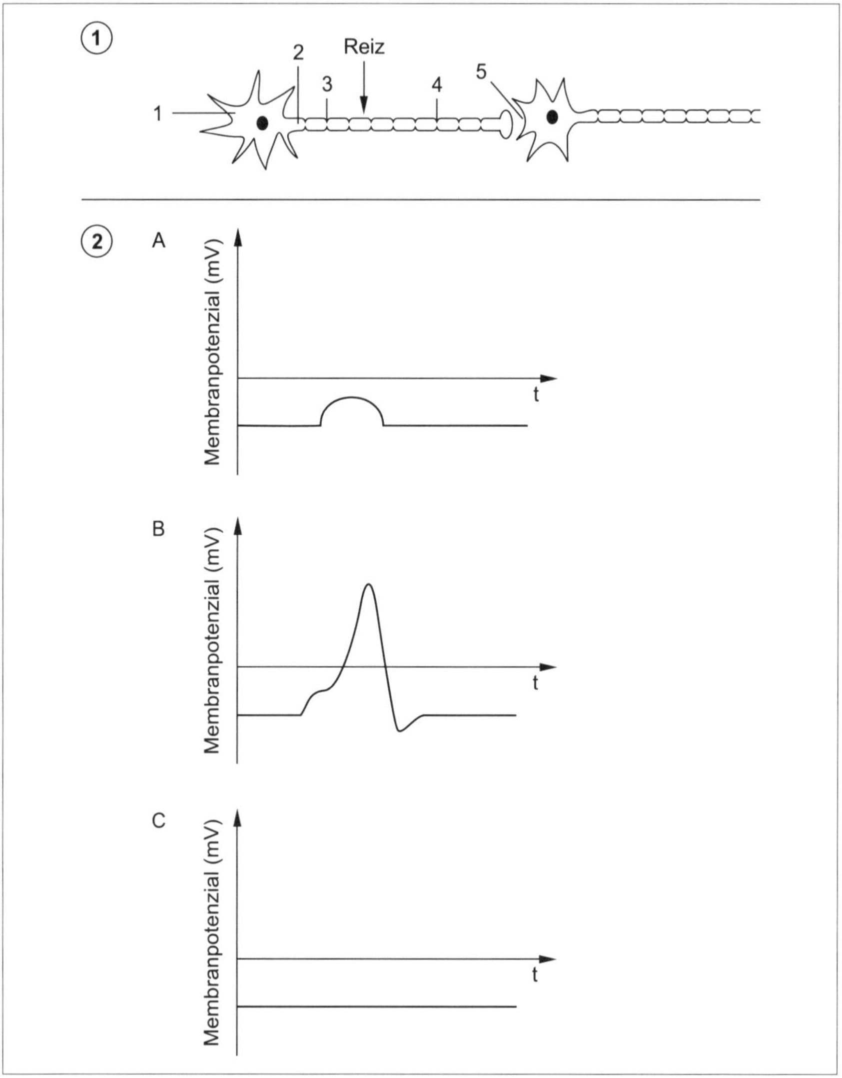

Material B: Potenzialänderungen an der Axonmembran

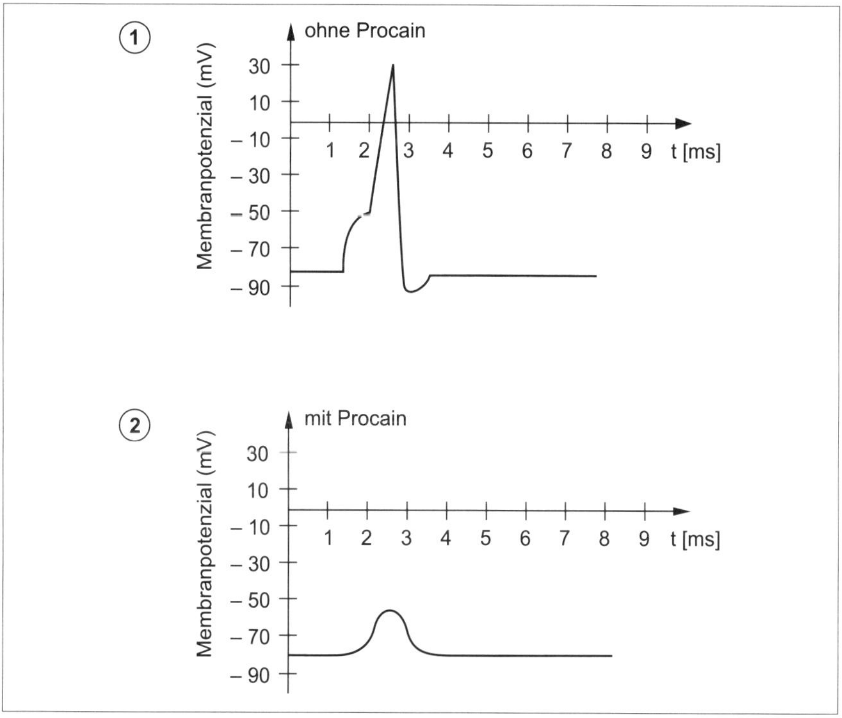

verändert nach: Aktories, Klaus, Förstermann, Ulrich, Hofmann, Franz, Starke, Klaus: Allgemeine und spezielle Pharmakologie und Toxikologie, begründet von Forth, W., Henschler, D., Rummel, W., Urban und Fischer Verlag 9. Auflage 2005, S. 257 © Elsevier GmbH, München

Material C: Ionenkonzentrationen außer- und innerhalb von Nervenzellen

	Natrium (Na^+)	**Kalium (K^+)**	**Chlorid (Cl^-)**	**organische Anionen**
Innenkonzentration (mmol/kg Wasser)	7	160	7	155
Außenkonzentration (mmol/kg Wasser)	144	4,5	114	0

Material D: Spannungsabhängiger Natriumionenkanal der Axonmembran

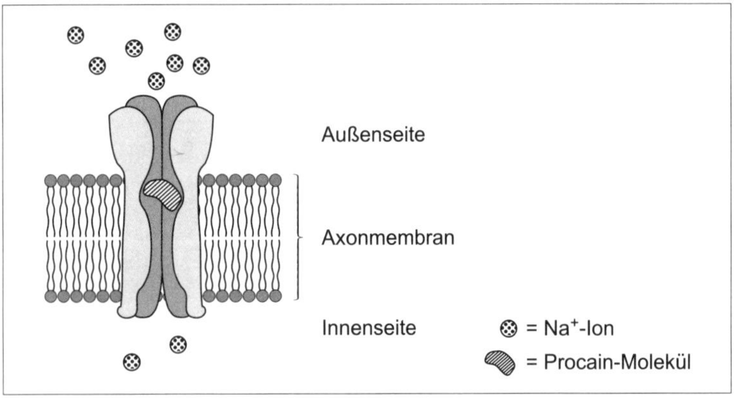

Teilschematische Darstellung der Anlagerungsstelle des Procain-Moleküls im spannungsabhängigen Natriumionenkanal der Axonmembran

verändert nach: Aktories, Klaus, Förstermann, Ulrich, Hofmann, Franz, Starke, Klaus: Allgemeine und spezielle Pharmakologie und Toxikologie, begründet von Forth, W., Henschler, D., Rummel, W., Urban und Fischer Verlag 9. Auflage 2005, S. 259 © Elsevier GmbH, München

Material E: Der Einsatz des örtlichen Betäubungsmittels *Procain*

Bei kleineren Eingriffen in der Medizin (z. B. bei einer Zahnbehandlung) verwendet man häufig örtliche Betäubungsmittel, mit denen man nur die Stelle, an der operiert wird, betäuben kann. Diese so genannten **Lokalanästhetika** werden dazu mit einer Spritze in der Nähe der zu betäubenden Nerven injiziert. Dabei muss besonders darauf geachtet werden, dass keine Blutgefäße getroffen werden. Bei einer Überdosierung und gleichzeitiger Aufnahme in das Kreislaufsystem kann es u. a. zum Herzstillstand kommen.

Lösungsvorschlag

In der Aufgabe thematisierte Unterrichtsinhalte sind:
Neurobiologie: Ionenverteilung an der Nervenzellmembran, Ruhepotenzial, Aktionspotenzial, Erregungsleitung

1 *Sie können die Zuordnung in einer Aufzählung sowohl nach den bezifferten Stellen 1–5 als auch den Kurven A–C geordnet vornehmen, aber auch – wie im folgenden dargestellt – die Zuordnung in die Beschreibung des (beidseitigen!) Verlaufs der Erregung nach dem künstlichen Reiz integrieren. Auf jeden Fall sollten Sie detailliert begründen, warum das jeweilige Membranpotenzial an der betreffenden Stellen gemessen werden kann.*

Überschreitet ein Reiz eine bestimmte Schwelle, die zur Auslösung eines Aktionspotenzials ausreicht, nennt man ihn überschwellig. Durch die in Material A beschriebene künstliche Reizung im Bereich der Axonmembran kommt es zu einem Aktionspotenzial am Axon. Dieses kann bei dem dargestellten Wirbeltier-Neuron nur per saltatorischer Erregungsleitung über die Ranvierschen Schnürringe weitergegeben werden, da nur dort spannungsabhängige Natriumionen-(Na^+)-Kanäle vorliegen. An den anderen Stellen ist das Axon durch die Markscheide elektrisch isoliert. Das Aktionspotenzial (Kurve B) ist also an den Stellen 3 und 4 messbar, da sich die Erregung von der Reizstelle ausgehend sowohl faserabwärts als auch faseraufwärts fortpflanzt.

Das Neuronsoma enthält keine spannungsabhängigen Na^+-Kanäle (Stelle 2 in Material A 1). Kommt das Aktionspotenzial dort an, löst es nur eine schwache Depolarisation an der Membran aus, die durch Ionenwanderungen hervorgerufen wird. Dieser Zustand entspricht dem in Kurve A dargestellten Membranpotenzial.

Die beschriebenen Ionenwanderungsbewegungen setzen sich über die Somamembran des Neurons fort, schwächen sich dabei aber immer mehr ab *(so genanntes Dekrement).* In größerer Entfernung vom Axon (Stelle 4 in Material A 1) sind sie nicht mehr nachweisbar, das in Kurve C dargestellte Ruhepotenzial liegt vor.

Erreicht das Aktionspotenzial das synaptische Endbläschen, wird es dort durch Transmitterausschüttung an die Folgezelle weitergegeben, im vorliegenden Fall eine Nervenzelle (Stelle 5 in Material A 1). Die Membran des Dendriten enthält im synaptischen Bereich keine spannungsabhängigen Na^+-Kanäle, sondern transmittergesteuerte Na^+-Rezeptoren. Je nach Zahl der durch Transmitterausschüttung geöffneten Kanäle kommt es zu einer unterschiedlich starken Spannungsänderung an der subsynaptischen Membran. Bei exzitatorisch wirkenden Transmittern führt dies zu einer schwachen Depolarisation, wie in Kurve A dargestellt.

2 *Beschreiben Sie zunächst, wie das Ruhepotenzial zustande kommt und aufrecht erhalten wird. Erläutern Sie dann, wie die Ionenverteilung sich beim Entstehen eines Aktionspotenzials verändert und welche Auswirkungen das auf das Membranpotenzial hat. Erklären Sie zuletzt, wie das Ruhepotenzial wieder hergestellt wird.*

Material C zeigt, dass sich die Innen- und Außenkonzentration von Ionen an der Nervenzellmembran stark unterscheiden. Dieses Ungleichgewicht kommt durch die unterschiedliche Permeabilität der Membran für die einzelnen Ionen zustande. Es wird durch Ionen-Pumpen (v. a. die Na^+/K^+-Carrier) aufrecht erhalten, die die diffundierten Ionen wieder entgegen dem Konzentrationsgefälle zurückpumpen.
Im Ruhezustand wie auch im erregten Zustand sind in der Membran so genannte Kaliumionen(K^+)-Leckkanäle geöffnet. Im Ruhezustand können die Kaliumionen aber nicht beliebig durch diese Kanäle diffundieren, da sie durch die negativen Ladungen der organischen Anionen zurückgehalten werden, die praktisch nicht durch die Membran diffundieren können. Ähnliches gilt für die Chlorid- und Natriumionen *(Chloridionen haben relativ zu Natriumionen eine gute Membranpermeabilität)*. Anorganische Anionen und Natriumionen sammeln sich an der Membran, was zu einer Spannung quer zur Membran führt, wobei die Innenseite der Membran negativ geladen ist. Diese Spannung bezeichnet man als Ruhepotenzial.

Ein Aktionspotenzial wird immer dann ausgelöst, wenn das Membranpotenzial 20–25 % unter dem Ruhepotenzial liegt *(so genannter Schwellenwert)*. Dies ist z. B. bei Einwirkung eines Reizes einer bestimmten Stärke der Fall. Dadurch werden einige Na^+-Kanäle geöffnet, Natriumionen diffundieren im Ladungs- und Konzentrationsgefälle in das Zellinnere. In der Folge kommt es zum erwähnten Spannungsabfall an der Membran, der zur lawinenartigen Öffnung aller Na^+-Kanäle führt. Nach kürzester Zeit kommt es dann zu einem Ladungsausgleich: Natriumionen und organische Anionen heben sich in ihrer Ladung auf. Die Natriumionen diffundieren aber weiter, da ja noch das Diffusionsgefälle besteht – dadurch kommt es zur Umpolung *(Depolarisation)* der Membran!
Mit dem Einströmen der Natriumionen nimmt das Ladungsgefälle ab. Ab einer Spannung unter ca. –50 mV werden dadurch weitere K^+-Kanäle geöffnet, es kommt zu einem verstärkten Ausstrom von K^+-Ionen *(man sagt auch: die Membran besitzt eine höhere Permeabilität für K^+-Ionen)*.
Alle Na^+-Kanäle schließen sich nach 1 ms und sind für eine weitere Millisekunde inaktiv, d. h. sie öffnen sich nicht, egal wie stark z. B. ein Reiz ist *(absolute Refraktärzeit)*. Durch den Verschluss der Na^+-Kanäle und den erhöhten K^+-Ionen-Ausstrom wird die Polarität an der Membran erneut umgedreht *(so genannte Repolarisation)*. Die im Konzentrationsgefälle durch die sich nur allmählich verschließenden K^+-Kanäle weiter diffundierenden K^+-Ionen führen zu einer kurzzeitigen Hyperpolarisation der Membran.
Der ATP-verbrauchende Na^+/K^+-Carrier pumpt schließlich alle gewanderten Natrium- und Kaliumionen zurück und stellt so die ursprüngliche Ionenverteilung und damit das Ruhepotenzial wieder her.

3 – *Für die Beantwortung des ersten Teils der Frage finden Sie die relevanten Informationen in Material B2 und D. Vermeiden Sie bei Ihrer Erklärung Wiederholungen, in dem Sie auf Ihre Ausführungen in der vorangehenden Aufgabe verweisen.*
– *Material E gibt Auskunft über die Folgen einer Überdosierung unter bestimmten Voraussetzungen. Beschreiben Sie kurz, warum auf diese Weise ein Herzstillstand zustande kommen kann. Den Wirkmechanismus müssen Sie hier nicht noch einmal erklären, dies ist ja bereits im 1. Schritt der Teilaufgabe erfolgt.*

Procain setzt sich in den spannungsabhängigen Na^+-Kanal *(Material D)* und verhindert so die in Teilaufgabe 2 beschriebene Erregungsentstehung bzw. -leitung: Da keine Na^+-Ionen wandern können, erfolgt auch keine Depolarisation. Ein Aktionspotenzial kann folglich nicht ausgelöst werden, da die wenigen nicht verschlossenen Natriumionenkanäle nur zu einer unterschwelligen Erregung führen *(Material B2).*

Erfolgt eine Überdosierung von Procain und gelangt die Substanz (z. B. durch falsches Setzen einer Spritze) in die Blutbahn, wird sie dadurch über den ganzen Körper verteilt. Procain kann also auch bei anderen Nervenzellen hemmend auf die Ausbildung von Aktionspotenzialen wirken. Handelt es sich dabei um Zellen, die für die Kontraktion der Herzmuskeln verantwortlich sind, führt dies zum erwähnten Herzstillstand.

4 *Es gibt mehrere Möglichkeiten, wie das „Gegengift" zu Procain wirken könnte. Generell muss die Funktionalität der Na^+-Kanäle wieder hergestellt und damit die Depolarisation ermöglicht werden. Dazu führen u. a. die unten dargestellten Ansätze. Auch andere plausible Erklärungen sind an dieser Stelle richtig!*

Um eine Erregungsleitung wieder zu ermöglichen, muss eine überschwellige Depolarisation *(Material B2)* gewährleistet sein. Da dies bei einer Procain-Überdosierung nicht mehr der Fall ist, muss eine neurophysiologisch aktive Substanz die Wirkung von Procain aufheben. Dies wird z. B. dadurch erreicht, dass die nicht von Procain verschlossenen Na^+-Kanäle bei Erregung länger geöffnet bleiben durch den Einfluss des „Gegengiftes". Dadurch kommt es zu einem längeren Kationeneinstrom und damit zu einer stärkeren Depolarisation an der Nervenmembran. Ist die Depolarisation überschwellig, tritt nach dem bei Teilaufgabe 2 beschriebenen Mechanismus ein Aktionspotenzial auf.

Auch neuroaktive Substanzen, die die Öffnung von Na^+-Kanälen fördern, haben die gleiche Wirkung: Diese Substanzen bewirken die Kanalöffnung auch schon bei sehr geringer Erregung. Dadurch werden wesentlich mehr Kanäle aktiviert als im Normalzustand und somit die entgegen gesetzte Wirkung von Procain aufgehoben.

Abitur-Prüfung Biologie (NRW) – Leistungskurs
Übungsaufgabe 2: Evolution

Verwandtschaftsanalyse bei Vögeln

1 Untersuchen Sie die in Material A abgebildeten Flügelformen in Bezug auf homologe und analoge Übereinstimmungen und begründen Sie diese. Beurteilen Sie anhand der Merkmale die Nähe Verwandtschaft zwischen den beiden Arten.

2 Erläutern Sie allgemein, inwiefern die Nukleotidsequenzen der DNA Hinweise auf die Verwandtschaft zwischen verschiedenen Arten geben können (vgl. auch Text in Material B).

3 Vergleichen Sie die (heutige) geografische Verbreitung der Straußenvögel mit dem Verwandtschaftsdiagramm und stellen Sie die sich daraus ergebenden Probleme heraus.

4 Erarbeiten Sie Hypothesen zur Lösung dieser Probleme.

Material A: Vergleich Vogel- und Fledermausflügel

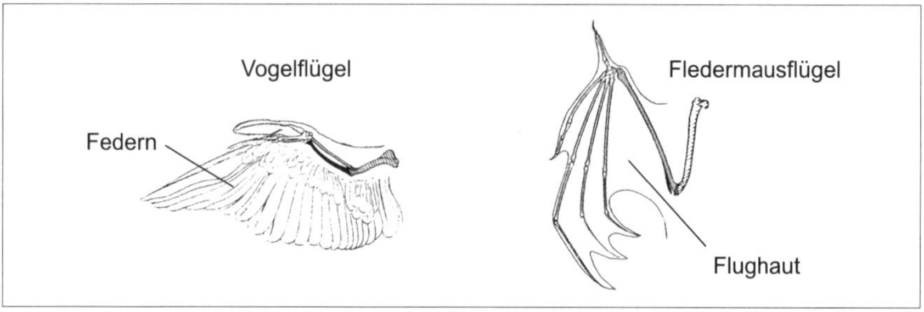

Material B: Straußenvögel

Die Straußenvögel gehören zu den so genannten Flachbrustvögeln, deren Brustbein nicht den Ansatz einer kräftigen Flugmuskulatur ermöglicht. Sie sind daher nicht flugfähig. Der Stammbaum der Straußenvögel wurde anhand der Analyse von Nukleotidsequenzen des Cytochrom b-Gens erstellt. Die Karte zeigt die heutige disjunkte (unzusammenhängende) Verbreitung dieser Gruppe in dem Gebiet des alten Gondwana-Kontinents, der vor ca. 80 Mio. Jahren endgültig in die einzelnen Südkontinente auseinander driftete.

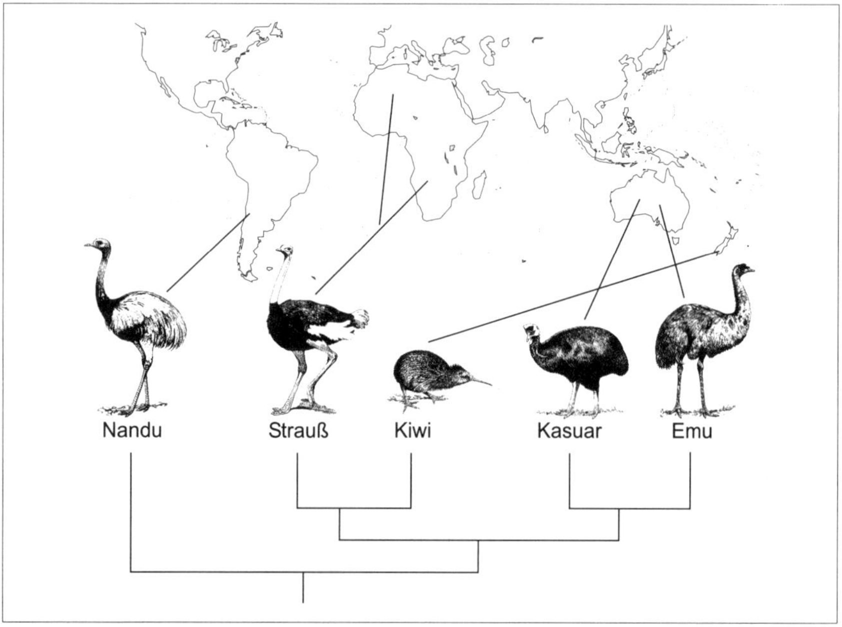

aus: Feduccia, Alan: The Origin and Evolution of Birds, Yale University Press, New Haven and London, 1996, S. 170 (Drawings by George Miksch Sutton)

Lösungsvorschlag

In der Aufgabe thematisierte Unterrichtsinhalte sind:
Evolution: Hinweise auf Verwandtschaft: Homologie der Wirbeltiergliedmaßen, Homologie-/Analogie-Analyse; Eignung der DNA-Sequenz für die Erstellung von Stammbäumen; Erstellung von Hypothesen zur Stammesgeschichte

1 *Homologien können mithilfe der drei Homologiekriterien – Lage im Gefügesystem, Stetigkeit und spezifische Qualität – ermittelt werden. Überlegen Sie, welches Kriterium in dem vorliegenden Beispiel anwendbar ist. Homologe Übereinstimmungen bilden einen Hinweis auf die gemeinsame Abstammung. Neben homologen gibt es auch analoge Übereinstimmungen zwischen den beiden Organen, die durch die Funktionsgleichheit entstanden ist.*

Das Skelett beider Flügel bildet ein Gefügesystem, dessen Elemente nach ihrer Lage miteinander homologisiert werden können. Beiden gemeinsam ist die Abfolge von Oberarmknochen (schraffiert), Elle und Speiche im Unterarm (schwarz/punktiert), Handwurzelknochen, Mittelhandknochen und Fingerknochen. Diese homologen Übereinstimmungen belegen einen gemeinsamen Ursprung der Vorderextremität, die sich gleichartig auch bei anderen Landwirbeltieren findet. Allerdings sind die einzelnen Elemente des Flügelskeletts in beiden Fällen sehr unterschiedlich ausgebildet. Während beim Vogel die Anzahl der Finger und Mittelhandknochen reduziert ist, hat die Fledermaus die wirbeltiertypische Fünfzahl, wobei diese Skelettelemente zudem extrem verlängert sind. Dagegen ist bei der Fledermaus der Unterarm reduziert, da er fast nur noch von der Speiche gebildet wird, die Elle ist fast verschwunden. Diese Unterschiede weisen darauf hin, dass trotz der prinzipiellen Homologie beider Skelette keine nahe Verwandtschaft zwischen beiden Tieren vorliegt.

Beide Flügelformen sind als Funktionsgestalten analog: Die Tragfläche ist – bei gleicher Funktion – anatomisch völlig unterschiedlich gebaut. Beim Vogel besteht sie aus Federn, die durch ihren Schaft stabilisiert werden; bei der Fledermaus bildet die Flughaut die Tragfläche. In diesem Fall wird sie zwischen den Knochen des Armskeletts ausgespannt. Federn und Flughaut sind nicht homolog. Die verlängerten Hand- und Fingerknochen können in ihrer stabilisierenden Funktion mit den Federschäften des Vogelflügels verglichen (analogisiert) werden. Somit beruht die Umgestaltung der Vordergliedmaßen zu Flügeln in beiden Fällen auf einem analogen Evolutionsprozess, nicht auf einer nahen Verwandtschaft beider Organismen.

2 Beim Vergleich der DNA verschiedener Organismen bzw. verschiedener Arten kann man aus der Anzahl unterschiedlicher Basen in vergleichbaren DNA-Abschnitten auf den Grad der Verwandtschaft schließen.

Unterschiedliche Basen in der DNA kommen durch Mutationen zustande. Die häufigsten Mutationen sind Änderungen des Triplettcodes, die durch Ausfall oder

Einbau von Basen oder auch durch Änderung einer vorhandenen Base erfolgen können. Da die Tripletts den Code für Aminosäuren bilden, können veränderte Tripletts in der Proteinsynthese zu veränderten Proteinen und damit zu veränderten Phänotypen führen. Die Mutationen können aber auch „stumm" sein und keine Auswirkungen auf den Phänotyp haben.

Je länger zwei Arten sich getrennt voneinander entwickelt haben, d. h. je weiter zurück ihr letzter gemeinsamer Vorfahre liegt, desto mehr unterschiedliche Mutationen konnten sich im Laufe der Zeit in ihrer DNA ansammeln. Mithilfe dieser Information lässt sich ein Stammbaum der betrachteten Organismen erstellen: Je mehr Unterschiede in solchen Nukleotidsequenzen zweier Organismen auftreten, umso länger muss die Zeit ihrer getrennten Entwicklung sein und umso geringer ist also ihr Verwandtschaftsgrad.

3 *Hier sollten Sie zunächst den dargestellten Stammbaum der Vögel analysieren. Überlegen Sie dann, welche geografische Verbreitung Sie aufgrund der Datenlage vermuten würden und vergleichen Sie dies mit der tatsächlichen, in der Abbildung angedeuteten Verbreitung. Beachten Sie bei Ihrer Auswertung auch die äußere Erscheinung der einzelnen Vogelarten!*

Das Verwandtschaftsdiagramm zeigt, dass die Straußenvögel eine gemeinsame Abstammung haben *(sie stellen eine sog. monophyletische Gruppe dar).* Trotzdem leben sie heute auf verschiedenen Kontinenten, die durch Ozeane getrennt sind (disjunkte Verbreitung). Da die Vögel flugunfähig sind, ist eine aktive Verbreitung durch fliegende Überquerung der Ozeane nicht möglich. Besonders auffällig wird das Problem der disjunkten Verbreitung an Strauß und Kiwi, die eine Schwestergruppe bilden, obwohl sie in Afrika bzw. Neuseeland beheimatet sind. Beim Kiwi würde man aufgrund der geografischen Nähe eher eine engere Verwandtschaft mit dem australischen Kasuar oder Emu erwarten. Andererseits ließe sich aus der äußeren Ähnlichkeit eine engere Verwandtschaft des afrikanischen Straußes mit dem südamerikanischen Nandu annehmen. Die molekulare Verwandtschaftsanalyse widerlegt diese Annahmen, verstärkt aber zugleich das Problem der heutigen Verbreitung nahe verwandter Gruppen.

Folgende Probleme ergeben sich damit:
- Wie kam es zur heutigen Verbreitung dieser monophyletischen Gruppe von flugunfähigen Vögeln in vier durch weite Meeresflächen getrennten Gebieten?
- Wie ist der trotz ihrer nahen Verwandtschaft vorhandene phänotypische Unterschied zwischen Kiwi und afrikanischem Strauß zu erklären?
- Woher kommt andererseits die phänotypische Ähnlichkeit der nicht nahe verwandten Arten Strauß und Nandu?

4 *Die Fragestellung deutet schon darauf hin, dass es mehrere Lösungen des Problems der Verbreitung der Vögel geben kann. Es geht hier nicht darum, die einzelnen Vorgänge bis ins Detail zu erklären, sondern darum, mehrere mögliche, in sich schlüssige Erklärungen dafür zu finden, wie die o. g. Fragestellungen erklärbar sein könnten. Neben den unten genannten Ansätzen sind sicher noch weitere Erklärungen denkbar.*

Zur Lösung der in Aufgabenteil 3 angeführten Probleme sind verschiedene Hypothesen denkbar.

Die disjunkte Verbreitung nahe verwandter Straußenvögel könnte darauf beruhen, dass die Vorfahren flugfähig waren. Dann wäre eine Verbreitung auch nach der Trennung des Gondwanakontinents möglich, eventuell mit anschließender (allopatrischer) Artbildung. Oder die Straußenvögel waren ursprünglich flugunfähig. Dann kann ihre Verbreitung nur mit dem Auseinanderdriften durch die Kontinentalverschiebung erfolgt sein. Durch die Aufteilung des Gondwana-Kontinents wurden die Populationen separiert und konnten sich in unterschiedliche Arten weiterentwickeln. In diesem Fall wären die Flachbrustvögel älter als 80 Mio. Jahre.

Die angeführten Probleme der phänotypischen Ausprägung ließen sich durch die Hypothese entsprechender Selektionsbedingungen erklären. Im Fall von Strauß und Kiwi müssten ganz unterschiedliche Selektionsbedingungen geherrscht haben, während beim Nandu ähnliche Bedingungen einen konvergenten Phänotyp hervorriefen wie beim Strauß.

Eine ganz andere Hypothese wäre die Vermutung, dass der auf der DNA-Analyse eines einzelnen Gens beruhende Stammbaum noch nicht genügend gesichert ist. Weitere Verwandtschaftsanalysen wären damit gefordert, die diesen Stammbaum entweder bestätigen oder abändern.

Abitur-Prüfung Biologie (NRW) – Leistungskurs
Übungsaufgabe 3: Ökologie

Eutrophierung des Stadtsees

1 Erläutern Sie anhand von Material A–C und Material G mögliche Ursachen für die Eutrophierung des Stadtsees. Stellen Sie dar, welche langfristigen Folgen das Ausbleiben von Sanierungsmaßnahmen für den See haben kann.

2 Erklären Sie anhand von Material D die Grundlagen und die Durchführung der TWA-Technik.

3 Erklären Sie mithilfe von Material G und H, welche Auswirkungen die Reanturierung des Urbachs für die Wasserqualität des Stadtsees haben kann.

4 Beurteilen Sie unter Verwendung von Material E–G den Erfolg der Sanierung des Stadtsees.

Material A: Der Stadtsee

Der Stadtsee ist in den Ortskern der oberschwäbischen Stadt Bad Waldsee (14 000 Einwohner) eingebettet. Er ist eiszeitlichen Ursprungs und besitzt einen schmalen, aber dicht bewachsenen Ufergürtel. Hauptzufluss ist der über weite Strecken begradigte Urbach, einziger Abfluss der Pfaffenbach (siehe Material B).
Der See selbst sowie sein 20 km^2 großes Einzugsgebiet werden vielfältig genutzt (siehe auch Material B und C):

- als Naherholungsgebiet (Wald und Parkanlagen, Badebetrieb, Freibad, Sportfischerei)
- als landwirtschaftliche Nutzfläche (teilweise Hanglage zum Urbach hin)
- als industrielle Nutzfläche (Holzindustrie, Seidenweberei, Kunststoffverarbeitung)

Die extreme Eutrophierung Anfang der 1980er-Jahre mit jährlich wiederkehrenden Algenblüten machte eine Seesanierung dringend erforderlich. Hierzu wurden unter anderem folgende Maßnahmen durchgeführt:

- 1985 wurde die in Material D dargestellte Tiefenwasserableitung (TWA) installiert, die in den Pfaffenbach mündet.
- Mehrere seenahe Abschnitte des Urbachs wurden von 1995–1998 renaturiert.
- Von 1996–1998 wurden elf Kleingemeinden im Einzugsgebiet an die Kläranlage angeschlossen.

Die Veränderung ausgewählter biotischer und abiotischer Faktoren vor, während und nach der Sanierung ist in Material E und F dargestellt.

Material B: Geografische Lage und Morphologie des Stadtsees

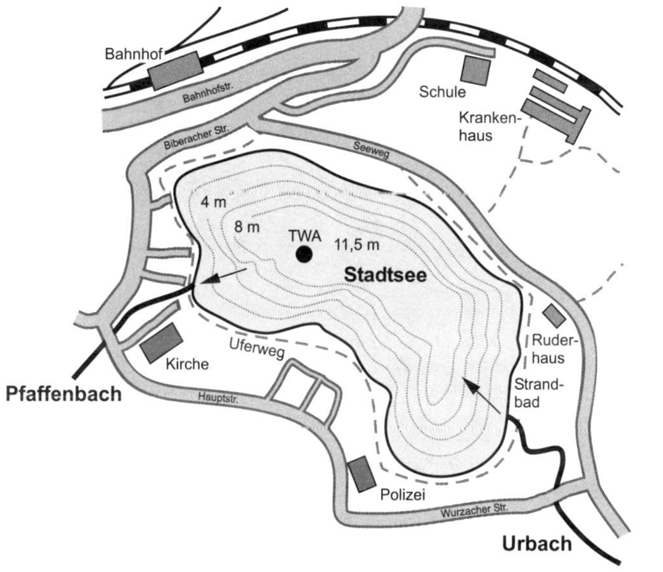

Material C: Nutzung des Einzugsgebietes des Stadtsees

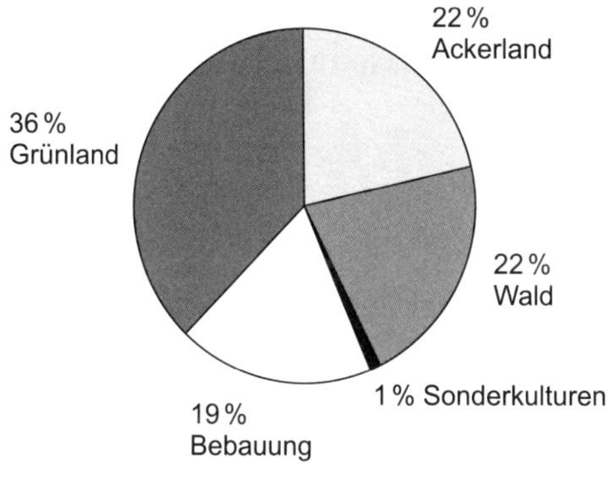

nach Daten von: www.seenprogramm.de/142.html (26.05.06)

Material D: Tiefenwasserableitung

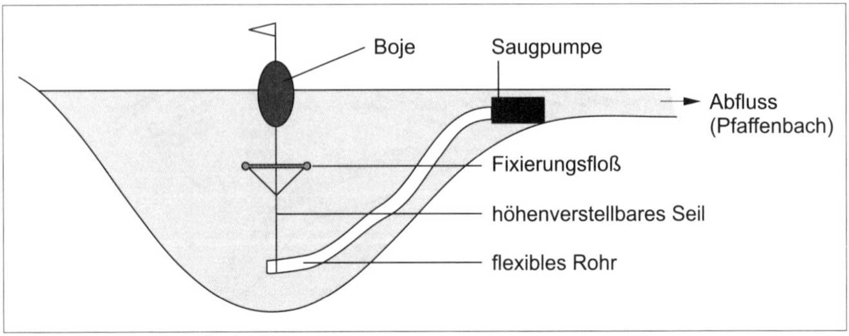

verändert nach: Lorenz, P., Klee, O.: Rehabilitation polytrophierter kleinerer Stehhgewässer am Beispiel Stadtsee in Bad Waldsee; in: Zintz, K.; Rahmann, H.; Wiesser, H.: Ökologie und Management kleinerer Stehgewässer, Markgraf Weikersheim 1990, S. 358

Material E: Gesamtphosphorgehalt im Stadtsee und fotosynthetische Biomasse als Chlorophlly a von 1985–2004

	1985	**1987**	**1988**	**1995**	**2002**	**2004**
Gesamtphosphor (mg/L)	0,13	0,10	0,054	0,040	0,062	0,042
Chlorophyll a (µg/L)	–	33	20	25	23	19

verändert nach: www.seenprogramm.de/142.html (26.05.06)

Material F: BSB_5 im Jahresmittel in 10,5 m Tiefe

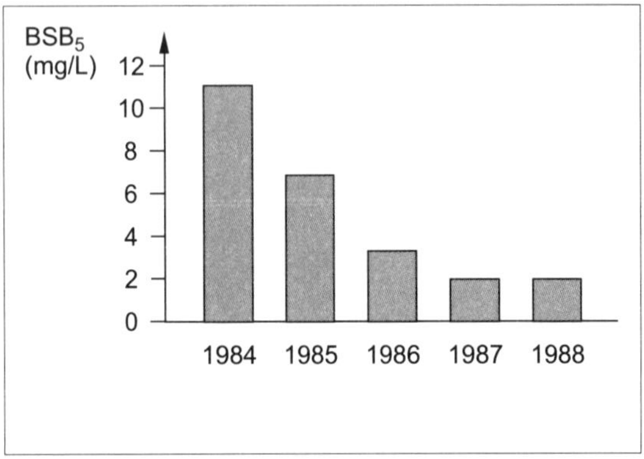

Hinweis: Der **B**iologische **S**auerstoff-**B**edarf ist ein Messwert, der angibt, wie viel Sauerstoff von Mikroorganismen in einem bestimmten Zeitraum (hier: 5 Tage) benötigt wird, um organische Stoffe im Wasser abzubauen.

verändert nach:Lorenz, P., Klee, O.: Rehabilitation polytrophierter kleinerer Stehhgewässer am Beispiel Stadtsee in Bad Waldsee; in: Zintz, K.; Rahmann, H.; Wiesser, H.: Ökologie und Management kleinerer Stehgewässer, Markgraf Weikersheim 1990, S. 367

Material G: Abnahme von NH_4^+ nach einer Abwassereinleitung in einem naturnahen Bach und einem ausgebauten Bach

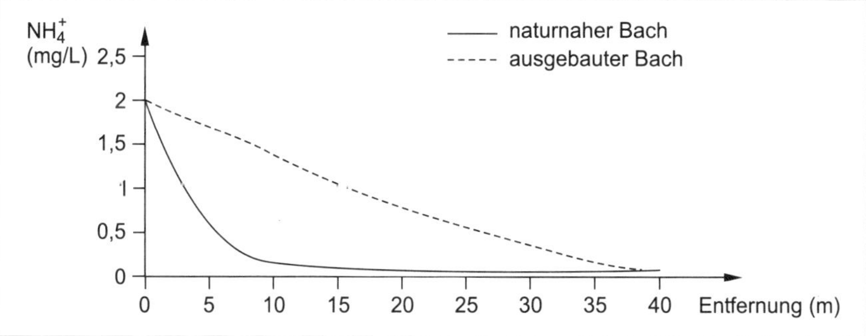

verändert nach: Borchardt, D., Wolf, P.: Labor- und Modelluntersuchungen zur benthischen Nitrifikation in Fließgewässern, Wasserwirtschaft 83, 4, 1993, S. 218–225

Material H: Zonierung ausgewählter Umweltfaktoren eines Fließgewässers im Längsverlauf

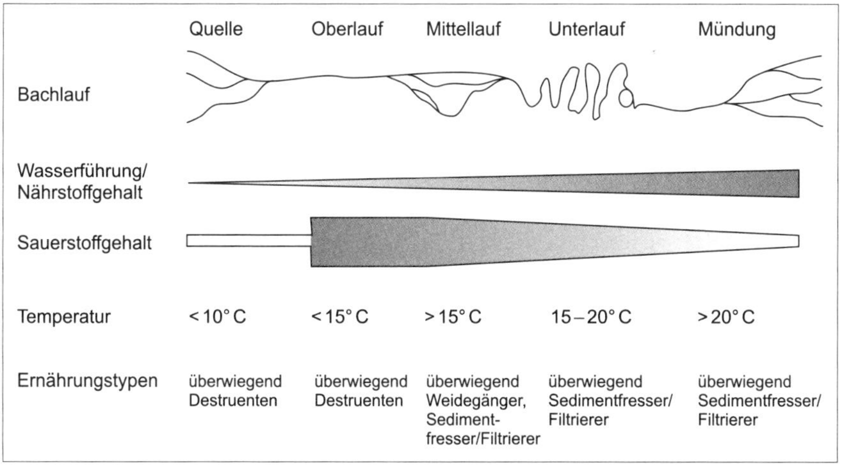

verändert nach: Graw, Martina: Ökosystem Fließgewässer, in: Ökologische Bewertung von Fließgewässern, Schriftenreihe der Vereinigung Deutscher Gewässerschutz e.V., Band 64, 2004, S. 14

Lösungsvorschlag

In der Aufgabe thematisierte Unterrichtsinhalte sind:
Ökologie: Eutrophierung und Eutrophierungsfaktoren für Gewässer, Algenblüte, anaerober/ aerober Abbau von Detritus, Maßnahmen zur Gewässersanierung, Selbstreinigungskraft, Zonierung, Stickstoffkreislauf

1 *Aufgaben aus dem Bereich „Ökosystem“ sind vom Prinzip her eher einfach einzuschätzen. Was sie auf den ersten Blick aber schwer aussehen lässt, ist die Fülle an Materialien. Hier ist es wichtig, Ruhe zu bewahren und die Aufgabenstellungen Schritt für Schritt durchzuarbeiten. Das Material erschließt sich dabei sozusagen „von selbst“. Die Gewässerökologie ist besonders leicht zugänglich, da sie nur sehr wenig Möglichkeiten der Fragestellung bietet – meist geht es um die Einordnung des Zustands eines Gewässers oder die Beurteilung der Sanierungsmaßnahmen.*
Wegen der Vielzahl an Materialien, die bei diesem Aufgabenteil zu berücksichtigen sind, ist es hier besonders wichtig, die Aufgabenstellung als Hilfe für die Strukturierung zu benutzen. Arbeiten Sie also zuerst einmal die Ursachen einer Eutrophierung am Beispiel Stadtsee heraus. Erst danach sollten Sie die möglichen Folgen einer Eutrophierung schildern!

Nitrat und Phosphat stellen limitierende Faktoren *(Minimumfaktoren oder begrenzende Faktoren im Sinne des* LIEBIG*-Gesetzes)* für das Pflanzenwachstum in Gewässern dar. Werden diese beiden Mineralsalzbestandteile stark erhöht, kommt es zu der in Material A beschriebenen Algenblüte, der extremen Vermehrung von Algen. Im Falle des Stadtsees hat die Zunahme der Mineralsalze im See mehrere Faktoren als Ursache:

- Die Einleitung organisch belasteter Abwässer durch Haushalte, die nicht an die Kläranlage angeschlossen sind (z. B. Phosphate aus Waschmitteln).
- Die Abwassereinleitung durch die Industriezweige, die organische Verbindungen verarbeiten (Holz, Seide), führt ebenfalls zur Erhöhung des Eintrags organischen Materials und damit v. a. zur Erhöhung des Phosphatgehaltes.
- Die intensive landwirtschaftliche Nutzung im Einzugsgebiet (22 % der Gesamtfläche!) erhöhen vor allem den Nitratgehalt des Sees.
- Sportfischerei bedeutet einen erhöhten Fischbesatz und damit ebenfalls eine erhöhte Belastung des Sees mit N- und P-haltigem Detritus.
- Der Stadtsee besitzt wegen seiner geringen Tiefe (Material B) nur ein geringes Wasservolumen und hat nur einen Zufluss, den Urbach. Dieser ist begradigt worden, d. h. durch die verminderte Selbstreinigungskraft kommt es zu einem verstärkten N-Eintrag (Material G).

Die durch den Eintrag von Phosphat und Nitrat gesteigerte Primärproduktion führt auch zu einer Vermehrung der Konsumenten. Produzenten und Konsumenten erzeugen dadurch große Mengen organischen Abfalls. Dieser Detritus wird anfangs oxidativ abgebaut, was einen hohen Sauerstoffbedarf bedingt (erkennbar z.B. an den BSB_5-Werten in Material F). Ist der Sauerstoff im Gewässer aufgebraucht, kommt es zum anaeroben Detritusabbau; Giftgase (Methan, Schwefelwasserstoff, Ammoniak) können entstehen. Bei extremer Detritusbelastung kann es zum „Kippen“ eines Gewässers kommen, d. h. viele Organismen im Gewässer sterben aufgrund des Sauerstoffmangels bzw. der entstehenden Giftgase ab.

2 *In diesem Aufgabenteil geht es nicht darum, den Aufbau der in Material D dargestellten Pumpenanlage detailgenau zu beschreiben. Sie sollen vielmehr berücksichtigen, was Sie in Aufgabenteil 1 zum Zustand des Tiefenwassers erarbeitet haben, und den Einfluss der Sanierungsmaßnahme auf das Gewässer erklären.*

Das detritusreiche, sauerstoffarme und mit Giftgasen belastete Wasser wird durch die TWA-Anlage in den Pfaffenbach abgeleitet. Damit werden dem See einerseits gefährliche Stoffe entzogen, die Gefahr des „Kippens“ des Sees wird somit also verringert. Andererseits sinkt durch die Ableitung des Detritus der Sauerstoffbedarf der Destruenten, für die heterotrophen Organismen im See steht damit wieder genügend Sauerstoff zur Verfügung. Zuletzt wird aber auch der N- und P-Gehalt des Sees auf Dauer vermindert und damit die Eutrophierung teilweise rückgängig gemacht. Die Selbstreinigungskraft des Pfaffenbachs wird dazu genutzt, den Detritus aerob abzubauen.

3 *Charakterisieren Sie zunächst den Urbach, indem Sie ihn einer Zone aus Material H zuordnen (Größe beachten!). Erläutern Sie dann die Vorgänge, die im Bach zum Abbau des Ammoniums führen. Nennen Sie dabei auch die Ursache des in Material G dargestellten Unterschiedes zwischen einem naturnahen (renaturierten) und einem begradigten Fluss.*

Wie aus Material A und C hervorgeht, wird der Stadtsee auch durch eingeleitete Nährstoffe aus dem Einzugsgebiet stark belastet. Die Nährstoffe stammen vor allem aus der Landwirtschaft und gelangen auch über den Urbach in den See.

Nach Material H ist der Urbach aufgrund seiner Größe dem Bereich „Oberlauf“ zuzuordnen. Er ist damit abiotisch durch niedrige Temperaturen und einen hohen Sauerstoffgehalt gekennzeichnet. Biotisch überwiegen bei den heterotrophen Organismen die Destruenten, es sollte hier also zu einem Abbau organischer Substanz und damit zur Selbstreinigung des Baches kommen.
Durch die Begradigung des Baches wurden dem See die Nährstoffe aber so rasch zugeleitet, dass nicht genügend Zeit für einen vollständigen Detritusabbau zur Verfügung stand. Die Renaturierung gewährleistet wieder eine geringere Fließgeschwindigkeit und damit eine längere Verweildauer des Wassers im Urbach. Damit kann die Selbstreinigungskraft des Fließgewässers besser genutzt werden. Material G zeigt deutlich, dass die Oxidation von Ammonium durch nitrifizierende Bakterien in einem natürlichen Bachlauf auf der gleichen Fließstrecke zu einem fast vollständigen Abbau führt. Das dabei entstehende Nitrat wird zum Teil durch denitrifizierende Bakterien zu Stickstoff reduziert, so dass die Belastung des Sees durch Stickstoff-Verbindungen vermindert werden kann.

4 *Zum Beurteilen der Sanierungsmaßnahmen müssen Sie den Zustand und den „Trend" des Sees noch einmal abschließend zusammenfassen. Geben Sie ggf. auch Vorschläge für notwendige weitere Maßnahmen an.*

Die bisher ergriffenen Maßnahmen sind nur zum Teil als erfolgreich zu beurteilen. Wie Material E zu entnehmen ist, hat die TWA zwar tendenziell zu einer Verminderung des Phosphatgehalts geführt, trotzdem ist es aber im Jahr 2002 wieder zu einem deutlichen Anstieg gekommen. Die Auswirkungen auf die Entwicklung der Pflanzenbiomasse sind dementsprechend nur begrenzt positiv. Auch hier ist nur eine Tendenz in die richtige Richtung zu erkennen, erst nach den umfangreichen Renaturierungsmaßnahmen am Urbach und dem Anschluss mehrerer Kleingemeinden an die Kläranlage Ende der 1990er-Jahre hat die Pflanzenbiomasse deutlich abgenommen. Material E ist zu entnehmen, dass der Phosphatgehalt alleine nicht für die Schwankungen in der Pflanzen verantwortlich sein kann, da keine direkte Parallele feststellbar ist. Wie bereits im Aufgabenteil 3 beschrieben, könnte der zweite wichtige Eutrophierungsfaktor NH_4^+ sein. In Material G wird deutlich, dass durch die Renaturierung des Urbachs die Ammonium-Belastung für den Stadtsee deutlich abgenommen haben könnte.
Obwohl die TWA hinsichtlich des Eintrags an Phosphat nur begrenzte Wirkung zeigte, hatte sie offensichtlich einen deutlichen Einfluss auf die Detritusmenge im Stadtsee. Seit dem ersten Einsatz 1985 hat der BSB_5 um fast 80 % abgenommen. Offensichtlich wurden große Mengen an Detritus durch die TWA in den Pfaffenbach abgeleitet. Damit und durch die verminderte Pflanzenbiomasse hat die Sauerstoffzehrung im See deutlich abgenommen.
Der See ist insgesamt aber immer noch als eher eutroph einzuordnen. Ein dauerhafter Erfolg ist ohne unterstützende Maßnahmen nicht gewährleistet, wie die Schwankungen im Phosphatgehalt beweisen. So könnte z. B. eine Einschränkung des Badebetriebs und der Sportfischerei sinnvoll sein. Auch Drainageleitungen oder ein Mindestabstand landwirtschaftlicher Nutzflächen zum Urbach wären denkbar.

Abitur-Prüfung Biologie (NRW) – Leistungskurs
Übungsaufgabe 4: Neurophysiologie / Genetik

Vom Gift zum Heilmittel – die Karriere des ω-Conotoxins

1. Geben Sie mithilfe von Material C für die in Material D markierten Aminosäuren des ω-Conotoxins die mRNA- und die codogene DNA-Sequenz an. Erläutern Sie daran, welche Auswirkung(en) eine Punktmutation der 3. Base des ersten Tripletts in der DNA (vom 3'-Ende ausgehend gelesen) haben könnte.
2. Erklären Sie mit Ihrem Wissen über neurophysiologische Vorgänge, in welcher Weise ω-Conotoxin an der in Material A beschriebenen Lähmung und Tötung der Beutetiere von *Conus* mitwirkt.
3. Beschriften Sie die in Material F bezifferten Stellen einer Schmerzsynapse.
4. Beschreiben und erläutern Sie die in Material F dargestellten Vorgänge an einer Rückenmarkssynapse.
5. Erklären Sie unter Bezug auf die Materialien, wie ω-Conotoxin als Heilmittel die Schmerzempfindung unterdrücken kann.

Material A: Kegelschnecken

Die Kegelschnecken der Gattung *Conus* kommen mit etwa 500 Arten im gesamten indopazifischen Raum vor. Sie leben vor allem am Boden von Korallenriffen. Im Gegensatz zu unseren einheimischen Landschnecken sind Kegelschnecken Raubtiere, rund 70 Arten jagen sogar Fische. Das mag angesichts der sprichwörtlichen Langsamkeit dieser Tiere verwundern, sie haben jedoch im Laufe der Evolution eine Jagdmethode entwickelt, die ihnen das evolutionäre Überleben erlaubt: Sie produzieren hochwirksame Toxine, die ihre Beute in Sekundenschnelle lähmt oder sogar tötet. Dabei besitzt jede *Conus*-Art einen Cocktail von 50–200 individuellen Giftsubstanzen. Diese so genannten Conotoxine werden mittels kleiner, hohler Zähnchen abgeschossen und der Beute injiziert (Material B).
Struktur und Wirkungsmechanismus vieler Conotoxine sind schon seit längerem geklärt. So blockiert z. B. das ω(omega)-Conotoxin hochspezifisch präsynaptische Ca^{2+}-Kanäle.
Diese Wirkung könnte möglicherweise zur Behandlung von Patienten mit chronischen Schmerzen eingesetzt: den Betroffenen würde dann eine Pumpe implantiert werden, die fortwährend kleinere Mengen des ω-Conotoxins in die Rückenmarksflüssigkeit abgibt. Schmerzpatienten werden durch das Gift jedoch nicht getötet, da die Rückenmarksflüssigkeit durch eine spezielle Membran von der Blutbahn getrennt ist. Dadurch kann das ω-Conotoxin nicht an andere Synapsen gelangen, es verbleibt also im Rückenmark und gelangt nicht in andere Teile des Körpers.

Material B: Kegelschnecke der Gattung *Conus* bei der Jagd

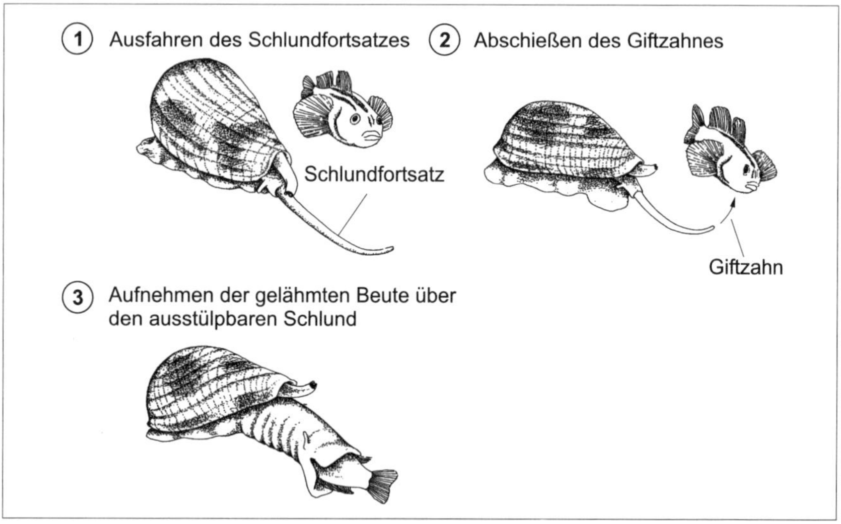

aus: Mebs, Dietrich: Gifte im Riff: Toxikologie und Biochemie eines Lebensraums, Wissenschaftliche Verlagsgesellschaft Stuttgart, 1989 (Zeichnungen von Renate Klein-Rödder)

Material C: Codesonne

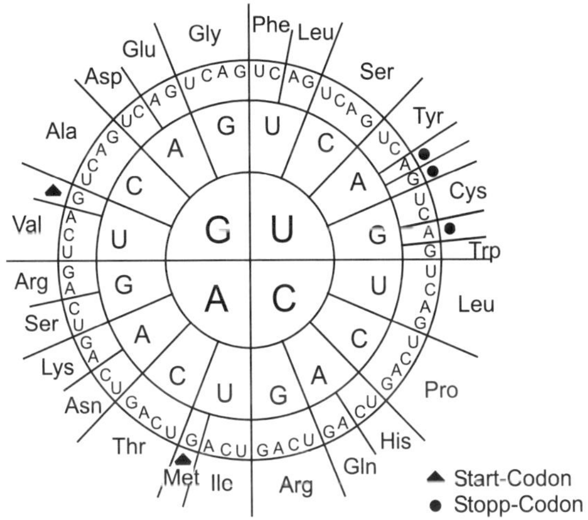

Ala	= Alanin
Arg	= Arginin
Asp	= Asparagin
Asp	= Asparaginsäure
Cys	= Cystein
Gln	= Glutamin
Glu	= Glutaminsäure
Gly	= Glycin
His	= Histidin
Ile	= Isoleucin
Leu	= Leucin
Lys	= Lysin
Met	= Methionin
Phe	= Phenylalanin
Pro	= Prolin
Ser	= Serin
Thr	= Threonin
Trp	= Tryptophan
Tyr	= Tyrosin

Material D: Aminosäuresequenz des ω-Conotoxins

Statt Prolin verwenden Kegelschnecken bei der Proteinsynthese die leicht veränderte Aminosäure Hydroxyprolin (O), was für die Funktion des Giftes jedoch ohne Bedeutung ist.

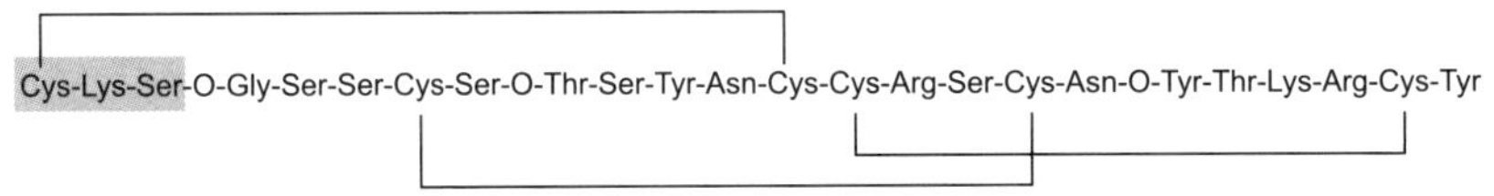

verändert nach: Olivera B. M., Miljanich G. P., Ramachandran J., Adams M. E.: Calcium Channel Diversity and Neurotransmitter Release: The ω-Conotoxins and ω-Agatoxins, Annual Review of Biochemistry, Vol. 63, 1994, S. 823-867

Material E: Schmerzwahrnehmung

Wenn ein Mensch sich z. B. an einem Streichholz verbrennt, spürt er sofort einen starken Schmerz. Die Schmerzsignale entstehen dabei durch besonders starke Reizung der sensorischen Nervenendigungen spezieller Nervenzellen, der so genannten Schmerzrezeptoren. Die Erregung wird über das Axon des Schmerzrezeptors zum Rückenmark geleitet. Im Rückenmark wird das Schmerzsignal über eine Synapse auf eine Rückenmarkszelle übertragen (siehe Material F). Der exzitatorisch (erregend) wirkende Neurotransmitter ist dabei Glutamat. Das Axon der Rückenmarkszelle leitet die Erregung weiter zum Gehirn.

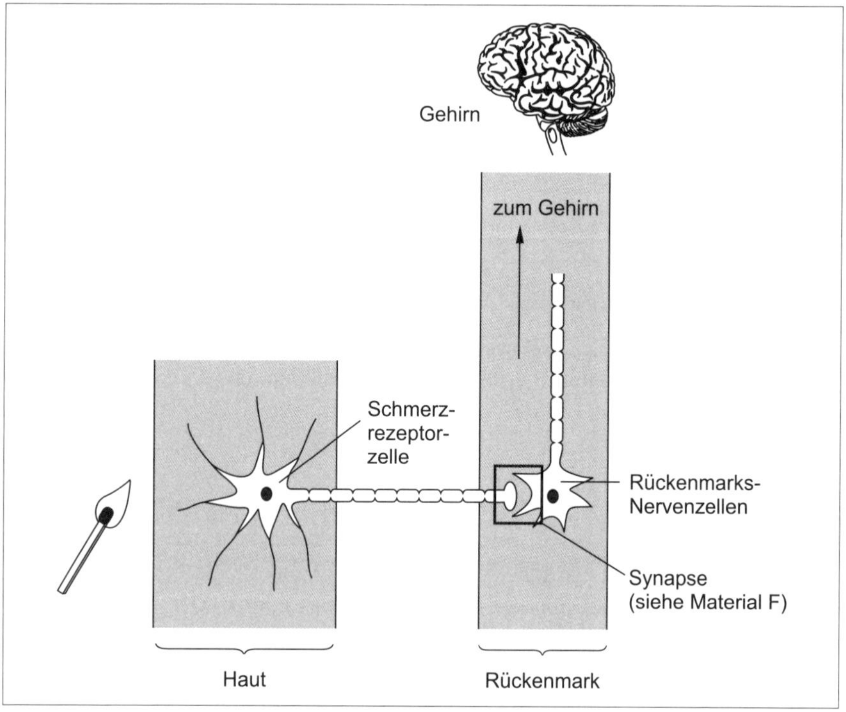

Material F: Vereinfachte Darstellung der synaptischen Übertragung eines Schmerzsignals im Rückenmark

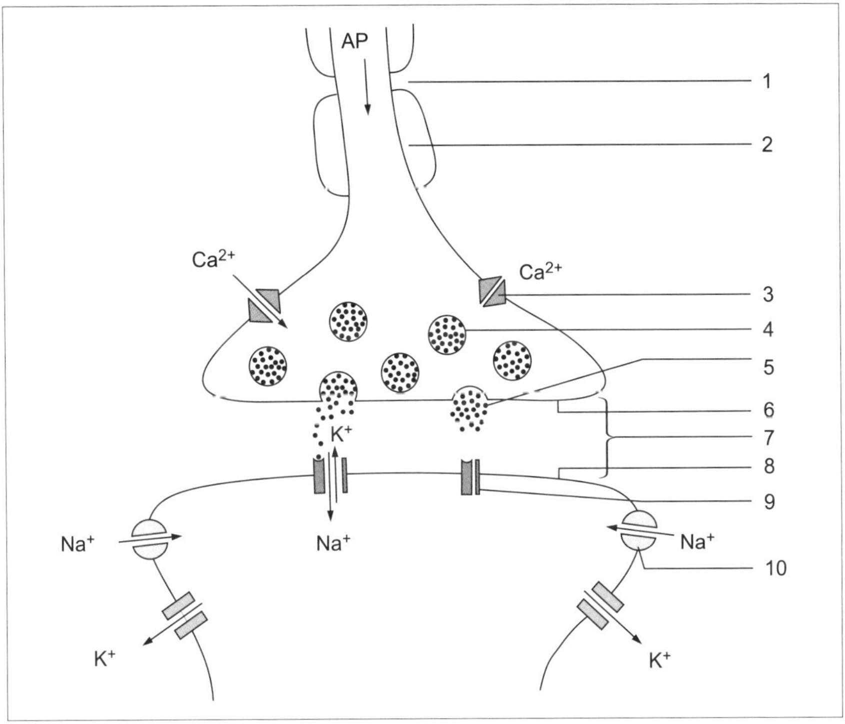

Lösungsvorschlag

In der Aufgabe thematisierte Unterrichtsinhalte sind:
Zellbiologie: Proteinbau und Proteinfunktion, Schlüssel-Schloss-Prinzip
Neurobiologie: Bau und Funktion von exzitatorischen Synapsen, Erregungsübertragung an Synapsen, transmittergesteuerte Rezeptorkanäle, Bau eines Neurons, Entstehung von Ruhe- und Aktionspotenzialen auf ionaler, molekularer und zellulärer Ebene
Genetik: genetischer Code, Punktmutationen und ihre Folgen

1 *Beachten Sie bei der Bearbeitung unbedingt die richtige Reihenfolge der Basen! Zum besseren Verständnis sind in der folgenden Lösung alle Sequenzen mit einer 5' →3'-Beschriftung versehen.*

Aminosäuresequenz:		Cys –	Lys –	Ser –
mRNA-Sequenz:	5' …	UGC	AAA	UCA … 3'
oder		UGU	AAG	UCC
				UCG
				UCU
				AGC
				AGU
codogene DNA-Sequenz:	3' …	ACG	TTT	AGT … 5'
oder		ACA	TTC	AGG
				AGC
				AGA
				TCG
				TCA

Bei einer Punktmutation der 3. Base im ersten DNA-Triplett gibt es drei Möglichkeiten hinsichtlich der Folgen:

- Liegt eine der beiden DNA-Sequenzen 3' AC**G** 5' oder 3' AC**A** 5' vor, würde ein Basenaustausch von A zu G oder umgekehrt zu keiner Veränderung in der Aminosäuresequenz führen. Dies liegt an der Degenriertheit des genetischen Codes: Viele Aminosäuren werden durch mehrere Tripletts codiert. Im vorliegenden Fall codieren die abgeleiteten mRNA-Tripletts 5' UG**C** 3' und 5' UG**U** 3' beide für die Aminosäure Cystein.
- Kommt es zu einem Basenaustausch von A/G durch C, würde die Aminosäuresequenz verändert werden, denn das DNA-Triplett 3' AC**C** 5' wird in das mRNA-Codon 5' UG**G** 3' transkribiert, das für die Aminosäure Tryptophan codiert. Dies könnte Auswirkungen auf die Giftwirkung haben, da die Tertiärstruktur des ω-Conotoxins verändert würde: Die Cystein-Brücke zwischen der 1. und 16. Aminosäure wäre verloren gegangen. Möglicherweise könnte das einen völligen Funktionsverlust des Giftes bedeuten, da die Tertiärstruktur eines Proteins für seine Funktion entscheidend ist.

- Bei einem Basenaustausch von A/G durch T würde bei der Transkription das Stopp-Codon 5' UG**A** 3' entstehen. Da diese Mutation direkt das erste Triplett der mRNA betrifft, bedeutet das, dass das gesamte ω-Conotoxin nicht synthetisiert würde.

2 *Bei dieser Aufgabe geht es nicht darum, den Ablauf der Erregungsleitung bzw. -übertragung ausführlich darzustellen. Es soll nur die aus den Informationen in Material A die Auswirkung des Conotoxins auf die Erregungsübertragung abgeleitet werden.*

Das Einströmen von Ca^{2+}-Ionen ist ein Signal für die Ausschüttung von Acetylcholin (ACh) aus den präsynaptischen Vesikeln der neuromuskulären Synapse. ACh dient der Erregungsübertragung zur Muskelfaser und bewirkt somit die Kontraktion des Muskels. Werden die Ca^{2+}-Kanäle durch ω-Conotoxin blockiert, bleibt die Erregungsübertragung aus. Die daraus resultierende Muskellähmung kann tödlich sein, wenn der Herzmuskel oder die Atemmuskulatur betroffen sind.

3 *Vorsicht: Es handelt sich hier nicht um die typische neuromuskuläre Synapse mit dem Transmitter Acetylcholin. Beachten Sie bei der Beschriftung auch die Informationen in Material E!*

1 Ranvierscher Schnürring
2 Markscheide *(oder: Schwannsche Zelle)*
3 *(spannungsabhängiger)* Ca^{2+}-Kanal
4 Vesikel mit Transmitter
5 Glutamat-Molekül
6 präsynaptische Membran
7 synaptischer Spalt
8 postsynaptische Membran
9 *(transmitterabhängiger)* Glutamat-Rezeptor-Kanal
10 *(spannungsabhängiger)* Na^{+}-Kanal

4 *Es handelt sich um den Ihnen bekannten Vorgang der Erregungsübertragung an einer Synapse. Um die Aufgabe vollständig richtig zu beantworten, müssen Sie Ihre Erklärung aber an den hier vorliegenden Fall anpassen.*

Erreicht ein Aktionspotenzial der Schmerzrezeptorzelle das synaptische Endbläschen, werden dort in der Membran Ca^{2+}-Kanäle geöffnet. Für die Ca^{2+}-Ionen besteht ein Konzentrationsgefälle in das Innere der Präsynapse. Das Eindiffundieren der Ca^{2+}-Ionen führt zum Verschmelzen von Vesikeln mit der präsynaptischen Membran. Daraufhin öffnen sich in Vesikel und Membran Poren, durch die der Transmitter (in diesem Fall Glutamat) in den synaptischen Spalt freigesetzt wird. Glutamat diffundiert zu spezifischen Glutamat-Rezeptorkanälen in der postsynaptischen Membran der Rückenmarkszelle. Diese Rezeptorkanäle werden als transmittergesteuert oder -abhängig bezeichnet, da sie sich nur öffnen, wenn sich der entsprechende Transmitter in das Protein setzt *(Schlüssel-Schloss-*

Prinzip). Nach dem Andocken des Transmitters an das Rezeptormolekül öffnet sich dieses. Jetzt diffundieren Na^+-Ionen in Richtung des Konzentrations- und Ladungsgefälles in die Rückenmarkszelle ein und gleichzeitig K^+-Ionen in Richtung des Konzentrationsgefälles aus der Zelle heraus. Da der Nettoeinstrom der Na^+-Ionen überwiegt, kommt es an der postsynaptischen Membran zur Depolarisation, d. h. Glutamat wirkt erregend *(exzitatorisch)* auf die Rückenmarkszelle. Ist diese Depolarisation überschwellig, kommt es zur Öffnung von spannungsgesteuerten Na^+-Kanälen in der Nachbarschaft der postsynaptischen Membran, es entsteht über die folgende Depolarisation wieder ein Aktionspotenzial.

5 Wie bei der muskulären Lähmung verhindert ω-Conotoxin über die Blockade der Ca^{2+}-Kanäle in den synaptischen Endknöpfchen eine Weiterleitung der Erregung: Die Ausschüttung von Glutamat wird unterdrückt. Die Rückenmarkszelle wird nicht erregt, das Schmerzsignal nicht in Richtung Gehirn weitergeleitet.

Schädlingsbekämpfung am Beispiel der Baumwollpflanze

1 Erläutern Sie anhand aussagekräftiger Skizzen die Volterra-Gesetze.

2 Stellen Sie anhand des Materials dar, welche ökologischen und wirtschaftlichen Probleme beim Insektizid-Einsatz entstehen können.

3 Beschreiben Sie ein alternatives Verfahren zur Schädlingsbekämpfung, das bei der Bekämpfung der Baumwollschädlinge sinnvoll eingesetzt werden könnte.

4 Erläutern Sie, worauf die Wirkung von Azodrin® (Material C) aus neurophysiologischer Sicht beruht.

Material A: Baumwollanbau in Kalifornien – Schädlinge und Schädlingsbekämpfung

Im kalifornischen San Joaquin Valley werden 90 % der Baumwolle Kaliforniens angebaut. Die Kulturpflanze stellt damit einen wichtigen Wirtschaftsfaktor der Region dar.
In den großen Monokulturen kam und kommt es immer wieder zu erheblichen Schädlingsbefall. Hauptschädling der Baumwollpflanze ist dabei die Blattwanze *Lygus hesperus*. Sie saugt an den reifenden Fruchtknospen der Baumwolle, wodurch sich die Bildung der Baumwollkapseln verzögert. Aus den Samenhaaren dieser Kapsel wird der Baumwollfaden gewonnen.
Ein weiterer bedeutender Schädling ist der Baumwollkapselwurm *Heliothis zea*. Die Weibchen legen im Frühjahr ihre Eier in die Knospen und Samenkapseln der Baumwolle. Die Larven fressen die Pflanzenteile von innen auf und entwickeln sich innerhalb von drei Wochen zum Eier legenden Käfer. Pro Sommer sind so 4–5 Generationen möglich.
Die genannten Baumwollschädlinge haben nur wenige natürliche Feinde. Eine davon ist die räuberische Florfliege *Chrysopa carnea* aber auch einige Vogelarten.

Eine Lösung des Schädlingsproblems schien mit der Entdeckung der Pestizide in Sicht. Bei der chemischen Schädlingsbekämpfung können verschiedene Stoffgruppen unterschieden werden. Das Insektizid Azodrin® zählt zu den so genannten Organophosphaten, DDT und Toxaphen zu den chlorierten Kohlenwasserstoffen (CKW). Trotz guter erster Erfolge stellten sich bald erhebliche Probleme beim Einsatz der ausgewählten Insektizide ein (siehe Material B).
Rückläufige Ernten führten dazu, dass Ende der 1960er-Jahre an der Universität Kaliforniens mehrere Versuche zu den ökologischen Auswirkungen der Azodrin®-Anwendung durchgeführt wurden. Die Ergebnisse dieser Versuche werden in Material E dargestellt.

Material B: Probleme im Zusammenhang mit der Anwendung von CKWs im 20. Jahrhundert

„(…) Gegen den Rat ökologisch ausgebildeter Entomologen (…) wurden 1949 synthetische organische Pestizide in dem Tal eingeführt. Die Anwendung dieser Pestizide, vor allen Dingen der chlorierten Kohlenwasserstoffe DDT, BHC und Toxaphen, war zunächst sehr erfolgreich. Die Baumwollernte stieg von 494 kg pro ha im Jahre 1950 auf 728 kg pro ha im Jahre 1954. Die Baumwollfarmer gelangten zu dem Schluss, dass bei Anwendung von mehr Pestiziden mehr Baumwolle geerntet werden könnte. Daraufhin wurden Insektizide wie eine Decke über das ganze Tal ausgebreitet. Die Bäume wurden geschlagen, um den Flugzeugen das Ausbringen der Insektizide zu erleichtern. Die Vögel, die bisher in den Bäumen genistet hatten, verschwanden. (…)
Im Jahre 1952 erwies sich, dass BHC nicht mehr gegen Blattläuse wirksam war. Im Jahre 1954 schlug die Vergiftung mit Toxaphen gegen einen Schmetterling fehl. Die durch den Baumwollkäfer verursachten Schäden erreichten 1955 und 1956 extrem hohe Werte. Darüber hinaus traten mindestens 6 neue Schädlinge auf, die in den umliegenden Tälern, wo keine organischen Pestizide angewandt worden waren, nicht vorkamen. Zusätzlich erreichte die Zahl eines alten Schädlings, des Schmetterlings *Heliothis virescens,* nie gekannte Größen. (…) Anstelle der chlorierten Kohlenwasserstoffe wurden nun synthetische Organophosphate angewandt, und eine Begasung erfolgte nicht mehr alle 1–2 Wochen, sondern alle drei Tage. Trotzdem sank 1955–1956 der Ernteertrag auf 232 kg pro ha; das Tal stand vor dem wirtschaftlichen Ruin. (…)“

aus: Ehrlich Paul R., Ehrlich Anne H., Holdren John P.: Humanökologie, übers. von Hermann Remmert, Springer Verlag Berlin, Heidelberg, New York, 1975, S. 147

Material C: Insektizide im Vergleich – DDT und Azodrin®

	DDT	**Azodrin®**
LD_{50} (mg/kg, Ratte)	300	100
Tage bis zum 95 %-igen Abbau	11 000	90
Anreicherung in der Nahrungskette (Bioakkumulation)	hoch	gering bis gar nicht
Wirkmechanismus	noch nicht völlig geklärt, wahrscheinlich auf das Nervensystem wirkend	Hemmung des Enzyms Acetylcholinesterase
Fettlöslichkeit	sehr gut	sehr schlecht
Wasserlöslichkeit (g/100 g, 20°C)	0,0000012	100
Wirkungsspektrum	unspezifisch gegen die meisten Insektengruppen	unspezifisch gegen die meisten Insektengruppen und viele Milben

Material D: Einfluss der Azodrin®-Konzentration auf die Sterblichkeit der Blattwanze *Lygus hesperus*

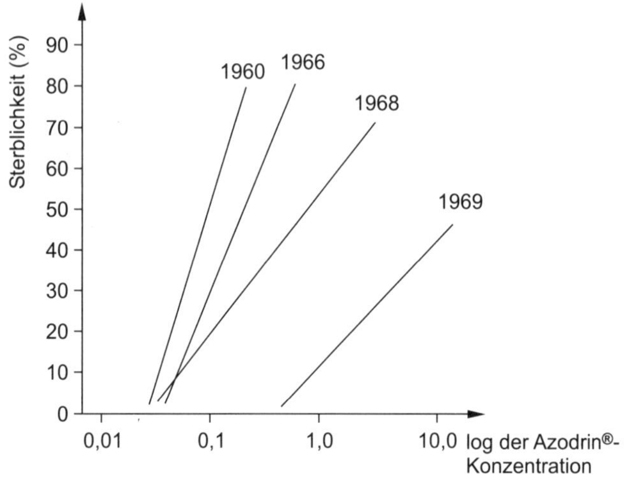

nach: van den Bosch, R. et al., The developing program of integrated control on cotton pests in California. In: Huffaker, C. B. (ed.), Biological Control Plenum Press New York 1971, S. 377–394

Material E: Versuche zu ökologischen Auswirkungen beim Einsatz von Azodrin®

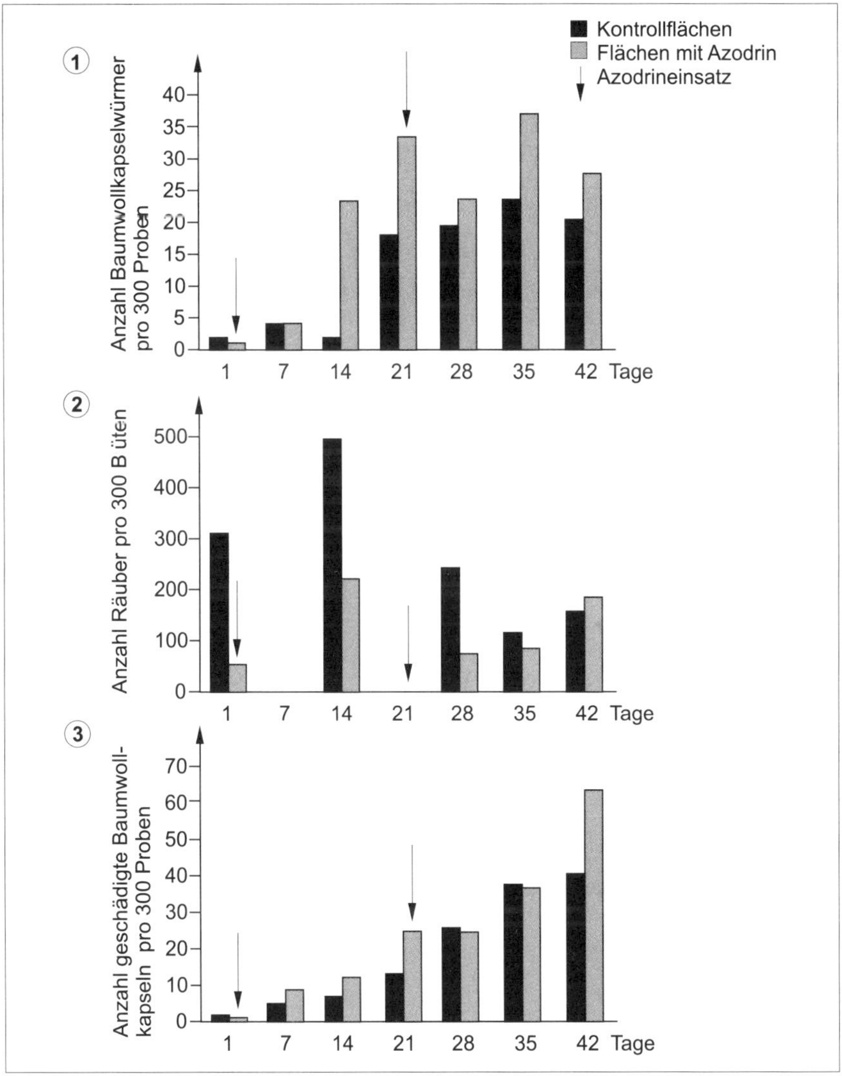

(1) Populationsentwicklung des Baumwollkapselwurms *H. zea,* (2) Populationsentwicklung der Florfliege *C. carnea,* (3) geschädigte Baumwollkapseln je 300 Blüten
Es sind jeweils die Kontrollflächen ohne Azodrin®-Einsatz sowie die Flächen mit Azodrin®-Einsatz dargestellt. Das Insektizid wurde jeweils am 1. und am 21. Tag versprüht (Pfeile).

nach Daten von: van den Bosch R. et al., Pest and Disease Control Program for Cotton, University of California Agricultural Experimental Station 1968

Lösungsvorschläge

In der Aufgabe thematisierte Unterrichtsinhalte sind:
Ökologie: Chemische und biologische Schädlingsbekämpfung, Resistenzbildung, Nahrungspyramide, Trophieebenen, Räuber-Beute-Beziehung, Volterra-Gesetze
Neurobiologie: Bau und Funktion der neuromuskulären Synapse von Wirbeltieren, Entstehung und Weiterleitung eines Aktionspotential an einer Synapse

1 *Bei ökologischen Betrachtungen im Unterricht sollten eigentlich alle drei hier dargestellten Volterra-Gesetze behandelt werden. Es kann jedoch vorkommen, dass das 3. Gesetz nicht behandelt wurde. In diesem Fall wird von Ihnen auch nur die Wiedergabe der ersten zwei Gesetze erwartet. Da es sich um eine reproduktive (wiederholende) Fragestellung handelt, kann nur das gewertet werden, was unterrichtlich auch behandelt worden ist!*

- Volterra-Gesetz 1 (Gesetz von den periodischen Zyklen): Die Dichten der Räuber- und Beutepopulationen schwanken phasenverschoben. Der Abstand der jeweiligen Maxima ist von den Ausgangsbedingungen sowie von den Wachstumsraten beider Populationen abhängig.

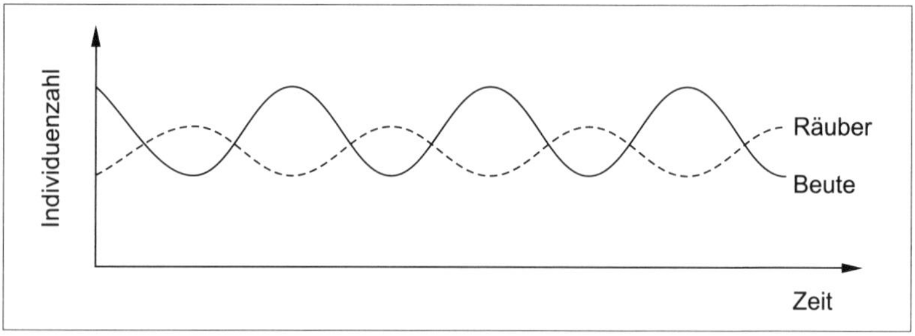

- Volterra-Gesetz 2 (Gesetz von der Erhaltung der Mittelwerte): Bei unveränderten Umweltbedingungen bleiben die Populationsdichten von Räuber und Beute über längere Zeit betrachtet konstant.

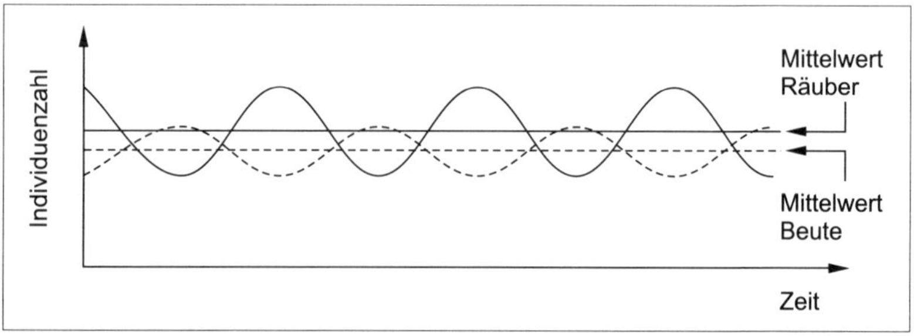

– Volterra-Gesetz 3 (Gesetz von der Störung der Mittelwerte): Wird die Gesamtzahl der Räuber- und Beutepopulationen zu gleichen Anteilen (proportional) durch einen Eingriff von außen (z. B. chemische Schädlingsbekämpfung) vermindert, nimmt die Beutedichte aufgrund der höheren Wachstumsrate zunächst stark zu, die Räuberdichte nimmt hingegen ab bzw. steigt erst zeitlich verzögert wieder an.

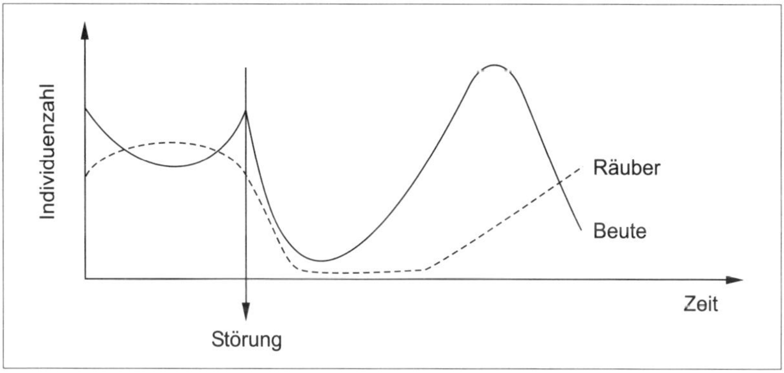

2 *Aufgrund der Fülle von Materialien lohnt es sich, alle Texte, Abbildungen etc. nach Gemeinsamkeiten zu überprüfen und die eigene Darstellung in einem ersten Schritt sozusagen nach Überschriften zu ordnen – der Lösungsvorschlag enthält eine solche mögliche Gliederung. In einem nächsten Schritt ist dann zu überprüfen, welche der Materialien bei der zweiten Durchsicht auch noch zu diesen Überschriften passen könnten. Belegen Sie Ihre Aussagen anhand des Materials!*

Natürliche Feinde – Volterra-Gesetze

CKW und Azodrin wirken unspezifisch gegen alle Insekten (Material C), d. h. auch gegen die natürlichen Feinde der Baumwollschädlinge (z. B. die Florfliege, Material A, Material E). Beim Ersteinsatz kommt es also zu einer Dezimierung beider Insektengruppen. Die Vernichtung der Schädlinge erklärt den in Material B beschriebenen Erfolg des Pestizideinsatzes im Jahr 1954. Die Schädlinge und ihre Feinde stehen jedoch in einer Räuber-Beute-Beziehung. Dieser Sachverhalt ist auch an Material E zu erkennen: Auf den Kontrollflächen sind die phasenverschobenen Populationsdichteschwankungen zwischen der räuberischen Florfliege und dem Baumwollkapselwurm zu erkennen, die im 1. Volterra-Gesetz beschrieben sind.
Offensichtlich erholt sich die Schädlingspopulation schneller und erreicht somit eine höhere Populationsdichte als unter unbeeinflussten Bedingungen *(3. Volterra-Gesetz)*. Diese Tatsache erklärt unter anderem die in Material B beschriebene explosionsartige Vermehrung des Baumwollkäfers sowie die Vermehrung des Baumwollkapselwurm auf den in Material E beschriebenen Versuchsflächen. Dadurch, dass in den Folgejahren 1955 und 1956 der CKW-Einsatz sogar noch verstärkt wurde und die Pestizide in immer kürzeren Zeitabständen ausgebracht

wurden (Material B), hatten die Populationen der natürlichen Feinde der Schädlinge keine Chance, sich zu erholen. Darüber hinaus wurde durch das Fällen der Bäume im Tal den baumbrütenden Vögeln die Nistmöglichkeiten genommen. Unter diesen befinden sich jedoch ebenfalls natürliche Feinde der Schädlinge (Material A). Damit wurde der beschriebene Vorgang natürlich noch verstärkt. Durch das Fehlen praktisch aller natürlichen Gegenspieler der Schädlinge konnten jetzt auch neue Schädlinge aus Nachbargebieten in die Baumwollfelder einfallen. In deren natürlichen Verbreitungsgebieten stellten sie kein Problem dar, da sie sich dort mit ihren natürlichen Feinde in einer stabilen Räuber-Beute-Beziehung befanden und sich daher nicht extrem vermehren konnten.

Monokulturen

Die Problematik wird dadurch verstärkt, dass die Schädlinge in den Monokulturen der Baumwollfelder ideale Nahrungsbedingungen vorfinden (Material A).

Resistenz

Zudem kommt es noch zur Bildung von resistenten Schädlingspopulationen: 1969 werden durch eine 1000fach erhöhte Azodrin-Konzentration nur noch 50 % der *Lygus*-Wanzen abgetötet (Material D). Alle genannten Faktoren zusammen führen zu einer stärkeren Schädigung der Baumwollpflanzen als ohne Anwendung des Insektizids.

Bioakkumulation

DDT besitzt eine sehr gute Fettlöslichkeit und eine extrem lange Abbauzeit (Material C). Damit kann es sich in der Nahrungskette anreichern. Trotz der geringen Toxizität für Wirbeltiere (LD_{50}= 300 mg/kg, Material C) kann es diese auch in späteren Jahren schädigen, da es sich aufgrund der Weitergabe über die Trophieebenen ansammelt und so Konzentrationen erreicht, die für Endkonsumenten gefährlich sein können.
Für Azodrin besteht dieses Problem nicht, es ist schlecht fettlöslich und wird rasch abgebaut. Andererseits besitzt es eine ausgezeichnete Wasserlöslichkeit, wodurch es in aquatische Ökosysteme (z. B. Bäche, Seen der Umgebung) gelangen und dort andere Organismen schädigen kann.

3 *Es gibt eine Vielzahl alternativer Verfahren zur biologischen Schädlingsbekämpfung, von denen aber meist nur wenige im Freiland erfolgreich einzusetzen sind. Der Lösungsvorschlag kann daher in diesem Punkt nicht ausführlich bzw. vollständig sein, das würde den Rahmen dieses Buchs sprengen! Es handelt sich demnach nur um ein Beispiel für die Beantwortung der Fragestellung, auch andere Lösungen sind möglich.*

Im integrierten Pflanzenschutz werden eine Vielzahl flankierender Maßnahmen eingesetzt, um die Schädlingspopulationen in ihren Populationsdichten deutlich einzuschränken. Im vorliegenden Fall würde die Förderung der natürlichen Räuberpopulation z. B. durch Einrichten geeigneter Nist- oder ungestörter Rück-

zugsmöglichkeiten sicherlich sinnvoll sein. Die Wiederaufforstung in dem Gebiet ist daher dringend zu empfehlen (Nistplätze für Vögel).
Der Einsatz von Pheromonen zum Abfangen der Schädlinge muss von Fall zu Fall geprüft werden, dürfte aber im beschriebenen Tal aufgrund der räumlichen Größe schwierig bzw. sehr kostenintensiv sein.
Ist das Tal gegen Migration einigermaßen geschützt (z. B. durch höhere Gebirgszüge) könnte auch der Einsatz von sterilen Männchen gegen die Schädlinge erwogen werden. Künstlich sterilisierte Männchen eines Schädlings werden dazu in großen Mengen auf den Feldern ausgebracht. Dort konkurrieren sie mit den fertilen Männchen der natürlichen Population um fortpflanzungsfähige Weibchen. Da die sterilen Männchen in der Überzahl sind, sind ihre Kopulationschancen größer. Diese Methode ist dann besonders wirksam, wenn die Weibchen, die von einem Männchen begattet wurden, eine weitere Begattung abwehren. Von sterilen Männchen begattete Weibchen legen unbefruchtete Eier, die Population nimmt drastisch ab.

4 *In Material C ist der Wirkmechanismus von Azodrin angegeben. Erläutern Sie, wie die Erregungsübertragung auf der Ebene der Synapse dadurch beeinträchtigt wird und zu welchen Folgen dies für den Gesamtorganismus führt.*

Azodrin hemmt die Acetylcholin-Esterase. Durch diese Hemmung kommt es zuerst zu einer Dauererregung an der motorischen Endplatte: Das Acetylcholin (ACh) wird nicht gespalten und hält dadurch den transmitterabhängigen Rezeptor-Kanal offen. In der Folge kommt es zu einer starken Summation der exzitatorischen postsynaptischen Potenziale (EPSPs). Es entstehen Krämpfe in der Muskulatur, die motorische Kontrolle geht verloren. Da aber Na^+- und K^+-Ionen durch den jetzt offenen Kanal weiter diffundieren können, kommt es allmählich zu einem Ausgleich der Na^+- und K^+-Konzentration. Die EPSP werden also immer schwächer und versiegen schließlich völlig. Nach den anfänglichen Krämpfen kommt es dadurch zu einer völligen motorischen Lähmung. Betrifft diese Lähmung z. B. den Herzmuskel, kommt es zum Tod.

Abitur-Prüfung Biologie (NRW) – Leistungskurs
Übungsaufgabe 6: Genetik

Genetische Ursachen des Hyperinsulinismus

1 Übersetzen Sie den in Material F angegebenen codogenen DNA-Strang mithilfe von Material H in eine Aminosäuresequenz. Stellen Sie an diesem Beispiel die Grundlagen des genetischen Codes dar.

2 Begründen Sie anhand des in Material C dargestellten Stammbaums, welcher Vererbungsmodus beim Hyperinsulinismus vorliegt.

3 Beschreiben Sie die in Material G dargestellten Abläufe in einer B-Zelle des Pankreas. Gehen Sie dabei besonders auf die Bedeutung der Glucokinase für die Regulation des Blutzuckerspiegels ein.

4 Erklären Sie anhand des Materials die Ursachen für den hier vorliegenden Hyperinsulinismus:
a) aus genetischer Sicht und
b) aus biochemischer Sicht.
Beziehen Sie in Ihre Erklärung auch die in Material B beschriebenen Symptome des an Hyperinsulinismus erkrankten Mannes ein.

Material A: Regulation des Blutzuckerspiegels durch den Pankreas (Bauchspeicheldrüse)

Die Bauchspeicheldrüse ist ein wichtiges Organ, um die Glucosekonzentration im Blut, den Blutzuckerspiegel, zu regulieren. Ist der Blutzuckerspiegel z. B. nach einer glucosereichen Mahlzeit hoch, stellt sie vermehrt in den so genannten B-Zellen das Hormon Insulin her. Dieses Hormon wird in die Blutbahn abgegeben und gelangt so zu allen Zellen des Körpers. Je höher der Blutzuckerspiegel ist, desto mehr Insulin produziert der Pankreas.
Insulin ermöglicht es den Körperzellen, das lebensnotwendige Glucose aus der Blutbahn ins Zellinnere aufzunehmen. Auf diese Weise wird die Glucosekonzentration konstant gehalten. Sinkt der Blutzuckerspiegel unter diesem Wert, kommt es zu einer stark verminderten Leistungsfähigkeit des Körpers.

viel Glucose im Blut nach einer Mahlzeit → Insulin-Freisetzung im Pankreas → Insulinabgabe ins Blut → Glucose-Aufnahme durch die Körperzellen

Material B: Symptomatik und Ursachen des Hyperinsulinismus

Hyperinsulinismus (HI) ist eine seltene Erbkrankheit (Häufigkeit: 1 : 40 000), die vor allem durch stark vergrößerte B-Zellen im Pankreas gekennzeichnet ist. Die Symptomatik soll an Person E (Material C) beschrieben werden: Während der vergangenen Jahre hatte der 31-jährige Mann immer wieder über Müdigkeit, Schwäche, Hunger und Zittern am Morgen geklagt. Die Symptome verschwanden, sobald er eine glucosereiche Mahlzeit zu sich nahm. Eine Untersuchung des Pankreas zeigte keine Auffälligkeiten. Als der Mann nach einem Frühstück bewusstlos zusammenbrach, diagnostizierten die Ärzte schließlich HI.

Für das beschriebene Krankheitsbild des HI gibt es viele verschiedene Ursachen, von denen eine mit dem Enzym Glucokinase zusammenhängt. Glucokinase katalysiert die Bildung von Glucose-6-phosphat (Material D). Das Gen für dieses Enzym ist sehr lang und besteht aus 12 Exons.

Material C: Stammbaum einer Familie mit Hyperinsulinismus

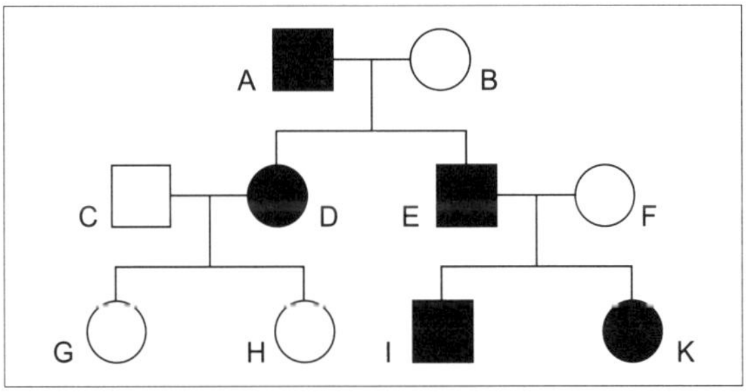

Hinweis: Quadrate symbolisieren männliche, Kreise weibliche Mitglieder der Familie; Person B ist homozygot

nach: Glaser, B. et al., Familial Hyperinsulinism caused by an activating Glucokinase mutation, in: The New England Journal of Medicine, Jan 22, 1998, p 226–230

Material D: Schematische Darstellung der Glucokinase-Wirkung

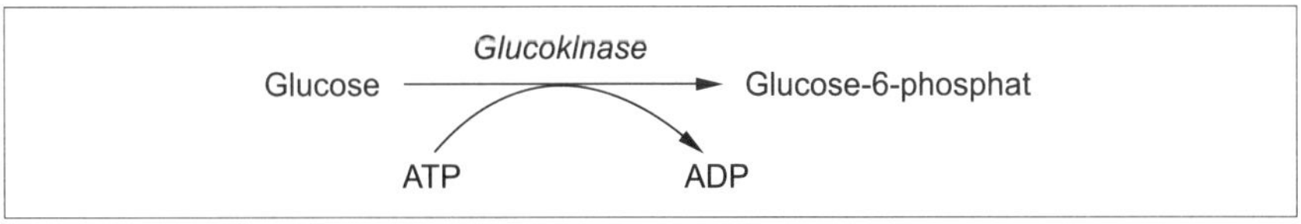

Material E: Aktivität verschiedener Formen der Glucokinase

Mutationsort	**Aktivität in %**
unverändertes Enzym	100
Exon 5	50
Exon 6	0,5
Exon 7	0,4
Exon 10	165

Material F: Ausschnitt aus dem codogenen DNA-Strang für das Exon 10 des Enzyms Glucokinase eines Gesunden und eines an Hyperinsulinismus Erkrankten

gesunde Person	5'… AGC CGC CAC CGG ACA …3'
an HI erkrankte Person	5'… AGC CGC CAT CGG ACA …3'

nach: Glaser, B. et al., Familial Hyperinsulinism caused by an activating Glucokinase mutation, in: The New England Journal of Medicine, Jan 22, 1998, p 226–230

Material G: Schematische Darstellung der Abläufe in einer B-Zelle

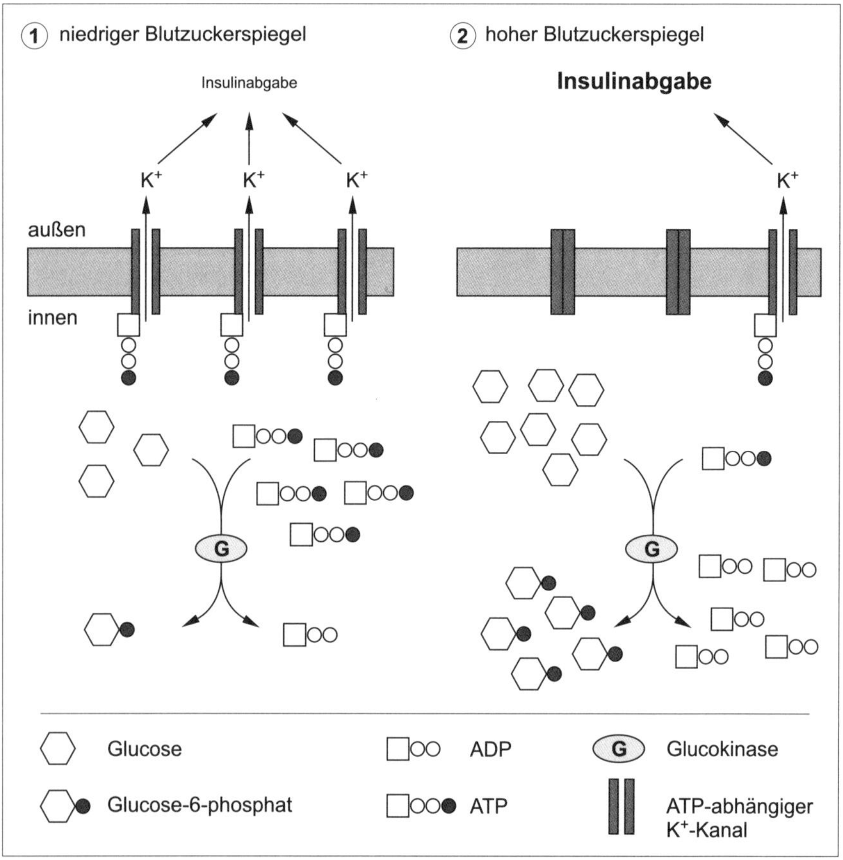

verändert nach: Meissner, T., Mayatepek, E., Genetische Grundlagen des kongenitalen Hyperinsulinismus, in: Dt. Ärzteblatt 97, 39/2000, S. 1916–1919

Material H: Codesonne

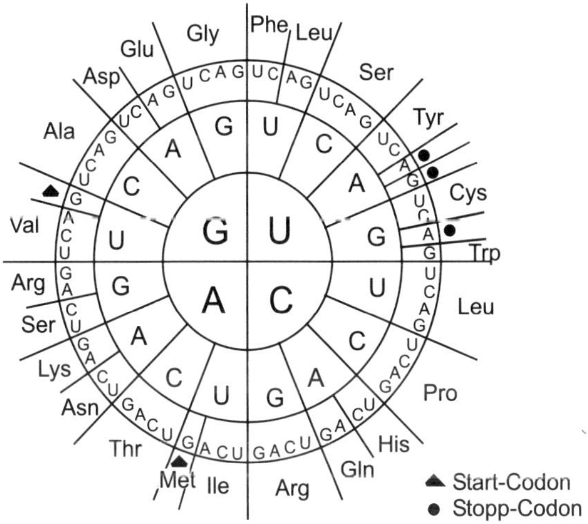

Ala	=	Alanin
Arg	=	Arginin
Asp	=	Asparagin
Asp	=	Asparaginsäure
Cys	=	Cystein
Gln	=	Glutamin
Glu	=	Glutaminsäure
Gly	=	Glycin
His	=	Histidin
Ile	=	Isoleucin
Leu	=	Leucin
Lys	=	Lysin
Met	=	Methionin
Phe	=	Phenylalanin
Pro	=	Prolin
Ser	=	Serin
Thr	=	Threonin
Trp	=	Tryptophan
Tyr	=	Tyrosin

Lösungsvorschlag

In der Aufgabe thematisierte Unterrichtsinhalte sind:
Genetik: Stammbaumanalyse, DNA-Bau, Transkription, Translation, genetischer Code, Proteinbau und -funktion
Zellbiologie: Funktion von transmitterabhängigen Membrankanälen (z. B. ACh-Rezeptor)

1 – *Bei Aufgaben dieses Typs ist immer auf die Polarität von DNA und mRNA zu achten! In diesem Fall muss z. B. die mRNA von rechts (5'-Ende) nach links (3'-Ende) gelesen werden, um die Aminosäuresequenz richtig zu bestimmen. Damit die Aminosäuresequenz in der richtigen Polarität in der Lösung steht, drehen Sie daher am besten die DNA-Sequenz um (3'→5'-Richtung).*
– *Beachten Sie die Fragestellung und verwenden Sie als Beispiel daher so weit wie möglich Abschnitte aus der vorliegenden DNA-Sequenz. Achten Sie auch auf begriffliche Eindeutigkeit. Man bezeichnet z. B. das auf der DNA codierte Startsignal erst in der transkribierten Form auf der mRNA als Start-Codon.*

gesunde Person:

DNA	3'...	ACA-GGC-CAC-CGC-CGA ...5'
mRNA	5'...	UGU-CGG-GUG-GCG-GCU ...3'
Aminosäuresequenz		Ser – Arg – Val – Ala – Ala

an Hyperinsulinismus erkrankte Person:

DNA	3'...	ACA-GGC-TAC-CGC-CGA ...5'
mRNA	5'...	UGU-CGG-AUG-GCG-GCU ...3'
Aminosäuresequenz		Ser – Arg – Met – Ala – Ala

Die genetische Information für den Bau von Proteinen ist als Triplett-Code auf der DNA realisiert. Dieser genetische Code ist lückenlos und kommafrei, d. h. auf der DNA folgen die codierenden Tripletts ohne Einschub aufeinander. Andererseits ist er auch nicht überlappend, alle Tripletts werden hintereinander abgelesen. Prinzipiell ist der genetische Code für alle Lebewesen gültig.
Der genetische Code ist eindeutig, d. h. jedem Triplett ist genau eine Aminosäure bzw. ein Signal zugeordnet. Wegen der 64 Kombinationsmöglichkeiten der vier Basen in Dreiergruppen codieren jedoch häufig mehrere Tripletts für eine Aminosäure *(so genannte Degeneriertheit des genetischen Codes, auch Redundanz genannt)*. So ist im vorliegenden Beispiel die Aminosäure Alanin durch 2 unterschiedliche DNA-Tripletts codiert: 5' AGC 3' und 5' CGC 3'.
Zur Übersetzung der genetischen Information in die Aminosäuresequenz eines Proteins verwendet man üblicherweise eine Codesonne, in der die Basentripletts der mRNA dargestellt sind. Ein mRNA-Basentriplett wird als Codon bezeichnet. Jedes Codon codiert die Information für eine Aminosäure eines Proteins (z. B. UGU für die Aminosäure Serin) oder enthält Informationen über den Startpunkt für die Translation (das Start-Codon AUG) oder über das Translationsende (z. B. das Stopp-Codon UAA).

2 *Schreiben Sie sich ein Schema für die vier Möglichkeiten eines Erbgangs auf und überprüfen Sie jede einzelne bis zu dem Punkt, wo der Vererbungsmodus nicht mehr passt! Wenn Sie sich nicht sicher sind, tragen Sie in Ihrer Darstellung alle Argumente Für und Wider zusammen. So wird ersichtlich, dass Sie das Problem bis zu einem bestimmten Punkt kritisch durchdacht haben.*

Ein X-chromosomal-rezessiver Erbgang ist nicht möglich, da sonst alle Nachkommen in der F_1 gesund sein müssten *(die homzygot gesunde Person B könnte in diesem Fall nur ein nicht-mutiertes Allel weitergeben)*.
Ein X-chromosomal-dominanter Erbgang ist ebenfalls nicht möglich. In diesem Fall müsste Person E gesund sein, da männliche Nachkommen das Allel nicht erhalten könnten, da ihr X-Chromosom von der (gesunden) Mutter B stammt.
Ein autosomal-rezessiver Erbgang ist theoretisch möglich. Dafür müsste Person B jedoch heterozygot sein, was im Material aber ausgeschlossen wird *(auch wegen der in Material B angegebenen Häufigkeit von HI ist dieser Erbgang sehr unwahrscheinlich!)*.
Ein autosomal-dominanter Erbgang ist ebenfalls möglich und im Gegensatz zum autosomal-rezessiven Erbgang zutreffend.

3 *Die Abbildung wirkt auf den ersten Blick recht kompliziert. Bevor Sie an einer so komplexen Darstellung verzweifeln, sehen Sie sich immer zuerst die Legende an. Erst danach sollten Sie sich mit dem Abbildungs<u>inhalt</u> beschäftigen. Im vorliegenden Fall ist dabei zu beachten, dass die Abbildung sozusagen zweigeteilt ist: Es sind zwei Zustände einer B-Zelle dargestellt. Es macht daher Sinn, auch die Beschreibung zweigeteilt anzulegen. Machen Sie sich daher zunächst die Vorgänge in Teilabbildung a Schritt für Schritt klar. Vergleichen Sie dann, welche Unterschiede in Teilabbildung b zu erkennen sind.*
Beschreiben Sie, auf welche Weise und abhängig von welchem Faktor die Glucokinase den ATP-Spiegel in der Zelle beeinflusst.

Bei einem niedrigen Blutzuckerspiegel befindet sich auch nur wenig Glucose im Inneren der B-Zelle. Das Enzym Glucokinase stellt daher nur geringe Mengen an Glucose-6-phosphat her. Da dadurch auch nur wenig ATP verbraucht wird, setzen sich viele ATP-Moleküle an die in Material G dargestellten K^+-Ionenkanäle in der Membran der B-Zelle. Diese Kanäle öffnen sich und K^+-Ionen diffundieren entsprechend ihrem Konzentrationsgefälle von innen nach außen. Dies führt dazu, dass die B-Zelle nur geringe Mengen an Insulin produziert und abgibt.
Bei einem hohen Blutzuckerspiegel befindet sich viel Glucose im Zellinneren, die Glucokinase setzt große Mengen davon um und verbraucht dabei viel ATP. Dadurch werden weniger K^+-Ionenkanäle von ATP-Molekülen besetzt. Die nicht besetzten Kanäle bleiben verschlossen, sodass insgesamt weniger K^+-Ionen ausströmen können. Dies führt dazu, dass die B-Zellen große Mengen an Insulin produzieren und abgeben.

4 *Wie bei anderen Aufgabenteilen ist auch hier in der Fragestellung eine Hilfe für die Strukturierung Ihrer Antworten gegeben:*

- *In Aufgabenteil 1 haben Sie bereits herausgearbeitet, welche Mutation der Krankheit zugrunde liegt und welche Auswirkungen die Mutation auf die Aminosäuresequenz des Enzyms hat. Fassen Sie dies noch einmal kurz zusammen. Begründen Sie die in Material E genannten Konsequenzen für die Enzymaktivität mithilfe Ihres Wissens über die Raumstruktur von Proteinen.*
- *Zur Beantwortung dieser Teilaufgabe überlegen Sie, wie die im 1. Teil dieser Aufgabe erarbeiteten Konsequenzen für die Enzymaktivität auf die in Aufgabenteil 3 beschriebenen Vorgänge wirken müssen. In einem letzten Schritt sollten Sie damit die Symptomatik des Hyperinsulinismus erläutern.*

a) **Genetische Erklärung:** Es liegt eine Punktmutation der dritten Base im dritten Triplett des codogenen DNA-Ausschnittes vor: Cytosin wird durch Thymin ersetzt. Damit kommt es zu einer Änderung in der Aminosäuresequenz im Exon 10, statt Valin wird durch das neu entstandene mRNA-Triplett AUG die Aminosäure Methionin codiert. Offensichtlich hat dies Auswirkungen auf die Tertiärstruktur des Enzyms: Die Mutation bewirkt eine Steigerung der Glucokinase-Aktivität auf 165 % des unveränderten Enzyms. Damit liegt hier der seltene Fall vor, dass eine Mutation zu einer Aktivitätssteigerung eines Enzyms führt. In Material E ist ebenfalls ersichtlich, dass alle anderen Mutationen zu einem deutlichen Aktivitätsverlust führen.

b) **Biochemische Erklärung:** Durch die gesteigerte Aktivität der Glucokinase wird vermehrt Glucose mit Phosphat verbunden. Damit wird mehr ATP verbraucht als beim unveränderten Enzym. Durch die so verringerte ATP-Konzentration können sich weniger ATP-Moleküle in die K^+-Kanäle der Membran der B-Zellen setzen, weniger dieser Kanäle sind also geöffnet. Wie in Material G dargestellt, bedeutet dies aber für die B-Zellen das Signal mehr Insulin abzugeben und zu produzieren, was zu einer deutlich beschleunigten Aufnahme von Glucose führt. *(Durch die übermäßig vermehrte Insulin-Produktion nimmt auch die Größe der B-Zellen zu, siehe Material B.)* Der Blutzuckerspiegel sinkt damit schon bei geringen Mengen von Glucose im Blut rasch ab. Dadurch können die Symptome der Müdigkeit und Schwäche sowie das Hungergefühl bei dem in Material B beschriebenen Patienten erklärt werden: Der Blutzuckerspiegel war so gering, dass zu wenig Glucose für die Energiebereitstellung in den Zellen zur Verfügung stand. Eine glucosereiche Mahlzeit (siehe Material B) kann die Symptome durch die erhöhte Glucosemenge daher auch kurzzeitig vermindern.

Abitur-Prüfung Biologie (NRW) –Leistungskurs
Übungsaufgabe 7: Ökologie/Evolution

Der Landgang der jamaikanischen Felsenkrabben

1 Beschreiben Sie die drei Formen natürlicher Selektion und deren Auswirkungen auf eine Population.

2 Erklären Sie an Material C den Begriff „Toleranzbereich" und beschriften Sie die Kurve von *S. rectum* mit den entsprechenden Fachbegriffen. Beurteilen Sie die drei vorliegenden Toleranzkurven unter Bezug auf Material D.

3 Vergleichen Sie die unterschiedlichen Fortpflanzungsstrategien von *S. rectum* und *S. jarvisi* unter evolutionsbiologischen und ökologischen Aspekten.

4 Erläutern Sie unter Bezug auf Material D, Material E und Material F, wie es aus evolutionstheoretischer Sicht zur Artaufspaltung unter den Felsenkrabben kommen konnte. Gehen Sie bei Ihren Ausführungen auch darauf ein, warum die meeresbewohnenden Tiere den Übergang zum Landleben erfolgreich bewältigen konnten.

Material A: Die Felsenkrabben der Insel Jamaika

Auf der karibischen Insel Jamaika gibt es eine Vielzahl endemischer Lebewesen wie z. B. neun verschiedene Arten von Felsenkrabben. Diese Felsenkrabben der Familie Sesarmidae sind monophyletischen Ursprungs und infolge einer adaptiven Radiation im Pliozän vor ca. 3,5–1,9 Mio. Jahren entstanden. Ihre Vorfahren waren überwiegend Meeres- oder Küstenbewohner, so wie die meisten ihrer rezenten, außerhalb von Jamaika lebenden Verwandten, z. B. *Sesarma rectum.*
Die jamaikanischen Sesarmiden hingegen leben überwiegend im Landesinneren, nur die Larvenentwicklung erfolgt noch im Wasser. Dabei ist es zu extremen Anpassungen gekommen: Die Schneckenkrabbe *(Sesarma jarvisi)* z. B. legt ihre Eier in die Gehäuse großer Landschnecken, die im Durchschnitt nur 5 mL Süßwasser enthalten! Bei der Frage, wie die Felsenkrabben den terrestrischen Lebensraums erobert haben könnten, waren Beobachtungen der Brackwasser bewohnenden Art *Armases miersii* als ein Modell für eine Übergangsform von Bedeutung.

Sesarma jarvisi im Gehäuse einer Landschnecke © *Rudolf Diesel*

Material B: Vergleich mariner und terrestrischer Felsenkrabben

	Eizahl pro Brut	Eivolumen in µm³	Larven-entwicklung	Larven-stadien	Brutpflege
S. rectum **(marin)**	25 000	17–48	20 Tage	3	nein
S. jarvisi **(terrestrisch)**	23	527–2 878	4 Tage	2	ja

nach Daten aus: Diesel, Rudolf, Schubart, Christoph D.: Die außergewöhnliche Evolutionsgeschichte jamaikanischer Felsenkrabben. In: BiuZ, 30. Jahrgang 2000, Nr. 3, S. 136–147 © Wiley-VCH

Material C: Überlebensrate der Larven verschiedener Felsenkrabben in Abhängigkeit von der Salinität

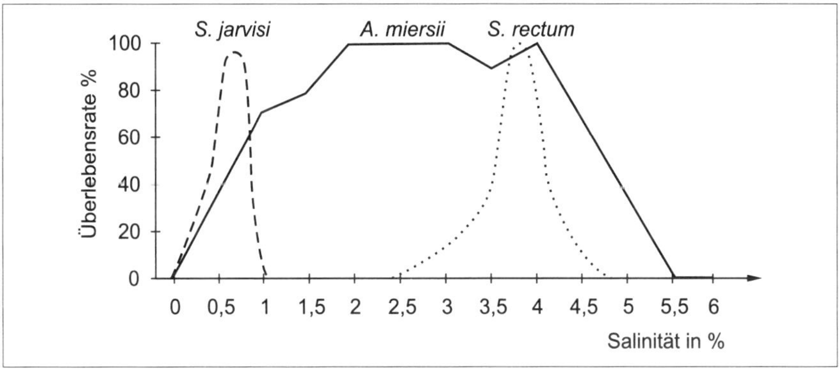

Salinitätstoleranz von A. miersii nach: Diesel, Rudolf, Schubart, Christoph D.: Die außergewöhnliche Evolutionsgeschichte jamaikanischer Felsenkrabben. In: BiuZ, 30. Jahrgang 2000, Nr. 3, S. 136–147 © Wiley-VCH

Material D: Salinität in einem Felstümpel an der Nordküste Jamaikas, Mai – Juli

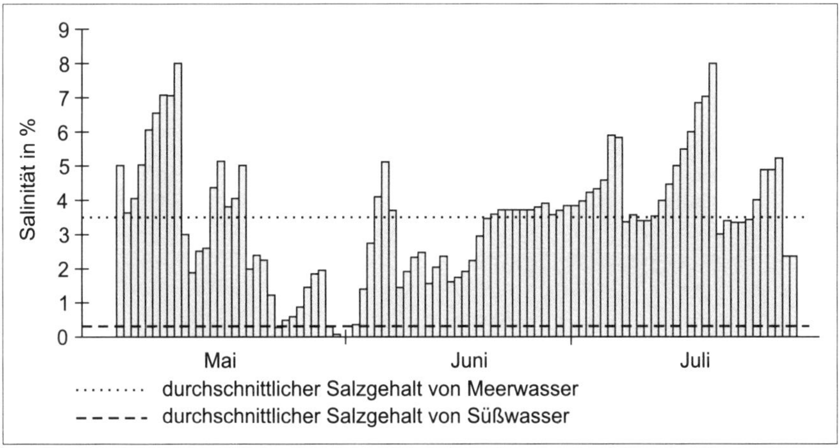

verändert nach: Diesel, Rudolf, Schubart, Christoph D.: Die außergewöhnliche Evolutionsgeschichte jamaikanischer Felsenkrabben. In: BiuZ, 30. Jahrgang 2000, Nr. 3, S. 136–147 © Wiley-VCH

Material E: Geologie und Klima der Insel Jamaika

Die karibische Insel Jamaika ist vor ca. 28 Mio. Jahren (Oligozän) erstmals aus dem Meer aufgetaucht (Material G). Noch heute hebt sich die Nordküste der Insel etwa 6–20 cm pro Jahr. Dabei entstehen ständig neue ausgedehnte Kalksteinterrassen. Heute ist das Land, bis auf wenige flache Landstriche in der südlichen Küstengegend, gebirgig. Die längste Bergkette bilden die Blue Mountains im Osten der Insel. Eine Reihe kleinerer Gebirge erstreckt sich nach Westen bis zur Küste. Sie umgeben eine weiträumige Hochebene (900 Meter hoch).
Die durchschnittliche Jahrestemperatur liegt an der Küste bei 26,7 °C, auf der Hochebene bei etwa 22,2 °C. Die jährliche Niederschlagsmenge ist regional sehr unterschiedlich. Über 5 080 mm Regen fallen jährlich in den Bergen im Nordosten, im Südosten sind es hingegen nur 813 mm.
Der Tidenhub (Unterschied zwischen Ebbe und Flut) an der Küste Jamaikas ist mit 20–25 cm eher gering. Dadurch entstehen vor allem an der Nordküste flache Mangrovensümpfe mit wenig Wasseraustausch mit dem Meer, isolierte Brackwassertümpel und auf etwas höheren Terrassen isolierte Felstümpel. Diese Lebensräume bieten den endemischen jamaikanischen Felsenkrabben trotz stark wechselnder Umweltbedingungen ein reichhaltiges Nahrungsangebot, wobei natürliche Feinde fehlen oder nur selten vorkommen.

Material F: Topografische Veränderungen Jamaikas und Veränderungen des Meeresspiegels

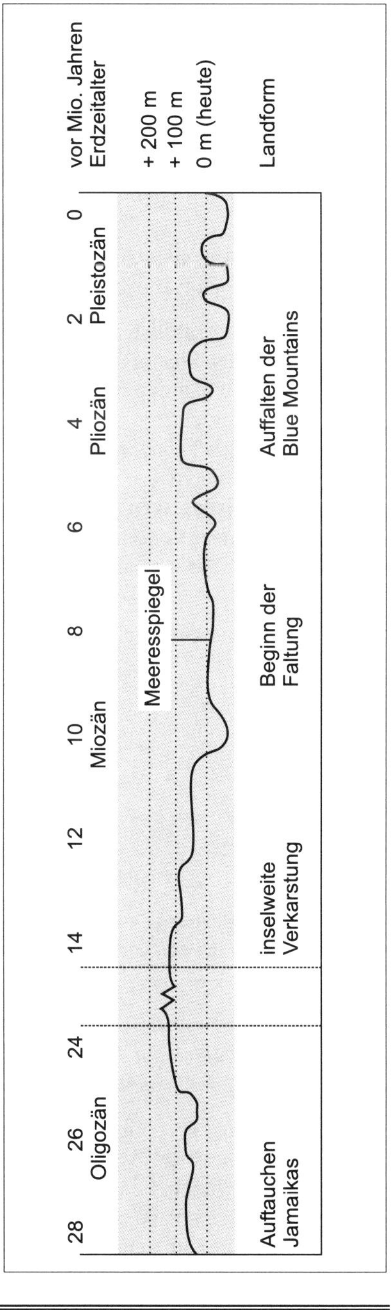

verändert nach: Diesel, Rudolf, Schubart, Christoph D.: Die außergewöhnliche Evolutionsgeschichte jamaikanischer Felsenkrabben. In: BiuZ, 30. Jahrgang 2000, Nr. 3, S. 136–147
© Wiley-VCH

Lösungsvorschlag

In der Aufgabe thematisierte Unterrichtsinhalte sind:
Selektionstypen, Toleranzbereich und -kurve, abiotische und biotische Umweltfaktoren, Konkurrenz, Konkurrenzausschluss, Konkurrenzvermeidung, ökologische Nische, r- und k-Strategen, adaptive Radiation, Isolationsmechanismen (z. B. geografisch, ökologisch), allopatrische Artbildung, Panmixie

1 *Bei diesem Aufgabenteil können ergänzende Diagramme die verschiedenen Selektionstypen noch veranschaulichen.*

- Unter der **stabilisierenden** Selektion versteht man die Selektion stärker abweichender Phänotypen einer Art. Diese besitzen eine geringere Fitness, der häufigste Phänotyp wird bevorzugt (Arterhaltung).
- Bei der gerichteten (**transformierenden**) Selektion wird einer der stärker abweichenden Phänotypen in einer Verteilungskurve bevorzugt, der ehemals häufigste Phänotyp also selektiert (Artumwandlung).
- Bei der **disruptiven** Selektion werden beide am stärksten abweichenden Phänotypen einer Verteilungskurve bevorzugt, der ehemals häufigste Phänotyp selektiert (Artaufspaltung).

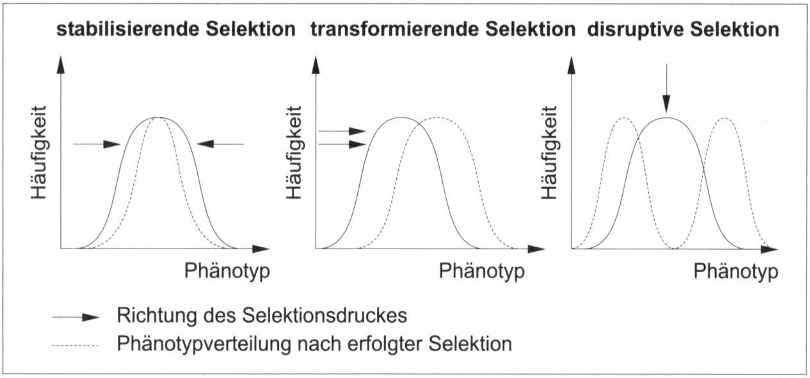

2 *Wer bei diesem Aufgabenteil mitdenkt, wird feststellen, dass er für die Beantwortung von Aufgabenteil 3 wichtig ist. Dort wird ja nach Anpassungserscheinungen gefragt. Und die Veränderung der Salinitätstoleranz ist eine solche.*

Eine Toleranzkurve gibt die Grenzen eines Lebewesens für einen Umweltfaktor an. Sie ist durch drei Festpunkte gekennzeichnet: Minimum und Maximum kennzeichnen die untere bzw. obere Grenze der Intensität des Umweltfaktors, an denen ein Lebewesen gerade noch überleben kann. Darunter bzw. darüber kommt es zum Tod. An Minimum und Maximum angrenzend folgen die Pessima. Bei diesen Faktorenstärken kann das Lebewesen zwar überleben, seine Vitalität ist jedoch vermindert, es produziert wenige oder keine Nachkommen. Der bevorzugte (und von beweglichen Arten aktiv aufgesuchte) Bereich hinsichtlich eines Umweltfaktors stellt das Präferendum dar. Im Optimum wirkt der Umweltfaktor am förderlichsten für Wachstum und Fortpflanzungsfähigkeit eines Lebewesens. Je nach Toleranzfähigkeit unterscheidet man euryöke (weiter Toleranzbereich) von stenöken (enger Toleranzbereich) Organismen.

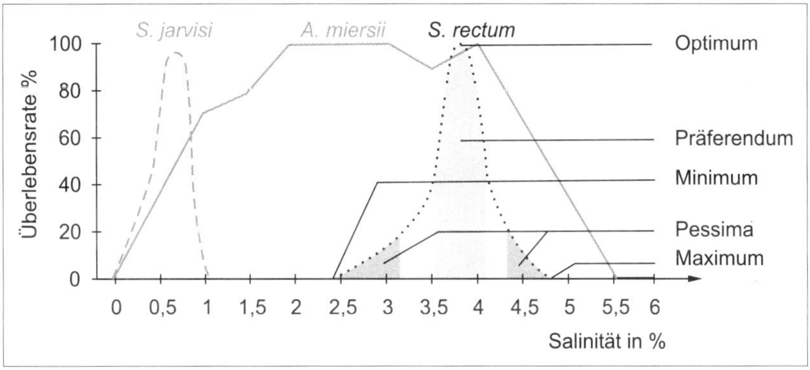

A. miersii besitzt hinsichtlich der Salinität einen weiten Toleranzbereich (ist also eurysalin). Dies ist aus ökologischer Sicht sinnvoll, da der Lebensraum von *A. miersii* durch extreme Schwankungen im Salzgehalt gekennzeichnet ist, wie Material D zeigt: Die Salinität beträgt in Abhängigkeit vom Niederschlag (und damit von der Verdünnung des Meereswassers) bzw. der Länge/Stärke der Sonneneinstrahlung (und damit der Verdunstung des Wassers in den Brackwassertümpeln) zwischen fast 0 % und über 8 %. Diese Werte entsprechen dem Salzgehalt von Süßwasser bzw. dem 1,5-fachen von Meerwasser.
Die anderen beiden Felsenkrabbenarten sind jeweils stenohalin, wobei *S. rectum* ein Optimum bei ca. 3,5 % Salzgehalt besitzt und *S. jarvisi* bei ca. 0,5 %. Beide Krabbenarten befinden sich in Lebensräumen, die durch einen konstanten Salzgehalt gekennzeichnet sind: Süßwasser besitzt eine Salinität von ca. 0,9 %, Meerwasser eine von 3,5 %. Ihr enger Toleranzbereich spiegelt ihre Anpassung an diese Lebensverhältnisse wider.

3 Bei *S. rectum* ist die typische Fortpflanzungsstrategie eines r-Strategen zu finden: Die Krabbe legt viele, kleine Eier und betreibt daher keine Brutpflege. Da das Meer ein dauerhaft stabiles Ökosystem darstellt, dauert die Larvalentwicklung deutlich länger als die der terrestrischen Krabben und umfasst sogar ein Larvenstadium mehr.

S. jarvisi hat das Problem, dass sie zwar das Festland als Lebensraum erobert hat, die Larvalentwicklung (vergleichbar den Amphibien) aber noch im Wasser abläuft. Die Krabbe hat sich dafür einen nur kurzzeitig zur Verfügung stehenden Raum ausgesucht. Die Anpassung daran äußert sich in einer auf ein Fünftel verkürzten Entwicklungsdauer der Larven. Es entfällt zwar ein Larvenstadium, andererseits sind die abgelegten Eier sehr groß, bringen also viel Baustoffe für die Entwicklung mit. Die Elternkrabben zeigen ein ausgeprägtes Brutpflegeverhalten, was angesichts der geringen Gelegezahl typisch für k-Strategen ist.

4 *Hier handelt es sich um eine sehr komplexe Aufgabe, da viele verschiedene Materialien beachtet werden müssen. Der erste Teil ist jedoch insofern einfach zu lösen, da im Material A angegeben ist, dass eine adaptive Radiation vorliegt bzw. eine allopatrische Artbildung. Jetzt gilt es also nur noch, die Materialien dementsprechend zuzuordnen. Für die Lösung des zweiten Fragenteils sollten Sie in den bisherigen Aufgabenteilen die grundsätzlichen Unterschiede zwischen Meer und Süßwasser herausgearbeitet haben, sodass es auch hier nur noch darum geht, das Material sinnvoll zuzuordnen.*

Für die Felsenkrabben stellte die Besiedlung des jamaikanischen Festlands die Besetzung einer freien ökologischen Nische dar. Wie in Material E beschrieben fehlten natürliche Feinde, das Nahrungsangebot war besonders in den Küstenregionen sehr gut, ebenso die Bedingungen für die Entwicklung der Larven in den Tümpeln. Dies erleichterte den Übergang vom aquatischen zum terrestrischen Lebensraum.
Durch die Niederschläge und die immer wieder kehrende Austrocknung der Tümpel kommt es zu einer drastischen Veränderung der Salinität (Material D). Die Felsenkrabbe *A. miersii* beweist jedoch, dass die Eroberung des Landes über die Brackwassertümpel erfolgte. Der Landgang setzte also eine große Salinitäts-Toleranz voraus. *(Die Schneckenkrabbe durchläuft ihre Entwicklung in praktisch salzfreiem Regenwasser!)*
Die im Pliozän beginnende Auffaltung der Gebirge und der v. a. am Ende des Pliozäns fallende und stark variierende Meeresspiegel (Material F) führte zur Bildung stark voneinander abgegrenzter Habitate und damit zur geografischen Isolation der Stammform der heutigen Sesarmiden z. B. durch das Hochgebirge oder die Kalksteinterrassen (Material E). Diese Habitate unterscheiden sich aber auch im Klima und in der Temperatur deutlich und stellen damit unterschiedliche Selektionsfaktoren dar (Material E). Zeitgleich mit der geografischen Isolation ist es durch die gehinderte Panmixie zur ökologischen Isolation gekommen. Insgesamt muss die Artaufspaltung bei den Sesarmiden als Beispiel für eine allopatrische Artbildung gesehen werden.
Offensichtlich waren zum Zeitpunkt der Besiedlung der Insel viele der unterschiedlichen ökologischen Nischen frei, da sonst die Sesarmiden in direkter Konkurrenz mit besser angepassten Landbewohnern aufgrund des Konkurrenzausschlussprinzips verdrängt worden wären. Die Insellage war also insofern günstig, da sie die Besiedlung durch andere Tiere (vor allem Säuger) erschwerte oder sogar unmöglich machte. Dies wird auch dadurch bewiesen, dass die Felsenkrabben in ihrer landlebenden Form auf Jamaika endemisch sind, also nirgends sonst auf der Erde vorkommen.

Fluchtverhalten des Eulenfalters

1 Erklären Sie das Verhalten des Eulenfalters bei der Feindvermeidung (Material A) auf der Basis ultimater Ursachen, d. h. aus der Sicht der Evolutionstheorie!

2 Erläutern Sie anhand von Material B zunächst die Nervenschaltung und erklären Sie sodann detailliert auf neurophysiologischer Ebene, wie die Erregungsleitung durch Aktionspotenziale zustande kommt.

3 Leiten Sie aus Material C den Zusammenhang von Schallreiz und neuronaler Aktivität ab.

4 Material D zeigt, wie ein Eulenfalter eine hinter ihm bzw. über ihm fliegende Fledermaus orten kann. Erläutern Sie anhand des Materials, wie der Falter in den beiden dargestellten Fällen a und b die Richtung erkennt, aus der sich die Fledermaus nähert.

Material A: Eulenfalter

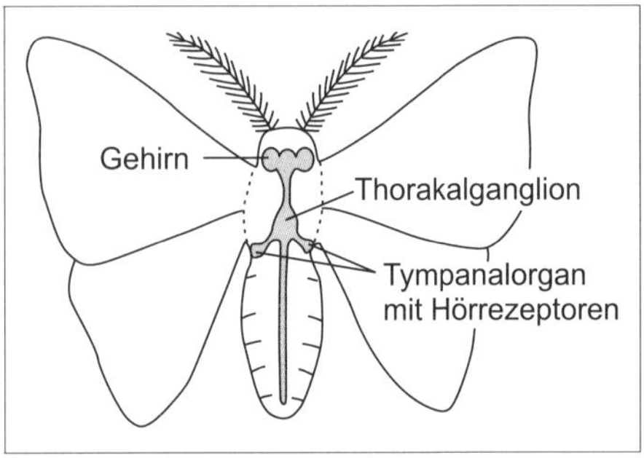

nach: Roeder, K. D.: Nerve Cells and Insect Behaviour, Harvard University Press, Cambridge 1963

Eulenfalter gehören zu den Beutetieren von Fledermäusen. Fledermäuse orientieren sich durch Rufe im Ultraschallbereich, deren Echo ihnen Informationen über Gegenstände in ihrer Umgebung liefert. Beobachtungen in der Dämmerung zeigen, dass die Falter oftmals Ausweichbewegungen machen oder abtauchen, wenn eine Fledermaus naht. Auf diese Weise gelingt es ihnen häufig, dem Fressfeind zu entgehen. Versuche ergaben, dass Eulenfalter hohe Schallfrequenzen (> 20 kHz) mit ihrem Tympanalorgan wahrnehmen können, nicht aber Frequenzen unter 20 kHz. Sie können damit nicht nur die Ultraschallrufe der Fledermäuse hören, sondern sie sogar genau orten.

Material B: Nervenschaltung und Rezeptorfunktion beim Eulenfalter

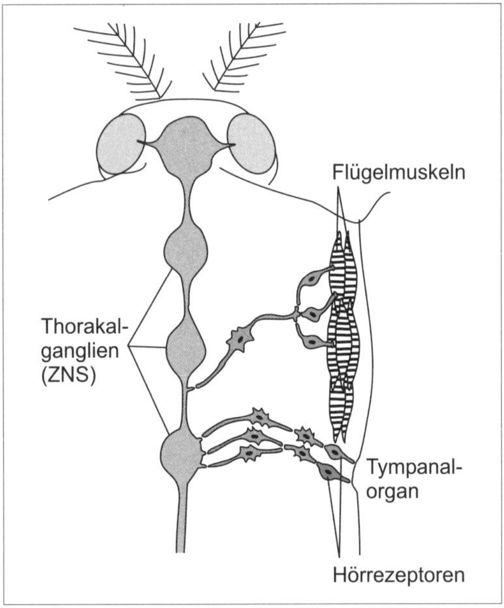

verändert nach: Alcock, John: Animal behaviour: An Evolutionary Approach, 5th edition 1993 © Sinauer Associates, Inc., Sunderland, USA, S. 122/4

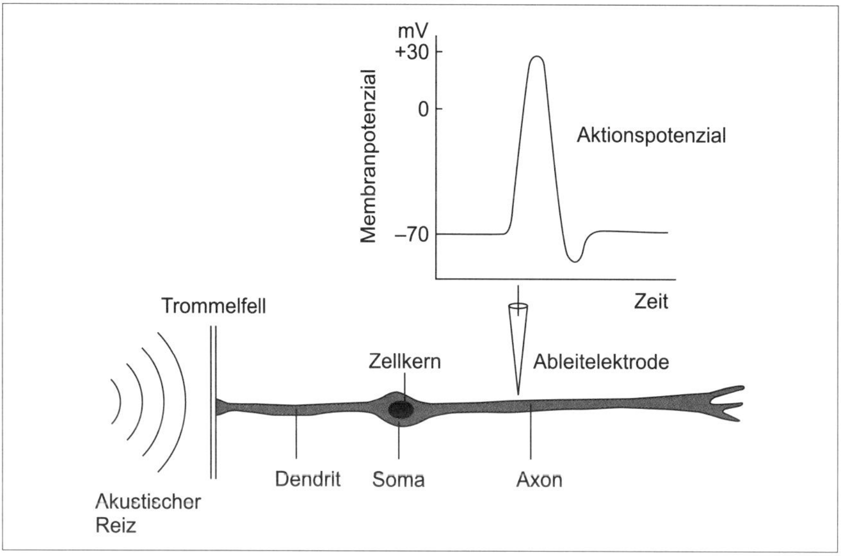

Der auf das Trommelfell treffende akustische Reiz bewirkt im Axon des Hörrezeptors die Bildung von Aktionspotenzialen.

verändert nach: Alcock, John: Animal behaviour: An Evolutionary Approach, 5th edition 1993
© Sinauer Associates, Inc., Sunderland, USA, S. 121/3

Material C: Reizaufnahme und -verarbeitung beim Eulenfalter

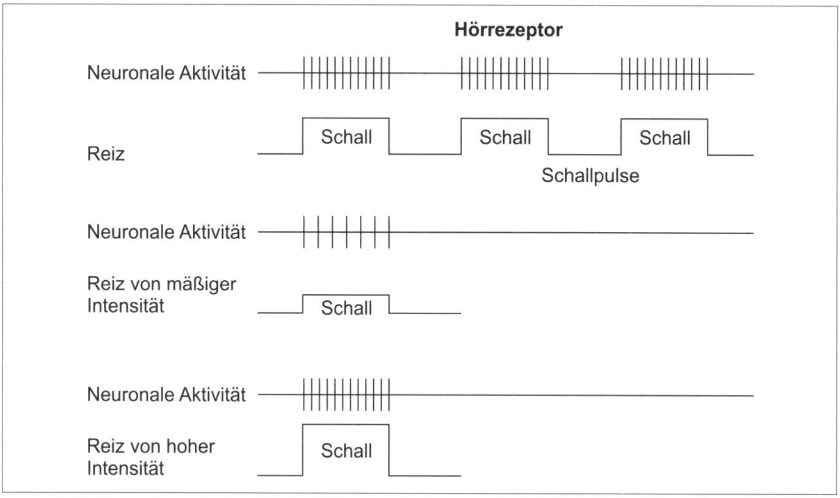

verändert nach: Alcock, John: Animal behaviour: An Evolutionary Approach, 5th edition 1993
© Sinauer Associates, Inc., Sunderland, USA, S. 123/5

Material D: Feindortung

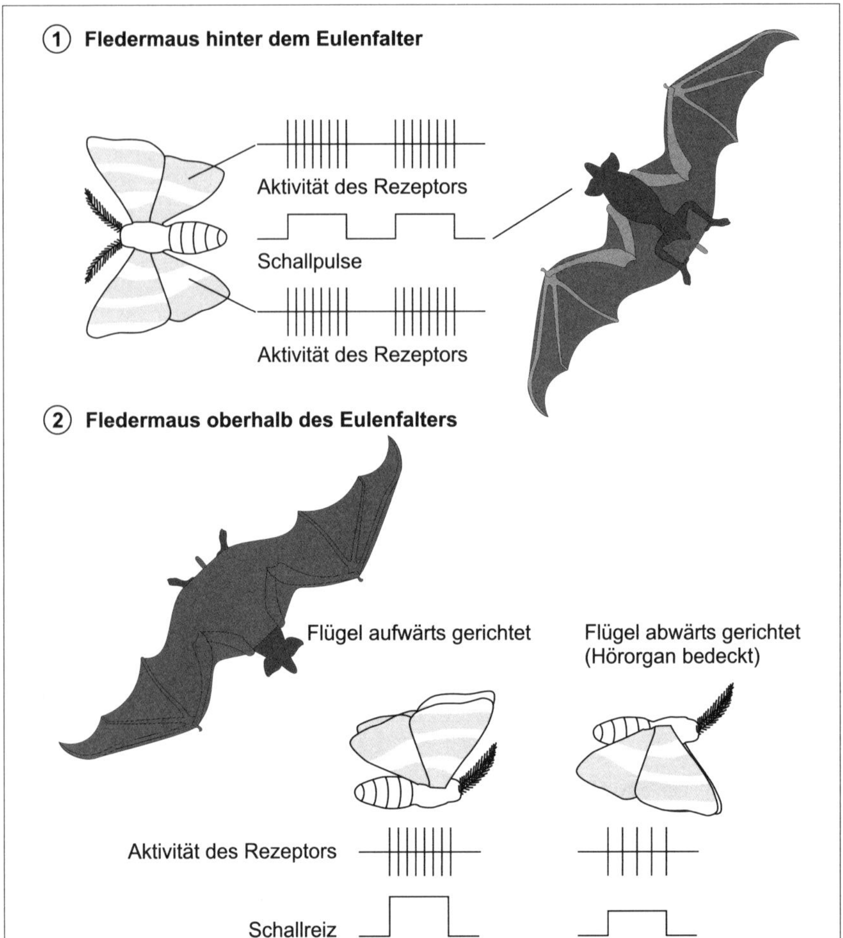

verändert nach: Alcock, John: Animal behaviour: An Evolutionary Approach, 5th edition 1993
© Sinauer Associates, Inc., Sunderland, USA, S. 125/6

Lösungsvorschlag

In der Aufgabe thematisierte Unterrichtsinhalte sind:
Evolution: ultimate Ursachen, Fitness, Selektion; Neurophysiologie: Reflexbogen, Aktionspotential, Erregungsleitung, Reizcodierung

1 *Die ultimate Erklärung bezieht sich auf den evolutionären Grund für die Entstehung einer Verhaltensweise. Ultimate Ursachen begründen eine Zunahme der Fitness. Im Gegensatz dazu versteht man unter proximaten Ursachen die direkt im Organismus ablaufenden genetischen und physiologischen Ursachen, die das Verhalten hervorrufen.*

Als ultimate Ursache der evolutionären Entwicklung des Fluchtverhaltens des Eulenfalters kommt insbesondere die natürliche Selektion in Betracht, durch die Verhaltensweisen und ihre organischen Grundlagen stabilisiert oder verändert werden können. Die „Tauglichkeit" eines Verhaltens im Sinne der Evolution drückt sich im Fortpflanzungserfolg, d. h. in der Fitness aus. Vorteilhaftes Verhalten führt zu höherer Fitness und damit zur Erhaltung dieses Verhaltens in den Folgegenerationen.
Als Beutetier von Fledermäusen ist der Eulenfalter einer ständigen Bedrohung ausgesetzt. – Das zielgenaue Fluchtverhalten dient somit der Erhaltung des Individuums, es entgeht dem Fressfeind und kann seine Gene und damit sein Verhalten weiter vererben. Es hat damit eine höhere Fitness als ein Falter, der gefressen wird, bevor er sich fortpflanzen konnte.
Die Abstimmung des Tympanalorgans auf die Ruf-Frequenzen der Fledermaus ist evolutionär sicherlich in direktem Zusammenhang mit der Feindvermeidung entstanden und als Anpassung zu werten. Ebenso dient das Ausweichverhalten einer Fitnesserhöhung und muss als Resultat einer optimierenden Selektion gewertet werden. Der Hinweis im Text, dass die Falter „häufig", aber eben nicht immer, dem Fressfeind entgehen, weist auf die fortdauernd bestehende stabilisierende Selektionswirkung dieses Räuber-Beute-Verhältnisses hin.

2 *Bei der in Material 2 dargestellten Nervenschaltung handelt es sich um einen Reflexbogen eines polysynaptischen Fremd-Reflexes. Je nachdem, ob dies in Ihrem Unterricht behandelt wurde oder nicht, kann die Erklärung hier unterschiedlich detailliert ausfallen. Auch mit der Kenntnis von einfachen Reflexen sollten Sie aber den Weg der Erregung vom Rezeptor bis zu den Flugmuskeln beschreiben können.*

Nervenschaltung: Nach der Aufnahme eines Reizes am Tympanalorgan *(Hörrezeptor)* erfolgt eine *(afferente, sensorische)* Leitung der Erregung zum 3. Thorakalganglion des ZNS mit mehreren zwischengeschalteten *(Inter-)*Neuronen. Im Thorakalganglion findet eine Umschaltung auf die *(efferente, motorische)* Bahn zur Flügelmuskulatur *(Erfolgsorgan, Effektor)* statt. Diese relativ einfache Nervenschaltung ist die Grundlage für eine schnelle *(reflektorische)* Reaktion des Tieres auf den Reiz.

Erregungsleitung: Der Schallreiz wirkt über die Trommelfellbewegung auf den Hörrezeptor, es entsteht eine Änderung des Membranpotenzials, die sich als Reizstrom vom Dendriten über das Soma zum Axon hin ausbreitet. Wenn der Reizstrom das Ruhepotenzial (RP) im Axon so verändert, dass der Schwellenwert überschritten wird, bildet sich ein Aktionspotenzial (AP): Öffnung der spannungsabhängigen Na^+-Kanäle, Na^+-Einstrom (Diffusionspotenzial), kurzfristige Ladungsumkehr/Spannungsänderung bis ca. +30 mV. Anschließend folgt eine kurze Hyperpolarisation, die auch für die Refraktärzeit verantwortlich ist, d. h. die bewirkt, dass die betreffende Axonstelle kurzfristig nicht erregbar ist. Dadurch breitet sich die AP-Folge nur in einer Richtung aus, zudem kann es auch bei hoher AP-Frequenz nicht zu einer Verschmelzung der APs kommen. Die Weiterleitung der APs erfolgt über mehrere Synapsen zur motorischen Endplatte.

3 Die einzelnen Schallpulse der Fledermausrufe werden vom Hörrezeptor als AP-Sequenz weitergeleitet. Dabei erzeugen leisere Schallreize eine geringere Anzahl von APs pro Zeiteinheit als intensivere Schallreize. Es handelt sich um eine frequenzmodulierte Codierung der Schallstärke. Dabei entspricht die Dauer der AP-Folge jeweils der Dauer des Schallreizes.

4 *In Aufgabenteil 3 haben Sie bereits beschrieben, wie die Stärke eines Hörreizes weitergegeben wird. In diesem Aufgabenteil können Sie nun auf Ihre Beschreibung zurückgreifen: Stellen Sie die Unterschiede zwischen Teilabbildung a und b heraus und erklären Sie, wie der Eulenfalter diese in die Richtungsinformation umsetzt. Vermeiden Sie dabei Wiederholungen mit Aufgabe 3.*

Wenn die Fledermaus sich von hinten dem Falter nähert, treffen die Schallpulse des Echolot-Systems der Fledermaus gleich stark auf die Tympanalorgane an beiden Seiten des Falters. Ist die Fledermaus oberhalb des Eulenfalters, so bewirkt der Flügelschlag des Falters ein rhythmisches Verdecken des Trommelfells und damit eine Verminderung der Schallintensität. Diese tritt immer auf, wenn die Flügel nach unten geschlagen werden. Daraus resultiert eine im Schlagrhythmus der Flügel wechselnde Folge von hoch frequenten und niedrig frequenten AP-Serien. Diese Unterschiede in der Schallwahrnehmung befähigen den Eulenfalter, die Fledermaus genau zu orten.

Abitur-Prüfung Biologie (NRW) – Leistungskurs
Übungsaufgabe 9: Genetik

Genetik und Diagnostik der Hereditären Pankreatitis

1 Erläutern Sie, welche möglichen Folgen eine Punktmutation in einem codierenden Triplett haben kann. Welche Punktmutation liegt bei der hier beschriebenen Form der Hereditären Pankreatitis vor?

2 Geben Sie an, welcher Erbgang dem in Material C dargestellten Stammbaum vermutlich zugrunde liegt und begründen Sie Ihre Entscheidung. Verwenden Sie für Ihre Argumentation gegebenenfalls auch das weitere Material.

3 Erklären Sie an Material D und Material F die methodische Bedeutung des Restriktionsenzyms Afl 3 für die Diagnostik.

4 Entwickeln Sie aus molekulargenetischer Sicht eine Deutung für die Entstehung der Hereditären Pankreatitis, die auch die genannten Symptome erklären kann.

5 Erstellen Sie eine Hypothese, welche medizinisch nahe liegende(n) Behandlungsmöglichkeit(en) denkbar ist (sind).

Material A: Hereditäre Pankreatitis

Bei der Hereditären Pankreatitis handelt es sich um eine seltene Erkrankung der Bauchspeicheldrüse (Pankreas). Die Bauchspeicheldrüse liegt im Bauchraum und produziert u. a. Verdauungsenzyme, die über einen Ausführgang in den Dünndarm abgegeben werden.
Die Hereditäre Pankreatitis tritt häufig schon im Kindes- oder Jugendalter auf (das mittlere Erkrankungsalter liegt bei ca. 14 Jahren). Neben immer wieder kehrenden Pankreasentzündungen sind charakteristische Kennzeichen (Symptome) u. a.:

- Völlegefühl,
- Schmerzen im Bauchraum und
- Entwicklungsstörungen (falls die Krankheit im Jugendstadium ausbricht).

Wie häufig bei erblichen Erkrankungen gibt es unterschiedliche Ursachen für die Symptomatik. Eine mögliche Ursache zeigt Material D: eine Mutation im Gen, das für das Enyzm Trypsin(ogen) codiert.
Die Diagnose der Hereditären Pankreatitis ist nicht nur wegen der Seltenheit der Krankheit schwierig, auch die Symptome sind eher unspezifisch und werden daher manchmal falsch gedeutet. Bei einer neueren Nachweismethode für die Erkrankung wird das Restriktionsenzym Afl 3 eingesetzt, dessen Schnittstelle Material G zu entnehmen ist.

Material B: Das Enzym Trypsin

Trypsinogen ist eine Vorstufe des Verdauungsenzyms Trypsin. Es wird im Pankreas gebildet und in den Dünndarm abgegeben. Dort erfolgt eine Abspaltung von 6 Aminosäuren aus der Trypsinogen-Kette, wodurch das aktive Enzym Trypsin entsteht. Im Dünndarm wirkt Trypsin als Peptidase, d. h. es spaltet Proteine, die über die Nahrung aufgenommen wurden, sodass sie in das Blut aufgenommen werden können. Gleichzeitig aktiviert es im Dünndarm auch durch spezifische Spaltungen alle anderen Verdauungsenzyme, die vom Pankreas gebildet werden.

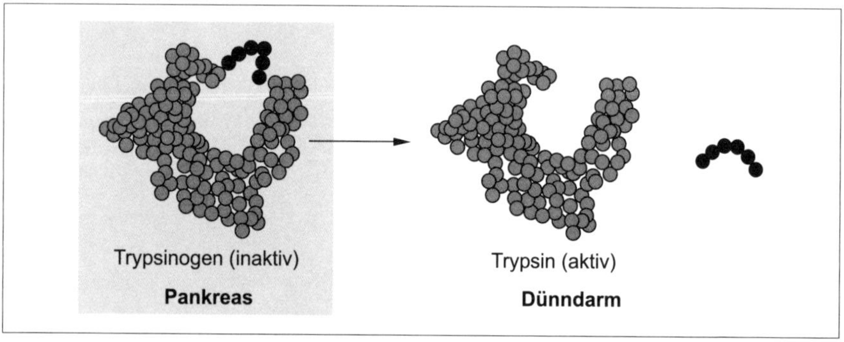

Erfolgt die Aktivierung des Trypsin(ogen)s fälschlicherweise bereits im Pankreas, wird das aktive Zentrum des nun aktive Enzyms zum Schutz der Zellen der Bauchspeicheldrüse durch so genannte Trypsininhibitoren blockiert. Diese Maßnahme ist aber je nach Menge des ausgeschütteten Enzym-Vorläufers unter Umständen nicht ausreichend. Daher kann als zusätzlicher Schutzmechanismus aktives Trypsin in einer Art „Selbstzerstörung" an einer Stelle gegenüber dem aktiven Zentrum von spezifischen Trypsin-ähnlichen Pankreasenzymen gespalten und damit inaktiviert werden. Dabei dient eine bestimmte Aminosäuresequenz an dieser Stelle als Erkennungssignal (siehe Material E).

Material C: Stammbaum einer Familie mit Hereditärer Pankreatitis

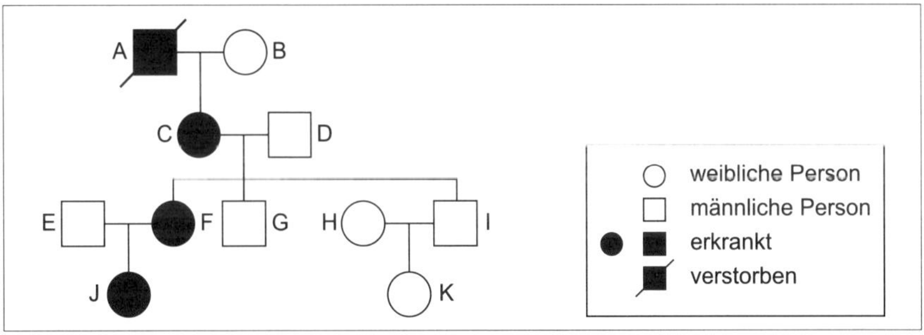

verändert nach: Keim, V., Tannapfel, A., Mössner, J.: Hereditäre Pankreatitis. In: Dt. Ärztebl. 95, Heft 40, 2. Oktober 1998, S. C–1767–1771

Material D: Ausschnitt aus der codierenden (d. h. nicht-codogenen) DNA-Sequenz im Exon 3 des Trypsinogen-Gens bei gesunden und an Hereditärer Pankreatitis erkrankten Personen

Triplett-Nr.		116	117	118	119	120	121	122	123	124	125	126	127	
gesund	5' ...	CGT	GCA	GTA	ATC	AAC	GCC	CGC	GTG	TCC	ACC	ATC	TCT	...3'
erkrankt	5' ...	CGT	GCA	GTA	ATC	AAC	GCC	CAC	GTG	TCC	ACC	ATC	TCT	...3'

aus: Whitcomb, D. C. et al.: Hereditary pancreatitis is caused by a mutation in the cationic trypsinogen gene, Nature Genetics 14, 1996, S. 141-145

Material E: Räumliche Darstellung des bei Hereditärer Pankratitis veränderten Trypsinmoleküls

Die in Material D dargestellte Mutation, die bei Hereditärer Pankreatitis vorliegt, hat keinen Einfluss auf die Tertiärstruktur des Enzyms. Das aktive Zentrum ist demnach unverändert. In der Abbildung auf der folgenden Seite ist die ungefähre Lage der Stelle, die infolge der Mutation verändert ist, ebenso gekennzeichnet wie die Lage der Aminosäure-Erkennungssequenz für die Trypsinspaltung.

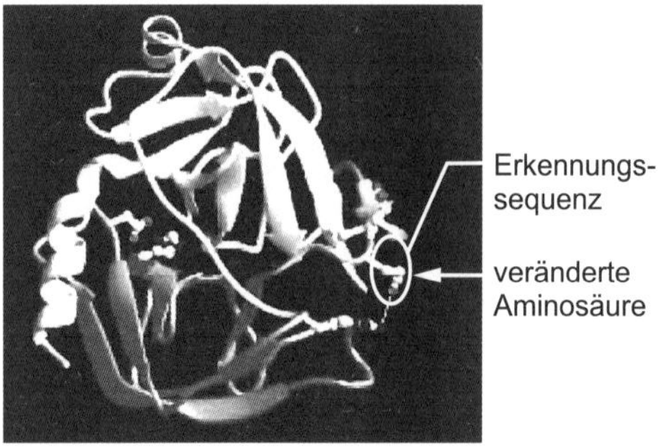

aus: Whitcomb, D. C.: Hereditary pancreatitis: new insights into acute and chronic pancreatitis. In: Gut, 1999, 45:317–322

Material F: PCR-vervielfachte Exon-3-Region des Trypsinogen-Gens bei den Personen D, E und J aus Material B nach Einsatz des Restriktionsenzyms Afl 3

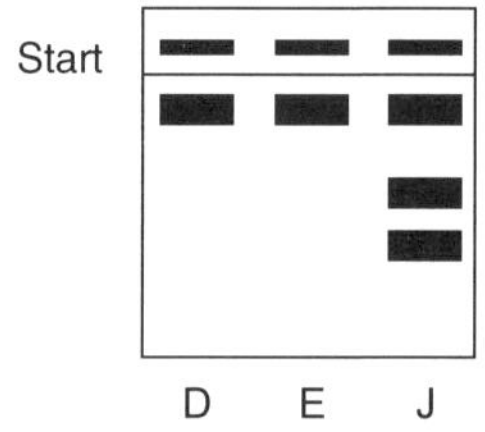

nach: Keim, V., Tannapfel, A., Mössner, J.: Hereditäre Pankreatitis. In: Dt. Ärztebl. 95, Heft 40, 2. Oktober 1998, S. C–1767–1771

Material G: Erkennungssequenz und Schnittstellen (↓↑) des Restriktionsenzyms Afl 3

5' … A↓CGTGT … 3'
3' … TGCAC↑A … 5'

Material H: Codesonne

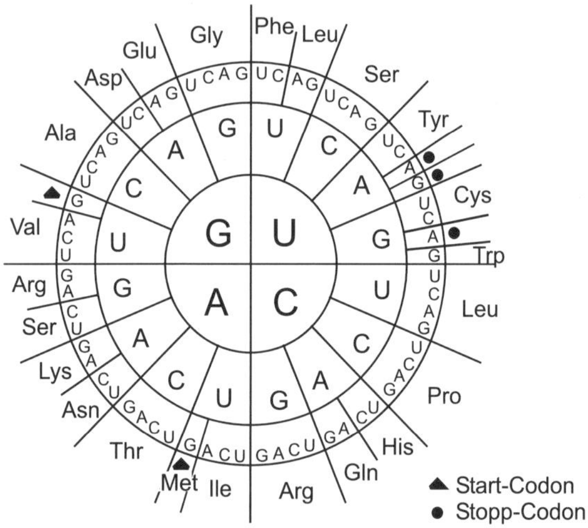

Ala	= Alanin
Arg	= Arginin
Asp	= Asparagin
Asp	= Asparaginsäure
Cys	= Cystein
Gln	= Glutamin
Glu	= Glutaminsäure
Gly	= Glycin
His	= Histidin
Ile	= Isoleucin
Leu	= Leucin
Lys	= Lysin
Met	= Methionin
Phe	= Phenylalanin
Pro	= Prolin
Ser	= Serin
Thr	= Threonin
Trp	= Tryptophan
Tyr	= Tyrosin

Lösungsvorschlag

In der Aufgabe thematisierte Unterrichtsinhalte sind:
Genetik: Punktmutationen und ihre Folgen, genetischer Code, Translation, Proteinbau und -funktion, Erbgänge und Stammbaumanalyse, Restriktionsenzyme, PCR, Gelelektrophorese

1 *Bei der Bearbeitung dieses Aufgabenteils ist es wichtig, dass die DNA-Sequenz aus dem nicht-codogenen Strang stammt – ein bisschen ungewöhnlich auf den ersten Blick. Es erleichtert die Arbeit aber sehr, da die Codesonne so ohne die „Übersetzung" in die mRNA genutzt werden kann (mit U statt T natürlich).*

Man unterscheidet zwei Mutationsarten:

- Der **Basenaustausch** kann Auswirkungen auf die Aminosäuresequenz haben. Er bleibt ohne Folgen, wenn aufgrund der Redundanz (Degeneriertheit) des genetischen Codes die gleiche Aminosäure codiert wird. Der Basenaustausch kann aber auch zur Codierung einer anderen als der ursprünglichen Aminosäure führen *(missense-Mutation)*. Dadurch kann die Struktur eine Proteins verändert werden und damit eine Funktionsänderung (meist Verschlechterung) oder gar ein Funktionsverlust einhergehen.
  Wird durch die Mutation ein Stopp-Codon codiert *(nonsense-Mutation)*, führt dies zum vorzeitigen Translationsabbruch, das Protein wird unvollständig synthetisiert, Funktionsverlust ist fast immer die Folge. Entfällt andererseits durch den Basentausch das Stopp-Codon, kommt es zur Kettenverlängerung. Als Folgen sind alle bisher genannten Möglichkeiten denkbar.
- Beim **Baseneinschub oder -verlust** kommt es zu einer Leserasterverschiebung mit einer Veränderung der Aminosäuresequenz ab der Mutationsstelle. Es entstehen entweder ein Stopp-Codon oder eine Kettenverlängerung (da das Stopp-Codon entfallen ist). Je nachdem wie viele Basen von der Leserasterverschiebung betroffen sind, sind die Folgen entweder unbedeutend oder schwerwiegend bis hin zum völligen Funktionsverlust.

Bei der angegebenen DNA-Sequenz bei Hereditärer Pankreatitis liegt ein Basenaustausch *(missense-Mutation)* im 2. Basenpaar des Tripletts 122 vor: Statt dem Nukleotid mit der Base Guanin liegt in der DNA ein Nukleotid mit der Base Adenin vor. Als Folge kommt es zu einer Veränderung in der Aminosäuresequenz, da die beiden Tripletts für unterschiedliche Aminosäuren kodieren: Statt Arginin wird die Aminosäure Histidin bei der Translation in das Protein eingebaut.

2 *Die Fragestellung deutet bereits darauf hin, dass eine eindeutige Zuordnung nicht möglich ist! Zudem wird durch die Fragestellung auch klar, dass der Stammbaum alleine als Erklärungsgrundlage nicht ausreicht. Überprüfen Sie also nach dem Ausschlussprinzip alle möglichen Erbgänge, ob sie mit der im Material dargestellten Situation kompatibel sind (Material F beachten!).*

Ein X-chromosmal rezessiver Erbgang ist nur denkbar, wenn Person D heterozygot hinsichtlich des Allels ist. Nur dann sind Frauen als Merkmalsträger in der F_2 möglich, wie z. B. Person F in Material C. Wie aus Material F ersichtlich ist, besitzt die Person D das unveränderte Allel aber homozygot *(da es sich um einen Mann handelt, wäre hier der Ausdruck „hemizygot" zutreffender!)*. In diesem Fall wären in der F_2 jedoch nur gesunde Frauen und kranke Männer möglich. Damit ist dieser Erbgang ausgeschlossen.

Ein autosomal-rezessiver Erbgang lässt sich aus vergleichbaren Gründen ausschließen: Wenn Person C Merkmalsträger ist und in der F_2 kranke Nachkommen auftauchen, muss Person D heterozygot hinsichtlich des betrachteten Pankreatitis-Allels sein. Da aber Person D das unveränderte Allel homozygot trägt, müssten alle Nachkommen in der F_2 gesund sein.

Ein autosomal-dominanter Erbgang ist auf den Stammbaum anwendbar. Auch die Tatsache, dass die Personen D und E homozygot für das Normal-Allel sind, widerspricht nicht diesem Vererbungsmodus. Eine dominante Vererbung des Allels für die Hereditäre Pankreatitis ist auch deshalb sehr wahrscheinlich, da alle Generationen betroffen sind.

Auch der X-chromosomal-dominante Erbgang liefert richtige Ergebnisse für den Stammbaum. Die Daten in Material F würden dem nicht widersprechen, wenn man davon ausgeht, dass die männlichen Personen hemizygot hinsichtlich des Allels sind. Da jeweils heterozygote Frauen mit phänotypisch gesunden Männern Kinder zeugen ist die statistische Wahrscheinlichkeit, dass die Erkrankung bei Mädchen oder Jungen auftaucht gleich groß.

Eine endgültige Entscheidung für einen der beiden möglichen Erbgänge ist aufgrund der vorliegenden Daten daher nicht möglich.

Für die hier beschriebene Form der Hereditären Pankreatitis konnte tatsächlich ein autosomal-dominanter Erbgang nachgewiesen werden.

3 *Vergleichen Sie den bei der Hereditären Pankreatitis mutierten Abschnitt der DNA-Sequenz in Material D mit Material G, so liegt die Lösung auf der Hand!*

Die Erkennungssequenz des Restriktionsenzyms Afl 3 ist im Exon 3 in der Basenfolge der mutierten DNA bei Menschen mit Hereditärer Pankreatitis zu finden: Statt der Basenabfolge CGC-GTG-TCC in den Tripletts 122 bis 124 liegt nach der Mutation C**AC GTG T**CC vor *(die Erkennungssequenz ist fett markiert, siehe Material G!)*. Das heißt, dass Afl 3 in der Exon-3-Region der DNA von Gesunden keine Erkennungssequenz vorfindet und daher dort nicht wirksam wird. Bei an Hereditärer Pankreatitis erkrankten Menschen liegt an dieser Stelle der DNA jedoch die Schnittstelle des Enzyms vor. Folglich wird der entsprechende DNA-Abschnitt an dieser Stelle durchtrennt, die Exon-3-Region wird in zwei Stücke geteilt. Dieses Ergebnis ist auch in Material F zu erkennen: Die Personen D und E sind jeweils homozygot für das unveränderte Trypsinogengen, daher liegt auch nur eine Bande vor. Die Person J ist jedoch heterozygot, trägt also auf einem der beiden Chromosomen das mutierte Gen. Dies ist erkennbar an den beiden zusätzlichen Banden, die die Bruchstücke darstellen, die nach der DNA-Spaltung durch Afl 3 entstanden sind. Da diese Bruchstücke kürzer sind als das nicht geschnittene DNA-Stück wandern sie bei der Gelektrophorese im Gel auch weiter.

4 *Um diesen Aufgabenteil zu bewältigen, müssen Sie sich auf diejenigen Materialien konzentrieren, die Sie bisher noch nicht oder nur am Rande genutzt haben! Die Lösung ist etwas kniffelig, da verschiedene Materialien gleichzeitig beachtet werden müssen. Versuchen Sie daher systematisch vorzugehen: Finden Sie erst die molekulargenetische Ursache, bevor Sie sich danach mit der Symptomatik beschäftigen.*

Wie in Aufgabenteil 1 besprochen, führt die Mutation im Trypsinogen-Gen zu einer Veränderung der Aminosäuresequenz des Trypsin(ogen)s. Diese Veränderung liegt in direkter Nähe der Erkennungssequenz der Trypsin spaltenden Pankreasenzyme (Material E). Bedingt durch die Mutation scheint sich die Primärstruktur des Proteins so zu ändern, dass das Erkennungssignal für diese Enzyme nicht mehr besteht. Sie können in der Pankreas aktiviertes Trypsin nicht mehr spalten. Die das aktive Zentrum ist hiervon nicht betroffen, das Enzym ist weiterhin voll funktionsfähig.
Betroffen von der Mutation ist der Schutz der Pankreas vor Selbstverdauung. Vorzeitig aktiviertes, verändertes Trypsin wird zwar noch von den Inhibitoren erkannt, dieser Schutz alleine reicht aber nicht aus. Der 2. Schutzmechanismus der „Selbstzerstörung" des überschüssigen Trypsins kann bei Vorliegen der Hereditären Pankreatitis nicht greifen: Verändertes Trypsin wird von den Schutzenzymen nicht mehr erkannt und kann daher nicht abgebaut werden. Es beginnt demzufolge bereits im Pankreas mit dem Abbau von Proteinen und der Aktivierung weiterer Verdauungsenzyme, die ihrerseits ebenfalls Proteine abbauen (Material B): Es kommt zur Selbstverdauung des Pankreas (was die Schmerzen erklärt)!
Der so verursachte Abbau von Pankreas-Zellen führt zu einem Mangel an Verdauungsenzymen, wodurch es zu einem unvollständigen Abbau der Nahrung im Dünndarm kommt (dies erklärt das Völlegefühl). Bei Ausbruch der Krankheit im Kindesalter führt dies zu Störungen der körperlichen Entwicklung, da dem Körper zu wenig Baustoffe zur Verfügung stehen.

5 *Für diesen Aufgabenteil ist das Adjektiv „nahe liegend" von entscheidender Bedeutung. Schüler neigen häufig dazu, hier gentherapeutische Maßnahmen vorzuschlagen – diese sind jedoch bis heute nicht machbar!*

Medizinisch nahe liegend ist die Gabe der fehlenden Verdauungsenzyme. Damit könnten die Verdauungsprobleme, die Schmerzen und die Entwicklungsstörungen gelindert oder möglicherweise ganz vermieden werden. Die Symptome der Erkrankung können so behandelt werden, nicht jedoch die Ursache!

Ausbreitung und Bekämpfung der Alge *Caulerpa taxifolia*

1 Erklären Sie die Begriffe „dichteabhängige und dichteunabhängige Faktoren“ und geben Sie einige Beispiele an. Erläutern Sie den unterschiedlichen Einfluss dieser Faktoren auf die Größe von Populationen.

2 Tragen Sie die in Material C dargestellten Werte grafisch auf.

3 Erläutern und begründen Sie unter Verwendung der weiteren Materialien die populationsökologischen Grundlagen des in Material C dargestellten Werteverlaufs. Skizzieren Sie hierzu einen Graphen, in dem die weitere Entwicklung der unbeeinflussten *Caulerpa* Population erkennbar wird.

4 Erklären Sie, unter welchen Bedingungen eine Ausrottung der Alge durch die Schnecken eventuell möglich ist. Wie würden sich die Populationsdichten der beiden Arten ohne diese Bedingungen langfristig entwickeln? Skizzieren Sie zu Ihren Ausführungen einen aussagekräftigen Graphen.

Material A: Ausbreitung und Bekämpfung von *Caulerpa taxifolia*

Die Probleme durch die Verschleppung von Organismen in fremde Ökosysteme verschärfen sich mit zunehmender Globalisierung. Ein Beispiel aus jüngster Vergangenheit ist die aus den tropischen Gewässern stammende Alge *Caulerpa taxifolia.* Wie im Zeitungsartikel Material B nachzulesen, gestaltet sich die Bekämpfung des Eindringlings schwierig. Im Gegensatz zu ihren tropischen Verwandten zeigt die mediterrane Form von *Caulerpa* ein wesentlich schnelleres Wachstum. Sie wird zudem bis zu 80 cm groß, die tropische nur 10 cm. *Caulerpa* verbreitet sich im Mittelmeer fast ausschließlich asexuell, sodass schon kleinste Pflanzenteile zu neuen Algen auswachsen können.

Um *Caulerpa* zu bekämpfen, plant man den Einsatz der aus tropischen Gewässern stammenden Schnecken *Oxynoe* und *Elysia*: „We have proof that the snail only attacks this seaweed," schlägt Alexandre MEINESZ vor, „We'll put it in the sea in the spring and it will die from cold in December."

Das französische Umweltministerium teilt diese optimistische Einschätzung von Prof. MEINESZ über die Bekämpfung von *Caulerpa* nicht. Ein Einsatz der nur 1–2 cm großen Schnecken ist daher bisher nicht in Sicht, vielleicht auch, da man mehr als 1 000 Tiere pro Quadratmeter zur effektiven Bekämpfung benötigen würde.

Material B: Gefährliche Killeralge breitet sich aus – aber winzige Schnecken haben riesigen Appetit auf *Caulerpa*

Paris (dpa). Seit dem ersten Auftreten vor der Küste von Monaco hat sich die tropische „Killeralge" *Caulerpa taxifolia* im Mittelmeer trotz zahlreicher Bekämpfungsversuche rasant ausgebreitet. (…) Die Alge breitet sich wie ein grüner Teppich auf der Meeresoberfläche aus und erstickt andere Algen und Meerespflanzen. Nach und nach verdrängt sie so alles andere Leben. (…)

Betroffen sind vor allem die Küsten Frankreichs, Italiens, Spaniens und Kroatiens. Die Ausbreitung der Alge wird durch Meeresströmungen, aber auch durch den starken Schiffsverkehr auf dem Mittelmeer begünstigt.

Alle Versuche, die Invasion der Killeralge zu stoppen, sind gescheitert: Einfaches Herausreißen in aufwändiger Handarbeit, der Einsatz von Ultraschall oder elektrolytischen Verfahren haben nicht verhindern können, dass blitzschnell wieder neue Algenteppiche auf mehreren tausend Quadratmetern gewachsen sind. (…)

„Das einzige, was uns bleibt, ist der biologische Kampf", weiß Prof. Alexandre Meinesz. Er ist sicher, die Lösung des *Caulerpa*-Problems gefunden zu haben: Winzige Meeresschnecken, die sich ausschließlich von den Blättern der Killeralge ernähren. „Sie fressen nichts anderes, und wenn nichts mehr da ist, sterben sie."

Von über hundert Arten, die Meinesz in Laborversuchen unter die Lupe nahm, fand er drei heraus, die sich ebenso schnell verbreiten wie *Caulerpa taxifolia,* sodass Hoffnung besteht, dass sie die Schnecken es mit der Alge aufnehmen könnten.

Aus: Freisinger Morgenecho, 26. 3. 2004

Material C: Die Ausbreitung der Alge *Caulerpa taxifolia* im Mittelmeer

Caulerpa taxifolia

© Rachel Woodfield, Merkel & Associates, Inc., www.forestryimages.org

Jahr	**bewachsene Meeresfläche in km²**
1984	0,000001
1990	0,03
1991	0,3
1994	15
1995	20
1996	30
2000	60

Material D: *Caulerpa taxifolia* fressende Meeresschnecken

Elysia brycei (Elysiidae)

Lobiger souverbii (Oxynoidae)

Debelius, H.: Schneckenführer. Jahr Verlag, 1997, S. 163 f.; Fotos: Rudie Kuiter (links), Mike Severns (rechts)

Lösungsvorschlag

In der Aufgabe thematisierte Unterrichtsinhalte sind:
Ökologie: dichteabhängige und dichteunabhängige Faktoren, Räuber-Beute-Beziehung, VOLTERRA-Gesetze, Umweltkapazität, Umweltwiderstand, exponentielles und logistisches Wachstum von Populationen, ökologische Nische, biologische Schädlingsbekämpfung

1 Dichteabhängige Faktoren sind von der Populationsdichte abhängig, d. h. ihr Einfluss nimmt mit zunehmender Populationsdichte zu. Sie wirken daher in Form des Umweltwiderstands stark regulierend auf die Größe einer Population. Beispiele für dichteabhängige Faktoren sind: intraspezifische Konkurrenz (Nahrung, Revier, Gedrängefaktor), Räuber-Beute-Beziehung (mit artspezifischen Feinden), Parasitismus oder ansteckende Krankheiten.

Dichteunabhängige Faktoren sind von der Populationsdichte unabhängig und verändern daher die Populationsgröße nur zufallsgemäß. Beispiele für dichteunabhängige Faktoren sind: abiotische Faktoren (Niederschlag, Sonneneinstrahlung, Temperatur, Mineralsalzgehalt etc.), nicht artspezifische Feinde oder nicht ansteckende Krankheiten.

2 *Es gibt hierbei zwei verschiedene (sinnvolle) Möglichkeiten, die Werte aus der Tabelle grafisch aufzutragen. Am einfachsten ist es sicher, ein Säulendiagramm zu erstellen, da hier die unterschiedlichen Abstände zwischen den Jahren nicht berücksichtigt werden müssen. Da aber in Aufgabenteil 3 eine Weiterführung des Graphen erwartet wird, ist die bessere Wahl in diesem Fall die Auftragung in einer Kurve. Legen Sie am besten gleich ein größeres Koordinatensystem an, sodass Sie die Kurve für Aufgabenteil 3 entsprechend ergänzen können.*

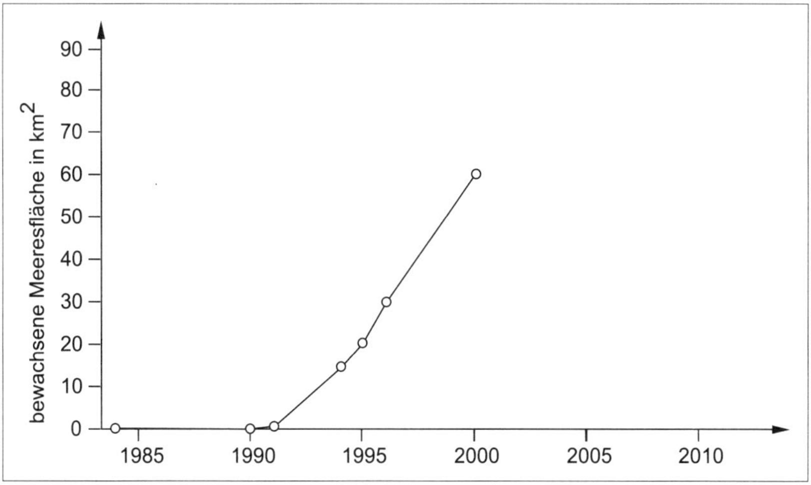

Richtig ist aber wie gesagt auch eine Darstellung als Säulendiagramm:

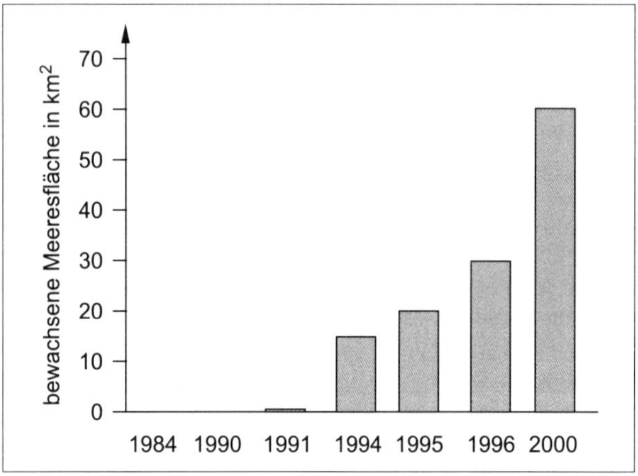

3 *In Material A finden Sie die nötigen Informationen zum ersten Teil der Aufgabenstellung. Leiten Sie daraus die weitere Entwicklung der Algenpopulation ab. (Die Schnecken kommen hierbei noch nicht ins Spiel!). Ergänzen Sie die Prognose über den weiteren Verlauf der Wachstumskurve von* Caulerpa *in einer anderen Farbe in dem bereits von Ihnen angefertigten Diagramm. Sollten Sie Aufgabenteil 2 nicht gelöst haben, können Sie (ausgehend von Material C) den in diesem Aufgabenteil verlangten Graphen auch Freihand zeichnen, wenn Ihnen klar ist, worum es hier geht.*

Caulerpa hatte bei der Besiedlung des neuen Ökosystems Mittelmeer keine natürlichen Feinde und damit einen Konkurrenzvorteil gegenüber anderen Meerespflanzen. Zudem zeichnet die Alge sich durch ein starkes Wachstum und durch eine ausgeprägte Fähigkeit der asexuellen Vermehrung aus *(Material A und B)*. Es zeigt sich daher ein annähernd exponentielles Wachstum, das typisch ist für die Neubesiedlung einer freien ökologischen Nische.

Bei zunehmendem Umweltwiderstand wird die Vermehrungsrate jedoch immer stärker absinken. Das exponentielle Wachstum geht dann in ein logistisches Wachstum über. Ist die durch den Umweltwiderstand gegebene Umweltkapazität N des Ökosystems erreicht, verändert sich die Populationsdichte der Alge praktisch nicht mehr. Schwankungen kommen dann vor allem durch den Einfluss dichteunabhängiger Faktoren vor.

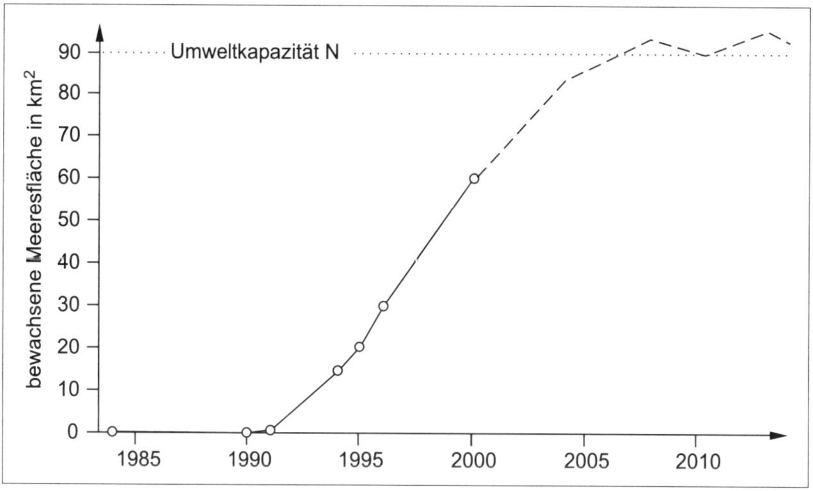

4 *Obwohl dieser Aufgabenteil auf den ersten Blick eher einfach wirkt, hat er es in sich! Hier ist eine kritische Beurteilung der klassischen Räuber-Beute-Beziehung erforderlich, weshalb die Erstellung der Grafik schwierig ist. Beachten Sie die besonderen Lebensbedingungen der Schnecken!*

Die Biologische Bekämpfung von Schädlingen führt in offenen Ökosystemen nie zur völligen Ausrottung des Schädlings (z. B. wegen Zu- und Abwanderungen von Schädlingen aber auch wegen der Volterra-Regeln, siehe unten). Ausnahmen sind Insellagen oder andere geografisch abgeschlossene Areale, da hier keine oder nur eine geringfügige Migration möglich ist. Auch hier ist eine Ausrottung nur dann möglich, wenn ein permanenter „Nachschub" des Beutegreifers erfolgt. Die Meeresareale müssten folglich durch Barrieren abgetrennt werden und über einen längeren Zeitraum immer wieder mit den in Material A genannten Schnecken beschickt werden. Zusätzlich muss wegen der asexuellen Vermehrung von *Caulerpa* gewährleistet sein, dass auch kleinste Teile der Alge nicht (z. B. durch Schiffsverkehr, Material B, Zeile 12) verschleppt werden.

Da die Schnecken auf den Schädling spezialisierte Feinde sind, ist gewährleistet, dass sie bei zunehmender Dezimierung des Schädlings nicht auf leichter auffindbare Beuteorganismen überwechseln können. Günstig ist in diesem Fall auch, dass die aus tropischen Gewässern stammenden Schnecken offensichtlich im winterkalten Meereswasser sterben (Material A). Aus diesen beiden Gründen wird sich die Schneckenpopulation nicht stark ausbreiten können und stellt kaum eine Gefahr für die einheimische Fauna und Flora dar *(andererseits kann es natürlich – wie bei Caulerpa – durch Mutationen zu Anpassungen kommen mit nicht vorhersehbaren Folgen!).*

Bei ausbleibender Arealabgrenzung wird sich im vorliegenden Fall ein „klassisches“ Räuber-Beute-Verhältnis entwickeln, da der Greifer auf die Beute hochspezialisiert ist (Material B, Zeile 33) und die Beute keinen anderen Feind im Ökosystem zu haben scheint. Die Populationsentwicklung müsste theoretisch also den ersten beiden Volterrra-Gesetzen folgen, wonach die mittleren Populationsdichten bei Räuber und Beute regelmäßige, phasenverschobene Oszillationen aufweisen (Volterra 1), langfristig aber einen konstanten Mittelwert annehmen (Volterra 2). Ob diese Schwankungen tatsächlich zu beobachten sein werden, ist jedoch zu bezweifeln, da die Schnecken den Winter nicht überstehen, d. h. in jedem Frühjahr neu ausgesetzt werden müssten, was in der folgenden Grafik zu erkennen ist.

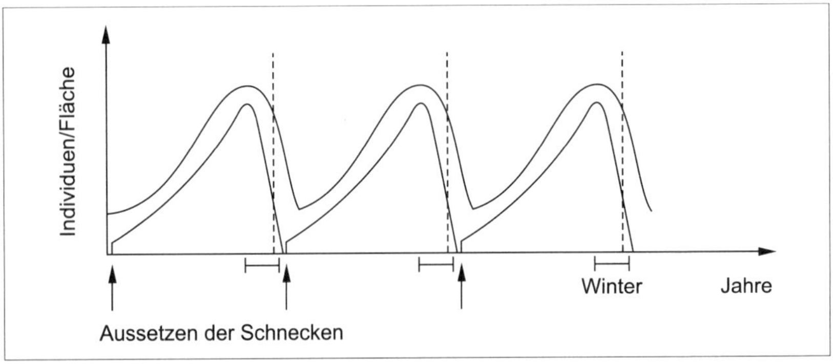

In wie weit die Schnecken die Algenpopulation jeweils dezimieren können ist also von der Ausgangspopulation abhängig.

Abitur-Prüfung Biologie (NRW) – Grundkurs
Übungsaufgabe 11: Evolution

Artentstehung beim Salbei

1 Stellen Sie den Vorgang der allopatrischen Artbildung nach der Vorstellung der synthetischen Evolutionstheorie dar.

2 Erläutern Sie, wie sich bei den dargestellten Salbei-Arten die Artbildung vollzogen hat.

3 Begründen Sie anhand des Materials, welche Faktoren zur reproduktiven Isolation der beiden Arten beitragen.

Material: Salbei-Arten

In Kalifornien gibt es zwei nahe miteinander verwandte Salbei-Arten, die von verschiedenen Bienen bestäubt werden. *Salvia mellifera* wird von Honigbienen und kleineren Bienenarten besucht, während *S. apiana* nur von großen Holzbienen *(Xylocopa)* erfolgreich bestäubt werden kann. In dem gemeinsamen Verbreitungsgebiet (in Abb. 1 punktiert) können hin und wieder Hybriden entstehen, die allerdings selbst unfruchtbar sind.

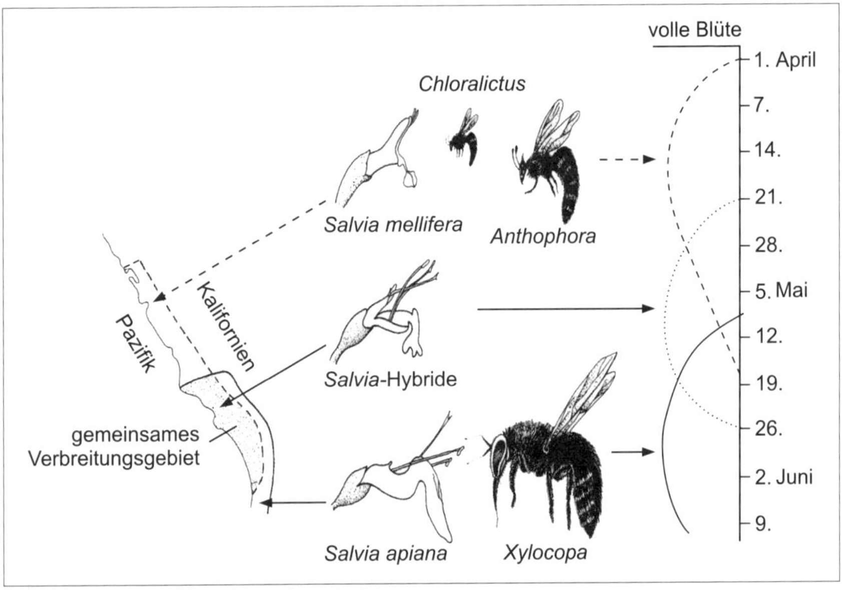

Abb. 1: Reproduktive Isolation bei Salbei-Arten in Kalifornien

aus: Heß, Die Blüte © 1990 Verlag Eugen Ulmer, Stuttgart

Lösungsvorschlag

In der Aufgabe thematisierte Unterrichtsinhalte sind:
Evolution: allopatrische Artbildung durch Separation, reproduktive Isolation, Koevolution

1 Die synthetische Evolutionstheorie geht davon aus, dass die Aufspaltung einer Art in zwei neue Arten auf Veränderungen in Teilpopulationen beruht, die letztendlich zu einer reproduktiven Isolation führen. Diese reproduktive Isolation beruht auf Mutationen, also Veränderungen im Genpool beider Populationen. Bei der allopatrischen Artbildung ist die Voraussetzung dafür eine Separation beider Populationen über einen längeren Zeitraum. Dabei findet kein Genaustausch zwischen beiden Populationen statt, sodass sich in ihren Genpools durch Mutation und Rekombination allmählich immer mehr Unterschiede anhäufen. Wenn daraus auch stärkere phänotypische Veränderungen folgen, können die Individuen der beiden Populationen sich nicht mehr miteinander fortpflanzen, es entsteht reproduktive Isolation. Das bedeutet, dass bei einem erneuten Zusammentreffen der beiden Populationen sich beide als zwei verschiedene Arten verhalten.

2 *Die Teilaufgabe 1 legt nahe, dass auch bei den beiden Salbei-Arten eine allopatrische Artbildung stattgefunden hat. Beziehen Sie also Ihre allgemeinen Ausführungen in Aufgabenteil 1 auf die in Abbildung 1 dargestellten Arten und deren Verbreitungsräume.*

Salvia mellifera hat ihren Verbreitungsschwerpunkt im Küstenbereich des nördlichen Kalifornien, *S. apiana* ist dagegen an der südkalifornischen Küste verbreitet. Beide Areale überlappen sich allerdings. Hier zeigt sich, dass es sich um echte biologische Arten handelt, da zwar Hybriden zwischen beiden zwar entstehen können, diese aber selbst nicht mehr fruchtbar sind. *(Eine Art besteht nach dem biologischen Artbegriff aus Individuen, die sich untereinander fruchtbar fortpflanzen können, d. h. auch ihre Nachkommen sind wiederum fruchtbar.)*

Die überlappende Verbreitung sowie die Fähigkeit zur Hybridisierung machen es wahrscheinlich, dass beide Arten allopatrisch aus einer gemeinsamen Ursprungsart hervorgegangen sind. Dabei muss sich die ursprüngliche Population in eine nördliche und eine südliche separiert haben, sodass kein Genaustausch zwischen ihnen stattfinden konnte.
Aufgrund des fehlenden Genaustausches veränderten sich beide Genpools durch Mutation und Rekombination unabhängig voneinander in zufälliger Weise.
Ausschlaggebend für die Evolutionsrichtung waren dabei die unterschiedlichen Selektionsbedingungen in beiden Populationen, vor allem die durch im Material dargestellten unterschiedlichen Bestäuber *(aber auch z. B. Klimaunterschiede, Konkurrenz durch andere Pflanzen)*. Es fand also transformierende Selektion unabhängig voneinander in beiden Populationen statt.
Beim erneuten Zusammentreffen der Arten im gemeinsamen Verbreitungsgebiet ist nun aufgrund von reproduktiver Isolation keine Vermischung mehr möglich.

3 *Dass für diese Aufgabe nur ein Material zur Verfügung gestellt wird, muss nicht heißen, dass es auch nur einen Isolationsfaktor gibt. Werten Sie den Text und die Abbildung gründlich daraufhin aus, welche Hinweise auf Mechanismen, die die Fortpflanzung der beiden Arten miteinander verhindern, hier gegeben werden.*

Die reproduktive Isolation beider Arten beruht auf mehreren Faktoren:
Die Blüten sind unterschiedlich groß und werden deshalb von verschieden großen Bienenarten bestäubt. Auch der Bau der Blüten ist unterschiedlich: Bei *S. mellifera* ist sie röhrenförmig geschlossen, während die Blüten von *S. apiana* oben offen sind, hier ragen Griffel und Staubblätter frei heraus. Wenn die kleineren Bienenarten, die *S. mellifera* bestäuben, eine Blüte von *S. apiana* besuchen, ist eine Übertragung des Pollens eher unwahrscheinlich, da die Narben am Griffelende sehr weit von der Biene angesteuerten Nektarquelle am Grund der Blüte entfernt ist. Außerdem würde sie vermutlich die Blüte von oben anfliegen und die Narbe mit der Bauchseite berühren, während sie den Pollen von *S. mellifera* – nach der Blütenform zu urteilen – am Rücken aufnimmt.
Ein zweiter Unterschied zwischen den beiden Arten liegt in der Blütezeit. *S. mellifera* blüht von Anfang April bis Mitte Mai, *S. apiana* dagegen von Mitte Mai bis Ende Juni. Gleichzeitiges Blühen findet nur etwa eine Woche lang statt (Mitte Mai). Die reproduktive Isolation beruht also auf ökologischer (zeitlicher) Isolation wie auch auf mechanischer Isolation aufgrund des unterschiedlichen Blütenbaus bzw. der unterschiedlichen Größe der Bestäuber.
Darüber hinaus lässt die gelegentliche Entstehung unfruchtbarer Hybriden darauf schließen, dass neben diesen präzygotischen Isolationsmechanismen auch postzygotische eine Rolle spielen. Wenn eine Bestäubung zwischen beiden Arten stattfindet, führt die anschließende Entwicklung zu einem unfruchtbaren Individuum.

Abitur-Prüfung Biologie (NRW) – Grundkurs
Übungsaufgabe 12: Ökologie

Biomasseproduktion im Ökosystem Wald

1 Stellen Sie zunächst den Unterschied zwischen Brutto- und Netto-Primärproduktion dar und leiten Sie anschließend aus diesem Sachverhalt eine einfache mathematische Gleichung ab!

2 Beschreiben Sie das in Material B dargestellte Diagramm und erläutern Sie die hieraus ableitbare Schlussfolgerung! Interpretieren Sie anschließend das Ergebnis vor dem Hintergrund des Energiebedarfs einer größer werdenden Pflanze!

3 Beschreiben Sie zunächst das in Material C dargestellte Diagramm und deuten Sie den Kurvenverlauf der BPP in Abhängigkeit von den genannten Altersphasen des Baumbestandes. Erklären Sie dabei auch den Verbleib der Pflanzenproduktion, deren Masse mit der schraffierten Fläche des Diagramms wiedergegeben ist.

Material A: Produktion, Produzenten und Produktivität

Einige der im Wirtschaftsleben häufig verwendeten Begrifflichkeiten sind von der Biologie übernommen und auf ihre Sachverhalte angewendet worden. Dies gilt vor allem für den Begriff der „Produktion“: Die Biomasse-„Produktion“ der „Produzenten“, in der Regel der grünen Pflanzen, ist für die „Produktivität“ eines Ökosystems wie dem europäischen Laubwald von Bedeutung.
Die Bewertung der Produktivität ist dabei – vor allem bei wirtschaftlich genutzten Beständen – entscheidend. Zum Beispiel wird die Produktivität von Waldbeständen vor allem im erzielbaren Holzzuwachs pro Hektar Waldbestand bewertet. Um eine nachhaltige Forstnutzung zu sichern, darf hier der Jahresumfang des Holzhiebes den jährlichen Zuwachs der Holzvorräte nicht übersteigen.
Ein Beispiel: Die Waldfläche Lettlands beträgt 2,9 Millionen Hektar, davon werden ca. 473 000 ha Laubwald wirtschaftlich genutzt. In den bewirtschafteten Wäldern beläuft sich der jährliche Holzzuwachs auf 7,04 Millionen Kubikmeter. Von diesem Holzvorrat wurden in der Zeit von 2000 bis 2002 jährlich lediglich 3,8 Millionen Kubikmeter Holz geschlagen, um das Ökosystem nicht übermäßig zu schädigen.

Material B: Brutto- und Nettoprimärproduktion

Beim Wachstum der Bäume, wie bei allen terrestrischen (bodenständigen) Blattpflanzen, erhöht sich ihre Biomasse im Verhältnis zu der von ihnen genutzten Landfläche. Diese Produktivität oder Biomasseproduktion wird bei den Pflanzen, da sie am Beginn der Nahrungskette stehen, auch als Primärproduktion bezeichnet. Hierbei unterscheidet man in der Ökologie zwischen der Bruttoprimärproduktion (BPP) und der Nettoprimärproduktion (NPP).

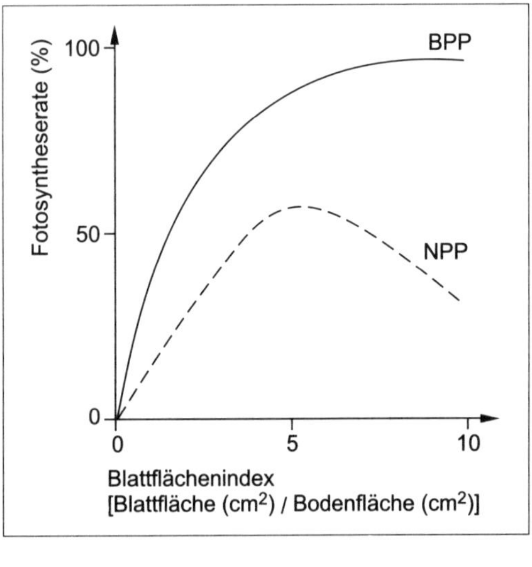

Abb. 1: Brutto- und Nettoprimärproduktion in einem Laubwald

nach: Müller, Hans J., Ökologie, Gustav Fischer Verlag Stuttgart 1984

Material C: Brutto- und Nettoprimärproduktion beim Wachstum eines Waldes mit einheitlichem Baumbestand

Die Produktivität eines wirtschaftlich genutzten Waldes ist neben Standortfaktoren (Bodenbeschaffenheit, Temperatur etc.) vor allem auch vom Alter der Bäume abhängig: Wälder in unterschiedlichen Stadien ihres Wachstums sind unterschiedlich produktiv. Beim Aufwachsen eines einheitlichen Baumbestandes kann man in der Aufbau-, Reife- und Altersphase eine charakteristische Änderung der Produktivität beobachten, sowohl was die BPP als auch die NPP betrifft.

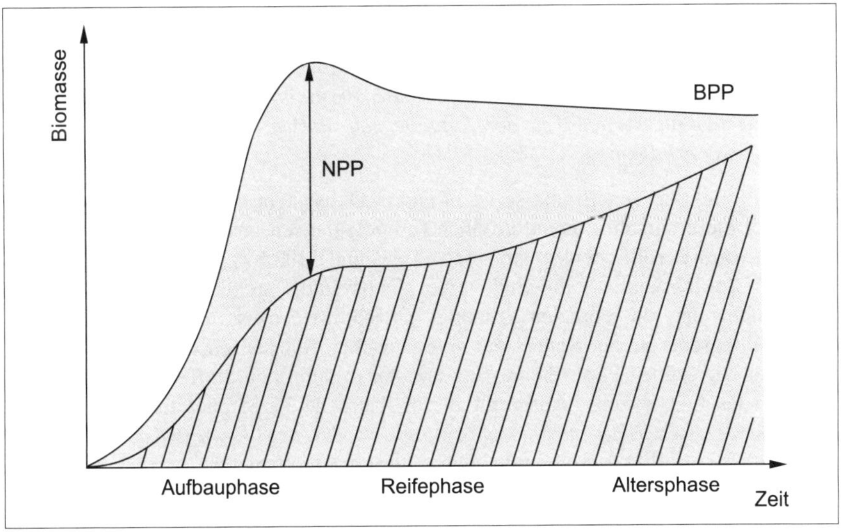

verändert nach: Sitte, P., Weiler, E. W., Kadereit, J. W., Bresinsky, A., Körner, C.: Strasburger: Lehrbuch der Botanik für Hochschulen, 35. Auflage 2002 © Spektrum Akademischer Verlag, Heidelberg

Lösungsvorschlag

In der Aufgabe thematisierte Unterrichtsinhalte sind:
Ökologie: Biomasseproduktion, Bruttoprimärproduktion, Nettoprimärproduktion, Erhaltung von Ökosystemen, Methoden der Bestandsaufnahme

1 *Bei der Bearbeitung der ersten Teilaufgabe empfiehlt es sich, systematisch vorzugehen: Zunächst sollten Sie die zur Bearbeitung vorgegebenen Begriffe möglichst genau bestimmen und dabei alle Wortteile (Brutto-, Netto-, Primär- und Produktion) ansprechen. Vor allem ist hier bei den Überlegungen zu berücksichtigen, dass es sich bei pflanzlichen Organismen nicht nur um reine Produzenten handelt. Auch Pflanzen haben einen Stoffwechsel, in dem sie Biomasse „veratmen". Ausgehend von diesen Begriffsbestimmungen kann dann die Herleitung der im zweiten Teil der Aufgabe geforderten einfachen mathematischen Gleichung erfolgen.*

Die Produktion von Biomasse ist in einem Ökosystem von zentraler Bedeutung, wobei diese sowohl von autotrophen (grüne Pflanzen und Mikroorganismen) als auch von heterotrophen Organismen (Tiere und Mikroorganismen) erzeugt wird. Das „Betriebskapital" innerhalb eines Ökosystems stellt dabei die organische Substanz dar, die von den grünen Pflanzen im Prozess der Fotosynthese aus Strahlungsenergie der Sonne und anorganischen Substanzen erzeugt wird. Damit stehen die grünen Pflanzen am Beginn aller organischen Stoffbeziehungen innerhalb des Ökosystems. Aufgrund dieser Tatsache bezeichnet man die gesamte fotosynthetisch *(und auch chemosysthetisch durch Mikroorganismen)* erzeugte Biomasse als Primärproduktion. Diese gesamte produzierte Biomasse wird auch als Bruttoprimärproduktion (BPP) bezeichnet. Der Begriff brutto bedeutet „ohne Abzug", d. h. der Wert der Bruttoprimärproduktion beschreibt die gesamte fotosynthetisch *(und chemosynthetisch)* erzeugte Biomasse ohne jeden Substanzverlust. Dieser Wert ist aber nur ein theoretischer. Er berücksichtigt nicht, dass bei den Produzenten unvermeidbare Verluste an Biomasse durch die Respiration (Atmung) auftreten. Diesem Sachverhalt trägt der Begriff der Nettoprimärproduktion (NPP) Rechnung, d. h. der „reine Wert" der Produktion nach Abzug derjenigen Größen, die den „Ertrag" vermindern (in diesem Fall des „veratmeten" Anteils). Dieser Wert der Nettoprimärproduktion beinhaltet die gesamte foto- und chemosynthetisch erzeugte Biomasse ohne den Anteil, der bei der Atmung (während der Produktion der Biomasse) verbraucht wird.

Die zwischen Brutto- und Nettoprimärproduktion bestehende Beziehung lässt sich – aufgrund der gerade dargestellten Zusammenhänge – anhand einer einfachen mathematischen Gleichung verdeutlichen:

$$P_n = P_b - R$$

Hierbei steht P_n für die Nettoprimärproduktion, P_b für die Bruttoprimärproduktion und R für den Respirationsverlust durch die Atmung des Pflanzenbestandes.

2 *Bei der Arbeit mit Diagrammen kommt es zunächst immer darauf an, dass das Diagramm selber in seinen dargestellten Einzelheiten klar erkannt wird. Eine exakte Beschreibung ist hierbei hilfreich. Im Anschluss hieran können Sie die dargestellten Sachverhalte leichter analysieren und erläutern.*

An der Ordinate (y-Achse) des Diagramms ist die erreichte Fotosyntheserate in Prozent aufgetragen. Die Abszisse (x-Achse) gibt den Wert wieder, der sich aus dem Quotienten von Blattfläche zu Bodenfläche – jeweils ausgedrückt im Flächenmaß Quadratzentimeter – ergibt (Blattflächenindex). Der Graph der Bruttoprimärproduktion steigt zunächst bis zu einem Blattflächenindex von 4 stark an bis auf eine Fotosyntheserate von ca. 80 %. Hiernach verlangsamt sich der Anstieg etwas. Ab einem Blattflächenindex von 8 wird bei der Bruttoprimärproduktion mit der Fotosyntheserate von fast 100 % das Maximum erreicht. Der Graph der Bruttoprimärproduktion strebt im Folgenden einem Grenzwert zu *(typischer Verlauf einer Sättigungskurve)*.
Auch der Graph der Nettoprimärproduktion steigt zunächst an, wobei der Anstieg hier deutlich flacher verläuft und bei einem Blattflächenindex von ca. 5 mit ca. 55 % Fotosyntheserate sein Maximum erreicht. Sobald der Blattflächenindex den Wert 5 überschritten hat, fällt die Kurve deutlich ab *(typischer Verlauf einer Optimumkurve)*. Sie erreicht bei einem Index von 10 wieder den gleichen Wert der Fotosyntheserate von ca. 25 % wie beim entsprechenden Blattflächenindex von 2. Die Maxima der Brutto- und der Nettoprimärproduktion fallen nicht zusammen, wie aus der Fotosyntheserate – als einem Maß für die Produktivität der autotrophen Pflanzen – in Relation zum Blattflächenindex zu ersehen ist.

Aus dem unterschiedlichen Verlauf der beiden Graphen kann Folgendes geschlossen werden: Im Unterschied zur Nettoprimärproduktion erhöht sich die Bruttoprimärproduktion (d. h. die Fotosyntheserate) deutlich, ohne im betrachteten Indexmaß abzufallen. Die vergrößerte Assimilationsfläche wirkt sich damit zwar produktionssteigernd auf die Brutto-, nicht aber auf die Nettoprimärproduktion aus. Der Wert der Nettoprimärproduktion enthält die Biomasse, die von den grünen Pflanzen „veratmet“ wurde, nicht mehr (Respirationsverlust). Hieraus kann man schlussfolgern, dass der Abfall der Kurve darauf zurückzuführen ist, dass die Pflanzen aufgrund des erhöhten Blattflächenindex deutlich mehr Biomasse selber verbrauchen.
Bei einer wachsenden terrestrischen Blattpflanze erhöht sich die Assimilationsfläche und damit das Verhältnis von Blattfläche zu Bodenfläche ständig. Der Aufbau neuen Pflanzengewebes erfordert aber einen erhöhten Energieeinsatz, da nicht nur produktives Assimilationsgewebe, sondern in großem Umfang auch Stütz- und Festigungsgewebe ohne fotosynthetische Funktion von den Pflanzen aufgebaut werden müssen. Ab einem bestimmten Punkt, der in diesem Beispiel bei einem Blattflächenindex von 5 liegt, läuft die Entwicklung der Netto- und der Bruttoprimärproduktion in entgegengesetzte Richtungen. Unter Berücksichtigung des erhöhten Energiebedarfs einer größer werdenden Pflanze ist zu schließen, dass Bäume nicht unendlich „in den Himmel“ wachsen können. Bei jedem Größenwachstum wird – abgesehen von der inneren Stabilität des Pflanzenkörpers –

irgendwann ein Punkt erreicht, an dem die Pflanze nicht weiter wachsen kann, da sämtliche von ihr produzierte Biomasse sofort für ihre Respiration benötigt wird.

3 *Hier gilt Gleiches wie bei der vorigen Teilaufgabe. Der Besonderheit des Fehlens konkreter Zahlenwerte muss bei der Beschreibung des Diagramms Rechnung getragen werden, ohne dabei in der Ausdrucksweise ungenau oder „unsauber" zu werden. Zur Erleichterung der eigenen Arbeit empfiehlt es sich daher, wenn möglich selber Zahlenwerte als „relative Einheiten" zu setzen. Sinnvollerweise wählt man dabei beim höchsten Wert auf der Achse die Ziffer 10 oder 100.*

An der Ordinate (y-Achse) des Diagramms ist die Menge der Biomasse aufgetragen – ohne dass hierbei konkrete Zahlenwerte angegeben werden. Die Abszisse (x-Achse) gibt die Altersphasen des betrachteten Baumbestandes an – auch hier werden keine konkrete Angaben über die jeweils verstrichenen Zeitabschnitte gemacht. Da im letzten Fall trotz des Fehlens genauer Zeitangaben die wesentlichen Altersphasen des betrachteten Baumbestandes angegeben sind, ist hier das Einfügen eigener Werte für einen Vergleich der Graphen nicht notwendig. Anders verhält es sich bei der Biomasseproduktion: Hier empfiehlt es sich, für einen Vergleich der dargestellten Kurven eigene „relative Zahlenwerte" zu setzen, wie im Folgenden verdeutlicht:

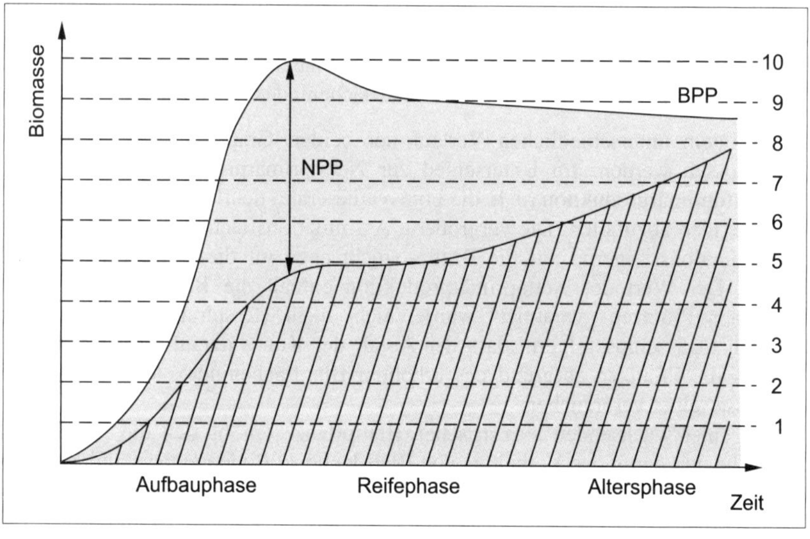

Der Graph der Bruttoprimärproduktion steigt während der Aufbauphase des Baumbestandes steil an und erreicht am Ende dieser Phase mit dem Wert 10 sein Maximum. Während der sich anschließenden Reifephase fällt die Bruttoprimärproduktion auf und danach unter den Wert 9 ab. Dieser leichte Abwärtstrend im Verlauf der Kurve setze sich auch in der Altersphase fort, ohne den Wert 8 aber zu erreichen. Die zweite im Diagramm eingezeichnete Kurve kann nicht der Graph der Nettoprimärproduktion sein, denn dieser Parameter wird durch den Flächeninhalt zwischen den beiden Graphen ausgedrückt. Da sich die Bruttoprimärproduktion von der Nettoprimärproduktion dadurch unterscheidet, dass bei Letzterer der Respirationsverlust mit berücksichtigt ist, muss die gestrichelte Kurve die veratmete Biomasse innerhalb des betrachteten Baumbestandes symbolisieren. Der zweite Graph des Diagramms gibt also die konkrete Menge an Biomasse an, die beim Wachstum bzw. bei der Erhaltung des Baumbestandes verwendet wird. Sein Verlauf ist zunächst auch steigend, aber wesentlich geringer als derjenige der Bruttoprimärproduktion. Am Ende der Aufbauphase ist der Wert der veratmeten Biomasse genau halb so groß wie derjenige der BPP, was bedeutet, dass 50 % der produzierten Biomasse sofort von den Bäumen wieder umgesetzt wird. Dieser Wert steigt – unterbrochen durch eine kurzzeitliche Abflachung während der Reifephase – kontinuierlich an. Das bedeutet, dass die Biomasseverluste durch Respiration mindestens 30, oft sogar 50–60 % des Wertes der Nettoprimärproduktion betragen.

Während der Altersphase des Baumbestandes werden zunächst 7 und dann fast 8 Einheiten der Biomasseproduktion für die Atmung verwendet. Setzt man diese Werte in Relation zur Bruttoprimärproduktion, so wird in der Altersphase des Baumbestandes fast die gesamte Biomasseproduktion für das Aufrechterhalten der Lebensprozesse verwendet. Nur ein verschwindend geringer Anteil von weniger als einer relativen Einheit steht schließlich für ein weiteres Wachstum der Bäume zur Verfügung.
Betrachtet man die Nettoprimärproduktion insgesamt, die durch den Flächeninhalt zwischen den Graphen der Bruttoprimärproduktion und der Atmungsverluste an Biomasseproduktion verdeutlicht wird, so lässt sich das Folgende zusammenfassend feststellen: Sowohl in der frühen Aufbauphase als auch in der Altersphase des Baumbestandes ist die Menge an Biomasse, die zum Aufbau neuen Assimilationsgewebes zur Verfügung steht, gering. Hier hat der Aufbau „unproduktiver" Pflanzenteile wie Wurzeln und Sprossachsen Vorrang. Erst mit einem Fortschreiten der Aufbauphase und über den größten Teil der Reifungsphase hinweg steht genügend Biomasse zur Verfügung, um fotosynthetisch aktive Pflanzenteile zu erzeugen und damit den Baumbestand nennenswert zu erweitern.

Verwandtschaft des Menschen

1 Vergleichen Sie anhand von Material A die Skelettmerkmale von Mensch und Schimpanse unter Berücksichtigung ihrer Funktion.

2 Begründen Sie mithilfe von Material A die verwandtschaftliche Stellung von X anhand seiner Skelettmerkmale.

3 Erklären Sie das Verfahren des Präzipitintests und erläutern Sie die in der Tabelle (Material B) angegebenen Werte. – Stellen Sie eine begründete Hypothese auf, in welchem Bereich das Ergebnis eines Präzipitintests von Mensch/X liegen könnte.

Material A: Skelettvergleich

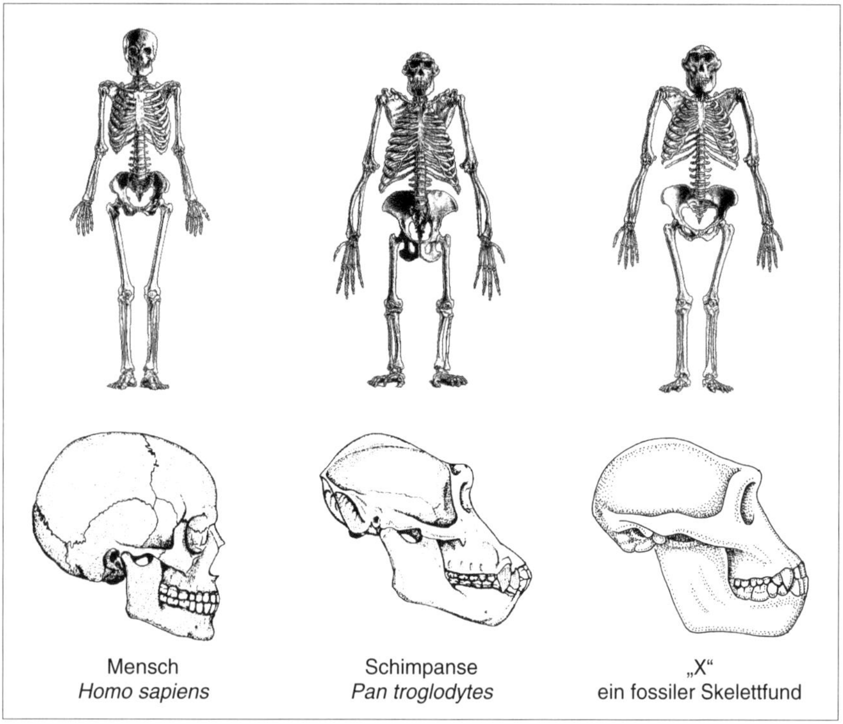

Skelette aus: Berger, Lee: The Dawn of Humans – Redrawing our family tree?, National Geographic 194/2, 1998 (Art by John Gurche);
Schädel von Mensch und Schimpanse aus: Henke Winfried, Rothe Hartmut: Der Ursprung des Menschen: unser gegenwärtiger Wissensstand, 5. Auflage 1980, Gustav Fischer Verlag Stuttgart, S. 40, Abb. 5

Material B: Tabelle des Präzipitintests verschiedener Primaten

Primat	Pavian	Orang-Utan	Gorilla	Schimpanse	Mensch
Prozent Ausfällung	29	42	64	85	100

Lösungsvorschlag

In der Aufgabe thematisierte Unterrichtsinhalte sind:
Evolution: Vergleich und Beurteilung der Ergebnisse unterschiedlicher Analysemethoden, Homologisierungsverfahren, Präzipitintest, phylogenetische Stellung und transspezifische Evolution von Primaten

1 Analysieren Sie Material A in Hinblick auf die Merkmale, in denen sich Mensch und Menschenaffe unterscheiden. Beziehen Sie die Unterschiede jeweils auf funktionale Aspekte und geben Sie zusammenfassend eine kurze Begründung für die Entwicklung der abweichenden Merkmale beim menschlichen Skelett an.

Deutliche Unterschiede im Skelettbau von Mensch und Schimpanse zeigen sich vor allem in den Gliedmaßen sowie im Becken- und Schultergürtel, also im eigentlichen Bewegungsapparat. Dazu ist aber auch der Brustkorb und der Schädel unterschiedlich gestaltet. Der Vergleich beginnt mit den Gliedmaßen:
Die auffallenden Proportionsunterschiede – Schimpanse kurze Beine/lange Arme, Mensch lange Beine/kurze Arme – weisen auf die vorherrschende Fortbewegungsart beider Organismen. Der Schimpanse ist Schwinghangler bzw. bewegt sich auf dem Boden im Knöchelgang, während der Mensch sich aufrecht auf zwei Beinen fortbewegt. Auch die Fußform steht damit in Zusammenhang: beim Schimpansen ein flaches Fußbett mit abgespreizter, zum Greifen/Klettern geeigneter großer Zehe, beim Menschen ein tragendes Fußgewölbe mit anliegender großer Zehe.
Entsprechend der aufrechten Haltung hat das Becken beim Menschen tragende Funktion, beim Schimpansen ist es fast senkrecht gestellt. Die kürzeren Arme und die vergleichsweise kleineren Hände des Menschen hängen ebenfalls mit der Fortbewegung zusammen: sie werden beim aufrechten Gang nicht benötigt und sind damit als Werkzeuge frei für alle möglichen Tätigkeiten. Entsprechend ist auch der Schultergürtel deutlich schwächer ausgebildet als beim Schimpansen. Bei letzterem weisen die großen Schulterblätter auf die schwinghangelnde Fortbewegungsmöglichkeit.
Der Brustkorb des Menschen ist nach unten hin abgerundet, während er beim Schimpansen die Form eines umgekehrten Trichters besitzt. Am Schädel fallen beim Schimpansen die flache Stirn, der Überaugenwulst und die starke Schnauzenpartie auf. Typisch menschlich ist dagegen die hohe Wölbung des Gehirnschädels, die mit dem vergrößerten Hirnvolumen in Zusammenhang steht. Der Überaugenwulst fehlt, ebenso hat der Gesichtsschädel einen kleineren Anteil am Gesamtschädel als beim Schimpansen.
Insgesamt fallen also Skelettmerkmale auf, die mit den charakteristischen menschlichen Leistungen der Fortbewegung und des Verstandes im Zusammenhang stehen.

Nicht erkennbar in der Abbildung ist die unterschiedliche Krümmung der Wirbelsäule, die beim Menschen doppelt S-förmig ausgebildet ist, während sie beim Schimpansen nur einen leicht zum Rücken hin gekrümmten Bogen bildet. Die komplizierte Form der menschlichen Wirbelsäule steht im funktionalen Zusammenhang mit dem aufrechten Gang.

2 *In Aufgabe 1 haben Sie die entscheidenden Merkmale des Menschen- denen des Affenskeletts gegenübergestellt. Vergleichen Sie die Ausprägung dieser Merkmale bei „X" einzeln mit denjenigen bei Mensch bzw. Schimpanse. Ordnen Sie das Skelett dann anhand dieser Merkmale einer fossilen Hominiden-Gattung zu.*

X zeigt im Gliedmaßenbau eher menschliche Proportionen, zumindest sind die Arme deutlich kürzer als beim Schimpansen. Die Beine sind zwar nicht so lang wie die des Menschen, zeigen aber auch den leicht einwärts gerichteten Verlauf der Oberschenkel („X-Beine"). Somit weisen diese Merkmale eine Zwischenstellung zwischen Mensch und Schimpanse auf, mit deutlicher Annäherung an das menschliche Skelett. Die Füße scheinen eher flach zu sein, ebenso ist der große Zeh weiter von den anderen Zehen entfernt gestellt. Allerdings sieht der Fuß von X nicht wie ein echter „Greiffuß" wie beim Schimpansen aus, auch hier zeigt sich eine Mittelstellung. Das gilt auch für die Hände.
Das Becken ist in seiner Form dem menschlichen Becken ähnlicher, obwohl es noch deutlicher die zwei seitlichen Schaufeln ähnlich wie beim Schimpansen besitzt. Der Brustkorb hat die Trichterform des Schimpansen, ist aber kürzer und darin wieder eher menschenähnlich.
Der Schultergürtel ist kräftiger ausgebildet als beim Menschen, aber wiederum nicht so mächtig wie beim Schimpansen. – Insgesamt gesehen deutet der Bewegungsapparat von X auf die Fähigkeit zum aufrechten Gang. Vermutlich war X aber auch mit seinem starken Arm- und Schulterskelett wie auch mit den großen Händen ein guter Kletterer. Schwinghangelnde Fortbewegung oder Knöchelgang sind vom Skelettbau her wahrscheinlich auszuschließen.
Der Schädel gleicht in allen Bereichen dem des Schimpansen: flache Stirn, Überaugenwülste, kräftiger Gesichtsschädel. Damit lässt sich auf ein relativ kleines Gehirn ähnlich wie beim Menschenaffen schließen.
Die verwandtschaftliche Stellung von X: er ist deutlich näher mit dem Menschen verwandt als der Schimpanse. Eine ganze Reihe von Eigenschaften zeigt, dass er in den Bereich des Übergangsfeldes zwischen Menschenaffen und *Homo sapiens* einzuordnen ist: vor allem die mit dem aufrechten Gang zusammenhängenden Skelettmerkmale sind fast ganz „menschlich". Andererseits zeigen der Schädel und auch der Brustkorb noch deutliche Eigenschaften des Menschenaffen. Der Schädelbau schließt eine Zugehörigkeit von X zu der Gattung *Homo* aus, es kann sich also nicht um einen *H. erectus* handeln. Der aufrechte Gang legt eine Zugehörigkeit zu den *Australopithecinen* nahe.

X ist offensichtlich ein Beispiel von Mosaikevolution, da ursprüngliche (äffische) und fortgeschrittene (hominide) Eigenschaften nebeneinander in einem Organismus auftreten. Es zeigt sich auch, dass wahrscheinlich der aufrechte Gang vor entscheidenden Änderungen des Schädelbaus und der Gehirnentwicklung erworben wurde.

Es handelt sich bei X um das rekonstruierte Skelett von Australopithecus afarensis *(„Lucy"). X gehört also zu den Hominiden; er wird von vielen Wissenschaftlern zur direkten Vorfahrenlinie des* Homo sapiens *gerechnet. Dieser Australopithecine lebte vor 3–4 Mio. Jahren.*

3 *Beschreiben Sie die prinzipielle Vorgehensweise beim Präziptintest, Sie können sich dabei auch schon auf das vorliegende Beispiel beziehen. Werten Sie die Tabelle nur kurz aus, verwenden Sie aber die darin genannten Werte, um das Ergebnis des hypothetischen Tests mit „X" zu ermitteln. Es geht hierbei nicht um die Angabe eines konkreten Wertes, sondern um die Abschätzung, in welchem Bereich sich der Prozentsatz befinden muss. Grundlage der Abschätzung ist die Verwandtschafts-Einordnung aus der Aufgabenteil 2.*

Mit dem Präzipitintest erforscht man die Verwandtschaft von Organismen mithilfe der Ähnlichkeit von Serumeiweißen. Die Ähnlichkeit dieser Proteine wird durch eine Antikörper-Reaktion nachgewiesen. Einem Kaninchen oder Huhn als Testtier wird menschliches Blutserum injiziert. Das Tier reagiert darauf mit der Bildung spezifischer Antikörper gegen die Fremdeiweiße, es ist gegen menschliche Serumproteine sensibilisiert. Das Serum des Testtieres mit den Antikörpern wird daraufhin mit den Seren der zu prüfenden Tiere gemischt. Der Grad der Ausfällung von menschlichen Serumproteinen durch die Antikörper wird als 100 % gesetzt, die Ausfällung mit dem Serum anderer Tiere entspricht dann dem Anteil an menschlichen Proteinen in ihrem Blut. Da Proteine die direkten Genprodukte darstellen, lässt sich durch diesen Vergleich auf den Grad der genetischen Verwandtschaft schließen.
Die Werte in der Tabelle zeigen die größte Übereinstimmung in den Serumproteinen zwischen Mensch und Schimpanse (85 %), damit ist unter den getesteten Tieren der Schimpanse am nächsten mit dem Menschen verwandt, der Pavian mit 25% am weitesten entfernt. Da X nach dem Skelettvergleich eindeutig menschenähnlicher ist als der Schimpanse, wäre *(wenn ein Präzipitintest mit fossilem Material möglich wäre)* ein Wert von $85\,\% < X < 100\,\%$ zu erwarten.

Abitur-Prüfung Biologie (NRW) – Grundkurs
Übungsaufgabe 14: Ökologie

Energiefluss und Energienutzung in Ökosystemen

1 Vervollständigen Sie das Schema des Energieflusses in Material A, indem Sie wichtigsten Wege des Energieflusses zwischen den Komponenten anhand von Pfeilen einzeichnen. Erläutern Sie anschließend das vervollständigte Schema.

2 Benennen und erläutern Sie den wesentlichen Aspekt in Bezug auf den Energiefluss, der in der schematischen Darstellung in Material A fehlt!

3 Analysieren und erklären Sie den in Material B wiedergegebenen Sachverhalt!

Material A: Vereinfachter Energiefluss zwischen Trophieebenen

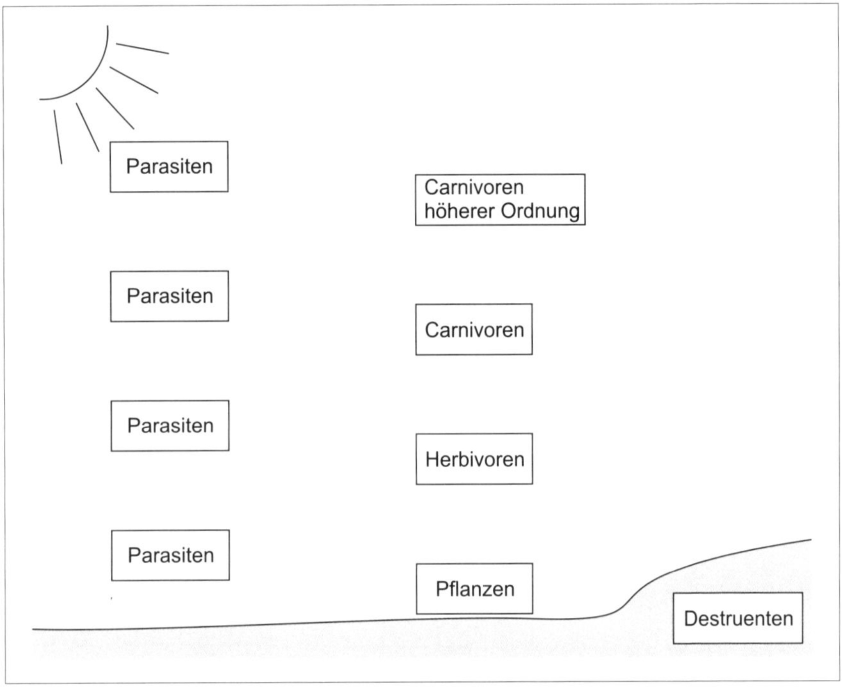

verändert nach: Nentwig, Wolfgang; Bacher, Sven; Beierkuhnlein, Carl; Brandl, Roland; Grabherr, Georg:. u.a.: Ökologie, 2004 © Spektrum Akademischer Verlag, Heidelberg

Material B: Verbleib des von einer Raupe vertilgten Pflanzenmaterials

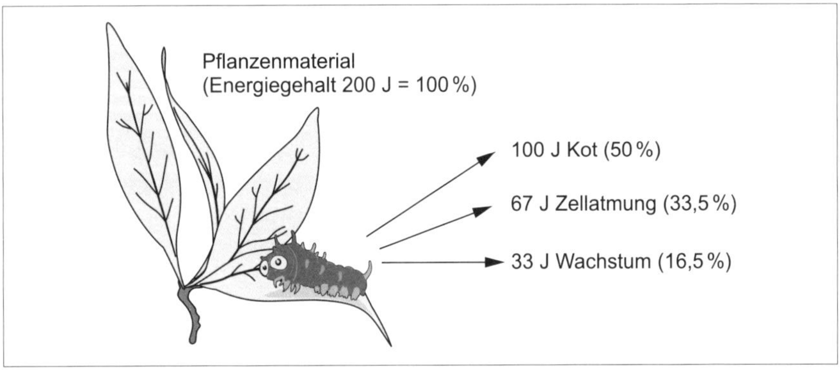

verändert nach: Campbell, Neil A.; Reece, Jane B.: Biologie, 6. Auflage 2003 © Spektrum Akademischer Verlag, Heidelberg

Lösungsvorschlag

In der Aufgabe thematisierte Unterrichtsinhalte sind:
Ökologie: Trophiestufen (Trophieebenen), Energiefluss, Nahrungskette, Energieumwandlung, Wärmeenergie, Energieentwertung

1 *Damit eine zügige Bearbeitung der Teilaufgabe erfolgen kann, ist es zunächst wichtig, sich die Fachbegriffe klar zu machen, die unbedingt in der Lösung berücksichtigt werden müssen. Dies sind der „Energiefluss" und die damit zusammen hängenden „Trophieebenen". Hinzu kommt die „Nahrungskette", die mit den beiden zuvor genannten eng verbunden ist.*
Da hier ein „vereinfachter Energiefluss zwischen Trophieebenen" betrachtet werden soll, lässt die grafische Vorgabe einen Sachverhalt unberücksichtigt: Auch die Parasiten sind eigentlich ihrerseits wieder Beutetiere für andere Konsumenten und liefern Energie an die Destruenten. Hierauf brauchen Sie aber in diesem Aufgabenzusammenhang nicht einzugehen.

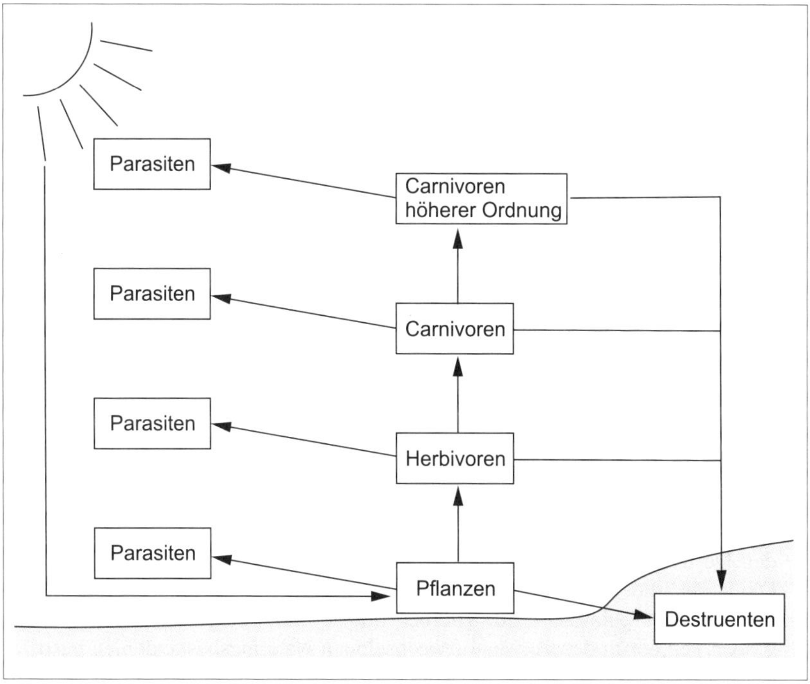

Die gesamte Energie, die in dieser schematischen Darstellung zwischen den Komponenten fließt, stammt letztendlich aus der Strahlungsenergie der Sonne. Diese wird von den grünen Pflanzen, den Produzenten, aufgenommen (1. Trophieebene) und in Form von organischen, energiereichen Molekülen (meist Kohlenhydraten) gespeichert. Die Mitglieder der 1. Trophieebene dienen den Mitgliedern der 2. Trophieebene, den Herbivoren (Pflanzenfresser), als Nahrungsgrundlage, die daraus ihren Stoff- und Energiebedarf decken. Die Herbivoren ihrerseits bilden die Nahrung für Carnivoren, die Fleischfresser der 3. Trophieebene. Diese wiederum werden auf einer 4. Trophieebene von Carnivoren höherer Ordnung erbeutet. Somit „fließt" die Energie innerhalb dieser dargestellten Nahrungskette von einer Trophieebene zur nächsthöheren. Alle Mitglieder der verschiedenen Trophieebenen können von Parasiten befallen sein, die damit ihrerseits am Energiefluss partizipieren. Destruenten zersetzen die Pflanzenreste und Tierleichen und gewinnen daraus Energie für ihre Lebensprozesse. Sie mineralisieren somit organisches Material, sodass es anschließend wieder von den pflanzlichen Produzenten aufgenommen werden kann.

2 *Auch hier gibt es einige Fachtermini, die in jedem Fall bei der Bearbeitung der Teilaufgabe von Ihnen erwähnt und erläutert werden müssen. Zunächst ist da der Begriff der „Wärmeenergie" zu nennen. Hierzu gehört zum einen der Energieverlust in lebenden Organismen in Form von freiwerdender Wärmeenergie bei allen Stoffwechselvorgängen („biologische Oxidation"). Zum anderen müssen Sie auf die Verhältnisse innerhalb einer Nahrungskette eingehen: Da die Energie mehrere Glieder einer Nahrungskette durchfließt, wird sie dabei ebenfalls ver- und entwertet.*

Wenn der Energiefluss innerhalb einer Nahrungskette von einer Trophieebene zur nächsthöheren betrachtet wird, muss auch der dabei unweigerlich stattfindende „Wärmeverlust" mit berücksichtigt werden. Dieser „Energieverlust" in Form von Wärmeenergie tritt bei biologischen Organismen immer dann auf, wenn Nahrung in Form organischer Moleküle zum Zwecke der Energiegewinnung „verstoffwechselt" wird. Bei pflanzlichen Organismen kommt ein weiterer Verlust in Form von Wärmeenergie im Laufe der Assimilation (Fotosynthese bzw. Chemosynthese bei entsprechenden Bakterien) hinzu. Ein Energieverlust in Form von Wärme ist für alle Lebewesen charakteristisch. Er findet auf jeder Trophieebene einer Nahrungskette statt. Beginnend bei den pflanzlichen Organismen, den Produzenten, gilt dies ebenso für alle Konsumenten bis hin zu den Endkonsumenten und den Destruenten. Der hierbei vor allem zu nennende Prozess ist die biologische Oxidation, die innere Atmung, in deren Folge ATP (Adenosintriphosphat) als Energieträger gebildet wird. Hierbei findet eine Energieentwertung statt. Ein großer Teil der in den zu verstoffwechselnden Nahrungsbestandteilen gespeicherten Energie wird dabei in Form von Wärmeenergie frei und kann so nicht direkt für den Energiehaushalt des Lebewesens nutzbar gemacht werden. Indirekt kommt die freiwerdende Wärmenergie dem Organismus aber durchaus zu Gute, da sie für die Aufrechterhaltung der Körpertemperatur genutzt wird.

3 *Bei dieser Teilaufgabe müssen die Ver- bzw. Entwertung der mit der Nahrung aufgenommenen Energie innerhalb des Organismus der Raupe zu einander in Beziehung gesetzt werden. Zu bedenken ist, dass nur ein Teil der Energie dem Ökosystem definitiv als Wärmeenergie verloren geht (Zellatmung). Die im Kot der Raupe enthaltene Energiemenge kann dagegen noch von Destruenten genutzt werden.*

Auch die im vorgegebenen Beispiel betrachtete Raupe ist auf eine ständige Zufuhr von Energie in Form von Nahrung angewiesen. Der Energiegehalt dieser Nahrung stammt aus den Blättern der pflanzlichen Produzenten, welche die Raupe als Nahrung aufgenommen hat. Für ihr eigenes Wachstum verwendet das Tier dabei lediglich 16,5 % der aufgenommenen Energie. Dies bedeutet, dass 83,5 % der gesamten aufgenommenen Energiemenge nicht für den Aufbau von Körpersubstanz genutzt werden kann. So wird bei der von der Raupe betriebenen Zellatmung – im Rahmen der Dissimilation von Nahrungsstoffen – ständig Energie entwertet. Sie geht als Wärmeenergie für eine Speicherung in Form von ATP (für das Tier verwertbare Energie) verloren. Diese 33,5 % der ursprünglich aufgenommenen Nahrungsenergie können nicht mehr in eine für die Raupe nutzbare Energieform umgewandelt werden. Gleiches gilt für die Energieverluste durch Kotabgabe. Mit ihm geht dem Organismus die Hälfte der mit der Nahrung aufgenommenen Energiemenge verloren.
Der Verlust der Energie für den Organismus durch die Kotabgabe stellt aber – insgesamt gesehen – keinen vollständigen Energieverlust für das Ökosystem dar. Destruenten können den Kot der Raupe verwerten und damit die darin noch enthaltene Energiemenge für sich nutzbar machen. Allerdings spielen auch hier wie zuvor bereits bei der Raupe Energieverluste in Form von Wärmeenergie ebenso eine Rolle, wodurch die Destruenten die gesamte im Kot enthaltene Energiemenge ebenfalls nicht für sich nutzen können.

Evolution der Kleidervögel

1 Stellen Sie die Entstehung der Kleidervogel-Arten auf den Hawaii-Inseln gemäß dem evolutionstheoretischen Konzept dar.

2 Analysieren Sie den Nahrungserwerb der vier in Material B dargestellten Arten und begründen Sie die Unterschiede.

3 Entscheiden Sie begründend, ob es sich bei dem langen Schnabel der Nektar saugenden Arten *Hemignathus procerus* und *Drepanis pacifica* um homologe oder analoge Formen handelt.

Material A: Kleidervögel

Die Kleidervögel kommen nur auf den sechs größten Inseln des Hawaii-Archipels vor. Die Inseln sind vulkanischen Ursprungs und liegen mitten im Pazifischen Ozean, etwa 3 500 km vom amerikanischen Festland entfernt. Die Kleidervögel bestehen aus 22 Arten, die in zwei Unterfamilien aufgeteilt werden (Grünkleidervögel und Schwarzrotkleidervögel). Die von ihnen besiedelten Inseln sind waldreich und bieten eine große Vielfalt an Lebensräumen.
Die Gründerpopulation, von der die Kleidervögel abstammen, war wahrscheinlich eine kleine Gruppe von Finken, die vom amerikanischen Festland auf die Inseln gelangt ist. Diese Finken besaßen einen kurzen Schnabel und ernährten sich von Insekten und Samen.

Material B: Nahrungserwerb

Loxops stejnegeri

Psittirostra kona

Hemignathus procerus an einer Lobelienblüte (Diese Lobelienart kommt nur auf Hawaii vor. Sie besitzt nektarreiche rote Blüten.)

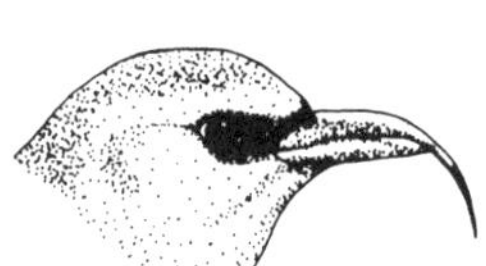

Hemignathus wilsoni meißelt mit seinem kurzen Unterschnabel Baumrinde auf wie ein Specht. Er spreizt dabei den gebogenen Oberschnabel ab. Sobald er ein Insekt freigelegt hat, holt er es mit dem Oberschnabel heraus.

Bild 1 bis 3 aus: aus: Heß, Die Blüte © 1990 Verlag Eugen Ulmer, Stuttgart;
Bild 4 aus: Grant, P. R.: Ecology and Evolution of Darwin's Fiches, Princeton University Press, Princeton, New Jersey, 1986 (nach H. Douglas Pratt in Raikow, Robert J.: The Origin and Evolution of the Hawaiian Honeycreepers (Drepanididae) – The living bird 15, 1976)

Material C: Vereinfachter Stammbaum

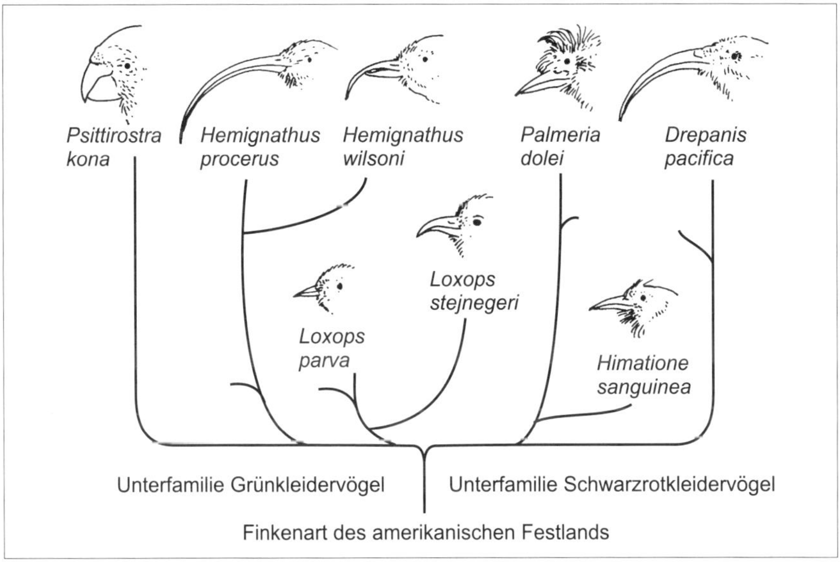

aus: Stebbins, G. Ledyard, Processes of Organic Evolution, Prentice-Hall Inc, Englewood Cliffs, New Jersey, 3rd Edition 1977, Abb. 89, S. 182

Lösungsvorschlag

In der Aufgabe thematisierte Unterrichtsinhalte sind:
Evolution: Grundlagen evolutiver Veränderungen, genotypische Variabilität von Populationen, Artbegriff und Artbildung, Isolationsmechanismen, adaptive Radiation; Einnischung und Konkurrenzvermeidung, Koevolution; Verwandtschaftsbestimmung auf der Basis von Homologie/Analogie

1 *Es geht hier darum, die Entstehung vieler ähnlicher Arten aus einer gemeinsamen Stammart bei der Besiedlung eines neuen Lebensraums mithilfe der Evolutionsfaktoren zu erläutern. Diesen Vorgang kennen Sie bereits aus dem Unterricht, höchst wahrscheinlich vom Beispiel der Galapagos-Finken!*

Der Hawaii-Archipel liegt weit vom Festland entfernt im Pazifik. Gemäß dem Konzept der allopatrischen Artbildung muss sich die ursprünglich eingewanderte Finkenpopulation mehrfach in getrennte Populationen aufgespalten haben, z. B. auf verschiedene Inseln separiert worden sein.
Dadurch wurden die Genpools dieser Populationen getrennt und es fand kein Genaustausch mehr statt. Unterschiedliches Auftreten der Zufallsereignisse Mutation und Rekombination sowie die unterschiedlichen Selektionsbedingungen in den einzelnen Populationen führten zur reproduktiven Isolation. Bei solchen Isolationsmechanismen kann es sich z. B. um unterschiedliche Einnischung handeln (zeitliche Isolation), um unterschiedliches Balzverhalten (ethologische Isolation), oder auch um Unverträglichkeit der Gameten (gametische Isolation).
Bei diesen Beispielen handelt es sich um präzygote Isolationsmechanismen, sie verhindern die Paarung bzw. Befruchtung von Individuen und lassen es gar nicht zur Zygotenbildung kommen. Daneben gibt es auch postzygotische Isolationsmechanismen, die nach erfolgter Befruchtung die Weiterentwicklung des Keimlings verhindern oder zu unfruchtbaren Nachkommen führen.
Bei erneutem Zusammentreffen der separierten Populationen findet dann keine fruchtbare Kreuzung zwischen Mitgliedern beider Populationen statt. Damit sind echte biologische Arten entstanden. Insgesamt fand auf den Inseln eine adaptive Radiation statt: Von einer Ursprungsart ausgehend sind 22 Arten entstanden. Die in Material A angegebene Vielfalt an Lebensräumen sowie die verschiedenen Schnabelformen in Material B sprechen für eine vorrangige ökologische Einnischung der Arten.

2 *Wie bei den Galapagos-Finken, so haben sich auch hier die Unterschiede zwischen den Arten aufgrund der in Aufgabenteil 1 bereits angesprochenen ökologischen Einnischung ergeben. Überlegen Sie, welche weiteren Fachbegriffe für Evolutionsprozesse und Lebensformen bei einem der Beispiele noch zutreffen.*

Die vier dargestellten Arten unterscheiden sich stark in der Art der aufgenommenen Nahrung wie auch im Bau ihres Schnabels, der der jeweiligen Nahrungsaufnahme angepasst ist: *Loxops* sucht mit seinem schmalen Schnabel Insekten von

Baumstämmen ab, *Psittirostra kona* kann dagegen mit seinem Kernbeißerschnabel harte Früchte und Samen aufnehmen. Der lange gebogene Schnabel von *Hemignathus procerus* befähigt ihn, Nektar aus röhrenförmigen Blüten zu saugen, während die nahe verwandte Art *H. wilsoni* Insekten unter der Baumrinde freizulegen vermag.
Damit besteht zwischen den Arten Konkurrenzvermeidung, jede Art hat eine eigene Nahrungsnische erschlossen. Bei *H. procerus* liegt evtl. Koevolution mit den Lobelien vor. Die Form der Blüten und des Schnabels stimmen auffällig überein, zudem handelt es sich bei der Beziehung zwischen Blüte und Vogel um eine Symbiose, von der beide Partner profitieren. Eine koevolutive Anpassung beider Organismen aneinander liegt daher nahe.
H. wilsoni kann mit der Doppelfunktion seines Schnabels die „Spechtnische" besetzen.

3 *Um diese Aufgabenstellung richtig zu beantworten, müssen Sie zwischen dem Organ und seiner speziellen Form differenzieren. Zur Entscheidung benötigen Sie neben dem Stammbaum in Material C auch eine Information über den gemeinsamen Vorfahren aus Material A.*

Drepanis pacifica und *Hemignathus procerus* besitzen beide lange, nach unten gebogene Schnäbel, mit denen sie den Nektar aus Blüten holen können. Diese Form könnte nach dem Homologiekriterium der speziellen Qualität als Hinweis auf ihre Homologie gedeutet werden. Wenn aber beide Schnabelformen homolog wären, dann müssten sie einen gemeinsamen Vorfahren mit ebensolcher Schnabelform haben. Nach dem Stammbaum-Diagramm in Material C gehören die beiden Arten zu verschiedenen Unterfamilien, die sich beide von der kurzschnabeligen Finkenart herleiten (Material A). Während der Schnabel selbst als homologes Organ zu interpretieren ist, stellt die lange, gebogene Form daher eine konvergente Anpassung (Analogie) an die Spezialisierung auf Nektar dar.

Abitur-Prüfung Biologie (NRW) – Leistungskurs
Prüfungsähnliche Orientierungsaufgabe 1

Genetische Grundlagen der Hornhauttrübung

1 Geben Sie mithilfe des Stammbaums (Material B) den Erbgang zur Hornhautdystrophie an und begründen Sie Ihre Entscheidung. Bestimmen Sie für alle abgebildeten Personen die Genotypen.

2 Bestimmen Sie aus der in Material C angegebenen DNA-Sequenz die entsprechende Aminosäuresequenz. Ermitteln Sie den Mutationstyp, welcher der Hornhautdystrophie zugrunde liegt, und erklären Sie den Zusammenhang zwischen der Mutation und den in Material A beschriebenen Symptomen.

3 Beschreiben Sie den Ablauf der Polymerase-Kettenreaktion.

4 Analysieren und deuten Sie das Ergebnis der Elektrophorese (Material D). Entscheiden Sie begründet, welches der beiden Bandenmuster einem Kind zuzuordnen ist, das an Hornhautdystrophie erkranken wird.

Material A: Die „Gittrige Hornhautdystrophie"

Das Auge des Menschen wird aus hoch spezialisierten Geweben aufgebaut; eines dieser Gewebe bildet die Hornhaut, die das Licht bricht und im Normalfall durchsichtig wie Glas ist, so dass die Lichtstrahlen ungehindert in den Augapfel bis zur Netzhaut eindringen können. Verschiedene Ursachen können zu einer Trübung der Hornhaut führen, wodurch Lichtstrahlen absorbiert oder gestreut werden, so dass im Augeninneren kein scharfes Bild mehr entsteht. Es kann dann oft nur noch zwischen hell und dunkel unterschieden werden.
Auch die Erbkrankheit „Gittrige Hornhautdystrophie" führt zur Hornhauttrübung. Betroffene Personen leiden an schmerzhaften, beidseitig immer wiederkehrenden Hornhautaufbrüchen, die die Sehfähigkeit stark beeinträchtigen. Bei Gewebeuntersuchungen der Hornhaut stellte man fest, dass bei Erkrankten ein Struktureiweiß des Hornhautgewebes verändert ist und sich fadenförmig in den Zellen der Hornhaut ablagert. Mit steigendem Lebensalter häufen sich diese fadenförmigen Proteine an und verursachen gitterartige Aufbrüche in der Hornhaut. Der Stammbaum einer Familie mit dieser „Hornhautdystrophie" ist in Material B dargestellt.

Es gelang Genetikern, die molekularen Ursachen für diese „Hornhautdystrophie" aufzuklären: Die Hornhautdystrophie wird ausgelöst durch eine Mutation in dem sog. ßIGH-Gen. Material C zeigt einen DNA-Ausschnitt dieses Gens für das Hornhautprotein eines Gesunden. Bei Personen, die an der Hornhautdystrophie erkrankt sind, findet man an der Position 417 des nicht codogenen DNA-Stranges das Cytosin-Nukleotid durch ein Thymin-Nukleotid ersetzt.

Der Nachweis von Hornhautdystrophie, z. B. im frühen Kindesalter, wenn die Hornhaut noch nicht auffällig gestört ist, gelingt heutzutage mithilfe der PCR des kritischen Genbereichs. Daran schließt sich eine Restriktion mit der Endonuklease Ava II an, die die PCR-Produkte an der Erkennungssequenz 5'–G/GACC–3' schneidet.
In Material D ist das Ergebnis einer Gelelektrophorese dargestellt, in dem eine Bahn auf ein gesundes Kind, die andere Bahn auf ein Kind hinweist, welches an Hornhautdystrophie erkranken wird.

Text aus: Zühlke, Christine und Hellenbroich Yorck: Molekulargenetische Wege bei der Diagnostik erblich bedingter Erkrankungen, BIOforum 11, 2000, Seite 744–747

Material B: Familienstammbaum einer Familie mit Gittriger Hornhautdystrophie

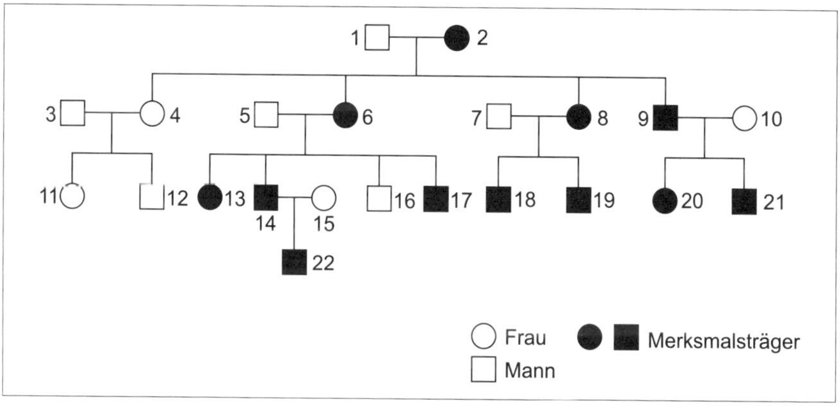

verändert nach: Zühlke Christine und Hellenbroich Yorck: Molekulargenetische Wege bei der Diagnostik erblich bedingter Erkrankungen, BIOforum 11, 2000, Seite 744–747

Material C: DNA-Ausschnitt der Nukleotidsequenz vom nicht codogenen Strang

Position 408 411 414 417 420

5' TAC ACG GAC CGC ACG 3'

↑

Beginn des Leserasters

verändert nach: Zühlke Christine und Hellenbroich Yorck: Molekulargenetische Wege bei der Diagnostik erblich bedingter Erkrankungen, BIOforum 11, 2000, Seite 744–747

Material D: Ergebnis einer Gelelektrophorese

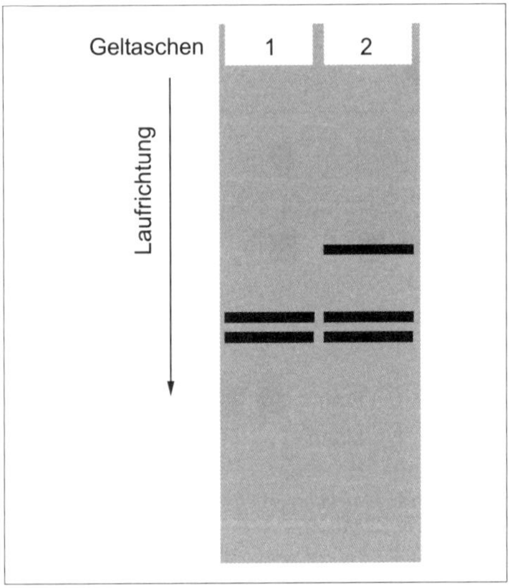

verändert nach: Zühlke Christine und Hellenbroich Yorck: Molekulargenetische Wege bei der Diagnostik erblich bedingter Erkrankungen, BIOforum 11, 2000, Seite 744–747

Material E: Codesonne

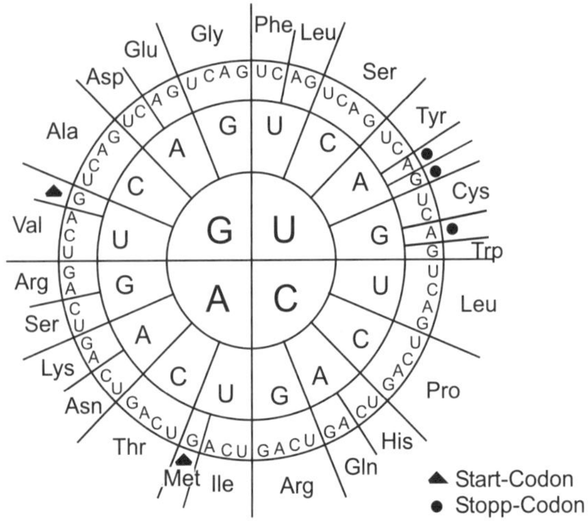

Ala	= Alanin
Arg	= Arginin
Asp	= Asparagin
Asp	= Asparaginsäure
Cys	= Cystein
Gln	= Glutamin
Glu	= Glutaminsäure
Gly	= Glycin
His	= Histidin
Ile	= Isoleucin
Leu	= Leucin
Lys	= Lysin
Met	= Methionin
Phe	= Phenylalanin
Pro	= Prolin
Ser	= Serin
Thr	= Threonin
Trp	= Tryptophan
Tyr	= Tyrosin

Lösungsvorschlag

In der Aufgabe thematisierte Unterrichtsinhalte sind:
Genetik: Stammbaumanalyse, Vererbungsmodi, Mutationstypen, Genetischer Code, Codon, Proteinbiosynthese, Transkription, Translation, Aminosäuresequenz, Tertiärstruktur der Proteine, DNA- und RNA-Aufbau, Komplementaritätsregel, PCR

1 *Bei der Analyse des Stammbaums helfen Ihnen einige einfache Überlegungen:*
- *Dominant vererbte Merkmale treten normalerweise in jeder Generation auf, wohingegen rezessive Merkmale eine oder mehrere Generationen überspringen können.*
- *Sind in einem Stammbaum gleich viele männliche und weibliche Merkmalsträger, handelt es sich wahrscheinlich um ein autosomal vererbtes Merkmal. Überwiegen dagegen Männer als Merkmalsträger, so wird das Merkmal höchstwahrscheinlich gonosomal vererbt. (Das Y-Chromosom können Sie im Normalfall vernachlässigen, da es so gut wie genleer ist.)*

Aufgrund dieser Überlegungen können Sie den Erbgang relativ einfach einordnen. Denken Sie aber daran, dass die o. g. Hilfestellungen noch keine ausreichende Erklärung darstellen und Sie außerdem die anderen Möglichkeiten begründet ausschließen sollten.

Bei der „Gittrigen Hornhautdystrophie“ handelt es sich um ein autosomal-dominant vererbtes Merkmal. Dies ist daraus zu schließen, dass die Erkrankung in jeder der angegebenen vier Generationen auftritt und dass sowohl Männer als auch Frauen als Merkmalsträger auftreten.
Jedes erkrankte Familienmitglied hatte ein Elternteil mit dieser Krankheit; wohingegen andererseits gesunde Eltern (Individuen Nr. 3 und 4) immer nicht erkrankte Kinder (Individuen Nr. 11 und 12) bekommen. Eine Rezessivität der Erkrankung kann insofern ausgeschlossen werden, da in den Familienstammbaum einheiratende Mitglieder phänotypisch gesund sind und somit im Falle einer rezessiven Vererbung alle Überträger für diese Krankheit sein müssten. Dies ist rein statistisch gesehen sehr unwahrscheinlich.
Da Männer und Frauen zu gleichen Teile von der Erkrankung betroffen sind und das defekte Allel sowohl von der Mutter als auch vom Vater an die gemeinsamen Kinder weitergegeben werden kann, liegt es nahe, dass die Hornhautdystrophie nicht X-chromosomal, sondern autosomal vererbt wird. Gegen eine gonosomale Vererbung spricht ebenfalls, dass in diesem Stammbaum die Söhne (21, 22) betroffener Väter (9, 14) und anlagefreier Mütter (10, 15) erkrankt sind. Wäre das Merkmal auf dem X-Chromosom lokalisiert, wären diese Söhne auf jeden Fall gesund.
Für das Gen, welches im mutierten Zustand die Hornhautdystrophie bedingt, kann der Buchstabe A für das dominante, defekte Allel verwendet werden, welches die Krankheit auslöst, und a für seine rezessive, funktionstüchtige Variante. Die genotypische Identifizierung der Allelzuordnungen ist einfach:

- Alle nicht von der Hornhauttrübung betroffenen Individuen (1, 3, 4, 5, 7, 10, 11, 12, 15 und 16) sind homozygot rezessiv (aa).
- Alle erkrankten Personen (2, 6, 8, 9, 13, 14, 17–22) sind Überträgerinnen bzw. Überträger der Krankheit mit der heterozygoten Allelkombination Aa.

Homozygote Merkmalsträger (AA) können deswegen in diesem Stammbaum nicht vorkommen, da in jeder Ehe mindestens einer der Partner nicht von dieser Krankheit betroffen ist.

2 *Vor der Umsetzung der vorliegenden Nukleotidsequenz in eine Sequenz von Aminosäuren (AS) müssen Sie zunächst der Material-Überschrift entnehmen, dass hier die DNA-Sequenz des nicht-codogenen Stranges vorliegt. Die Erstellung einer mRNA vom nicht-codogenen Strang aus ist denkbar einfach: Ersetzen Sie einfach T durch U. Den „Umweg" über den codogenen Strang können Sie sich sparen, da ja beide – nicht-codogener Strang der DNA und die mRNA – komplementär zum codogenen Strang der DNA sind. Also müssen sie zwangsläufig identisch sein (bis auf die Vertauschung von Thymin und Uracil).*
Die Angabe zur vorliegenden Mutation finden Sie im Text zu Material 1: An Position 417 ist C durch T ersetzt. Auch die Auswirkungen der Mutation sind hier bereits erklärt: Ablagerung des veränderten Proteins in den Zellen der Hornhaut.

intaktes Gen:

Position des Nukleotids		*408–410*	*411–413*	*414–416*	*417–419*	*420–422*	
nicht-codogener Strang	5'	TAC	ACG	GAC	CGC	ACG	3'
mRNA	5'	UAC	ACG	GAC	CGC	ACG	3'
Aminosäure-Sequenz		Tyr –	Thr –	Asp –	Arg –	Thr –	

Bei der hier vorliegenden Mutation handelt es sich um eine **Punktmutation**, welche eine Form der Genmutationen darstellt. Eine einzelne Base innerhalb eines Basentripletts ist ausgetauscht worden. Im vorliegenden Fall wurde im nicht-codogenen Strang an der Position 417 die Base Cytosin gegen die Base Thymin ausgetauscht. Da die Mutation die erste Base des Basentripletts betrifft, wird anstelle der Aminosäure Arginin die Aminosäure Cystein in das βIGH-Protein eingebaut:

mutiertes Gen:

Position des Nukleotids		*408–410*	*411–413*	*414–416*	*417–419*	*420–422*	
nicht-codogener Strang	5'	TAC	ACG	GAC	**T**GC	ACG	3'
mRNA	5'	UAC	ACG	GAC	**T**GC	ACG	3'
Aminosäure-Sequenz		Tyr –	Thr –	Asp –	**Cys** –	Thr –	

Betrachtet man die chemischen Eigenschaften der beiden vertauschten Aminosäuren genauer, so sind deutliche Unterschiede zu erkennen: Arginin besitzt eine polare und basische Restgruppe, Cystein einen ebenfalls polaren, aber neutralen Rest. Zudem hat Cystein die Tendenz, bevorzugt Disulfidbrücken auszubilden. In der Tertiärstruktur des βIGH-Proteins bedeutet dies, dass andere Bindungen – vermutlich zusätzliche Disulfidbrücken – ausgebildet werden können. Dies führt zu einer Konformationsänderung des Proteins, einer Veränderung in seiner Raumstruktur. Der durch die Mutation bedingte Austausch einer einzigen Aminosäure hat – bei sonst unveränderter Primärstruktur – somit gravierende Auswirkung für den davon betroffenen Menschen. Die Änderung der Tertiärstruktur des Proteins bewirkt, dass sich *(wie in Material 1 beschrieben)* das veränderte Eiweiß in den Hornhautzellen des Auges ablagert und dadurch die Hornhauttrübung hervorruft.

3 *Bei dieser reinen Reproduktionsaufgabe ist es angebracht, vor der Darstellung des Vorgangs zunächst ein oder zwei kurze Einleitungssätze zu schreiben, in denen die Polymerase-Kettenreaktion kurz umrissen wird.*

Die Polymerase-Kettenreaktion (PCR) ist eine molekularbiologische Arbeitsmethode zur exakten Analyse von DNA. Mit diesem Verfahren können gezielt spezifische Abschnitte einer DNA in einem Reaktionsgefäß identisch vermehrt werden (*In-vitro*-Amplifikation).

Der erste Arbeitsgang der PCR besteht darin, dass die zu untersuchende **DNA** bei ca. 92° C **denaturiert** und damit in ihre Einzelstränge zerlegt wird.

Im nächsten Schritt werden die Startstellen der Replikation auf dem zu kopierenden DNA-Abschnitt festgelegt. Dies ist der entscheidende Arbeitsschritt in der PCR, der nur dann gelingen kann, wenn die Nukleotidsequenz bekannt ist, welche an den Enden des zu kopierenden DNA-Abschnitts liegen. Zur Begrenzung des zu vervielfältigenden Abschnitts werden jeweils zwei spezifische gegenläufige PCR-Primer (für die zwei Enden des DNA-Abschnitts) verwendet. Damit die Primer reagieren können, wird die Temperatur auf 50–60° C gesenkt. Wenn die beiden im Überschuss zugegebenen Moleküle sich nach der Komplementaritätsregel an die denaturierte DNA anlagern, kommt es zu einer **Hybridisierung** (DNA+Primer).

Als Nächstes kann hierauf die **Polymerisierung** stattfinden. Nach der Zugabe von DNA-Nukleotiden (A, T, C, G) und hitzebeständiger DNA-(Taq-)Polymerase können – mit den Primern als Ausgangspunkt – neue komplementäre Einzelstränge synthetisiert werden.

Die Abfolge von DNA-Denaturierung, Hybridisierung und Polymerisierung bezeichnet man als **PCR-Zyklus**. Dieser Kreislauf wird im Reaktionsgefäß mehrfach durchlaufen, wodurch bei jedem Durchlauf doppelt so viele neue, identische DNA-Moleküle erzeugt werden, deren Zahl exponentiell ansteigt (n Zyklen = 2^n DNA-Abnschnitte). Nach 30–40 PCR-Zyklen ist dann – selbst bei einer geringen Ausgangsmenge einer DNA-Probe – ausreichend DNA synthetisiert worden, um damit weitere Untersuchungen durchführen zu können.

4 *Bei der hier geforderten Auswertung sollte zunächst eine Beschreibung des Ergebnisses der Elektrophorese erfolgen. Zur Analyse der Bandenmuster müssen Sie auch die Informationen mit heranziehen, die im zweiten Teil von Material A und in Material C aufgeführt sind. Ohne einen Rückgriff auf die dort angegebenen Nuleotid-Sequenzen ist eine Lösung der Teilaufgabe nicht möglich.*

Das vorliegende Ergebnis einer Gelelektrophorese weist zwei unterschiedliche Bandenmustern auf. Das Bandenmuster 1 zeigt zwei schmale, dicht bei einander liegende Banden. Muster 2 weist ebenfalls die gleichen Banden wie 1 auf, jedoch zusätzlich eine weitere Bande, die näher am Ausgangspunkt der Elektrophorese, der Geltasche, angesiedelt ist. Die unterschiedliche Lage der Banden kann auf die unterschiedliche Molekülmasse der elektrophoretisch getrennten DNA-Fragmente zurückgeführt werden, da größere Moleküle langsamer durch das Gel wandern als kleinere. Die identischen Banden in Probe 1 und 2 sind also mittellange DNA-Fragemente, bei der zusätzlichen Bande in 2 muss es sich um eindeutig längere DNA-Bruchstücke handeln, die deswegen deutlich langsamer innerhalb des Gels in Laufrichtung gewandert sind.

Im vorliegenden Fall wurden die PCR-Produkte, also die vervielfältigten DNA-Abschnitte, vor der gelelektrophoretischen Auftrennung mit einer spezifischen Endonuklease (Ava II) gespalten. Die Erkennungssequenz dieses Restriktionsenzyms liegt dabei in einem Bereich des DNA-Abschnitts, der im intakten Gen enthalten ist: 5' G/GACC 3' (Position 413–417). Genau in diesem Bereich hat bei Personen, die an Hornhautdystrophie erkrankt sind, eine Punktmutation stattgefunden (Thymin statt Cytosin an der Position 417), die zu einem Basenaustausch führt. Bei den DNA-Fragmenten dieser Personen kann die Endonuklease nicht ansetzen und sie demzufolge auch nicht spalten. Als Folge hieraus sind ihre PCR-Bruchstücke deutlich länger als diejenigen von nicht erkrankten Personen, deren DNA-Fragmente ja gespalten werden können.

Aufgrund dieser Überlegungen kann Bandenmuster 1 einem Kind zugeordnet werden, das nicht an Hornhautdysplasie erkranken wird (Genotyp aa). Die beiden Banden stellen die DNA-Bruchstücke dar, die von der Endonuklease Ava II in zwei Teile gespalten worden sind.
Ein Kind, das eine heterozygote Anlage für die Krankheit besitzt und damit an Gittriger Hornhautdysplasie erkranken wird, zeigt das Bandenmuster 2 (Genotyp Aa): Neben dem rezessiven Allel, das für die beiden unteren, kleineren Banden auf dem Gel verantwortlich ist, manifestiert sich in der Gelelektrophorese auch die dominante Allel-Variante des Gens βIGH. Sie wird durch die zusätzliche dritte Bande sichtbar.

Kartoffeln ohne störende Amylose

1 Beschreiben Sie die Entstehung einer reifen mRNA in eukaryotischen Zellen!

2 Ermitteln Sie die im Material B fehlenden Nukleotidsequenzen und begründen Sie Ihre Darstellung! Zeigen Sie, dass die mRNA des Ziel-Gens und die des Antisense-Gens einen komplementären Doppelstrang bilden können.

3 Erklären Sie anhand des Schemas (Material C) die Abläufe in der gentechnisch veränderten Kartoffelzelle.

4 Erläutern Sie mithilfe der Materialien, durch welche Mechanismen die Amyloseproduktion in der gentechnisch veränderten Kartoffelzelle unterdrückt wird.

Material A: Warum sollen Kartoffeln amylosefrei werden?

Die Stärke in Kartoffeln besteht zu ca. 20 % aus Amylose und zu ca. 80 % aus Amylopektin. Amylose und Amylopektin lassen sich aufgrund ihrer unterschiedlichen chemischen Eigenschaften technisch nicht gemeinsam verarbeiten und müssen daher vor der Verarbeitung unter hohem Energieaufwand voneinander getrennt werden. Da die Kartoffel außer ihrer wichtigen Rolle als Grundnahrungsmittel auch einen der größten Stärkelieferant für die Industrie darstellt, hat man bereits 1995 am Max-Planck-Institut für Züchtungsforschung in Köln mithilfe gentechnischer Methoden die Stärkezusammensetzung der Kartoffel verändert:
Man entdeckte dort ein wichtiges Schlüsselenzym, das sog. GBSS-Enzym des Amylose-Syntheseweges der Kartoffelzellen, und identifizierte anschließend auch das dazugehörige Gen. Durch gentechnische Manipulation von Kartoffel-Keimlingen konnte man eine Kartoffelsorte herstellen, die in ihren Knollen nahezu ausschließlich Amylopektin produziert. Material B und C zeigen den Weg, der zu amylosefreien Kartoffeln führte.

Material B: Allgemeine Methode zum Einführen eines Antisense-Gens in Zellen

Im Labor werden folgende Arbeitsschritte durchgeführt:
- Identifizierung des Ziel-Gens
- Bestimmung der Nukleotidsequenz des Ziel-Gens
- Ermittlung der Exons und Introns des Ziel-Gens (können anhand von spezifischen Erkennungssequenzen leicht ermittelt werden)
- Synthese eines doppelsträngigen DNA-Abschnittes auf der Basis der Exons des Ziel-Gens, jedoch Ausrichten der neuen Sequenz in umgekehrter Orientierung wie beim Ziel-Gen (= „Antisense"-Gen)
- Vorschalten eines Promotors vor das Antisense-Gen
- Integration des Antisense-Gens in die DNA der Zelle

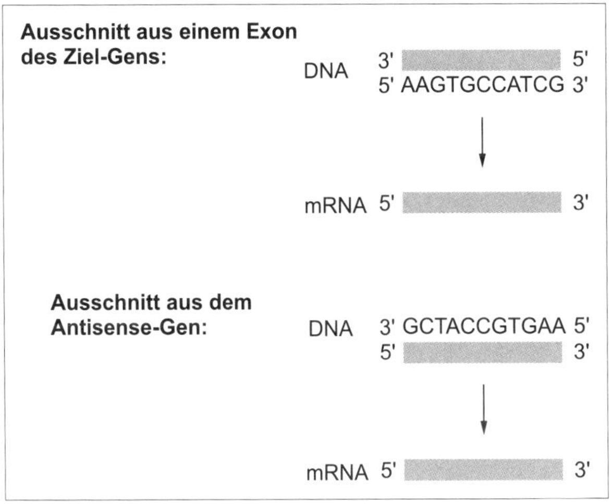

Abb. 1:
Ziel-Gen und
Antisense-Gen

Material C: Abläufe in Kartoffelzellen nach dem Einbau eines Antisense-Gens zum GBSS-Gen

Zu den genauen Vorgängen in der Kartoffelzelle gehören folgende Reaktionsschritte:

- Das Enzym „Dicer" zerschneidet doppelsträngig vorliegende mRNA in Fragmente mit einer Länge von 22 Nukleotiden und zerlegt diese dann in Einzelstränge.
- Bestimmte Proteine im Plasma binden jeweils einen dieser einzelsträngigen RNA-Schnipsel mit einer Länge von 22 Nukleotiden. Es bildet sich dadurch ein Komplex (RISC), der mit mRNAs mit komplementären Abschnitten einen Doppelstrang bildet und diese dann ebenfalls zerschneidet.

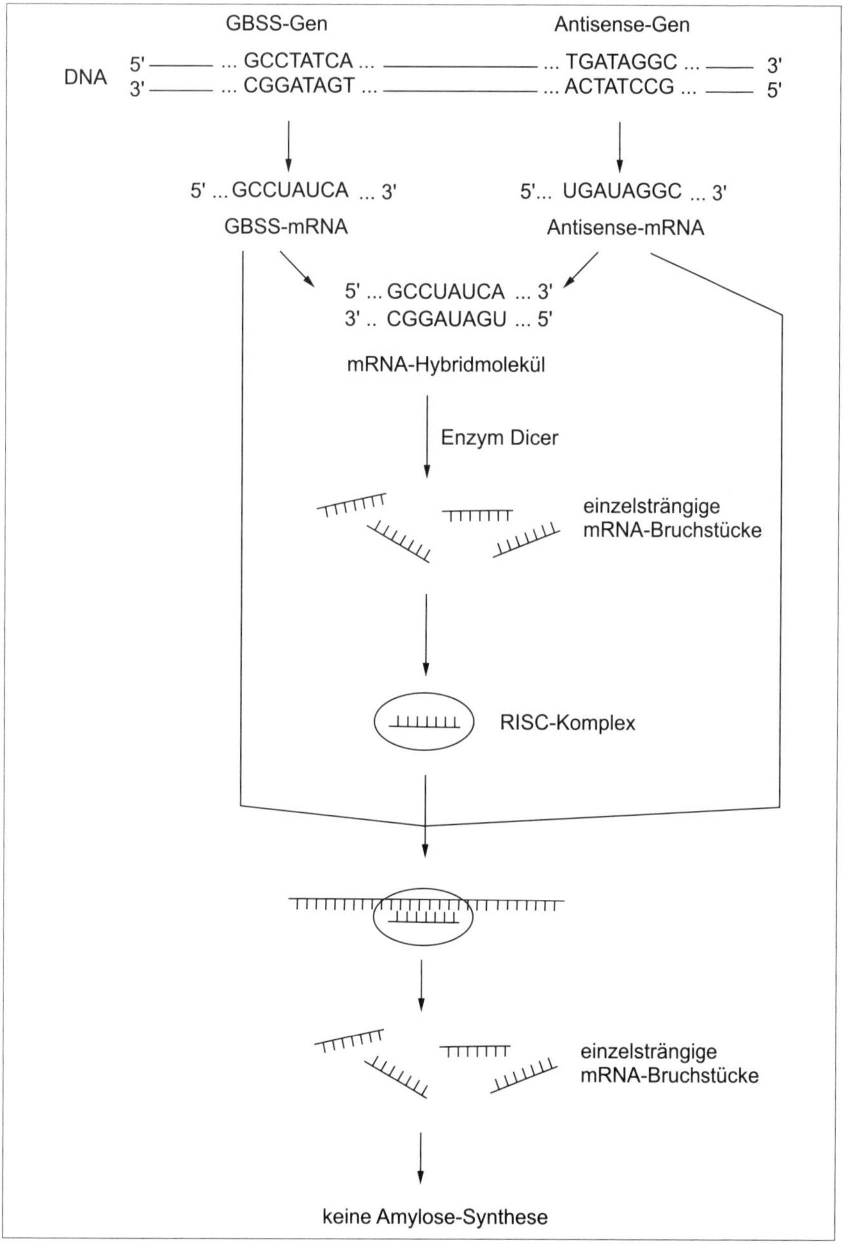

Abb. 2: Verhinderung der Amylose-Synthese in den Kartoffelzellen

Lösungsvorschlag

In der Aufgabe thematisierte Unterrichtsinhalte sind:
Genetik: Genetischer Code, Proteinbiosynthese, Transkription, Translation, DNA- und RNA-Aufbau, Komplementaritätsregel, Wasserstoffbrückenbindung, Exon, Intron, Splycing, RNA-Polymerase, mRNA, Hybridmoleküle

1 Die Entstehung von mRNA-Molekülen hat ihren Ausgangspunkt im Zellkern der eukaryotischen Zelle. Um ein Gen, das transkribiert werden soll, für die RNA-Polymerase erreichbar zu machen, muss – enzymatisch katalysiert – der DNA-Doppelstrang zunächst entwunden werden. Auf der kurzen Strecke des jeweils zu transkribierenden Genabschnitts werden die Wasserstoffbrückenbindungen zwischen den komplementären Basen der DNA fortschreitend gelöst. Dadurch können sich die komplementären Einzelstränge aufspalten. An den Promotor, eine spezifische Nukleotidsequenz des codogenen Stranges, kann sich nun die RNA-Polymerase anlagern. Von hier aus beginnt des Vorgang des Ablesens entlang des codogenen Stranges in 3'→5'-Richtung. Die in den Zellkern diffundierten Ribonukleotide lagern sich nach dem Komplementaritäts-Prinzip der Basenaarung an den DNA-Strang an. Die RNA-Polymerase verknüpft dabei die Ribonukleotide in 5'→3'-Richtung zu einem linearen mRNA-Molekül. Ist ein Bereich abgelesen worden, verbinden die Wasserstoffbrücken der Basen sofort wieder den DNA-Doppelstrang. Das Überschreiben der Information von DNA in RNA endet, sobald das Enzym auf eine Terminator-(Stopp-)Sequenz innerhalb der DNA trifft. Nun löst sich die RNA-Polymerase vom codogenen DNA-Strang und setzt die mRNA, die als prä-mRNA oder Vorläufer-RNA bereichnet wird, frei.
Da ein eukaryotisches Gen sowohl informationstragende (Exons) als auch informationsfreie Abschnitte (Introns) beinhalten kann, schneiden in einem folgenden Schritt spezifische Enzyme alle Introns aus der prä-mRNA heraus. Während dieses Vorgangs, der als Spleißen *(Splicing)* bezeichnet wird, werden die Aminosäure-codierenden Exons zu einem reifen mRNA-Molekül verbunden.

In einem letzten Arbeitsgang wird die mRNA noch an zwei Stellen verändert. Um es vor sofortigem Abbau im Cytoplasma zu schützen, erhält das mRNA-Molekül am 5'-Ende eine so genannte „Kappe“ aus methyliertem Guanin und am 3'-Ende einen „Poly-A-Schwanz“ aus bis zu 200 Adenin-Nukleotiden.

2 *Bei dieser Aufgabe ist es sehr wichtig, die Orientierung der mRNA- und DNA-Stränge im Auge zu behalten! Am besten schreiben Sie sich alles Schritt für Schritt auf.*

Die fehlenden Nukleotidsequenzen können nach der Regel der komplementären Basenpaarung ermittelt werden. Hiernach paart sich im DNA-Doppelstrang immer eine Purinbase mit einer Pyrimidinbase, d. h. Adenin (A) mit Thymin (T) und Cytosin (C) mit Guanin (G). In der DNA sind die beiden Einzelstränge, die zusammen den DNA-Doppelstrang bilden, antiparallel angeordnet: Während der eine Strang in 5'→3'-Richtung verläuft, verläuft der zweite Einzelstrang in 3'→5'-Richtung. Aus diesem antiparallelen Verlauf der Einzelstränge resultiert damit die unterschiedliche Polarität der Stränge in der Doppelhelix.

Die Basenfolge für den angegeben Ausschnitt aus dem Ziel-Gen lautet demnach:

3' TTC ACG GTA GC 5'
5' AAG TGC CAT CG 3'

Für den angegeben Ausschnitt aus dem Antisense-Gen lautet sie:

3' GCT ACC GTG AA 5'
5' CGA TGG CAC TT 3'

Auch die zu ermittelnde mRNA-Sequenz kann mithilfe der o. g. Gesetzmäßigkeiten aufgeklärt werden. Hierbei ist allerdings zu berücksichtigen, dass in der RNA die Base Thymin durch die Base Uracil (U) ersetzt ist.

Die Basenfolge der mRNA für den angegeben Ausschnitt aus dem GBSS-Gen lautet demnach:

5' AAG UGC CAU CG 3'

Für den angegeben Ausschnitt aus dem Antisense-Gen lautet die mRNA-Sequenz:

5' CGA UGG CAC UU 3'

In gegenläufiger Orientierung können die beiden mRNAs einen komplementären Doppelstrang bilden:

5' AAG UGC CAU CG 3'
3' UUC ACG GUA GC 5'

3 *Wenn Sie in Abbildung 2 zu dem Punkt kommen, an dem die weiteren Abläufe nur mithilfe der Hinweise aus dem Informationstext vollständig zu beschreiben sind, sollten Sie diese Informationen gleich in Ihre Darstellung mit einfließen lassen. Sie ersparen sich damit nicht nur einen Arbeitsschritt, sondern bringen Ihre Darstellung auch in eine lesbare, kompakte Form.*

Abbildung 2 verdeutlicht – ausgehend von der DNA – die Reaktionsschritte in Kartoffelzellen nach einem erfolgten Gentransfer.
Die abgeänderte DNA im Zellkern der veränderten Kartoffelzelle enthält in diesem Fall sowohl das unveränderte GBSS-Gen nebst zugehörigem Promotor als auch das Antisense-Gen inklusive eigenem Promotor. Bei der Trankription können demnach sowohl das GBSS-Gen als auch das Antisense-Gen von der RNA-Polymerase in eine lineare mRNA übersetzt werden.
Aufgrund der umgekehrten Orientierung des Antisense-Gens sind beide mRNA-Moleküle zu einander komplementär und können sich – über die Ausbildung von Wasserstoffbrückenbindungen – zu einem mRNA-Hybridkomplex zusammenlagern.
Im Plasma der Kartoffelzelle laufen nun nacheinander weitere, proteinvermittelte Vorgänge ab. Das erste in den Prozess eingreifende Protein ist das Enyzm Dicer. Dieses Enzym erkennt doppelsträngige RNA-Moleküle und zerlegt sie in einzelne

Fragmente, die 22 Nukleotide umfassen, und spaltet diese Fragmente danach in RNA-Einzelstränge auf. Die zweite Gruppe der an den Vorgängen beteiligten Protein nimmt die zuvor erzeugten kurzen RNA-Fragmente auf, bindet sie an sich und bildet den so genannten Risc-Komplex. Diese Risc-Komplexe haben die Fähigkeit, lineare mRNA-Moleküle über komplementäre Basenpaarungen zu erkennen und an sich zu binden. Ist dies geschehen, werden die „eingefangenen" mRNA-Stränge an der Stelle zerschnitten, an der sie mit den kleineren RNA-Fragmenten verbunden sind und so eine Doppelstrangstruktur bilden.

4 *In dieser Teilaufgabe wird eine Deutung der in Aufgabenstellung 3 erarbeiteten Sachverhalte verlangt. Prinzipiell ist es möglich, dass Sie die entsprechenden Rückschlüsse bereits in der vorherigen Aufgabenstellung dargelegt haben. Trotzdem müssen Sie hier die Deutung nochmals darlegen, um die volle Punktzahl zu erhalten. Aus diesem Grund ist es wichtig, dass Sie die Anweisungen aller Aufgabenstellung vor dem „Losschreiben" genau lesen und befolgen – Sie ersparen sich unnötige Dopplungen oder sogar Punktabzüge!*

Amylose kann in den wie oben beschrieben gentechnisch veränderten Kartoffelzellen nicht mehr synthetisiert werden, da das Produkt des GBSS-Gens, das GBSS-Enzym, nicht mehr gebildet werden kann. Durch den Mechanismus, der bereits in Aufgabe 3 dargelegt ist, wird keine der transkribierten mRNA-Kopien des GBSS-Gens in ein Protein übersetzt. Es finden in der Zelle nacheinander zwei Verfahrensschritte statt:

- Die vom Antisense-Gen abgelesene mRNA hybridisiert mit der komplementären GBSS-mRNA. Das mRNA-Hybridmolekül aus der mRNA des GBSS-Gens und der mRNA des Antisense-Gens wird vom Enzym Dicer zerschnitten und in Einzelstrangbruchstücke zerlegt. Diese Bruchstücke werden in Rics-Komplexe eingebunden.
- Mithilfe dieser Rics-Komplexe können nun auch nicht-hybridisierte mRNA-Moleküle des GBSS-Gens aus dem Cytoplasma entfernt und zerlegt werden.

Aufgrund dieser beiden Verfahrensschritte können keine vollständigen mRNA-Kopien des GBSS-Gens zur Translation gelangen, woraus resultiert, dass keine GBSS-Enzymsynthese und damit auch keine Amylosesynthese in derart gentechnisch veränderten Kartoffelzellen mehr stattfinden kann.

Molekulargenetische Ursachen der Mukoviszidose

1 Geben Sie an, welcher Erbgang dem in Material B dargestellten Stammbaum zugrunde liegt und begründen Sie Ihre Entscheidung. Bestimmen Sie für alle dort angegebenen Personen den Genotyp.

2 Ermitteln Sie aus dem in Material C angegebenen DNA-Abschnitt mithilfe von Material D die entsprechende Aminosäuresequenz. Stellen Sie an diesem Beispiel die Grundlagen der Proteinbiosynthese dar.

3 Leiten Sie aus dem vorliegenden Material den Mutationstyp ab, welcher der Mukoviszidose zugrunde liegt. Stellen Sie eine begründete Hypothese darüber auf, wie diese Mutation zur Ausprägung der in Material A beschriebenen phänotypischen Merkmale führt.

Material A: Genetische Ursachen und Symptome der Mukoviszidose

Mukoviszidose (Zystische Fibrose) ist eine nicht heilbare Erbkrankheit, die bei den Betroffenen zu schweren Störungen bei Atmung und Verdauung führt. Die Sekrete vor allem in Lunge und Bauchspeicheldrüse sind zäher als bei gesunden Personen. Dadurch verstopfen z. B. die feinen Äste der Bronchien, sodass die Lunge nicht mehr richtig arbeiten kann.
Die langsame, aber stetige Verschlechterung der Stoffwechselfunktionen ist nicht aufzuhalten oder gar heilbar, kann aber durch frühzeitige und intensive Behandlungsmaßnahmen (schleimlösende Medikamente, Inhalationstherapie und spezielle Diäten) entscheidend verzögert werden.

Die häufigste Ursache für die Mukoviszidose ist ein genetischer Defekt im auf dem Chromosom 7 gelegenen Gen CFTR (engl. *cystic fibriosis transmembrane conductance regulator*). Dieses Gen codiert für ein Protein, das in die Zellmembran von Schleimhautzellen eingebaut wird und dort als Chlorid-Ionenkanal wirkt.

Das veränderte Protein, das Mukoviszidose-Kranke ausbilden, ist nicht in der Lage, den notwendigen Chloridionen-Transport aus den Schleimhautzellen durchzuführen. Dadurch unterbleibt auch der normalerweise erfolgende Wasserausstrom aus den Schleimhautzellen. In der Lunge, den Nasennebenhöhlen, der Bauchspeicheldrüse, im Darm, in den Gallenwegen, in den Keimdrüsen des Mannes und in den Schweißdrüsen bilden sich dadurch zähe Schleimsekrete mit hohem Kochsalzgehalt.

Material B: Stammbaum einer Familie mit Mukoviszidose

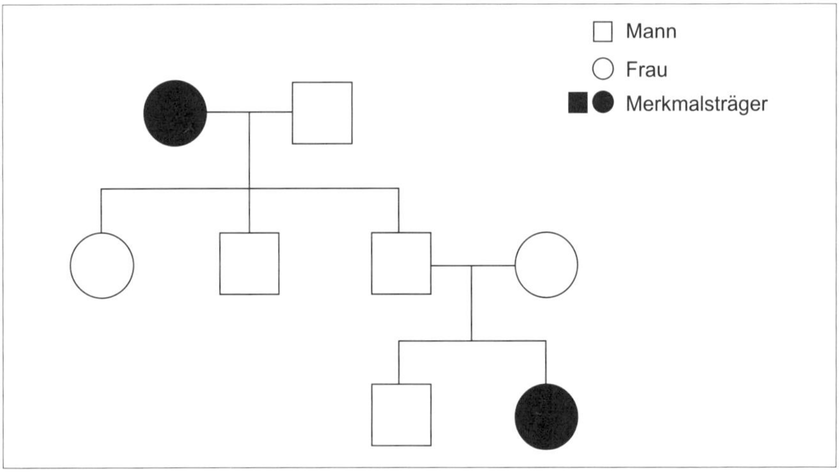

Material C: Ausschnitt aus dem codogenen DNA-Strang in Exon 10 (beginnend bei Aminosäure-Position 503) des CFTR-Gens bei einer gesunden und einer an Mukoviszidose erkrankten Person

gesunde Person	3' … TTT CTT TTA TAG TAG AAA CCA CAA AGG ATA … 5'
erkrankte Person	3' … TTT CTT TTA TAG TAG CCA CAA AGG ATA … 5'

Material D: Codesonne

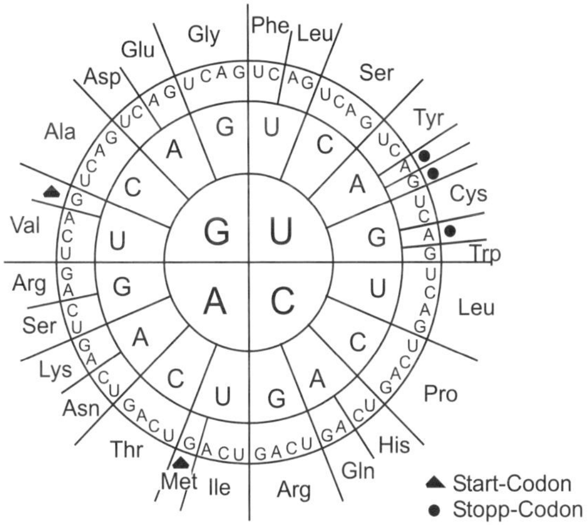

Ala	= Alanin
Arg	= Arginin
Asp	= Asparagin
Asp	= Asparaginsäure
Cys	= Cystein
Gln	= Glutamin
Glu	= Glutaminsäure
Gly	= Glycin
His	= Histidin
Ile	= Isoleucin
Leu	= Leucin
Lys	= Lysin
Met	= Methionin
Phe	= Phenylalanin
Pro	= Prolin
Ser	= Serin
Thr	= Threonin
Trp	= Tryptophan
Tyr	= Tyrosin

Lösungsvorschlag

In der Aufgabe thematisierte Unterrichtsinhalte sind:
Genetik: Stammbaumanalyse, Vererbungsmodi, Mutationstypen, Genetischer Code, Proteinbiosynthese, DNA- und RNA-Aufbau, mRNA, tRNA
Neurobiologie: Aufbau von Ionenkanälen

1 *Nummerieren Sie zunächst im zu analysierenden Stammbaum die einzelnen Mitglieder – beginnend mit der frühesten Generation – durch, um sich im darstellenden Text leichter auf einzelne Individuen beziehen zu können:*

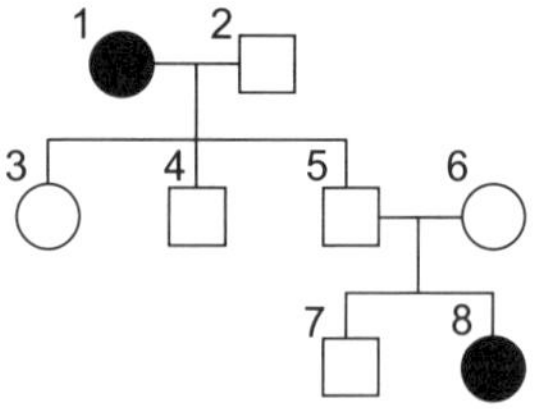

Bei der Analyse des Stammbaums helfen Ihnen einige einfache Überlegungen:
- *Dominant vererbte Merkmale treten normalerweise in jeder Generation auf, wohingegen rezessive Merkmale eine oder mehrere Generationen überspringen können.*
- *Sind in einem Stammbaum gleich viele männliche wie weibliche Merkmalsträger, handelt es sich wahrscheinlich um ein autosomal vererbtes Merkmal. Überwiegen dagegen Männer als Merkmalsträger, so wird das Merkmal höchstwahrscheinlich gonosomal vererbt. (Das Y-Chromosom können Sie im Normalfall vernachlässigen, da es so gut wie genleer ist.)*
- *Bei einem autosomal-rezessiven Merkmal zeigen die Überträgerinnen und Überträger das Merkmal phänotypisch nicht. Ebenso verhält es sich mit Übertägerinnen bei X-chromosomaler Vererbung eines Merkmals.*

Die Krankheit Mukoviszidose wird autosomal-rezessiv vererbt. Dies ist damit zu begründen, dass die Eltern 5 und 6 ein Mädchen haben, das Merkmalsträgerin ist. Da die Eltern beide phänotypisch gesund sind, muss die Krankheit rezessiv vererbt werden und beide Überträger der Krankheit sein. Individuum 8 ist damit homozygot in Bezug auf das betrachtete Merkmal, da ihm als Merkmalsträgerin von beiden Elternteilen ein defektes, rezessives Allel vererbt worden ist.
Eine X-chromosomale Vererbung kann ausgeschlossen werden, da in diesem Fall Individuum 5 ebenfalls an Mukoviszidose erkrankt sein müsste. Läge das Gen auf dem X-Chromosom, wäre er als Mann nämlich hemizygot bezüglich des Merkmals und müsste damit phänotypisch erkrankt sein.

Für das Gen, welches das CFTR-Protein codiert, kann der Buchstabe „A" gewählt werden, womit A für das dominante Allel steht, das für ein funktionierendes CFTR-Protein codiert und a für das entsprechende rezessive, defekte Gegenstück. Für die einzelnen Mitglieder des Stammbaums ergibt sich damit die folgende Zuordnung der Allele:

- Individuum 1, die Großmutter, ist Merkmalsträgerin. Sie besitzt damit die homozygote Allelkombination aa.
- Der Großvater, Individuum Nr. 2, kann sowohl den Genotyp AA (homozygot) als auch die Allelkombination Aa (heterozygot) aufweisen. Wegen der Rezessivität des Merkmals sind beide Kombinationen möglich. *(Statistisch wahrscheinlicher ist aber die Allelkombination AA, da keines seiner drei Kinder an Mukoviszidose erkrankt ist.)*
- Der Genotyp ihrer Kinder, der Individuen 3 bis 5, ist eindeutig Aa. Sie müssen heterozygot in Bezug auf das betrachtete Merkmal und damit Überträger sein, da sie phänotypisch gesund sind, aber von ihrer erkrankten Mutter nur ein defektes Allel geerbt haben können.
- Die angeheiratete Frau, Individuum 6, muss ebenfalls eine Überträgerin (Aa, heterozygot) sein, da ihre Tochter (Individuum 8) Merkmalsträgerin (aa homozygot) ist.
- Der Genotyp des Sohnes, Individuum 7, ist nicht eindeutig zu bestimmen. Er ist phänotypisch gesund und muss deshalb mindestens einmal das Allel A besitzen, das er vom Vater (5) oder von der Mutter (6) bekommen haben kann. Da beide Elternteile aber Überträger der Krankheit sind und beide Allelausprägungen (Aa) besitzen, kann der Sohn sowohl homozygot gesund sein (AA) oder ein heterozygoter Überträger (Aa).

2 *Vor der Umsetzung der vorliegenden Nukleotidsequenz in eine Sequenz von Aminosäuren (AS) müssen Sie zunächst der Material-Überschrift entnehmen, dass hier die DNA-Sequenz des codogenen Stranges vorliegt. Ausgehend vom codogenen Stang müssen Sie nun mithilfe der Komplementaritätsregel den mRNA-Strang erstellen, den Sie dann wiederum mithilfe der Codesonne „übersetzen" können.*
Als Weiteres wird von Ihnen verlangt, dass Sie die Proteinbiosynthese in ihrem Ablauf anhand des vorgegebenen Beispiels korrekt darstellen. Wichtig ist es hier, dass Sie zum einen auf eine korrekte Fachsprache achten. Zum anderen sollten Sie bei der Beschreibung des Ablaufs systematisch vorgehen.

Bei der **Proteinbiosynthese** werden Eiweißkörper, die Proteine (Polypeptide), aus einzelnen Aminosäuren aufgebaut. Dies erfolgt in einem zweistufigen Prozess.
Damit die Information, die in der DNA des Zellkerns enthalten ist, umgesetzt werden kann, muss sie in mRNA umgeschrieben werden. Diesen Vorgang nennt man **Transkription**. Beim ersten Schritt der Proteinbiosynthese wird die DNA in dem Teil, der abgelesen werden soll (in diesem Fall ein Ausschnitt aus dem CFTR-Gen), durch spezifische Enzyme entspiralisiert und aufgetrennt. Sobald der aus 30 bzw. 27 Nukleotiden bestehende DNA-Abschnitt freiliegt, setzen sich

mRNA-Moleküle nach dem Komplementaritätsprinzip an die freien Basen des codogenen DNA-Stranges an. Die Synthese de mRNA-Stranges durch die RNA-Polymerase an der DNA erfolgt in 5'→3'-Richung. Sind alle 30 bzw. 27 Nukleotide in mRNA transkribiert (überschrieben) worden, wandert die mRNA-Kette aus dem Zellkern in das Cytoplasma der Zelle und dort zu einem Ribosom. *(Ein Spleißen ist in diesem Fall nicht erforderlich, da die betrachtete Nukleotidsequenz aus dem Exon 10 stammt.)*

Im Cytoplasma findet dann der zweite Teil der Proteinbiosynthese statt, die **Translation**. Damit bezeichnet man den Vorgang der Übersetzung der Nukleotidsequenz der mRNA an den Ribosomen mit Hilfe der tRNA in die Aminosäuresequenz der Polypeptide (Proteine). Hierbei codiert jeweils eine Nukleotidsequenz aus drei mRNA-Basen eine Aminosäure. Diese Dreiergruppe wird als Codon bezeichnet.

Der Vorgang der Translation beginnt mit der Startphase. In ihr lagert sich das 5'-Ende der mRNA mit dem Startcodon (AUG) an das Ribosom an. Sobald sich ein tRNA-Molekül nach der Komplementaritätsregel mit dem Startcodon verbindet, beginnt der Vorgang der Verlängerung der Aminosäurekette entlang der mRNA. Am Ribosom können sich jeweils tRNA-Molekül setzen, deren Basen-Dreiergruppe (Anticodon) zur komplementären Basen-Dreiergruppe der mRNA (Codon) passt. Ist die Codon-Anticodon-Paarung erfolgt, können die an den oberen Enden der tRNA-Molekülen befestigten Aminosäuren mit einer Peptidbindung enzymatisch miteinander verbunden werden. Die Aminosäurekette wird dabei an das zuletzt angedockte tRNA-Molekül „weitergereicht". Das davor liegende tRNA-Molekül löst sich vom Ribosom und die hintere tRNA rückt nach vorne. Durch eine ständige Wiederholung dieses Vorgangs verlängert sich die Aminosäurekette entlang der mRNA. Lagert sich ein mRNA-Stoppcodon am Ribosom an, zu dem es keine komplementäre Entsprechung in einem tRNA-Molekül gibt, kommt es zur Beendigung des Translationsvorganges. Die Verbindung aus mRNA und Ribosom löst sich und die synthetisierte Aminosäurekette wird vom letzten tRNA-Molekül abgetrennt.

Im vorgegebenen Beispiel, einem Ausschnitt aus dem CFTR-Gen, müssen die Dreiergruppen des codogenen DNA-Stranges zunächst nach der Komplementaritätsregel in den entsprechenden mRNA-Strang umgewandelt werden. Anhand des mRNA-Stranges kann dann mit Hilfe der Code-Sonne (die gewissermaßen die tRNA-Moleküle ersetzt) die Aminosäuresequenz für die vorliegenden 10 bzw. 9 Codon-Dreiergruppen (Position 503 – 511/12) ermittelt werden. Da das Ablesen in 5'→3'-Richtung entlang der mRNA geschieht und im Zentrum der Code-Sonne das 5'-Ende angegeben ist, erfolgt das Ablesen von innen nach außen.

intaktes Gen:

codogener Strang	3' TTT	CTT	TTA	TAG	TAG	AAA	CCA	CAA	AGG	ATA 5'
mRNA	5' AAA	GAA	AAU	AUC	AUC	UUU	GGU	GUU	UCC	UAU 3'
Aminosäure-Sequenz	Lys –	Glu –	Asn –	Ile –	Ile –	Phe –	Gly –	Val –	Ser –	Tyr –
Position der Aminosäure	*503*	*504*	*505*	*506*	*507*	*508*	*509*	*510*	*511*	*512*

mutiertes Gen:

codogener Strang	3' TTT	CTT	TTA	TAG	TAG	CCA	CAA	AGG	ATA 5'
mRNA	5' AAA	GAA	AAU	AUC	AUC	GGU	GUU	UCC	UAU 3'
Aminosäure-Sequenz	Lys –	Glu –	Asn –	Ile –	Ile –	Gly –	Val –	Ser –	Tyr –
Position der Aminosäure	*503*	*504*	*505*	*506*	*507*	*508*	*509*	*510*	*511*

3 *Nach Bearbeitung der Teilaufgabe 2 sollte Ihnen klar sein, um welchen Mutationstyp es sich handelt und welche Auswirkungen dies auf die Aminosäuresequenz des Proteins hat. Fassen Sie dies zunächst kurz zusammen.*
In Material A ist außerdem angegeben, dass das CFTR-Gen für ein Chloridionen-Kanalprotein codiert. Begründen Sie, welchen Einfluss der Verlust einer Aminosäure auf die Funktionsfähigkeit Protein haben muss, wenn die Auswirkungen so dramatisch sind, wie in Material A beschrieben.

Bei der hier vorliegenden Mutation handelt es sich um den Verlust eines Basentripletts innerhalb eines Gens. Es handelt sich demnach um eine Genmutation, bei der durch einen **Triplettverlust** (eine Deletion) nur ein relativ kleiner Bereich betroffen ist, der auch nur ein Gen beeinträchtigt. Im Vergleich zum intakten CFTR-Gen hat sich die Anzahl der Nukleotide, die das Gen ausmachen, um drei verringert. Da das komplette Triplett 508 verloren gegangen ist, fehlt dem fertigen, mutierten Protein eine Aminosäure, das Phenylalanin an der Position 508.

Der Verlust dieser einen Aminosäure hat augenscheinlich verheerende Wirkung auf den Organismus, der von dieser Mutation betroffenen ist. Grundlage hierfür ist die Konformationsänderung des betroffenen Eiweißmoleküls. Im funktionsfähigen Zustand weisen Proteine eine spezifische Raumstruktur (Tertiärstruktur) auf, sie können vielfach gefaltet und gedreht vorliegen. Diese Raumstrukturen werden durch kovalente und nicht-kovalente Bildungen zwischen den Aminosäuren erzeugt, die durch eine Faltung der Aminosäurekette zu „Nachbarn“ werden. *(Nicht-kovalente Bindungen sind Wasserstoffbrücken und Ionenbindungen, aber auch hydrophobe Wechselwirkungen. Zu den kovalente Bindungen zählt – neben der Peptidbindung in der Primärstruktur – die Ausbildung von Disulfidbrücken zwischen Cystein-Resten innerhalb von Proteinmolekülen.)* An allen diesen Bindungsmöglichkeiten wirken die Aminosäurereste durch ihr unterschiedliches chemisches Verhalten und den daraus resultierenden Wechselwirkungen mit. Der Verlust einer Aminosäure an einer entscheidenden Stelle kann daher massive Auswirkungen auf die Tertiärstruktur eines Proteins und damit auf seine Funktionstüchtigkeit haben.

Auf den vorliegenden Fall der Mukoviszidose angewendet kann dies Folgendes bedeuten: Das von der Mutation betroffene CFTR-Gen codiert für ein Membranprotein. Es hat die Aufgabe, Chlorid-Ionen durch die Zellmembran zu schleusen. Durch den Verlust der einen Aminosäure hat sich die räumliche Struktur des CFTR-Proteins aber derart geändert, dass neue Bindungen zwischen den Aminosäuren aufgebaut wurden. Andere wurden dagegen vielleicht nicht mehr ausgebildet. So kann das mutierte Proteinmolekül möglicherweise keinen funktionsfähigen Kanal mehr bilden *(da es z. B. die Chlorid-Ionen nicht mehr durchlassen kann oder sich nicht in die Membran einlagern kann).* Somit manifestiert sich die Mutation vermutlich in einer „Verstopfung“ des Chlorid-Kanals.

Sind die Kanäle blockiert, kann der Ionentransport nicht mehr einwandfrei funktionieren und die in Material A beschriebenen Erscheinungen treten auf: Da auch der Wasser-Ausstrom aus den Zellen nicht mehr stattfinden kann, entsteht der für die Muskoviszidose typische zähe Schleim, der die weiteren Krankheitssymptome nach sich zieht.

Vererbung des Down-Syndroms

1 Beschreiben und analysieren Sie die schematische Darstellung eines Karyogramms in Material A. Begründen Sie, warum die beiden untersuchten Frauen trotz der Besonderheiten in ihren Karyogrammen keinerlei Krankheitssymptome aufweisen.

2 Ermitteln Sie mithilfe der Polkörperchen in Material B die Chromosomenbestände der Eizellen 1–4. Stellen Sie für eine der vier Eizellen anhand einer beschrifteten Skizze dar, wie es bei der Eizellenentwicklung zu dem vorliegenden Ergebnis kommen konnte.

3 Beurteilen Sie die Wahrscheinlichkeit, dass in der Familie eine weiteres Kind mit Down-Syndrom geboren werden könnte, indem Sie die vier Möglichkeiten befruchteter Eizellen analysieren.

Material A: Familienberatung

In einer Familie hat eines der Kinder das sog. Down-Syndrom. Der jüngste von drei Brüdern ist Träger der Trisomie 21, d. h. das Chromosom 21 liegt bei ihm in dreifacher Kopie vor. Die Eltern und Geschwister des Jungen möchten nun wissen, wie diese Trisomie 21 zustande gekommen ist und wie hoch die Wahrscheinlichkeit ist, dass auch weitere Kinder das Down-Syndrom zeigen werden.
Im Rahmen der genetischen Familienberatung gibt es die Möglichkeit, dies anhand eines Karyogramms zu überprüfen. Da in den meisten Fällen die Mutter für die Entstehung des Down-Syndroms verantwortlich ist, wird zunächst aus weißen Blutkörperchen der Mutter ein Karyogramm erstellt. Das Ergebnis ist in Abbildung 1 dargestellt.

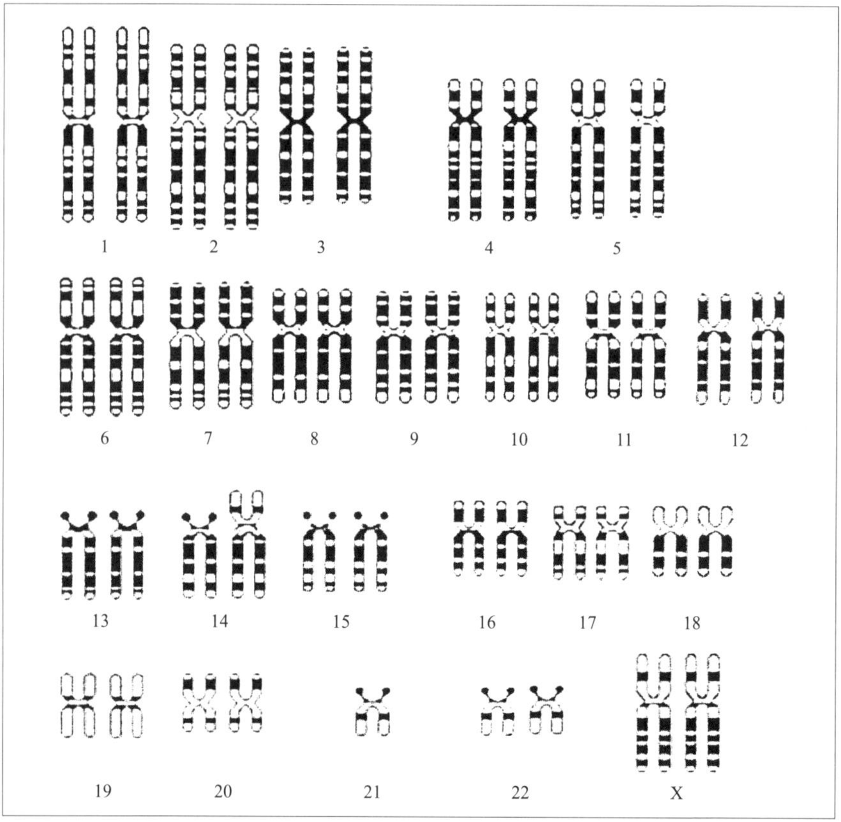

Abb. 1: Karyogramm der Mutter

verändert nach: CD zum Handbuch für den Unterricht Biologie, Oberstufe, Cornelsen Verlag 2003

Material B: Eizellenentwicklung

Der Arzt, der die Familienberatung durchführt, erklärt der Familie, was das Ergebnis des Karyogramms für eine Bedeutung für sie hat. Dazu stellt er anhand einer Skizze (Abb. 2) dar, welche Möglichkeiten es für die Eizellreifung und damit für die Chromosomenausstattung eines weiteren Kindes gibt.
Zuhause angekommen, bemerkt die Familie, dass sie das zweite Blatt der Skizze in der Praxis vergessen haben. Anhand der Polkörperchen müssen sie nun die Chromosomenbestände der vier Eizellen und der befruchteten Zygoten rekonstruieren.

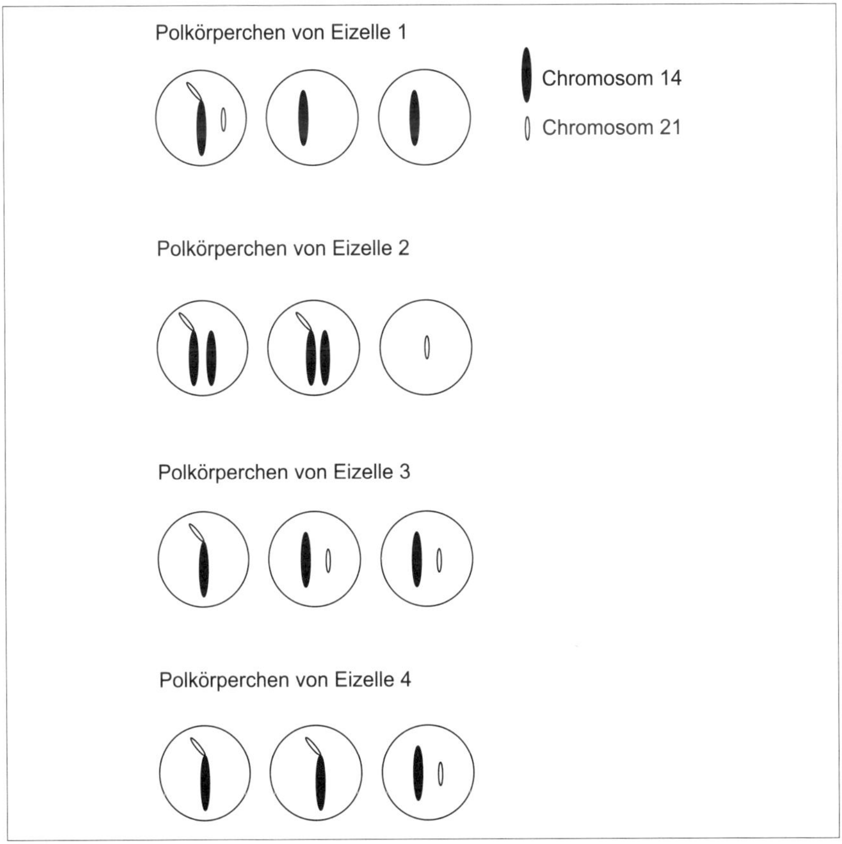

Abb. 2: Polkörperchen von vier möglichen, bei der Keimzellentwicklung der Mutter entstehenden Eizellen (berücksichtigt sind dabei nur die hier relevanten Chromosomen 14 und 21)

Lösungsvorschlag

In der Aufgabe thematisierte Unterrichtsinhalte sind:
Genetik: Chromosomenmutation, Karyogramm, Chromosomenbau, Translokation, Down-Syndrom, Eizellenbildung in der Meiose
allgemein: zeichnerische Umsetzung schematisch-biologischer Prozesse in einer Skizze

1 *Bei der Begutachtung des Chromosomenbildes ist auf Vollständigkeit des diploiden Chromosomensatzes zu achten. Außerdem sollten Sie die einzelnen (homologen) Chromosomen miteinander vergleichen, um die in der Aufgabenstellung angesprochenen Unregelmäßigkeiten feststellen zu können.*

Die schematische Zeichnung der Metaphase-Chromosomen einer weiblichen Person stellt die Chromosomen der in Material A angesprochenen Mutter dar. Die 45 Chromosomen sind (mit zwei Ausnahmen) zu Homologen-Paaren nach Größe und Form in 21 Zweiergruppen angeordnet. Dass es sich um eine Frau handelt, wird aus den beiden vorhandenen homologen X-Chromosomen ersichtlich.
Die cytologischen Besonderheiten sind bei den Chromosomen 14 und 21 sichtbar: Während das Chromosom der Gruppe 21 nur ein einziges Mal im Chromosomensatz vorkommt, ist eines der Chromosomen der Chromosomengruppe 14 deutlich vergrößert. Aus dem letzteren Befund kann daher geschlossen werden, dass beide Chromosomen nicht homolog zueinander sind. Nach dem Augenschein zu urteilen liegt hier der Fall einer Chromosomenmutation in Form einer Translokation vor. Das (scheinbar) fehlende zweite Chromosom der Gruppe 21 hat sich an ein Chromosom der Gruppe 14 angelagert und ist mit diesem verschmolzen.
Das Down-Syndrom, das auf die Trisomie 21 zurückzuführen ist, weist die Mutter nicht auf, da sie keine drei Kopien des Chromosoms 21 besitzt. Da die Frauen, die ein solches Karyogramm aufweist, laut Aufgabentext auch keinerlei andere offensichtlichen Defekte zeigt, kann außerdem gefolgert werden, dass bei der interchromosomalen Umlagerung des Chromosoms 21 keine genetische Information verloren gegangen ist und es sich hier um eine balancierte Translokation handelt.

2 *Bei der Erstellung des Meioseschemas kann es hilfreich sein – ausgehend von den Polkörperchen – zunächst die chromosomale Ausstattung der Eizelle zu rekonstruieren und von dort aus dann die Meiose „rückwärts" aufzubauen.*

Die vier Kombinationen der Polkörperchen lassen in allen drei Fällen auf eine unterschiedliche Verteilung der Chromosomen 21 und 14 im Verlaufe der Meiose schließen. In allen vier Fällen besitzen immer zwei der drei Polkörperchen die gleiche chromosomale Ausstattung. Das dritte ist stets unterschiedlich in Bezug auf die Chromosomen 14 und 21. Das jeweils einzelne Polkörperchen, dessen Chromosomen-Aussattung von den beiden anderen, identisch ausgestatteten Polkörperchen, abweicht, muss die gleichen Chromosomen enthalten wie die

Eizelle. Die beiden jeweils identischen Zellen sind durch Zellteilung zusammen aus jeweils derselben Mutterzelle entstanden *(siehe auch Skizze).*

Die unterschiedliche Ausstattung der einzelnen Polkörperchen in Bezug auf die betrachteten Chromosomen 14 und 21 geht auf einen unterschiedlichen Ablauf der Chromosomenreduktion während der Meiose zurück. Neben der Aufgabe der Rekombination des genetischen Materials ist die zweite wesentliche Aufgabe der Meiose, für eine Reduktion der Chromosomenzahl zu sorgen und als Endergebnis haploide Geschlechtszellen zu erzeugen. Die Reduktion der Chromosomenzahl beginnt in der Anaphase der ersten Reifeteilung, nachdem die Chromosomen in der Äquatorialebene der zukünftigen Eizelle platziert wurden (Metaphase). Im Normalfall werden während der Anaphase die aus zwei Schwesterchromatiden bestehenden, homologen Chromosomen getrennt und weichen auseinander. Die anschließende Aufteilung der Eimutterzelle in eine große, plasmareiche und eine wesentlich kleinere, kaum mit Plasma gefüllte Zelle (das erste Polkörperchen) stellt eine inäquale Zellteilung dar. Der Chromosomensatz ist damit von 2n auf 1n reduziert worden (Reduktionsteilung).
In der anschließenden zweiten Reifeteilung trennen sich die Schwesterchromatiden der homologen Chromosomen. Die Chromatiden wandern jeweils zu entgegengesetzten Seiten der Zelle. Dieser Vorgang vollzieht sich sowohl im Polkörperchen als auch in der großen, plasmareichen späteren Eizelle. Auf diese Weise werden zum einen aus dem ersten Polkörperchen zwei Polkörperchen. Zum anderen entstehen durch eine erneute inäquale Teilung die spätere Eizelle und ein weiteres, drittes Polkörperchen. Das Ergebnis der zweiten Reifeteilung sind damit drei Polkörperchen und eine Eizelle, die alle Chromosomen beinhalten, die jeweils nur aus einer Chromatide aufgebaut sind.

- Bei den drei Polkörperchen der Eizelle 1 enthalten zwei jeweils nur das Chromosom 14. Polkörperchen 3 enthält dagegen zum einen ein verschmolzenes 14/21-Chromosom und zum anderen ein Exemplar des Chromosoms 21. Die erste Eizelle besitzt demnach sowohl eine Chromatide des „Kombinationschromosoms“ 14/21 als auch eine Chromatide des Chromosoms 21.
- Bei der Eizelle 2 liegen in zwei Polkörperchen sowohl das Fusionschromosom 14/21 als auch das Chromosom 14 vor. Beim 3. Polkörperchen findet sich nur das Chromosom 21. Letzteres ist auch in der Eizelle 2 der Fall.
- Im Fall der Eizelle 3 enthalten zwei Polkörperchen jeweils ein Mal das Chromosom 14 und ein Mal das Chromosom 21. Das dritte Polkörperchen enthält ein verschmolzenes 14/21-Chromosom. Die zugehörige Eizelle muss ebenfalls ein Chromosom enthalten, das aus der Kombination von Chromosomen 14 und 21 besteht.
- Im Fall der Eizelle 4 beinhalten zwei Polkörperchen das fusionierte 14/21-Chromosom. Polkörperchen Nummer 3 enthält je ein Chromosom 14 und 21. Eizelle zwei beinhaltet ebenso jeweils eine Chromatide des Chromosoms 14 und 21.

Im Folgenden ist der Ablauf der Meiose für alle vier angegebenen Fälle in einer beschrifteten Skizze dargestellt *(nur eine davon muss von Ihnen dargestellt sein, rechts finden Sie jeweils zusätzliche Erklärungen)*:

Chromosomenverteilung in der Meiose

Eizelle 1

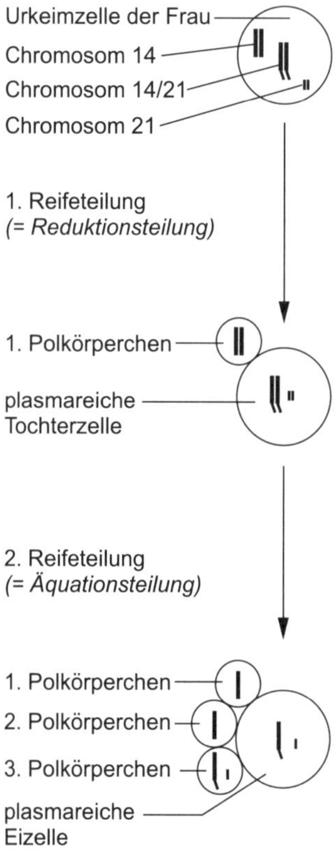

Die „Ausgangszelle" enthält ein „Kombinationschromosom" 14/21 sowie je ein Chromosom 14 und 21. Alle Chromosomen liegen als Zwei-Chromatid-Chromosomen vor.

Bei der 1. Reifeteilung wird der Chromosomensatz halbiert (von diploid zu haploid, 2n zu 1n), indem sich die homologen Chromosomen voneinander trennen. Es liegen weiterhin Zwei-Chromatid-Chromosomen vor.

Das Chromosom 14 wandert in die kleine Tochterzelle (das erste Polkörperchen), während die beiden anderen Chromosomen in der großen Tochterzelle verbleiben.
Aufgrund der vorliegenden Translokation kann keine „normale" Trennung der Homologen stattfinden. Statt dessen erfolgt eine ungleiche Verteilung der Chromosomen.

Bei der 2. Reifeteilung werden die Schwesterchromatiden voneinander getrennt, sodass Ein-Chromatid-Chromosomen entstehen.

Die Chromosomen 14/21 und 21 werden jeweils in ihre beiden Chromatiden aufgeteilt, von denen je eine in das dritte Polkörperchen wandert.
Die andere verbleibt in der späteren Eizelle.
Das zuvor entstandene Polkörperchen teilt sich entsprechend.

Eizelle 2

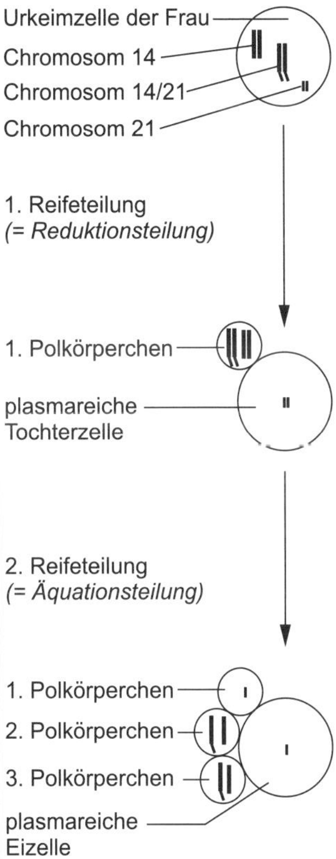

Die „Ausgangszelle" enthält ein „Kombinationschromosom" 14/21 sowie je ein Chromosom 14 und 21. Alle Chromosomen liegen als Zwei-Chromatid-Chromosomen vor.

Bei der 1. Reifeteilung wird der Chromosomensatz halbiert (von diploid zu haploid, 2n zu 1n), indem sich die homologen Chromosomen voneinander trennen. Es liegen weiterhin Zwei-Chromatid-Chromosomen vor.

Das Chromosom 21 verbleibt in der großen Tochterzelle, während die kleinere Tochterzelle (das 1. Polkörperchen) das Chromosom 14 und das Chromosomen 14/21 erhält. Aufgrund der vorliegenden Translokation kann keine „normale" Trennung der Homologen stattfinden. Statt dessen erfolgt eine ungleiche Verteilung der Chromosomen.

Bei der 2. Reifeteilung werden die Schwesterchromatiden voneinander getrennt, sodass Ein-Chromatid-Chromosomen entstehen.

Das Chromosom 21 wird in seine beiden Chromatiden aufgeteilt, von denen eine in das dritte Polkörperchen wandert. Die andere verbleibt in der späteren Eizelle. Das zuvor entstandene Polkörperchen teilt sich entsprechend.

Eizelle 3

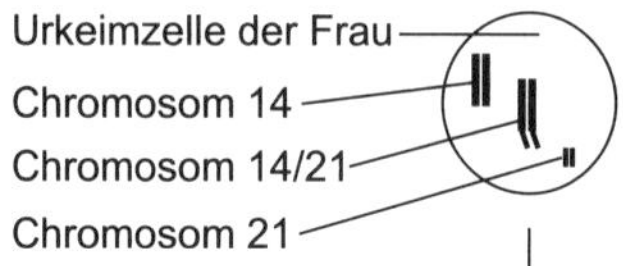

Die „Ausgangszelle" enthält ein „Kombinationschromosom" 14/21 sowie je ein Chromosom 14 und 21. Alle Chromosomen liegen als Zwei-Chromatid-Chromosomen vor.

1. Reifeteilung
(= Reduktionsteilung)

Bei der 1. Reifeteilung wird der Chromosomensatz halbiert (von diploid zu haploid, 2n zu 1n), indem sich die homologen Chromosomen voneinander trennen. Es liegen weiterhin Zwei-Chromatid-Chromosomen vor.

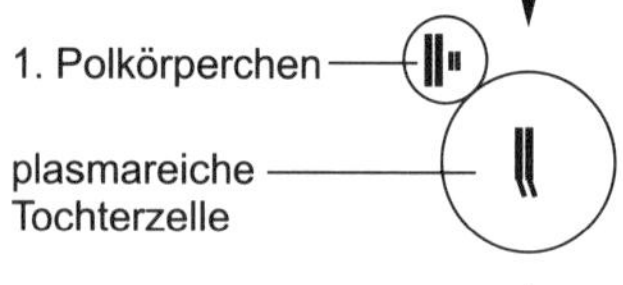

Das Chromosom 14/21 verbleibt in der großen Tochterzelle, während die kleinere Tochterzelle (das erste Polkörperchen) die beiden einzelnen Chromosomen erhält.
Aufgrund der vorliegenden Translokation kann keine „normale" Trennung der Homologen stattfinden. Statt dessen erfolgt eine ungleiche Verteilung der Chromosomen.

2. Reifeteilung
(= Äquationsteilung)

Bei der 2. Reifeteilung werden die Schwesterchromatiden voneinander getrennt, sodass Ein-Chromatid-Chromosomen entstehen.

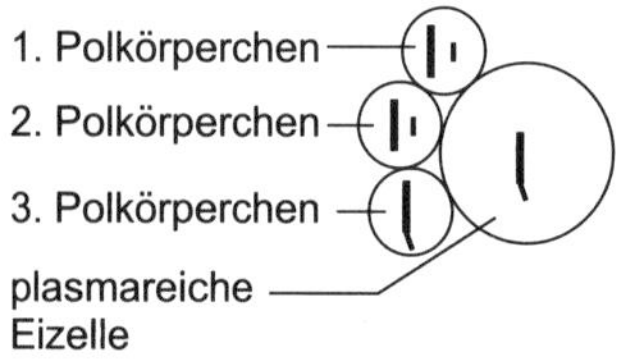

Das Chromosom 14/21 wird in seine beiden Chromatiden aufgeteilt, von denen eine in das dritte Polkörperchen wandert. Die andere verbleibt in der späteren Eizelle.
Das zuvor entstandene Polkörperchen teilt sich entsprechend.

Eizelle 4

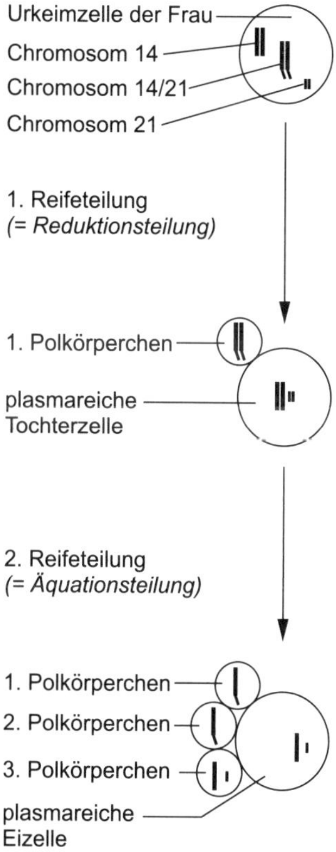

Die „Ausgangszelle" enthält ein „Kombinationschromosom" 14/21 sowie je ein Chromosom 14 und 21. Alle Chromosomen liegen als Zwei-Chromatid-Chromosomen vor.

Bei der 1. Reifeteilung wird der Chromosomensatz halbiert (von diploid zu haploid, 2n zu 1n), indem sich die homologen Chromosomen voneinander trennen. Es liegen weiterhin Zwei-Chromatid-Chromosomen vor.

Das Chromosom 14/21 wandert in die kleine Tochterzelle (das erste Polkörperchen), während die beiden einzelnen Chromosomen in der großen Tochterzelle verbleiben.
Aufgrund der vorliegenden Translokation kann keine „normale" Trennung der Homologen stattfinden. Statt dessen erfolgt eine ungleiche Verteilung der Chromosomen.

Bei der 2. Reifeteilung werden die Schwesterchromatiden voneinander getrennt, sodass Ein-Chromatid-Chromosomen entstehen.

Die Chromosomen 14 und 21 werden jeweils in ihre beiden Chromatiden aufgeteilt, von denen je eine in das dritte Polkörperchen wandert.
Die andere verbleibt in der späteren Eizelle.
Das zuvor entstandene Polkörperchen teilt sich entsprechend.

3 Das Risiko für die Frau, ein weiteres Kind mit Down-Syndrom zu bekommen, kann anhand der chromosomalen Ausstattung der Eizellen eindeutig bestimmt werden:

– Das Kind, welches sich aus der Eizelle im Fall 1 entwickeln wird, erkrankt definitiv am Down-Syndrom. Da in der Eizelle sowohl das „Kombinationschromosom“ 14/21 vorliegt als auch eine Chromatide des Chromosoms 21, gibt die Mutter bereits zweimal das Chromosom 21 an ein mögliches Kind weiter. Kommen nun noch je ein Mal das Chromosom 14 und 21 aus dem väterlichen Spermium hinzu, enthält die befruchtete Eizelle drei Mal das Chromosom 21 *(genauer: die Erbinformation des Chromosoms 21 in dreifacher Kopie)*, was zur Ausprägung des Down-Syndroms führt.

- Aus der Eizelle im Fall 2 wird sich kein lebensfähiges Kind entwickeln, da hier eine Monosomie 14 auftritt. Liegt ein Autosom nur ein einer Kopie vor, wie hier das Chromosom 14, so stirbt der Fötus lange vor der Geburt.
- Im dritten Fall besteht kein Risiko, ein Kind auszutragen, das am Down-Sydrom erkranken wird. Die Eizelle enthält das durch eine balancierte Translokation entstandene „Kombinationschromosom“ 14/21. Damit liegen von der mütterlichen Seite je einmal die Chromosomen 14 und 21 (wenn auch verbunden) vor. Wenn von der väterlichen Seite nun ein weiteres 14-er- und ein weiteres 21-er-Chromosom in die Eizelle gelangen, sind rechnerisch zwei Chromosomen 14 und zwei Chromosomen 21 in der Zygote vorhanden.
- Der vierte dargestellte Fall ist der „genetisch günstigste“, weil bei ihm die balancierte Translokation aus der Erblinie entfernt wird. In der Eizelle liegen je ein Chromosom 14 und ein Chromosom 21 vor. Das Spermium transportiert die gleiche Chromosomenverteilung in die Eizelle. Damit enthält die Zygote jeweils zwei der Chromosomen 14 und ebenfalls zwei der Chromosomen 21. Das Kind ist somit vollständig gesund und ohne genetischen Defekt in den Chromosomengruppen 14 und 21.

Befruchtung von Eizelle 1

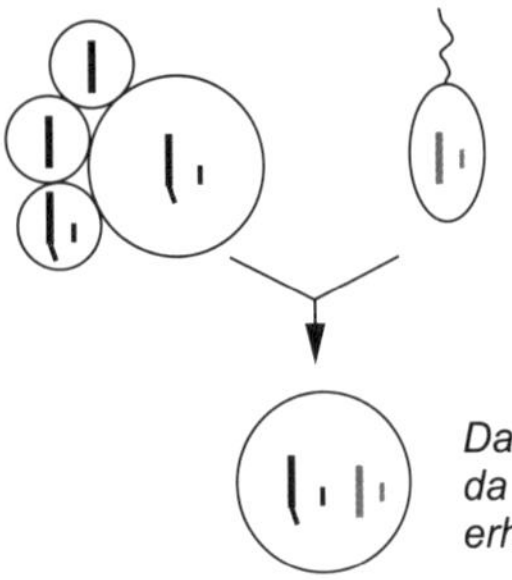

Das Kind wird das Down-Symdrom aufweisen, da es von seinen Eltern drei Kopien des Chromosoms 21 erhalten hat.

Befruchtung von Eizelle 2

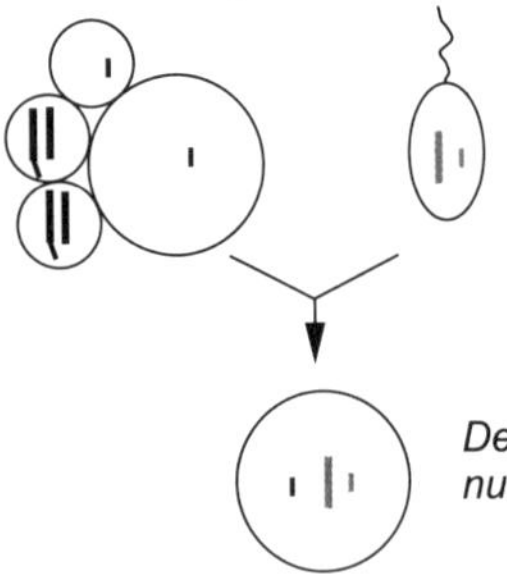

Der Fötus wird nicht überleben, da er von seinen Eltern nur eine Kopie des Chromosoms 14 erhalten hat.

Befruchtung von Eizelle 3

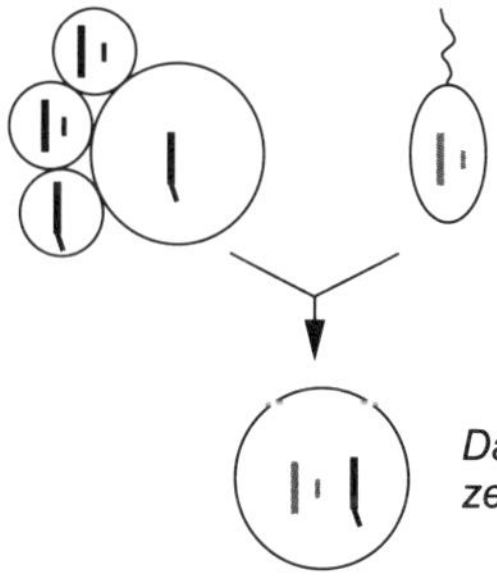

Das Kind wird nicht am Down-Syndrom leiden, zeigt aber wie die Mutter eine balancierte Transkolation

Befruchtung von Eizelle 4

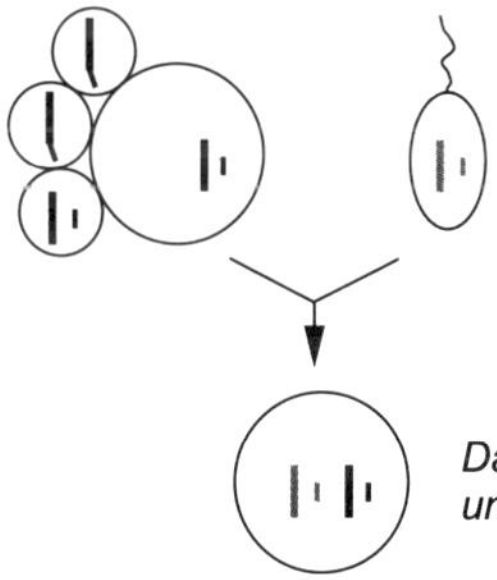

Das Kind wird nicht am Down-Syndrom leiden und zeigt eine „normale" genetische Ausstattung.

Ihre Meinung ist uns wichtig!

Ihre Anregungen sind uns immer willkommen. Bitte informieren Sie uns mit diesem Schein über Ihre Verbesserungsvorschläge!

Titel-Nr.	Seite	Vorschlag

Bitte hier abtrennen

Zutreffendes bitte ankreuzen!

Die Absenderin/der Absender ist:

- ☐ Lehrer/in in den Klassenstufen: ____
- ☐ Fachbetreuer/in
  Fächer: ____
- ☐ Seminarlehrer/in
  Fächer: ____
- ☐ Regierungsfachberater/in
  Fächer: ____
- ☐ Oberstufenbetreuer/in
- ☐ Schulleiter/in
- ☐ Referendar/in, Termin 2. Staatsexamen: ____
- ☐ Leiter/in Lehrerbibliothek
- ☐ Leiter/in Schülerbibliothek
- ☐ Sekretariat
- ☐ Eltern
- ☐ Schüler/in, Klasse: ____
- ☐ Sonstiges: ____

Unterrichtsfächer: **(Bei Lehrkräften!)**

____

16-VM5

Bitte ausfüllen und im frankierten Umschlag an uns einsenden. Für Fensterkuverts geeignet.

STARK Verlag
Postfach 1852
85318 Freising

Kennen Sie Ihre Kundennummer?
Bitte hier eintragen.

Absender (Bitte in Druckbuchstaben!)

Name/Vorname ____

Straße/Nr. ____

PLZ/Ort ____

Telefon privat ____ Geburtsjahr ____

E-Mail-Adresse ____

Schule/Schulstempel **(Bitte immer angeben!)**

(Bitte blättern Sie um)

9783894491451.3

Geschichte

Training Methoden Geschichte .... Best.-Nr. 94789
Geschichte 1 – Deutschland vom 19. Jahrhundert bis zum Ende des Zweiten Weltkrieges · USA · Sowjetunion .... Best.-Nr. 84761A
Geschichte 2 – Deutschland seit 1945 · Europäische Einigung · Weltpolitik der Gegenwart .... Best.-Nr. 84762A
Abitur-Wissen Die Antike .... Best.-Nr. 94783
Abitur-Wissen Das Mittelalter .... Best.-Nr. 94788
Abitur-Wissen Die Französische Revolution ...... Best.-Nr. 947810
Abitur-Wissen Die Ära Bismarck: Entstehung und Entwicklung des deutschen Nationalstaats ...... Best.-Nr. 94784
Abitur-Wissen Imperialismus und Erster Weltkrieg .... Best.-Nr. 94785
Abitur-Wissen Die Weimarer Republik .... Best.-Nr. 47815
Abitur-Wissen Nationalsozialismus und Zweiter Weltkrieg .... Best.-Nr. 94786
Abitur Wissen Deutschland von 1945 bis zur Gegenwart ...... Best.-Nr. 947811
Kompakt-Wissen Abitur Geschichte Oberstufe .. Best.-Nr. 947601
Lexikon Geschichte .... Best.-Nr. 94787

Politik

Abitur-Wissen Internationale Beziehungen ...... Best.-Nr. 94802
Abitur-Wissen Demokratie .... Best.-Nr. 94803
Abitur-Wissen Sozialpolitik .... Best.-Nr. 94804
Abitur-Wissen Die Europäische Einigung .... Best.-Nr. 94805
Abitur-Wissen Politische Theorie .... Best.-Nr. 94806
Kompakt-Wissen Abitur Politik/Sozialkunde .... Best.-Nr. 948001
Lexikon Politik/Sozialkunde .... Best.-Nr. 94801

Biologie

Training Methoden Biologie .... Best.-Nr. 94710
Biologie 1 – LK K 12 .... Best.-Nr. 94701
Biologie 2 – LK K 13 .... Best.-Nr. 94702
Biologie 1 – gk K 12 .... Best.-Nr. 94715
Biologie 2 – gk K 13 .... Best.-Nr. 94716
Chemie für Biologen .... Best.-Nr. 54705
Abitur-Wissen Genetik .... Best.-Nr. 94703
Abitur-Wissen Neurobiologie .... Best.-Nr. 94705
Abitur-Wissen Verhaltensbiologie .... Best.-Nr. 94706
Abitur-Wissen Evolution .... Best.-Nr. 94707
Abitur-Wissen Ökologie .... Best.-Nr. 94708
Abitur-Wissen Zell- und Entwicklungsbiologie .. Best.-Nr. 94709
Kompakt-Wissen Abitur Biologie Zellen und Stoffwechsel · Nerven, Sinne und Hormone · Ökologie .... Best.-Nr. 94712
Kompakt-Wissen Abitur Biologie Genetik und Entwicklung · Immunbiologie · Evolution · Verhalten .... Best.-Nr. 94713
Lexikon Biologie .... Best.-Nr. 94711

Pädagogik / Psychologie

Grundwissen Pädagogik .... Best.-Nr. 92480
Grundwissen Psychologie .... Best.-Nr. 92481

Zentralabitur ab 2007

Optimale Unterstützung für Schülerinnen und Schüler bei der selbstständigen Vorbereitung auf das **Zentralabitur ab 2007 in Nordrhein-Westfalen**:

- Wertvolle **Hinweise** zum Ablauf des Zentralabiturs ab 2007.
- **Übungsaufgaben im Stil des Abiturs** machen mit den Inhalten vertraut und geben Gelegenheit zum selbstständigen Üben unter Prüfungsbedingungen.
- Ausführliche, **schülergerechte Lösungen** sowie hilfreiche Tipps und Hinweise zum Lösen der Aufgaben.

Abiturprüfung Mathematik LK – NRW .... Best.-Nr. 55000
Abiturprüfung Mathematik gk – NRW .... Best.-Nr. 55100
Abiturprüfung Physik gk/LK – NRW .... Best.-Nr. 55300
Abiturprüfung Deutsch LK – NRW .... Best.-Nr. 55400
Abiturprüfung Deutsch gk – NRW .... Best.-Nr. 55410
Abiturprüfung Englisch gk/LK – NRW .... Best.-Nr. 55460
Abiturprüfung Französisch gk/LK – NRW .... Best.-Nr. 55500
Abiturprüfung Latein gk/LK – NRW .... Best.-Nr. 55600
Abiturprüfung Geschichte gk/LK – NRW .... Best.-Nr. 55760
Abiturprüfung Erdkunde gk/LK – NRW .... Best.-Nr. 55900
Abiturprüfung Biologie gk/LK – NRW .... Best.-Nr. 55700
Abiturprüfung Sozialwissenschaften gk/LK – NRW .... Best.-Nr. 55800
Abiturprüfung Erziehungswissenschaft gk/LK – NRW .... Best.-Nr. 55940

Erdkunde

Training Methoden Erdkunde .... Best.-Nr. 94901
Erdkunde Relief- und Hydrosphäre · Wirtschaftsprozesse und -strukturen · Verstädterung .... Best.-Nr. 84901A
Abitur-Wissen GUS-Staaten/Russland .... Best.-Nr. 94908
Abitur-Wissen Entwicklungsländer .... Best.-Nr. 94902
Abitur-Wissen USA .... Best.-Nr. 94903
Abitur-Wissen Europa .... Best.-Nr. 94905
Abitur-Wissen Asiatisch-pazifischer Raum .... Best.-Nr. 94906
Kompakt-Wissen Abitur Erdkunde Allgemeine Geografie · Regionale Geografie .... Best.-Nr. 949010
Lexikon Erdkunde .... Best.-Nr. 94904

Wirtschaft/Recht

Betriebswirtschaft .... Best.-Nr. 94851
Abitur-Wissen Volkswirtschaft .... Best.-Nr. 94881
Abitur-Wissen Rechtslehre ....Best.-Nr. 94882
Kompakt-Wissen Abitur Volkswirtschaft .... Best.-Nr. 948501

16-VM5

Bestellungen bitte direkt an: STARK Verlagsgesellschaft mbH & Co. KG
Postfach 1852 · 85318 Freising · Tel: 08161 / 179-0 · FAX: 08161 / 179-51
Internet: www.stark-verlag.de · E-Mail: info@stark-verlag.de

STARK